看法与说法

第一册

李瑞环

中国人民大学出版社

编者说明

《看法与说法》是李瑞环同志自2005年以来出版的又一著作。作者常说："凡事都要有一个看法。""看法是头脑改造过的认识、观点、主张。""看法的形成有一个过程，即由浅入深、由片面到更多方面。""不断地追求反映事物本质的看法，对于训练思维能力、提高理论水平、搞好工作有着极其重要的意义。""说法是看法的表达"，"在坚持准确性的前提下，力求通俗、简洁、鲜明、生动和富有个性。"本书即是以摘要的形式集录了作者对经济、政治、文化、社会、生活等各方面问题的看法和说法，也可以说集录了他对各种问题的观点和主张。

本书选自1981年以来李瑞环同志的所有文稿，其中许多内容系首次公开发表。全书共选录了1 400多段。为便于阅读，内容分为108题。这108题可以说是108个看法，而每一个题中又有若干相近的看法和不同的说法。

本书还选录了作者的一些题词。这些题词都是以更加简洁、凝炼的语言体现了作者对一些事物、一些人物、一些事件、一些活动的看法和说法。

参加本书编辑工作的有：牛旭光、吴秀生、贺耀敏、郭晓明、王宏霞、王海龙。在书稿编辑和讨论过程中，郑万通、李建国、李昌鉴、叶小文、李军、陈改户、卞晋平、陈惠丰、郭湛、干春松等同志提出了宝贵意见。新华社和天津市委等为本书提供了照片。

由于编者水平有限，加之本书采用了一种新的体例，难免有不妥之处，请读者批评指正。

本书编辑组

2012 年 11 月

全四册要目

第一册

第二册

第三册

第四册

第一册目录

1. 改革开放是马克思主义的应有之义。

马克思主义理论有一个基本观点，就是承认世界上各种事物都在不断变化和发展。依据这一观点，任何社会制度都不是一成不变的。社会主义制度是人类社会发展的必然趋势，但它也有一个不断完善、不断发展的过程。如果认为社会主义制度就不需要改革，这是违背马克思主义理论的。

马克思主义还认为，人类的认识来源于实践，这种实践不只是个人的直接实践，还包括对纵向历史的继承和对横向经验的借鉴，离开这些就很难谈认识的发展和社会的进步。根据这个观点，改革开放就包含着对人类一切文明成果和先进经验的借鉴。马克思主义本身就不是中国固有的。我讲这番话的目的就是说，坚持改革开放与坚持马克思主义是一致的。在中国，不坚持改革开放是没有前途和希望的。一个很明显的事实是，在改革开放以前很长的一个时期内，中国经济发展比较缓慢；而改革开放以后，广大人民群众确实得到了实惠，国力也有了明显的增强。可以说，坚持改革开放是历史发展的必然趋势，是广大人民的迫切愿望，也是马克思主义的应有之义。当然，如何将二者在实践中更好地统一起来，还要很好地探索和研究。

《会见日本自民党众议员渡边美智雄一行时的谈话》
（1991 年 3 月 8 日）

实践的观点和发展的观点是改革开放的理论基础。

实践的观点和发展的观点是改革开放的理论基础，对改革开放工作有十分重要的指导作用。然而，这一重要观点并没有在所有同志思想上扎根。在现实生活中，经常可以看到自觉或不自觉地背离这些观点的现象。较为常见的有以下几种：一是只讲文件，不看实践。不加区分，生搬硬套，不顾工作损失，不越雷池一步。二是唯命是从，缺乏主见。不从实际出发，不对群众负责，思想不艰苦，甘当传声筒，工作出现失误，往上一推了之。三是高高在上，不下基层。发号施令，不切下情，群众呼声听之不多，实际情况了解甚少，情况不明决心大，方法不对“点子”多。四是只讲经验，不讲创新；只讲过去，不讲当今。把局部经验当作普遍真理，学马列无兴趣，学别人不服气。五是读书有限，套话连篇；知识浅薄，夸夸其谈。习惯于重复那些背熟了的空洞口号，与实际情况很少沾边。六是爱讲空话，不干实事。只说别人，不看自己，喜欢用过了时的条条框框品头论足。凡此种种，都是理论脱离实际、主观背离客观的表现。从思想根源上来说，都是离开了实践的观点和发展的观点。我们必须下决心改变这些不良作风。

《在中共天津市委四届五次全委扩大会议上的讲话》
（1986 年 10 月 26 日）

改革非常重要，具有革命的性质；改革非常困难，是一个探索过程。

改革是我们全党全国的头等任务，按小平同志的讲法，是一场革命。这个话有两层意思：一是改革非常重要，具有革命的性质；二是改革非常困难，是一个探索过程。由第一层意思讲，不管有什么困难，有什么问题，都要坚韧地克服一切困难，有足够勇气坚持改革。由第二层意思讲，改革毕竟是一个新事物，任何人、任何单位在改革过程中都难免有这样或那样的错误，或者是缺点，或者是不完善，包括市政府去年批准的几十个改革方案，现在也正进行修改，等等。从这个意义上讲，凡是坚持改革的人都得有这样一种精神，勇于坚持正确的，也要勇于及时修正改革过程中的不足的地方，不断地使改革工作完善起来。同时，凡支持改革的同志，不仅在他们正确的时候，获得一片赞扬声的时候，要给予支持，而且当他们遇到困难的时候，或出现不足的时候，或有某些同志一下子不理解的时候，更需要予以支持。前者检验是不是真心改革，后者检验是不是真心支持改革。

《观看轻音乐团演出后的谈话》（1985 年 12 月 5 日）

要加快发展，就要实行改革开放。

要加快发展，就要实行改革开放。生产力的发展，要求不断改变与它不相适应的生产关系和上层建筑。进入 80 年代以来，许多国家都在探索改革的路子，改革已成为当代世界的潮流。中国的改革从农村开始，逐步扩展到城市；从经济领域开始，逐步扩展到社会各个领域；从局部的单项的改革开始，逐步发展到以建立社会主义市场经济体制为目标的全面改革。中国的改革开放是社会主义制度的自我完善。它克服了平均主义分配方式的弊端，调动起广大群众勤劳致富的积极性；它摆脱了高度集中的计划经济体制的束缚，给经济建设注入了新的活力；它打破了单一的公有制结构，形成以公有制为主体、多种经济成分并存共同发展的格局；它改变了以往固步自封、封闭半封闭的状态，使中国跻身世界范围的经济合作与竞争。改革开放冲破了长期束缚我们的僵化观念，带来了全民族的思想解放，使我们找到一条符合中国国情的发展道路。改革开放给人民带来了实惠，得到人民的支持，已经深深植根于中国的大地。

《发展：当代中国的主题——在智利联合国拉丁美洲及加勒比经济委员会的演讲》（1995 年 6 月 26 日）

不讲发展，抱住某些过了时的具体结论不放，这不是真马克思主义。

从马克思主义运动史来讲，从社会主义制度形成发展的过程，也可看出坚持改革的必要性。科学社会主义的学说是马克思、恩格斯创立的，而付诸实践的是列宁。列宁搞了没几年就去世了，后来是斯大林搞的。斯大林在第一个社会主义国家设计和实践了有关社会主义的体制、模式、方针、政策、方法等等，这是了不起的，许多方面也是符合当时的实际的。但也应看到，由于当时苏联国内外历史条件，不可能不带有历史的局限性。我们不能苛求斯大林一下子把社会主义的各个方面都搞得那么合理。社会主义也有一个逐步完善的过程，也需要随着各方面的变化而不断发展。四项基本原则是我们的立国之本，坚持社会主义方向，这一点我们不会含糊、不会动摇，但是社会主义也有弊病需要革除，在许多方面还有潜力需要挖掘。社会主义在许多方面要自我完善、自我发展，这种完善和发展，就是我们所讲的改革。不讲发展，抱住某些过了时的具体结论不放，这不是真马克思主义，而是唯心论和形而上学。列宁如果不根据当时俄国革命实践改变和发展马克思的某些结论，就出不来列宁主义。毛主席如果不根据当时中国革命实践改变和发展马列的某些结论，就出不来毛泽东思想。邓小平同志如果不是根据当代中国的实际来创造性地运用和发展马列和毛主席的理论，也不会成为中国改革开放的总设计师，中国也不会有今天这样的局面。

《听取深圳市工作汇报时的讲话》（1990 年 1 月 30 日）

改革的根本目的是解放社会生产力。

目前经济和社会生活中出现的一些困难和问题，有些与改革有关系，但有些并不是改革本身的必然结果。就本来的意义上讲，改革是我们党在执政条件下的一场革命，它应该表现为稳定状态下社会主义制度的自我完善。改革的根本目的是解放社会生产力，带来的应该是生产发展、经济繁荣。改革代表着人民的根本利益，不论是从长远讲还是从当前讲，给绝大多数社会成员带来的应该是实惠和生活的不断改善。改革是千百万群众自己创造历史的事业，它得到的应该是群众的支持和拥护。作为经济体制改革重要内容的价格改革，目的是理顺价格体系，按照价值规律办事，培育健康的市场机制，使经济发展走向良性循环，而决不能把价格改革等同于物价上涨、通货膨胀。目前经济和社会生活中出现的一些困难和问题，有的是属于探索过程中难以避免的，有的则与我们工作中的某些失误有关。正因为如此，我们才强调认真总结经验，下决心搞好治理整顿。但必须明确，我们提出这个问题，目的在于提高认识，统一思想，改进工作，继续把改革推向前进，而决不能否定改革的成就，怀疑改革的方向。十年的实践充分证明，改革为经济和社会发展注入了强大的活力。改革对于我们国家和民族的意义，不仅在于极大地促进了生产力的解放，带来了人民生活水平的提高，而且更重要的在于结束了封闭和停滞的局面，开辟了新的历史发展时期，指明了“实现四化、振兴中华”的必由之路。不坚持改革，中国是根本没有希望的。

《在中共天津市委五届三次全委扩大会议上的报告》
（1988年12月25日）

生产力和生产关系之间的关系问题，是适应与不适应的问题，不是先进与落后的问题。

过去有许多似是而非的提法，比如“先进的生产关系同落后的生产力之间的矛盾”。其实，生产力和生产关系之间的关系是个适应还是不适应的问题。适应生产力的生产关系，就是好的生产关系；不适应生产力的生产关系，阻碍了生产力的发展，怎么能称得上是先进的呢？农业只有在实行了联产承包责任制以后，才真正找到了适合我国农村生产力发展状况的生产关系，才解决了我国人民的吃饭问题。这样的生产关系就比“人民公社”好，就是好的生产关系。

《听取内蒙古自治区党委负责同志汇报时的讲话》

（1992年8月10日）

生产力的不断变化必然导致生产关系的调整和变化。

去年10月我会见尼克松①时说过，改革开放是马克思主义理论所规定了的。他感到很新鲜，说马克思什么时候讲过改革开放？我说，马克思主义的一个基本观点是，世界上的任何事物都是发展变化的，而不是一成不变的，人们的认识也要随着实践的发展而深化，不断地认识真理，但永远不能穷尽真理。马克思主义的另一个基本观点是，生产力决定生产关系，经济基础决定上层建筑。生产力的不断变化必然导致生产关系的调整和变化，因此，不断地、经常地进行改革，恰恰是马克思主义本来之义。关于开放的意义，用马克思主义解释可能比用其他方式更简单。马克思主义认为，人类的知识有两个特点：从纵向讲是知识的延续性；从横向讲是知识的借鉴性。马克思主义历来认为，认识来源于实践。但这里讲的实践指的是人类的社会的实践，不同于把实践局限于自己的直接经验的狭隘经验论。科技、交通、信息发展

① 美国前总统。1972年2月首次访问中国并在上海同中国方面发表中美联合公报，使中美关系开始走向正常化。

到了今天的程度，使地球变小了，来往方便了，各国人民都有很多自己的创造，相互借鉴这些经验是理所当然的。有现成的经验不借鉴，自己在那里憋，那是蠢人。马克思在创立自己的理论体系时，也没有仅仅局限于研究德国，还认真研究和关注了英国、法国的理论成果和社会实践。我们讲改革、开放就是基于马克思主义的这些理论。

《听取深圳市工作汇报时的讲话》（1990年1月30日）

改革就是要改掉那些有明文规定但不利于生产力发展的各种框框。

企业改革是对现行体制的一个突破，改革是以实践为根据。实践和理论、规章制度和最终效果、生产力和生产关系、上层建筑和经济基础，到底是谁检验谁，谁修正谁？这是个根本性问题。现在一大堆的规定，不是从实际出发，不是以发展生产力为根据，而统统是以哪个文件的规定或哪个人说的为根据；一大堆的不满意，生产者不满意，工厂企业不满意，统统没用，因为部门没说不满意。老是亮着红灯，企业既不能前进，又不能违规，只能绕道而行。这样的体制，这样的观念，这样的办法，不改变，不废除，只能阻碍生产力的发展。改革就是开拓，就是创造历史，就是要改掉有些明文规定，就是要冲破不利于生产力发展的各种框框。研究改革，首先要研究经济上所固有的联系和制约的关系，研究解放和发展生产力。万里同志说得好，谁离实际、离实践最近谁最有发言权，谁能把群众积极性调动起来，谁叫有真本事。如果群众的积极性没有调动起来，生产力没有促起来，企业没有活起来，国家没有富起来，改革就不成功。这是最基本的原则。

《在天津市政府研究加快自行车行业改革步伐问题会议上的讲话》（1986年8月2日）

中国的马克思主义也是外国来的，是“进口的”。马克思主义怎么会不主张开放？

马克思主义认为人类的知识来源不仅是自己的直接实践，样样都要自己直接经验否则就拒不接受，那是狭隘的经验论。特别在科学技术高度发达的今天，信息和交通把地球缩小了，所以人类的任何知识更应当互相借鉴。马克思的社会活动就不是在一个国家进行的嘛！马克思、恩格斯都是德国人，而他们的活动并不局限在德国。中国的马克思主义也是外国来的，是“进口的”，不是自己国家里生产的。马克思主义怎么会不主张开放？有人把坚持马克思主义与僵化保守等同起来，把坚持改革开放与自由化等同起来，这是完全没有道理的。

《会见中华教育艺术研究会刘吉、曲啸、李燕杰、李永田四同志时的谈话》（1989年10月14日）

坚持改革开放，是对马克思主义理论的具体运用，是社会主义制度的自我完善。

对马克思主义基本原理，我们必须坚持，因为它是从实践中产生并已被实践证明了的真理，同时也必须把它与不断发展变化的客观实际相结合。对社会主义制度，我们必须坚信，因为它是不可抗拒的客观历史进程，同时也必须结合实践不断探索和完善。坚持改革开放，是对马克思主义理论的具体运用，是社会主义制度的自我完善。改革开放难免会遇到许许多多的问题，有的是理论问题，许多是实践问题，所有问题的解决都离不开马克思主义的指导，都会使马克思主义理论更加丰富，使社会主义更具活力。

《会见古巴共产党中央政治局委员、国务委员会副主席马查多时的谈话》（1999年4月29日）

没有改革开放，就不会有中国今天的局面。

20年来，中国经济快速发展，社会全面进步，人民生活明显改善，综合国力逐步增强，人们的观念有了很大变化，国际地位也有显著提高，其根本原因就是实行了改革开放。没有改革开放，就不会有中国今天的局面。人民群众从改革开放中得到实惠，真心实意地拥护改革开放，改革开放已成为不可逆转的历史潮流。当然，在改革开放的过程中也出现了一些消极现象，对此，我们必须认真对待，切实解决，否则，就会人心涣散，社会畸形；在改革进入攻坚阶段后，碰到了一些解决起来难度很大的问题，对此，我们必须高度重视，妥善处理，否则，体制无法理顺，改革难以深入。不论出现什么问题，碰到什么困难，都动摇不了我们继续推进改革开放的决心，都影响不了坚持改革开放的大方向。改革开放根本目的就是扫除发展社会生产力的障碍，就是为了完善社会主义制度，为了维护国家的主权，为了促进民族的团结。这是我们的重大原则，在任何时候都不会违背，都不会放弃。

《会见阿联酋国民议会议长哈卜图尔时的谈话》（1999 年 5 月 16 日）

中国改革开放的巨大成就完全可以归结为马克思主义的胜利。

改革开放 20 多年来，中国发生了翻天覆地的变化，取得了举世公认的成就，包括那些反对我们的人也不得不承认这一点。究竟怎么解释取得成就的原因，说法就不一样了。有人说这是放弃马克思主义的结果，我们认为，这种观点是误解、是歪曲，恰恰相反，中国改革开放的巨大成就完全可以归结为马克思主义的胜利。在改革开放的过程中，我们党结合新的历史条件，准确地理解马克思主义，科学地坚持马克思主义，始终把马克思主义作为自己指导思想的理论基础。我们坚持唯物的观点，重新确立了实事求是的思想路线，明确了我国现在处于并将长期处于社会主义初级阶段；我们坚持发展的观点，大胆解放思想，吸收、借鉴人类一切有益的文明成果，开创了改革开放的新局面；我们坚持实践的观点，冲破“两个凡是”① 的禁锢，用实践作为检验理论和政策的标准，靠实践回答和解决问题；我们坚持生产力的观

---

① 指 1977 年 2 月 7 日《人民日报》、《红旗》杂志、《解放军报》社论《学好文件抓住纲》中提出的“凡是毛主席作出的决策，我们都坚决维护，凡是毛主席的指示，我们都始终不渝地遵循”。

点，纠正长期“以阶级斗争为纲”的错误路线，明确社会主义的根本任务是解放和发展社会生产力，把经济建设作为全党全国各项工作的中心；我们坚持生产关系与生产力相适应的观点，确立以公有制为主体、多种所有制经济共同发展的经济制度；我们坚持群众的观点，把不断提高人民生活水平作为改革开放和发展经济的根本目的，依靠和调动广大群众的积极性来推进我们的事业。苏联东欧剧变后，世界上曾出现“社会主义失败论”，认为马克思主义没有用了。中国改革开放成功的实践证明，马克思主义没有过时，它的许多基本原理仍然有着现实的重大意义，社会主义制度仍然是最优越的社会制度。

《会见朝鲜劳动党总书记金正日时的谈话》（2000 年 5 月 30 日）

2. 改革开放是新时期最鲜明的时代特征。

改革开放是决定中国命运的一招，是振兴中国的唯一出路，也是新时期最鲜明的时代特征。改革开放，冲破了旧体制的束缚，引起了社会结构、利益关系的深刻变化和重新组合，极大地调动了广大群众的积极性、创造性，使我国生产力获得了大发展。改革开放，突破了迷信本本、崇奉教条的僵化观念，重新确立了实事求是、一切从实际出发的思维方式，带来了全民族的思想新解放。改革开放，破除了长期以来姓“社”姓“资”的争论对人们的困扰，是否有利于发展社会主义社会的生产力，是否有利于增强社会主义国家的综合国力，是否有利于提高人民的生活水平，成为各项工作总的出发点和检验标准。改革开放，打破了固步自封、闭关锁国的状态，开阔了我们的眼界，有力地推动着我国大踏步进入国际社会和世界市场，使我国的现代化建设进程大大加快。15 年的改革开放，确实给人民带来了实惠，得到了人民的拥护，也改变了中国在国际上的形象，受到了国际社会的赞扬。没有改革开放，就没有中国的今天，就没有社会主义的活力。可以断言，时至今日，改革开放的潮流席卷祖国大地，已势不可挡。任何部门、任何个人都不能观望彷徨，更不能逆流而行，都必须主动投入改革开放的大潮，与之相顺应、相合拍、相协调。

《新时期的统一战线工作——在全国统战工作会议上的讲话》
（1993 年 11 月 5 日）

要用改革的方式和方法，把长久以来想解决而未能解决的问题解决好，把一些想办的事情搞上去，把一些想改掉的东西改掉。

治理整顿既是改革的重要保证，也是改革的重要内容：在治理整顿的过程中，我们必须坚持改革的方向，用改革的方式和方法，把长久以来想解决而未能解决的问题解决好，把一些想办的事情搞上去，把一些想改掉的东西改掉。对已被实践证明的正确的改革，要继续坚持并加以完善；对已经看准而且条件基本具备的改革，要积极进行；对实践检验是错了的所谓改革，要坚决纠正。总之，我们必须在治理整顿中坚决而稳妥地、有领导有秩序地全面深化改革。

《在中共天津市委五届三次全委扩大会议上的报告》
（1988 年 12 月 25 日）

过去有一些问题，是因为改革开放缺乏经验造成的，要解决这些问题，只有在总结经验教训的基础上继续改革开放。

最近一段时间，社会上对改革开放有一些猜测和各种各样的说法，有的还把资产阶级自由化泛滥与改革开放直接联在一起，这种论调是不对的。造成目前社会经济生活中的一些困难和问题，有改革开放缺乏经验的原因，但不能说与改革开放有必然的联系。如果以工作中的某些缺点、毛病来非难改革开放，或者在原则上肯定而在具体上否定，都是不对的。现在有的文章，并不是准确地反映中央的精神。由于有各种各样的说法，开放地区目前有一些顾虑，外商也在观望，这是可以理解的。现在，中央领导同志都出来讲改革开放的方针政策不变，目的就是宣传改革，稳定情绪。当然，更重要的还在于实际行动，在具体工作上做一些实事，用一件一件摆出来的事实，说明我们改革开放政策的连续性。我们过去有一些问题是因为改革开放缺乏经验造成的，要解决这些问题没别的路，只有在总结经验教训的基础上继续搞好改革开放，从改革开放中找出路。邓小平同志最近再一次指出：中国离开改革开放是没有希望和出路的。在改革开放已经搞了十年的今天，改革开放只能坚持、不断完善。如果停顿不前，就会造成严重后果——外商不来了，宾馆没人住了，工厂停工了，引进的生产线变成废铜烂铁，剩下一批空房子，背上一屁股债。我们一定要避免出现这样的局面，而且，我们坚信不会出现这样的局面。

《考察深圳特区时的谈话》（1989 年 9 月 9—14 日）

我们绝不会因为出现问题和困难而动摇改革开放的决心和方向。

中国改革开放 18 年来取得了举世公认的成就，与此同时也出现了一些问题和困难。对此我们绝不能视而不见、掉以轻心，必须认真对待、切实加以解决。这些问题和困难是在前进过程中出现的，与我们取得的成就相比是第二位的，也是在中国这样一个有 12 亿人口的大国进行如此深刻的社会变革中难以完全避免的。我们绝不会因为出现这些问题和困难而动摇改革开放的决心和方向。改革开放使中国经济迅速发展，并逐步进入社会主义市场经济轨道；改革开放使中国人民得到了实惠，受到他们的真心拥护和支持；改革开放使中国经济生活全方位进入世界市场，有机会学习和借鉴各国的有益经验。所以，改革开放的政策不仅不应当改变，也是改变不了的。

《会见瑞士联邦主席德拉姆拉时的谈话》（1996 年 9 月 17 日）

改革人心所向，后退不得人心。

经过了 11 年的改革开放，人民确确实实得到了实惠，观念也发生了很大的变化。人们希望改革，而且要求改得越来越好，改革人心所向，后退不得人心。有的干部给群众做工作说："我们改革开放的政策不会变，你们不要担心"；群众说："你们不要担心我们，我们倒是担心你们"。所以说，改革开放的方向不能变、也变不了，这叫做历史的大趋势，也叫做不以人的意志为转移的发展规律，这个"人"包括了所有的人。

《在〈人民日报〉国内记者工作会议上的谈话》（1990 年 4 月 28 日）

后退一时可能好过，但后果不堪设想。

党的领导干部，特别是高级领导干部必须明确：改革开放的方针是不应该改变、不应该放弃的，这个潮流是不可逆转的，只能前进不能后退。虽然前进的道路是曲折的，但前途是光明的。后退一时可能好过，但后果不堪设想。可以这样断言，离开了改革开放，中国就没有前途，没有希望。

《听取福建省委、省政府工作汇报时的讲话》(1990 年 2 月 9 日)

只要符合改革的方向，就要解放思想，积极开拓，敢于突破，大胆创新。

改革不能停滞不前，需要探索很多路子。如果束缚了广大干部和群众的思想，不能大胆设想，不敢大胆突破，改革就很难进行下去。现在企业领导人日子很难过，下面攻他给钱，上面压他完成任务，不改革没有出路。改革的基本出发点是把权力放给企业。一是可以沿用现有的做法，通过改革变通一下，想办法绕过障碍求得发展；二是从根本上研究出一个突破的法儿，只要这个法儿符合改革的大方向，就要解放思想，积极开拓，敢于突破，大胆创新。

《在天津市政府研究加快自行车行业改革步伐问题会议上的讲话》(1986 年 8 月 2 日)

首先是当前使上劲，保住这个“前劲”，然后才能谈得上“后劲”。

实行承包经营责任制，激励机制比较明显，人们担心会造成短期行为，妨碍企业的后劲。这是一个值得注意的大问题。如果只顾眼前，榨尽吃光，忽略经济技术的储备，导致后劲不济，就会影响到经济的长期持续发展，改革也难以为继。但是，脱离实际去讲后劲，眼前就过不去，后劲也就失去了基础。实行承包经营责任制的最大好处就是可以把增收节支任务很快落实下去，确保国家财政收入。首先是当前使上劲，保住这个“前劲”，然后才能谈得上“后劲”。也就是天津在港口改革时讲的，“先救命，后治病”，先解决压港问题，后解决港口建设问题。从企业来讲，只有国家财力雄厚了，国家有了后劲，企业才能真正有后劲。

《关于深化改革问题的汇报提纲》（1988年1月9日）

经济体制改革三句话：方向不变；总结经验；重在实干。

关于目前中国经济体制改革可用三句话来概括：方向不变；总结经验；重在实干。十多年改革给中国人民带来了实惠，继续改革是全国人民的共同愿望，是历史发展的必然趋势，不是哪一个领导人可以违背的。生产力不断发展必然带来诸如生产关系等上层建筑各方面的改变，这本来是正常的。马克思主义的基本原理之一也是各种事物都处于不断发展变化之中。许多外国朋友关心中国的改革是否会停滞，其实中国人民更关心这个问题。因此，改革方向不会变，我们不会再走回头路。

过去十多年改革我们取得了有目共睹的成绩，但不否认在改革过程中也出现了一些失误和毛病，有一些经验教训。如，应下放的权力下放得不够，应集中的东西又没管住，以至于下面喊限制太多，上面又说控制不了全局。再如，在开放过程中有的不该放开的却放开得太多，诸如盲目引进电冰箱、电视机生产线和高级消费品，大量进口小轿车等。这些做法都脱离了中国当前的经济现状和人民的消费水平，不符合中国国情。而对有些可以放开的东西，胆子又不大。譬如在出让土地引进外资方面，国内有的人想不通，认为会出现新的殖民地、新的香港。因此过去在这方面走得慢了一些，耽误了一些时间。现在我们总结了经验，好的坚持，不好的放弃，并采取了一些勇敢的步骤，如在海南岛的洋浦、上海的浦东和天津的塘沽等地搞成片土地开发，把土地租让给投资者，引进资金技术。我们总结经验是为了使改革开放搞得更好，而不是不搞改革了或后退。

要搞好改革，重在具体实干。改革不在于口头宣传，而在于具体地、一个一个地解决问题，克服困难，使改革稳定地持续下去。经济体制改革的重点是如何调动广大生产者的劳动积极性，最基本的方式还是扩大企业的自主权，认真实行多劳多得和使一部分能干、贡献大的人先富起来的政策。

《在接见美国世界事务组织全国委员会代表团访华时的讲话》

（1990 年 6 月 16 日）

我们要学会在改革发展的动态中解决问题，而不能因为一时出现的问题又回到老路上去。

内地经济和社会生活中也存在一些困难和问题。比如下岗和失业人员增多，贪污腐败、奢侈浪费现象仍在蔓延，有些地方社会治安状况不好，社会分配不公现象有所扩大，有些群众的基本生活发生困难，等等。这些也导致不少群众存在一些不满情绪，有意见，有怨气。对这些问题，我们认为，第一要予以足够的重视，不能掉以轻心。要看到这些问题如果任其发展，就会妨碍经济建设，影响社会稳定，动摇人民信心，危害四化大业。要深入实际，认真研究这些问题发生的原因，采取切实有效的措施，及时妥善地加以解决。这也是目前我们正在做的。第二决不因此而停止改革开放的步伐。不能简单地把这些问题的发生归到改革开放上，从而动摇改革开放的信心。要看到这些问题是前进过程中发生的问题，只有在继续前进中才能解决。我们重视这些问题，是为了更好地坚持改革开放而不是放弃改革开放。有人慷慨激昂地说，过去就没有那么多卖淫、嫖娼、赌博、吸毒的事。我说，改革开放之前这一类问题确实较少，但那时有那时的问题。我们可以回想一下，那时候经济水平、人民生活、国家实力比今天如何？那时一人一个月28.5斤粮食，一年十几尺布票，请朋友吃顿饭都请不起，出国做不起料子衣服，连部长都要向出国人员服务部门借衣服，回国再还。更不用说政治上，连邓小平都可以随便关起来。那时当“反革命”很容易，早晨出操，向左转，要喊“毛主席万岁”，向右转，要喊“打倒刘少奇”，转来转去就喊错了，有的人就因此当上“反革命”，住进“牛棚”。有多少人包括对我们有意见的人真正愿意回到过去那种状态下去？对事情要分析。黄、赌、毒，当然要清除，不能手软。但是不能说过去没有黄、赌、毒，过去就比现在强。和尚庙里倒是没有黄、赌、毒。我到过一个国家，和尚修炼到最高层次，只能拥有 7 件东西，这 7 件东西还包括身上背心、裤衩、钢笔在内。一个国家的人如果都这样什么也不想，什么也不要，行吗？世界上的事都是利害相随、得失相伴，有利必有害，有得必有失。问题在于权衡利害得失，看哪个是主要的。我们的目标是建立一个富强、民主、文明的社会主义国家，而不是搞一个摆着好看的花瓶或《镜花缘》里的君子国。比如，我们过去不允许一部分人先富起来，结果是共同贫穷；改革以后允许一部分人先富起来，把人们的积极性调动起来了，发展速度大大加快了，但同时也就出现了分配不均现象，有些人没有真本事，又想发财，偷鸡摸狗的事也就多了。我们只能设法抑制那些负面影响，总不能再回到过去那种吃“大锅饭”、共同贫穷的状态下去吧！我访问巴西时，同卡多佐总统谈起改革的必要性，我讲过一个比喻：冬天没有苍蝇蚊子，但是冬天也不长庄稼；夏天有苍蝇蚊子，但是夏天长庄稼，所以人们总是更需要、更喜爱夏天。卡多佐也在搞改革，他对这个比喻很感兴趣。我们今天选择的这条道路，是中国人民经过艰辛探索、付出沉重代价才找到的，已被实践证明是最有利于中国的发展和稳定的。我们要学会在改革发展的动态中解决问题，而不能因为一时出现的问题又回到老路上去。坚定不移地沿着小平同志开创的道路走下去，中国人民就一定能够克服各种困难，实现预期的目标。

《同全国政协港澳委员座谈时的谈话》（1998 年 3 月 7 日）

在我们纠正错误的时候，难免有人借治理整顿之名，把已经放了的权偷偷收回去。这种情况要警惕。

11年的改革开放，确实取得了巨大成就，有许多成功的经验，应该通过总结把它们肯定下来。但与此同时，也确实做了一些不太好的事情，也有教训。比如，一手软、一手硬，忽视四项基本原则，在理论、实践、政策上都带来了一些毛病。又如“六害”[①] 的出现，卖淫、赌博、拐卖妇女这些社会丑恶现象，过去早已绝迹了，现在又沉渣泛起。不能简单地说这些都是改革造成的，但和改革过程中的工作有联系。我们不能因噎废食，因此就不搞改革了，更不能做“没治了”的结论，但教训应当汲取。比如说，进口那么多小汽车干什么，进口那么多水果干什么，进口那么多外国香烟干什么，电视机生产线引进可能也多了一些，等等。改革开放取得了巨大成就，尤其是展示了方向的正确性和继续发展下去的潜力，但也确实有许多经验教训应该总结。我们不是打了败仗才被动地总结经验，而是要通过“实践——认识——再实践——再认识”的过程，使自己得到长进，把工作做得更好些，把改革开放搞得更好些。在我们纠正错误的时候，难免有人借治理整顿之名，违反中央的精神，把已经放了的权偷偷收回去。这种情况要警惕。但有一些确属于不好的东西和做法，必须进行纠正，这不能叫改变方向。有些事情步伐放慢了些，这是从我们这几年的经济状况和目前的实

---

① 指六种犯罪活动：卖淫嫖娼，制作、贩卖、传播淫秽物品，拐卖妇女、儿童，私种、吸食、贩运毒品，聚众赌博，利用封建迷信骗财害人。

力出发来考虑的。

《在〈人民日报〉国内记者工作会议上的谈话》（1990 年 4 月 28 日）

解决改革面临的许多事情和问题，还得依靠实践、依靠群众。

改革是一个创造历史的过程，是一种权力、利益的再分配，是一个大的系统工程，千变万化，错综复杂。应该说，在我们面前是一个很大的必然王国，对当前许多事情和问题，我们仍然处在必然之中，要达到真正的自由，还要有一个相当长的过程，还得依靠实践，依靠群众，逐步实现。这包括已经进行的改革。

《在中共天津市委常委民主生活会上的讲话与插话》（1986 年 2 月 21 日）

“企业党委是中心，厂长是核心”，二心必须变一心。

对“厂长负责制”问题，当初几次会议也通不过。彭真同志在天津开了几次座谈会，说若搞不成这个法，他死不瞑目。袁宝华①同志主持这项工作时，小平同志再次出来说话，“厂长负责制”

① 曾任国家经济委员会主任、中国人民大学校长、中国职工思想政治工作研究会会长。

才得以通过、出台。1989年之后又出来“企业党委是中心，厂长是核心”的说法。1990年我在广州开思想政治工作会议，下面递上条子，问“企业党委是中心，厂长是核心”，该如何解释？我说，核心即中心，中心即核心，实际上回避了这个问题。大家都笑起来。再后来又有新的提法，叫做“二心变一心”。从道德、友谊上这样说可以，在领导体制上二心必须变一心。

《同部分政协委员就经济问题座谈时的谈话》（1998年7月13日）

把天津开发区办得更好，就是对小平同志最好的怀念。

天津经济技术开发区是中国最早的经济开发区之一，有着得天独厚的条件。特别是1986年8月邓小平同志亲自视察天津开发区，对天津开发区的工作给予充分肯定，作了“对外开放还是要放，不放就不活，不存在收的问题”① 等重要指示。他还为天津开发区亲笔题词：“开发区大有希望”。

把天津开发区办得更好，就是落实小平同志的指示，就是对小平同志最好的怀念。我们对办好天津开发区、对开发区与摩托罗拉公司的合作充满信心，因为它们与一个伟大的名字——邓小平联系在一起。

《会见美国摩托罗拉公司董事会主席罗伯特·高尔文一行时的谈话》（1997年4月1日）

① 《邓小平文选》，1版，第3卷，165页，北京，人民出版社，1993。

3. 惜时如金，与时俱进。

当前，大多数同志都在抓紧时间、努力学习工作，但不可否认仍然存在着许多不珍惜时间的现象：大量宝贵时间或消耗在人浮于事、互相扯皮中，或浪费在文山会海、空话套话中，或耽误在无事生非、无谓争论中，或损失在盲目决策、胡乱指挥中，或荒废在无所用心、无所事事中，甚至消磨在灯红酒绿、纸醉金迷中。凡此种种，实在令人痛心和忧虑。时间的最大特点是一维性，时不我与、时不我待、时不再来。我们必须下大决心，采取有效措施，切实改变这种误人误己、误事误国的不良风气。我们是社会主义国家，有共产党的领导，能够集中力量办大事；我们的人民勤劳智慧勇敢，拥有许多出类拔萃的人才，能够在各个领域攀登高峰；我们有邓小平理论的指引，有一整套符合中国国情的路线方针政策，能够利用后发优势逐步赶上世界先进水平。事物对立的双方在一定条件下是可以相互转化的，人类历史上通过跳跃式发展而后来居上的事例屡见不鲜。我们应当继承和发扬中华民族惜时如金、与时俱进的精神，坚定信心，集中精力，埋头苦干，使我们的祖国在21世纪以更快的步伐走向现代化的辉煌。

《在中国人民政治协商会议第九届全国委员会第三次会议闭幕会上的讲话》（2000年3月11日）

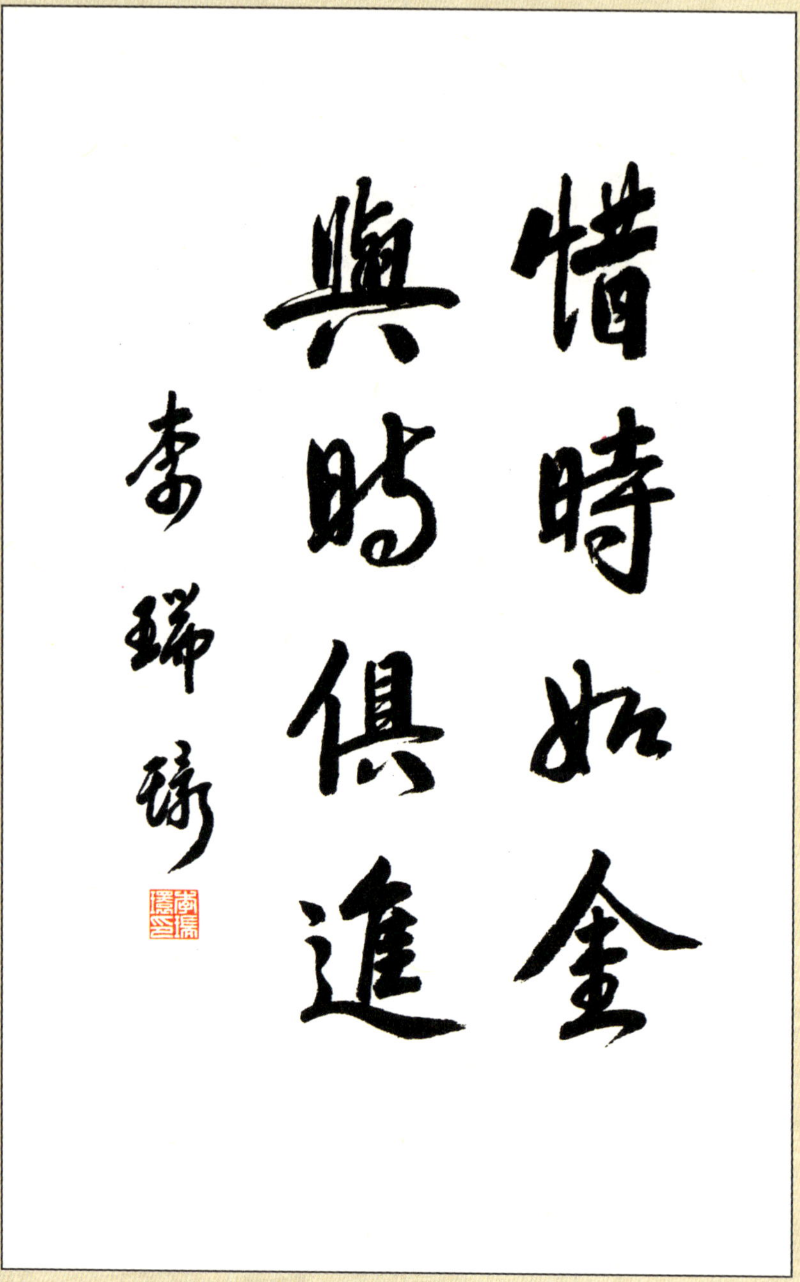

为任丘一中 60 周年校庆题词（2011 年 6 月）

抓紧时间，埋头苦干。

改革开放18年来，我国社会生产力有了很大发展，综合国力有了显著增强，人民生活有了明显改善，整个国家充满生机与活力。对我们的成就，广大群众充分肯定，国际社会也评价很高。同时我们必须看到，我国人口多，底子薄，资源相对不足，地区发展不平衡；我国人均国民生产总值在世界上仍处于较低水平，不仅落后于发达国家，即便同有些发展中国家相比也有较大差距；世界各国都在致力于加快发展，经济、科技竞争日趋激烈，我们不加倍努力，差距还有拉大的可能；我们曾经失去许多宝贵时间，错过不少发展良机，今后不能再有丝毫的耽误。我们要始终保持清醒的头脑，充分认识所担负的历史重任，解放思想，大胆实践，抓紧时间，埋头苦干，一年一年地苦干，一代一代地苦干，一刻也不放松地苦干。

当前，我国国民经济持续快速健康发展，宏观调控收到很大成效，各项改革措施平稳出台，社会局面保持稳定，从总体上说，经济和社会发展是顺利的。同时我们必须看到，在前进过程中还存在不少困难和问题，如经济结构不合理，农业基础薄弱，数千万人口尚未脱贫，部分国有企业生产经营困难，下岗失业人员增多，等等。这些都是牵动全局、久拖不利但解决起来难度很大的问题。解决这些问题需要多方努力，需要多种措施，但最基本的是需要抓紧时间，埋头苦干。苦干可以出思路出办法，苦干可以出成绩出经验，苦干可以战胜困难，开拓前进。没有埋头苦干，一切无从谈起。

中共十一届三中全会以来，我们重新确立了解放思想、实事求是的思想路线，举国上下坚持以经济建设为中心，求实务实的精神得到发扬。这是我们的一大进步。同时我们必须看到，现实生活中确实存在着浮躁虚华的风气，存在着不扎实、不艰苦、不谨慎、不负责任、不讲实效、不思进取的现象。这些尽管是局部的，但影响甚坏，危害很大。人民群众希望我们少讲空话，多办实事；希望我们塌下心来，研究问题；希望我们抓紧时间，埋头苦干。

《在中国人民政治协商会议第八届全国委员会第五次会议闭幕会上的讲话》（1997 年 3 月 12 日）

要想红旗不落地，卫星必须早上天。

社会主义之所以能够战胜资本主义，之所以能够具有强大的吸引力，在人民群众中深深扎根，从根本上说，就在于它最终能够创造出比资本主义更高的劳动生产率。经济不发展，国力不增强，人民生活不改善，社会主义制度就难以巩固，更谈不上发展。当前国家与国家间的竞争，实质上是综合国力的竞争，综合国力的竞争归根到底又是生产力首先是科学技术的竞争。这里所说的科学技术的竞争，不单是某几项科技成果的比较，而是总体的科学技术能力及其转化为经济和军事实力的能力的较量。在这个竞争中，谁落后谁就会丧失主动权，就有可能受制于人，甚至被动挨打。苏联国力的衰落，东欧局势的剧变，海湾战争的结局，这些严峻的事实都不能不使一切真正关心社会主义前途和命运的人警醒起来。对和平演变，对强权政治，我们必须保持高度的警惕。与此同时，对现代科学技术在国际竞争中的巨大影响和作用，我们必须有足够的认识。过去“四人帮”用什么“卫星上天、红旗落地”的言论来反对搞四个现代化，这是荒谬的。现在事实越来越清楚：要想红旗不落地，卫星必须早上天。社会主义制度的建立，为科学技术的发展开辟了极其广阔的前景，而科学技术的发展又为社会主义制度的巩固奠定了深厚的物质技术基础。科学技术是现代文明的重要组成部分，深刻地影响着人们包括思想道德在内的精神与观念。只有掌握现代科学文化知识，摆脱愚昧落后状态，劳动者的素质才能提高。发展科技和教育，既是社会主义精神文明建设的重要内容，又是它的重要条件。因此，真正巩固社会主义，真正对社会主义充满信心，就应当在世界范围的激烈竞争中集中精力把科学技术搞上去，推进两个文明建设的发展。

《听取浙江省委工作汇报时的讲话》(1991 年 5 月 21 日)

发展对中国来说尤其重要。

发展，是当今国际社会的共同主题。人类的历史是一部社会生产力不断发展的历史。经济的发展，人类社会文明的进步，是不可逆转的必然趋势。随着现代科学技术的日新月异，世界总体经济水平迅速提高，人类社会的发展进程大大加快。任何国家想要跟上时代的潮流，都必须高度重视、认真研究、切实解决发展问题。发展，是广大发展中国家的迫切任务。当今许多发展中国家经济水平低下，人民生活贫困，社会问题突出，国际债务负担日趋沉重，同发达国家的差距进一步扩大。要改变这种状况，发展中国家就必须抓紧时间，集中精力，加快经济发展。发展，对中国来说尤其重要。中国是世界上最大的发展中国家，在近现代历史上多次遭受帝国主义列强的侵略和掠夺，社会生产力遭到极大破坏，长期处于发展缓慢、停滞乃至倒退的悲惨境地。新中国成立40多年来，经济建设和社会发展取得了历史性的进步，但也走了不少弯路，特别是长达10年的“文化大革命”的动乱，耗费了民族的宝贵精力，耽误了国家的发展良机，延误了现代化建设的进程。众所周知，现在中国有12亿人口，每年新增人口就有1 600万，人均耕地不足0.08公顷，相当于世界人均数的1/4，其他资源也相对贫乏。中国人民如果不抓住机遇加快发展，就难以生存，更谈不上赶上发达国家。发展是硬道理，不发展就没有出路，就没有希望。这是中国人民从世界的现实和自己正反两方面的历史经验中得出的基本结论。

《发展：当代中国的主题——在智利联合国拉丁美洲及加勒比经济委员会的演讲》（1995年6月26日）

共产党执政后，必须把发展社会生产力、改善人民生活放在首位。

本世纪初以来，共产党在一些国家取得政权，是有其历史必然性的，而80年代后在一些国家遭受挫折，也是有其内在原因的。正反两方面的历史经验告诉我们，共产党执政后，必须把发展社会生产力、改善人民生活放在首要地位，这样，才能赢得广大人民群众的拥护。中国共产党之所以能够在国际风云变幻的复杂形势下站稳脚跟，关键是以邓小平同志为代表的中国共产党人，认真总结我们自己发展过程中的经验教训，并借鉴其他社会主义国家兴衰成败的历史经验，确定了社会主义初级阶段的根本任务是发展社会生产力，提出了“一个中心、两个基本点”的基本路线。18年的实践充分证明，我们党实行的一系列路线、方针、政策是正确的，邓小平理论是正确的。尽管我们现在还面临一些困难，在以后的征程中还可能遇到这样或那样的问题，但只要按照邓小平理论搞下去，我们的事业就会永远立于不败之地。

《会见印度共产党代表团时的谈话》（1997年9月30日）

“痛定思痛”。

中国有句话，叫“痛定思痛”。经历过长期动乱的人们更珍惜来之不易的团结、稳定、和谐局面，迫切希望发展经济，提高生活水平。新中国历史上曾出现过两次“痛定思痛”。第一次是在1949年，中国结束了长达100多年的战乱，刚刚成立的新中国百废待兴。全国人民在中国共产党领导下团结一致，为建设新中国焕发出前所未有的热情和干劲，形成一股巨大的力量，各项事业发展很快。第二次是在十年“文革”动乱结束后，中国人民尝够了瞎折腾的苦头。我们抓住机遇，实行改革开放，集中力量发展经济，又一次汇成改造社会、改造自然的巨大力量，结果使中国出现了像今天这样欣欣向荣的好局面。

《会见柬埔寨王国政府第二首相洪森时的谈话》（1995年12月6日）

必须老老实实抓经济。

从新中国建立后50多年正反两方面的经验中，我们深深体会到：必须老老实实抓经济。“天下顺治在民富”，只有经济不断发展，人民生活日益改善，广大群众高兴满意，其他事情才能办好。在国家的全部工作中，只有经济建设一个中心，上上下下、方方面面都必须围绕这个中心，服从服务于这个中心，而不能动摇、干扰和游离这个中心。经济本身有其不以人的意志为转移的客观规律，必须按经济规律办事，尊重专家意见，不搞长官意志。当然强调经济工作重要，并不是说其他工作不重要。如果科技教育、思想道德、民主法制等方面搞不好，经济工作就很难搞好，即使一时上去了也不可能持久。但所有这些都必须围绕经济这个中心进行。

《会见保加利亚总理西美昂时的谈话》（2002 年 5 月 17 日）

在中国，夏天有苍蝇、蚊子，但夏天能长出我们所必需的粮食和各种作物；冬天虽然少一些害虫，但冬天也不长庄稼，因此，谁也不会希望总是过冬天。

发展中国家面临的主要任务是集中精力发展经济。衡量各项政策的得失和执政水平的高低，最主要的是看能不能加快社会生产力的发展、综合国力的增强和人民生活水平的提高。发展中国家在发展过程中，难免会发生一些这样那样的问题，出现一些这样那样的消极现象。对此，一方面要通过努力提高工作水平切实加以解决，另一方面也不能因为出现这些问题和由此引发的各种非议而动摇发展的决心。用一句中国的成语，叫做不能“因噎废食”。在中国，夏天有苍蝇、蚊子，但夏天能长出我们所必需的粮食和各种作物；冬天虽然少一些害虫，但冬天也不长庄稼，因此，谁也不会希望总是过冬天。所以，必须从长远和根本、全局和总体的高度看待发展过程中的问题，必须始终牢牢抓住经济建设这个中心任务不放。也只有这样，在发展过程中产生的各种问题才有彻底解决的可能。

《会见巴西总统卡多佐时的谈话》(1995 年 6 月 22 日)

一定要集中精力把我们自己的事情办好。

一定要集中精力把我们自己的事情办好。有些同志认为我们处理某些国际问题太软，不够坚决。其实不是这样。苏联东欧发生剧变之后，小平同志提出“冷静观察，沉着应付”、“善于守拙，决不当头”、“韬光养晦，有所作为”的方针，认为在今后相当长的时间内都要坚持这个方针。国与国之间的关系说到底是个实力问题。改革开放以来我们确实取得了很大的成就，举世公认，但对我们的成绩不宜估计过高，我们的绝对水平比人家差得很多，比美国差了几十倍；我们确实发展比较迅速，但即使以这样的速度发展，不再折腾，赶上中等发达国家水平还要 50 年乃至更多的时间；我们确实发展比较顺利，但我们绝不可忽视存在着的许许多多的难题。对此，全党同志特别是高级领导干部一定要保持清醒的头脑，一定要按照小平同志所说的那样，谨慎谨慎再谨慎，冷静冷静再冷静，第一不要挑事，第二不去当头，要抓住时机，埋头苦干，闷着头再干上几十年，到时候我们国力增强了，才会有更大的发言权。

《听取河北省委、省政府工作汇报时的讲话》(1999 年 4 月 16 日)

要想多吃西瓜，就得研究种西瓜，不能天天光是研究西瓜怎么切。

我们要牢牢记住邓小平同志说的，“社会主义阶段的最根本任务就是发展生产力”①。生产发展了，经济搞上去了，人民群众有饭吃、有衣穿，就什么都好说，什么文章都好做。如果经济长期搞不上去，势必会影响政治和社会的稳定。马克思主义唯物史观认为，生产力是一切社会发展的最终决定力量。生产关系的变革要服从于、服务于生产力发展的需要，不要脱离生产力发展的现状和要求去琢磨生产关系。党的十三大后，有的地方开展生产力标准的讨论，对干部进行马克思主义唯物史观根本观点的教育，是必要的。社会主义优越性的充分发挥和吸引力的不断增强，归根到底，都取决于生产力的发展。打个比方来说，你要想多吃西瓜，就得研究种西瓜，改良西瓜品种，提高西瓜产量，不能天天光是研究西瓜怎么切。过去，我们在发展生产力、发展经济上下功夫过少，这是一个很大的教训。十一届三中全会确定把经济建设作为全党工作的重点，这个决策是完全正确的，要继续坚定不移地贯彻下去。

《听取黑龙江省委工作汇报时的讲话》(1990 年 8 月 17 日)

科学技术是第一生产力的思想，内涵很丰富。

邓小平同志关于科学技术的重要性，特别是科学技术是第一

① 《邓小平文选》，1 版，第 3 卷，63 页，北京，人民出版社，1993。

生产力的思想，内涵是很丰富的，其基本观点是否可以概括为以下六个方面。第一，社会主义的根本任务是发展生产力。不发展生产力，不提高人民的生活水平，就不符合社会主义的要求，就不可能建成合格的社会主义。而要发展生产力，就必须注重发展科学技术这个第一生产力。第二，中国要赶上世界先进水平，必须从科学和教育入手。我国到下世纪中叶将达到中等发达国家水平，根据之一就是在这段时间里我们有能力把教育搞上去，把科学技术搞上去。对外开放，首先是为了把资本主义发达国家先进的科学、先进的技术、先进的管理学过来，为社会主义服务。这些东西本身并没有阶级性。坚持改革开放，推进科技进步，再加上发挥我们的传统政治优势，我们完全可以比资本主义发达国家干得更好。第三，四个现代化的关键是科学技术的现代化。没有现代科学技术，就不可能建设现代农业、现代工业、现代国防。研究科学技术是一项基本建设，这方面的投资是基本建设投资。要充分重视发挥科学技术在国民经济中的先导作用。第四，中国必须发展高科技，实现产业化。下个世纪将是高科技的世纪，在激烈的国际竞争中，中国必须在世界高科技领域占有一席之地，搞出一些具有世界先进水平的东西。第五，包括科技人员在内的知识分子是主要从事脑力劳动的劳动者，是工人阶级的一部分。要尊重知识，尊重人才，保证科技人员把最大的精力放到科学技术工作上去。对科技人员政治上要信任，工作条件要保障，生活待遇要提高，有突出贡献的要给予重奖。第六，为了最大限度地解放科学生产力，必须相应地改革经济体制和科技体制。体制改革必须创造一种良好的社会政治环境，有利于拔尖人才脱颖而出，有利于科技同经济的结合，使科技成果尽快转化为现实的生产力。

《听取浙江省委工作汇报时的讲话》（1991 年 5 月 21 日）

科技发展既是推动改革开放的强大动力，也是衡量改革开放是否成功的重要标准。

从根本上讲，改革开放是为了大幅度地提高包括科技在内的社会生产力，而科学技术的发展，既对推进改革开放提出了新的要求，又为改革开放创造了良好条件。经济建设要进一步转到依靠科技进步的轨道，科技要进一步面向经济建设的主战场，就必须推进科技体制和经济体制的配套改革。80 年代，顺应“面向”和“依靠”的要求，我们先后开放技术市场、改革科研拨款制度、创办高新技术产业开发区等等，对解放科技生产力，促进经济增长，起到很重要的作用。90 年代我们将继续深化经济体制和科技体制改革，逐步建立经济与科技互相促进、协调发展的运行机制，推进科技成果的商品化。对于扩大开放来讲，如果我们没有水平较高的科学技术，一方面国外先进的生产技术和管理经验不能合理地引进，引进后也消化不了；另一方面国内的产品出不去，出去后也要吃亏。回顾这些年，在对外经济技术交往中，由于我们不懂或者不掌握某些方面的科学技术，上当受骗和睁着眼吃亏的事是不少的，有的引进的是过时技术，有的出口商品卖不上好价钱。比如你们的绍兴黄酒，卖的价钱理应比台湾的要好，但是瓶子过不了关，要向外国买瓶子，结果赚钱比台湾少。所以，讲改革，讲开放，都离不开科学技术发展。科技发展既是推动改革开放的强大动力，也是衡量改革开放是否成功的重要标准。

《听取浙江省委工作汇报时的讲话》（1991 年 5 月 21 日）

重视发展科学技术是解决我国知识分子问题的根本出路之一。

把我国建成现代化的社会主义强国，不仅需要大力提高工人、农民和其他劳动者的科学文化素质，还必须造就一支宏大的知识分子队伍，培养一大批世界第一流的科学技术专家，形成尊重知识、尊重人才的良好风尚。要做到这一点，当然要加强宣传教育，改变鄙薄知识、轻视人才的陈旧观念，而更重要的是要把科技人员推向四化建设和改革开放的第一线，人尽其才，充分显示知识、人才在创造社会物质财富方面的巨大作用和无穷潜力。现在，农民把科技人员比成“财神爷”，乡镇企业竞相用重金招聘科技人员，就是因为他们对科技和科技人员的作用有切身的感受和迫切的需要。只要我们真正把科学技术作为发展国民经济的战略重点，形成向新科技革命进军的社会潮流，就会充分释放国内成千上万科技人才尚未完全发挥的潜能，就会从根本上扭转人才外流的不正常现象，就会吸引一切具有报国之心的海外华夏儿女以各种形式为振兴中华出力献策。因此，重视发展科学技术是解决我国知识分子问题的根本出路之一。

《听取浙江省委工作汇报时的讲话》（1991 年 5 月 21 日）

把经济建设转移到依靠科技进步和提高劳动者素质的轨道上来，是党和国家工作重点转移的深化。

党的十一届三中全会果断地决定把党和国家的工作重点转移

到社会主义现代化建设上来。这是一次具有重大战略意义的转移，是付出了巨大代价的，是来之不易的。这里所说的工作重点，就包括科技和教育。经验表明，如果不重视科技、教育，不发展科技、教育，工作重点的转移就是不完全的，也是难以巩固和持久的。80 年代我们坚持以经济建设为中心，开创了建国以来国家经济实力增长最快、人民得到实惠最多的时期。90 年代我们只有坚定不移地继续坚持以经济建设为中心，并把经济建设真正转移到依靠科技进步和提高劳动者素质的轨道上来，把这个转移推到更高阶段，才能使广大群众不受干扰，专心致志地学文化，钻技术，练本领，增强做好本职工作的能力；才能保证各级干部进一步解放思想，实事求是，勇于探索，创造性地解决经济和社会发展中的突出矛盾和关键问题；才能避免折腾，稳扎稳打，保持国民经济持续、稳定、协调地发展。因此，把经济建设转移到依靠科技进步和提高劳动者素质的轨道上来，是党和国家工作重点转移的深化，同样具有重大的战略意义。

《听取浙江省委工作汇报时的讲话》(1991 年 5 月 21 日)

经济工作必须以提高经济效益为核心。

经济工作必须以提高经济效益为核心，这是一个重大的战略性的指导思想，它抓住了我们过去多年存在的弊端，为经济工作指明了方向。我们过去只重视速度，忽视了社会需要，结果造成了很大的积压和浪费。不是说不要速度，是说离开社会需要速度越快，积压越多，浪费越大。而社会需要的产品速度越快越好。关键是社会需要，根据社会需要而安排计划，组织生产，使产品适销对路。在此前提下研究节约和产量，加快速度，这个速度和节约才是真正的速度和节约，力争使速度和社会经济效益统一起来。

《在引滦工程指挥部贯彻全国工交会议精神大会上的讲话》（1982年3月15日）

中国的发展确实成绩很大，但还面临不少问题；中国的发展目标确实宏伟，但实现起来并不是一件容易的事。

中国与保加利亚都面临着发展经济、改善生活的共同任务。经过这些年的改革开放，中国的发展确实成绩很大，也确实比较顺利，但还面临不少问题；中国的发展目标确实宏伟，但实现起来并不是一件容易的事。中国要赶上中等发达国家的水平，使全国人民都过上比较富裕的生活，需要经过几十年甚至更长时间的艰苦努力。

《会见保加利亚副总理瓦西列夫时的谈话》（2002年4月22日）

4. 要牢固树立以经济建设为中心的思想。

要牢固树立以经济建设为中心的思想。当前，在邓小平同志南方谈话精神的指引下，全国各地改革开放和各项事业发展很快，要使这种欣欣向荣的局面保持下去，或者说能够稳步地、不断地、健康地向前发展，不转向，不出岔，不折腾，就必须在党内特别是在领导干部中，牢固树立以经济建设为中心的思想。

《听取内蒙古自治区党委负责同志汇报时的讲话》（1992 年 8 月 10 日）

不动摇、不松劲、不折腾。

即将过去的 20 世纪，中华民族历经沧桑。继甲午战争失败、戊戌变法夭折，到 1900 年八国联军攻陷北京，1901 年签订辛丑条约，进入 20 世纪的中国，山河破碎，民不聊生，国家到了任人宰割的危亡关头。为了挣脱半封建半殖民地的枷锁，实现民族的独立和人民的解放，中华儿女奋起抗争，从辛亥革命、五四运动、北伐战争、土地革命战争、抗日战争到人民解放战争，前仆后继，百折不挠，斗争之英勇和惨烈，牺牲之巨大和沉重，为世界历史所仅见。新中国建立后，中国共产党领导全国人民，医治战争创伤，恢复国民经济，进行大规模建设，取得了巨大成就，为后来的发展奠定了基础。但由于经验少，也由于指导思想一度出现偏差，我们走过了十分曲折的道路，失去了许多宝贵时间，错过了不少发展机遇。中共十一届三中全会以后，我们认真总结历史经验，逐步形成了一整套符合实际的理论、路线、方针和政策。从十一届三中全会到现在刚好二十年。二十年来，在这套理论、路线、方针和政策的指引下，干部群众思想空前解放，社会生产力空前发展，人民生活空前改善，综合国力空前增强。和本世纪初相比，今天的中国不再是积贫积弱，而正在走向富强繁荣；不再是愚昧落后，而正在走向文明进步；不再是分裂动荡，而正在走向长治久安。回顾百年历史，我们更加深切地感到，中国革命的胜利来之不易，有中国特色社会主义的道路来之不易，今天的大好局面来之不易！中国人民蕴藏着极大的积极性和创造力，只要我们不动摇、不松劲、不折腾，专心致志，艰苦奋斗，再干一个二十年，再干几个二十年，中国就一定能够以社会主义现代化强国的雄姿崛起在世界东方！

《在中国人民政治协商会议第九届全国委员会第一次会议闭幕会上的讲话》(1998 年 3 月 14 日)

中国现在最重要的方针就是以经济建设为中心。

了解是增进友谊、制定政策的前提和依据。了解中国，既要了解现在，也要了解过去，因为现在是由过去演变而来。中国现在最重要的方针就是以经济建设为中心，通过各种方式发展经济、改善人民生活，包括改革开放、稳定社会等等。这个指导方针是来之不易的，是中国共产党经过多年探索和总结作出的战略决策，它符合12亿中国人民的根本利益和要求。中国这些年来的发展变化、中国各方面的方针政策和工作，都同这个指导方针有着密切的联系。

《会见中美洲议会代表团时的谈话》(2000年7月2日)

对于以经济建设为中心，我们一定要坚定不移、坚持不懈，一定要专心致志、心无旁骛，一定要顽固一点、扭住不放。

当前，经济全球化进程明显加快，科技革命突飞猛进，发达国家凭借各种优势极力扩充经济实力，许多发展中国家也在调整政策急起直追，综合国力的竞争空前激烈。面对这种形势，我们必须增强紧迫感、危机感、责任感，集中精力，抓紧时间，千方百计发展壮大自己。否则，我们就会再次丧失宝贵的历史机遇，不仅难以实现赶上中等发达国家的目标，甚至还可能落在一些发展中国家的后面。对于以经济建设为中心，我们一定要坚定不移、坚持不懈，一定要专心致志、心无旁骛，一定要顽固一点、扭住不放，真正做到一切围绕这个中心，一切为了这个中心。这是各个党派、各个团体、各族人民的共同任务和根本利益。

《在中国农工民主党成立七十周年纪念大会上的讲话》(2000年8月11日)

任何部门、任何个人，只有在坚持、围绕、服从和服务于经济建设这个中心的过程中，才能找到合适的位置，发挥应有的作用，体现自己存在的价值。

十一届三中全会以后，我们党提出社会主义的根本任务是发展社会生产力，提出了社会主义初级阶段的理论，作出了以经济建设为中心的战略决策。这是我们党的历史上的一个重大转折，给中国社会带来了翻天覆地的变化。国民经济迅速发展，综合国力稳步增强，人民生活明显改善，社会主义优越性得到进一步发挥，马克思主义显示出勃勃生机。这个转折的最重大意义在于，它结束了在社会主义改造基本完成以后至党的十一届三中全会以前长达20多年的“以阶级斗争为纲”的历史。过去那种热衷于无谓争论、无限上纲、无穷折腾的做法，耗费了民族的宝贵精力，耽误了国家的发展良机，被人们所厌恶和反对。搞建设，求发展，重实际，已经成为当今人们的追求目标和社会风气。这个转折的重大意义还在于，它明确了各项工作同经济工作的关系。在党和国家的全部工作中，只有经济建设这一个中心，不能偏离这个中心，不能搞多中心。在正常情况下，我们要坚持这个中心，在非常情况下，除非发生大规模外敌入侵，也要紧紧扭住这个中心不放。当前的国际形势对中国的发展既是机遇，又是挑战，任何对坚持经济建设这个中心的游离和动摇，都会使我们再次丧失不可多得的时机。因此，任何部门、任何个人，只有在坚持、围绕、服从和服务于经济建设这个中心的过程中，才能找到合适的位置，发挥应有的作用，体现自己存在的价值。

《新时期的统一战线工作——在全国统战工作会议上的讲话》
（1993年11月5日）

坚持不折腾、不争论，这是搞建设的基本前提。

中国最近20多年来所以发生这么大的变化，主要原因是我们始终坚持以经济建设为中心，坚持改革开放，在这个过程中，努力维护一个团结稳定的社会局面，坚持不折腾、不争论，这是搞建设的基本前提，正如邓小平所说：没有稳定一切无从谈起。正因为这样，我们比较顺利地实现了既定的第一步、第二步发展目标。当然，你们所看的广东、上海是中国的发达地区，中国落后的地方还不少，我们要真正赶上中等发达国家的水平还要经过几十年的奋斗。

《会见印度尼西亚人民协商会议主席赖斯时的谈话》
（2002年4月29日）

折腾不得人心。

国外人士认为中国人好折腾是有名的。这话多少有点根据，因为搞运动，搞示威，我们都内行。这种法儿，在旧中国，反对帝国主义侵略，反对反动统治，是起了作用的。但是，在我们自己掌权以后，有什么理由这样搞?“文化大革命”搞的结果怎么样，这是大家都知道的。学生读书是最需要清静环境的，如果折腾起来怎么读书?就国际关系来讲，我们是坚决反对复活军国主义。对日本政府的所为，我国政府已有反应，许多中央领导人都发表了谈话。外交上的事情错综复杂，要有理、有利、有节，搞运动的方法只能是折腾自己。在这样的重大问题上，必须听从中央的统一部署。“文化大革命”中不是常讲千万不要忘记吗?我看现在也要讲千万不要忘记，就是千万不要忘记现在的大好局面来之不易；千万不要忘记大好形势的主要标志和前提条件是安定团结；千万不要忘记人民群众还心有余悸，担心再折腾，折腾不得人心；千万不要忘记确有些人在处心积虑地想把中国的安定团结的局面破坏掉。

《与天津大学学生的对话》(1985 年 10 月 23 日)

中国是个大国，危险不是慢，而是乱。自己不生“病”，别人是打不倒的。

我坦率地告诉大家，中国老百姓在高兴之中还有余悸：一是怕乱，怕折腾；二是怕变，怕政策变。我们国家人不少，地不小，资源不缺；我们的人民一不懒，二不笨，为什么发展慢?原因是多方面的，其中一个重要原因就是折腾。一个美国人说，如果有一个中国人进了我的研究所，我就要很小心，他很有可能把我的研究成果学走；如果有两个，就稍微放点心；如果有三个中国人，我就完全放心了，因为他们自己就折腾起来了。日本人就不一样，如果有一个日本人，我不在乎，他虽然能干，却成不了气候；有两个就得小心；如果有三个，无论如何要采取点措施，不然的话就不得了。中国是个大国，能不能保持现在这样的前进势头，我看危险不是慢，而是乱。自己不生“病”，别人是打不倒的。如果自己折腾、“发高烧”，不用别人来打，自己就倒下了。我说过，中国的事要迈小步不停步，少走弯路回头路。这话不是说不要大干快上，而是说不要引起折腾。

《与天津大学学生的对话》（1985 年 10 月 23 日）

经济搞不上去，光争论来争论去解决不了任何问题。

建国以来正反两方面的历史经验都告诉我们，只有坚持以经济建设为中心，搞好经济工作，事业才能发展，社会才能稳定，政权才能巩固，现实存在的许多矛盾也才能得到解决。很显然，经济搞不上去，人民生活得不到改善，长期贫穷，政权怎么巩固？有人说社会主义尽管穷，吃不饱，也比资本主义好，这叫什么理？经济搞不上去，光争论来争论去解决不了任何问题。我们现实生活中面临的许多问题，比如知识分子的待遇太低，科研经费太少，军队武器装备落后，等等，离开经济的发展，都不可能得到很好解决。从发挥我国在国际事务中的作用来说，我们能不能在国际上说话有分量，说到底，也取决于经济实力。有的国家在处理国际关系问题上，有时并没有多少政治观点，主要是看你给多少钱。没有经济实力，想提高自己的国际地位，不叫外国人欺负，在国际上发挥大国的作用，是很难的。

《听取内蒙古自治区党委负责同志汇报时的讲话》（1992 年 8 月 10 日）

一旦看准了，下决心了，就坚决干，在一些人似乎明白又糊涂时，干出成效来，认识也就统一了。

许多工作开始认识不统一，是可以理解的，也是正常的。对事物的认识要有个过程。认识的真正统一，常常不是在事前，而是在工作的过程中，通过实践改变人们的思想，转变人们的认识。比如对街道整修都有不同看法，如果去年真的形成个大辩论，讨论市容该不该美化，街道该不该修，我看现在思想也统一不了。不争论，不炫耀，不断提高，越修越好，现在大家都说修得不错，反对的人也少了。所以，我曾经提出：要把抓认识和抓行动统一起来，就是说，许多问题光在屋里是说不清楚的，很多事情真正统一思想、统一认识是在实践之中或实践之后。工作前要把工作做细，要反复论证，多方听取意见，一旦看准了，下决心了，就坚决干，在一些人似乎明白又糊涂时，干出成效来，认识也就统一了。

《审查天津市内环线规划时的谈话》（1986年9月18日）

我们不反对必要的议论，但议论是为了干；如果只是停留在一般议论上，就失去了议论的目的。

有些事情比较简单，只要去干，很快就可以办完，议来议去，越议越复杂，反而变成了难事。有些事情难度较大，涉及面广，需要花一定时间统一思想，但也不能议论起来没完。人们的认识总有差异，所谓“完全一致”只是一种说法。实际上只有通过干的过程，通过事实，即在改造客观世界的过程中，改造人们的认识，才能逐步地把思想统一起来。任何一个大的社会变革，思想的真正统一，常常不是在变革之前，而是在变革之中，变革之后。如果片面强调不统一思想就不能行动，实质上就是取消了行动，同时也就否认了纪律的必要性。

我们不反对必要的议论，但议论是为了干；如果只是停留在一般议论上，就失去了议论的目的。议论和行动要相辅相成，在议的基础上干，在干的过程中议，知行统一，开拓前进。

《知行结合——六谈少讲空话，多干实事》(《天津日报》特约评论员文章，1985 年 6 月 3 日)

有些事情来回地争论，到头来一事无成，把时间也丢了。

鼓励积极探索，不要坐而论道。有些事情来回地争论，争论 10 年、20 年，到头来一事无成，把时间也丢了。应先干起来再说，在干的过程中研究比较，在干的过程中总结提高。

《关于我国绿化的几个问题——在政协第九届全国委员会常务委员会第六次会议上的讲话》(1999 年 6 月 25 日)

邓小平说，不争论，是他的发明。人们说，不争论，是邓小平的高明。

一个国家、一个地区、一个社会总会存在这样那样的分歧、差异和矛盾；同时也总是有着共同的利益、愿望和目标。分歧和差异，有的是是非问题，有的是个性、特点的表现；有的可以消除，有的不能强求一致。当今世界各国，尤其是发展中国家，共同关心和追求的是发展经济，改善人民生活。执政者、领导者只有抓住发展经济、改善人民生活这一体现共同利益、共同要求的大目标不放，才能把绝大多数群众的精神振奋起来、人心凝聚起来、潜力挖掘出来，也只有在为实现大目标共同奋斗的过程中，人们才能不断地增进了解、消除误解、取得谅解，从而促进大团结。大目标是大团结的基础，大团结是大目标的保障。中国在经济建设和改革开放的进程中，也有过不同的看法，有过这样那样的分歧。中国改革开放的总设计师邓小平提出“不争论”，反对让无谓的争论耽误时间，主张先干起来再说。实践证明，“不争论”的方针有利于各项事业的发展和各种分歧的统一。邓小平说，不争论，是他的发明。人们说，不争论，是邓小平的高明。

《会见斯里兰卡总统库马拉通加时的谈话》（1999 年 12 月 2 日）

用阶级斗争观点看待一切，“一个中心”不是没有了吗？

说阶级斗争在国内一定范围还存在，这是对的，但如果说用阶级斗争的观点分析一切、看待一切，那就不对了。你把阶级斗争说过头了，“一个中心”就被削弱了。为什么强调以经济建设为中心呢？就是针对长期以来“以阶级斗争为纲”而提出来的。这是党的十一届三中全会确定的、具有重大意义的战略转变，是党的政治路线的最重要的变化。用阶级斗争观点看待一切，“一个中心”不是没有了吗？

《同天津市新闻、文艺、出版工作者座谈时的插话》
（1989年10月7日）

现在讲阶级斗争，强调到什么程度，一定要注意分寸。

现在讲阶级斗争，强调到什么程度，一定要注意分寸。“一个中心、两个基本点”中的“一个中心”，是针对“以阶级斗争为纲”讲的。党和国家工作着重点的转移，就是从“以阶级斗争为纲”转移到以经济建设为中心上来。对政治风波中错误严重的人，该怎么处理就怎么处理。对大多数人，主要是通过学习，提高认识，不要结下死疙瘩。我在天津说过，要“开窗子、搭梯子”。“开窗子”就是使他呼吸到新鲜空气，“搭梯子”就是给一个台阶叫他下来。

《考察山西时的谈话要点》（1989年8月11—18日）

5. 必须客观全面地研究资本主义，也要客观全面地研究社会主义。

长期以来，我们把资本主义作为社会主义的对立物来理解，把防止资本主义复辟作为头等政治大事来抓。在我们过去的字眼里，资本主义就是腐朽、就是反动、就是丑恶，因而就要彻底批判，就要完全否定，就要划清界限。但从人类社会发展的历史来讲，却应当作另外的理解。资本主义承接了“地主社会和官僚社会”创造出来的全部文明成果（列宁语）；作为比资本主义高一阶段的社会形态，社会主义也必须承接资本主义的全部知识和合乎规律的成果。列宁说过：“我们不能设想，除了建立在庞大的资本主义文化所获得的一切经验教训的基础上的社会主义，还有别的什么社会主义。”① 所以，我们必须客观全面地研究资本主义，弄清哪些是反动的，哪些是过时的，哪些是人类社会共有共用的文明成果。我们也要客观全面地研究社会主义，弄清哪些是正确的，哪些是错误的，哪些是需要完善的。同时把两个研究结合起来，保持我们好的，加上他们好的，我们就成了最好的。这不只是个理论问题，还直接关联和影响我

① 《列宁全集》，中文2版，第34卷，252页，北京，人民出版社，1985。

们的改革开放政策。

《在天津市改革开放问题讨论会上的谈话》(1987 年 11 月 8 日)

社会主义不是从天上掉下来的，人类社会创造的一切文明成果社会主义都应该继承。

小平同志还讲到，社会主义要赢得与资本主义相比较的优势，就必须大胆吸收和借鉴人类社会创造的一切文明成果，吸收和借鉴当今世界各国包括资本主义发达国家的一切反映现代社会化生产规律的先进经营方式、管理方法。大家认真想想，这句话对我们解放思想该有多大的现实意义呀！我们的社会主义社会是由封建社会、资本主义社会而来的。无产阶级要夺取政权，就必须对封建主义、资本主义进行批判，进行斗争，进行否定，这才构成你下台我上台的理由，这毫无疑问是对的。但另一方面，社会主义也不是从天上掉下来的，而是由封建社会、资本主义社会发展而来的，因此，毫无疑问，人类社会创造的一切文明成果社会主义都应该继承；而其他社会不能解决的矛盾和弊端，社会主义都应能解决。这样才能讲社会主义优越，社会主义好，有生命力！我们对资本主义应当排斥的那一面当然应该注意，不注意就忘了社会主义性质，就会出大问题。但也应看到资本主义也有文明、进步的东西，对此也必须承认，否则就无所谓对外开放了。现在的主要问题还是能不能把国外的、先进的人类文明成果都吸收过来，变成我们的财富。

《听取山东潍坊市委、市政府负责同志工作汇报时的讲话》(1992 年 4 月 22 日)

每个社会里都有控制和调节的问题。

事实上，现代任何一个国家对经济都不会是完全没有控制、没有计划、没有调节的。过去有一种看法，认为只有社会主义才有计划，而资本主义完全是无政府状态，不可能有计划。其实每个社会里都有控制和调节的问题。

《会见日本自民党众议员渡边美智雄一行时的谈话》（1991年3月8日）

必须敢于和善于利用资本主义的因素建设社会主义。

在社会主义初级阶段，必须敢于和善于利用资本主义的因素建设社会主义。毫无疑问，我们共产党人的世界观和最高纲领，是要消灭资本主义，消灭一切剥削，实现共产主义。但是，由于社会主义是从资本主义脱胎而来的，所以只有资本主义才能为社会主义准备好各种必需的条件，而社会主义也只有利用资本主义那里的一些遗产，才能获得有利于自身发展的充分条件。在社会主义的初级阶段，对于某些资本主义因素，不能采取完全排斥的态度，也没有必要“犹抱琵琶半遮面”，非要贴上社会主义的标签。凡是适合当前生产力发展的，都应允许存在。

《谈改革的几个思想理论问题》（1987年7月4日）

我们是社会主义国家，有许多资本主义国家所没有的优势。

我们是社会主义国家，有许多资本主义国家所没有的优势，在我们实行对外开放，学习、引进国外先进经验的同时，必须自觉地发扬我们自己的优势。

在我们的国家里，大家有一个共同的目标，就是实现四化，建设社会主义现代化国家。这个目标凝聚了全体人民的共同利益。当我们把这个目标喊响，使广大人民群众明确之后，就能把群众最广泛地吸引过来，动员起来。

我们有党的集中统一的领导，有自上而下的各级党组织，有各条战线上发挥骨干作用的广大共产党员。几十年来，我们党始终把为人民谋利益作为最高宗旨，已在人民群众中享有崇高的威望。因此，在关键的时刻，党一号召，就可以把人民群众的劲头充分地调动起来，形成万众一心、无坚不摧的力量。

我们有马克思主义这个认识世界、改造世界最先进的武器。它使我们懂得了办事要从实际出发，尊重客观规律，它告诉了我们观察、认识事物的正确方法与途径，使我们能在纷纭复杂、千变万化的过程中把握事物的发展。我们还有思想政治工作、群众路线的传统。这些优势在过去战争年代和建设时期，曾发挥了巨大的作用，在社会主义现代化建设的今天，乃至更高发展阶段的未来，仍然可以发挥巨大的作用。这些优势构成了我们区别于资本主义的特征。我们的同志都要自觉地研究和认识这些优势，充分发挥这些优势，使之在四化建设中显示出更大的威力。

《在中共天津市委四届四次全委扩大会议上的讲话》

（1985年12月26日）

改革、现代化科学技术，加上我们讲政治，威力就大了。

过去我讲过这个话，讲下放权力、商品经济、放开搞活、厂长负责制，资本主义国家比我们要彻底，如果只讲这一面，那我们搞了半天不等于搞资本主义吗？这几年我们天津的工作有自己的优势。我们调动职工群众的积极性，并不是完全靠奖金、靠行政干预。科学技术、改革、承包都是重要的，但我们始终没有丢掉共产党的优势这一面。小平同志提出，改革、现代化科学技术，加上我们讲政治，威力就大了。讲政治，就是指共产党的领导，搞社会主义和马克思主义的理论指导。当然，我们所说的马克思主义，不是指那些被歪曲了的理论，也不是化了妆的马克思主义，更不是附加到马克思主义名义下的错误观点。我们现在实行开放是完全正确的，但是，对待资本主义国家的经验应该有一个正确的态度，不能什么都照搬资本主义那一套。

《关于天津市党代会报告起草意见的谈话》（1988年1月12日）

要把改革创造的新经验、引进的先进管理办法与社会主义的特点优势结合起来。

在改革开放中，我们一方面要学习发达国家和地区的先进管理经验，吸收现代科学技术，同时更要讲人的作用，注意人和物的关系，领导与被领导的关系。讲管理，首先是人。人是生产力中最积极、最活跃的因素，离开了对人的理解和尊重，就谈不上管理。把人管理得都能负责任，企业里什么都能变样。要把改革创造的新经验、引进的先进管理办法与社会主义的特点优势结合起来，形成一个既不同于西方的，也不是传统的，而是一个新的、有中国特色的社会主义的东西。既不忽视物质利益的作用，又不是完全靠钱调节，一切向钱看。总之，讲中国的改革，离不开人的因素，所有的改革配套都是与人配套，不能离开人。

《谈当前改革中需要注意的几个问题》(1989 年 1 月 5 日)

要认真总结苏东事件的经验教训。

要认真总结苏东事件的经验教训。有着 70 年执政历史的苏联顷刻瓦解，那么多的共产党员、共青团员，那么多的经过挑选的“忠诚可靠”的干部，没有什么人站出来维护社会主义的苏联，人民群众似乎也无动于衷。其他垮台的东欧社会主义国家也类似。苏东事件震动了世界。很多人困惑不解，很多人关心研究。不久前，巴勒斯坦共产党总书记问我怎么看，我说我也没有想清楚，但我还是谈了几点意见。大意是：共产党执政以后，一定要致力于发展生产力，集中力量把经济搞上去，使国家日益强盛，使人民生活不断提高，广大群众才会真心实意地热爱社会主义，社会主义制度才能不断巩固。再一点是必须坚持改革开放。社会主义的经济和政治体制不能一成不变。有的社会主义国家领导人曾问我：“社会主义制度是最好的制度，为什么要改革?”我说：“不发展生产力，不根据生产力的发展改革不适应的生产关系，不融入世界、跟上时代潮流，一定落后。长期落后就会被人民抛弃。”还有一点，就是改善党的领导，坚持和加强思想政治工作，等等。这个回答我并不满意，但这个问题我却始终关心重视。中国的社会主义是从苏联来的，“十月革命一声炮响，给我们送来了马克思列宁主义”①，因而我们的体制中有它的基因；我们国家的框架模式是跟苏联学的，有的还是苏联人帮助设计、帮着建立的，许多方面存在他们的影响；我们的马克思主义是从他们那里“转口”来的，甚至他们的若干文件、讲话，我们也像对马克思主义一样信奉、学习。马克思主义理论“转口”过程中有没有走样？他们的讲话和文件有没有毛病、有没有错误？如此等等，我们必须认真对待。要组织力量、下大功夫研究总结，从中找出经验教训。这关系着我们的方向、道路、命运、前途。

《同中办调研室部分同志的谈话》（1991 年 9 月 3 日）

究竟怎样看待苏联的剧变，应该从苏联剧变中总结些什么经验教训？这是一个很重要的问题。

究竟怎样看待苏联的剧变，应该从苏联剧变中总结些什么经验教训？这是一个很重要的问题。毫无疑问，苏联的变化，表明世界范围的共产主义运动落入低潮，社会主义事业遭受严重挫折。苏联的剧变又导致了国际“大三角”格局的改变，使得美国

① 《毛泽东选集》，2 版，第 4 卷，1471 页，北京，人民出版社，1991。

为首的西方大国更加有恃无恐，可能腾出手来，集中力量对付中国。西方敌对势力想把社会主义消灭掉，这是他们的既定方针。如果说1989年政治风波中，西方敌对势力还不敢直接插手的话，那么在苏联演变后，国内再发生这类事件，他们就有可能直接干涉。在这种情况下，任何麻痹大意、丧失警惕都是十分错误的，都容易吃大亏。

《在天津市领导干部座谈会上的谈话》（1991年10月4日）

那么多社会主义国家在不长的时间里相继垮下去，不是个简单的问题、偶然性的问题。

我们认为，社会主义运动确实遭受了挫折，处于低潮，但是，社会主义的发展前途和方向并没有改变。我们对社会主义前途充满信心，并不是说我们不重视当前出现的许多现实问题，我们认为现在出现的许多新情况、新问题需要我们引起重视，并加以认真的研究。那么多社会主义国家在不长的时间里相继垮下去，不是个简单的问题、偶然性的问题。这和过去相当长时间里对待马克思主义的态度，对待社会主义的建设方向，以及所采取的一系列路线方针政策都有关，其中有许多值得深思和研究的地方。

《会见西班牙共产党代表团时的谈话》（1992年7月30日）

苏联为什么解体，东欧为什么剧变？我们要用历史唯物主义的观点去分析，不能简单化。

苏联为什么解体，东欧为什么剧变？原因是多方面的。我们要用历史唯物主义的观点去分析，不能简单化。我们认为苏联东欧出现目前这种局面，其主要领导人确实负有责任，但也不能简单归结为某一个人的罪过。对苏联东欧变化的原因真正回答清楚，还要进行多方面的研究。但有一点可以肯定，经济长期没有搞好是这些国家的共产党垮台的一条十分重要的原因。工农业生产搞不上去，人民生活问题长期解决不了，吃不饱肚子，怎么会满意？共产党夺取政权以后，究竟怎样才能巩固社会主义制度？过去很多社会主义国家对这个问题下功夫不够。我们党在执政以后一直在探索这个问题，有成绩但也有挫折，只是在十一届三中全会之后才真正摸索到了一条路子。这就是坚持“一个中心、两个基本点”，建设有中国特色的社会主义。1989 年发生在北京的政治风波之所以能够平息，在苏联东欧剧变的情况下中国之所以稳如泰山，主要是我们搞了十年改革开放，经济上去了，市场有东西，人民安居乐业。国际共产主义运动中苏东的教训和我国成功的经验都说明，共产党执政以后，必须努力解决人民群众日益增长的物质文化需要同落后的社会生产之间的矛盾，必须把发展生产力作为社会主义的根本任务。而要发展生产力，把经济搞上去，就必须坚持改革开放。党的十三届八中全会研究了农村改革问题，其中很重要的一条就是肯定农村联产承包责任制不变。应该说，农村联产承包责任制是中国这些年改革最成功的一点。老同志都会记得，过去我们为了农业上纲要，亩产过黄河、跨长江①，也就是分别达到400斤、500斤、800斤，可以说费了九牛二虎之力，但真正达到这些目标的地方并不很多。现在，不仅南方，北方也有了吨粮乡、吨粮县，云南大理有的地方亩产高达3 000多斤。去年，我到农村去，征求农民的意见。他们说挺好的，就是希望政策别再变。

《听取吉林省委、省政府工作汇报时的讲话》（1992年1月17日）

坚定信念，正视问题。

一些社会主义国家出现了问题，是我们不愿看到的。但这是客观现实。这些事实说明当前国际上社会主义已处于低潮。出现这些问题的原因多种多样，解释和看法也不尽相同。我个人认为，有两点非常重要。一是坚定信念。理论与实践都说明社会主义是人类社会一种比较理想的社会制度。失去信心，放弃社会主义阵地，这是非常有害的。二是正视问题。这么短的时间、这么大的范围出现这么多的问题，绝不是偶然的，应该客观地、认真地研究这一现实，找找内因。社会主义国家必须把那些不利于生产力的发展，不利于提高人民的生活水平，不利于人们追求民主与自由的东西克服掉，否则口号再响亮，态

① 《1956年到1967年全国农业发展纲要（修正草案）》（又称“农业四十条”）提出：从1956年开始，在12年内，粮食每亩平均年产量，在黄河、秦岭、白龙江、黄河（青海境内）以北地区，由1955年的150多斤增加到400斤（即上纲要）；黄河以南、淮河以北地区，由1955年的208斤增加到500斤（即过黄河）；淮河、秦岭、白龙江以南地区，由1955年的400斤增加到800斤（即跨长江）。

度再坚决，也会葬送社会主义。

《会见马耳他工党领袖、前总理鲍尼其时的谈话》（1991 年 1 月 4 日）

社会主义社会究竟该干成什么模样，现在这个样子还不是最终的模式。

社会主义再有几十年才能更加定型，社会主义社会究竟该干成什么模样，现在这个样子还不是最终的模式。至于是方的还是圆的，是红的还是绿的，这要通过实践来回答。有些人说，只有达到某本书、某个文件上描绘的那个样子，才算是社会主义。这就会把人们的社会实践限定在一个主观模式里。

《在广东省考察工作时的谈话》（1992 年 3 月 15—18 日）

跟上时代潮流，立足中国实际，借鉴人类社会一切文明成果，研究设计具有中国特色的社会主义的目标和模式。

对于社会主义的特征、模式，过去有过不少的论述。实践证明，特别是苏联、东欧社会主义的兴亡证明，有些说法和做法是不正确的。比如，纯而又纯的公有制经济、集中统一的计划经济等，并不利于生产力的发展和人民生活水平的提高。中国如果不是坚持邓小平建设有中国特色社会主义的理论，坚持改革开放，可能至今也解决不了温饱问题。苏东那么多社会主义国家的成败历史，中国那么多人的经验教训，还不能引起重视吗？我们应该在冷静地思考过去的同时，冷静地思考未来，跟上时代潮流，立足中国实际，借鉴人类社会一切文明成果，研究设计具有中国特色的社会主义的目标和模式。

《同中办调研室部分同志的谈话》（1993年3月16日）

6. “先生孩子后起名”。

看一个生产企业，应当看它的产品是好是坏，市场是否需要，对社会有利还是有害，企业的效益如何，而不应该先定社会性质。有些企业很难说它是什么主义，废钢市场把各地的废变压器搜集起来，把变压器中的剩机油集中起来，把白银分解出来，从集中的油和白银中得到一笔钱，然后再卖废铁。你说它是什么主义？我看在中国就是社会主义。

有些东西不要急急忙忙定性，只要市场需要、社会无害、生产者有利，就应当允许、支持。先生孩子后起名，孩子生下来可以先起个小名，阿猫、阿狗、铁蛋都行。主要的是让他身体好，长本事。

这几天你们给我的印象是好戴帽子，每到一处总是先说我这是社会主义的。你们反对别人给你们戴白帽子，你们自己也不要抢戴红帽子。不戴帽子不行吗？温州能把全国各地的破旧化纤搜集起来，经过洗染织成五颜六色的地毯，然后四块钱一平米出售。许多加工厂是家庭作坊，前面工厂后面住家，或楼下工厂楼上住家，生产机器日夜不停，父母妻子轮换上班，紧张得很，辛苦之极。你说他这种精神该不该提倡？国家要富强，生活要改善，就得有这种干劲、拼劲、苦劲。

《听取温州市委工作汇报时的讲话》（1991年5月19日）

附：

温州感怀*

一

十五年前到温州，
姓氏名谁论不休。
官员害怕走错路，
百姓担心路回头。

二

古稀之年旧地游，
新兴城市遍地楼。
改革发展是榜样，
瓯城美誉满全球。

三

转瞬再过十五年，
诸君健在我难还。
后人谈及今日事，
何为鬼来何为仙。

四

老夫一生坎坷多，
满腔热血随事说。
不愿回首当年事，
只想开心与吃喝。
呵呵，呵呵，呵呵……

---

* 2006 年 11 月 23 日，李瑞环同志在时任浙江省委书记习近平同志的陪同下到温州考察。晚饭时，温州的同志非常热情地回顾了 1991 年李瑞环同志到温州考察的情景，李瑞环同志颇有感触，即兴呼了几句“顺口溜”。

有些人喜欢给经济形式贴上主义的标签，这是不科学的。

许多外国朋友关心私营经济的命运。其答案是肯定的，因为改革允许多种经济形式并存，其中包括私营经济。有些人喜欢给经济形式贴上主义的标签，把大的国营和集体所有制经济划为社会主义经济，而把私营、个体经济则列为资本主义经济，这是不科学的，对社会主义生产力的发展是不利的。中国的经济体制改革始于农村，而农业改革的最初内容就是以责任制的方式把集体的土地承包到户。这对中国农村改革起了决定性的作用，直到今天人们仍承认它是正确的，如果对此又划分什么主义的话，那是很危险的。

《在接见美国世界事务组织全国委员会代表团访华时的讲话》

（1990 年 6 月 16 日）

单纯以经济所有制形式鉴别是社会主义还是资本主义过于简单，不符合目前的情况。

深入进行党的基本路线教育，比进行社会主义教育的提法好。“四清”① 时我们就叫社会主义教育，但搞不好，姓“社”姓“资”的问题又出来了。单纯以经济所有制形式鉴别是社会主

① 即社会主义教育运动，是 1963 年至 1966 年 5 月先后在部分农村、城市工矿企业和学校等单位开展的一次清政治、清经济、清组织、清思想的运动。

义还是资本主义过于简单，不符合目前的情况。社会主义初级阶段是多种经济形式并存的，不能说规模经济就是社会主义，非规模经济就不是社会主义。中国如果不坚持改革开放，四项基本原则也坚持不下去，老百姓吃不饱，一肚子气，怎么坚持？基本路线教育是什么教育呢，就是以经济建设为中心、扭住经济建设不放的教育，就是既坚持四项基本原则又坚持改革开放的教育，不能离开“一个中心”去讲“两个基本点”。

《听取延安地委工作汇报时的讲话》(1990 年 4 月 20 日)

采取什么所有制形式，不是人们的主观意志所决定的，而是取决于哪一种所有制形式适应和有利于生产力的发展。

从理论上讲，马克思主义认为，任何一种经济形态都不是凭空地制造出来的，也不能凭空地被消灭掉，都有它发生、发展、消亡的根据。生产力和生产关系之间，生产力决定生产关系，生产关系一定要适合生产力发展的要求。反过来说，一种生产关系是否适合生产力发展水平，则要看它对生产力的反作用情况，看它是保护、促进还是阻碍甚至破坏生产力的发展。在我国，国营经济在整个国民经济中居于主导地位。巩固和发展国营经济，是保障劳动群众集体所有制经济沿着社会主义方向前进，并且保障个体经济为社会主义服务的重要条件。但是，我国是在半封建、半殖民地基础上经过新民主主义革命而进入社会主义的。总的来说，生产力水平还比较低，发展又很不平衡，这就决定了我国在很长时期内需要全民、集体和个体多种经济形式同时并存。究竟哪些单位、部门应该采取什么所有制形式，不是人们的主观意志所决定的，而是取决于哪一种所有制形式适应和有利于生产力的发展。用马克思主义的观点看待一种所有制形式是否优越，不是看它是否大，是否公，而是看它是否能促进生产的发展。凡是能促进生产发展的，便是优越的、进步的；凡是阻碍生产发展的，便是落后的。但是，长期以来，我们忽视了生产力与生产关系的核心问题是“适应”或“不适应”，过去老是讲，凡是大的就是先进的，凡是公的就是先进的，凡是国有的就是先进的。以前搞人民公社，曾片面强调“一大二公”①，弄得很多地方农民吃不上饭。最近两三年，广大农村普遍实行和推广了以联产承包为主要形式的农业生产责任制，假如用过去那种旧的观点看，这是落后的。而事实证明，联产承包责任制扩大了农民的自主权，克服了管理过分集中、劳动“大呼隆”和平均主义的弊病，又继承了以往合作化的积极成果，坚持了土地等基本生产资料的公有制和某些统一经营的职能，使集体优越性和个人积极性同时得到发挥，这种责任制既适应当前以手工劳动为主的状况和农业生产的特点，又能适应农业现代化进程中生产力发展的需要。

《在城市集体经济工作会议上的结论报告》（1982 年 12 月 10 日）

简单地以私有经济比重来确定社会性质是不科学的。

简单地以私有经济比重来确定社会性质是不科学的。改革开

---

① 指 1958 年人民公社化运动时，人民公社的两个特点：一是规模大，二是公有化程度高，简称“一大二公”。

放以来，我国私有经济比重是加大了，但不能说我们的国家、我们的社会主义不如改革开放以前了。苏联、东欧一些社会主义国家公有制经济比重都很高，它们的社会主义却垮台了。

批评温州的人也说温州经济发展了，生活提高了，就是搞了资本主义。他们说的资本主义就是指温州经济多是非公有制经济。我国农村改革后，公有制经济比重小多了，但农村的经济发展了，农民的生活提高了。你能说农村改革是搞资本主义吗？应该承认，在许多情况下，公有制经济搞不过非公有制经济，其中原因是什么可以研究，但这样的事实不少。非公有制经济搞多了吗？我看中国非公有制经济还会有更大的发展。我说过，中国的国有经济很大一块要让给非公有制，这只是一个时间问题，自觉不自觉、主动与被动的问题。搞得好，是积极退却，可以收回一大笔资金；搞得不好，节节败退、溃退，会付出很大代价。对此我有一套想法。

《听取温州市委工作汇报时的讲话》(1991 年 5 月 19 日)

过去在“左”的思想指导下，把社会主义看得纯而又纯，清而又清，处处割“尾巴”，搞“大锅饭”，使我们吃了不少苦头。

社会主义的初级阶段是一个很长的历史时期，在这个时期必然存在着一些非社会主义性质的因素，从主观意识出发，硬性地要消灭这些因素，不仅不现实，而且无助于社会主义制度的顺利发展。多种经济形式并存，是这个初级阶段的一个显著特点。个体经济、租赁、雇工等，尽管具有某些非社会主义的色彩和因素，但从现阶段来讲，是有利于促进社会生产力的发展，有利于巩固社会主义制度的，十一届三中全会以来的历史已经充分证明了这一点。过去，在“左”的思想指导下，把社会主义看得纯而又纯，清而又清，处处割“尾巴”①，搞“大锅饭”，使我们吃了不少苦头。现在，我们发展个体经济，实行租赁承包，允许雇工，头脑是清醒的，政策是明确的，我们采取了一系列加以限制、引导的措施和规定，不是不加控制地任其发展。

《同天津警备区部分干部战士的对话》（1987 年 6 月 16 日）

就长远来讲，我们希望或主张不断地扩大生产规模，走向集体经济，但是现在无论如何不能伤害个体经济。

毫无疑问，就长远来讲，我们希望或主张不断地扩大生产规模，走向集体经济，但是现在无论如何不能伤害个体经济。有些提法本身是正确的，但说的时候要十分谨慎，十分周全，免得产生误解。比如说，在谈到规模经营时，要十分注意不能勉强，要注意那个地方的具体情况，要坚持在自愿的基础上，并切实做到给人们带来更多好处。在讲社会主义制度和社会主义方向的时候，要注意农村经济政策的稳定性和连续性，不能轻易把农村经

① 即割“资本主义尾巴”。是指在中共十一届三中全会之前的一个时期里，受极左思潮的影响，把农村中个体劳动、自留地等都当成资本主义因素加以限制和取缔。

济政策说成是社会主义的或是资本主义的。有的地方提出要“进行社会主义再教育”，就其本意来讲也许是好的，但要十分小心，不要给人们造成误解。过去“四清”，就叫“社会主义教育运动”。现在自由市场上东西很多，而相当多的是农民和个体户起早贪黑生产和送来的啊。我们到农村庭院看看，前前后后都充分用来种植、养殖。在我国经济建设中，我们必须坚持以公有制为主体、发展多种经济成分的方针。在农村，当前要特别注意稳定和完善多种形式的联产承包制，发挥个体经济和其他经济成分对社会主义经济的有益的、必要的补充作用，绝不能否定个体经济。要十分谨慎地对待这件事情。一旦农村经济政策出了问题，或者说农民对个体经济、私有经济的发展感到有什么政策上的威胁，发生了动摇，出现了混乱，那将是一个不可收拾的局面。对此全党必须有很清醒的认识。要警惕再出现那种把农村个体经济当作“资本主义尾巴”来割的错误做法。

《在河北省六大班子成员座谈会上的讲话》(1990 年 1 月 6 日)

要承认适当发展个体经济、私有经济，是公有制经济必要的、有益的补充。

在公有制为主体的前提下发展多种所有制经济，是经济改革的一个重要内容。要承认适当发展个体经济、私有经济，是公有制经济必要的、有益的补充。苏联人均国民收入 6 000 卢布、折 7 000 多美元，我国不足 300 美元。但是，他们吃的、穿的、用的都买不到，而我们的食品和生活用品的供应比较充足，毫无疑问，这与发展多种经济成分相联系。要注意防止片面性。对个体经营关键是要加强管理，主要是做到有照经营、合法经营、照章纳税。对改革的各项政策，包括市场调节、多种经济成分、承包责任制等，都要总结经验，逐步完善，但在工作中必须十分慎重。

《考察广东时的谈话》（1989年9月9—14日）

公有制为主体、多种所有制经济共同发展，是我国社会主义初级阶段的一项基本经济制度，把它理解为一种策略是不对的。

公有制为主体、多种所有制经济共同发展，是我国社会主义初级阶段的一项基本经济制度，把它理解为一种策略是不对的。社会主义制度确立以后怎么办，社会主义是什么样，社会主义搞多长时间，过去并不明确。邓小平同志讲，社会主义是一个很长的时间，要搞几代人、十几代人，甚至几十代人。孔夫子到现在才多少代呀？我们过去的教训中很重要一点就是把社会主义看得简单看得短了。马克思、恩格斯讲的社会主义是相对奴隶社会、封建社会、资本主义社会大的历史发展阶段讲的，是笼而统之讲一般意义上的社会主义。马克思所说的社会主义是在资本主义高度发达的基础上建立起来的。而列宁搞的社会主义是在资本主义最薄弱的地方首先取得胜利，不是马克思说的那样，开始条件就不一样。列宁领导的俄国革命成功了，东欧几个国家成功了，中国也成功了。按照列宁主义建立的社会主义国家都是穷的。这些国家的人们正是因为穷，不满意原来的社会制度，才支持共产党夺权。如果共产党掌握了政权以后还不搞经济建设，天天瞎折腾，人民生活老富裕不了，人们不满意，最后必然会抛弃这样的政权，苏联、东欧的共产党就是这样的结局，这是很简单的道理。所以，社会主义的根本任务是发展社会生产力，改善人们的生活。由此出发，实事求是地分析生产关系，该是什么样就是什么样。

《在会见各民主党派中央、全国工商联新老领导成员时的讲话》（1997 年 12 月）

建设有中国特色的社会主义是我们的共同目标，允许多种经济成分并存是我们的明确政策。

总的来说，建设有中国特色的社会主义是我们的共同目标，允许多种经济成分并存是我们的明确政策。由于各地经济、政治、文化发展不平衡，起步点不一样，发展的具体路子不可能整齐划一，但都是在共产党的领导下，坚持社会主义方向，有这个“大圈圈”管着。当然，在探索前进的过程中难免有这样那样的缺点和失误，要沉住气。目前这点个体户没什么了不起。你要是不喜欢，只要稍微一喊，他就吓得把门关了。但是，我们要看到，把他搞掉很容易，让他健康发展起来可就难了。

《听取浙江省委工作汇报时的讲话》（1991 年 5 月 21 日）

现在温州很需要有人替他们说公道话。

北京对温州的说法很多，说温州很乱，温州在搞资本主义，温州什么都有，等等。我这次来是想直接体察一下，是非曲直你们比我更清楚。省市一级领导，和基层干部比更了解中央精神，和中央领导比更了解实际情况，你们应当实事求是地向中央反映情况。我们常讲要坚持原则，实事求是就是原则，而且是一个大的原则。把对中央负责和对基层负责统一起来很难，但这是省委的责任。我不是说温州一切都好，我和刘锡荣①同志谈话也批评了大建陵墓的问题，但总的应该说那里的经济发展了，老百姓的生活提高了，社会也比较稳定。温州的基础很差，没有什么资源，国家没给投资，交通也不发达，搞成这个样子很不容易。安徽搞承包，开始时北京说的多是坏话，小平同志支持才过了关。现在温州很需要有人替他们说公道话，省委领导应该给他们撑腰，起码不能随声附和，参加反温州的大合唱。北京有些人的话是靠不住的。温州经济搞垮，老百姓没饭吃，他们不管，最终还是要省委负责。

《同浙江省委主要负责同志的谈话》(1991 年 5 月 21 日)

给那些真正坚持改革的人一点支持，给那些攻击改革、想把温州弄垮的人增加一点阻力。

我这次还有一个突出的印象，就是温州所处的外部环境和温州人民的精神面貌与过去大不一样了。上次我来温州，正是外界对温州说法颇多的时候。说好的也有，说坏的也有，但说好说坏的情形不同。说温州不好的人可以在会上说，大声地说；而说温

① 当时任中共浙江省委常委、温州市委书记。

州好的人只能在会下说，小声地说。我当时怀疑，温州不可能像有的人说的那么坏。因为这当中不少人本来就有起哄的习惯，而某些“左”的人总是喜欢什么问题都上纲上线，按照他们的思维方法和判断标准，一篇文章就把一个地方说得一无是处。于是，我决定自己来实地看一看。临行的前一个晚上，我到一位老同志家去，告诉明天去温州出差。他说你为什么现在去？现在去讲什么呀？你怎么讲都不对。我说想去了解实际情况究竟怎么样，并相机讲几句实话，给那些真正坚持改革的人一点支持，给那些攻击改革、想把温州弄垮的人增加一点阻力。

那次，也是刘枫①同志陪我。一到温州，我还没有说什么，市委书记刘锡荣同志就反复地给我解释，这个企业是社会主义，那个企业也是社会主义，来回地这么说，明显感到他心里有想法。这次来，情况不同了。现在在北京，一说到温州，就说那地方好啊。到了温州，更能感到领导干部的精神面貌大不一样了，当时那种担忧、那种没有底的心情确实没有了，大家想的都是如何一心一意把经济建设搞上去。我觉得温州能有今天的局面很不容易。希望大家珍惜来之不易的局面，抓住机遇，把温州的改革开放和经济建设搞得更好。

《同温州市领导和企业界人士座谈时的讲话》（1998年4月17日）

非公有制经济人士通过守法经营富起来不仅是允许的，而且是光荣的。

十五大报告明确提出，公有制为主体、多种所有制经济共同

---

① 当时任中共浙江省委副书记。

发展，是我国社会主义初级阶段的一项基本经济制度；非公有制经济是我国社会主义市场经济的重要组成部分。这就是说，在我国当前的条件下，非公有制经济的发展有利于社会主义市场经济的发展，非公有制经济人士通过守法经营富起来不仅是允许的，而且是光荣的，是应当尊重、鼓励的，我们应当真心实意地希望并且帮助他们发展起来。但是，目前有些同志仍然用过去的观点，把发展非公有制经济视为一种消极的、暂时的权宜之计，把非公有制经济人士看作异己力量，不希望非公有制经济有更大的发展。

《同全国统战部长会议代表座谈时的讲话》（1999 年 1 月 20 日）

我们既要理直气壮地支持非公有制经济健康发展，也要理直气壮地提倡富裕起来的人们帮助生活困难的人们。

非公有制经济发展了，一部分人有钱了，这就提出了一个问题，有钱以后究竟干什么？一方面，要继续推进自身发展，在现有的基础上扩大再生产，给更多人提供就业机会；另一方面，要帮助别人发展，乐善好施、助人为乐，多办一些好事善事。过去常讲“富人一餐饭，穷人半年粮”，现在一餐饭花一万块钱不算新鲜，一万块钱可买多少粮食，够一个人特别是贫困地区的群众吃多少个半年？为什么不能在吃饭上少花点钱，多帮助穷困的人办点儿善事？孟子讲：“乐民之乐者，民亦乐其乐；忧民之忧者，民亦忧其忧。”你若帮助别人，当你有困难的时候，别人也会帮你；当你发财的时候，周围的人会替你高兴。如果你只顾自己，不顾别人，甚至损人利己，为富不仁，你越发财别人越穷，别人就不会支持你，你的发展也不会顺利，你的心情也不会舒畅。我们既要理直气壮地支持非公有制经济健康发展，也要理直气壮地提倡富裕起来的人们帮助生活困难的人们。这既是解决发展过程中经济不平衡、生活不平衡现象的一种措施，也可以使那些生活比较困难的人心理上平衡。这就是既用政策的手段克服两极分化和发展过程中的不平衡，同时又用道德的方法解决不平衡问题。

《在会见非公有制经济人士时的讲话》（1998 年 10 月 7 日）

7. 不能因为有“蚊子”、“苍蝇”飞进来就不开门。

“扫黄”是改革和对外开放健康进行的一个保证。有些同志担心“扫黄”会影响对外开放，这是不应该的，恰恰是“黄色”东西的泛滥，败坏了社会风气，破坏了社会正常的秩序，损害了中国人的声誉，妨碍了改革开放的顺利进行。对外开放，必然会有“蚊子”、“苍蝇”飞进来，打“蚊子”、“苍蝇”不等于就是不开放，也不能因为有“蚊子”、“苍蝇”飞进来就不开门。相反，把“黄色”的东西打掉了，把“蚊子”、“苍蝇”扫除干净，会有利于改善投资环境，把对外开放工作搞得更好。

《在南方四省“扫黄”工作座谈会上的讲话》(1989 年 9 月 11 日)

和外国人打交道是一门学问，要完全学会需要有个过程，但我相信中国人不傻、不笨。

为了透透空气就要打开窗户，打开窗户就难免进来蚊子、苍蝇，但绝不能因此就连窗户也不开了。不吸新鲜空气的人，身体是不会好的。中国憋了那么多年，苦头吃得不少，现在怎么能回到闭关锁国的老路上去呢？当然，和外国人打交道是一门学问，要完全学会需要有个过程，但我相信中国人不傻、不笨，你们承认你们比外国人笨吗？至于如何尽量避免、防止资本主义消极的东西，这要研究，总结经验，总可以找到途径。

《与天津大学学生的对话》(1985 年 10 月 23 日)

社会主义如果不坚持改革开放，不发展经济，不改善人民生活，只能是死路一条。

从国际共产主义运动的历史看，由苏联第一个建立社会主义国家到现在已经 70 年。在这么长的时间里，人们一直研究如何使社会主义制度不变颜色。列宁、斯大林研究，毛主席也研究。搞“文化大革命”，就毛主席的本意讲也是怕变了色嘛。所以，究竟怎么样巩固和发展社会主义制度，这是无产阶级和共产党人掌握政权之后长期研究探索的重大问题。但是，真正找到解决这个问题的正确路子，还是十一届三中全会以后小平同志倡导的建设有中国特色的社会主义的理论和路线。正是因为有了这套理论和路线，中国这十几年来才发生了举世公认的变化。如果离开这套理论和路线，中国是没有出路的，社会主义是没有希望的。东欧剧变、苏联解体后，人们从各方面分析原因，照我看来，尽管原因可以找到很多，但归根结底，是自己没有搞好，经济没有搞上去，有的社会主义国家连肚子都吃不饱。所以小平同志讲，中国 1989 年政治风波能顶住，也是因为搞了改革开放。社会主义如果不坚持改革开放，不发展经济，不改善人民生活，只能是死路一条。

《听取山东潍坊市委、市政府负责同志工作汇报时的讲话》（1992年4月22日）

随着改革的深入，也出现了许多前所未有的问题，我们必须正视这些问题，研究这些问题，及时有效地认识和解决这些问题。

改革开放以来，国民经济快速发展，人民生活明显改善，城乡面貌变化很大，各项事业都有不小的进步，整个社会充满生机和活力，是建国以来最好的时期。这是当前形势的主流。与此同时，我们必须承认，随着改革的深入，也出现了许多前所未有的问题。其中一些重大现实问题，如果在思想理论上搞不清楚，决策、部署乃至整个工作都会被动。我们必须正视这些问题，并下力量研究这些问题。比如，关于计划经济为主、市场经济为辅问题；关于非公经济发展问题；关于分配问题；关于外贸体制问题；关于社会主义方向问题。这些问题，都是现实生活提出的新的问题、重大问题、复杂问题，亟待解决又难于解决的问题。怎么才能及时有效地认识和解决这些问题？根据马克思主义认识论的精神，正确的途径就是组织各方面有识之士到实践中去，深入地调查研究、集思广益。

《在天津市调查研究工作会议上的讲话》（1987年6月11日）

如何在改革开放的条件下、在学习借鉴外国先进经验的过程中发挥社会主义的优越性，这是个大题目。

社会主义制度的特征是什么，优越性是什么，如何在改革开放的条件下、在学习借鉴外国先进经验的过程中发挥社会主义的优越性，这是个大题目。在社会主义制度下发展商品经济，如何才能比资本主义国家搞得更好一些？一个时期以来，出现了一种现象，弄来弄去把社会主义的东西弄没了，比如一些所谓的“改革”、“突破”，把党的工作、思想政治工作弄没了。一讲改革的大的进步，就是拍卖、租赁等，是不是把所有制恢复到资本主义那个样子就是改革了？我们国家企业的所有权和经营权的关系并不像资本主义国家那样，不能把资本主义的东西都接过来，把社会主义的东西都丢掉，否则再闹几年中国成什么样子了？我们要研究一下，在共产党领导下搞社会主义建设，在领导上、体制上哪些是区别于、优越于资本主义的东西，只区别不优越的东西是不能长期存在的。

《关于天津市党代会报告起草意见的谈话》(1988 年 1 月 12 日)

人类文明成果不是资本主义的专利，不同社会制度都可以利用。

我们在建设社会主义过程中，要注意研究资本主义有哪些是属于人类共同的文明成果，是我们可以吸收的。社会主义必须吸收包括资本主义在内的人类社会一切文明成果。人类文明成果不是资本主义的专利，不同社会制度都可以利用。过去，由于我们长期受姓“社”姓“资”的困扰，有些本来没有政治属性的东西，硬给它们戴上了政治属性的帽子而加以排斥。

《在广东省考察工作时的谈话》(1992 年 3 月 15—18 日)

文化是超越国界的，世界上一切优秀文化成果都是全人类的共同财富。

学习外国的有益文化，这是过去一直有争议的问题。一提学习外国文化，似乎就是要搞资本主义。把资本主义文化都看成是坏的，一概不可取，这是一种无知的表现。这次决议明确提出要把外国有益文化学到手，这是我国思想文化建设上的一个解放。文化是超越国界的，世界上一切优秀文化成果都是全人类的共同财富，文化孤立主义从来是一种空想。建设社会主义精神文明，必须立足于人类创造的一切精神财富，要发展自己的文化必须了解人类全部发展过程所创造的文化。因此，外国的思想观念、科学技术、管理方法、文学艺术等，凡是于我有益的都要学到手，汲取当代有益文化的营养，以加快实现中国文明的复兴。

《在中共天津市委四届五次全委扩大会议上的讲话》

(1986 年 10 月 26 日)

大胆地吸收外来的一切先进经验和文明成果。

历史表明，一个国家的繁荣，一个民族的兴旺，固然十分需要自身的不懈努力，同时也要善于同其他国家与民族进行广泛的交流与合作，大胆地吸收外来的一切先进经验和文明成果。这样才可以互通有无，取长补短，才可以少走弯路，加快发展。如果闭关锁国，条件再好也不会跟上世界潮流。中国是文明古国，在长期的历史发展中有许多文明成果被介绍到其他国家和民族，对人类社会作出了独特的贡献；同时，也向其他国家和民族学习、借鉴、引进了不少有益的东西，使自身的文明不断获取新的养料。比如几百年前，西班牙等国商人将玉米、红薯和花生从拉丁美洲引进中国。目前，玉米、红薯占中国粮食产量的30%，花生占油料作物总产量的42%，在中国农业生产和人民生活中发挥着重要作用。

《会见阿曼苏丹卡布斯时的谈话》（1999年5月19日）

只有蠢人才不借鉴别人现成的经验。

马克思主义的另一个基本观点是，生产力决定生产关系，经济基础决定上层建筑，生产力不断运动和变化，必然导致生产关系的调整和变化。科学技术在不断进步，生产力在不断发展，生产关系不做调整，不进行改革，这本身就违背马克思主义嘛！我在会见尼克松时讲过，改革开放是符合马克思主义基本理论的，否认改革开放的人，不是真正的马克思主义者。马克思主义认为人类的知识有两个来源，从纵向讲是历史的延续性，从横向讲是互相学习借鉴。马克思主义讲的实践，指的是人类社会实践，把实践理解为只是个人的直接经验是狭隘的经验论。在科学技术和交通、通讯高度发达的今天，理所当然地要求我们进行交流，只有蠢人才不借鉴别人现成的经验。从某种意义上说，马克思主义也是外来货，还是从苏联“转口”来的，是十月革命一声炮响给中国送来了马克思主义嘛！

《听取福建省委、省政府工作汇报时的讲话》(1990 年 2 月 9 日)

研究消费是为了发展生产，不能把服装出个新样子都叫奇装异服。

我市的一些中外合资经营企业，工作遇到困难。要教育我们的同志不能一打击经济犯罪，又把门关起来；不能用中国人的习惯对待外国人；不能说尊重外国人就是洋奴；不能把批评自由化的错误思想和扩大对外经济合作画等号；不能一抵制资产阶级文化，就把所有外国歌曲的录音带都收缴和排斥。我们一些同志搞片面性、绝对化是老毛病了。我们研究消费，是为了发展生产，不能把服装出个新样子都叫奇装异服。什么是奇，奇就是少；什么是异，异就是新。不能让服装厂永远不出新样子，不许改革，这些完全是书生之见。

《在听取对外经济贸易工作汇报时的讲话要点》(1982 年 5 月 31 日)

中国经济要发展，必须把外贸搞上去。

中国经济要发展，必须把外贸搞上去。按理说，我们的职工一不笨二不懒，我们的原料、劳动力都便宜，而我们的外贸连个几百万人的香港都搞不过。我曾经讲过，我们的外贸干部绝大多数是优秀的，工作是努力的，外贸搞不上去，主要是外贸体制问题。现在的外贸，一是生产销售不见面，二是好坏照常拿工资。生产完了交给外贸，外贸单位卖给代理公司，代理公司再转到什么地方。这样转来转去，把生产和市场远远地隔离开，不但造成信息不灵、销售缓慢、成本过高，而且独家经营，没有竞争，效率低下。外贸体制必须改革分歧不大，怎么个改法则主张各异，我们必须下大力研究这个问题。

《在天津市调查研究工作会议上的讲话》（1987 年 6 月 11 日）

“入世”是机遇更是挑战，将成为对中国的考验。

经过 20 多年来的建设和发展，我们积累了比较丰富的对外开放经验，初步建立了市场经济的政策和法规，具备了参与国际竞争的一定经济技术基础。“入世”① 后，可以使中国融入世界经济的主流，有利于提高中国经济的整体素质，提高中国改革开放和现代化建设的水平，这肯定是有积极意义的。但我们也清醒

① 指加入世界贸易组织。

地认识到，“入世”也是考验，将面临很多困难。现在国内庆功气氛很浓，而对困难的重视和准备还不够。由于中国人口多、底子薄、资源相对不足，总体发展程度还很低，一些行业和领域落后于国际水平；由于长期在封闭的状态下搞建设，我们的体制机制、行为方式、思维模式等许多方面还不适应。在关起门来的情况下，差距往往被忽视，弊端往往被掩盖，有的甚至被当成优点保护起来。“入世”之后，中国经济将在更广泛的领域里和更深刻的程度上参与国际合作与分工，将进入国际跑道按照国际通行规则与其他国家进行比赛，谁强谁弱，都会充分显露在世界面前，我们有很多地方要经受考验。以机电工业为例，比如汽车产业，现在国内的汽车厂不少，每年组装、自产的汽车也不少，但价格偏高，一般比国外产品贵 1/3 至 1 倍。如果这与进口车价高一样是税收政策的原因，那么政策可以承受一些损失，通过减税把价格降下来。但如果是由于车本身的成本高，汽车产业要维持下去就会有较大困难。又比如农业，一是我们 13 亿人口中有 70％的人要靠卖粮食过活，二是增产不增收的问题还很突出。如果未来那些生产效率高的农业先进国使其成本低廉的产品进入中国市场，这将对中国的农业带来怎样的后果，目前尚难把握。至于经济运行方式，我们至今还有很多的不适应、不清楚国际规则的地方。总之，“入世”是机遇更是挑战，将成为对中国的考验。

《会见新加坡总理吴作栋时的谈话》（2001 年 11 月 19 日）

8. 把握好改革的力度、发展的速度、稳定的程度。

在中国这样一个大国进行现代化建设，必须始终重视并处理好改革、发展和稳定的关系。这是以往我们之所以能取得巨大成就的一条基本经验，也是今后仍然要十分关注的一项重大课题。

改革是动力。实践使我们认识到，改革是使中国摆脱贫穷、走向富强的根本途径。没有改革开放，就不能实现经济的发展，就没有中国的现代化，就没有人民的富裕和国家的富强。发展是目标。长期蒙受贫穷落后之苦的全体中国人民迫切要求发展经济。近些年中国的国民生产总值有了较大幅度的增长，但按人口平均在世界上仍然处于较低水平，中国仍然是一个发展中国家。过高地估计中国的经济实力是不符合实际的。中国拥有世界 1/5 的人口，每年新增加的人口即相当于一个中等规模的国家，不保持一定的发展速度就必然导致人民生活水平的下降。当然，我们也反对脱离实际的高速度，我们主张经济的发展既要快速又要持续、健康。稳定是前提。我国和世界上一些国家正反两方面的经验都证明，稳定是深化改革、促进发展必不可少的先决条件。没有稳定和谐的社会环境，各项事业都难以进行。因此，我们提出任何一项改革措施，都十分注意把握好人民群众总体受益原则和总体承受能力原则，以便把改革可能引起的社会震动缩小到最低限度。总之，不深化改革，就不能解放和发展生产力；不重视发展，就不能提高人民生活水平；不保持稳定，一切都无从谈起。当然，没有改革和发展，也难以实现和保持稳定、和谐的社会局面。把握好改革的力度、发展的速度、稳定的程度，是我们研究处理中国问题始终重视的一大原则。

《中国的改革开放和现代化建设——在瑞典瑞中贸易理事会的演讲》（1994年5月9日）

必须慎重地把握改革的时机和力度。

在社会主义市场经济体制诞生、发展和完善的全过程中，始终存在处理好改革、发展与稳定三者关系的问题。改革是动力，发展是目标，稳定是前提。我们必须把维护人民群众的切身利益作为根本出发点，虚心听取群众的意见，悉心体察群众的情绪，把握好总体受益原则和总体承受能力原则，努力使我们的各项决策和措施符合广大人民群众的意愿，赢得广大人民群众的拥护和支持。我们必须慎重地把握改革的时机和力度，统揽全局，审时度势，见微知著，力争改革在比较稳定和谐的社会环境中顺利进行。

《在政协第八届全国委员会常务委员会第四次会议上的讲话》（1993年12月28日）

必须把握好稳定、改革、发展三者结合的度。

我国是个发展中国家，必须把握好稳定、改革、发展三者结合的度。稳定压倒一切。稳定当然不是死水一潭，不是不要改革和发展。离开改革和发展，不可能有真正的稳定、长期的稳定，但是离开了稳定，一切改革和发展都谈不上。当前，经济生活中出现了不可掉以轻心的不稳定因素。我们解决经济问题，不能就经济论经济，还要着眼于政治，着眼于群众的力量。经济领域进一步治理整顿所面临的矛盾，不少是多年积累形成的。这些矛盾发展到今天，仅仅靠经济手段已很难奏效，必须综合治理。许多解决办法往往既有“利”的一面，又有“弊”的一面，我们只能以十分慎重的态度，具体问题具体对待，兴其利而去其弊，不搞“一刀切”、“一阵风”和走极端，不搞形而上学的肯定或否定。总的要求是，必须把治理整顿同深化改革有机地结合起来，采取积极进取的办法，不是停滞下来整顿，而是给人们以信心，激励人们向前看，在前进中整顿。

《同出席全国马克思主义哲学研究与干部哲学教育研讨会全体代表座谈时的讲话》（1989 年 10 月 13 日）

保持各项政策的稳定性、连续性。

从 1978 年中共十一届三中全会总结历史经验、确定以经济建设为中心开始，中国的改革开放已经走过 20 年。这 20 年我们坚持解放思想、实事求是的思想路线，形成了一整套符合实际的路线、方针、政策，走出了一条建设有中国特色社会主义的道路。这20年我们提前实现了国民生产总值翻两番的目标，人民生活基本实现温饱并接近小康，整个国家发生了翻天覆地的变化。这20年是中国近代一个半世纪以来发展最快最好的时期。它不仅极大地改变了中国的面貌，也极大地影响着国际经济和政治新格局的形成。中国今后将继续实行改革开放的方针，保持各项政策的稳定性、连续性。为此，我们将坚持一切从中国国情出发，坚持依靠人民群众的智慧、力量和积极性，坚持把握好改革力度、发展速度、群众承受程度三者的关系，坚持全面营造有利于现代化建设的社会环境。现在中国的形势很好，改革开放已成为全体人民的共同意愿，成为不可逆转的历史潮流。中国人民对自己的前途充满信心。

《会见西班牙参议长巴雷罗时的谈话》（1998年5月22日）

发展需要改革，改革和发展需要稳定，而有序的改革和健康的发展又有利于稳定。

要改革和发展，就要有一个稳定的社会环境。中国和世界其他一些国家的大量事实一再告诉我们，没有稳定，就无法塌下心来搞建设，就无法将预想的改革方案和措施付诸实践，也就无法实现人民求发展、求富裕的美好愿望。稳定是发展的前提。没有稳定，一切都无从谈起。因此，中国人民百倍珍惜来之不易的安定团结的政治局面，坚决反对来自任何方面的、以任何借口出现的破坏社会稳定的企图。同时，我们也十分重视改革和发展对于实现社会稳定的重要作用。我们所说的稳定，不是孤立的稳定、静止的稳定、停滞的稳定，而是建立在经济和社会不断发展基础上的稳定。只有通过改革达到发展，满足人民日益增长的物质和文化需求，才可能实现真正的稳定，社会才能长治久安。总之，发展需要改革，改革和发展需要稳定，而有序的改革和健康的发展又有利于稳定。改革的力度、发展的速度和稳定的程度以及三者之间的关系，是当今中国密切关注、慎重把握的重大问题。

《发展：当代中国的主题——在智利联合国拉丁美洲及加勒比经济委员会的演讲》（1995 年 6 月 26 日）

没有发展，中国存在的许许多多的问题都无法解决；没有发展，中国还会出现许许多多新的问题。

中国需要稳定。没有稳定，不管多么美好的蓝图、多么宏伟的目标都会落空；没有稳定，“什么都搞不成，已经取得的成果也会失掉”。改革开放 20 多年来，我们所以取得举世瞩目的成就，一个重要的原因就是我们始终十分重视稳定，努力维护稳定，总体保持了稳定。中国需要发展。没有发展，中国存在的许许多多的问题都无法解决；没有发展，中国还会出现许许多多新的问题。建国以后，一个重大的教训就是我们在相当长的时期内坚持“以阶级斗争为纲”，严重忽视了发展；十一届三中全会以来，一个重大的经验就是我们始终坚持以经济建设为中心，牢牢抓住了发展。邓小平同志一再提醒全党：“发展才是硬道理”，“现在要横下心来，除了爆发大规模战争外，就要始终如一地、贯彻始终地搞这件事，一切围绕着这件事，不受任何干扰”①。正是在邓小平理论的指引下，我们排除各种干扰，实现了20多年的持续发展。应该看到，我们的发展确实成绩显著，但不宜估计过高，我们的人均水平比人家差得很多，比美国差几十倍；我们的发展确实比较迅速，但即使以这样的速度发展，不出现大的曲折，赶上中等发达国家水平还要50年的时间；我们的发展确实比较顺利，但存在诸如人口多、底子薄、资源相对不足等许多制约发展的难题。还应该看到，当今世界，科学技术突飞猛进，经济全球化趋势增强，一些发达国家凭借各种优势极力扩充经济实力，许多发展中国家也在调整政策急起直追，国与国之间的竞争空前激烈，发展对我们来说十分紧迫。稳定才能发展，发展有利稳定。稳定、发展，事关人民群众的根本利益，事关中华民族的前途命运，事关我们国家在世界上的位置。特别是在新世纪之初这么一个关键的时期，中国究竟有一个什么样的开局，这是海内外中华儿女都极为关注的问题，也是对中国今后发展产生重大影响的问题。

《在中央工作会议上的讲话》（2001年2月12日）

没有稳定，什么也干不成；没有稳定，一切都无从谈起。

在改革开放的全过程中，始终都要把握好改革的力度、发展的速度、稳定的程度，处理好改革、发展、稳定三者的关系。一方面，没有改革和发展，就难以实现社会稳定；另一方面，社会

① 《邓小平文选》，2版，第2卷，249页，北京，人民出版社，1994。

稳定的程度又制约着改革和发展。如果改革力度过大，发展速度过快，影响到社会稳定，那么改革和发展就不可能顺利进行下去，就必须慢下来，先把社会稳定保住。所以，稳定作为改革、发展的前提和保证，在任何时候都是一个非常重要的问题。没有稳定，什么也干不成；没有稳定，一切都无从谈起。

《在辽宁考察工作期间的谈话要点》（1995 年 4 月 10—16 日）

政治稳定，经济稳定，社会稳定，说到底取决于群众的稳定、人心的稳定。

政治稳定，经济稳定，社会稳定，说到底取决于群众的稳定、人心的稳定。有了群众的稳定、人心的稳定，即使有极少数敌对分子捣乱也容易解决；而没有群众的稳定、人心的稳定，政治、经济、社会的稳定都不可能巩固。

《关于加强党同人民群众联系的几个问题——在新华社国内工作会议上的讲话》（1990 年 4 月 11 日）

稳定的程度就是多数人承受的程度。

我们要随时研究新情况、新问题，注意按照邓小平关于尽可能团结大多数人的思想观察一切，深化改革。我们这几年反复讲，要处理好改革、发展、稳定的关系，把握好改革的力度、发展的速度、稳定的程度。稳定的程度是什么？实在地说，就是广大人民群众承受的程度。我曾说过，改革应坚持两大原则，叫群众总体受益原则和总体承受能力原则。多数人受益就应当办，多数人受损就不能办；多数人承受得了就可以办，多数人承受不了就不能办。

《在〈邓小平新时期统一战线理论学习纲要〉出版座谈会上的讲话》(1998 年 12 月 21 日)

金钱加饥饿是很难稳住社会的，不能迷信高压政策和紧急手段。

劳动用工是一个比较大的问题。现在的难题是，如果提高劳动生产率，人员就富余，而如果大量多余劳动力不能得到妥善安排、疏解，没有必要的生存条件，就会造成社会不稳，人民就不能正常地生产、生活，一切也就无从谈起。我们搞改革，目的是促进生产力的发展和人民生活水平的逐步提高，因此，要十分注意调动职工的积极性，不能过分强调“危机感”，不允许使大多数人都感到危机。“危机感”强调过分，也有背于社会主义制度的本质。人们多年向往的是耕者有其田，居者有其屋，怎么能够一下子都搞成人人自危了呢？真要是造成一支失业大军怎么得了？要“先挖渠后放水”，也就是要先找出路再减人，哪个厂裁下人来，哪个厂就必须就地消化掉。金钱加饥饿是很难稳住社会的，不能迷信高压政策和紧急手段，这个分寸一定要掌握好。

《谈当前改革中需要注意的几个问题》(1989 年 1 月 5 日)

在一个大的改革步骤出台以后，有必要拿出一段时间来进行巩固、消化、补充、完善。

对于改革，我们讲了三句话：第一，这是一场深刻的革命，难免有些不完善；第二，改革实际上是一次权力、利益的再分配，难免有些不公平；第三，改革是调整上层建筑的一个复杂的大型的系统工程，难免有些不协调。因而，在一个大的改革步骤出台以后，有必要拿出一段时间来进行巩固、消化、补充、完善。

《同全国第四期市长研究班学员座谈时的讲话》（1986年1月9日）

在改革过程中，我们始终注意到渐进性、同步性，有时在某些方面也有迂回性。

社会主义国家不进行改革不行。中国在实行改革开放之前，领导人能力不能说不强，人口比现在少得多，但那时没有现在这种景象。过去我们每月二两肉票，一年十几尺布票，电视机几乎没有。说实话，过去我们会见外宾时穿的衣服都是借的。之所以有现在这样大的变化，是十年改革的结果，是改革开放与社会主义优越性集中的反映。在怎样进行改革的问题上，我们也有过曲折，甚至出过毛病，但我们及时总结经验，尽可能使改革少走弯路。我们的改革是在党的领导下，为了把国家建设得更好，让人民生活得更好，使社会主义制度得到完善。这是我们进行改革的目的，是在任何时候都不能忘记的。社会主义国家的改革，首先应该进行的是经济体制改革。因为社会主义国家中人民之所以要求改革，首先是因为经济方面有问题，如经济效益低、人民生活长期不能改善等。改革应同人民群众的工作和生活密切联系，使他们从改革中得到实惠，生活有明显改善，这样他们对改革就会关心和支持，改革就有了广泛的社会基础。我们到基层与工人农民群众谈，对他们说，你们可别放弃改革。群众说，我们从来不想放弃改革，倒担心你们头头们放弃改革。政治体制改革，我们认为也是非常重要的，政治体制改革更敏感，必须谨慎，必须与经济体制改革结合。不论政治改革还是经济改革，都不可能太快。在改革过程中，我们始终注意到渐进性、同步性，有时在某些方面也有迂回性。

《会见苏联〈共产党人〉杂志代表团时的谈话》（1990 年 10 月 30 日）

9. 把握好总体受益原则和总体承受能力原则。

在研究和实施改革措施时，一定要把握好总体受益原则和总体承受能力原则。总体受益原则，就是任何一个改革措施出台，要能让多数人受益，不能让多数人吃亏。当然，改革不可能使所有的人都受益或所有的人都同等程度受益，但从总体上讲，改革必须能够使大多数人受益，否则，就违背了改革的初衷，改革也无法进行下去。总体承受能力原则，就是改革必须考虑大多数群众能否承受得了。如果超出了多数人的承受能力，即使是必要的改革，也不能出台，否则就要碰钉子。总之，改革措施究竟先出台哪些，后出台哪些，力度如何把握，一切都必须从实际出发，从多数群众的利益和愿望出发。

《听取福建省委、省政府和福州市委工作汇报时的讲话》
（1994年2月17日）

改革愈是深入，两难的问题、始料不及的问题也愈是增多。

最近20多年来，中国发生了翻天覆地的变化，国际社会也给予了好评。究其原因，主要是坚持了改革开放的政策。实践表明，改革开放是决定中国命运的一招，是振兴中国的唯一出路。

改革涉及利益关系的调整。改革愈是深入，两难的问题、始料不及的问题也愈是增多。改革必须把维护人民群众的切身利益作为根本出发点，虚心听取群众的意见，悉心体察群众的情绪，把握好总体受益原则和总体承受能力原则，努力使各项决策和措施符合广大人民群众的意愿，赢得广大人民群众的拥护和支持。

《会见乌克兰总理基纳赫时的谈话》（2002 年 5 月 23 日）

对于容易引起连锁反应、牵一发而动全身的问题，必须瞻前顾后，审慎从事。

在巩固和扩大改革成果的过程中，必须审慎地对待各种敏感问题。从根本上讲，改革是要解放社会生产力，它代表着广大人民的根本利益和长远利益。但改革毕竟是一种权力和利益的再分配，而权力和利益的再分配又集中反映在价格体系改革、分配制度改革和组织结构改革中，这些改革无不与干部、群众的切身利益息息相关。因此，在改革过程中，必须注意处理好与群众切身利益相关的问题，切实保护大多数人的利益。对于容易引起连锁反应、牵一发而动全身的问题，必须瞻前顾后，审慎从事。有些事情，比如一些企业和服务行业，由于原材料涨价，成本增加，要求调价或提高收费标准，在局部看来可能是合理的，但从总体来看未必是有利的。因为目前群众中有一种担心涨价的情绪，如果我们只考虑个别和局部的利益，造成整个社会的人心不稳，安定团结的大好形势就会受到损害，而安定团结是搞好各项工作的前提条件，没有这样一个局面，其他问题就无从谈起。总之，我们必须十分重视群众的心理因素。只有得民心、顺民意，得到广大群众的支持与合作，改革才能顺利进行。这是巩固和发展大好形势的一个极其重要的问题，各级领导万万不可粗心大意。

《在中共天津市委四届四次全委扩大会议上的讲话》（1985 年 12 月 26 日）

我们的改革要坚持多数人受益、少数人过得去的原则。

我们的改革要坚持多数人受益、少数人过得去的原则。那么，多数人是多少？比如说 90%的人受益，那 10%的人不受益。下一个改革又是 90%的人受益，10%的人不受益。两个 10%，加起来是多少？毛主席过去老说，团结 95%以上的干部，团结 95%以上的群众。可一次运动团结了个 95%，扔了个 5%，第二次运动又团结了个 95%，扔了个 5%，几次运动以后一算总账，被整的人就多了。这种现象过去在许多社会主义国家都有。一是看多数人受益了没有，二是看少数人是否承受得了。少数人不是指一次改革中的少数，累计起来也要是少数。

《在地方政协主席座谈会上的讲话》（1999 年 3 月 11 日）

改革不可能每一步都使每一个人得到利益，但无论如何不能损害多数人利益。

改革不可能每一步都使每一个人得到利益，但无论如何不能损害多数人利益；改革从总体上提高了人民的生活，但无论如何不能忘记生活暂时遭遇困难的人；改革必须依靠精明的领导者、依靠科学技术，但无论如何不能忽视劳动人民的作用。改革会使一部分人先富起来，也难免有些人利用不正当手段投机致富，但领导干部除了要负起制止不良风气的责任，无论如何自己不能投机。总之，改革是人民创造历史的过程，必须坚持为了人民群众、依靠人民群众的方针。在整个改革开放的过程中，要始终注意倾听群众的意见，尊重群众的主人翁地位，依靠群众的智慧和力量，多为群众谋利益。

《听取安徽省委、省政府工作汇报时的讲话》（1993年6月10日）

为多数人谋利益，这是社会主义制度的一条根本原则。

毛泽东同志指出，党和政府的工作人员，“每个时候，每件工作，都不要忘记群众的大多数。我们要面向群众，要面向群众的大多数”①。我们在确定今年办哪些实事的过程中，认真贯彻了“面向群众的大多数”这个精神，广泛征求了各方面的

① 毛泽东：《论查田运动》，27页，晋察冀新华书店印行，1947。

意见，并进行了户卷调查，最后根据多数群众的要求，确定把抓好居民住宅、市场物价、医疗卫生、环境保护、孩子上学等等，列入今年为城乡人民办实事的两个决定。为多数人谋利益，这是社会主义制度的一条根本原则。古往今来，奴隶社会、封建社会、资本主义社会都是为少数人服务的，只有社会主义社会，多数人当家作主，才能代表多数人的利益，为多数人服务。我们共产党人坚信群众创造历史，群众是历史的主人，经济的发展，政治的安定，社会的进步，文化的繁荣，都取决于广大人民群众。始终关注大多数群众的利益，时刻注意解决大多数群众的问题，这是我们搞好一切工作的出发点和归宿。同时，坚持办多数人受益的事情，就能够得到多数人的支持，事情就容易办好。

《在天津市人民政府第十届第五次全体会议上的讲话》

（1986 年 3 月 17 日）

只要我们的改革能使大多数人受益，而不是少数人受益多数人吃亏，改革就不会有大的错误。

改革是解放和发展生产力，同时也是权力和利益的再分配。不平均、不合理的情况会存在，但从总体上要注意大多数人的利益，只要我们的改革能使大多数人受益，而不是少数人受益多数人吃亏，改革就不会有大的错误。过去的五年，在宏观控制与微观搞活中，有经验也有教训。实践证明，单靠经济利益一种手段不行，必须是思想教育、经济利益、行政干预、法律措施各种手段综合运用。商品经济的发展也会带来一些消极因素，这是肯定的，不要大惊小怪。关键是，我们必须重视，必须及时研究解决，不能任其发展泛滥。否则，小病变成大病，危及改革开放的前途。

《同天津市体改负责人的谈话》（1986 年 3 月 29 日）

改革的成功在于既坚持社会效益的总前提，又能照顾到集体和个人的利益，把三者有机地结合起来。

当前，文艺界的改革遇到一些问题，比如怎样处理好社会效益和经济效益的关系。现在强调，精神产品生产单位不要把着眼点放在经济上，主要是放在产品的社会效益上，这是完全正确的，但在理解上要全面，不能简单地把社会效益与经济效益对立起来。大前提、大方向、基本原则是要注重社会效益，但决不能以此为理由就不讲经济效益。就目前来说，绝大多数的改革都是在有个人利益的前提下进行的，假如人们都没有个人利益或者说个人利益对每个人都不起作用，那还要改革干什么？改革中强调打破“大锅饭”，取消“铁饭碗”，克服平均主义，提倡按劳分配，也都成为空谈。改革的成功在于既坚持社会效益的总前提，又能照顾到集体和个人的利益，把三者有机地结合起来。

《观看轻音乐团演出后的谈话》（1985 年 12 月 5 日）

搞好改革既要有一个宽松的经济环境，又要有一个良好的社会环境；不仅要考虑国家财力的负担能力，还必须注意群众心理的承受能力。

我们正在进行的经济体制改革，是一场广泛、深刻而又持久的大变革，是一次对固有模式、传统观念和习惯势力的大冲击。搞好改革既要有一个宽松的经济环境，又要有一个良好的社会环境；不仅要考虑国家财力的负担能力，还必须注意群众心理的承受能力。我们的改革之所以在有些领域、有些地方步履艰难，遇到种种阻力，这固然主要是经济自身的原因，需要从经济上去寻求解决的办法，但也有这样的情况，改革的阻力是来自非经济的因素，是受到旧思想、旧观念和旧的习惯势力的阻碍，而这些就与我们的文化观念、文化素质和文化心理结构有着直接关系。我国有着几千年的传统文化，这是一笔极其宝贵的财富。但其中也有一些东西，和新时代的需要很不相符，特别是封闭性的、家长式的、缺少平等和自由选择的思想，与改革很不合拍、很不协调，甚至是脱节对立。比如，我们改革的基本任务，是在公有制的基础上发展有计划的商品经济，这就必须破除小生产观念、平均主义观念和等级观念，树立新的价值观念、竞争观念和平等观念，而要实现这种观念上的更新，文学艺术有着特殊的作用。同时，随着经济搞活和对外开放，人们增长了许多符合现代文明的新知识、新观念，但也不可避免地带来一些消极的不健康的因素。如何既坚持改革、开放、搞活，又自觉抵制资本主义腐朽思想的侵蚀；既坚持按劳分配的原则，又防止“一切向钱看”

的不良倾向，这是一个十分复杂但又必须解决好的重大问题。这也要求广大文艺工作者通过自己的辛勤劳动，创作更多更好的精神产品，以丰富和提高人们的精神境界，培养人们高尚的道德情操和健康的审美观念，激励人们满腔热情地献身改革和四化建设。

《齐心合力 繁荣文艺——在天津市委、市政府召开的文艺创作座谈会上的讲话》（1986年6月28日）

如果我们的改革给群众带来的是痛苦，使群众感到可怕，那么我们的改革就值得研究。

从一般意义讲，改革是为广大职工谋利益，符合绝大多数人的愿望。我们的改革是社会主义制度的自我完善，表现形式为改良，因而具有渐进性和迂回性的特点。因此，无论当前还是长远，改革都必须给绝大多数人带来好处。否则，改革就会脱离群众，也难以持续进行。如果我们的改革给群众带来的是痛苦，使群众感到可怕，那么我们的改革就值得研究。过去十年改革给多数群众带来的都是好处，并没有让群众承受什么苦难和负担，群众对改革都是拥护的。所以，使多数人得到好处，是改革的一个原则。

《在讨论〈群体经营工作法纲要〉时的讲话》（1989年1月5日）

> **中国多少年来一直讲，耕者有其田，居者有其屋，一下子变成了危机、失业不行。**

过分强调和相信压力与危机感的作用，有背于社会主义制度。从社会主义制度本身讲，不允许有更多的人感到危机，也不可能造成像资本主义那样的危机。如果大多数人真感到了危机，事情就不好办了。这么讲，不是否认企业应有的奖罚权和对违纪工人的处理权，而是说，不能完全依靠这方面的作用。中国多少年来一直讲，耕者有其田，居者有其屋，一下子变成了危机、失业不行。

《在讨论〈群体经营工作法纲要〉时的讲话》（1989 年 1 月 5 日）

> **群众的“自觉自愿”是个大原则，管许多小原则。**

从一定的意义上讲，改革是权力和利益的分配与协调。由于各自的局部利益不同，难免有不同的意见和情绪，这是很正常的现象。但必须注意的是多数人的情况、多数人的利益、多数人的情绪，伤害多数人利益的改革、多数人反对或不愿意的改革，不管理由多充足也不能搞。勉强搞了，即使一时不出大乱子，也会留下不良的后果。群众的“自觉自愿”是个大原则，管许多小原则。毛主席讲过，党有两方面的任务，第一是给群众什么，第二是向群众要什么。改革过程中，要注意了解群众的利益。改革难免有不完善、不合理的问题，但是对涉及绝大多数人利益的问题要重视，对群众很敏感的问题要审慎。“怨不在大，可畏惟人”，得民心、顺民意非常重要。

《关于改革中的辩证法的谈话》（1986 年 3 月 28 日）

10. 我们搞改革，任何时候都要讲两个理。

改革开放以来，我国人民总体生活水平有很大提高，但由于种种原因，还有部分群众生活比较困难。在城市，由于一些企业亏损严重、停产半停产，许多职工长期不能按时领到工资，加上物价上涨，他们的生活已经相当困难，有的甚至连吃饭都发生问题。我们的许多工作，能做到99%就算很不错了，唯独吃饭必须100%，有1%的人没饭吃都不行。必须看到，虽然这部分人相对比例不大，但绝对数字并不小。为政之道在于安民，安民之要在于察其疾苦而已。我们讲为人民办实事，首先应当想到最困难的这部分群众，真心实意地为他们排忧解难。特别是国有大中型企业的职工，他们过去把青春和汗水献给了国家建设，作出了巨大的贡献。对于他们来讲，干活给钱，看病给报销，退休了给养老金，是社会主义制度优越性的体现，也是他们的应得利益。现在他们的生活困难是经济转轨造成的，并非他们不努力劳动，党和政府理应予以特别的关注和照顾。我们搞改革，任何时候都要讲两个理：一个理是讲市场经济、成本核算、优化组合、按劳分配等，另一个理是讲全心全意为人民服务是我们党的最高宗旨。这后一个理是我们作为执政党的带根本性的大道理。如果这么多群众的困难长期解决不了，如果对他们的疾苦不闻不问，我们就够不上叫共产党，就会失去人民群众的拥护，失去自身存在的历史理由。各级政府要为生活困难的职工群众提供切实的帮助，不要等到节日，也不要等到一些问题酿成事端，而要经常性地深入群众，访贫问苦，谈心服务。我们目前经济上固然有许多困难，但是就国家整体实力和各级政府所掌握的物质基础来说，保证他们吃饱肚子、穿上衣服，总还是有办法的。

《在辽宁考察工作期间的谈话要点》（1995年4月10—16日）

有关社会主义的一些根本问题在改革中要引起特别重视。

我们的改革是社会主义的自我完善，改革的目的是使社会主义制度更加巩固。这里有几个带根本性的问题值得重视。比如，人民群众是社会主义国家的主人，决不能变成仆人，但事实是，在若干改革、若干企事业单位中，群众地位越来越低，发言权越来越少了。再比如，我们主张一部分人先富起来，最后实现共同富裕，但现实情况是，富的越来越多、越来越富，而一般群众的生活提高较慢，甚至下降。照此下去，会不会出现两极分化？不允许一部分人先富起来，结果是共同贫困，允许一部分人先富起来却可能出现两极分化，而两极分化不是社会主义。再比如，社会主义是以社会为本体的，人们的基本生活问题应该由社会负责，我们一直把看病、上学、住房、工作由国家负责作为社会主义优越性加以宣扬，而实际上，在原有体制下国家负责，就是企事业单位负责。放开搞活之后，企业独立核算、自负盈亏，一旦搞得不好甚至垮掉，那里的职工由谁负责呢？再比如，过去讲调动积极性包括党的领导、群众路线、思想政治工作、领导骨干带头作用，也包括为人民办实事、谋利益等，这些都被视为社会主义的特征和政治优势；现在讲调动积极性，更多的是讲物质利益，对于被称为社会主义优势的那几条讲得越来越少，做得就更少。照此发展下去，人们的思想、社会风气、干部队伍、领导作风会不会发生问题？

《在天津市调查研究工作会议上的讲话》(1987 年 6 月 11 日)

我们主张发展有计划的商品经济，利用价值规律，但不能把商品交换原则搬到党内政治生活领域。

社会上流行一种说法：现在是“一切都为钱”，“一切都靠钱”，“钱是万能通行证”，“有钱各路都通，没钱寸步难行”。这种“金钱万能”的观点显然是资产阶级的腐朽思想。而我们有些党员、干部不仅不给以明确的批驳，反而也跟着去喊，跟着去干。有的人为了捞钱不惜违背党的原则，丧失国格人格。为什么这种明显错误的东西可以自由泛滥而得不到批驳？我们还要不要坚持四项基本原则？我们党的组织干什么去了？我们反对“左”的一套东西，讲究经济效益，提倡按劳分配，这些都是对的，但是我们必须明确，这一切都是我们搞好四化建设、完成历史使命的手段之一，而不是手段的全部，更不是目的。我们主张发展有计划的商品经济，利用价值规律，但不能把商品交换原则搬到党内政治生活领域。我们共产党员也要吃、也要穿、也要住，也有个人利益，也应该多劳多得，但是首先应该是对党、对国家、对人民作贡献，决不是一切都为了钱。以钱为出发点，以钱为目的，一切为钱，这是在100多年前就批判过的“金钱拜物教”。我们搞改革，实现四化，走富裕之路，首先是国家的富强，人民的富裕。党员、干部要“先天下之忧而忧，后天下之乐而乐”，应该做到人民先富，干部后富，下面先富，上面后富。这才是我们共产党人应有的风格和情操。

《在天津市党员领导干部会议上的讲话》(1985年5月9日)

在我们这样的国家里，群众问题、社会问题，就是政治问题。

物价问题实质上是个政治问题，说是政治问题，首先是个群众问题。现在物价成了人们最关注的问题，说“举国上下都谈物价”可能有些夸大，但群众的意见的确是很多，现在人们把所有不满的事、不好的事都和物价连在一起，天津流传的“火车亲嘴儿，飞机打滚儿，轮船沉底儿，物价没准儿”就是一例。就目前来讲，物价问题已不简单是价格的涨落、调哪种物价的问题，它涉及社会各方面的关系和群众的利益问题。在我们这样的国家里，群众问题、社会问题，就是政治问题。这次物价调整关系着党与群众的关系，党在群众中的威信；关系着群众情绪顺不顺，积极性高不高；关系着群众对改革的信心和支持；关系着改革前途、四化大业。因此，我们必须把价格、工资问题放到全局的位置上，从政治的角度上进行研究。就物价论物价是看不清、说不清、处理不好的。

《在中央政治局第十次会议上的发言提纲》(1988 年 8 月 17 日)

城乡改革涉及一系列政策问题，核心是价格问题。

城乡改革涉及一系列政策问题，核心是价格问题，因为它关系着如何正确处理国家、集体、个人之间的利益和城乡之间的利益，在研究价格问题时，要力争做到：

一要保护生产者利益。城市改革要保持物价的稳定，但也要防止把农副产品价格统得过死，压得过低。否则，就会使农民感到无利可图，无钱可赚，影响生产者的积极性，妨碍农村商品经济的发展，到头来会给城市供应带来困难。

二要保护消费者利益。农村改革要放开搞活，但农副产品价格也不能毫无节制，提得过高。否则，就会超过城镇人民的承受能力，造成市场萎缩，到头来会影响农村商品经济的发展。

三要考虑财政的承受能力。要通过正确的方法，使生产者不少得，消费者不多花，使市场稳定、丰富，而不能只靠财政补贴。在物价改革出台以来，我市城市居民每人每月补贴七元五角，每年达两亿多元，原来对农村和商业的补贴也基本没减，国家已经尽了最大努力，如再增加过多的补贴，国家财力就负担不起。尤其是我市实行财政包干以后，地方没有这么大的财力。同时，物价改革的一个重要目的，就是把财政的暗补改为明补，如果增加了明补，又不减少暗补，这就走了回头路，失去了改革的意义。

《在天津市农村工作会议上的讲话》(1986 年 2 月 1 日)

大多数群众有抵触情绪的事情，不论多少条道理也决不能办，勉强去办也办不好。

当前，群众最关心的是物价问题，这个问题事关经济、事关政治、事关大局，必须引起我们高度重视。天津的物价，总的讲是平稳的，相对讲也是低的，这是天津的社会局面所以稳定的一个重要因素。但现在对这个问题，我们一些同志认识上还不够深刻，往往从具体经济问题上考虑得多，从整体经济利益上考虑得少，特别是从政治上考虑得少。我承认，就发展商品经济的意义上讲，只讲稳定物价是不科学的，如果不把物价搞顺，其他许多方面的改革也是难以搞顺的。但要把物价搞顺，必须和工资、和群众的收入相联系。也就是说，必须找出这样一条路子，不因为物价的上涨而降低人民群众的生活水平，起码是使更多的群众从算账到实际都不吃亏。否则，群众就一定会有抵触情绪。而大多数群众有抵触情绪的事情，不论多少条道理也决不能办，勉强去办也办不好。

《在中共天津市委四届六次全委会议结束时的讲话》

（1987年1月7日）

群众不愿办的，你偏要办，最终不会有好结果。

要根据群众的觉悟、需要，决定我们的方针政策，这是个历史唯物主义的观点，是马克思主义的一条基本原则。这个话里边，就包括了群众的一些要求可能是不对的，你的提法是正确的，但也只有这样。简单地讲什么群众的承受能力差是不行的，而应该讲政策是不是超过了群众的觉悟水平。这应该是我们确定任何工作任务时的一条原则。天津的物价这几年能稳住，最基本的就在于我们始终坚持凡群众不愿办的事就缓办或不办这个大原则。群众不愿办的，你偏要办，最终不会有好结果。

《在天津市第七次市长办公会上的讲话》(1987年9月10日)

不能单纯从经济的角度看理顺物价的合理性，还要从政治上去看，从总体上去看，从人民群众情绪上去看。

在稳定物价方面，我们积累了一些经验：第一，市委、市政府始终把物价问题摆在重要位置，一贯采取审慎态度和稳步、稳妥的方针。第二，采取了经济和行政手段与思想政治工作三管齐下的办法，特别是人民生活必需品，想方设法坚决稳住。第三，强化物价的社会监督与管理，依法治价，以法管价。坚决打击欺行霸市、哄抬物价、扰乱人心、扰乱市场的违法行为。严格禁止擅自涨价、非法涨价的违法现象。天津把物价稳到今天这种程度，特别是目前一些省市出现较大波动的情况下，我们能保持基本稳定，这是很不简单、很不容易的。这应该说是天津的成绩，而不能当成问题。我们都应该十分珍惜。对天津采取稳定物价的方针大多数人是拥护的，但也有不同的意见，认为这样做不符合改革的思想，不能理顺价格体系，建议天津也要像外地那样不要管得太死，胆子大一点，步子大一点，把价格更大范围地放开。

这种意见从理论上讲也可能是有道理的，但从实际出发，这种理论实现起来是很难的。现在大多数人对物价问题比较敏感，甚至有了情绪，产生了恐慌心理。在这种情况下，就不能单纯从经济的角度看理顺物价的合理性，还要从政治上去看，从总体上去看，从人民群众情绪上去看。要十分明确，当前对物价仍然要继续坚持稳定的方针，可动可不动的不动，即使是合理的暂时也不动，特别是与群众生活密切相关的商品，更要采取谨慎的态度。各个单位都应该从大局出发，决不能私自乱涨价。现在，可以说是天津的一个很关键的时刻，如果我们能够继续把物价稳住，进而稳住群众的情绪，那么，社会局面就会稳固，各项工作就可以顺利完成，天津的大好形势就可以巩固发展。

《在天津市党员领导干部会议上的讲话》(1988 年 5 月 11 日)

理顺经济关系、理顺各方面的比例关系等等，这都是重要的，而捋一捋群众与领导的关系、党群关系，捋一捋群众的情绪也很重要。

理顺经济关系、理顺各方面的比例关系等等，这都是重要的，而捋一捋群众与领导的关系、党群关系，捋一捋群众的情绪也很重要。只有捋顺了这个关系，才能比较好地解决其他关系。实践证明，要捋顺群众情绪，单纯靠经济的手段，单纯靠花钱是不行的，这几年来钱花得不少，职工手里的钱也不少，为什么还有那么大的气？我看重要的原因，是我们这几年对思想政治工作有所忽视或者说抓得不够有力。我毫不否认在经济体制改革中，讲按劳分配，使职工从关心自己的生活，关心自己收入的角度出发来关心生产，搞好生产，这是非常重要的。但是单靠钱，无论如何是不行的。我讲过一句开玩笑的话，我们是共产党，第一叫没钱，无产阶级；第二，由根上起，就不会玩钱；第三，把所有的精力都用在鼓捣钱上，确实是用己之短去克服目前困难。这是一层意思，如果再讲一层意思，我们究竟要建设一个什么样的社会？什么样的国家？我们不是讲在坚持四项基本原则的前提下，搞好改革开放吗？不是讲把改革开放统一在建设有中国特色的社会主义这么一个过程之中吗？不是讲改革开放是社会主义制度的自我完善吗？那么离开思想教育，离开了对人的工作，离开了培养"四有"① 人才，怎么能够建成这样一个现代化呢？因而我们必须讲政治，讲思想，讲政治思想工作，讲培养有政治思想的人。

《在中国职工思想政治工作研究会第三届年会上的讲话》

（1987 年 4 月）

改革举措对群众利益影响如何，利弊得失怎样，要看看多数人的感受，听听不同方面群众的意见。

各级领导干部做各项工作，都要注意多听听群众的意见。之所以强调这个问题，是因为：第一，我们做一切工作从根本上讲

① 即有理想、有道德、有文化、有纪律。

都是为了群众，为了群众得到实实在在的利益，为了使群众满意和高兴。我们工作的结果如何，是不是达到了预期的目的，是不是与动机相符合，体会最深刻、最有发言权的是群众。第二，改革从一定意义上讲是对利益关系的调整，总要涉及这部分人或那部分人的利益，很难使所有的人同时、同等受益，但无论如何必须使多数人受益，必须考虑多数人的承受能力，必须使少数利益受到暂时影响的人生活有保障。改革举措对群众利益影响如何，利弊得失怎样，要看看多数人的感受，听听不同方面群众的意见。由于利益关系的影响，人们对同一事物往往有不同看法，有正确的也有错误的，有合理的也有不合理的，只有全面了解，才能够搞清楚群众的总体思想状况，从而准确判断形势、选择适当政策。第三，我们取得了举世公认的成就，也碰到了不少困难和问题。有些问题普遍存在，长期得不到解决；有些问题处于两难境地，处理起来十分棘手。我们承认许多问题是难以避免的，解决起来需要一个过程，需要采取多种措施，但有一条可以肯定，到群众中去听听意见、寻找办法是根本出路。

《在九届全国人大二次会议天津代表团会议上的发言》

（1999 年 3 月 7 日）

住宅问题解决的好坏直接关系到改革、发展、稳定的全局。

住宅是人民群众最基本的生活条件，政府必须重视。住宅建设是城市建设中非常复杂的工作，必须认真慎重。住宅问题解决的好坏直接关系到改革、发展、稳定的全局。多年来，天津市委市政府坚持把改善居住条件当作为人民办实事的重要内容，常抓不懈，成绩显著，赢得了群众的赞誉。但由于种种原因，全市危陋平房改造的任务仍很艰巨。我相信，只要我们各级干部牢记党的根本宗旨，发扬优良传统，善于利用各种形式、开辟各种渠道、采取多种方法，住宅建设就会不断取得新的更大的成就。

《复天津南市地区居民代表的信》（1998年8月14日）

住宅商品化的水平应当同经济发展水平相适应、相协调、相同步。

住宅商品化的水平应当同经济发展水平相适应、相协调、相同步。我国城市居民的主体成分是国有企事业单位及机关的工人、普通知识分子和中下层干部。迄今为止，我们的社会分配、工资结构中，事实上并不包含建房购房这一块。在目前人民经济收入的条件下，特别考虑到相当多的企业不太景气，绝大多数职工干部的正常收入除了用于家庭日常开支外所剩无几，真正富起来、能够买得起住宅的人毕竟还是极少数。所以，城市居民住房在现阶段主要还是依靠各级政府解决。各地可以依据本地经济发展状况，确定一个人均几平方米的基数，基数之内由国家承担，这是我们社会主义制度优越性的具体体现。基数以外，要想多住，由居民自己掏钱，走商品化的路子。就我国目前情况看，全面实行住宅商品化还不现实，勉强推行了，也注定难以成功。

《在天津市政府会议上讨论住宅问题时的谈话》（1988年4月）

住房改革必须重视、抓紧；但也不能过急，还得从国情出发。

住房改革是很好的事，又是很难的事。目前在中国真正有钱的人是极少数，工薪阶层是大多数。一个处级干部，每月工资600元，本人消费300，老婆孩子都不管也买不起房呀！工资构成没有买房钱。高级干部多点，严格说也买不起。还有个工作调动后房子怎么办的问题。吃饭问题解决后，最大的事就是住房，住房改革必须重视、抓紧；但也不能过急，还得从国情出发，从社会主义制度出发，无论如何不能搞夹生了。要多找一些人反复认真研究，研究世界经验，研究中国特色，研究工薪阶层。这件事慢了不行，快了容易看不准。

《同部分政协委员就经济问题座谈时的谈话》（1998年7月13日）

居者有其屋。这是领导者应该下力量研究解决的。

目前城市中突出的问题，从总体上讲仍然是住宅问题。这也是群众最关心、生活最急迫的问题。居者有其屋。这是领导者应该下力量研究解决的。尽管这几年居民住房紧张情况有了缓解，但还不能松懈，还要认真对待，十分重视。

当前，国家经济上遇到一些困难，基本建设投资规模又要压缩，解决人民生活方面的投资也偏紧。从这些实际情况出发，要解决居民住房问题单纯依靠国家的财力是不可能的。

我国农村 8 亿人口，住房问题解决得较好，重要原因是农民自己建。解决城市住宅问题也必须发挥国家、企业、职工几个方面的积极性。天津建设廉价商品房，国家搞大市政配套，企业包小市政配套，居民按成本买房，平均每平米几百元，分期付款是可行的。这样，既弥补了建房的资金不足，又解决了居民生活急需，这就走出了住宅商品化的一条新路子。我认为，这项工作还可以做得更好一些。重要的是，要想方设法降低造价。“物美价廉”，这就与我们的国情相适应了。

《察看天津双环村住宅新区时的讲话》（1989 年 10 月 8 日）

1986年8月20日，李瑞环陪同邓小平视察天津。

1983年2月13日，李瑞环陪同万里考察引滦入津工程。

1986年4月，李瑞环陪同李先念视察天津。

1987年10月1日，李瑞环陪同王震视察天津。

1988年2月11日，李瑞环出席天津无缝钢管总厂引进设备签字仪式。

1989年8月12日，李瑞环视察山西西山矿务局官地矿。图为李瑞环在井下综采工作面与工人亲切交谈。

1989年8月14日，李瑞环在山西晋祠宾馆听取引黄工程前期准备工作情况汇报。左一为山西省副省长吴俊洲，右一为山西省引黄工程办主任朱映。

1990年2月28日,李瑞环视察济南清河村教育中心。左二为山东省委书记姜春云，右六为山东省顾委主任梁步庭。

1993年9月16日，李瑞环在江西井冈山大井农民邹云龙家了解农村情况。左二为江西省省长吴官正，左五为江西省委书记毛致用。

（新华社记者刘继伍摄）

1995年4月14日，李瑞环视察辽宁大连造船厂。前排右一为辽宁省总工会主席孙春兰，后排左一为辽宁省省长闻世震。

1996年5月，李瑞环视察四川。左一为中国石油天然气总公司副总经理周永康。

1996年3月30日，李瑞环视察上海杨浦大桥。前排右一为上海市委书记黄菊，前排左一为上海市市长徐匡迪。

1998年8月23日，李瑞环在湖南岳阳洞庭湖麻塘大堤察看汛情，慰问战斗在抗洪抢险第一线的数千军民，鼓励他们克服一切困难，夺取抗洪斗争的最后胜利。

（新华社记者李刚摄）

1998年11月10日，李瑞环视察福建厦门。右四为福建省委书记陈明义，左三为厦门市市长洪永世，左四为福建省省长贺国强。

1999年10月，李瑞环视察福建厦门经济特区。前排右一为福建省委书记陈明义，前排左一为福建省委副书记、代省长习近平。

2001年1月27日，李瑞环在浙江视察。左四为浙江省政协主席刘枫，左七为浙江省委书记张德江。

2002年4月13日，李瑞环视察UT斯达康深圳研发中心。前排左一为广东省委书记李长春。

2003年9月，李瑞环视察江苏云台山。右四为江苏省委书记李源潮，左二为江苏省省长梁保华。

2005年5月，李瑞环在山东视察。左二为山东省委书记张高丽。

2007年7月25日，李瑞环视察沈阳北陵。前排右一为辽宁省委书记李克强，左一为辽宁省省长张文岳。

2010年4月21日，李瑞环视察上海世博会筹办工作。右一为上海市委书记俞正声，右二为国务院副总理王岐山。

2012年7月，李瑞环和中宣部部长刘云山在北戴河。

11. “协调渐进”是研究发展的一个核心问题。

“协调渐进”应该是研究发展的一个核心问题。横向，在空间方面要重视协调；纵向，在时间方面要注意渐进。这是做好城市领导工作的一条重要原则，或者叫基本的领导方法。

世界一切事物的发展，都是通过量变达到质变的，忽视渐变的作用，不做扎实具体的工作，就不可能较快地实现突变。世界一切事物之间，以及每一事物内部的各个部分、方面、要素之间，都是相互联系、相互制约的。不坚持联系的观点，忽视从事物固有的联系中考察构成这种事物联系的条件及其变化，就不能协调发展，获得好的整体效应。

协调、稳定对我们的各项工作实在太重要了。我们回顾一下建国以来的历史，许多事情总是干一阵又停下来整顿一阵，走得急、停得长，大起大落，损失实在太大。一条很重要的教训，就是忽视协调渐进。在经济建设中，先行后续的连续性和各个方面相互制约的整体性是不容忽视的。做任何事情，只有对其整体的每个组成部分通盘考虑，统筹安排，才能协调地、稳定地、持续地发展。同样，社会发展中许许多多的事情，如果不注意研究它们内在的和相互制约的联系，不注意其整体的协调发展，不讲“微调”，只搞“大修”，没有不吃亏的。

当然，世界上的事情是复杂的，要处理好各个方面的关系，实现稳定协调发展的目标，并不是一件容易的事。一方面，客观事物本身是不断发展的，从一定意义上讲，协调、稳定、平衡都只能是相对的。另一方面，人们对客观世界的认识也有一个由浅入深、不断总结经验、修正错误的过程。先知先觉、百战百胜的领导者和指挥员，事实上是不存在的。聪明的领导者应善于审时度势，驾驭局面，勇于探索，开拓进取，及时总结经验，尽量减少失误，避免大的挫折和失败。

《谈城市协调发展》（1988 年 3 月）

必须注意协调适度。

中国人民在探索自己发展道路的长期过程中，取得了重大成就，发生过一些失误，从中积累了不少经验。我们总是希望发展速度快一些，但是必须注意协调适度，如果忽视经济各种要素、各个领域之间内在的联系和制约，就可能欲速则不达，即使一时搞上去也还会掉下来。当然，我们也不能放过加快发展的机遇。我们总是愿意积累多一些，但是必须注意积累和分配兼顾，如果积累比重过大，人民的生活不能随着生产的发展而提高，就可能诱发一系列社会问题。当然，我们也反对脱离现实的高消费。我们总是主张全体人民共同富裕，但是必须允许和鼓励一部分地区、一部分人先富起来，如果固守平均主义政策，就可能压抑人们发展经济的积极性，最终导致共同贫穷。当然，我们也十分警惕贫富两极分化的问题。在中国发展社会主义市场经济还会遇到许多新的情况，面临许多新的课题。经历过困难和挫折的中国人民一定会十分注意总结实践经验，发扬成绩，纠正错误，不断前进，顺利地达到预期的目标。

《发展：当代中国的主题——在智利联合国拉丁美洲及加勒比经济委员会的演讲》（1995 年 6 月 26 日）

横向关系协调，纵向发展适度。

我不同意把指标搞得太高。忽冷忽热、大起大落是我们的老毛病。我们国家各方面都比较落后，希望搞得快一点变化大一点，这种心情可以理解，但必须尊重客观规律。国民经济是一个有机整体，其各个组成部分互相联系、互相制约。这就如同一架机器，各个部件各有功能，各有其定性和定量的要求，其正常运转是由部件和总体性能决定的，盲目求快就会损坏机器。只顾数量不顾质量，只讲效率不讲效益，只看眼前不看长远，或者只管经济不管社会，这种发展，即使一时上去了还得掉下来，乃至造成不良后果。按照马克思主义关于联系的观点，横向必须协调，只有协调才能平稳，平稳才不会翻车出乱子。当然，这都是相对的。同样，按照马克思主义关于量变质变的观点，纵向应当讲由渐变到突变，要通过扎实有效的工作，一点一点往上搞。有人批评我讲的“迈小步、不停步，少走弯路回头路”是保守。我不同意，因为保守不符合马克思主义关于发展的观点。至于速度指标到底多少合适，要看各方面的条件。横向关系协调，纵向发展适度，这是我一贯的看法。

《同第八届全国政协第十四次常委会议讲话起草人员的谈话》（1995 年 9 月 18 日）

整体必须协调，不协调就会出问题。

“协调发展”应该是城市科学研究的一个核心问题，是做好城市领导工作的一条重要原则或者叫基本的领导方法。

大家知道，联系和发展的观点，是马克思主义唯物辩证法的基本观点。世界上一切事物之间，以及每一事物内部的各个部分、方面、要素之间，都是相互联系、相互制约的。坚持联系的观点，就必须从事物固有的联系中考察事物，充分注意到构成这种联系的条件及其变化，坚持协调渐进，注意整体效应。

整体不是各个部分、要素的简单相加，而是按一定规律结合而成的统一体。古人说“倾国宜统体，谁来独赏眉”。从单个看，柳叶眉、杏核眼、樱桃嘴，都是挺不错的理想的五官，但是，如果它们没有按一定的规律结合而成，鼻子、嘴、眉毛、眼，摆得不是地方或者互不成比例，那就会成为丑八怪，吓人一大跳。这个规律简单地说就是整体必须协调，不协调就会出问题。当然，五官的协调还只是人体外貌的协调；人体内部各个器官之间的协调就更复杂也更要紧了，哪个部分出点小毛病都可能引起发烧、全身难受，抵抗力下降，出大问题。一个协调的整体可以具有大于各个部分或要素简单相加的新的功能和性质。如果不注意这种协调或者破坏这种协调，那么事物的功能和性质就会发生变化，整体遭到破坏。比如一辆汽车，从大的方面说，由启动、传导、控制、运载部分组成；再进一步细分析，每个部分又各由上万个零部件组装构成，无论缺了哪一个都不行。但是，如果零部件都齐了，而且单个看质量也都不错，是不是一定能组装成一辆好汽车呢？也不一定。更重要的是，必须注意结构设计的科学合理，各个部件和零件之间的配合协调。一辆好的汽车，起码要说跑起来平稳，坐下去舒适，驾驭灵便，操纵自如，既节能省油，又经久耐用。关键就在于其结构合理、关系协调。如果结构不合理、彼此不协调，即使各部位都不错，整个汽车也好不了。到处有摩擦，内耗丛生，怎么能高效节能？齿轮总打滑，吃不上劲，怎么能高速平稳？要直走轮子打晃，要拐弯前轴不转，结果只能以抛锚告终，还谈什么经久耐用？不协调，整体受到了破坏，既没有了平稳的发展，也无法再持续地发展。协调，是稳定、持续发展的前提和关键。

《在天津市城市协调发展研讨会上的讲话》(1988 年 3 月 12 日)

稳定必须协调，协调才能稳定，稳定就是协调。

稳定的方针，是协调发展的方针。人类社会是一个互相联系、互相制约的有机整体，有着不以人的意志为转移的比例关系。因此，要取得社会的进步和经济的发展，必须把各方面的关系理顺，使各种比例基本保持平衡。各方面不协调，畸形发展，就犹如一辆轮子不全的汽车，强行驾驶必然导致翻车。因此，稳定与协调是前进与发展必不可少的条件。只有不断地做好稳定协调的工作，才能求得在稳定中前进，在协调中发展。稳定与协调密不可分，稳定必须协调，协调才能稳定，稳定就是协调。保持稳定，搞好协调，这是个有关国计民生的大问题，不仅关系到经济建设的稳步发展，也关系到政治局面的安定团结；不仅关系到局部，而且关系到全局；不仅关系到眼前工作的开展，而且关系到长远的发展。我们必须从有利于全局和长远利益出发，把稳定协调发展的方针作为一条长期的指导方针和基本的领导方法，确定下来，坚持下去，不断提高自觉性，以保证我们的改革开放和四化建设能够较为平衡地顺利进行，不断取得扎扎实实的成效。

《在中共天津市委四届八次全委扩大会议上的讲话》
（1987 年 12 月 26 日）

改革要配套，发展要协调。

在经济全球化加快、中国即将加入世贸组织的新形势下，中国的改革和发展面临许多新情况和新问题，深入研究这些情况，妥善解决这些问题，不仅有助于搞好国内建设，而且有利于促进对外经贸合作。

我国的改革已进入攻坚阶段，更加重视配套改革。我国初始阶段的改革从较简单和较容易解决的矛盾入手，使生产力从严重的桎梏中一下子解放出来，见效很快，受益面广，一个家庭联产承包责任制就极大地调动了亿万农民的生产积极性，一个放权让利就激发了无数企业的活力。而改革进入攻坚阶段，面临着许多更深层、更复杂的矛盾，既涉及旧体制的彻底改革和新体制的逐步完善，也涉及各方面利益关系的再调整，以至难度越来越大。例如，国有企业建立现代企业制度和进行战略重组必须减员增效，这就必然增加下岗分流人员，为此就需要实施再就业工程，加快建立社会保障体系，为下岗分流人员和城镇居民提供最低生活保障，这又进一步涉及财政税收和金融等方面的改革。类似的情况表明，改革必须重视配套。任何一项改革措施出台都要考虑前行后序，左邻右舍，统筹谋划，整体推进，审慎地把握好人民群众总体受益原则和总体承受能力原则，以便把改革可能引起的社会震荡减小到最低程度，使改革取得预期的效果。

我国的发展正处于关键时期，更加重视协调发展。20多年前，我国尚处于短缺经济阶段，许多产品供应不足，人民群众生活存在很多困难。我们实行改革开放，集中精力搞经济建设，允许一部分人一部分地区先富起来，经济出现了大发展，总体上告别了短缺经济，人民群众基本解决了温饱问题。如今，许多原有的不平衡得到缓解或解决，但原来的某些不平衡更加凸显，又出现了一些新的不平衡。比如，由于盲目发展、重复建设，造成经济结构严重不合理，在群众需求层次提高的情况下，出现了阶段性的低水平生产过剩。由于思想道德建设滞后，消极腐败现象滋长，贫富差距拉大，出现了某些社会发展与经济增长不相适应的状况。由于经济增长方式粗放，导致自然资源的利用不够合理，生态环境遭受破坏，经济社会的可持续发展受到制约。类似的情况表明，发展必须重视协调。在持续快速发展的过程中，协调问题愈加突出，犹如一辆高速行驶的汽车，如果零部件配备不齐全、不合理，就很容易出事故。协调发展是按比例的增长，是在不断平衡中前进。我们必须坚持全面和联系的观点，防止只见局部不见整体、只顾眼前不顾长远，妥善处理经济内部，经济与社会，经济与人口、资源、环境等方面的关系，在协调中求得国民经济的持续快速健康的发展。

配套改革和协调发展是一个有机整体，两者相互联系，相互作用，相辅相成。国民经济的协调发展必须保持适当的比例关系，而配套改革能够为调整好各方面比例关系提供有效的机制。大的协调只有通过配套改革才能实现。配套改革是协调发展的动力，协调发展是配套改革的目标。我们必须对两者统筹兼顾，以配套改革促进协调发展，以协调发展支持配套改革，不断解决新矛盾，不断取得新平衡，一浪高一浪地前进。

中国加强配套改革和协调发展，需要也必将进一步扩大对外开放。中国的配套改革会更加注意与国际接轨，中国的协调发展也会更加重视国际间的合作与交流，所有这些都会对中国的经济体制、产业和产品结构产生深刻影响。

《在加中贸易理事会举办的午餐会上的演讲》（2000 年 5 月 11 日）

改革必须及时地解决不平衡现象，以经常性的“微调”来避免在严重失调情况下的“大修”。

改革是一个庞大的系统工程，特别是在新旧两种体制并存、交互发生作用的今天，多种因素互相联系又相互制约，出现了矛盾交织、错综复杂的局面。一个领域中局部的或者单项的改革，可能暂时突破，超前发展，但如果没有相应方面的改革与之配套，其成果很难巩固。因此，必须充分考虑到各项改革之间的综合协调，相辅相成，不能孤立地突出某个方面而忽视另一个方面。新体制框架是一个有机的整体，这种整体性要求经济、政治、教育、科技等各个领域的改革也必须相互衔接、同步配套。改革与发展是相互制约、相互促进的，一方面，宏观经济不平衡，外部环境不宽松，必然制约经济体制改革的迅速推进；另一方面，也只有通过深化改革，才能缓解和消除经济中的不稳定因素，理顺基本经济关系，实现经济的合理运转和良性循环。改革是一个长期的渐进的历史过程，它的成功不可能一蹴而就，一步到位。因此，改革必须立足现实条件，按照经济发展的客观要求和改革的内在逻辑，确定一个时期的改革重点和相应的配套措施；改革必须分阶段、有步骤地进行，有时需要采取一些过渡性措施和灵活变通方法，力求平稳推进，减少社会震动；改革必须及时地解决不平衡现象，以经常性的“微调”来避免在严重失调情况下的“大修”。

《坚持党的基本路线　把天津社会主义现代化建设推向新阶段——在中国共产党天津市第五次代表大会上的报告》（1988 年 4 月 22 日）

要注意重大比例关系的综合平衡，保持稳定协调发展，不能顾此失彼；要考虑到各项改革之间的相互衔接，综合配套，不能孤军深入。

必须注意协调同步发展。联系与制约的关系不仅表现于事物内部，而且表现于事物之间。在改革和建设中，我们决不能孤立地看某一个问题，干某一项工作，必须注意到事物的前前后后、左左右右，按照经济发展的客观要求和改革的内在规律稳步前进。不仅要注意对事物的定性分析，而且要注意对事物的定量分析，要认识和把握事物螺旋式上升、波浪式前进的规律，在工作上注意采取渐进的、同步的、迂回的方式。要注意重大比例关系的综合平衡，保持稳定协调发展，不能顾此失彼；要考虑到各项改革之间的相互衔接，综合配套，不能孤军深入。

《在中共天津市委五届三次全委扩大会议上的报告》（1988 年 12 月 25 日）

我们既不能样样都强调重要，眉毛胡子一把抓，样样都没有成效；也不能片面强调某一项重要，不讲全局，顾此失彼。

要注意统筹兼顾。各级党委任务繁重、头绪很多，特别是岁尾年初，中央的会议比较集中，都需要贯彻落实。我们既不能样样都强调重要，眉毛胡子一把抓，样样都没有成效；也不能片面强调某一项重要，不讲全局，顾此失彼。要“学会弹钢琴”，分清轻重缓急，讲究先行后续，抓住重点，兼顾其他，使各方面工作互相促进，形成统一协调的整体。

《在全国统战工作会议上的讲话》(2000 年 12 月 6 日)

坚持统筹兼顾，区别轻重缓急，讲求先行后续，实行配套推进。

建立和完善社会主义市场经济体制，是一项宏大的系统工程，是中国人民创造历史的伟大实践。在这个过程中，必然会遇到许多难以预料的困难和异常复杂的局面，对此我们务必保持清醒的头脑，有充分的估计和足够的准备。我们必须看到，建立社会主义市场经济体制是全新的事业。迄今为止，人类社会只有在资本主义制度下发展市场经济的经验，而把社会主义制度同市场经济有机地结合起来，无疑是没有先例可循的崭新探索。建国以后的相当长时间内，我们把计划与市场看成划分社会主义和资本主义的标准，对市场经济采取批判、排斥的态度，使得人们包括各级领导干部对市场经济的一般规律和基本要素了解甚少以至完全陌生。通过十几年的改革开放，市场调节的比重逐步扩大，但我们对现代市场经济通行的法则、机制和国际惯例，还不很熟悉。如何在社会主义市场经济条件下，坚持和发挥我们的政治优势，也是新的课题。我们必须看到，建立社会主义市场经济体制是深刻的革命。长期以来，从管理体制、规章制度到人们的思维方式、工作方式乃至生活习惯，都形成了一套与计划经济相适应的东西。社会主义市场经济的发展及其所要求的价值观念和行为准则，必将对它们产生强烈的冲击。这种冲击涉及经济、政治、文化、社会生活的广阔领域，触及各地区、各部门、各单位工作的各个环节。它要求我们从经济基础到上层建筑实行一系列相应的转变，在改造客观世界的同时改造主观世界，切实有效地加强社会主义民主法制建设和社会主义精神文明建设，以同社会主义市场经济体制相协调、相融合，并为它的健康发展提供多方面的有力保证。我们必须看到，建立社会主义市场经济体制是难度很大的工作。实行了几十年的计划经济体制，遗留了不少老大难问题，有的甚至积重难返。向市场经济体制转变的过程中，又难免引发一些新的经济和社会问题。各种新旧矛盾交织在一起，呈现出好坏并存、利弊伴生的复杂局面，使得我们常常面临两难的选择，许多问题处理起来非常棘手。尤其是一些涉及群众切身利益调整的改革措施，如果处理不慎，就可能引发社会波动。我们还必须看到，建立社会主义市场经济体制是一个较长的过程。西方发达国家搞市场经济，经历了几百年的时间才达到今天这样的程度，在我们这样一个经济文化基础薄弱、计划经济影响很深的东方大国，实行这样深刻的社会变革，尽管有许多有利条件，也不可能一蹴而就。而且，由于种种原因，新旧体制的转换在某些情况下甚至会出现僵持或反复。这就要求我们必须树立长期奋斗的思想，在工作中注意坚持统筹兼顾，区别轻重缓急，讲求先行后续，实行配套推进。

《在政协第八届全国委员会常务委员会第四次会议上的讲话》（1993年12月28日）

稳定全局，重点突破，以点带面，梯度推进。

中央确定的改革开放的基本方针是正确的，取得了举世公认的成就。这几年的经济发展，总的讲不算慢。但是，我们总觉得应该也可能再快一些。

我们酝酿了这样一个构想，即：稳定全局，重点突破，以点带面，梯度推进。

稳定全局，就是在全国范围内，在全局和总体上，实行稳妥的方针，尽量避免和减少大的波折和社会震动，特别是把占人口80%的广大农村稳定住，按照“七五”计划要求，抓好两个文明建设，在安定的前提下使经济稳步前进。重点突破，就是按照把东部地区作为发展重点的指导思想，进一步缩紧拳头，在一两个能带动和影响全国的沿海城市，实行大胆突破、超前发展的方针，集中各类人才，放手利用外资，形成综合优势，加快建设步伐，争取用10年左右的时间达到发达国家现代化城市的水平。以此为基地，由点及面，梯度转移，波浪式前进。

提出这个构想的主要根据是：（一）改革是一个探索搞活创造历史的过程，新旧体制的交织、转换必然要持续较长时间。10亿人口的大国，千差万别的状况，如果不加区别地实行同一办法，企望同步转换，必然增加改革的难度，延缓改革的进程，也容易加重社会的心理负担。若选择一两个有影响的城市，给它们以更多的条件，先行一步，取得经验，以此来带动和指导全局，这样做可能对整体改革更加有利。（二）我们的国家大、人口多、底子薄，地区发达程度很不平衡。如果把有限的资金平均分配，分散使用，其结果必然是大家都想上，谁也上不去。在这种情况下，如能按照区别对待、确保重点、有快有慢、梯次发展的原则分配和使用力量，从眼前看，对某些方面会有点影响，但从全局和最终结果看，可能会更好些。（三）当前世界经济形势出现了一个新的特点，就是国际资本迅速增长，频繁流动。日元升值，石油降价，发达国家资本过剩，急于寻求出路。这不仅为我们利用外资提供了一个极好机会，也对我们使用外资的本领提出了更高的要求。用得好，可以加快经济发展；用得不好，也会造成债台高筑。如果我们选择一两个经济技术基础好，消化吸收能力强，有创汇和还款能力的大城市，把特区的成功经验推而广之，让它们放手利用外资，加快行进速度，像上海、天津，10 年各用上它百把亿美元，就全国来讲，也不会有大的风险。

如果这个构想得以实现，我们就可以较快地建立起反映当代科技水平的新兴工业体系；就有了我国自己的用现代技术改造国民经济的基地；就能够为全国提供参观、借鉴的现代化城市样板。特别是全国人民对现代化的认识，就会更加直观、更加具体，产生巨大的鼓舞作用；同时，也就在国际上树立起中国现代化的美好形象，使我国的开放政策产生更大的吸引力。这就像我们党在革命战争时期建立根据地那样，先红一点，再红一片，燎原之势，遍及全国。

当然，实施这个构想，还有许多具体问题需要深入研究。

《写给邓小平同志的一封信》（1986 年 8 月 19 日）

12. 迈小步、不停步，少走弯路回头路。

这几年，我们一直把稳定发展作为一条重要原则，提出“迈小步、不停步，少走弯路回头路”。对这种做法，有些人一直有意见，认为“胆子太小”、“把问题看得过于严重”、对“不利面”和“阴暗面”强调得过多，说“出不了大的错误，闯不出大的路子”等等。对这些意见，我们一方面要耐心地倾听，并由思想深处查找是不是有“胆小怕事”、“思想保守”的问题。另一方面，对于实践证明是正确的，我们还是要“顽固坚持”。我们讲稳定发展的方针，主要指三个方面。一是稳定。运动、发展是事物的法则，稳定是指在运动发展变化过程中做到相对平衡发展；联系与制约也是事物的法则，稳定是指协调好改革发展各项事业之间的关系。二是稳步。主要指坚持渐变到突变法则，强调既要积极进取，又不要操之过急，尽量减少震动和颠簸。三是稳妥。对于任何工作，特别是重大改革措施和政策的出台，要周密准备，把握时机，尽量避免失误。

《同中共天津市委全委会议文稿起草组的谈话》（1987 年 12 月 19 日）

必须坚持稳定、稳步、稳妥的方针。

必须坚持稳定、稳步、稳妥的方针。我们的国家大、人口多、底子薄，发展不平衡。许多事情在其他国家不是问题，在我们国家就成了问题。历史经验表明，我们出问题、走弯路，常常失之于贪多求快。为了改变我国的面貌，在实际工作中，我们应当有只争朝夕的精神，积极进取，勇于突破，竭尽全力地把事情办得快些。但在总体上，我们必须明确，中国的发展不可能太快，中国的事情不能太急，必须坚持“迈小步、不停步，少走弯路回头路”。要时刻注意理顺各种关系，努力创造和谐的社会环境，尽量避免和减少大的波折和社会震动。

《在中共天津市委五届三次全委扩大会议上的报告》
（1988年12月25日）

要走一步，看一步，稳定一步，前进一步。

看到工作的艰巨性，是为了保持清醒的头脑，决不能有丝毫的大意和盲目乐观。我们是执政的党，执政党在自己国家内部进行改革，表现为改良、渐进和自我完善，而不能搞乱。乱就是乱了自己，要先维持、先巩固。我们的前进是在巩固已有成绩的基础上，而不是不管目前实际，不能把事情搞乱，要走一步，看一步，稳定一步，前进一步。不可贪得太多、太快。我曾提过一句话，叫“迈小步、不停步，少走弯路回头路”。因为船太大，人太多，折腾受不了。不用说别的，如果有几千人在市委门前一坐，就什么也干不了啦。就是要稳当一点。因为，一步不慎，造成被动挽回很难。求稳是讲求科学的稳，并不是保守。现在不少事情很复杂，横竖交叉、错综复杂、瞬息万变。我们还处在混沌的必然之中。要承认事情的复杂性，要进行探索，循序渐进，不看准了不能走，对事关大局的问题要慎之又慎。魏徵说过“深慎”，后来又有人改成“审慎”，我看审慎这个词好。什么事首先看谨慎的程度。当前，许多地方存在不安定的因素和苗头，有的地方部分学生为什么折腾？有的地方公共汽车司机怎么可以罢工？都说明存在着潜伏的不安定因素。如果由于我们工作不慎，把事情诱发出来就会追悔莫及。这种局面对我们每个常委同志都提出了较高的要求。必须谨慎再谨慎。

《在中共天津市委常委民主生活会上的讲话与插话》（1986年2月21日）

我们犯错误，出问题，很多是由于要求过急、过快。

我们之所以强调稳定发展，目的在于提醒大家在顺利发展的形势下保持冷静的头脑，对于已经存在和可能发生的问题，有个清醒的认识。建国以来的历史教训深刻地说明，情况一顺利就容易头脑发热，形势一好转就容易胡乱折腾，办事情、想问题，习惯于带政治运动色彩，这是一个顽固的老毛病。我们犯错误、出问题，很多是由于要求过急、过快。因此，必须把稳定发展作为始终注意的大问题，随时加以警惕，防止急于求成、盲目折腾。只有解决了这个问题，我们才能像列宁指出的那样，获得必要的政治敏感，敏捷而正确地解决各种复杂的政治倾向，做到居安思危，审时度势，随机应变，驾驭局面，永远立于不败之地。

《在中共天津市委四届八次全委扩大会议上的讲话》（1987年12月26日）

在稳定中求发展，看起来慢些，实际是更快。

稳定的方针，是积极进取的方针。稳定不是原地不动，更不是消极退缩，而是为了更扎实、更顺利地前进，更好、更快地发展。保持稳定发展，并不是轻而易举的事情，而必须做大量艰苦细致的工作，决不可以慢慢腾腾、拖拖拉拉、散散漫漫、冷冷清清。该办的事情仍然要办，该快办的事情仍然要快办，而且要办得更好、更节省。特别是对于我们正在进行的改革，要进一步加快步伐，在更广阔的领域和更深入的程度上展开。即使是必须缓办、停办的事情，也不允许消极被动，敷衍了事，也要全力以赴，妥善处理，做到平衡衔接，井然有序。为了保持稳定发展，各级领导需要更加振作精神，克服消沉畏难情绪，兢兢业业地扎实工作，动员起千百万人的力量，万众一心，艰苦创业，共同战胜暂时的困难。这就是说，只有用积极进取的态度，才能获得局面的真正稳定；只有保持局面的真正稳定，才能更好地积极进取。稳定当然有取有舍，有进有退，但小有所舍是为了大有所取，退一步是为了进两步。我们共产党人以改造世界为己任，当前要建设有中国特色的社会主义，谁不想把事情办得多一些，把建设搞得快一些？问题在于是真想、实想，还是假想、空想。真想快，就必须按客观规律办事，稳步前进，不能急于求成，盲目行动，草率决策，操切从事。否则，只能是欲速则不达，想快反而更慢。我们这个国家人多、国大、底子薄，情况复杂，想在短时间里出现什么人间奇迹，只能是一种幻想。按照规律，循序渐进，在稳定中求发展，持之以恒，积以时日，我们就一定能够一步一步地达到预定的目标。这样做，看起来慢些，实际是更快。

《在中共天津市委四届八次全委扩大会议上的讲话》
（1987 年 12 月 26 日）

很多事情按客观规律办，看上去是慢了，但实际是快了。

从整个社会主义的发展过程来讲，从建立经济新体系的意义上讲，毫无疑问，改革具有革命的意义和性质。但由于我们的改革是建立在自己取得政权的基础上，不涉及一些根本问题，比如，还是我们掌握政权，基本国策没变等，在这种情况下，不能用一个阶级推翻另一个阶级的方法。因此，改革在方式上，表现为渐进性、改良性。所谓革命具有质变的意义，但现在的改革这种质变是通过改良的方式逐渐来完成的。这就是取得政权和未取得政权的根本区别。自己取得政权后，仍把任何暴力破坏看成是革命的性质，就等于破坏自己。现在不是还提改革是一场革命，是第二次革命嘛，这就是说改革体现了革命性。所以要把改良和革命的关系讲清楚，不然会让别人误解。人家会说你讲改良性是什么意思。我讲过，就我国目前形势看，就我国政治经济体制改革的发展看，就马克思主义基本理论的要求来说，我们的改革必然表现为渐进性、同步性、迂回性。所谓渐进性，就是事物发展的量与质的关系，一定要从量变、渐变到突变、质变。所谓同步性，就是事物相互之间的横向联系与制约，这一点很重要，不承认事物之间的联系与制约，而想用某一招就使全局有所突破，这在某一时期、某一方面上可以，但在整体上、比较长的时期里就不存在、不成立。所谓迂回性，就是有时为了前进，先停一下，或后退；为了走直路，先走弯路；为了快先慢；为了进攻先防御，也就是波浪式前进。不知迂回，一个劲地进攻，就是毛主席批评的“鲁莽家”。我讲过，同步协调、综合治理可能是我们国家当前值得研究的带有根本性的大政方针。不注重协调，孤立地突出某个方面，而又着急贪多、求快，毫无疑问，一定是主观唯意志论，国家肯定会出问题。所谓着急、积极，真积极应该表现在对客观规律的充分了解、认识和掌握上，在尊重客观规律的基础上，充分发挥主观能动性，而不顾客观规律，瞎着急，最后一定是蛮干。很多事情按客观规律办，看上去是慢了，但实际是快了。相反，有些事情违背客观规律，看上去热热闹闹，很快，但实际却造成破坏，反而慢了。我们要在整个研究过程中不断地、逐步地、潜移默化地给人这样一个印象和认知：必须按客观规律办事，必须遵循规律、探索规律，而不能离开规律，更不能去创造规律。在研究问题的过程中，在领导过程中，都要不断提醒大家：一定要尊重客观规律，否则，要受到惩罚。

《关于调查研究工作的谈话》（1988 年 11 月 21 日）

经济上的贪多求快，政治上的运动方式，思想上的唯意志论，使我们吃了很大苦头。

总结30多年来的经验教训，经济上的贪多求快，政治上的运动方式，思想上的唯意志论，使我们吃了很大苦头。一叫贪多求快。形势一好转、一顺利就头脑发热，高指标，瞎指挥，胡乱折腾。因为着急，往往不顾客观条件，脱离国情，脱离实际，什么15年超英赶美啊，什么1 070[①]啊，什么“过黄河”、“过长江”、“上纲要”啊；因为着急，往往是一刀切、一阵风，不讲规矩，没有章法，结果是因急而乱，因乱而错，因错而慢，事与愿违。二叫运动的方式。由于历史的原因，在我们的工作中常常带有农村的特点、战争的痕迹、运动的方式。为实现不切实际的高指标，往往用政治运动的方法，反右倾、批保守，说空话、唱高调，只讲解放思想，不讲实事求是，纵向不衔接，横向不协调。结果是政治上很热，经济上很乱。三叫唯意志论。缺乏调查研究，不从实际出发，不遵循客观规律，凭主观想象决策，只顾眼前，不顾长远，只顾局部，不顾全局，万般无奈，停下来“大修”。

搞建设要有渐进性、同步性、迂回性。渐进性讲扎实工作、量变到质变，同步性讲横向协调同步，迂回性就是说有时候要先慢下来或转个弯。总的说，就是要稳步前进。

《同身边工作人员谈城市协调发展问题》(1988年3月8日)

---

① 1957年11月，毛泽东在访问苏联期间提出，中国要用15年左右的时间，在钢铁等主要工业产品的产量方面赶上和超过英国。1958年8月，中共中央政治局在北戴河举行扩大会议，提出“以钢为纲，全面跃进”的方针，号召1958年当年实现钢铁产量翻番，达到1 070万吨的目标。

治理整顿决不意味着改革开放停滞不前，有些治理整顿的内容本身就是改革开放。

坚持改革开放的方针，符合马克思主义的基本理论，符合社会实践发展的要求，符合人民群众的意愿。对这个根本方针，不管遇到什么情况、听到什么议论，都应该坚定不移地贯彻执行。至于这几年的改革开放，还有没有需要进一步研究、调整的地方？我看还是有。应该说治理整顿非常必要，但治理整顿决不意味着改革开放停滞不前，更不是不要改革开放。治理整顿的最终目的是把改革开放搞得更好。有些治理整顿的内容本身就是改革开放。

《听取深圳市工作汇报时的讲话》（1990年1月30日）

改善宏观管理，促进微观搞活。

进一步放开搞活，转变企业经营机制，使企业真正做到自主经营、自负盈亏，是经济体制改革的中心环节，也是发展有计划的商品经济的内在要求。但是，微观搞活不能离开宏观控制，微观搞活的程度取决于宏观控制的水平。现在的主要问题是，新的经济运行机制不健全，还没有确立主导地位。同时，宏观管理部门一些该管的事情没有去管或者没有管住；一些该放的权力还没有放下去或者放得不够；有的还原封不动地沿用一些过时的管理方式，思想还没转到为企业服务上来。当前经济生活中存在着一些不稳定因素，整个经济环境还不够宽松。因此，必须加强和改善宏观管理，促进微观搞活。在今后一个时期，要按照社会总需求与总供给基本平衡的原则，严格控制基本建设投资总规模，同时，从有利于促进科技进步、优化产业结构和改善人民生活出发，调整投资方向，做到紧中有活，有保有压，该保的保，该压的压。要加强消费基金的管理，使生活消费增长的幅度与生产发展相适应。要采取坚决有力的措施，制止乱涨价的行为，逐步理顺价格体系，保持市场物价的基本稳定。要按照建立“国家调节市场，市场引导企业”的新的经济运行机制的要求，逐步健全以间接管理为主的宏观经济调节体系，引导企业正确地进行经营决策。

《坚持党的基本路线　把天津社会主义现代化建设推向新阶段——在中国共产党天津市第五次代表大会上的报告》（1988 年 4 月 22 日）

微观搞活是宏观控制的基础，宏观控制是微观搞活的前提，二者不可偏废。

改革既包括微观放开搞活，又包括宏观管住管好。我们的国民经济是社会主义有计划的商品经济。承认社会主义存在商品经济，就必须改革过去那种过度集中的排斥商品经济和价值规律的经济体制，增强企业活力，特别是增强全民所有制的大中型企业的活力，使它们最终成为相对独立的、自主经营、自负盈亏的社会主义商品生产和经营者。这是发展商品经济的需要。但是我国国民经济的社会主义性质，决定了这种商品经济是有计划的商品经济，必须坚持实行有计划的宏观经济的控制、调节和管理，使企业发展符合社会全局利益、长远利益的要求，并保持国家财政、信贷、物资和外汇的基本平衡。只有宏观控制得当，微观才能搞活。失控不是搞活，失控不是改革，如果宏观失控，不是全局皆乱，就是全局皆死，最后微观也活不起来。因此，加强宏观控制正是为了更好地把微观搞活，使微观经济在宏观控制下，在国民经济协调发展中发挥自己的活力。可以说，微观搞活是宏观控制的基础，宏观控制是微观搞活的前提，二者不可偏废。

《在天津市区县局领导干部会议总结大会上的讲话》
（1985年7月25日）

宏观控制与微观搞活的关系，应该像风筝，放出去了，有线牵着；而不应像放生，放出去后回不来。

要放得出去，收得回来。只讲宏观控制，不讲微观搞活，那不叫控制，而叫管死；只讲微观搞活，不讲宏观控制，那就会失控，就要搞乱。控制是指能放出去，又能收回来。不放开搞活，无所谓控制；放开而失去控制，无所谓搞活。宏观控制与微观搞活的关系，应该像风筝，放出去了，有线牵着；而不应像放生，放出去后回不来。

放开的程度与范围，取决于控制能力。换句话说，放的内容多少、范围大小，要看控制能力的大小、强弱。放得多，放得大，是控制能力强的表现。发展商品经济，建立社会主义商品经济新秩序，不是不要控制，不是不要计划，而是要在宏观控制的范围之内，放开、搞活。

宏观控制必须采取综合的手段。宏观控制要从全局出发，要有通盘考虑，要看到长远发展，不能顾此失彼，不能只看一时一事。采取的方法不能单打一，应该是政治的、经济的、行政的、法律的、教育的多种手段综合运用。这就是我们常讲的，经济利益、思想教育、行政干预“三管齐下”。

《在中共天津市委常委扩大会议上的讲话》（1988 年 9 月 7 日）

对国有老企业实行外资嫁接是一条路子，但也要慎重。

对国有老企业实行外资嫁接是一条路子，但也要慎重。嫁接，也就是合资、合股，这本身没有毛病，成功嫁接的经验也很多。问题是现在外资嫁接的对象，多是我们挣钱的企业、有前途的企业，真正困难的企业谁也不来嫁接。比如，天津的夏利汽车厂，年利润十几亿，但由于一时没有流动资金，支撑不下去了，这时就有一位外商来嫁接，投入 11 亿人民币，要 50%的股。这个工厂有多大呢？它包括总装厂、内燃机厂等 5 个工厂，仅原天津拖拉机厂部分，就有几平方公里地盘、上百万平方米厂房。11 亿人民币就买走那么多、买走终身！我去做了工作，最后由我们的银行解决了流动资金问题。所以，不能笼而统之地说外商有资金、有技术、有市场就可以随意嫁接。

《在辽宁考察工作期间的谈话要点》（1995 年 4 月 10—16 日）

13. 科学发展观和马克思主义发展观是一致的，是反对形而上学的最好武器。

科学发展观与邓小平讲的“发展是硬道理”是一脉相承又有新意。它不只是要求发展，而且强调全面协调可持续的发展。在中国历史上有一个不重视发展的问题，也有一个盲目发展的问题。年轻的同志可能不清楚，年龄大一点的同志应该有印象，比如 1958 年“大跃进”，15 年超英 20 年赶美，盲目追求速度，结果顾此失彼，欲速则不达，教训是深刻的。所以，科学发展观的提出，是总结历史经验、吸取历史教训的。毛主席说过：中国出大问题时，都是因为“唯心主义盛行，形而上学猖獗”。所谓形而上学，就是孤立、静止、片面地看问题。它常常是只看眼前不看长远，只看局部不看全局，只讲数量不顾质量，只讲发展不顾环境，只讲经济不顾社会，如此等等。马克思主义的发展观认为，世界一切事物都不是孤立的，都是互相联系互相影响的，都是不断运动不断发展的，永恒发展、永无止境，而且都是从量变到质变、从渐变到突变的，没有渐变的过程就不会有真正的突变。当然只讲渐变不讲突变也不对，是机械唯物论，也是形而上学。所以，科学发展观和马克思主义发展观是一致的，是反对形而上学的最好武器。我对科学发展观以及构建和谐社会的提法，都是赞成的。有的同志认为构建和谐社会的提法是取消斗争，或以某些社会事件为理由否定构建和谐社会的提法，我认为是没有道理的。和谐与不和谐本身就是一对矛盾，没有矛盾就没有世界。有矛盾就会有斗争，但这个斗争不是历史上“左”的那种你死我活方式。对于不同质的矛盾要用不同质的方法去解决，比如讲团结，并不是取消斗争，因为这本身就是提醒人们抵制不利于团结的言行。再比如一对新人结婚，我们通常都是祝他们百年好合，谁都知道不是每对夫妻都能百年好合，婚后难免有摩擦、有不愉快，甚至分手，但我们也不能在结婚的时候就说你们可能过不好、过不到头。和谐毕竟是人们追求的美好目标，“天下和静在民乐”嘛！现在我们处在发展的战略机遇期和矛盾凸显期，坚持和贯彻这个理论很有意义。

《同天津市主要领导同志的谈话》(2010年4月26日)

实现可持续发展愈来愈紧迫地摆在我们面前。

实现可持续发展是世界各国共同的任务。人类共同生活在一个地球上。经济全球化使各国的关系越来越密切。一个国家的人口状况、资源状况、环境状况和经济发展状况不仅与本民族的命运息息相关，而且最终会对全人类的生存和发展产生影响。如何使经济、社会、环境相协调，实现可持续发展，已经成为一个世界性课题，愈来愈紧迫地摆在我们面前，各国领导人对此都负有重大责任。因此，我们在确定一个国家的发展战略时，无论选择什么样的目标、模式和途径，都不能只顾眼前不顾长远，只顾局部不顾全局，只顾自己不顾别人，而应当多从全球发展的角度考虑，多为我们的子孙后代着想。滥用资源、毁坏环境、过度消费是绝对不可取的。

《会见新西兰总理希普利时的谈话》(1997 年 12 月 11 日)

寻求人与自然的和谐发展。

要寻求人与自然的和谐发展。大自然是慷慨的，它给了人类种种生存与发展的条件；大自然是苛刻的，它对无节制的索取必然给予无情的报复。历史发展到今天，人类改造自然的能力空前提高，破坏自然的能量也日益增大。尊重客观规律，处理好人与自然的关系，是全人类面临的重大课题，也是建筑师的神圣职责。

《在国际建筑师协会第二十届大会开幕式上的讲话》(1999 年 6 月 23 日)

和谐共存，协调共进。

中国的“和”的思想传播到世界特别是欧洲后，受到了许多思想家的重视和推崇。早在 17 世纪初，英国学者罗伯特·勃顿就在其著作中称赞中国人“和平而安静”。上个世纪 20 年代，英国著名哲学家罗素在他的《中国问题》一书中写道：“中国至高无上的伦理品质中的一些东西，现代世界极为需要。这些品质中我认为和气是第一位的。”这种品质“若能够被全世界采纳，地球上肯定会比现在有更多的欢乐祥和”。类似的看法还有很多，比如在德国学者莱布尼茨的《中国新事萃编》、法国学者伏尔泰的《风俗论》以及当代英国学者汤因比的《历史研究》等著作里，都有这方面的阐述。由于科学技术和经济全球化的迅猛发展，当今时代各个国家和地区的联系更趋紧密，世界的面貌更加快速多变、复杂多样，不同文明之间相互交融又相互激荡，不同利益之间相互依存又相互摩擦，人对自然的索取越来越多，人与自然的矛盾也越来越尖锐。人类从来没有像今天这样面临着如此众多的共同问题和挑战，也从来没有像今天这样凝聚了越来越多的共识。在这种情况下，保持和谐共存、协调共进更加受到全人类的普遍关注。如何努力克服工业社会发展带来的种种社会弊端，创造健康有益的生活方式；如何妥善处置经济与社会、人口与生态、资源与发展的关系，实现人类社会的可持续发展；如何有效化解各个国家、各种文明间错综复杂的矛盾和冲突，保持世界的和谐与安宁；如何以人类的共同利益为价值取向，解决各种全球性问题，这些已经成为世界各国必须深入思考、认真对待的现实课题。了解中国的“和”的思想，可以为思索解答这些课题提供有益的启示。

《和睦相处　和谐共进——在英中贸易协会举行的欢迎午宴上的演讲》（2002 年 5 月 28 日）

人不能违背规律、改造规律，但人可以认识规律、掌握规律、运用规律。

无视自然规律，片面夸大人的力量，是唯意志论；听任自然摆布，否定人的能动作用，是宿命论。人不能违背规律、改造规律，但人可以认识规律、掌握规律、运用规律。

《关于我国水的几个问题——在政协第九届全国委员会常务委员会第三次会议上的讲话》(1998 年 10 月 23 日)

把治水作为一项国民世代工程。

中华民族在中国这块土地上生息繁衍了几千年，几千年来我们的祖先在治水中表现出了非凡的才智，创造出了辉煌的业绩。公元前 250 年李冰①修建都江堰，引岷江水灌溉成都平原，使这一地区从此“不知饥馑，时无荒年”。公元前 214 年史禄②开凿灵渠，引湘江水入漓江，沟通了长江与珠江两大水系，至今仍兼有农业灌溉和城市供水的功能。公元 612 年隋朝修建大运河，全长 1 780 公里，沟通了钱塘江、长江、淮河、黄河、海河五大水系，成为我国南北交通大动脉，至今仍居世界人工河之首。今天我们所拥有的条件是任何朝代都不可比拟的。且不谈社会制度、经济实力、科学技术，仅就人力资源来说，秦朝在凿灵渠、修长城时人口不过 2 000 万，隋朝在修建大运河时不过 5 600 万，直到清朝前期不过 1 亿，而我们今天有多少人口、多少劳动力、多少富余劳动力？这里还没有包括人的科学文化素质的提高。我们应该也有条件在重新安排江河方面有更大的作为，为子孙后代创造更加美好的生存空间。水利工程说到底，无非是穿山打

① 战国时水利家。约秦昭王五十一年（公元前 256 年）至五十六年任蜀郡守。征发民工在岷江流域兴办多项水利工程，以都江堰最著名。

② 又称监禄，秦朝人。曾在今广西兴安附近开凿运河，沟通湘江和桂江的支流漓江，后世称为灵渠、兴安渠或湘桂运河。

洞、开渠架桥，无非是钢筋水泥、土方石方，无非是距离远、难度大、用工多、耗时长。当年，河南林县人民在极端困难的条件下，举一县之力，苦战 10 年，劈山 1 250 座，凿洞 180 个，修渠总长近 2 000 公里，将山西漳河水沿太行山引入林县，成为中外水利史上的壮举。如果全国都有这种精神、这股劲头，有什么困难克服不了！我们应当有雄心壮志和宏图大略，为子孙后代着想，少办点没有实际意义的事情，少干点华而不实的面子工程，把省出来的人力、物力、财力用在治水上，把治水作为一项国民世代工程。每位公民一生都应有一定的时间参加义务治水。这样可以鼓舞士气、凝聚人心。就业是中国长期面临的问题，把治水与就业紧密结合起来，既可以使治水有充足的劳动力，节省工程费用，又可以使一大批人有活可干，减轻就业压力。我们要有一个全国的、较好的长远总体规划和分期实施计划，一项一项地干，一天不停地干，祖祖辈辈地干，并在实践中不断总结、不断提高，形成制度、形成传统。我相信，随着经济和社会的发展，我们一定能够实现从根本上变水害为水利的理想，中华民族一定能够为解决缺水这个世界性难题作出自己的贡献！

《就起草〈关于我国水的几个问题〉同身边工作人员的谈话》（1998 年 10 月 18 日）

必须大声疾呼水的重要、水的短缺、水的危机，在全民中牢固树立水资源的忧患意识。

水是不可替代的有限资源，如同阳光、空气一样重要。离开水，人类就不能生存；离开水，万物就不能生长；离开水，一切都无从谈起。我国是一个严重缺水的国家，总量只有 2.8 万多亿立方，人均水量仅为世界人均水量的 1/4，其中可用储备量只有 1.1 万亿。目前，全国年用水量为 5 600 亿立方，占可用量的 51%。过去每十年（自 1949 年以来）增加用水量 1 000 亿，今后的增幅还会加大。水资源的供求矛盾将会越来越突出。现在全国 668 个城市中，有 400 多个缺水。由于缺水，大量耕地、草场退化，土地沙化扩展的速度加快。据有关部门的材料，每年沙化的面积为 2 460 平方公里，相当于一个县的大小。由于缺水，不少地方地下水严重超采，致使地面下沉。可以说，水严重影响着经济社会的可持续发展，影响着中华民族的生存。我们必须通过广泛、深入的宣传，使全国人民知道我国水资源的基本情况，我们必须大声疾呼水的重要、水的短缺、水的危机，在全民中牢固树立水资源的忧患意识。

《就起草〈关于我国水的几个问题〉同身边工作人员的谈话》
（1998 年 10 月 18 日）

把解决水资源分布不平衡问题和水资源短缺问题有机结合起来，走出一条符合中国实际的治水之路。

我国水资源的分布严重不平衡，既患寡又患不均。在时间方面，年降水的 70%～90%集中在 6、7、8、9 四个月，并多以暴雨形式出现，水资源 70%以上由洪水组成，利用的难度很大。在空间方面，水资源的分布是东南多西北少。长江流域及其以南地区水资源占全国总量的82%以上，而耕地只占36%；长江流域以北地区水资源不到全国的18%，而耕地却占64%。由于这种严重不平衡，往往在同一时候，有的地方赤日炎炎，土地龟裂，河川断流，有的地方连降暴雨，洪水泛滥，农田、村镇、厂矿被淹；有时在同一地区，干旱和洪涝接踵而至，交替成灾。因此，我们研究中国水的问题，不仅要研究水灾问题，还要研究旱灾问题；不仅要研究水资源的总量问题，还要研究水资源的平衡问题。如何最大限度地把水留住，如何把水引到最需要的地方去，实行水的再分配，这是我国治水事业中的重大战略问题。

要提高水的拦蓄能力。新中国建立后，毛主席等老一辈领导人非常关心水利事业，重视拦洪蓄洪，动员全国人民兴建了一大批水利工程。但是，从总体上看，我国拦蓄洪水的水平还不高。全国现有各类水库可用来调洪的库容约1 800亿立方米，仅占洪水径流量的11%，多数洪水白白流失甚至泛滥成灾。江河径流的形成主要是在山区，我国是个多山国家，这种地形有利于洪水的拦蓄。特别是我国西部，地势高峻，峡谷密集，江河落差大，在这里建设水库，既有利于防汛抗洪，又有利于水的截留利用。

要搞好跨流域的调水。不仅要把水多时候的水留住用于缺水的时候，还要把水多地方的水引导到缺水的地方。要充分利用自然落差，实现最大限度的长距离引水。根据水往低处流的规律，要尽可能把水拦在高处，水拦得越高，送得就越远，流经的面积也就越大。我们知道，长江从宜昌到入海口落差不过40多米，一年就把几千亿立方米的江水送到1 800公里以外的大海。如果我们能在海拔更高的地方，比如一百米、几百米、一千米、两千米的高程把水拦蓄住，通过必要的工程引导水的流向，就可以使水流到我们所希望的更远、更广的地区。比如，从长江上游穿越巴颜喀拉山，每年调 200 亿立方米水入黄河上游，就可以有效缓解西北几省乃至整个黄河流域的干旱状态；如果每年从长江中下游调水 500 亿进黄河，就等于增加一个黄河的水量；更进一步，如果每年从南方调水 1 000 亿、2 000 亿，那么西北、华北大部分地区就可以基本解决干旱缺水问题。占国土面积 1/6 的新疆，水资源达 1 150 亿立方米，如果在把现有水资源控制好、引导好的同时，再由西南调一部分水进疆，就可以使大片戈壁沙漠改变面貌。总之，我们要通过努力，把江河尽可能地控制起来，将更多的水拦在高处，按照我们的意图流向需要的地方，如同大城市的给排水那样，上水随时都有，下水自动排走。这样，我们就可以把解决洪涝问题和干旱问题、水资源分布不平衡问题和水资源短缺问题有机结合起来，走出一条符合中国实际的治水之路。

《就起草〈关于我国水的几个问题〉同身边工作人员的谈话》
（1998 年 10 月 18 日）

整治国土、安排河山、战胜灾害、改善环境。

为了战胜自然灾害，谋求生存和发展，我们的祖先进行了不屈不挠的斗争，表现了非凡的智慧和伟大的力量，创造了宝贵的经验和可歌可泣的业绩。大禹治水，至今仍为人们所传颂，其壮举成为我们民族精神的象征；两千多年前的都江堰工程，今天仍在造福人民，其智慧为世人所叹服；开掘于 1 300

多年前的京杭大运河，沟通南北几大水系，其规模仍居当今世界人工河之最。新中国成立以后，我国人民响应毛泽东主席“一定要把淮河修好”、“要把黄河的事情办好”、“一定要根治海河”等伟大号召，治理江河，兴修水利，取得了举世瞩目的成就。今天，我们各方面条件比以往任何时候都好多了，我们拥有更加强大的经济实力、前人无法想象的科学技术和世界上最充足的劳动力资源，应该像邓小平同志所说的那样“发挥社会主义制度能够集中力量办大事的优势”①，在认识和改造自然的过程中有新的更大的作为。比如，我们能不能通过各种工程，使不同高程上的水流经更多的缺水地区；能不能通过各种工程，实现水资源的跨流域调剂，把尽可能多的水从东、南调到西、北；能不能通过各种工程，大幅度地提高内陆蓄水能力、调控水平和利用程度，变“水害”为“水利”；能不能通过各种工程，大规模地围海造地、改造滩涂，增加陆地和耕地面积；能不能通过各种工程，遏制沙化，使尽可能多的沙漠变成绿洲，扩大农地面积；能不能通过各种工程，开展大规模植树造林，实行小流域系统治理，从根本上改变我国水土流失状况；能不能根据水资源的分布，合理调整工业布局，把用水量大的项目尽可能安排到水源充足的地方；如此等等。当然，把这些设想变成现实，绝不是容易的事，一定会碰到许多问题和困难。但是，我深信，只要我们有这种雄心壮志和长远的战略构想，只要我们尊重科学，进行充分的论证，制定周密的规划，只要全国各族人民万众一心，锲而不舍，世世代代奋斗不息，我们就一定能够在整治国土、安排河山、战胜灾害、改善环境等方面创造出无愧于先辈的伟大业绩，中国这块古老的土

---

① 《邓小平文选》，1版，第3卷，377页，北京，人民出版社，1993。

地一定会展现出新的面貌。

《关于农用土地的几个问题——在政协第八届全国委员会常务委员会第七次会议上的讲话》(1994 年 7 月 1 日)

对西部大开发，既要有紧迫感，又要防止急于求成；既要满腔热情，又要实事求是。

西部大开发是中共中央根据小平同志“两个大局”① 思想作出的战略决策，对西部的发展、东部的发展乃至整个国家经济和社会的可持续发展，对实现现代化建设第三步战略目标和全体人民的共同富裕，都具有极其重大的意义。造成西部地区的落后局面，有主观原因，有客观原因，有政策和工作上的问题，有先天自然条件问题，而且西部各地情况又有差别，在加大开发力度后还会出现新的问题。西部大开发是一个复杂的、庞大的系统工程，需要各个方面长期奋斗。对西部大开发，既要有紧迫感，力争早见成效，又要防止急于求成，一哄而起；既要满腔热情，积极主动，又要实事求是，坚持一切从实际出发。总之，既要看到重要性，又要看到复杂性、长期性，要注意工作的科学性，做到有计划、有步骤、有组织地推进。

《在政协第九届全国委员会第二十二次主席会议上的讲话》(2000 年 6 月 19 日)

---

① “两个大局”是邓小平提出的一个重要思想。他在 1988 年提出：“沿海地区要加快对外开放，使这个拥有两亿人口的广大地带较快地先发展起来，从而带动内地更好地发展，这是一个事关大局的问题。内地要顾全这个大局。反过来，发展到一定的时候，又要求沿海拿出更多力量来帮助内地发展，这也是个大局。那时沿海也要服从这个大局。”

开发大西北关键在于水。

由于自然条件的限制，大西北的许多地方确实很难改造成为农地，但确也有许多地方具有开发成为农地的广阔前景。有些地方开发的关键在于水。只要有了水，就能发展农业，只要水资源充足，粮食单产、总产就可以大幅度提高。解决大西北缺水的问题，必须采取一些重大步骤。一是尽量把水用于发展粮食生产和大规模植树造林。二是提倡合理、节约用水，采用先进灌溉技术，发展节水型农业。三是加快水利建设，把尽可能多的水留在西北、用在西北，特别是对于西北建设具有战略意义的水利项目，应加快研究、论证，早日决策、实施。四是研究从区外调水。有些专家提出从长江上游向黄河上游调水的方案，并已研究多年，还有从雅鲁藏布江调水过昆仑山入新疆的方案，调黑龙江水南下入内蒙古和华北的方案。这些方案如果可行，对改造开发大西北及其他缺水地区具有重大意义。

《关于农用土地的几个问题——在政协第八届全国委员会常务委员会第七次会议上的讲话》（1994 年 7 月 1 日）

要痛定思痛，下决心治理长江，根除水患。

要痛定思痛，下决心治理长江，根除水患。长江闹灾越来越频繁，每次的损失数以亿计，长此以往怎么能行？我们冷静地仔细地想一想，长江今年之所以闹得这么凶，除了自然气候异常外，人为的因素到底有多大？我们多年来干了多少违背客观规律的事情，比如砍伐森林、围湖造田等等？又有多少该干而没有干的事情搁着，比如加固河堤、疏浚清淤等等？大灾之后，如果我们还不下大的决心来根治长江水患，对历史对子孙就很难交代。许多事情都有二重性。一件不好的事情如果处理得当，往往可以导出一个好的结果来。治理长江要花大钱，假如没有今年这样大的灾害，从中央到省上要投入更多的钱来治水，造出的预算就不易通过。因为需要钱的地方很多，大家都眼巴巴地盯着，而在今年这种特殊形势下谁也不会跟你争。就这个意义上说，大的水灾讲多少年一遇，治理长江的机会也是多少年一遇。我认为，在现有的条件下根治长江水患是可能的。这个条件既包括我们的制度和领导能力，也包括我们已有的人力、物力和财力，还包括我们所具备的历史经验、认识水平、科技水平和施工水平。只要能下大的决心，进行深入周全的论证，制定切实可行的方案，经过不懈的努力，应该说可以从根本上扭转目前这样的被动局面。现在，中央已经有了这样的想法。沿江各省，包括湖北，都要抓住这个机遇，有这样的战略准备。对长江治理我一直有着浓厚的兴趣，愿意与大家一道来研讨。

《听取湖北省委、省政府抗洪抢险工作汇报时的讲话》
（1998年8月21日）

洞庭湖的治理当前救急要抓四条：深挖泥，高筑堤，强排涝，救命楼。

洞庭湖地区普遍采用的办法，包括洞庭湖治理一期规划、二期规划的主要内容，我给你们归纳为四条："深挖泥，高筑堤，强排涝，救命楼"。现在看来，这四条措施是管用的，实践证明是当前解决问题比较实际的一个招。尽管这些还不足以从根本上解决问题，比如湖南这边堤筑得很高，湖北也同样筑得很高，水照样出不去，水位照样往上涨。但是目前来讲，无论如何是堤坝筑高以后水进不来了，堤坝加固了以后冲不垮了，强排涝以后屋子涝不了了，一旦有事老百姓往楼上跑淹不死了。所以这还是切实可行的办法。这些措施不仅要坚持下去，而且要努力做得更好。现在进展中还存在不少问题和困难，一期治理还差1亿多资金，二期治理规划还没有批下来。我回去以后，会积极为你们去宣传、疏通，你们自己也要抓紧。

《听取湖南省委、省政府工作汇报时的讲话》（1994年7月11日）

14. 保护环境就是保护人类，拯救地球就是拯救未来。

世界范围的生态环境问题，确实十分严重，确实令人忧虑，确实值得重视。一切负责任、有良知的人们，都应该行动起来，献身于认识自然、保护自然的崇高事业。人类的历史是一个不断扬弃的过程，尽管前进的道路崎岖曲折，但世界总是向着更加文明、更加理性、更加进步的方向发展，人类创造的巨大文明必然为人类造福，而不会用来毁灭人类自己。我们对未来充满着信心。保护环境就是保护人类，拯救地球就是拯救未来。

《在国际建筑师协会第二十届大会开幕式上的讲话》（1999年6月23日）

地球是我们共同的家园，一家破坏，大家受害。

地球是慷慨的，她养育了一代又一代人类；地球是无情的，她也报复了恣意施虐、过度索取的人类。地球是我们唯一的栖身之所，糟蹋地球就是糟蹋我们自己。地球是我们共同的家园，一家破坏，大家受害。我们必须联合起来，保护地球！

《会见英国副首相普雷斯科特时的谈话》（2002 年 5 月 27 日）

环境问题相互影响，保护别人也就是保护自己。

人类共同生活在一个地球上，生活在一个大气层中。可以说，环境问题相互影响，一家搞坏大家受害，保护别人也就是保护自己。发达国家在环境保护方面积累了先进的技术和经验，应当给发展中国家以切实帮助，使之少走弯路，较快达到先进水平。发展中国家则应转变粗放型经济增长方式，突破先污染后治理、先破坏后恢复的被动模式，促进经济与环境的协调发展。

《会见特立尼达和多巴哥总统鲁滨逊时的谈话》（2000 年 5 月 17 日）

环境保护是人类面临的共同课题。

环境保护是人类面临的共同课题，是一个国际性问题，因此必须通过国际合作来解决。人类生活在一个地球上，生活在一个大气层中，很难说一个国家的污染不会跨越国界影响其他国家。比如中国的大气污染就有可能影响日本，严重到一定程度甚至可能影响美国、加拿大。而发达国家的污染也不是没有可能影响中国。共同的课题，需要大家共同努力来解决。发达国家在环保问题上走过一段弯路，应当积极向发展中国家提供先进的环保技术和经验，使发展中国家不再重复那些曲折，较快达到环保先进水平。开展环保合作不能过分强调各国经济利益、专利、保密等等，因为环保事业是造福人类的事业，是高尚的事业，开展这一领域的合作比什么合作都有意义。

《会见中国环境与发展国际合作委员会第三次会议中外代表时的谈话》（1994 年 9 月 22 日）

对历史负责，为未来着想。

历史表明，一个良好生态环境的形成可能需要上千年、上万年、上亿年，而对它的破坏则可能是几十年、几年乃至一朝一夕。生态环境一旦遭到破坏，就很难甚至不能得到完全恢复，致使自己或后代吞食苦果。中国的经验和教训使我们认识到，有些事情或做法在当时是有效益的，但从长远看却贻害无穷；有些事情或做法在当时看也许没有多少作用，但从长远看却意义重大。

在环境这个问题上，必须对历史负责，为未来着想。如果只顾当前、不看长远，急功近利、竭泽而渔，就是“吃祖宗饭、造子孙孽”，就会成为历史的罪人。

《会见巴布亚新几内亚总督阿托帕尔时的谈话》（2001 年 11 月 15 日）

教训必须记取，环境必须保护。

如果我们努力奋斗的结果，是把环境污染了，造成像周总理所讲的比原子弹还要可怕的长期危害，影响和威胁人民的健康和生命，那么我们还称得上为人民服务、对人民负责吗？如果我们工厂增多了，经济发展了，而环境被破坏了，到处是污水垃圾，乌烟瘴气，那么文明、整洁、现代化的新天津还能建成吗？如果我们在建设的过程中把环境破坏了，留下一个难以治理的污染了的摊子，我们还称得上是为子孙后代着想吗？如果真的是那样，我们的共同理想、远大目标还存在吗？

教训必须记取，环境必须保护，被破坏了的环境必须尽快治理，否则社会就不能继续发展，人类就难以生存。这是人类付出了巨大代价所换来的科学结论。承认这个结论，并积极地、尽早地按照这个结论办事，就可以少走弯路少花钱；不承认这个结论，因而消极、缓慢应付，还得加付“利息”。

《在天津市第五次环境保护会议上的讲话》（1984 年 3 月 10 日）

把地球搞坏了，其他搞得再好也白搭。

我们搞好环保工作必须解决几个问题：

（一）思想认识问题。这个问题不仅群众中存在，干部中包括领导干部中也存在；不仅是眼前的问题，也是长远的问题；不仅是局部的问题，也是整体的问题；不仅是少数人的问题，也是多数人的问题。这个问题解决不好，把地球搞坏了，其他搞得再好也白搭。人类无法生存，一切都完了！这是很简单的道理。简单道理能被人接受，也比较难。因此要继续努力搞好宣传教育，提高广大干部和群众的环境意识，使他们高度重视环境保护，自觉爱惜人类赖以生存的地球。

（二）经济利益问题。从整体上讲，环境效益、社会效益与经济效益是一致的，但是从局部上讲，防止、治理污染是要多花一些钱的。有些地方就是只顾自己占便宜，把污水排泄到河流中去，把废气释放到天空中去，为害社会。这种只顾局部利益、不顾社会利益的行为，从一开始就要制止住。今后建工厂，在项目设计时就要把环保这一块安排在内，适当增加这方面的投资。从眼前看环保要多花点钱，而从长远和整体来看是很合算的。

（三）组织管理问题。要搞好环保，就要加强组织管理，包括利用行政手段和法律手段进行强制性管理。纵观世界各国环境保护的经验，没有政府实行行政和法律等强制性干预是不行的。治理环境必须在经济上有一套办法，要采取经济手段，不能谁污染谁占便宜，而必须是谁污染谁在经济上吃大亏。这个办法怎样制定，请大家继续研究。总之要使任何人在考虑个人利益、局部利益的同时，必须首先考虑到环境问题，考虑到全社会的公共利益。

（四）科学技术问题。预防和治理环境污染，既有经济问题，也有科学技术即预防和治理手段的现代化问题。没有切实有效的科技手段，就不可能有环境保护的成功。当前，有许多行之有效的环保科技成果还没有得到很好的推广运用，也有许多环保问题的解决还有待于从科学技术上作进一步的研究。因此，我们必须加强科学研究，尽可能地采用先进的科技成果，借鉴国外一切成功的经验，解决我国环境保护中的难题。

《会见中国环境与发展国际合作委员会第三次会议中外代表时的谈话》（1994年9月22日）

保护环境虽然有资金、技术问题，但最主要的是思想认识问题。

人类对保护环境的认识经历了一个曲折过程，付出了很大代价。发展中国家需要认真研究和借鉴发达国家的经验教训，避免走先污染再治理的路。解决这个问题虽然有资金、技术问题，但最主要的是思想认识问题。在强调发展经济的同时就要强调保护环境的重要性，增强环保意识。从技术上说，废气、废水、废渣的处理问题，现在都是可以解决的，关键是人们要高度重视。有些人只顾眼前，不顾长远；只顾个人，不顾他人。因此，要下大力量宣传环境保护。

《会见日本前自治大臣吹田愰一行时的谈话》（1993 年 4 月 21 日）

绿化造林，既是物质文明建设，又是精神文明建设；既是植树，又是树人。

绿化造林，既是物质文明建设，又是精神文明建设；既是植树，又是树人。它不但可以为国家和人民创造财富，提供木材、能源和多种林副产品，而且更重要的是林木具有多种功能、多种效益，在保护自然生态平衡中有着极为重要的作用。

《在天津市义务植树动员大会上的报告》（1982 年 3 月 12 日）

人类来自海洋，人类也永远离不开海洋。

海洋占地球表面积70%以上，是包括人类在内的全球生命支持系统的基本组成部分。人类来自海洋，人类也永远离不开海洋。

海洋是资源库。千百万年来，人类所消耗的蛋白质大部分来自海洋。随着人类对自然资源需求的扩大和陆地资源的日趋减少，现代社会愈来愈把眼光转向蕴藏着巨大财富而开发程度尚低的海洋。可以预计，人类社会的进步将越来越寄希望于海洋，换句话说，未来文明的出路在于海洋。

海洋是调节器。海洋、陆地、大气三者及其相互间的作用，从根本上决定了地球的生态环境系统。健康的海洋环境使人类得以衍生和发展，而恶化的海洋环境特别是海洋灾害可以给人类造成最沉重的损害。毋庸置疑，人类对海洋的利用和控制能力在不断提高，但无论这种能力提高到什么程度，人类都不可能摆脱海洋环境对自己的支配性作用，都不可能不受海洋环境状况的影响。

海洋是联结带。在历史长河中，海洋对分处各洲、各国的人民兼有阻隔和联结的双重作用。如果说，在古代生产力低下情况下，海洋的阻隔作用大于联结作用，那么在现代条件下，海洋的联结作用已明显大于并愈来愈大于阻隔作用。我们看到，当今世界的发达国家几乎都是沿海国家，一国之内的发达地区也几乎都是沿海地区。这就是因为海洋给它们提供了最便利、最通达、最廉价的对外贸易和交往的通道。尽管人类的其他联结纽带也日趋多样化和高效化，但海洋的这种作用是任何时候也无法替代的。

《接见第24届世界海洋和平大会代表时的谈话》(1996年11月18日)

一个地球，一块地；一个星球，一片天。环境保护要靠大家共同努力来解决。

环境保护问题是当今世界人们普遍关注的中心话题。上个世纪人类社会有了突飞猛进的发展，取得前所未有的成就，但也对生态环境造成了极其严重的破坏。如何唤起人类进一步关心这个问题，并且齐心协力来解决这个问题，这是一个重大紧迫而又十分困难的问题。我们举办这次会议，就是提供一个高层次讲坛，请各位朋友就绿色与环保问题充分交换意见，进行深入研讨。

一个地球，一块地；一个星球，一片天。海水没有边界地来回流动，空气不用签证地进进出出。环境保护，不仅需要各国自己的努力，还需要加强国际合作，靠大家共同努力来解决。

《会见出席“二十一世纪论坛”会议外方代表时的谈话》（2001年9月4日）

海水没有边界地来回流动，空气不用签证地进进出出，环境问题更是相互影响，利害与共。

环境保护是人类面临的共同课题，不仅需要各国自己的努力，还需要加强国际合作。中日两国作为近邻，脚踩两块地、头顶一块天，海水没有边界地来回流动，空气不用签证地进进出出，环境问题更是相互影响，利害与共。

《就“中国威胁论”等问题接受日本广播协会（NHK）电视采访时的谈话》（1999年12月11日）

15. 热爱农民，珍惜土地，重视粮食。

我国是一个农业大国，农民占人口的绝大多数，国民经济的发展离不开农民，农业、农村、农民问题始终是我们面临的重大课题；土地是物质生产的首要条件，人多地少是我们的基本国情，如果耕地锐减的势头得不到遏制，最终会危及我们的生存；粮食问题关乎国计民生，十几亿人口的大国一旦粮食出了问题，我们无处去买，白给也运不进来。热爱农民、珍惜土地、重视粮食，这是农村政策的基本出发点，也是需要长期面对的问题。

《就起草〈关于农用土地的几个问题〉同身边工作人员的谈话》（1994年6月21日）

人口、粮食、土地三个问题，是全国人民要长期予以高度重视并努力解决的问题。

人口、粮食、土地三个问题，是全国人民要长期予以高度重视并努力解决的问题。我国耕地面积只占世界的7%，人均耕地只相当于世界平均数的1/4，每年一千五六百万净增人口，这还是我们的统计数字。发展农业，解决中国人吃饭问题，当然要靠高科技来改良品种、提高单产，但前提条件是土地。农用土地的保护、利用和开发，是事关我国社会主义现代化建设的全局性、长远性、战略性的问题，必须予以高度重视。必须迅速扭转土地锐减的势头，要使全国人民都牢固地树立“十分珍惜和合理利用每一寸土地，切实保护耕地”的基本国策观念，要把解决好土地问题始终摆在党和政府的重要议事日程上。土地在中国尚未开发的还有很大一块，主要是西北这一块，我们正在做文章。有的科学家建议，把喜马拉雅山炸开 50 公里，降低 2 000 米高度，形成一个豁口，把印度洋的暖流引到西北，使西北变成降雨区。有人说这是狂想，其实许多重大突破，开始都被人视为狂想。原来我们说打一个眼把长江的水引到黄河去，有人听了哈哈大笑。一年多时间后，通过论证，认为这个眼可以打，那么，炸豁口的想法怎见得就不行呢？搞搞模拟试验，有什么不好？

《听取湖南省委、省政府、省政协工作汇报时的讲话》
（1995 年 9 月 11 日）

农业和农村问题，在中国始终是带有根本性的问题。

中国人口的绝大多数在农村，农村的发展极大地影响着整个中国的发展。农业和农村问题，在中国始终是带有根本性的问题。解决不好农业和农村问题，就不可能解决好中国的其他问题。十一届三中全会以来，农村改革解决了中国人的吃饭问题，这是很了不起的一件事情，是全世界都很佩服的一件事情。过去，我们采取了许多办法来提高粮食产量，但就是没有效果。现在，地还是那块地，人还是那些人，但粮食打得多了。一亩地产一吨粮食已不是什么新闻，甚至有了吨粮乡、吨粮县。我国城市能有今天这样一种快速发展的局面，我们国家能够在遇到各种风险和危机情况下仍然稳坐钓鱼台，与农村能够提供足够的粮食和农副产品分不开。中国农村改革不是由哪个领导人创造的，而是农民自己创造的，发端于安徽省小岗村。农村改革的成功经验，比如尊重群众的首创精神等，今天仍然有着巨大的普遍意义。

《听取福建省委、省政府工作汇报时的讲话》（1998 年 11 月 8 日）

要走“大农业”的路子，因地制宜，宜耕则耕，宜牧则牧，宜林则林，宜渔则渔。

要加快农地后备资源的综合开发。我国除宜农荒地 5 亿多亩外，还有牧草地 39 亿亩，林地 29.4 亿亩，内陆水域 5.39 亿亩，沿海滩涂 3 000 万亩，其中有一部分尚待开发，已开发部分的产出率同发达国家相比也还有很大差距。因采矿、烧砖、燃煤发电、修路取土等人为因素废弃的土地累计 2 亿多亩，其中 70% 以上是耕地。这部分土地大多位于人口密集、土地短缺的地区，已复垦的只占能够复垦的 2%。要利用传统农业技术和现代科技手段，把一切可以利用的农地都尽可能地合理利用起来。要走“大农业”的路子，因地制宜，宜耕则耕，宜牧则牧，宜林则林，宜渔则渔。要注意眼前利益、中期效果和长远发展兼顾，经济效益、社会效益和环境效益并举，力求避免重复历史上那种盲目开垦草原、围湖造地、毁林造田，严重破坏生态环境的错误做法。

《关于农用土地的几个问题——在政协第八届全国委员会常务委员会第七次会议上的讲话》（1994 年 7 月 1 日）

如果任“男女老少齐经商，田园荒芜没人管”的现象发展下去，将是一个很大的危机。

农民到处找活干，大批农活没人干。随着商品经济的发展，科学技术的提高，农村人口的增加，土地面积的减少，农业劳动力不断地向其他产业转移，这是一种必然的趋势。但这种转移，必须是在首先满足农业生产的需要，对现有土地精耕细作的前提下进行的，而不能弃农务工，撂荒经商。我市有些乡村恰恰忽视了这一点，只讲无工不富，不讲无农不稳；只讲农民进城，不讲稳定基础。其结果是：一方面大批农民离乡离土，而且有许多人正在寻求出路，想方设法离开农村；但另一方面耕作粗放，甚至撂荒。正像有些同志所讲的：“许多农民到处找活，许多农活到处找人”。不少地方从事农业生产的大多是老、幼、妇、弱，而青壮劳力多数都去务工经商。有些村甚至出现了“男女老少齐经商，田园荒芜没人管”的严重现象。我们本来人多地少，产出有限，对土地应该百倍珍惜，百倍精心。如果任这种怪现象发展下去，将是一个很大的危机。

《在天津市农村工作会议上的讲话》（1989 年 1 月 22 日）

粮食安全问题时刻不可大意。

我国用世界7%的土地养活了世界20%的人口，使12亿人解决了温饱问题，堪称奇迹。但由于我国人口多，土地少，耕地相对不足，粮食安全问题时刻不可大意。粮食增长，人口也在增长，如果人口增幅超过了粮食增幅，时间长了就是个问题。如果发生大的自然灾害，粮食减产过多，也会出现问题。我们可以尽最大可能多储存一些粮食，但对12亿人口来讲，能解决多大问题？况且粮食储存时间还不能太长。所以，粮食安全仍然是个问题。

我认为建设大面积旱涝保收田，对解决我国粮食安全问题具有重要的战略意义。我国西北地广人稀，陕西、甘肃、宁夏、青海、新疆五省区296万平方公里，占国土面积的31%，而人口只占全国的7%。西北地区光热资源充足，只要有了水，就能发展农业；只要水源充足，粮食单产就会大幅提高。从总体上讲，我国是个缺水的国家，但在西南方仍有很大的潜力可挖。以长江为例，一般每年径流量都在9 000亿立方以上，绝大多数白白流进大海。如果我们通过工程，由西南调一部分水进西北，例如200亿、500亿、1 000亿、2 000亿，那么西北地区的面貌马上就会改变，大部分土地就可以变成旱涝保收的大粮仓。当然，只是个大的设想，具体的还需要详细论证。

《就起草〈关于农用土地的几个问题〉同身边工作人员的谈话》（1994年6月23日）

“民以食为天”，吃饭问题始终是关系中华民族生存和发展的头等大事。

发展经济林木，能够为解决我国未来的吃饭问题提供新途径。目前，我们用仅占世界7%的耕地养活占世界22%的人口，这是举世公认的伟大成就。但应当看到，我国人口仍在以每年一千几百万的速度增加，而耕地却在以每年几百万亩的速度减少，到下世纪中叶，我国人口将达到16亿，人多地少的矛盾会更加突出。“民以食为天”，吃饭问题始终是关系中华民族生存和发展的头等大事。在我国，解决吃饭问题当然主要靠提高粮食产量，但还必须调整食物结构，广辟食品渠道。我国经济林木有1 000多种，其中，木本粮食类100多种，木本油料类200多种，大部分可作为传统粮油的替代品。如板栗、核桃、柿子、枣、油茶等，就被群众誉为“铁杆庄稼”。根据专家测算，经过改造，木本粮食林平均亩产可达250斤，我国现有木本粮食林4 000万亩，适宜开发的还有2亿亩，如果全部开发出来，每年总产可达600亿斤，按照一斤抵一斤粮食计算，相当于6 000万亩耕地的粮食产量。水果尽管不是木本粮，但多吃水果，也可以减少吃粮。

《关于我国绿化的几个问题——在政协第九届全国委员会常务委员会第六次会议上的讲话》(1999年6月25日)

外国人钦佩中国解决了12亿人口的吃饭问题，外国人担心中国吃饭终究会成为问题。

外国人钦佩中国解决了12亿人口的吃饭问题，外国人担心中国吃饭终究会成为问题。围绕这个问题，可以导出许多值得研究的重大课题。前几年我们提倡实施“丘岗计划”，就是设想把南方海拔500米以下的有条件的山丘，由简单的绿化改为种植经济作物。以湖南为例，全省大约有4 800万亩农地，实行丘岗计划之后，可以增加5 000万亩，也就是增加一倍。我和杨汝岱①同志都到湘西看过，当地的干部群众用不长的时间，就把丘岗变成了花果山。我还讲过“绿化革命”，这个概念不一定准，但问题本身很值得重视。我们从不重视绿化到重视绿化，在许多地方种草种花，这是一大进步。绿化当然要讲环境效益，但绿化要占土地、阳光和水，具体到中国人多地少这样一种国情，单纯讲环境效益就不够了，还应讲求经济效益。要有计划地扩大水果、干果树种栽植，把改善生态环境和提高经济效益结合起来。如这个意见可行，城市街道旁的行道树，公园、庭院的林木，都有文章可做。

《在政协第九届全国委员会第四次主席会议上的讲话》

（1998年5月6日）

① 第八和第九届全国政协副主席。

如果粮食生产发生问题，不用说能不能买来那么多外国粮食，就是人家白给你，运输也来不及。

民以食为天，12亿人口人人都要吃，天天都要吃，99%吃都不行，要100%都吃。如果粮食生产发生问题，不用说能不能买来那么多外国粮食，就是人家白给你，运输也来不及。对于我们这个12亿人口的国家来说，没有比粮食更大的事了。但粮食问题解决起来难度又很大。不涨价，农民就没有种粮积极性，而涨价又等于给整个工薪阶层提工资，国家财力承受不了，这是一个十分矛盾的问题。

《听取福建省委、省政府和福州市委工作汇报时的讲话》（1994年2月17日）

我们不能光说种粮为什么赚钱少，不说干别的为什么赚钱多，只是在提高粮价上打主意，不在协调农村各业利益关系上下功夫。

这些年，许多地方出现了工副业冲击农业的情况，搞工业的劲大，搞农业的劲小，抢着去干赚钱多的活，而土地撂荒没人愿意种。这就出现了十分令人担忧的问题：一方面是乡镇企业的崛起，另一方面是农业生产的萎缩；一方面是农民手中的钞票越来越多，另一方面是农业副食品的生产越来越少。为什么农民过去愿意种地，而现在兴趣不大？有人说是因为粮价低，这是事实，但过去的粮价也不是很高，这几年还提了一些价，为什么反倒不愿种粮了呢？说来说去，关键是种粮比干别的既辛苦，赚钱又少，农民感到不合算，也就是种粮的比较效益低。我们不能光说种粮为什么赚钱少，不说干别的为什么赚钱多，只是在提高粮价上打主意，不在协调农村各业利益关系上下功夫。可以肯定，不处理好各业的比较效益和相互关系，光靠提高粮价是没有出路的。因为提少了，不解决问题，提多了，国家财政和城市居民也承受不了，况且无论如何也不可能把种粮调得像乡镇企业那样赚钱。我们认为，既不应该用压抑乡镇企业的办法去解决农业副食品生产的问题，也不应该用过度提高粮价来刺激农民种粮的积极性，而是要通过平衡农村各业利益关系，实行农村各业互补，来解决乡镇企业与农业此兴彼衰的问题。

《在天津市农村工作会议上的讲话》(1989 年 1 月 22 日)

城市把郊县农村看作自己发展的基地，农村把城市的需要看作自己发展的方向。

农村和城市是相互依赖而存在的、而发展的，农村要发展，必须依靠城市现代工业和科学技术的武装与支援；农民要富裕，就必须研究如何服务城市。近几年的实践证明，农村的富，许多是通过服务城市来实现的。所谓服务城市，主要是为城市提供更多的农副产品。农村对城市的需要了解得越深，与城市市场联系得越紧，越能够适应城市改革的形势，农村商品生产的发展才能越快，规模才能越大，农民富裕的程度也才能越高。天津的农村背靠大城市，它本身就是城市的组成部分，与天津市区的关系更是密不可分，它服务大城市的方向就更加明确。城市要发展，必须研究如何支援农村，通过城乡改革的衔接，建立城乡经济综合发展的新格局，更好地发挥中心城市的作用，帮助郊县走上建设现代化农业的前列，率先富裕起来，这既是农村对大中城市的要求，也是城市发展的基础条件。从城市经济发展上讲，必须十分重视占全国人口总数80%的广大农村，面向这个最广阔的国内市场。农村的商品经济不发达，农民不富裕，工业的原材料供应和产品销路就受到极大的限制，就不可能有更大的发展；而城市附近的郊县，又是城市副食品供应基地，城市人民生活的改善，城市市场的繁荣，乃至安定团结大好局面的稳定，在很大程度上取决于郊县农村的状况。城市支援农村越好，农村发展就越快，农村服务城市的条件就越充分。因而城市支援农村，就是支援自己。如何使城市把郊县农村看作自己发展的基地，使农村把城市的需要看作自己发展的方向，这是一个非常重要的问题，需要做好多方面的协调工作，使城乡有机地结合起来，这方面的研究还很不够，还有许多必然王国，需要探索一条比较符合客观规律的城乡协调发展的路子。

《在天津市城市协调发展研讨会上的讲话》（1988年3月12日）

逐步缩小城乡差别是进行社会主义建设的一项战略性任务。

逐步缩小城乡差别，是我们取得政权以后进行社会主义建设的一项战略性任务。过去党和政府为此进行了不少探索，采取了不少措施。现在来看，乡镇企业的发展，既对改变农村面貌不断提出新的要求，也为农村面貌的改变提供了物质条件。乡镇企业要经销产品，吸引客商，需要把路修好，把房子盖好，把电话装好，为做生意创造一个良好的条件。这次我看了几个乡镇企业发达的村，楼房、柏油路、绿化都很不错，和城市没多少差别。乡镇企业的发展，势必带动商业、服务业的发展和文化娱乐设施的建设，这样就逐步形成一个个小城镇。最近几年，我国农村成千上万个小城镇的出现，特别像苏南这样的地区，小城镇星罗棋布，是和乡镇企业的发展分不开的。乡镇企业的发展，还使城乡之间的联系增添了许多新的内容。传统的城乡经济联系主要是产品交换，乡镇企业一发展，就扩大到技术转让、人才交流、资金流动等若干方面，这就促进了城乡的共同繁荣。

《听取江苏省委工作汇报时的讲话》(1991年4月20日)

新型农村社区可能是农村向城市过渡的一种好形式。

我比较关注你们建设新型农村社区的情况。几天来我向你们了解农业机械的情况，并参观麦田，都是为了探讨这个问题。把责任田流转到种田大户，把自然村撤销拆除，建立新型农村社区，这样做有没有风险？这主要看两条：一是看生产力的情况，二是看农民的生活情况。历史上我们多次设想，把小村变大村，把个体变集体，结果粮食没有增产，农民生活没有提高。最后搞了家庭联产承包责任制成功了。为什么成功了呢？就是因为它适合了当时的生产力的状况。包产到户，开始时不少人是想不通的、反对的。许多地方写文章准备批安徽、批万里，说包产到户是“资本主义复辟”。“狼来了，狼来了，这回真的来了。”当时，万里也找几个人写文章准备反驳。文章怎么写？就是从生产力和生产关系写起。至今我还记得当时万里讲的收麦子的五种方式：第一种是收割机，第二种是牲畜拉碌碡①，第三种是人拉碌碡，第四种是用工具在石头上砸，第五种是挂在树上抽打。万里说：“这么多不同的生产力情况用一种生产关系行吗？”包产到户这件事，后来因为小平同志支持，说：“既然能增产，可以先试试”，这些批判的、反驳的文章都没有发表。

事实已经证明，包产到户的改革是成功的，解决了中国人的吃饭问题。成功的原因，是它适合了当时的生产力要求。今天我们研究建设新型农村社区，也得由研究生产力开始。很显然，原来一家一块地的情况已不再适应今天机械化的使用，也不利于现代科技的采用。土地流转集中是解放了生产力。撤销自然村，改变道路布局，也增加了土地。这些土地如何利用，要因地制宜，有条件的可以搞设施农业，收入就高多了。因为土地的所有权包括宅基地所有权不变，农民的收入也就提高了。既然解放和发展了生产力，改善和提高了农民生活水平，还有什么风险呢？应该是没有了，如果有就是执行过程中的问题。重要的是防止重犯老毛病，一哄而起，一刀切，一阵风。新型农村社区具有城市的各种功能，而居住的又是农民，具有农村性质。所以，社区是城市又是农村，居民是市民又是农民，亦城市亦农村，亦农民亦市民，多重角色。当然，社区农民有的会转化为城市市民，但要有个过程。在相当长时间里，他们的生活还是依靠土地。

---

① “碌碡”(liù zhou)，又称“石磙”，是一种石制的圆柱形农具，用来轧谷物、碾平场地等，在中国北方农村大量使用。

我对推进城镇化建设是赞成的，也是担心的。赞成，因为这是必然趋势；担心，怕的是贪多求快、简单化，追求数字，攀比进度。农民一旦失去土地，就失去了生活的保障，大批农民进城变成市民，其就业、看病、子女上学都不是个简单问题。而新型农村社区就没有这个问题，我认为这可能是农村向城市过渡的一种好形式。当然，这需要不断实践，总结完善。

《同河南省委主要领导同志的谈话》（2012 年 5 月 25 日）

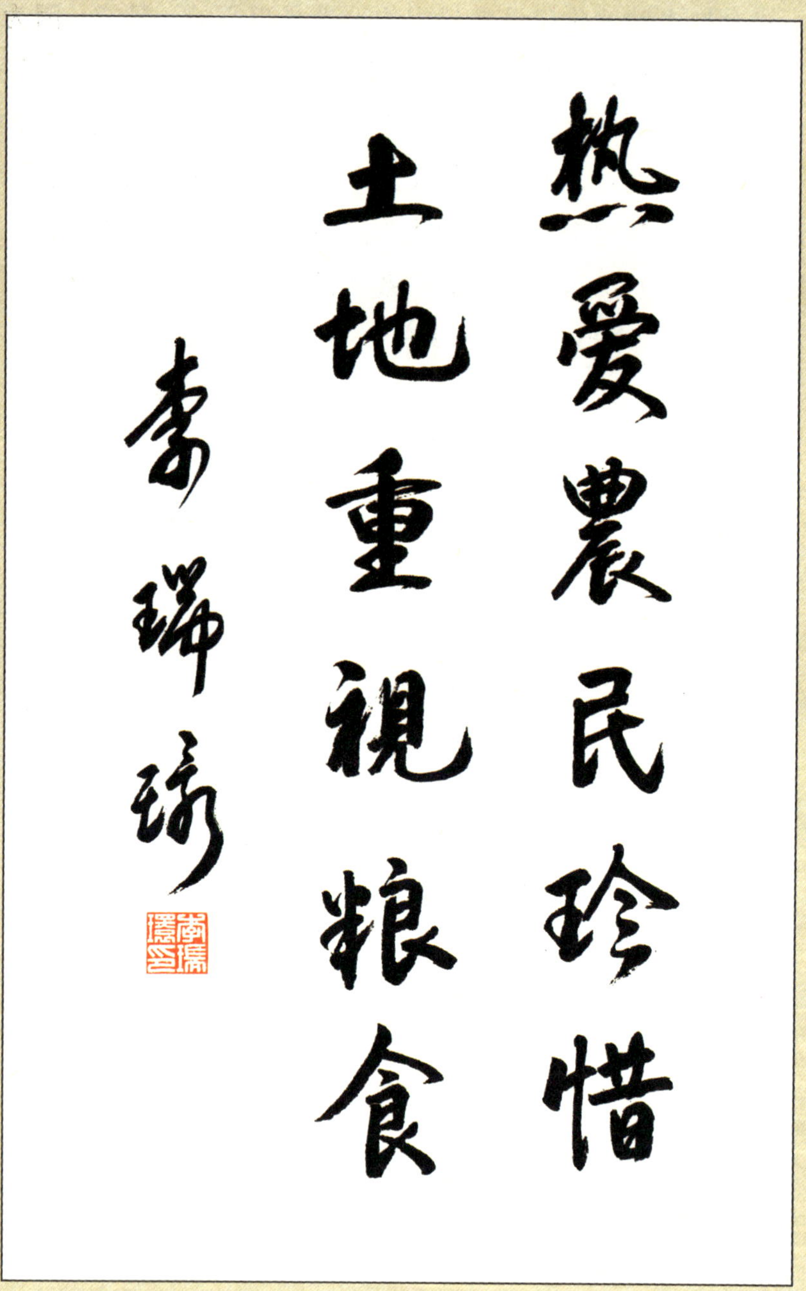

为《农民日报》题词（1995 年 4 月）

16. 不断改善人民生活，是我们共产党人的根本职责，也是发展经济的最终目的。

不断改善人民生活，是我们共产党人的根本职责，也是发展经济的最终目的。各级领导在发展经济的过程中，必须尽心竭力地为人民群众办实事，使他们的生活每年都有实实在在的改善。南疆有些地方的部分群众吃水还存在困难，要把它作为为群众办实事最突出的问题认真加以解决。要动员组织群众，并多方筹集资金。要多种形式，先易后难，切实把这件关系群众切身利益、深受群众拥护的实事办好。

《在新疆考察工作时的谈话》（1994 年 8 月 28 日）

必须始终把改善人民生活放在突出的位置。

要实现社会的长治久安，必须始终把改善人民生活放在突出的位置。一个执政党如果长期不能改善人民的生活，那么，再讲多少伟大的纲领，再喊多少漂亮的口号，人民群众也不会相信，不会欢迎，最终将脱离人民，甚至走向人民的反面。原来一些社会主义国家在相当长的时间里不太注意抓经济建设，不太注意改善人民生活，这恐怕是一个历史的教训。

《会见乌兹别克斯坦人民民主党代表团时的谈话》(1993 年 5 月 17 日)

对伟大理想的追求是在不断发展生产、改善人民生活的过程中实现的。

过去说以共产主义为动力、为目标，现在说以改善人民生活为动力、为目标，这是不是把目标讲小了？没有讲小。人们近期的生活水平得不到提高，生活环境得不到改善，就难以激励他们为实现远大目标而奋斗。对伟大理想的追求是在不断发展生产、改善人民生活的过程中实现的。在取得政权以后，使人民生活得到改善，应该是我们一切工作的最终目的和归宿，体现在工作的全过程。在发展生产的基础上，改善人民的物质生活和精神生活，从而把广大人民团结起来，把积极性调动出来，这是完全正确的。过去，我们在较长的时间里，忽视了根本利益与具体利益、长远利益与眼前利益的统一，有时以根本利益否定具体利益，以长远利益否定眼前利益，吃过不少苦头。

《听取延安地委工作汇报时的讲话》(1990 年 4 月 20 日)

任何情况下，都不能牺牲老百姓的利益，去做老百姓不愿做的事。

我们共产党人想问题、办事情的出发点和落脚点，始终要考虑老百姓的根本利益。任何情况下，都不能牺牲老百姓的利益，去做老百姓不愿做的事。我对于三峡工程本身建设的重要意义毫不怀疑，相信它能够如期乃至提前保质保量拿下来。经济、技术有这个条件，领导者有这种决心，施工者也有这套本事。我担心的是，因为只注意工程形象进度，而忽视了移民安置问题。这样就可能留下许多后遗症。历史上修水库没有后遗症的很少，到今天有些工程遗留的移民问题还在吵来吵去，没完没了。三峡工程决不能重蹈覆辙，只让移民搬走了事。不是说“要想富，修水库”吗？老百姓梦寐以求的是三峡工程能给自己带来发展机遇，能够消灭贫穷，走向富裕。我们要把库区真正建设成为充满生机和希望、群众能够安居乐业的地区。在建设三峡工程和库区移民的整个过程中，要始终表现出党和政府对库区老百姓高度负责，对人民生产条件和家园改善的诚挚关心。要为老百姓的生活比过去过得更好而高兴，不能把自己摆在人民的对立面说话。只有满腔热情地对待人民群众，始终对人民群众的事高度负责，三峡工程才能取得圆满成功。

《在四川考察时的谈话要点》（1996年5月11—14日）

如果经济长期发展不了，群众生活搞不上去，你这个社会主义早晚被群众抛弃。

一个国家如果经济搞不上去，综合国力不强，说什么都不行。不是讲财大气粗吗？美国在世界上这也管那也管，跟国际警察一样，它就是靠经济实力。“银河号”事件①不是明显地欺负人吗？你没有这个国力，你的气就粗不起来呀。苏联东欧的垮台，原因可以说很多很多，但是由根上说，还是经济没上去，人民生活没有改善，群众对政府不满，失去了信心。我曾会见过波兰共产党最后一任总理，我问他，你们的教训主要是什么。他说，可以讲很多，但其中最突出的有两条：第一条就是不好好研究经济，经济工作长期搞得不好；第二条是瞎折腾，自己整自己。我认为这两个问题是连在一起的。我们坚持以经济建设为中心和反对“以阶级斗争为纲”，就是为了解决这两个问题。经济不搞上去，其他别的一切无从谈起。苏联和东欧的教训告诉我们，搞社会主义不是为了说着好听、摆着好看，而是为了国家富强、人民幸福。如果经济长期发展不了，群众生活搞不上去，你这个社会主义早晚被群众抛弃。所以我们的主要精力还是要放在经济上。过去我们常常脱离实际地为一个字、一句话、一个概念来回争，耽误了时间，没有多少实际意义。小平同志讲不争论是他的一大发明，这个话就是说我们过去太好争，主要精力没有用到经济建设上。

《听取江西省委、省政府工作汇报时的讲话》（1993 年 9 月 19 日）

---

① 1993 年 7 月 23 日，美国无中生有地指控中国“银河号”货轮将制造化学武器的原料运往伊朗，迫使“银河号”货轮在沙特阿拉伯达曼港接受检查，最后事实证明，货轮上并未载有任何化学武器原料，但“银河号”因此被迫中止正常航运长达 33 天。

只讲宏图大略，而老百姓的生活却很苦，这不是我们的主张。

我昨天跟一个老乡讲，我们一年到头辛辛苦苦，看到你们生活过得好，就满意、高兴，说明我们没有白奋斗。假如说我们奋斗一年，到老百姓家里一看，肉也没有，米面也没有，穿得破破烂烂，你说多少好话，我们心里也不舒服。看一个地方的工作，总要看这个地方的生产发展了没有，群众生活提高了没有，当然生活也包括精神生活。这是最基本的。否则，只讲宏图大略，而老百姓的生活却很苦，这不是我们的主张。

《在河北省六大班子成员座谈会上的讲话》(1990 年 1 月 6 日)

只讲物质利益，不讲思想政治觉悟不对；不讲物质利益，否认物质利益作用也不对。

改革开放到了今天，再回去是没有出路的；而且，广大人民群众也不答应，因为他们尝到甜头了。共产党就是要使人民高兴，古人讲，为政之道乃顺民心，厚民生，安民而不扰民。为什么当初那么多人跟共产党走，就是认为跟着党可以翻身解放，过好日子。只讲物质利益，不讲思想政治觉悟不对；不讲物质利益，否认物质利益作用也不对。我们的干部都应这样，到了大年三十，躺在床上一算，由于自己的工作努力，今年老百姓生活过得还可以，问心无愧，觉得这一年过得不错。

《考察广东时的谈话》(1989 年 9 月 9—14 日)

越是任务重、工作忙的时候，越要关心群众的生活。

建国35年来，我们的形势从来没有像现在这样好，我们的任务也从来没有像现在这么多。过去常常是单打一的，大炼钢铁、“大跃进”、搞“四清”运动等等，从来没有像现在这样，政治、经济，内事、外事，生产、生活，文化、教育、科研，全面地展开。面临着这样繁重的任务，我们是不是仍然把群众的利益、群众的生活摆在重要位置？这是很值得提起注意的一个问题。这就需要我们在进行基本思路再教育中必须十分明确：任何以生产任务重、工作忙而忽视人民生活，或者以发展生产去挤掉人民生活的做法，都是错误的，同我们的社会主义制度、同党和政府的宗旨、同搞好各项工作，特别是同发展经济的目的都是背道而驰的。天津这几年实践告诉我们，越是任务重、工作忙的时候，越要关心群众的生活。凡是这样做的，群众积极性就高，生产就上去了。

《同天津市部分机关干部的谈话》（1984年4月5日）

处理好协调好生产与生活、积累与消费之间的比例关系，是我们必须时刻注意的大问题。

历史的经验表明，每当我们把国家利益和人民利益对立起来，把生产与生活对立起来，以至长期不注意改善人民的生活，甚至使人民的某些困苦越来越大的时候，不但生产上不去，还得被迫退下来实行调整，再回过头来搞生活。而人民的生活的改善，又只能是随着生产的发展，逐步地加以解决。超出了经济许可的范围，片面追求提高生活水平，其结果必然是把经济搞乱，造成经济困难，反过来妨害人民生活的提高。如果许愿过多、过大，把群众胃口吊起来，其结果是，尽管我们尽了很大努力，群众也不会满意，反而会出现一些莫名其妙的牢骚和不满情绪，造成社会的不安定，影响生产和经济发展，最终还是影响群众生活。所以处理好协调好生产与生活、积累与消费之间的比例关系，是我们必须时刻注意的大问题。我们的观点是，随着经济的发展，使人民的生活不断得到改善；随着生产的发展，把我们的城市建设得更好。无论如何不能为了发展生产而紧老百姓的腰带，把城市弄得越来越破。如果这样，就会使人觉得生产是件可怕的事情，生产上去了，老百姓就倒霉了，物价也上去了，房子也没了，路也不修了。久而久之，就会形成这样一种印象：还是别发展生产的好。总之，把生产和生活对立起来，其危害是显而易见的。

《在天津市城市协调发展研讨会上的讲话》（1988 年 3 月 12 日）

我们既不能借口刹歪风而不去改善人民生活；又不能借口改善人民生活而不去刹歪风。

我们既不能借口刹歪风而不去改善人民生活；又不能借口改善人民生活而不去刹歪风。歪风必须坚决刹住，改善人民生活的工作必须坚持做好。我们一贯主张人民尽快地富裕起来，让人民生活得幸福、美好。但是，个人的富裕决不能脱离生产的发展。我们是人口众多的大国，底子很薄，总的来讲生产的发展不可能太快，这就决定了我们的生活不能提高得太快。我们提倡、鼓励人们通过专心致志地提高本领，搞好生产和工作去提高生活，使收入多少真正成为人们对社会贡献大小的标志，而不是胆大妄为，投机取巧的结果。只有这样，人们才能奋发向上，富国裕民才有希望。我们必须向群众讲清楚，离开生产的发展，离开生产效率的提高，片面强调提高生活，使个人消费增长过快或失控，发展下去势必会冲击市场，物价上涨，通货膨胀，货币贬值。其结果必然是像老工人所说的，“把钱发‘毛’了，倒霉的还是老百姓”。许多国家的经验证明，这是一条危险的道路，我们决不能走这条道路。

《在天津市人民政府第十届第三次全体会议上的讲话》
（1985 年 3 月 5 日）

研究生产的发展，必须正确对待人民生活的需要；人民生活的改善，也应该是随着生产的发展逐步加以解决。

我们过去生产一着急就丢了生活，结果生活出了问题就放下生产抓生活，这造成了很大损失。今后，研究生产的发展，必须正确对待人民生活的需要；人民生活的改善，也应该是随着生产的发展逐步加以解决。要十分注意关心人民的生活。特别是在农村贫困地区，要为了生活而发展生产。农村发展了生产就增加了粮食，增加了棉花，整个国家就有了稳定的基础；发展了生产就有了钱，有了钱就有了购买力，有了购买力就有了市场，这样，我们的整个经济就会活起来。

《听取珠海市领导班子汇报时的讲话》（1990 年 5 月 25 日）

我们的社会主义建设必定是四化每前进一步，人民就富裕一步，生活就改善一步，即一步步“化”，一步步富。

四化的实现，国家的富强，主要靠广大群众基于生活一天天美好起来而焕发出的高度热情，加上领导者的聪明才智，而不是靠勒人民的裤腰带，挤老百姓的牙缝。当然，我们国家大，人口多，底子薄，搞四个现代化必须要有一股艰苦奋斗的创业精神。人民生活的改善，不能超过生产发展的水平，不能超过国家财力的可能，但也不能把艰苦奋斗和关心人民生活对立起来。四化为了富民，也只有富民才能实现四化。我深信，我们的社会主义建设必定是：四化每前进一步，人民就富裕一步，生活就改善一步，即一步步“化”，一步步富。而不能设想让人民长期忍受困难，寄希望于遥远的将来，等待四化成功之日，生活才一下子好起来。

《听取中共天津市第五次党代会报告起草组汇报时的谈话》（1988 年 1 月 18 日）

要使群众多活一年多得到一点享受，不能多活一年多受一点苦。

我们搞革命为啥？简单说就是为了使老百姓的生活好。除特殊时期，一般地总是要使群众多活一年多得到一点享受，不能多活一年多受一点苦，否则，多活与少活又有什么区别。

《考察广东时的谈话》（1989 年 9 月 9—14 日）

共产党人艰苦奋斗，图的是什么，说到底，就是为了让人民群众过上幸福美满的日子。

我们共产党人艰苦奋斗，图的是什么，说到底，就是为了让人民群众过上幸福美满的日子。衡量一个地方领导工作成效大小的重要标志之一，就是看那个地方群众的生活是不是有了较大改善。

《听取河北省委、省政府工作汇报时的讲话》（1999 年 4 月 16 日）

17. 防止两极分化，实现共同富裕，是我们建设有中国特色社会主义的一个重大原则。

就当前中国的政策来讲，我们允许一部分人通过诚实劳动、合法经营先富起来，但我们的最终目标是实现共同富裕。允许一部分人先富起来是实现共同富裕的捷径。历史经验证明，如果不允许一部分人先富起来，搞平均主义，吃“大锅饭”，群众发展生产力的积极性调动不起来，其结果只能是共同贫困。如果只注意让一部分人先富起来，忽视共同富裕，就会产生两极分化，这是违背我们社会主义建设最终目的的。允许一部分人先富起来，防止两极分化，实现共同富裕，是我们建设有中国特色社会主义的一个重大原则。这是一个较大的也是较困难的问题，要花费相当长的时间去解决。

《会见厄瓜多尔基督教社会党代表团时的谈话》（1993年9月7日）

消灭绝对贫困，实现共同富裕，是社会主义的本质要求。

目前全国还有8 000万人口没有解决温饱问题，我们无论何时都不能忘记他们。消灭绝对贫困，实现共同富裕，是社会主义的本质要求，是改革、发展的目的所在，是维护稳定的重要条件，也是先富起来的人和地区继续发展的必要前提。先富起来的民营企业家，帮助贫困地区开发资源、兴办企业、培训人才，体现了中华民族乐善好施、扶贫济困的传统美德，符合社会主义市场经济发展的要求，是引导非公有制经济健康发展的具有战略意义的活动，应当得到各级党委、政府的重视，并给以积极的支持。

《在中国优秀民营企业家经验交流会上的讲话》（1994 年 9 月 30 日）

天下顺治在民富，天下和静在民乐；天下可忧在民穷，天下可畏在民怨。

发展经济、改善生活是发展中国家的中心任务，也是治理国家的基本办法。中国古话讲，天下顺治在民富，天下和静在民乐。民富就是老百姓丰衣足食，民乐就是老百姓高兴顺气。有了民富、民乐，社会就和谐稳定，事业就兴旺发达。中国古话还讲，天下可忧在民穷，天下可畏在民怨。如果老百姓长期处于贫困状态，生活得不到改善，甚至民不聊生，就一定会怨声载道。一个国家最可怕的是老百姓失去信心，执政者失去民心。因此，作为执政者，要十分重视民富民乐民穷民怨的问题，千方百计让老百姓的日子一天天好起来，让老百姓心情舒畅，使他们感到有奔头，有盼头，从而产生更大的劲头。

《会见秘鲁总统藤森时的谈话》（2000 年 5 月 20 日）

治理天下可以讲若干条方法、若干条规矩，但最基本的一条就是“民富”。

对浙江的成就，许多地方非常佩服，也非常羡慕。张德江①同志从吉林过来，感慨颇多，说浙江是“真富、民富、暗富、不露富”，我说“暗富”和“不露富”意思差不多，可以不要。“真富、民富、不露富”三句话听起来很简单，琢磨起来很有意思。真富，就是实实在在的富，而不是吹出来的富，不是报纸上和广播、电视里的富。富首先是民富，共产党人的全部责任就是使人民认识自己的利益，并且团结起来，为自己的利益而奋斗，除此以外，没有任何其他的要求和个人的利益。共产党执政归根结底是使人民富裕起来。治理天下可以讲若干条方法、若干条规矩，但最基本的一条就是“民富”。“天下顺治在民富，天下和静在民乐”，老百姓富了、高兴了，其他事情都好办，乱七八糟的事就少，社会就稳定和谐。“不露富”可以解释为“韬光养晦”。不能说我们整个民族有爱吹这个毛病，但确有一些人爱吹，一有点成绩就天天嚷、天天吹。这一点日本人比我们强。日本人见面鞠躬鞠得很低，说自己是小国，请多包涵，显得很谦卑，可心里并不服你，手底下不闲着。小平同志讲过，多做少说，做也不说，就是告诫我们不要吹。

《在浙江省政协八届三次会议闭幕会上的讲话》（2000 年 2 月 22 日）

---

① 当时任中共浙江省委书记。

在一部分人、一部分地区先富起来的过程中，必须研究解决共同富裕的问题。

毫无疑问，不允许一部分人、一部分地区先富起来，其结果必然是共同贫困，一部分先富起来是实现共同富裕的快捷方式。但是，在一部分人、一部分地区先富起来的过程中，必须研究解决共同富裕的问题。我对广东同志讲，你说你奔小康、赶上“四小龙”①，这还不仅在于你，你这里搞好了，其他地方的人都跑来了，给你加一倍人，人均国民生产总值就掉下来了。所以，考虑城市不考虑农村，考虑沿海不考虑中西部，这是不行的。现在资金、人才包括中西部地区、落后地区的资金、人才都往沿海地区跑，“一江春水向东流”，这样弄下去，后进地区长期发展不了，就会出现大的问题。

《听取安徽省委、省政府工作汇报时的讲话》（1993年6月10日）

假如党员和干部只是使自己富起来，而群众却没有富起来，我们这个党就不会有希望。

我们必须向党员讲清楚，我们共产党员的目标，绝不只是为了几个钱，或者是眼前的致富。既不能只看到眼前的个人的利

① 指亚洲新兴工业化国家和地区新加坡、香港、台湾、韩国。它们自20世纪60年代以来，经济高速增长，被称为亚洲“四小龙”。

益，更不能唯利是图，见利忘义，而要有总体利益和远大目标。假如我们的党员、我们的领导干部只是使自己富起来，而群众却没有富起来，只是使自己获得了大的利益，而群众却没得到利益或者伤害了群众的利益，我可以肯定地讲，我们这个党就不会有希望。要让广大党员懂得，我们党是讲远大理想的，是代表广大群众利益的，而且是吃苦在前、吃亏在前、奉献在前、享受在后的。要对党员进行这方面的经常的思想教育。

《在纪念建党六十七周年座谈会上的讲话》(1988 年 6 月 30 日)

要体现按劳分配原则，做到同等劳动和智慧的收入大体相同。

这几年，我们在分配上实行放开搞活的政策，应该说绝大多数人的收入都有提高，生活都有改善。按常理人们应该是高兴满意的，但出人意料的是带来了一股“无名之火”，“端起碗来吃肉，放下筷子骂娘”的怪现象。有的工人说：“老九上了天，老大靠了边，不三不四赚大钱”；有的知识分子说：没有得到实惠，是“狗咬尿泡虚欢喜”；有的机关干部说：做工的、种地的、教书的、做生意的，或有了名，或得了利，我们这些芝麻大的官什么也没得着。总之，方方面面都有意见，都觉得自己吃亏。分配问题是经济学中的重要问题，也是一项长期性的带根本性的政策。如何做到既放开搞活，不能管得太死，不搞平均主义，又能体现按劳分配原则，做到同等劳动和智慧的收入大体相同？这是一个非常复杂的问题，搞不好会带来许许多多的问题，会影响到发展和稳定。

《在天津市调查研究工作会议上的讲话》(1987 年 6 月 11 日)

搞平均主义是错误的，两极分化也是不允许的。

农村的干部、党员，按照中央现在的政策，以身作则、带头致富，是无可非议的。但是，如果忘记了更多的群众，或者利用自己的权力，占群众的便宜，损害群众的利益，为自己谋利，这样的致富就是不应该的，也是不允许的。现在，农村不是一点黑暗的东西都没有。县委、县政府要立志消灭那些丑恶黑暗的现象。一个村、一个乡、一个县，如果干部都很富而群众都很穷，甚至还有吃不上饭的，这里的干部就不能算有本事，这里的领导班子就值得研究。我们是社会主义国家，大原则是共同富裕，搞平均主义是错误的，两极分化也是不允许的。党员、干部要带领大家勤劳致富，要全心全意为人民服务，把国家、集体、个人三者利益统一起来。这要作为衡量党员、衡量干部是否合格的标准。要把为老百姓办实事形成风气，把那些损害群众利益的现象搞臭。

《在天津市宝坻县检查工作时的谈话》（1986 年 10 月 13 日）

如果一方面少数人穷奢极欲、一掷千金，而另一方面多得多的人连发工资都困难，这种现象持续下去、扩大起来，必然会引发严重的社会问题。

当前社会上存在一些值得注意的现象，思想政治工作在有些单位有所削弱，政工干部工作困难，情绪波动，队伍不稳。在一些人包括一些干部当中，拜金主义、利己主义、享乐主义思想有所抬头，挥霍浪费的奢糜之风日盛，冷落无私奉献和艰苦奋斗精神而崇尚某些所谓“大款”、“大腕”敛财、挥金的病态心理也滋长起来。这些尽管还是局部现象，但颇有蔓延之势，必须引起各级党委的重视，决不能重蹈一抓经济，就把思想政治工作推到一边的覆辙。我国劳动生产率和生活水平总体上还比较低。如果一方面少数人穷奢极欲、一掷千金，而另一方面多得多的人连发工资都困难，这种现象持续下去、扩大起来，必然会引发严重的社会问题。即使将来生活普遍富了，作为一个国家、一个民族，要向上，要发展，总还要有一点奋发、苦干的精神。社会主义国家更应该讲理想，讲道德，讲奉献，绝不能允许那种损人利己、唯利是图、金钱至上、尔虞我诈的风气在社会生活中泛滥，绝不允许给各种腐朽思想提供阵地。当然，解决这些问题不完全靠思想政治工作，但思想政治工作是一个十分重要的方面。

《听取广西壮族自治区党委、政府工作汇报时的讲话》
（1993 年 4 月 18 日）

防止两极分化，当前最急迫的是对生活困难的那部分群众给予切实的帮助。

始终要把关心群众生活放在突出的地位。社会主义要实现共同富裕，不搞两极分化。防止两极分化，当前最急迫的是对生活困难的那部分群众给予切实的帮助。我们一方面要讲搞社会主义市场经济就是要优胜劣汰，讲究投入产出，讲究成本核算，讲究平等竞争，你企业搞得不好，产品没有市场，你就发不出工资。但光讲这个理，我认为不完全，还得讲另外一个理：我们是共产党，全心全意为人民服务是我们的宗旨，人民群众没饭吃，我们理所当然应该管，不论什么理由都得管。如果说连一部分人吃饭的问题也解决不了，最基本的生活不能保证，那算什么社会主义？讲发展，讲发展的快慢，都得建立在大家有饭吃的基础上。为政之道在于安民，安民之要在于察其疾苦。对那些困难、疾苦最多的人，必须特殊关注，否则社会就会不稳。过去讲“富人一餐饭，穷家半年粮”，现在一餐饭哪里是半年粮？一餐饭两三万块钱，四口之家如果人均一年 400 元钱，才 1 600 元，这一餐饭是多少年粮！杀富济贫、搞绝对平均主义肯定不对，但对生活困难的群众必须管。为此别的方面可能受点影响，或因此而受点批评，乃至受些冤枉，我看也没关系。共产党的干部就得把老百姓放在心里边，该做的就要做。中国有句古话，叫“但行好事，莫问前程”。老百姓的事该办的就办，不要想得太多。现在，我们干部脱离群众的事情相当多。曾经流传这么一副对联：“上级对下级，层层加码，马（码）到成功；下级对上级，层层掺水，水到渠成”。横批是“官出数字，数字出官”。这种东西不要小瞧，它反映的是一种群众情绪。你去翻翻二十四史，过去的皇帝都特别注意这种童谣。听到不好的童谣出来以后，赶快下罪己诏：“哎呀，寡人缺德，寡人不对，从今天以后 50 天不吃肉，3 年不做衣服，昭告天下”。童谣哪儿来的，是大人编好叫儿童去唱的，儿童念不犯罪。我也做过基层的工作，理解大家的困难，可是再困难也要把群众生活问题解决好。最近我连批了几个材料。东北农场一个知青，是救火烧残的劳模，后回到天津，原来农场每月发工资 150 块钱，物价上涨已经不够生活费了，后来农场连这点钱也不捎了，她一点活路都没有了。我批了先给钱，先叫她吃上饭，让她活下去。还有一些知名人士故去后，遗孀的生活无法保障。有人反映了这些情况，我就批示让有关部门具体调查一下，看看这种人当中还有多少人吃不上饭，然后统筹给予解决。我讲这些，就是希望大家树立群众观点，把群众放在第一位。只要把这件事情做好了，我相信你躺在床上睡觉心里也会踏实。

《在四川考察时的谈话要点》(1996 年 5 月 11—14 日)

你吃海鲜我吃萝卜，碗里的东西可以有所区别，但必须有吃的。

处理好沿海和内地发展的关系，这是个大问题。我曾对广东省的领导同志讲，广东 20 年赶上亚洲“四小龙”，如果和其他省尤其是内地省差距拉得过大，生活水平高出许多，其他省的人就会往广东挤，人多了，分母大了，广东的生活水平就高不了啦。刚才青海的同志反映青海人才外流现象严重，为什么？因为你高我低，我就往你那里跑，人往高处走嘛。内地不能相应发展，人才就不稳定，若采取限制的办法，又会妨碍搞活。越穷就越留不住人才，越没有人才就越不能发展。内地发展不上去，人就要往沿海跑。这样，发达地区人员就会膨胀，平均收入就会降低。在发展市场经济中，人才流动是积极因素，但内地也是中国的一块，没有人才就不能发展。因此，研究中国的发展，确实有一个处理好内地和沿海的关系问题。不允许一部分人、一部分地区先富起来，结果必然是共同贫穷；允许一部分人、一部分地区先富起来，这“部分”是多少？先富到什么程度？值得研究。

政策鼓励一部分人、一部分地区先富起来，另一部分人、另一部分地区不能没饭吃。报上有个消息，今年春节某城市有一户人家光放鞭炮就花了一万多元，可同是这个城市的郊区还有人吃不上饺子。你吃海鲜我吃萝卜，碗里的东西可以有所区别，但必须有吃的。

《在全国统战部长座谈会上的谈话》（1993年3月23日）

我们允许和鼓励一部分人先富起来，富了以后究竟怎么办？这确实需要引导，光彩事业就发挥了这种引导作用。

我们允许和鼓励一部分人先富起来，富了以后究竟怎么办？是为富不仁，沉醉于享乐生活，还是富了以后继续发展，与此同时为贫困群众做一些事情，这确实需要引导，光彩事业就发挥了这种引导作用。它在道德上弘扬了中华民族扶危济困、好善乐施的优良传统；在经济上确实支持了一些贫困地区的发展，参与光彩事业的企业家也在这个过程中得到了发展。所以这是一件各个方面都说好的事情。

《在接见“光彩事业迈向新世纪国际研讨会”国际代表时的讲话》（2000年4月20日）

18. 多搞些“雪中送炭”，少搞点“锦上添花”。

“治理之道，莫要于安民；安民之道，在于察其疾苦”。执政的要领是把最困难的人安排好。基层群众的生活困难问题，是一个直接影响社会稳定的大问题。稳住群众、稳住人心、稳住全局的关键是稳住最困难的那部分人。各级干部要牢记党和政府的宗旨，多想些群众的冷暖，少想点个人的“政绩”；多搞些“雪中送炭”，少搞点“锦上添花”；多办些具体的必要的事，少讲点空话、废话。要正确处理吃饭和建设、积累和消费的关系，宁可少上一些项目，放慢一点速度，也要确保群众有饭吃。有关部门要下大功夫研究解决分配不公问题，建立公正合理的收入分配制度，健全社会保障体系。总之，我们要切实做到认识到位，工作到位，真正把每个生活困难的群众纳入视野之内，纳入工作网络之中。

《在九届全国人大四次会议天津代表团会议上的发言》

（2001年3月7日）

为政之道的要领是把最困难、最贫困的人安排好。

扶贫对中国来讲，是一件非常重大的事情，也是一件非常复杂的事情，需要具体分析、具体解决。中国明朝著名政治家张居正讲：为政之道在于安民，安民之要在于察其疾苦。就是说，为政之道的要领是把最困难、最贫困的人安排好，而这个问题中国历代王朝都没有很好解决。且不谈历朝政府的阶级属性、主观意愿和治理能力，仅就客观条件来讲，中国幅员辽阔，各地情况千差万别，真正解决贫困问题很不容易。有些地区，从历史上讲，已经长期有人居住甚至住了几千年；从环境上讲，确实不适合于人类生存，例如西北的高寒地区，广西的石山地区，宁夏西海固一带的缺水地区。曾经到过这些地区的外国朋友感慨地说，这里连乌鸦都很难生存下来，人却能生存这么多代，真是了不起。石山地区，整个山都是石头没有土，种地只能是把石头砸个坑，里边放点土。种地不论亩论块儿，我到当地听说过这么一个笑话：有人问，“今天上午种几块儿地呀?”农民回答说“种了 13 块”。然后就数，数来数去就 12 块，还有一块在哪？原来在草帽底下，这就叫做“东一块，西一块，拿起草帽又一块”。中国政府积极动员这些地区的群众搬到适合生存的地方去，这件事情做起来也很难。许多人惜土重迁，故土难离，不愿从祖居多年的地方搬走。只能慢慢动员他们，吸引他们，给他们盖好房子，给块地叫他们试着种，尝到甜头后再搬迁。有些地区，客观条件不是很恶劣，比如说甘肃、新疆的一些地方，由于国家投入得不够，基础设施差，交通十分不便，资源不能得到有效开发，因而长期处于落后、贫困状态。还有一些少数民族，住在深山老林，长期与外界隔绝，尽管那里自然条件可以，但他们生活方式非常原始，社会发育程度很低，有些还停留在刀耕火种的状态，动员他们下山，他们还不愿意。总之，中国贫困地区面广人多，贫困原因比较复杂，贫困现象存在的历史比较长，解决起来难度十分之大。

《在接见“光彩事业迈向新世纪国际研讨会”国际代表时的讲话》（2000 年 4 月 20 日）

要急人之难，救急当先，把最困难人的疾苦作为重点问题加以解决。

这几年，随着生产的发展和坚持为人民办实事，全市城乡人民的生活水平有了提高，群众对我们办实事总的讲也感到满意。但是，由于我们人口多，底子差，情况复杂，加之有些方面我们照顾得不够，现在，不论城市和农村都有一些很困难的地区和亟待解决的问题。我们主张一部分人和地区先富起来，最后达到共同富裕，但我们是社会主义国家，不能使贫富过于悬殊。关心群众疾苦，是我们共产党和人民政府的天职。我们对人民在生活上越来越高的要求，要尽可能满足，对群众中的困难问题，更要下力量解决，不仅要注意“锦上添花”，更要重视“雪中送炭”。正因为如此，今年在改善农村人民生活的十项工作中，我们把积极扶贫脱贫列在了首位，并要求全市各方面为贫困村贡献力量，帮助贫困村发挥自己的优势，开辟收入来源，做到在年内生活有个显著好转。在城市，人民生活中最困难的问题仍然是住房紧缺。现在城市人均居住面积虽然有了增加，但还有相当多的住户人均在三平方米以下，大男大女一室，老少三辈同堂，等房结婚和婚后无房的问题仍很突出，还有一部分居民住在地下室等危简陋房中。因此，在改善城市人民生活的十项工作中，强调抓好居民住宅。一方面要抓建房、修房、调房工作，同时明确规定，要改进分房办法，克服和解决住房中的苦乐悬殊和不正之风问题。今年，所有建房单位都要实行按困难程度排队分房的办法，首先解决最困难户的住房。要有计划地改善危简陋房和地下室住户的居住条件。我们认为，办群众最急需的事，虽然有时只是少数人受益，但它会得到大多数人的同情和支持。孟子说："恻隐之心，人皆有之。"在我们社会主义社会，更应该是"一方有难，八方支援"。解决了少数人的疾苦，温暖了全社会。我们认为，一切真正关心群众的领导干部，都要急人之难，救急当先，把最困难人的疾苦时刻挂在心头，作为重点问题加以解决。

《在天津市人民政府第十届第五次全体会议上的讲话》
（1986年3月17日）

做到每个生活困难的群众都在领导干部的视野之内，都在保障服务的工作网络之中。

从总体上讲，现在我们国家综合国力强了，社会物质财富多了，党和政府又制定了扶贫解困的政策，让职工吃饱肚子、穿暖身子应当不成问题，关键是工作要做细。只要做到每个生活困难的群众都在领导干部的视野之内，都在保障服务的工作网络之中，切实做到他们的呼声有人听，他们的困难有人管，就不会出大事。我们的事业就会得到广大群众的支持，我们的社会就能继续保持稳定和谐的局面。我们必须始终记住一条，我们是共产党，是社会主义国家。共产党区别于国民党，社会主义制度区别于资本主义制度，最基本的就在于人民群众在国家中的地位，党和政府同人民群众的关系。这个观点要经常讲，反复讲。

《听取黑龙江省委、省政府工作汇报时的讲话》（1999 年 7 月 7 日）

忧群众之忧，喜群众之喜。

要帮最有困难的户办事，要给最有意见的人拜年，这对于稳定非常重要。上上下下要逐步形成这样一个风气：到基层去听取意见，帮助群众解决问题。忧群众之忧，喜群众之喜。要把这一点作为干部的基本素质和基本要求。

《在河北省六大班子成员座谈会上的讲话》（1990 年 1 月 6 日）

我们是社会主义国家，其他问题都可以讲 95%、99%、99.9%，唯独吃饭问题必须讲 100%。

十一届三中全会以来，我国少数民族地区经济有很大的发展，但由于历史的、地域的等多种原因，发展速度与沿海地区相比还有很大的差距，确有一部分人没有解决温饱问题。我们是社会主义国家，其他问题都可以讲 95%、99%、99.9%，唯独吃饭问题必须讲 100%。帮助这些地区各族群众尽快脱贫，走向富裕，是社会主义制度的应有之义，是我们共产党人应尽的责任。不仅各少数民族地区要为此努力，全党全国人民都应给予积极支持。

《同新形势下民族、宗教问题研讨班学员座谈时的谈话》（1994 年 7 月 4 日）

“民以食为天”，“饭”字半边是“食”字，半边是“反”字，没有食就会反。

对各级领导干部来讲，必须把关心群众生活，特别是关心困难职工生活当作一件大事来抓。许多事情我们可以讲一千个理由、一万个理由，但老百姓吃不上饭，就没有理由。“民以食为天”，“饭”字半边是“食”字，半边是“反”字，没有食就会反。

《听取伊春市委、市政府工作汇报时的讲话》（1999 年 7 月 6 日）

人穷到没饭吃，面包馒头是最珍贵的，其他什么都是第二位的。

人穷到没饭吃，面包馒头是最珍贵的，其他什么都是第二位的。传说西汉时有一个叫邓通的，汉文帝非常喜欢他，曾专门请人给他算命，算命的说他“当贫饿死”。汉文帝说，我能让邓通发财，怎么至于饿死呢？于是叫邓通管钱、管铸币，邓通铸的“邓氏币”风行一时，他本人非常富有。汉景帝继位后把邓通的官给免了，人给关了，并告诉他：你要花钱买吃的，今天一个馒头10两黄金，明天半打窝头100两黄金，你不买就挨饿。直到把家底买光了，邓通这才发现吃比什么都重要。

《看望政协文艺界委员时的讲话》(2002年3月7日)

宁可少上一些项目，放慢一点发展速度，也要首先保住人们的吃饭问题。

解决下岗人员的问题尽管难度很大，但也有许多有利条件。当前，我们国家有比较雄厚的经济实力，有比较丰富的物质财富，广大群众有强烈的愿望，各级干部有深刻的认识。只要我们下决心、下力量，采取综合的方式，从多方面入手，是有办法解决这个问题的。要成立专门机构，组织专门力量，进行系统研究、综合治理。比如，宁可少上一些项目，放慢一点发展速度，也要首先保住人们的吃饭问题。比如，通过从在职人员中筹集一些资金、调节个人所得税等办法，帮助下岗失业人员。比如，开辟一些公益工程，多创造再就业机会。比如，倡导乐善好施的美德，动员全社会参与扶贫解困等等。

下岗失业人员也有一个转变观念的问题。现在城市里一方面许多人没活干，一方面许多活没人干。如果有活干而不去干，这就不能完全责怪政府了。这需要我们多做工作，加强教育，帮助他们树立新的择业观。总之，解决这个问题既要有长远的根本性措施，也要有一些应急的办法，千方百计地保障待岗失业人员的基本生活需要。

《在八届全国人大五次会议天津代表团会议上的发言》（1997年3月4日）

扶贫是一项光荣而高尚的工作。

扶贫是一项光荣而高尚的工作。中国有两句成语，一句叫锦上添花，一句叫雪中送炭。就关心社会大众而言，锦上添花固然必要，但雪中送炭更为重要、更有意义。

《在接见"光彩事业迈向新世纪国际研讨会"国际代表时的讲话》（2000年4月20日）

先富的人应该有报效国家、服务社会、奉献人民的胸怀，用自己的才华和力量去帮助未富的人、贫困的人。

改革开放以来，我们允许和鼓励一部分人、一部分地区先富起来。因为一部分人先富起来是实现共同富裕的捷径，不允许一部分人先富起来，结果只能是共同贫困。先富不仅对先富者有利，对社会、对整体、对长远也都有利。先富合理合法，无可非议。但先富的人毕竟是少数，短期内大家不可能都富起来，同时还会有一部分人生活比较困难。先富后怎么办？除不断发展经济，继续致富外，还要提倡健康文明的生活方式，积极向上的人生追求，互助友爱的道德品格。古人讲“饱而知人之饥，温而知人之寒”；俗话讲“富人一餐饭，穷人半年粮”。我们要特别提倡扶贫济困、乐善好施的高尚精神，先富的人应该有报效国家、服务社会、奉献人民的胸怀，用自己的才华和力量去帮助未富的人、贫困的人。光彩事业是一种先富帮后富的有效形式，是中华民族扶危济困传统美德在新形势下的发扬光大，也是社会主义市场经济条件下经济行为同道德行为相结合的一个创举，具有深远的意义、广阔的前景。希望有更多先富起来的非公有制经济人士，投身到光彩事业中来，动真情、献爱心、作贡献。

《在接见光彩事业表彰大会代表时的讲话》（1997年11月7日）

全社会都要弘扬扶残助残的人道主义精神，关心、重视和参与残疾人事业。

残疾人事业是高尚的事业，残疾人工作是衡量社会文明进步程度的标志之一。对残疾人事业的特殊支持和关照，是中华民族的传统美德，是社会主义制度优越性的重要体现。

我国残疾人事业在“八五”期间取得了举世瞩目的成就，克服了许多困难，广大残疾人确实从中得到了实惠。同时也要看到，由于我国残疾人数量大，有些工作起步晚，并且受到经济发展程度的制约，残疾人事业还面临许多困难和问题。因此，在充分肯定已经取得的成绩的同时，各级党政领导要一如既往地继续关心和支持残疾人事业，全社会都要弘扬扶残助残的人道主义精神，关心、重视和参与残疾人事业。

《接见第四届全国残疾人运动会运动员代表时的讲话》（1996年5月10日）

1989年7月9日，李瑞环满载天津人民的深情厚谊乘车赴京。

1982年10月11日，李瑞环参加引滦入津工程明渠开挖义务劳动。

1983年9月11日，李瑞环参加引滦入津工程通水仪式。

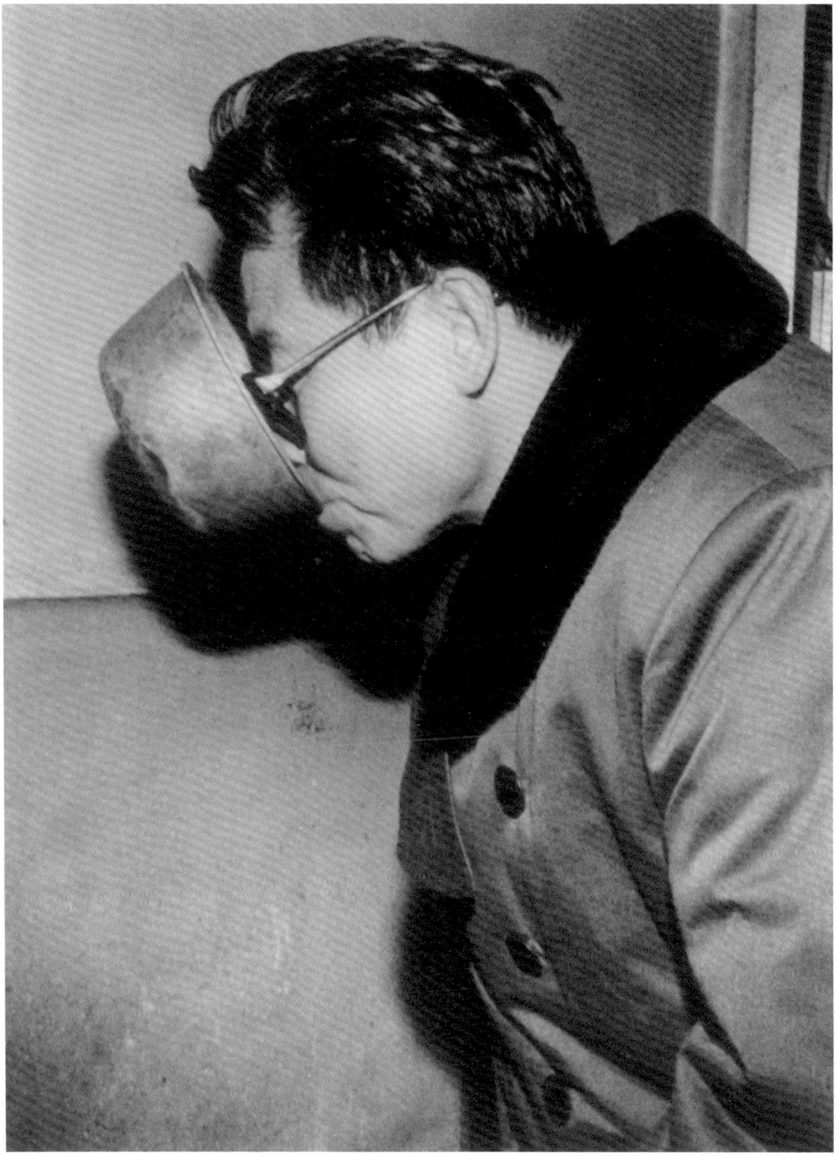

1984年12月27日，李瑞环察看引滦入津工程，入户品尝滦河水。

1986年10月，李瑞环参加天津外环线劳动。

1985年1月1日，李瑞环在天津市南市食品街开业典礼上致辞。

1985年12月11日，李瑞环接受全国名誉换房状元证书。

1985年7月26日，李瑞环在天津煤气化工程现场检查工程质量，慰问正在施工的职工和人民解放军驻津某部指战员。

1986年5月15日，李瑞环在天津青少年活动中心与孩子们在一起。

1987年5月5日，李瑞环参加天津平房改造工地义务劳动。左一为天津市副市长张立昌。

1987年5月5日，李瑞环视察天津市住房改造工程。

1987年9月30日，李瑞环参加天津服装街开业仪式。

1988年1月31日，李瑞环亲切接见天津市22位优秀环卫工人。

1988年2月4日，李瑞环视察大港油田，与油田一线工人亲切握手。

1988年11月16日，李瑞环出席天津大港油田大龄青年集体婚礼。

1989年1月27日，李瑞环慰问天津市公交、煤气职工。

1989年3月6日，李瑞环出席天津市人民政府第八届第二次全体会议，讨论通过改善城乡人民生活20项工作。前排左一为天津市副市长李长兴，左二为副市长张立昌，左四为市委副书记聂璧初。

1989年2月3日，李瑞环参加天津市和平区人民表彰“十佳公仆”大会。

1989年6月13日，李瑞环慰问天津公安武警指战员。左四为天津市政协主席谭绍文。

19. 一切为了人民，一切依靠人民。

天津人民在改革开放和四化建设中，按照马列主义原则和中央精神，创造和形成了一整套经验，特别是“一切为了人民，一切依靠人民”的工作思路，是全市人民多年实践的最基本经验，我们要把它作为天津的一个传家宝自觉坚持下去。要把各项工作包括政治的、经济的、文化的、教育的，把各部门的工作包括市委的、人大的、政府的、政协的、工青妇的等等，都纳入“一切为了人民，一切依靠人民”的工作思路中。这样，我们的工作就有方向，就容易找到解决困难和问题的方法。但是，我们讲坚持这个思路，主要是指全心全意为人民服务的宗旨不能变。“万变不离其宗”，并不是要拘泥于具体的方式方法，什么都要固守老的一套，一成不变。事物千变万化，形势日新月异。在具体运用基本思路中，不仅要因事而异，随着客观情况的变化而有所发展，而且要因人而异，因主观条件的差异而有所不同。领导者既要审时度势，正确驾驭局面，又要认真研究发挥自己的长处，弥补自己的不足，在实践中逐步形成自己的工作格局。这样工作才有实效，才能在已有经验的基础上不断完善提高，开拓创新。

《在中共天津市委扩大会议上的讲话》(1989 年 10 月 4 日)

群众观点揭示了人民群众是创造历史的动力，我们讲一切为了人民、一切依靠人民，主要是从这一观点出发的。

马克思主义的历史唯物主义有两个基本观点，一个是生产力观点，一个是群众观点。生产力观点揭示了生产力是社会发展的决定性因素，我们讲建设有中国特色社会主义，讲初级阶段、根本任务、基本路线，主要是依据这一观点。群众观点揭示了人民群众是创造历史的动力，我们讲任何推动历史前进的事业都是人民的事业、任何创造历史的过程都必须有人民的参加，讲一切为了人民、一切依靠人民，主要是从这一观点出发的。先进的政党及其领袖人物之所以能够获得成功，是因为代表了人民的利益和愿望，得到了人民的拥护和支持。我们共产党人所说的“解放全人类”，不是“恩赐”给人民什么，而是作为人民中间比较先进的一部分，去启发、引导、带领人民为自身的解放而斗争，归根结底，还是人民自己解放自己。我们共产党人的基本原则，就是要使人民认识自己的利益，并且团结起来，为自己的利益而奋斗。

《在邓小平新时期统一战线理论研究班座谈会上的讲话》（1999年11月2日）

群众观点最核心的内容是承认群众是创造历史的主人，一切工作的成败归根结底取决于人民群众。

强调牢固地树立群众观点，对当前搞好改革开放和其他各项工作具有极其重要的现实意义。群众观点最核心的内容是承认群众是创造历史的主人，一切工作的成败归根结底取决于人民群众。因此，在经济体制改革的过程中，无论是发展商品经济，调整各方面的利益，还是推行厂长负责制，完善各种法律和规章制度，都必须尊重群众、关心群众、审慎地对待群众，而绝不能伤害群众。比如，在强调知识分子和专家重要性的时候，要特别注意不能忽视体力劳动者的作用。体力劳动者和脑力劳动者都是社会财富的创造者，都是国家的主人，都应当受到尊敬。对此，要在宣传报道时、具体政策上、各项工作中准确无误地体现出来。在强调厂长负责制重要性的时候，要特别不能忽视广大工人群众主人翁的地位和作用。工人群众是企业的主人，他们决定着企业的生存和发展。推行各种经济责任制也好，实行承包、扩大经营自主权也好，加强管理、整顿纪律也好，都要注意发挥工人群众的积极性和创造性，使厂长的管理权威同工人群众的主人翁地位统一起来。在强调经济手段、物质利益作用重要性的时候，要特别注意不能忽视思想工作和人的精神作用。我们进行经济体制改革，毫无疑问地要研究如何通过经济利益的调整与分配，来调动人们的积极性，但这绝不意味着可以削弱甚至否定思想政治工作。小平同志视察天津时曾指出，改革，现代化科学技术，加上我们讲政治，威力就大多了。在这个问题上，我们一定要保持清醒的头脑，通过卓有成效的工作，把这种特有的优势最大限度地发挥出来。

《一切为了人民，一切依靠人民——在天津市人民政府第十届第九次全体会议上的讲话》（1988 年 3 月 5 日）

群众路线是我们党的根本的政治路线、组织路线、工作路线。

群众路线是我们党的根本的政治路线、组织路线、工作路线。首先，人民群众是历史的创造者。人民群众是物质财富的创造者，也是精神财富的创造者，是推动社会发展的决定性力量。这是历史唯物主义的基本内容。第二，人民群众是实践和认识的主体。马克思主义的辩证唯物论认为：人的认识都是从实践中来的。而这里所讲的实践，是社会的实践，群众的实践。一切智慧的源泉在群众的实践之中。只有到群众中去，总结和汲取群众在实践中创造的经验，集中起来，坚持下去，才能正确指导群众的活动。第三，人民群众是社会主义国家的主人。人民在国家中占什么地位，这是衡量一个国家坚持什么制度的根本标准。我们实行的是社会主义制度，人民群众是国家的主人，这是区别于资本主义国家的最根本的标志。社会主义社会以前的各种阶级社会，都是少数人统治多数人，只有社会主义制度，才实现了占人口绝大多数的人民群众自己当家作主。这也决定了共产党必须加强同最广大的人民群众的联系。第四，共产党的宗旨是全心全意为人民服务。这是我们共产党区别于一切剥削阶级政党的根本标志。共产党人的世界观，党的全部活动的出发点、过程和归宿，只有一个，就是全心全意为人民服务。正如毛泽东同志所说的，马克思列宁主义的基本原则，归根到底就是要使群众认识自己的利益，并且团结起来，为自己的利益而奋斗。所以，我们讲生产任务也好，讲其他任务也好，最终是为了满足广大人民群众日益增长的物质和精神生活的需要。所有这些，都决定了我们党的根本的工作路线就是群众路线，即相信群众，依靠群众，从群众中来，到群众中去。

《同津冀鲁三省市党委负责同志座谈时的讲话》(1990年2月27日)

一个执政党要巩固自己的执政地位，最根本的是要得到人民群众的支持。

中华人民共和国成立50年来，既取得了重大的成就，也付出了巨大的代价，既有成功的经验，也有惨痛的教训。一个执政党要巩固自己的执政地位，最根本的是要得到人民群众的支持，所以我们把“一切为了群众，一切依靠群众”写进了十五大报告和党章。今后不管碰到什么困难和问题，只要牢牢依靠人民群众，就一定能够克服一切困难，实现我们的既定目标。

《会见圭亚那前总统霍伊特时的谈话》(1999年9月14日)

一切以人民利益为出发点和归宿，这是我们党的最高宗旨，是我们党存在和胜利的历史根据。

“怨不在大，可畏惟人；载舟覆舟，所宜深慎。”“惟”就是“只是”的意思，“人”指的是群众。古代统治者从维护他们的阶级利益出发，也知道群众力量之大，不可小视。我们是共产党，一切以人民利益为出发点和归宿，这是我们党的最高宗旨，是我们党存在和胜利的历史根据。为人民群众办事，为人民群众谋利益，是个重大的政治问题。我曾提过人民至上的观点，对此有的同志有不同的看法，但我至今坚持这个观点。这样提是不是否认了领导的作用？不是。这本身就是针对领导来讲的。当然，群众需要领导，但这个领导必须根据多数人的意志去领导；群众也需要教育，但这个教育必须根据群众的觉悟程度，超出群众的觉悟程度，提出多数群众一时尚不能接受的要求，最终是不能实现的。我认为这是一条重大的根本原则，希望引起同志们注意。这几年，我们反复强调，要真心实意地、尽心竭力地、坚持不懈地为群众办实事。一方面，这是我们党的宗旨的要求，是我们党的建设、干部队伍建设的主要措施和内容。另一方面，则是因为群众中需要解决的问题较多，而我们的条件又有限，难以全部解决，但只要我们真的尽了心、竭了力，群众就会看在眼里，就会理解我们，就会高兴，就会满意。

《在中共天津市委四届六次全委会议结束时的讲话》

（1987年1月7日）

我们党的全部任务就在于使群众了解自己的利益，并团结起来为自己的利益而奋斗。

我们的政治优势，最集中地反映在党和人民群众的关系上。我们所有的党员都应该记住，我们党的利益和人民的利益是一致的。我们党除了人民的利益，没有我们自己的利益。我们党的全部任务就在于使群众了解自己的利益，并团结起来为自己的利益而奋斗。也正是因为我们的利益和人民群众利益的一致性，就决定了人民群众在为自己利益奋斗的过程中，同时在为党的任务和方向而奋斗着。因而人民群众就成了我们党的、我们工作中的巨大优势。也正是因为这一点，我们才可以克服各种困难，解决前进中的各种各样的矛盾，取得一个又一个的胜利。

《在“鱼水情”电影回顾展开幕式上的讲话》(1988年12月10日)

各级领导干部一定要心里想着人民群众，一切为了人民群众，永远不脱离人民群众，否则，一切都是白搭。

把代表最广大人民的根本利益作为我们一切工作的出发点、过程和归宿，是我们党区别于其他任何政党的一个显著的标志，是我们党的性质宗旨的要求，也是我们党产生、存在、发展的根基。各级领导干部一定要心里想着人民群众，一切为了人民群众，永远不脱离人民群众，否则，一切都是白搭。

《在中共十六大天津代表团讨论会上的发言》(2002年11月9日)

只要我们有了人民至上的思想，我们就有力量。

我们要提倡人民至上的精神，也就是全心全意为人民服务的思想。我们的各级干部必须树立时时、事事、处处首先想着人民的思想。一切为了群众是我们天津几年来取得成绩的最根本经验。正是因此，我们才得到了群众的拥护，我们才取得许多出人意料的成绩，这一点我们必须坚定不移，坚持不懈，特别是在改革开放新形势下，许多问题稍不注意就会伤害群众利益。价格改革是经济体制改革的重要内容，如何在这个改革中使广大群众受益而不吃亏，是个很大的问题。对此，我们必须十分谨慎，下大力气。当然，我们也希望大家共同努力，搞好市场，搞好物价，保持我们物价低的好名誉。

毫无疑问，我们面前还有许多意想不到的问题和困难，但我想只要我们有了人民至上的思想，我们就有力量、有智慧、有办法，我们就能所向披靡，不断前进。

《在天津市各界代表座谈会上的讲话》（1986 年 9 月 29 日）

相信和依靠人民群众，获得人民群众的支持和拥护，是四项基本原则的最牢靠的基石。

四项基本原则，集中反映了中国最广大人民群众的根本利益和共同意愿。相信和依靠人民群众，获得人民群众的支持和拥护，是四项基本原则的最牢靠的基石。我们讲坚持马列主义、毛泽东思想，是因为人民需要这种思想理论。这种思想理论是无产阶级和人民大众认识世界和改造世界的锐利武器。它在人类历史上第一次揭示了人民群众作为社会物质财富和精神财富的创造者，是实践和认识的主体，是历史的主人，是推动社会前进的动力。马列主义、毛泽东思想也只有掌握人民群众，才能变成巨大的物质力量。我们讲坚持社会主义，是因为人民需要这种社会制度。在这种制度下人民能够当家作主，能够摆脱剥削和压迫，能够充分发挥聪明才智，从而使生产力获得解放，使自己的物质和文化生活水平不断提高。社会主义也只有在实现人民群众的这种基本历史要求的进程中，才能不断巩固和发展。我们讲坚持人民民主专政，是因为人民需要这种民主专政。这种民主专政是绝大多数人对极少数人的专政，而与历来的少数人对多数人的专政根本不同。人民民主专政也只有充分依靠广大人民群众，才能强有力地保护人民权利，打击和惩治极少数敌人的破坏活动。我们讲坚持共产党的领导，是因为人民需要这种领导力量。群众中有种种不同的利益和意见，只有作为工人阶级先锋队的共产党，才能集中群众中的正确意见，克服错误意见，代表最广大人民群众的最大利益。密切联系人民群众是我们党区别于其他任何政党的最显著的标志之一。党的根本宗旨，就是全心全意为人民服务。党的全部任务，就是引导人民群众认识自己的利益，并团结起来为自己的利益而奋斗。

《关于加强党同人民群众联系的几个问题——在新华社国内工作会议上的讲话》（1990年4月11日）

“一切为了人民，一切依靠人民”的基本思路的教育要经常抓、反复抓、抓住不放。

“一切为了人民，一切依靠人民”的基本思路的形成，经历了曲折的过程。坚持这个思路也要做大量的工作。要结合形势，联系实际，经常不断地、反反复复地对广大干部进行基本思路的再教育。这个教育要贯彻始终，历届班子、各级领导，任何时候都要抓住不放。这个教育要广泛深入，对各条战线、各个方面、各个部门，包括市委的、人大的、政府的、政协的、工青妇的等等，都要纳入到“一切为了人民，一切依靠人民”的轨道之中。这个教育要经常抓、反复抓、抓住不放。

《一切为了人民，一切依靠人民——在天津市人民政府第十届第九次全体会议上的讲话》（1988年3月5日）

广大群众的表扬和赞赏，是最高的赞赏、最高的奖赏。

很长时间以来人们都有一种习惯，总觉得受到领导表扬最光荣，其实真正最光荣的是受到群众的表扬。有的同志可能记得陆游一首诗中有这样两句话：“万钟一品不足论，时来出手苏元元。”话讲得绕，万钟讲俸禄，给多少钱多少粮，都是东西。“一品”讲官，过去不是讲几品官吗？这个没什么用，没什么了不起。最了不起的是什么呢？是有机会通过自己的努力，帮助老百姓，使老百姓生活得更好一点。“元元”是群众的意思。领导上奖励的应该说是好的，或者说绝大多数是好的；群众表扬和奖励的，可以肯定地说百分之百是好的。我们今后应该提倡这样一个风气，能够争取到老百姓的拥护，广大群众的表扬和赞赏，并把这种赞赏当成是最高的赞赏、最高的奖赏。

《在天津市和平区“十佳公仆”表彰大会上的讲话》（1989年2月3日）

要想靠人民，首先为人民。

把群众的积极性充分调动起来并合理地发挥出去，这是领导者的基本功。这里有领导的态度问题、水平问题、方法问题，更重要的是所办事情的内容问题。要想靠人民，首先为人民。只要我们选择的事情是群众关心的、群众受益的、群众要求解决的，也就是我们常说的为民之举，群众看到大干有利于自己，贡献是为了收获，就会乐于参加，勇于出力，心甘情愿地作出无私的奉献。

《一切为了人民，一切依靠人民——在天津市人民政府第十届第九次全体会议上的讲话》(1988 年 3 月 5 日)

功劳应归于群众，光荣应属于人民。

这几年，我们一直把相信和依靠群众作为工作的基点。早在 1981 年，我们提出“把群众的精神振奋起来，把领导的威信树立起来”；1983 年，又提出“把群众的积极性最大限度地调动起来，并合理地发挥出去”；1988 年又归结为“一切为了人民，一切依靠人民”。正是我们坚持了这样一个基本思路，依靠群众的力量，用不到一年的时间，就拆除了遍布全市的十几万户临建棚，八年建起了相当两个多旧天津的住房；仅用一年零四个月的时间，就完成了计划三年完成的引滦入津工程；用十个月的时间，在繁华的市区建成了中环线；用一年的时间，建成了外环线，使“美丽的幻想”变成了现实。我们用两年实现了民用气化，我们用一年零五个月完成了铁路枢纽改造工程，我们分别用几个月的时间建成了南市食品街、旅馆街、古文化街、服装展销中心。我市的社会治安是全国最好的地区之一，我市的物价居于全国最低水平。所有这一切，都是全市干部、群众共同努力的结果，功劳应归于群众，光荣应属于人民。广大人民群众在实践中改造了客观世界，也改造了主观世界，形成了自尊、自爱、自豪、自强的天津人精神。这种精神蕴含着巨大的能量，是我们最宝贵的财富，是我们最强大的优势。

《在天津市人民政府第十一届第二次全体会议上的讲话》（1989年3月6日）

保护人民利益是政法工作的根本任务。

把保护人民利益作为政法战线的根本任务，是由人民民主专政的性质所决定的。人民民主专政决定了人民的主体地位，同时也决定了我国的政法工作同资本主义国家的本质区别。奴隶社会、封建社会、资本主义社会的国家机器，本质上都是代表少数剥削者的利益的，都是与人民群众的利益相违背的，都是以限制和伤害劳动人民利益为目的的。而我们的政法工作区别于它们的主要标志就是为了人民、代表人民、保护人民的利益。因此，我们政法工作的一切内容和形式都必须从这个原则出发，在任何时候、任何情况下，都必须摆正自己同人民群众的位置，人民是主人，我们是公仆，应该勇敢、忠诚地捍卫人民的利益，矛头所向始终只能是为数极少的、与人民为敌的人。对人民实行民主，对人民的敌人实行专政，这是相辅相成、不可分割的两个方面。没有民主，只有专政，不成其为国家政权；没有专政，只讲民主，同样不成其为国家政权。在这一点上，一切剥削阶级的政权和我们的区别，仅在于是对少数人民主、对多数人专政，还是对多数人民主、对少数人专政。所以，我们在讲对广大人民群众实行民主的时候，不应忘记对少数坏人的专政；在讲对少数坏人实行专政的时候，不应忘记对广大人民群众的民主。离开对少数坏人的专政讲民主，或者离开对多数人的民主讲专政，都不是人民民主专政。

《在中共天津市委政法工作会议上的讲话》(1988年7月30日)

依靠人民群众是政法工作的基本原则和基本方法。

毛泽东同志在讲到抗日战争时说过："战争的伟力之最深厚的根源，存在于民众之中。"① 战争时期如此，和平时期也是如此；经济建设如此，政法工作也是如此。为了群众必须依靠群众，这是我们一切工作的基本原则，也是政法工作的力量源泉。历史和现实的大量事实都证明，只有依靠人民群众，得到广大群众的支持，我们才能耳聪目明，才能形成强大震慑力量，才能有个社会的长治久安。

近几年来，天津之所以能够保持一个稳定的社会局面，天津政法工作之所以能够取得显著进步，受到中央的表扬，得到人民的拥护，原因是多方面的，但总的来讲，政法战线始终较好地坚持了依靠人民群众这个基本原则和基本方法，则可以说是一条最基本的经验。从大的方面说，天津人民为建设家乡、改变家乡面貌而进行的辛勤劳动，所取得的巨大成就，在人民中间形成的心齐气顺、奋发向上的精神风貌，为我们政法工作创造了一个良好

① 《毛泽东选集》，2版，第2卷，511页，北京，人民出版社，1991。

的“大气候”，提供了一个很好的条件，这就是人民对我们的支持。具体讲，广大人民群众检举揭发坏人，提供破案线索，见义勇为同犯罪分子进行斗争，为教育挽救失足青少年进行艰苦的工作，以及普遍开展的法制宣传员、人民调解员、人民陪审员、户院联防、轮班巡逻等，都直接参与和有效地支持了政法工作。他们虽然不在编制之列，不穿制服，但他们确实是维护社会治安的一支巨大力量。所以说，我们的力量来源于人民，我们的一切成绩应该归功于人民。

《在中共天津市委政法工作会议上的讲话》（1988 年 7 月 30 日）

20. 人民群众的意志和力量决定着历史发展的方向，人民群众参与和支持的程度决定着历史发展的进程。

我们讲的政治优势包括着十分丰富的内容，但根本的一条是党和人民群众保持密切联系的问题。人民群众是实践和认识的主体，千百万群众的实践是一切知识和智慧的源泉。历史上任何一个伟大人物的创造和发现，虽然都带有个人的因素，但是，归根结底是时代的产物，是群众劳动和智慧的结晶。人民群众是世界历史的创造者，是推动历史前进的终极力量。历史上任何一个能够站在时代潮流前头而有所作为的阶级、政党及其领袖人物，都只不过是顺应了人民群众的意愿，争取了人民群众的支持，借助了人民群众的力量。人民群众的意志和力量决定着历史发展的方向，人民群众参与和支持的程度决定着历史发展的进程。

《在天津市人民政府第十一届第二次全体会议上的讲话》

（1989年3月6日）

要使我们的干部真正懂得，群众观点是马克思主义的基本观点，人民群众始终是主人、是主角。

应当加强群众观点、群众路线的思想教育。要使我们的干部真正懂得，群众观点是马克思主义的基本观点，人民群众是实践和认识的主体，在改造自然、改造社会的斗争中始终是主人、是主角。要使我们的干部充分理解，群众的拥护与支持是我们最大的政治优势，离开群众，我们将一事无成、一无所有。我们讲要把握好改革的力度、发展的速度、稳定的程度，归根到底取决于人民群众理解、支持、参与和承受的程度。要使我们的干部深刻领会，群众路线是我们的根本工作路线，养成遇事同群众商量的习惯，学会从群众中来到群众中去、集中起来坚持下去的工作方法。要使我们的干部牢牢记住，全心全意为人民服务是我们的最高宗旨，不管现实生活发生多少变化，但万变不离其宗，全心全意为人民服务的最高宗旨不能改变，否则就会变质、变色。在新的历史条件下，我们应当不断研究新情况，解决新问题，总结新经验，把坚持群众观点、群众路线提高到新的水平，并逐步形成风气、形成制度。要尊重群众的地位，切实保障群众的民主权利，充分发挥群众在管理国家和社会事务中的作用，使他们真正当家作主。要维护群众的利益，真心实意地为群众办实事，努力改善群众的物质文化生活，尤其要下大力量为生活困难的群众排忧解难。要依靠群众的力量，善于动员和组织群众，悉心汲取群众的智慧和经验，使我们的事业成为群众自己的创造性活动。要体察群众的情绪，经常了解群众在想什么，把群众的呼声、意愿和企盼作为第一信号，不断理顺群众情绪。要接受群众的监督，让群众知道我们的工作情况，虚心听取群众的批评意见，逐步建立和完善群众监督机制。与此同时，我们还要引导和帮助群众进一步解放思想，坚定信心，增强主人翁责任感，认识自己的根本利益，并为此而努力奋斗。

《在中国人民政治协商会议第八届全国委员会第四次会议闭幕会上的讲话》（1996年3月13日）

离开了群众，我们寸步难行；依靠了群众，我们无往不胜。

尊重人民群众的主人翁地位，依靠群众的智慧和力量，克服困难，创造业绩，这是马克思主义的一个基本观点。我们革命的信念，前进的动力，智慧的源泉，其最深厚的基础统统存在于人民群众之中。离开了群众，我们寸步难行；依靠了群众，我们无往不胜。

《在天津市增产节约、增收节支动员大会上的报告》（1987年2月9日）

要依靠群众，必须相信群众。离开了相信群众谈依靠群众，就是对群众的利用和愚弄，也就不可能做到真正依靠。

当前，我们生产建设的任务非常艰巨，靠什么来完成？归根结底，要靠广大人民群众，靠人民群众的干劲、智慧和力量。历史经验已经证明：要依靠群众，必须相信群众。离开了相信群众谈依靠群众，就是对群众的利用和愚弄，也就不可能做到真正依靠。因此，我们必须牢固地树立群众观点，真心实意地相信群众，依靠群众，并在尽可能的情况下，帮助群众解决一些实际问题，使他们去掉后顾之忧，能够集中精力进行生产和工作。

《在中共天津市委工作会议上的讲话》(1983 年 7 月 13 日)

发挥政治优势必须抓住群众的拥护和支持这个根本。

所有政治优势的发挥，都同群众问题有着直接的联系。我们说党的领导是优势，就在于它代表了全国各族人民的共同利益和根本利益，反映了群众的意见和要求，集中了群众的智慧和力量。我们说社会主义制度的优势，就在于这个制度使人民真正成为国家的主人，使亿万群众的主动性、积极性和创造性得以充分发挥。我们说马克思主义的理论指导是优势，就在于这个理论揭示了人民群众的历史地位和作用，是人民群众改造世界、改造社会的锐利武器。我们强调加强思想政治工作，而思想政治工作只有以尊重人、理解人、关心人、爱护人为基点，采取群众乐于接受的方法，并依靠群众来进行，才能发挥其宣传和动员群众的作用。“实现四化、振兴中华”的共同理想，也只有为群众所认识、所接受，才能成为动员群众的精神力量和共同行动的基础。总之，发挥政治优势必须抓住群众的拥护和支持这个根本。这与我们提出的“一切为了人民，一切依靠人民”的基本工作思路是完全一致的。

《在天津市人民政府第十一届第二次全体会议上的讲话》（1989年3月6日）

人多跟你走，你就有政治优势；如果人多跟你对立，你就是劣势。

我们中国人多，人多跟你走，你就有政治优势；如果人多跟你对立，你就是劣势。中国共产党就是靠拥护的人多打败了蒋介石，而蒋介石也因为反对他的人多，失败了。人多和你对立，就很可怕。所以，我们要依靠人民，就要尽心尽力地为人民办实事，取得人民的拥护，让更多的人跟我们走。现在，我们动员群众，组织义务劳动，因为参与的人多，每个人稍微做点，就能见到效果。

《同“二十件大事”讲话稿起草组的谈话》（1989年2月21日）

政治优势是动态的，得到群众支持，就有优势；严重脱离群众，就没优势，甚至会变成劣势。

政治优势是一个不断发展变化的动态过程。不能笼统地、一般地讲优势，不能认为我们党具有这样的优势，所有的地区、单位和干部就自然而然地都有了这样的优势。在有些地方和单位，领导相信群众，依靠群众，并真心实意地为群众服务，从而得到了群众的支持，就有了这个优势；而在有些地方和单位，领导不相信群众，不依靠群众，甚至严重地脱离群众，就没有这个优势，甚至变成了劣势。另外，我们也不能孤立地、静止地看待优势，优势的加强或削弱、发挥或丧失都与实际工作状况有着直接的联系。如果工作不审慎、不努力，已有的优势就会发生变化，走向反面。

《在天津市人民政府第十一届第二次全体会议上的讲话》
（1989年3月6日）

脱离群众的人，失去群众的人，不管职务多高、本事多大，统统都是纸老虎。

我们党的一切事业、一切纲领和政策，不论如何正确，如果没有广大群众的真正拥护和坚持到底的斗争，都是无法实现的。所以我们必须把一切工作的着眼点放在相信群众、依靠群众的基点上。脱离群众的人，失去群众的人，不管职务多高、本事多大，统统都是纸老虎。

《会见天津市特等劳动模范时的谈话》（1987年4月30日）

改革进展的程度取决于广大群众支持的程度，改革能否取得最终成功取决于能否始终得到群众的拥护。

人民是历史的主体，改革是人民的事业。改革进展的程度取决于广大群众支持的程度，改革能否取得最终成功取决于能否始终得到群众的拥护。在这个问题上我们必须有很高的自觉性。尊重群众的主人地位，发扬群众的首创精神，支持群众的大胆探索，总结群众的实践经验，是改革中必须始终坚持的一条重要原则。从根本上说，我们的改革无疑是符合人民群众的整体利益的。就当前来说，绝大多数群众也是受益的。但是，在改革中，由于各方面利益关系的不断调整和复杂变化，往往会在某种程度上影响人们对改革的态度。因此，在研究改革问题和采取改革措施时，应尽可能增进各方面人们的利益，尽可能体现社会公平。“有许多时候，群众在客观上虽然有了某种改革的需要，但在他们的主观上还没有这种觉悟，群众还没有决心，还不愿实行改革，我们就要耐心地等待；直到经过我们的工作，群众的多数有了觉悟，有了决心，自愿实行改革，才去实行这种改革，否则就会脱离群众。”① 在深化改革中，我们要十分注意体察群众的情绪，充分考虑群众的意愿和承受能力，即使是正确的改革措施，在多数群众还不能接受的时候，也不能仓促出台，贸然行事。

《坚持党的基本路线　把天津社会主义现代化建设推向新阶段——在中国共产党天津市第五次代表大会上的报告》（1988 年 4 月 22 日）

① 《毛泽东选集》，2 版，第 3 卷，1012 页，北京，人民出版社，1991。

我们是人民的公仆，群众愿意改革开放，我们有什么理由不改革开放呢？

要进一步解放思想，加快改革开放的步伐。这既是广大人民群众的迫切心愿，也是他们对中央的最大希望。我们不是常讲人民群众是创造历史的主人，是创造历史的动力，主导着历史发展的趋势吗？我们是人民的公仆，群众愿意改革开放，我们有什么理由不改革开放呢？我们不是常讲为政之道在于顺乎民心吗？我们要毫不犹豫地把顺民意、得民心的改革开放事业推向前进。当然，改革开放会有风险，但有人民群众的理解、支持，我们能够承受。不搞改革开放，人民群众就会反对，国家就没有出路。东欧有的执政党就是因为反对改革，不搞改革，最后垮台了。正反两方面的经验都证明，改革开放是社会主义国家的希望所在。因此，我们一定要坚持实事求是，积极探索，勇于实践，深化改革，扩大开放，争取90年代取得更大的成就。

《在天津市领导干部座谈会上的谈话》（1991年10月4日）

群众是实践、认识的主体，总结经验由始到终、由调查到研究，都要走群众路线。

群众是真正的英雄，而我们自己则往往是幼稚可笑的。联产承包责任制，主要不是哪个领导或个人的杰作，而是农村最基层群众的创造。我们讲总结经验，主要是总结来自社会实践的经验。群众是实践、认识的主体，总结经验由始到终、由调查到研究，都要走群众路线。否则，总结出来的所谓“经验”，既缺乏鲜活的东西，也不会得到群众的认同。尤其是在目前，弄虚作假成风，假情况、假数字、假政绩比比皆是，歪曲、背离本质的假象屡见不鲜，要想真正把材料弄全弄准，使之合于实际，实在是不容易的事。我们必须像毛主席所说的那样，满腔热忱，眼睛向下，放下臭架子，甘当小学生。只有如此，群众才能讲真话，我们才能了解到真实情况，才能用群众的智慧弥补自己的不足，才能总结出具有实际意义的经验。

《在全国地方政协工作经验座谈会结束时的讲话》（2001年12月6日）

干部联系群众的问题，不只是认识问题和方法问题，最根本的是世界观问题。

必须指出，我们的干部队伍发生了很大的变化。这些年来，一大批年轻的和比较年轻的同志走上领导岗位，这是我们事业兴旺发达的表现。他们有许多优点和长处，但同老一辈相比，他们没有经过战争年代生与死、血与火的考验，许多人对于依靠群众的极端重要性缺乏真切的体会，对于党的群众路线还不大熟悉。这也是我们落实决定遇到的一个难题。还应该看到，干部联系群众的问题，不只是认识问题和方法问题，最根本的是世界观问题。要想真正解决联系群众的问题，干部就必须能够吃苦，能够受累，为了群众的利益艰苦奋斗，无私奉献，不惜风霜劳苦，必要时甘愿作出牺牲。因此，要落实决定，就必须下大力量抓干部队伍的马克思主义群众观点和党的群众路线的再教育，倡导在改造客观世界的同时自觉地改造主观世界，树立牢固的群众观点，学会群众路线的基本功。只有这样，干部密切联系群众才会逐渐形成习惯，形成风气，形成制度，落实党的十三届六中全会决定才有可靠的保证。

《关于加强党同人民群众联系的几个问题——在新华社国内工作会议上的讲话》(1990 年 4 月 11 日)

联系群众是实打实的，来不得半点形式主义的东西。

联系群众是实打实的，来不得半点形式主义的东西。中央和国务院关于组织党政机关干部下基层的通知下达以后，广大干部到农村去，到工厂去，到基层去，深入实际，调查研究，势头很好。这是一个十分可喜的现象，对于实现我国政治、经济和社会的进一步稳定发展，继承和发扬党的密切联系群众的优良传统，具有重大和深远的意义。但是，干部下基层要有章法。究竟怎样下去，采取什么方式下去，都要考虑实际效果，切忌搞形式主义。我们讲联系群众，就要实实在在地联系群众，不能简单地把干部轰下去，表面上看起来热热闹闹，而实际上并不符合中央精神和群众要求，弄不好反而给群众增加麻烦，带来灾难，把好事情给办坏了。

《同津冀鲁三省市党委负责同志座谈时的讲话》(1990 年 2 月 27 日)

脱离群众的严重性，决定了解决联系群众问题的艰巨性。

必须清醒地看到，要真正落实六中全会①的决定，确有难度。现在，我们党同人民群众的联系，既不如革命战争时期，也比不上解放初期。脱离群众的严重性，决定了解决联系群众问题的艰巨性。在改革开放的新形势下，社会环境、价值观念和人际关系等方面都发生了新的变化，产生了新的矛盾，党同人民群众的联系也面临着许多有待解决的新课题。从更深层次上说，我们在体制上还存在着一些不利于甚至妨碍党同群众联系的东西，不利于甚至妨碍群众监督和人民当家作主的东西。这些问题，只能通过深化经济体制改革和政治体制改革，推进社会主义民主政治建设、法制建设和各种监督制度的建设，逐步解决。

《关于加强党同人民群众联系的几个问题——在新华社国内工作会议上的讲话》（1990年4月11日）

只要党的路线正确，人民群众就能够在党的领导下克服各种困难，发挥聪明智慧，创造光辉业绩。

落实六中全会的决定，无论是当前，还是整个90年代，在

① 指1990年3月9日至12日在北京举行的中国共产党第十三届中央委员会第六次全体会议。全会审议通过了《中共中央关于加强党同人民群众联系的决定》。

各级领导和广大干部中都有一个精神状态问题。现在有相当一部分人的确存在着精神不振、信心不足，在困难面前唉声叹气、一筹莫展的问题。这种精神状态，与我们要求党同人民群众密切联系在一起，以推进社会主义现代化建设和改革开放事业，是很不适应的。

精神不振有多方面的原因。但是，不管有多少原因，精神不振是没有根据的。为什么说没有根据呢？我这里讲两条：一是要相信党的路线，二是要相信人民群众。应当看到，党的十一届三中全会以来的这条路线，十年来给我们带来巨大的成就。经过这十年的努力，我国人民生活普遍提高，综合国力得到加强，国民生产总值翻了一番。经济发展速度，无论是同发展中国家比，还是同发达国家比，都是比较快的。社会主义制度的活力，社会主义制度的优越性，在这十年中不是得到了显著的表现吗？不管还存在着什么消极东西，不管发生了哪些本来可以避免或者难以避免的失误，不管遇到了哪些曾经料到或者未曾料到的困难，我们取得了伟大成就这个基本的方面是不能低估，更不能无视的。而失误和困难，我们都在努力纠正和克服，并一定能够纠正和克服。还应当看到，这十年中取得的成就，十年中所显现的人民群众的创造力，还仅仅是十一届三中全会以来的这条路线的锋芒初试。这条路线的展开，有中国特色社会主义的活力的迸发，社会主义制度优越性在中国的充分显现，好戏还在后头。在中国，人民群众与中国共产党的密切联系是有悠久历史的。只要党的路线正确，人民群众就能够在党的领导下克服各种困难，发挥聪明智慧，创造光辉业绩。一切悲观论点都是没有根据的。

《关于加强党同人民群众联系的几个问题——在新华社国内工作会议上的讲话》（1990 年 4 月 11 日）

21. 群众最可敬，群众最可爱，群众最可怜，群众最可畏。

我们是历史唯物主义者，我们懂得群众是历史的主人，社会的存在与发展最终取决于群众。群众最可敬，他们有无穷无尽的力量，社会的财富靠他们来创造；群众最可爱，只要你真心实意地为他们服务，他们就真心实意地支持你；群众最可怜，他们的确有许多实际困难，但对我们的要求并不高；群众最可畏，不管什么人，惹怒了他们，就可以使你垮台。对此，我们必须有个清醒的认识。

《在天津市人民政府第十届第七次全体会议上的讲话》

（1987 年 3 月 5 日）

历史是无情的，人民是公正的。

历史是人民创造的，但由于政治家的地位特殊，他的工作影响国计民生，他的行为对社会的发展有加速或延缓的作用，因而他总是不可避免地受到历史的检验和人民的评论。历史是无情的，人民是公正的。只要他为人民谋了利益，办了好事，为国家为民族立了功劳，争了荣誉，人民就不会忘记他。“功过谁评说，后生定先祖。劝君莫论一时遇，九泉之下看荣辱。”

《参观南非罗本岛博物馆时的谈话》（2001 年 4 月 19 日）

附：

木　匠*

一

工人握锤把，
农民扶犁耙。
学生用桌椅，
商店要台架。
衣食住行用，
样样不离他。
负箱携具千万家，
甘霖播洒满天下。

二

锛凿刨锯斧，
般般汗水煮。
大材要做小，
小料需贴补。
弯曲刮平直，
平直刻凹凸。
终日不离屑和土，

---

* 刘少奇同志平反昭雪后，李瑞环同志看到一幅刘少奇同志干木工活的照片时，深为感慨，写了这首题为《木匠》的诗，后发表在《建筑工人》1980 年第 1 期。2001 年参观南非罗本岛博物馆时，引用了该诗的后四句。

一生遭受千刀苦。

三

竭诚高屋脊，
平地妖风起。
魍魉兴魔师，
九州遭劫袭。
是非被颠倒，
世人皆发指。
哀吼之声惊寰宇，
千古奇冤须平洗。

四

人生共几何，
肉骨皆粪土。
汗血滴柱石，
大厦存千古。
功过谁评说，
后生定先祖。
劝君莫论一时遇，
九泉之下看荣辱。

人民是杆秤，历史是杆秤，政治家的分量最终都是由他们来衡量的。

对一个政治家来说，只有把民族的利益、人民的利益放在至高无上的位置，作为自己所思所想、所作所为的出发点和归宿，才会在人民心中占有位置，才会赢得人民的真诚拥护，才会在历史上获得应有的地位。人民是杆秤，历史是杆秤，政治家的分量最终都是由他们来衡量的。

《会见巴勒斯坦总统阿拉法特时的谈话》（1998 年 7 月 14 日）

人生有限，政治家当权的时间也有限，要利用条件，抓住时机，为国家、为人民、为人类多做好事。

中国有句古话："俯者易而蹴者难"。当权的政治家，由于他所处的位置、所掌握的权力，可以做很多的好事、实事，一念之兴、举手之劳，就有可能解民于倒悬，为人民谋取更多的福利。人生有限，政治家当权的时间也有限，要利用条件，抓住时机，为国家、为人民、为人类多做好事。中国人常说："但行好事，莫问前程"，这句话的意思是，做好事并不是为了回报。事实上，只要做了好事，人们就会不忘记他，永远怀念他。

《探望斯里兰卡总理班达拉奈克夫人时的谈话》（1999 年 12 月 3 日）

历史最终都将无情地对每个领导人作出评判。

作为一个国家的领导人，特别是在世界上具有重要影响国家的领导人，承担着重大的历史责任。领导人首先要看到人民群众创造历史的作用，但也不能忽视自己的特殊地位和重要作用。历史给领导者提供了充分施展才智的机会，而领导者的所作所为又影响着历史的发展，或给人类带来福音，或给人类造成灾难。历史最终都将无情地对每个领导人作出评判。正是因此，许多领导人都十分审慎地对待自己的言行和决策，抓紧时间为人类社会作出更多的贡献。

《会见德国总理科尔时的谈话》（1997 年 6 月 10 日）

群众是改革的决定者、参与者和受益者。

中国的企业有什么特殊性，是相对资本主义国家和其他国家而谈；改革中新出现的体制和方法，是针对过去而谈。要把相对物找好：第一，由政治上讲，人民是国家的主人，企业工人是企业的主人，而不是你为他，他本身就是主人。所谓一切为了人民、一切依靠人民，是对领导、对党而言。工人是企业的主人，这是区别于资本主义的根本点，而且是绝不能改变的。改来改去不能改变这个出发点、根本点。第二，由认识论和发展观上讲，一切的智慧、本领和才能来源于人民，最深厚的力量和基础在于广大人民。群众是认识世界的主体。因而，要想把任何事物认识清楚，并推动它前进，就必须依靠广大人民群众。第三，从领导和群众的关系上讲，领导的出发点应当是依靠和为了广大人民群众。群众是改革的决定者、参与者和受益者。领导对群众是服务的关系。作为一个领导，只要坚定群众是主人、靠群众办企业的方向，就一定能站得住。

《在讨论群体经营工作法时的讲话》（1988 年 11 月 26 日）

对一个真正的共产党员和人民政府的干部来说，通过自己的辛勤努力，带来的结果能使群众得到幸福，就是他们最大的快乐。

参加今天大港油田大龄青年的集体婚礼①，我心里非常高兴。作为一个共产党的干部，看到群众高兴，心里也就高兴。我们是人民政府，我们的干部是人民公仆。所以，我们领导机关的每一个成员，其一切工作的出发点，都应该是给广大人民群众排忧解难，带来幸福。对一个真正的共产党员和人民政府的干部来说，什么是他们最大的快乐？通过自己的辛勤努力，带来的结果能使群众得到幸福，就是他们最大的快乐。我们总是应该提倡这样的风气：使那些处在艰苦工作岗位上的同志，使那些以自己的辛勤劳动为国家、为人民作出贡献的同志受到尊敬，得到应有的社会地位。我们总是应该提倡这样的风气：关心群众生活，特别是关心群众中最困难的那一部分同志，解决他们最为难、最着急的那一部分事情，多做一些雪中送炭的工作。我们每个干部都希望得到群众的支持与帮助。事实证明，乐民之乐者，民亦乐其乐；忧民之忧者，民亦忧其忧。只有真正关心群众的人，才能得到群众的真正拥护。我希望我们所有的干部，能从今天这个集体婚礼活动中，得到一些启示，从而改进和改善自己的工作。我希望我们所有的干部都应该在民乐上，去做一点自己应该做的工

① 1988年初，李瑞环同志到大港油田“谈心服务”（天津市领导深入基层做群众工作的一种形式）。有工人反映：“最大的困难是找不到媳妇。”李瑞环同志当即同有关部门商量，研究解决这个问题。8个月后，在大港油田体育馆举行了百对青年的集体婚礼。李瑞环同志作为主婚人在集体婚礼上祝辞。

作。古人还有这样一句话："住世一日，则做一日好人；居官一日，则做一日好事。"我希望我们所有的干部都能在自己的工作岗位上坚持给人民做好事。

《在大港油田大龄青年集体婚礼上的祝辞》（1988 年 11 月 16 日）

我们在强调知识分子作用的同时，必须真心实意地重视工人群众的主人翁地位。

从最一般意义上讲，社会财富永远是人的体力和智力相结合的产物，社会的进步永远是体力劳动者和脑力劳动者共同努力推动的，再过一百年、一千年，体力劳动仍然会存在。因此，贬低脑力劳动者是不对的，贬低体力劳动者同样是错误的。尤其在我国目前的情况下，科学技术水平落后，知识分子数量不多，这就决定了在社会主义建设的长过程中，体力劳动仍将占有很大的比重，要改变我国落后面貌，勤劳的双手仍然是无可取代的力量，艰苦奋斗、吃苦耐劳的实干精神仍需进一步发扬。因此，我们必须牢固树立起这样的思想：工人群众和知识分子都同属于工人阶级，都是国家的主人，都应当受到尊重。我们在强调知识分子作用的同时，必须真心实意地重视工人群众的主人翁地位。在宣传上、具体政策上、各项工作中，都要充分体现出来。

《会见天津市特等劳动模范时的谈话》（1987 年 4 月 30 日）

一定要加强工人群众和知识分子的团结，互相学习，取长补短。

为了充分发挥工人阶级的整体作用，一定要加强工人群众和知识分子的团结，互相学习，取长补短。脑力劳动和体力劳动的分离对社会生产力的发展曾起过巨大的促进作用，随着社会生产力的高度发展，二者必然会在更高的基础上统一起来。大家都应该努力促进这种统一，要像毛泽东同志所教导的那样，一切知识分子，一定要抛弃脱离群众、脱离实际的恶习，以鞠躬尽瘁的精神献身人民，与工农兵密切结合；而工农群众要重视和信任广大知识分子，向他们学习，努力掌握科学知识。

《会见天津市特等劳动模范时的谈话》（1987 年 4 月 30 日）

青年始终是推动社会变革和社会进步的巨大力量。

当前，举国上下正在向社会主义现代化建设的第二步战略目标迈进，这是把“五四”先驱们复兴中华民族的伟大理想变为现实的一个重要历史阶段，关系着中华民族的前途和命运。“五四”以来的实践证明，青年始终是推动社会变革和社会进步的巨大力量。在实现第二步战略目标的过程中，青年也必将发挥生力军和突击队的作用。因为我们的事业是艰巨的事业，而青年的精力最旺盛，是一支不怕困难、特别能战斗的队伍。因为我们的事业是迈向现代化的事业，而青年最肯学习，是一支能较快掌握新的劳动技能和先进科学技术的队伍。因为我们的事业是创新的事业，而青年的思想最活跃，是一支勇于探索和开拓进取的队伍。第二步战略目标的实现，也直接关系着当代青年的多方面利益。四化建设的推进，改革开放的深入，科学文化的发展，小康水平的实现，综合国力的增强，将为青年一代的工作、学习、生活创造更加良好的条件，也将为青年一代施展抱负、建功立业提供更为广阔的舞台。所以，把广大青年的积极性、主动性、创造性最大限度地调动起来，并合理地发挥出去，是胜利实现第二步战略目标的一个极其重要的环节。

《在纪念五四运动72周年座谈会上的讲话》(1991年5月4日)

劳动最重要。劳动创造世界，创造社会财富，创造幸福生活，推动人类文明的进步。

马克思主义认为，劳动最重要。劳动创造世界，创造社会财富，创造幸福生活，推动人类文明的进步。从根本上说，一切进步的制度和政策都是为了鼓励、保护劳动，都有利于人们诚实劳动、积极劳动、创造性地劳动。劳动模范是劳动者的杰出代表，劳动模范的先进思想和优秀事迹弘扬了中华民族的传统美德，昭示着时代的前进方向，应当受到党和政府的表彰，受到社会各界的尊重，成为全国人民学习的榜样。

《在会见全国劳模代表时的讲话》(1994年4月28日)

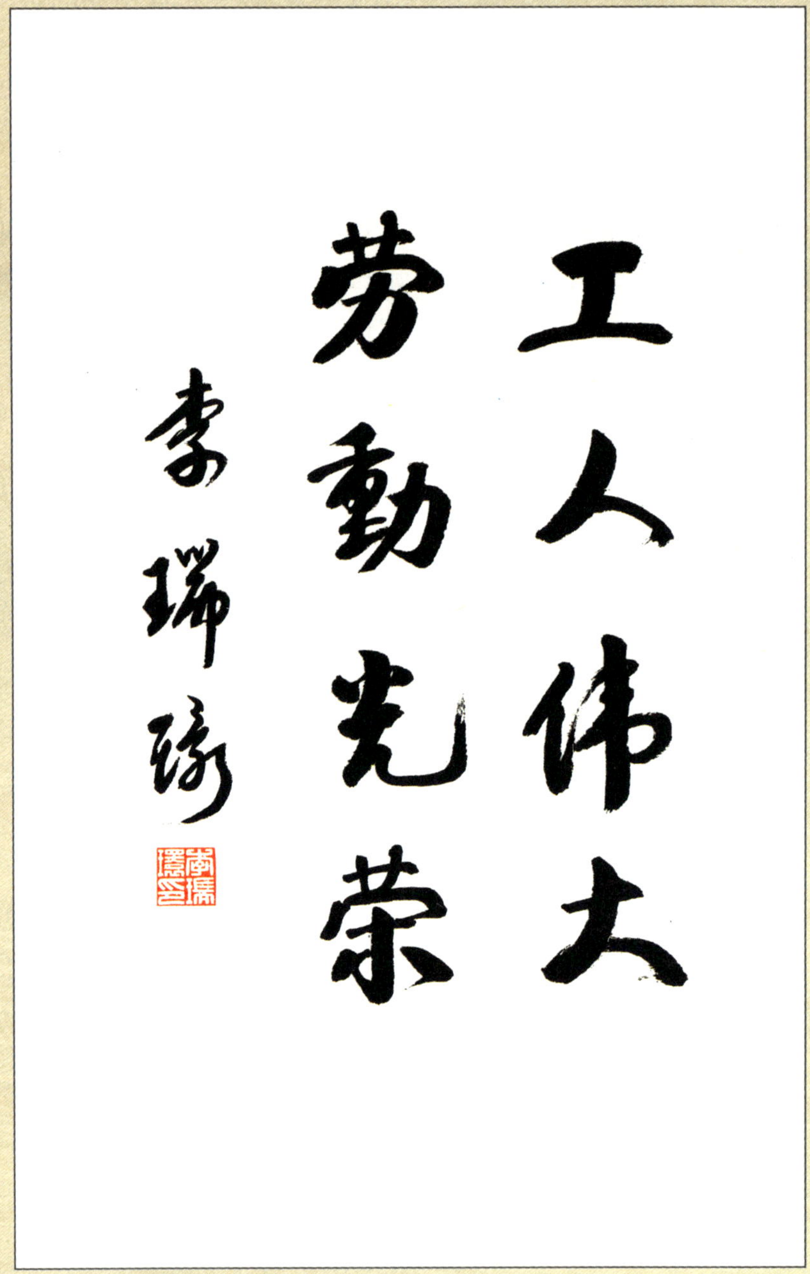

为《工人日报》创刊 45 周年题词（1994 年 7 月）

看不起劳动人民的人是一种最没知识、最不懂道理的人。

劳动人民在世界上是最光荣的。香港报纸说，天津市长出身寒微，从不避讳。这有什么避讳?劳动创造世界，劳动创造人，劳动创造一切，手不动就会僵直，脑不动就会萎缩。看不起劳动人民的人是一种最没知识、最不懂道理的人。劳动人民，别管干哪行，只要是凭自己的劳动，为人民、为他人做工作，都是应该受到尊重的。我曾经当过木匠，现在阴差阳错地当了市长，我们是完全平等的。我觉得真正使人信得过、靠得住的还是干活的。你给他办一点事他记着，他知道你不容易，因为都是干活的。没干过活的他老看着活简单，你给他干那么多，他说你干得少；你给他干那么快，他说还可以快，因为他没干过活。

《同优秀环卫职工代表座谈时的讲话》(1988 年 1 月 30 日)

人人都在为别人服务，每个人都在被别人服务。

如果讲服务业，我们这帮人都应该算“服务业”，因为领导就是服务，人人相互服务。有一位浴池的同志跟我说：“我这个行业很苦啊。天天伺候人。”我问他：“你伺候多少人?”他说：“人家洗澡来，我这一天得伺候 20 多个人。”我说：“你这个不行，我一天要伺候 800 万人。”他说：“我很苦。”我说：“你还不够苦，我吃饭的时候，还得有两拨人谈话，边吃边谈，夜里常常

3点钟才能睡觉。说苦你还没我们苦。”我这不是表功，我是在讲这样一个道理，人人都在为别人服务，每个人都在被别人服务。因此就不应该轻视任何一个行业，因为这是一个有机的整体，不能分哪个重要，哪个不重要，每个地方都重要。

《在天津市商业职工代表新年茶话会上的讲话》（1985年12月28日）

看不起环卫工人，看不起劳动人民，这是值得人们注意和警惕的不好的征兆。

看不起环卫工人，看不起劳动人民，这是社会道德上一种值得人们注意和警惕的不好的征兆。当然，要想叫别人看得起，首先自己应该看得起自己。天津比以前干净多了，天蓝了，地净了，你们为天津人争了光荣。一个人的工作受不受尊重，一个人受不受尊重，不取决于干什么，而取决于干得怎么样。我有一个老朋友叫时传祥①，开追悼会时，八宝山大灵堂里边、外面都站满了人，不下一两千。而有些人自认为了不起，官是不小可并不被人们尊重。不管什么人，不管多清高的人，多以为了不起的人，在化粪池里看，拉的屎是一个德性。有些人就是提起裤子不认账。看不起环卫工人的人是忘了自己也是拉屎的人。本来社会主义国家对这个问题应该是解决得好的。为什么少奇同志接见时传祥？为什么周总理请时传祥去中南海？就说明问题。最近几年来，我看宣传上有毛病。知识分子是国家需要的，尊重他们、表

① 北京市掏粪工人，全国著名劳动模范。他“宁肯一人脏，换来万户净”的精神当时为世人所称颂。

彰他们，给予他们若干的待遇，宣传他们的重要作用和意义都是对的，但不要说别人不重要，你是重要，但是你拉了屎我给你掏了，重要不重要？要不然屎堆在屋里行吗？外地人都说天津真干净。没有环卫工人能行吗？宝元①同志原来是公用局的副局长，当时天津没水喝，他跟我一起搞水。后来，我看他这个人正派有本事，调他到环卫局当局长。当时有人开他的玩笑说："闹了半天，你当了个屎头啊！"我说，这个认识不对。一个城市里，环境卫生这块工作搞不好，不行。要让大家的生活都方便有序，干干净净，心情舒畅，没有环卫这支队伍是不可想象的。

《同优秀环卫职工代表座谈时的讲话》（1988年1月30日）

在我们的社会里，没有不光荣的工作，只有不光荣的人；没有没出息的行业，只有没出息的人。

护理工作是一项非常光荣的工作。他们工作艰苦，生活清苦，舍己为人，理应受到尊重，但由于剥削阶级思想的存在，在社会上有一些人仍然轻视护理工作，认为是"伺候人"的，不光荣。这种认识是完全错误的。在我们的社会里，没有不光荣的工作，只有不光荣的人；没有没出息的行业，只有没出息的人。任何一项工作只是社会分工的不同。所谓伺候人，事实上是人人伺候人，人人被伺候。护士工作表现在对待病人上是伺候病人，病人痊愈工作的时候，也在通过另外的方式伺候护

① 即赵宝元。

士。把工作分工作为人与人之间高低贵贱的标准，这是一种旧思想、旧社会风气。时传祥是个掏粪工作者，他的追悼会去的人比许多领导干部追悼会去的人多得多。有没有出息，光荣不光荣，不在于你做什么工作，从事什么行业，而在于你工作得如何。

《在天津市优秀护理工作者表彰大会上的讲话》(1982年10月21日)

22. 把群众情绪作为第一信号。

在中国革命的实践中，凡是正确的决策都是人民群众意志、情绪的集中体现。我们党之所以能够力挽狂澜，战胜前进中的各种困难，都是由于顺应了人民群众的意愿、要求和情绪。在新旧体制转换的历史时期，工作中的缺点、失误是不可避免的。通货膨胀，社会分配不公，以及党内和社会上出现的某些消极腐败现象等问题，使得许多人情绪不顺。党的十三届三中全会提出了改革的方向必须坚定不移，步骤和方法应该审时度势、力求稳妥的方针。这个方针切合实际，符合民心，必将赢得广大人民群众的理解和支持，把改革事业进一步推向前进。任何决策或措施，必须顺应群众情绪，符合群众愿望，否则，群众情绪不高，甚至气呼呼，事情就不可能办好。群众情绪往往反映了群众对现实生活中各种社会现象的感受、认识和态度，因此，为了使我们的一切决策和措施都符合群众的愿望和要求，从领导的角度来说，就应当把群众情绪作为第一信号，及时把握群众情绪。

《把群众情绪作为第一信号》（1988 年 12 月 30 日）

多数人的愿望，多数人的利益，多数人的意见，多数人的情绪，是我们想问题、办事情的出发点和落脚点。

我们的事业是为多数人谋利益的事业，也是依靠多数人的力量才能完成的事业。多数人的情况决定我们的一切。多数人的愿望，多数人的利益，多数人的意见，多数人的情绪，是我们想问题、办事情的出发点和落脚点。

《同全国统战部长会议代表座谈时的讲话》(1999 年 1 月 20 日)

必须改进作风，深入实际，深入群众，悉心倾听群众的意见和呼声。

各级领导都必须改进作风，深入实际，深入群众，悉心倾听群众的意见和呼声，了解民情民意，兴办群众高兴满意的事情。各级领导对每一项工作都要具体研究应当怎么办，谁去办，什么时候办到什么程度，一件一件地落实，使少说空话、多办实事形成风气，形成习惯，形成规矩。

《听取海南省委工作汇报时的讲话》(1991 年 2 月 19 日)

必须把群众的自觉与自动、呼声与要求、智慧与力量作为我们决策的基本依据。

人民群众是我们力量的源泉，是我们力量之所在。马克思主义告诉我们，人民群众是实践和认识的主体。离开群众生气勃勃的创造性活动，忽视对群众实践经验的虚心学习和科学总结，任何切实的改革方案也不可能产生，任何美好的设计也难以实现。人民群众是创造历史的动力，改革和建设是群众创造历史的过程。必须把群众的自觉与自动、呼声与要求、智慧与力量作为我们决策的基本依据，把符合最广大群众的利益作为制定各项政策措施的第一准则，把有利于调动广大群众的积极性作为一切改革的出发点、归宿及其检验标准。人民群众是社会主义国家的主人，这是我们区别于资本主义国家的最主要特征。我们必须充分尊重群众的主人翁地位和群众的民主权利，而不能单纯用物质利益和经济手段淡化群众的主人翁地位，更不能因为强调行政领导负责制而否定群众的民主权利。

《充分发挥政治优势，坚持为人民办实事》(1989 年 3 月)

制定改革的方针政策和实施措施，首先和第一位要考虑的是绝大多数群众的觉悟和意愿。

经济体制改革的根本目的在于最大限度地调动广大群众的积极性，进一步发展社会生产力。社会主义的最终胜利，归根到底取决于更高的劳动生产率。坚持和完善社会主义制度也只有在社会生产力巨大发展的过程中才能实现。人民群众是生产力中最积极、最活跃的因素，旧体制的最大弊病就是抑制了人民群众的积极性和创造力，改革就是要革除这种弊端，建立新的机制，激发出每个劳动者的主动性、积极性和创造性，促进生产力的发展。改革是群众创造历史的过程，中国的改革最终要靠中国广大群众去实践、去探索，从一定意义上讲，改革的加速或延缓、成功或失败，都取决于群众能否积极参加和乐于支持。我们是社会主义国家，群众是主人，改革必须突出群众的主人地位，必须重视群众的情绪，必须注意从群众的觉悟和意愿出发，制定改革的方针政策和实施措施，首先和第一位要考虑的是绝大多数群众的觉悟和意愿，凡是多数群众不赞成的做法，纵然有千条理由、万条理由也不能简单从事，勉强或急于去干。这要作为整个改革的出发点，并且表现于行动的过程和归宿。

《在天津市十届人大六次会议上的〈政府工作报告〉》（1987 年 4 月 22 日）

只要有了群众的支持、参与，许多问题就能够迎刃而解；只要有了群众的理解、谅解，有些问题就不成其为问题。

搞好治理整顿，根本在于坚定地相信和依靠人民群众。在治理整顿的整个过程中，我们所采取的一切措施，包括经济的、行政的、纪律的、法律的和政治思想的等等，要真正落到实处，取得实际成效，都离不开群众的拥护和支持。我们所要治理整顿的各种问题，既是经济问题，又是社会问题和政治问题，归根结底都是涉及群众的问题。

治理整顿面临的大量矛盾、诸多困难，离开了群众的智慧和力量，都是难以克服的。只要有了群众的支持、参与，许多问题就能够迎刃而解；只要有了群众的理解、谅解，有些问题就不成其为问题。如果只见物不见人，只见领导不见群众，只知道金钱的力量不知道精神的力量，只知道在屋子里冥思苦索不知道向群众请教，那就无法完成治理整顿的各项任务。

《在中共天津市委全体会议上的讲话》(1988 年 12 月 25 日)

群众情绪中存在一些不稳定因素，这是一个很大的社会问题。

目前，群众情绪中存在一些不稳定因素，这是一个很大的社会问题。压缩空气①，理顺关系，稳定经济，应该包括把群众的情绪捋顺。压缩空气的根本目的，是把整个国民经济建立在长期稳定发展的基础上，使人民能够得到更多的实惠。因此，压缩空气完全符合人民群众的根本利益。这一点，我们必须向群众讲清楚，要使我们的人民深刻理解压缩空气的重大意义，使艰苦奋斗、勤俭建国的精神深入人心，变成增产节约、增收节支的自觉行动。与此同时，对涉及群众切身利益的事情，要格外谨慎，不能以压缩为借口，本来有条件也应该给群众办的实事不办了，引起群众的不满。今年市里为群众办的二十件好事，还要继续办，而且要办得更好。群众的事我们不上心，失信于民，有那么几次威信就会扫地。群众没有盼头，就没有劲头，社会也就缺乏发展的动力。当然，改革一点也不触动大家的利益不可能，但触动太大，群众气不顺，就会出问题。为什么现在有“端起碗来吃肉，

① 是当时中央的一个提法，意思是抑制过热投资和过度消费。

放下筷子骂娘”的现象呢？我看大致有五个方面的原因：一是物价，有群众对商品经济条件下物价正常波动不习惯的一面，也有工作不审慎和乱涨价的一面；二是不正之风，有些领导机关、领导干部讲排场，摆阔气，铺张浪费，老爷作风十足，难见公仆本色，群众看了有气，蓄之长久必然丢掉民心；三是在工人和知识分子之间、政工干部和业务干部之间、新老干部之间，客观上本来就存在着差异，而在宣传上往往为了强调某一方面的地位和作用，忽视另一方面，造成了不协调的问题；四是利益分配不尽合理，由于政策界限不清，法制不健全，在付出同等体力和智力劳动的条件下，苦乐不均，收入过于悬殊，群众的气不顺；五是确有一些欠账没有还清，群众生活还有一些实际困难，也还有一些贫困户碗里没有肉，甚至饭也只有半碗。以上五个方面的原因，正是我们理顺群众情绪要做的主要工作。在压缩空气的过程中，对涉及群众生活和群众情绪的问题，必须十分谨慎，认真对待。我们一定要使我市人民这几年形成的奋发向上、积极进取的精神保持和发扬下去。

《在天津市区县局领导干部会议上的讲话》（1987 年 1 月 27 日）

审慎对待群众中的敏感问题，高度重视理顺群众的情绪。

天津工作的主要经验之一，就是“一切为了人民，一切依靠人民”。市委所有成员都要牢固地树立群众观点，坚持群众路线的工作方法，把全心全意为人民服务作为自己工作的出发点和归宿。要时刻牢记自己是人民的公仆，从而尽心竭力地为人民群众谋利益。要时刻注意“群众生产，群众利益，群众经验，群众情绪”，审慎地对待群众中的敏感问题，高度重视理顺群众的情绪。要通过各种措施，把群众的积极性充分调动起来，并合理地发挥出去。为此，市委领导要坚持经常深入基层，深入实际，进行调查研究，体察群众情绪，及时发现和总结群众中的先进典型和经验；不断把群众中的分散意见集中起来，化为系统的意见，再到群众中坚持下去。我相信，只要我们坚持了群众路线这个根本的工作方法，我们的各项任务就一定能完成好，天津的工作就一定能搞上去。

《在中共天津市委五届一次全会结束时的讲话》(1988 年 4 月 28 日)

弄清人民群众真实的思想、情绪、愿望、要求，是做好群众思想政治工作和其他各项工作的前提条件。

弄清人民群众真实的思想、情绪、愿望、要求，是做好群众思想政治工作和其他各项工作的前提条件。弄不清群众在想什么，就谈不上根据对象的特点，做好深入细致的思想政治工作，充分调动群众的积极性；就谈不上想群众之所想，急群众之所急，兴办群众满意而高兴的实事；就谈不上集中群众的智慧，更好地坚持从群众中来，到群众中去，使我们的方针政策更加切合实际。总之，弄不清群众在想什么，一切将无从谈起。这不是一件简单的小事，而是一件事关全局的大事。

《在重庆市考察工作时的谈话》(1991 年 3 月 16 日)

真实、全面、及时地弄清群众在想什么，并不容易。

真实、全面、及时地弄清群众在想什么，并不容易。如果没有民主、和谐的气氛，就不容易听到真话；如果缺乏闻过则喜的胸怀，就不容易听进真话；如果对听到的情况不作科学的综合分析，就不容易抓住事物的本质和主流。还必须看到，客观现实总是发展的，群众的思想是不断变化的，即使一时了解了真实情况，也不能一劳永逸。这就要求各级干部眼睛向下、放下架子，甘当小学生，到群众中去，到基层去，做艰苦的调查研究工作。

《在重庆市考察工作时的谈话》(1991 年 3 月 16 日)

"上山下水问渔樵，要知民意听民谣。"

对社会情绪要高度重视，同时要认真分析。目前，群众的情绪总的讲是顺的，但实事求是地讲，社会上不满情绪不少。比较普遍的是对党风和社会风气不正有反感，对分配不公、贫富悬殊有意见，对实际困难得不到及时解决有怨言。现在顺口溜很多，网上传闻很多。可以肯定地说，有若干个东西是没有的，但反映了一种情绪。"上山下水问渔樵，要知民意听民谣。"历朝历代的统治者都重视民谣，特别是童谣。为什么是童谣呢？实际上是成年人编出来让儿童念的，儿童念出来不犯法。皇帝一听见童谣直接奔他来，就来个罪己诏。我们对顺口溜之类的东西也要重视。昨天总书记和我听一个委员讲，现在民间流传一副对子，上联是

“上级压下级，层层加码，马到成功”，下联是“下级骗上级，层层加水，水到渠成”，横批是“官出数字，数字出官”。类似的对子讲了若干。总之，对目前社会存在的各种情绪要重视，绝对不能麻痹大意，同时也要分析，看哪些是对的，哪些是我们应该引以为戒的。我们政协委员接触群众面广，了解真实情况多，可以多向中央提点建设性的意见。不能光说这个不对那个不对，这个不行那个不行，要说怎么对怎么行。

《看望全国政协中共界委员时的讲话》（2002 年 3 月 5 日）

人民群众从来没有得到像今天这么多的实惠，可是相当一些人的“气”也从来没有像今天这么大。这很值得我们深思。

当前，对思想政治工作有两种错误认识。一种对政治思想工作否定，认为过时了、没用；而另一种则是对新情况、新变化看不惯，认为是资产阶级思想泛滥。两种认识一个结果，都使思想政治工作不能有效地发挥作用。对思想政治工作，一是要坚持，二是要加强和改进。应该说，我们过去的思想政治工作有很多成功的经验，必须很好地坚持和发扬。同时，我们也必须承认，现在出现了许多新的情况，简单地沿用过去的方法不灵了。人民群众从来没有得到像今天这么多的实惠，可是相当一些人的“气”也从来没有像今天这么大。这很值得我们深思。当前我们经济建设中出现一些困难，这里面有客观原因，也有我们工作的问题。其中很重要的一个方面，就是我们还没有形成一套适应于改革开放的道德规范，没有一个强有力的、凝聚人民群众的精神力量，以及行之有效的宣传、普及、渗透这种道德规范、精神力量的方式方法。我们一些同志，习惯于一讲就是过去如何如何。当然，我不是说过去的办法都不行了，而是说不能简单、机械地照搬。我们今天要把改革开放搞好，要把经济建设推向前进，必须有一套与新形势、新情况相适应的思想政治工作，及时有效地解决新形势下出现的新问题，统一人们的思想，理顺人们的情绪，为改革开放创造一个良好的思想舆论和社会环境。不然我们就可能陷入困境。

《听取天津市河西区文化建设调查汇报时的谈话》（1988年5月11日）

理顺群众情绪，重要的一条是纠正我们工作中的失误。

从根本上理顺广大人民群众的情绪，重要的一条是认真纠正我们自己工作中的失误。我们这样做了，就会获得广大人民群众的理解和真心实意的支持，大家就会紧密团结起来，自觉自愿地过几年紧日子，和我们一道闯过面临的难关。

《同出席全国马克思主义哲学研究与干部哲学教育研讨会全体代表座谈时的讲话》（1989年10月13日）

23. 了解客观情况，把握社情民意，是治党治国的重要基础。

中国共产党是最广大人民根本利益的代表，全心全意为人民服务是党和政府的宗旨，我们的工作、我们的追求、我们的目标、我们的一切一切，都是为了人民，如果不重视民情民意，不知道人民群众赞成什么、反对什么，不懂得人民的利益所在，怎么能代表人民、为了人民？群众路线是我们的根本工作路线，坚持这条路线最基本的一点，是先当学生后当先生、集中起来坚持下去，也就是从群众中来、到群众中去，如果不重视民情民意，不虚心向群众学习，不了解各方面群众的意见和看法，怎么能从群众中来、到群众中去？领导者的主要任务是团结大多数、调动积极性，是把广大群众的积极性充分地调动起来并合理地发挥出去，领导者的积极归根结底是为了群众的积极，如果不重视民情民意，不能有针对性地做群众的工作，得不到群众的信任与支持，怎么能团结大多数、调动积极性？决策的民主化和科学化是对领导工作的重要要求，一切正确的决策都建立在对客观情况了解的基础之上，都是对丰富的材料进行去粗取精、去伪存真、由此及彼、由表及里的加工制作的结果，如果不重视民情民意，不集中群众的智慧，不能协调好各方面的利益关系，怎么能民主决策、科学决策？根据群众的觉悟程度去教育群众、引导群众是马克思主义的一条重要原则，超越群众的觉悟程度、群众不愿干的事硬要他们去干，是错误的，落后于群众的觉悟程度、群众要求前进而我们不前进，也是错误的，如果不重视民情民意，不体察群众的情绪，不知道群众在想什么、希望什么，怎么能教育群众、引导群众？政治协商、民主监督、参政议政是人民政协的主要职能，要履行好政协职能、活跃政协工作，必须围绕国家的中心任务，把握大局大势，关注群众所关心的重点和热点问题，如果不重视民情民意，对各界群众的情况不甚了了，不能反映和表达所在界别群众的愿望和要求，怎么能履行好政协职能、活跃政协工作？所有这些都说明，了解客观情况，把握社情民意，是治党治国的重要基础，是做好包括政协工作在内的各项工作的根本途径。

《在政协第九届全国委员会常务委员会第十四次会议闭幕会上的讲话》（2001 年 6 月 29 日）

社情不等同于民意，但社情包含着民意；民意不等同于社情，但民意是最重要的社情。

了解和反映社情民意工作，是八届全国政协提出并逐步展开的。几年来，各级政协把了解和反映社情民意当作一件大事来抓，取得了显著成效，不但为中央和各地党政机关的工作、决策提供了许多有价值的信息，而且促进、活跃了政协履行职能的各项工作，得到了中央和各地党政领导的高度重视，也赢得了社会各界的充分肯定。会上，有些同志提出，社情民意应该怎样正确理解，能否有个通俗的解释？要我说，社情民意就是指社会生活的基本情况和人民群众的意见愿望。社情不等同于民意，但社情包含着民意；民意不等同于社情，但民意是最重要的社情。在许多情况下，社情就是民情。因此，了解和反映社情民意，最主要的是了解和反映民情民意。中国历史上许多思想家、政治家都非常重视民情民意，都把知民情、顺民意、得民心作为“为政之道”、“执政之要”。老子说：“圣人无常心，以百姓心为心。”管子说：“政之所兴，在顺民心；政之所废，在逆民心。”苏洵说：“服民之心，必得其情。”我们共产党人是历史唯物主义者，我们认为人民群众是历史的创造者，是实践和认识的主体，是社会主义国家的主人。我们的世界观决定了我们必须始终自觉地重视民情民意。

《在政协第九届全国委员会常务委员会第十四次会议闭幕会上的讲话》（2001年6月29日）

重视民情，顺从民意，争取民心。

自上个世纪90年代以来，东欧剧变、苏联解体，世界社会主义处于低潮，仍然坚持社会主义的国家已经为数不多，中国的社会主义搞得如何，不仅关系到中国自己，而且关系到整个社会主义的前途和命运。回顾历史，为了寻找强国富民的真理，为了建立社会主义的制度，为了探索有中国特色社会主义的道路，一代又一代革命先辈率领广大人民群众，进行了艰苦卓绝的斗争，付出了极其沉重的代价。今天的局面确实来之不易。我们决不能让前辈开创的事业在我们这一代人手里丢掉，而要把这份事业接过来、传下去，并尽最大的努力使之有所完善、有所发展。我们的国家是一个有12亿人口的大国，我们的民族是一个有自强自立传统的民族，我们的党是一个有丰富斗争经验的大党，只要我们自己没大病，自身过得硬，任何力量也奈何不了我们。我们要加强全党的团结。中国的事情办得如何，关键在党。广大党员特别是各级领导同志，都要百倍珍视团结，竭力维护团结，真诚搞好团结。要加强党和人民群众的团结。“民惟邦本，本固邦宁。”中外历史表明，一个政权也好，一个政党也好，其兴衰成败最终取决于民心的向背。重视民情，顺从民意，争取民心，使党和群众保持血肉联系，赢得群众真心实意的拥护，这是我们国家长治久安的坚实基础，是我们事业必定胜利的根本保证。团结就是力量，团结就是胜利，团结就是生命。

《在中央工作会议上的讲话》（2001年2月12日）

各级领导干部要注意了解群众心情。

各级领导干部要注意了解群众心情。所谓群众心情，包括群众的意愿、意见、想法、要求以及表现出来的情绪等等。心情一般反映群众对现实生活的感受和态度。群众心情影响着各个方面，是一个非常重要的问题。我们常讲人民群众是历史的主人，是实践和认识的主体，是最终决定社会发展的力量，干部是人民的公仆，全心全意为人民服务是党和政府的最高宗旨。这些都说明了人民群众在我们国家、在各项工作中的重要地位和作用。看形势发展，看政策得失，看干部形象，重要的一点是看群众满意不满意，高兴不高兴，带劲不带劲。

我们正处在新旧体制转换的历史时期，各项政策措施的出台，不可避免地触及一些人的利益，引发人们的情绪变化。只有准确地把握群众的思想脉搏、群众的情绪动态，我们才能及时制定和完善政策，正确引导群众，减少或避免造成大的损失，赢得群众的支持。当前有的干部不懂得了解群众心情的重要性；有的干部缺乏群众工作的经验；有的干部严重脱离群众，根本不知道群众在想什么。对此，群众是有意见的。

真正了解群众心情并不容易，需要做出许多努力。要深入实际，与群众同甘苦共患难。要以诚待人，广交深交一批敢于反映真实情况的朋友。要通过信息网络、问卷调查等现代手段，及时收集和处理来自群众的各种信息。要进行科学分析，透过现象抓住事物的本质和主流。

《在八届全国人大三次会议天津代表团会议上的讲话》
（1995 年 3 月 10 日）

对共产党的领导干部来说，心里没有群众，就是忘本；对群众的疾苦漠不关心，就是变质；滥用手中的权力欺压群众，就是对共产党的背叛。

中国共产党是最广大人民根本利益的忠实代表。全心全意地为人民服务，是我们党的宗旨。坚持一切为了人民，一切依靠人民，是我们党区别于其他政党的一个重要标志。承认不承认“人民，只有人民，才是创造世界历史的动力”，承认不承认人民群众创造历史的地位，是历史唯物主义和历史唯心主义的根本区别。群众也需要领导，也需要教育，没有领导，没有教育，群众的积极性既不能持久，也不能提到高级程度。但这种领导、教育，只是从群众中来到群众中去，先当学生后当先生，把群众中分散的意见集中起来化为系统的意见，又在群众中坚持下去；把个别先进的经验总结起来上升到理论，再在群众中普及推广。按照马克思主义的观点，群众的解放本质上都是自我解放，都是群众自己解放自己；群众的教育本质上都是自我教育，都是群众自己教育自己，不存在什么先知和救世主。共产党是干什么的？共产党的全部任务就是“要使群众认识自己的利益，并且团结起来，为自己的利益而奋斗”。群众和领导的关系，是“主仆”关系，是鱼水关系。水可载舟亦可覆舟。今天，人民拥护我们，如果我们对党内存在的恶劣作风不能有效遏制，人民也会抛弃我们。回顾历史，为了争取民族独立和人民解放，为了推动社会主义革命和建设，为了促进改革开放和现代化事业，一代又一代共产党人率领人民群众，经历了百折不挠的探索，进行了艰苦卓绝的斗争，付出了悲壮惨烈的代价。今天的局面，确实来之不易，我们决不能让关系世界社会主义历史命运的伟大事业葬送在我们手里。对共产党员来说，全心全意为人民服务是最低要求，也是最高要求。所谓最低要求，因为这是每个党员入党时必备的条件，是应尽的职责；所谓最高要求，因为这是我们终身的奋斗目标，是一辈子也干不完的事情。人民群众是我们的生存之本、胜利之本，离开了人民群众我们就一事无成、一无所有。对共产党的领导干部来说，心里没有群众，就是忘本；对群众的疾苦漠不关心，就是变质；滥用手中的权力欺压群众，就是对共产党的背叛。

《听取山东省委、省政府工作汇报时的讲话》（2000 年 9 月 11 日）

稳定，最主要的是人民群众的稳定。

稳定，最主要的是人民群众的稳定，没有人民群众的稳定就不会有其他的稳定。因此，我们始终把人民群众的情绪作为第一信号，把人民群众的切身利益作为第一位的问题。为了理顺群众情绪，我们说了很多话，费了很多劲，花了不少钱，办了不少事。我们之所以这样做，是因为群众是社会的主体，群众不满意就不会有整个局面的稳定。群众是历史的主人，改革开放、四化建设，归根结底得靠群众去完成，群众不高兴、不积极，各项工作就不可能真正干好。实践证明，关心群众利益，强调稳定发展，与搞好其他工作并不矛盾，天津这几年许多工作在全国并不落后，就是一个生动的例证。

《在中共天津市委四届八次全委扩大会议上的讲话》（1987年12月26日）

在农村，要看人高兴不高兴，牛高兴不高兴；在工厂，要看工人干活作劲不作劲。

整个说来，考察我们体制的利弊如何，政策的得失如何，它是解放生产力的还是束缚生产力的，归根到底，都要到基层去看。在农村，要看人高兴不高兴，牛高兴不高兴；在工厂，要看工人干活作劲不作劲。只有这样，才能了解到真实的情况，也才有进行科学分析和总结的基础，避免主观臆断。

《关于加强党同人民群众联系的几个问题——在新华社国内工作会议上的讲话》（1990年4月11日）

如果农民不高兴，工人不高兴，说一千道一万都没有用。

改革也好，建设也好，归根结底要靠群众的积极性。不把群众的积极性充分地调动起来，合理地发挥出去，讲什么都不行。路线是不是正确，政策是不是正确，要到农村去看看农民高兴不高兴，到工厂去看看工人高兴不高兴。如果农民不高兴，工人不高兴，说一千道一万都没有用。我们讲历史唯物论，首先必须相信和依靠群众。现在脱离群众的现象是存在的。如何进一步密切党和群众的关系，使广大群众与党和政府一起同心同德搞“四化”，我认为这是各级党政领导必须高度重视并切实解决的一个问题。

《听取江苏省委工作汇报时的讲话》（1991 年 4 月 20 日）

有些问题，只要群众谅解，就不难解决。群众真的理解你、支持你，困难就能过去。

密切联系群众是我们革命和建设取得胜利的基本经验。回顾党的历史，兴衰成败都同党与群众的关系紧密相联。当着我们与群众血肉相依，群众路线贯彻得好的时候，我们的事业就兴旺发达；相反，当着我们脱离群众，群众路线执行得不好的时候，我们的事业就出现曲折和损失。革命战争年代，面对强大的敌人，星星之火之所以燃成燎原之势，靠的是群众的拥护和支持。建国 40 年，在许多时候，特别是党的十一届三中全会以来，我们能够战胜困难，走向胜利，开创改革开放和社会主义现代化建设的新局面，同样是靠群众的拥护和支持。在许多情况下，有些问题，只要群众谅解，就不叫问题，就不难解决。群众真的理解你、支持你，困难就能过去。假如群众有情绪，气不顺，就不能不引起重视。

《同津冀鲁三省市党委负责同志座谈时的讲话》（1990 年 2 月 27 日）

问题当然要正视而不能回避，缺点当然要改正而不可掩饰，情绪当然要理顺而不容大意。

在我们这样一个人口众多、经济基础薄弱、各地情况千差万别的大国，进行这样一场伟大而深刻的变革，在前进过程中，一定会遇到许多矛盾和困难。当前，在社会生活中确实存在一些问题，在我们工作中确实存在一些缺点，在人民群众中确实存在一些情绪。问题当然要正视而不能回避，缺点当然要改正而不可掩饰，情绪当然要理顺而不容大意。但是，一切困难和问题，都不应成为悲观失望、无所作为的理由，而应成为团结一致、艰苦奋斗的根据；不应成为心烦气躁、怨天尤人的借口，而应成为磨炼意志、施展才干的机会。历史经验证明，困难与成绩常常是相伴相随的。困难越大，战胜困难之后所取得的成绩也就越大。一部中华民族的辉煌历史，一切造福人类的伟大业绩，所有成就卓著的杰出人物，都是同不屈不挠、战胜各种艰难险阻联系在一起的。我们要以主人翁的态度、大无畏的精神，迎难而上，自强不息，夺取新的胜利。

《在中国人民政治协商会议第八届全国委员会第三次会议闭幕会上的讲话》（1995 年 3 月 14 日）

协调关系，理顺情绪，维护社会稳定是一篇大文章。

由于种种原因，现在相当一部分国有大中型企业比较困难，发不了工资的不少。全国发不了工资的县有几百个，报不了医药费的也有相当多的地方，这都是不安定因素，不可大意。特别是要关心生活特别困难的那部分群众的生活，首先要解决他们的温饱问题。我常引明代张居正的话："治理之道，莫要于安民；安民之道，在于察其疾苦"，就是说治政首先要把老百姓安顿下来，安居乐业；安民首先要注意最困苦的那部分人，叫他们有饭吃，这样局面就可以稳住。现在有很多地方脱离实际，脱离群众，群众有意见的事太多，造成很多不稳定的因素。社会不稳定，一切无从谈起。所以，要特别强调干部密切联系实际，密切联系群众，深入基层，艰苦奋斗，把反腐败斗争扎扎实实抓下去，在这整个过程中要始终不渝地注意做好社会稳定工作。

对关系群众切身利益的突出矛盾，必须及时疏导化解，并通过深化改革，逐步建立起适应市场经济发展的分配制度和方法。要大力提倡说实话、想实招、办实事、重实效，使那些说空话、套话、假话，搞形式主义的人失去市场。干部队伍中这样的人越少，人民群众同党和政府的关系越好。协调关系，理顺情绪，维护社会稳定是一篇大文章。我们在集中力量抓经济建设的时候，切不可忽视这方面的问题。

《听取江西省委、省政府工作汇报时的讲话》（1993 年 9 月 19 日）

生产里边的根本问题是一个生产者的情绪问题，也就是我们讲的职工的思想觉悟和积极性问题。

经济的问题从根本上讲是一个生产问题，生产力问题。当然还有其他别的问题，比如财政问题、流通体制问题、现代科学技术问题，归根结底还是一个生产力的问题，是一个生产发展的问题。而发展生产也需要解决许许多多的问题，如尊重知识、尊重人才、学习国外的先进技术、加强经济体制的改革等等，但我觉得，生产里边的根本问题是一个生产者的情绪问题，也就是我们讲的职工的思想觉悟和积极性问题。可以这样讲，解决不好职工的思想觉悟、政治方向、思想情绪问题，就不可能很好地解决其他问题。我们的经济工作取得了许许多多成绩，也积累了一些经验，但确实也面临着许许多多的问题和困难。我们天津所碰到的一个直接的问题，就是群众情绪问题。职工的气不顺、心不齐、情绪不高，就很难搞好经济工作。不是讲吗？“端起碗来吃肉，放下筷子骂娘”。对这样一个很现实的问题，有些领导讲，说你还不满意，你看看你身上穿的，你看看你桌上吃的，你看看你家摆的，你掏掏你兜里的存折，你看看你那个面色，你干吗还那么大气呢？领导不服气，职工也不服气。所以如何研究一下捋顺群众的情绪，调动职工的积极性，我看是当前经济工作里边的一大问题。

《在中国职工思想政治工作研究会第三届年会上的讲话》
（1987年4月）

依靠广大群众高昂的民气、振奋的士气、克服困难的勇气和振兴中华的志气，这就是人们常说的天津办事的“仙气”。

完成今年任务，我们确实存在着许多的问题和困难，但这些问题怎么解决，困难怎么克服，任务怎么完成，大的出路是什么？“人民城市人民建，为民之举靠人民。”我看大的出路就是依靠广大群众高昂的民气、振奋的士气、克服困难的勇气和振兴中华的志气，这就是人们常说的天津办事的“仙气”。

《在研究起草天津市政府全体会议讲话时的谈话要点》

（1987 年 2 月）

24. 领导为群众办事儿，群众为领导作劲儿。

过去，一段时间里忽视群众生活，有些领导“只治坡不治窝”，“只要救国公粮，不管救民私粮”，或者是“为官不为民”，因而在群众中威信不高。这几年，由于我们坚持了为人民办实事，使群众看到了党和政府是关心他们疾苦的，是与他们心连心的，从而使党和政府的威信在办实事的过程中得到了恢复和提高。出现了领导说话群众信，领导指挥群众听，领导有困难群众帮的新气象。比如，城市建设中拆迁是一个最难的事，过去是百人动员一户迁，现在是一呼百应，只要是建设有需要，群众就积极搬迁。事实证明，只要领导关心群众，群众就会热爱领导；只要领导为群众办事儿，群众就会为领导作劲儿。这种干群一条心的局面，是克服困难、搞好工作的重要条件。

《在天津市人民政府第十届第五次全体会议上的讲话》

（1986年3月17日）

你不关心群众的“大事”，群众就不会关心你的“大事”。

今天和平区介绍的家庭办托儿所的经验，是一种简便易行的，使国家、家长、保教人员三满意的经验。根据这个经验，在300户中辟出一户条件适合的家庭做托儿所，房租免交，如果全市都这样，就会有3 000多个这样的托儿所，按每个家庭托儿所收6个小孩计算就可以解决18 000名儿童入托；市政府规定新建住宅中抽1%的房屋做托幼园所，每年建350万平方米住宅，可以抽出35 000平方米，每年就可增收婴幼儿12 000到15 000名。这样起码有以下几条好处：一是动员了社会的力量，不向国家要投资、房屋和人员指标，自筹资金，自筹房屋，自负盈亏；二是就近入托，收托婴幼儿都是周围居民的，减少很多接送小孩的往返路程，方便了家长；三是保教人员自愿结合，工作方便，既帮助国家解决了“入托难”的问题，也安排了一些人的就业，为一些家庭解决了经济困难。所以说，兴办家庭托儿所是一举多得的、值得推广的大好事。我们想，按这个方法，即多种途径、多种形式、大家动手的方法，奋斗三五年，天津的“入托难”问题可以得到解决。

问题在于，直到今天，我们还有相当一部分领导同志，把兴办托幼园所看成是个人的家务事、眼前的琐碎事，因而没有摆上议事日程认真去抓。这些同志没有看到小孩子入托，对家庭来说、对孩子的妈妈来说是何等的重要。对孩子妈妈来说，孩子没人看管是压倒一切的大事。孩子的影子总在脑子里转，掉地下没有？倒水烫着没有？你说工作是个大事，四化是个大事，经济效益是个大事。在她脑子里就是孩子，你不解决好她的大事，她没法关心你的大事。事实上，由于孩子不能入托，已经影响了不少职工的身体健康、工作和生活。由于孩子不能及早地入托、入园，受到应有的教育，也已经影响了孩子们今后的学习和成长。

市政府连续两年把解决“入托难”的问题作为改善人民生活的一件大事来抓，在人力，物力、房屋等方面给以适当的照顾和安排。但由于欠账多，新生儿数量大，单靠政府来办，在短期内难以解决。所以我们提出“人民的城市人民建，大家的事情大家办”的方针，要求各机关、企事业单位、部队、农村社队动员起来，大家动手，共同解决这个老大难问题。

《在天津市和平区举办家庭托儿所现场会上的讲话》

（1984年1月16日）

不为人民群众办事，人民群众就没有精气神，那样一来经济建设也就搞不好、搞不成。

为人民服务和搞经济建设是一致的。我们搞经济建设为了什么？是为了让国家富强起来，人民群众富裕起来。我们搞经济建设靠什么？靠的是广大人民群众的积极性。如果不坚持全心全意为人民服务，不为人民群众办事，人民群众就没有精气神，那样一来经济建设也就搞不好、搞不成。

《听取中共天津市第五次党代会报告起草组汇报时的谈话》

（1988年1月18日）

群众有了奔头，有了盼头，就会产生更大的劲头。

无论实现党的最高目标，还是最低目标，都必须坚持全心全意为人民服务。我们在实践中体会到，党和政府为人民办事，人民就为党和政府作劲。在建设的过程中，必须照顾人民群众的利益，而不能伤害人民群众的利益。一个时期或在特殊情况下叫大家勒紧裤腰带过日子是可以的，但是如果时间长了，老是这样，群众的积极性就难以维持。只有随着经济建设的深入发展，不断地改善人民的物质文化生活，使人民得到看得见的物质利益，这样，群众才会感到有了奔头，有了盼头，就会产生更大的劲头。

《听取中共天津市第五次党代会报告起草组汇报时的谈话》
(1988年1月18日)

要理顺群众情绪，加强党和政府同人民群众的联系，必须千方百计地、尽心竭力地为人民办实事、办好事。

要理顺群众情绪，加强党和政府同人民群众的联系，必须千方百计地、尽心竭力地为人民办实事、办好事。这是实实在在的招，是正招。去年6月，小平同志在同我们几个人谈话时就谈到这个问题。他说，新班子上来，能不能站住脚，树立起形象和威信，最关键、最重要的是看能不能为群众解决问题，办几件让人民群众高兴和满意的事。当你们真正让群众满意的时候，让群众拥护的时候，我给你们鼓掌。小平同志的话很深刻，它说明了办实事在密切党群关系中的极端重要性。

《同津冀鲁三省市党委负责同志座谈时的讲话》(1990 年 2 月 27 日)

一个人在一个地方当那么长时间的官，总是应当给老百姓带来一些好处，在这块土地上留一些痕迹。

“为官一任、造福一方”这句话很流行，因为有的人单纯追求政绩，搞了一些形式主义，因此对这句话有些批评。但是我想，这句话还是没错的，一个人在一个地方当那么长时间的官，总是应当给老百姓带来一些好处，在这块土地上留一些痕迹。

《在厦门考察工作时的讲话》(1998 年 11 月 10 日)

如果我们又要掌权，又不为人民办实事，那还不如让人民另请高明。

在我们的社会主义国家，人民是国家的主人，我们都是公仆。我们的权力是人民给的。人民给我们权力，不是为了别的，就是为了要我们为他们办实事，帮助他们解决实际问题。如果我们又要掌权，又不为人民办实事，那还不如让人民另请高明。“当官不为民作主，不如回家卖红薯”，封建时代的“清官”尚且懂得这个道理，我们人民当家作主的国家的干部更应当懂得为人民办实事是我们的职责。人民是否拥护共产党，并不是看共产党说了什么，而是看共产党做了什么。战争年代，人民群众那样拥护共产党，是因为看到共产党在真心实意地为他们谋利益、办实事而不惜流血牺牲。没有这一条，说得再好听，人民也不会跟我们走。说一千道一万，社会主义制度的优越性也要靠我们办实事体现出来。十一届三中全会以来，我们取得了举世公认的令广大群众振奋的成绩，就是因为我们用改革开放和四化建设的实事代替了50年代中期以后没完没了的政治运动，用办实事代替了说空话、废话。对于我们这些年来所办的实事，群众是充分肯定的。当前党群关系中存在这样那样的问题，人民群众对党和政府有这样那样的意见，就更加要求我们一件一件地、踏踏实实地办实事。通过办实事，来体现我们是真正反对腐败，不是假的；来体现我们坚持改革开放，而且要继续深化。就像小平讲的，要拿事实给人民。这样，党的威信才会更好地树立起来，人民的心里才会平静下来，社会气氛才会进一步活跃起来，才能保持稳定的好势头，使人民群众觉得有盼头、有奔头。人民群众觉得有盼头、有奔头，对党和政府的号召就会一呼百应，形成强大的向心力、凝聚力，就会攻无不克，战无不胜，什么人间的困难也不在话下。

《同津冀鲁三省市党委负责同志座谈时的讲话》（1990年2月27日）

“当官不为民作主，不如回家卖红薯”，这话听起来粗，但寓意深刻。

密切联系人民群众是我们党区别于其他任何政党的显著标

志之一。党的根本宗旨，就是全心全意为人民服务。维本①同志在省委六届六次全会讲话中说："凡是群众翘首以盼的，就竭力去做；凡是群众深恶痛绝的，就坚决铲除。"这两句话讲得非常精彩。古人说，住世一日要做一天好人，居官一日要办一天好事。"当官不为民作主，不如回家卖红薯"，这话听起来粗，但寓意深刻。做官不为人民办事还有啥意思？现在，我们某些干部的作风确实存在不少问题，群众有意见，这是当前影响稳定的一个重要因素。因此，要努力改进干部作风，认真做几件群众高兴、满意的实事，以实际行动来密切党同人民群众的联系。

《听取黑龙江省委工作汇报时的讲话》（1990 年 8 月 17 日）

如果你这个书记、市长是大家选出来的，就会眼睛看着大家。

如果你这个书记、市长是大家选出来的，或者说由于大家拥护而上来的，就会眼睛看着大家。群众也会因为是他们的意见上来的而拥护他，给他帮忙、作劲。群众检验干部的标准是看实际、看工作，看给群众办事了没有。这样，久而久之就可以改变一些人眼睛光盯上头的毛病。

《在政治体制改革课题研讨汇报会上的谈话》（1986 年 9 月 24 日）

---

① 即孙维本，当时任中共黑龙江省委书记。

我们的第一位工作是切切实实地研究解决人民群众中的困难和问题，而不是只向群众要东西，不知道或不愿意给群众东西。

早在战争时期，毛主席就曾指出，我们党有两方面的任务，一方面是给群众东西，一方面是向群众要东西。我们的第一位工作是不惜风霜劳苦、夜以继日、勤勤恳恳、切切实实地研究解决人民群众中的困难和问题，而不是只向群众要东西，不知道或不愿意给群众东西，如果这样，群众就不高兴，就不听你的话，群众会讨厌你，不跟着你走，最后的结果是一事无成。列宁把这一条称为真理，并说“马克思主义的全部困难和它的全部力量也就在于了解这个真理”①。当然，我们也不能离开生产的发展和国情片面地强调提高生活水平，因为这样最终既影响生产又影响生活。正是因此，我们强调要进行两个方面的教育，一方面教育干部要尽心竭力地为群众办一些实事，另一方面教育人民要体谅国家的困难，不能要求过高。同时，我们讲的尽心竭力也不是竭国家之力，而是指干部要竭尽自己的全力。

《在中共天津市委四届八次全委扩大会议上的讲话》

（1987年12月26日）

① 《列宁全集》，中文2版，第34卷，356页，北京，人民出版社，1985。

群众的某些困难，在你可能不算很大，在他则可能关系重大；在你可能不费太大的劲就能解决，在他则可能费很大的劲也过不去。

我们讲要全心全意为人民谋利益，就是说只要是涉及群众利益的事，无论大小，都要关心，都要主动去办。大事固然要抓紧，小事也要认真对待。群众的某些困难，在你可能不算很大，在他则可能关系重大；在你可能不费太大的劲就能解决，在他则可能费很大的劲也过不去。

《听取中共天津市第五次党代会报告起草组汇报时的谈话》（1988年1月12日）

衡量一个政府、一个单位是否对人民尽职尽责，不但要看它给人民办了多少事情，还要看它是否尽力和尽力的程度。

多年来，由于“左”的思想影响，特别是林彪、“四人帮”的破坏，造成了在城市建设和人民生活方面欠账过多，存在许许多多的问题和困难，但是由于我们受财力、物力的限制，现在还不可能很快地、全部地解决这些问题。因此，我们一方面要如实地向群众讲清楚国家的困难状况，以取得谅解和支持；另一方面，作为人民的各级政府和各个部门，总是要在条件允许的情况下，千方百计地为群众解决一些问题。我们有困难不向群众解释、说明是不对的。如果看不到困难和问题，或者看得过于简单，企图把多年积累的问题在短期内全部解决，或者无根据地向群众许诺，结果不能兑现，这就叫做对人民不负责任。但是，片面地强调“四人帮”的破坏和经济困难，并以此为借口，对一些本来通过努力可以解决的问题也不去解决，这也叫做对人民不负责任。衡量一个政府、一个单位是否对人民尽职尽责，不但要看它给人民办了多少事情，还要看它是否尽力和尽力的程度。如果你真的是尽了力，有些问题即使一时不能解决，群众也会谅解；如果你没有尽力，有些问题虽然解决了（可能是上面给钱解决的，而不是你努力的结果），群众也不会买账。

《在天津市人民政府第九届第七次全体会议上的讲话》
（1983 年 3 月 27 日）

只要我们真心实意地、尽心竭力地为群众办事，许多事情是可以办成的；只要我们尽了心、竭了力，有的事情即使一时办不成，群众也会谅解你。

看了几个单位办“三小”的情况很受启发，特别是刚才看过的四个单位，几平方米的地方办了一个小浴室，一个小厨房，一个小厕所。尽管非常简陋，但单位的职工却非常高兴，他们满意之情溢于言表。换个位置想想，如果没有这个小厨房，他们中午就吃冷饭；如果没有这个小厕所，他们一天要过几次马路去公共厕所。“三小”反映了单位领导为群众办事尽心竭力的程度。“三小”，意义不小。

这些年，我们在人民生活方面欠账很多。广大群众生活中存在的困难和问题很多。按理政府有责任帮他们解决，事实上靠政府短期又难以解决。今天现场会给我们提供了一个思路：大家动手，因陋就简，克服困难，解决问题。当然，提出一个解决到什么样的标准或什么样的水平也有困难。问题是我们总应该在人力、物力、财力和国家政策允许的这个前提下，尽力而为。为群众办事，不但要看你办多少实事，还要看你尽心竭力的程度。只要你真心实意给群众办事，哪怕事情办的不大。一平方米的地方搞一个小淋浴，很简陋。但是由另外一方面来看，下班之后洗一洗，干干净净回家，他就非常高兴，他会感到党和政府关心他们，领导关心他们，我们的干部也可以受到群众观点的教育，从而在今后的工作过程中自觉地为人民服务。“三小”的经验告诉我们，只要我们真心实意地、尽心竭力地为群众办事，许多事情是可以办成的。只要我们尽了心、竭了力，有的事情即使一时办不成，群众也会谅解你。

《在天津市商业零售服务行业“三小”现场会上的讲话》（1984 年 3 月 20 日）

要带着感情做群众工作。

要深入细致地做好群众工作。应该承认，我们现在做群众工作的好传统丢了不少，许多事件我们处理得比较简单，未能深入到群众中去了解情况、听取意见，做细致的工作。现在，一些群众生活确有困难，对我们的工作确有意见。各级领导干部要继承和发扬党的优良传统，密切联系群众，帮助他们解决各种实际问题。河北省委提出带着感情做群众工作，我很赞成，这是很有针对性的口号，要抓住不放，并在实践中不断总结、树立典型，很好地坚持下去。当前要特别抓好下岗职工的基本生活费、城市贫困居民的最低生活费以及特困职工的救助金、离退休职工的养老金的落实工作。

《听取河北省委、省政府工作汇报时的讲话》(1999 年 4 月 16 日)

25. 为人民办实事要形成风气，形成习惯，形成自觉，形成制度。

作为人民公仆的各级干部，必须尽职尽责、诚心诚意地为人民办实事。凡人民需要、经过努力又可能办到的事，就要积极主动地去办。当然，办事情需要一定的物质条件，但有些事情并不需要花很多钱，只要有对人民满腔热忱和高度负责的精神，即使客观条件不具备或比较差，也可以去争取、去创造、去改善，办成、办好许多事情。我们天津的基础和条件并不算好，几年来所以能为人民办一些实事，靠的就是这种精神。总结我们办实事的基本经验，就是要办多数人受益的事，办群众最急需的事，办长远起作用的事，办促进精神文明建设的事，办力所能及的事。今后各级政府要认真坚持下去，真正形成风气，形成习惯，形成自觉，形成制度。

《在天津市第十一届人代会第一次会议上的讲话》（1988年5月15日）

当官不是目的是责任，不是索取是奉献乃至牺牲。

最近几年新干部上来很多，总的讲是好的，但也有令人忧虑的东西。有的人提上来以后，不是尽心竭力去工作，不是千方百计为民办实事，而是讲排场、摆架子，结果工作没起色，群众有意见。一个人想提拔、想当官并没有什么不好，但当官不是目的。是什么？是责任，是牺牲。小官小责任，小牺牲；大官大责任，大牺牲。想当官不想牺牲，一定当不了好官。一个党究竟是年轻还是衰老，是上升还是衰落，是兴旺还是腐朽，看什么？主要看它和人民群众的关系，而领导干部的行为对党群关系影响极大。我们常讲为人民服务要全心全意，就是说不能半心半意、三心二意和虚心假意。其实，人生在世不在于自己职务上的高低，而在于给社会、给人类留下点什么。

《在天津新开河水厂的讲话》(1987 年 6 月 30 日)

为人民办实事是社会主义民主实质的体现。

为人民办实事是社会主义民主实质的体现。为人民办实事越多，官僚主义就越少，主人与仆人的关系就越清楚，社会主义民主的实质就能够体现得越明显。如果上层机关、上级领导不为基层服务、不给百姓办事，那就是颠倒了主人与仆人的关系，你就是高高在上的官老爷，而不是为人民服务的公仆、服务员。

《在天津第二手表厂现场办公会上的讲话》(1987 年 3 月 12 日)

群众是最讲实际的，他们是从一件件具体的、实实在在的事情中来观察、了解和认识我们的。

落实党的十三届六中全会决定的工作千头万绪，当前应该从哪里抓起？我认为，应该从办实事抓起。尽心竭力地为群众办实事，是落实决定的一个突破口，也是加强党同人民群众血肉联系的一条根本途径。说它是“突破口”，是因为这些年来在我们的一些干部中，确有“说得多、干得少”的毛病。群众对干部要听其言而观其行。小平同志一再强调，“少讲空话，多干实事”。他在具有历史意义的十三届四中全会前夕，语重心长地提出：四中全会产生的新班子“要聚精会神地做几件使人民满意、高兴的事情”[①]。群众是最讲实际的，他们是从一件件具体的、实实在在的事情中来观察、了解和认识我们的，只有坚持办实事，为群众排忧解难，在客观上使群众因为我们的联系、服务而获得实实在在的利益，才能逐步取得他们的信任和支持。说它是“根本途径”，是因为要真正加强党同人民群众的血肉联系，必须从根本上处理好党的工作同人民利益的关系。毛泽东同志深刻地指出过，我们有两方面的工作：“我们的第一个方面的工作并不是向人民要东西，而是给人民以东西”，“只有在做了这一方面的工作，并确实生了成效之后，我们去做第二方面的工作——向人民要东西的工作时，我们才能取得人民的拥护”。“只有在我们的同志懂得并且实行了这样两方面工作的配合时，我们方能算得上一个完全的共产主义的革命家”。他告诫我们：“一切空话都是无用

① 《邓小平文选》，1版，第3卷，312页，北京，人民出版社，1993。

的，必须给人民以看得见的物质福利。”① 我们应该用自己的实际行动，让群众从大量现实生活中感受到党和政府是为人民着想、替人民办事的，从而给人民以信心，使人民受到鼓舞。这应该说是加强党同人民群众紧密联系的要旨、要招。

《关于加强党同人民群众联系的几个问题——在新华社国内工作会议上的讲话》（1990 年 4 月 11 日）

要提高为人民谋利益的自觉性。自觉性不高，有个风吹草动，就会摇摇摆摆，反反复复，坚持不懈地为群众办实事这个好的做法，就可能半途而废。

在为人民办实事中，我们要不断深化认识，提高为人民谋利益的自觉性。我们之所以反复强调这个问题，是因为虽然这几年办实事大家尝到了甜头，认识也有很大提高，但要真正形成自觉，还有一段距离，存在着一些问题。就总的来讲，我们的同志在一般情况下，还都清楚，但在特殊情况下，有些同志就常转向。比如在工作繁多、任务艰巨的时候，往往容易顾此失彼，忽视人民生活；在遭到非议的时候，往往缺乏主见，为某些不同看法和闲言碎语所动摇；在碰到与群众切身利益紧密相关的敏感问题的时候，往往由于受外界干扰，轻易决策，草率从事；在办了一批实事、群众高兴的时候，往往容易满足，停滞不前；在遇到困难的时候，往往缺乏迎难而上的勇气，不尽心竭力。凡此种

① 《毛泽东文集》，第 2 卷，467～468 页，北京，人民出版社，1993。

种，都是不够自觉的表现。提高自觉性是个根本问题，自觉性不高，有个风吹草动，就会摇摇摆摆，反反复复，坚持不懈地为群众办实事这个好的做法，就可能半途而废。

自觉性的问题，归根到底是一个政治立场和思想感情问题，是个世界观的问题。这种立场、感情和世界观最本质的表现，就是看是否牢固地树立了人民至上、群众第一的观点；是否在任何时候、任何情况下都把人民利益放在第一位，把群众情绪作为第一信号；是否把全心全意为人民谋利益，作为一切工作的出发点和落脚点。一句话，是否做到了心中装着人民，办事想着人民，一切为了人民。有了这种坚定的立场和炽烈的感情，为人民办实事就会永不自满、永不停步，不被困难所吓倒，不为非议所动摇，越办越想办，越办越会办。

《在研究起草天津市政府全体会议讲话时的谈话要点》（1987年2月）

为人民办实事，必须真心实意地办，尽心竭力地办，坚持不懈地办。半心半意不行，三心二意不行，假心假意更不行。

为人民办实事，必须真心实意地办，尽心竭力地办，坚持不懈地办。半心半意不行，三心二意不行，假心假意更不行。要真心实意地为群众办实事，必须有坚定的群众观点，必须时刻把群众装在心里，把群众的利益和意愿放在头等地位，想群众之所想，急群众之所急，办群众之所需。为群众办实事要尽心竭力，马马虎虎不行，敷衍塞责不行，见难而退更不行。只要我们的决策正确可行，就要坚持下去，不为非议动摇，不被困难吓倒。我们讲尽心竭力，是指干部应该竭尽自己的主观努力，迎难而上，鞠躬尽瘁，而不是指要竭尽国家之财力。有些问题的解决是要花钱的，有些问题的解决并不需要花钱。只要我们真正积极地采取了措施，尽了心，竭了力，并且坚持不懈，群众是通情达理的，公道自在人心。真正做到了这一点，将大有利于促进干部作风的转变和社会风气的转变，推动各项体制的改革和各项政策的完善，使六中全会的决定真正落到实处。

《关于加强党同人民群众联系的几个问题——在新华社国内工作会议上的讲话》（1990 年 4 月 11 日）

不能把多办实事片面理解为只讲实惠，也不能把少说空话曲解为不讲道理。

办实事要尽力而为，量力而行，不能乱许愿，说了不兑现；更不允许以为群众办实事为借口，刮起乱发钱物的歪风。我们提倡少说空话，多办实事，但不能把多办实事片面理解为只讲实惠，也不能把少说空话曲解为不讲道理。我们现在的经济力量还不强，必须强调发扬艰苦奋斗的革命精神，对不能办的或暂时办不到的事情，应该向群众解释清楚，取得群众的谅解。

《在中共天津市委四届四次全委扩大会议上的讲话》（1985 年 12 月 26 日）

把实事办实，把好事办好。

石油职工为祖国立下了汗马功劳。他们四海为家、风餐露宿，生活十分艰苦，可是他们找不到老婆。在城市找不到，在农村能找到但落不了户口，即“找个老婆没户口”。一位在钻井平台工作的小伙子曾面红耳赤地对我说：“这是一件难以启齿的私事，可对我个人来说是一辈子的大事。”我理解他们的心情，我认为这对他们也不公平。这次市委同意，大港油田男青年如果在农村找到伴侣可以在天津落户。他们怎么去农村找呢？油田离农村很远，也不了解哪个村有待婚的女青年，他们的工作又不能长时期离开。我反复思考，这件事交给你们妇联去办。天津在全国影响很大的一件事，是为六万多名大龄青年解决了婚姻配偶问题，你们妇联参加了这件事的全过程，有这方面的经验。最重要的是各县各村都有妇联组织，你们有优势。这是一件实事，很具体、很特殊；也是一件好事，用老百姓的话说是积德的事。讲积德行善，这是难得的机会。

首先要了解一下大港油田有多少未婚男青年，其中有多少是希望帮助的；然后再了解一下四郊五县农村中有多少未婚女青年，其中又有多少是愿意嫁给油田职工的；第三要研究一下见面的方式。油田领导建议，每周在油田搞一次联欢会。如果你们认为这个方法可行，还有一个如何把分散在各村落的人集中起来送到大港的问题。这件事可以造点舆论。要让农村未婚女青年知道：石油战线是最受党和人民重视的行业，石油工人觉悟是高的、身体是棒的、工资待遇也是较好的，结婚以后立刻转为城市户口，吃商品粮，单位给房等等。当然声势太大也不好，不方便女孩子出面。可以拨给你们一部分专款，公用局可根据需要随时提供交通工具。希望你们发挥优势，认真尽心，把实事办实，把好事办好。

《同天津市妇联领导班子的谈话》（1988 年 2 月 21 日）

把实事办好，就是要件件兑现，真正使群众得到实惠。

把实事办好，就是要件件兑现，真正使群众得到实惠。过去我们办的实事，总的讲是好的，但也有一些不尽如人意之处。比如，有些事开局晚，行动慢；有些事开局好，收尾差；有些事办完了，但效果不够理想。必须看到，今年决定的二十件事，难度是很大的，不通过一番艰苦的努力是难以实现的，因此我们必须认真对待。一要有实招，计划、措施要切实有力；二要有实力，人、财、物要具体落实；三要讲实干，要深入实际，实行面对面的领导，抓紧、抓细、抓具体，抓住不放，一抓到底；四要讲实效，就是要善始善终，善做善成，不拖尾巴，不留“胡子”。

《在天津市人民政府第十届第五次全体会议上的讲话》（1986 年 3 月 17 日）

办实事工作就得实，不然实事可能办虚；办好事方法就得对，否则好事也可能办坏。

办实事工作就得实，不然实事可能办虚；办好事方法就得对，否则好事也可能办坏。自古以来，“善始者未必善终，善作者未必善成”，我看都可能和方法、作风有关。

所谓工作要实，最重要的是三条：一是狠抓具体的作风。实事都是具体的事。所谓具体，就是既有特殊性又有多样性，还有多变性。笼而统之，就不能弄清楚，抓得不紧不及时就可能半途而废，甚至全盘落空。因此，必须具体抓，抓具体，抓住不放，一抓到底。目标要具体，要求要具体，责任要具体，措施要具体，一切都要讲具体。这样就会出速度，出效益，出水平。二是讲求实效的作风。办实事最忌形式主义，搞花架子。因此一事当先，不能贪图个人脸面光彩，不能计较个人利害得失，不能追求表面花花哨哨、热热闹闹。而是要想实招、使实劲，使群众真正得到实惠。三是知难而进的作风。一般地讲，实事都是难事，没有一种吃苦的精神，没有一股拼命的劲头，事情是很难办成的。有位同志说，为群众办实事，不但要一步一个脚印，还得要一步一个血印、汗印。就是说办实事要舍得花心血流汗水。我看这话是很有道理的。这种扎实的工作作风是我们搞好各项工作的法宝，我希望大家不要丢掉。

把实事办好，还有个方法问题，就是毛主席说的要过河必须解决桥和船的问题。这几年，我们在办实事中，摸索、创造了许多好的方法，诸如义务劳动、现场办公、下放权力、分工包干等等，其中有一种方法对我们办实事产生了很大的作用，但至今还没有被更多的同志所认识、所掌握，这就是“综合抓，抓综合”的方法，即从综合的目标出发，采取综合的措施，进行综合的工作，达到综合的效果。这是我们办成许多大事、难事的高招。

《在天津市人民政府第十届第七次全体会议上的讲话》

（1987 年 3 月 5 日）

每年公布要给群众办的主要事情，应该坚持下去。

在改善人民生活过程中，我们也创造了一些好的经验、好的做法。如每年年初把要办的比较大的几件事，确定下来，公之于众，就比较有效。这样做，一是使领导有了明确的目标，受到约束；二是使群众有个盼头，受到鼓舞；三是便于群众监督、领导检查；四是有利于号令各方，协同作战；五是兑现之后，可以取信于民，为以后和其他工作创造条件。现在，全市很多单位坚持了这个办法，每年公布要给群众办的主要事情，一些兄弟省、市也采取了这种做法。天津市是最早提出这个办法的地方，更应该坚持下去，并在改善人民生活的过程中不断地完善和发展。

《在天津市人民政府第十届第三次全体会议上的讲话》

（1985 年 3 月 5 日）

如果说了不算，定了不办，结果比不说还坏。

多年来，我们有些工作没有搞好，有的是失之于思路不对头，设想不实际，但更多的是失之于作风不过硬，工作抓得不实。一些地方、部门和单位的领导，作风漂浮，像人们说的那样："决心在嘴上，行动在会上，落实在纸上。"如果说了不算，定了不办，结果比不说还坏。说是要密切联系群众，结果反而更加脱离群众；说是要增强群众的信心，结果反而更加挫伤群众的信心。

《关于加强党同人民群众联系的几个问题——在新华社国内工作会议上的讲话》（1990年4月11日）

好事，由于速度太慢，时间太长，腻腻歪歪，人们也会不高兴。

我对天津这几年的工作有一个体会，就是先预测，先调查研究，不急于下决心。估计很有把握了，然后开始各方面酝酿，做好充分准备。一说干，兵贵神速，多快好省，大家都会喊好。好事，由于速度太慢，时间太长，腻腻歪歪，人们也会不高兴。我们修房是有这个毛病的。给人家修房本来是好事，人家开始也欢迎，就是由于施工拖拖拉拉，最后叫人家告状，效果不好。

《在整修四十条街道动员大会上的讲话》（1985年2月28日）

吃苦，是办成实事的要旨、要义、要招、要害。

我有一段常念的歌，叫：抓紧、抓细、抓具体，抓住不放，一抓到底。要做到这一点，就得不怕辛苦。吃苦，是办成实事的要旨、要义、要招、要害。任何工作都要抓紧、抓实，抓工程特别是重点工程，一定要抓狠。心不狠，容易动摇；手不狠，容易落空。干什么事，开始都讲要统一认识，没有统一认识，就没有统一行动。但是，很多事情开始时认识常常不能完全统一，如果要求完全统一了，那就许多事都不能干。真正的统一认识，只有通过干，在干的过程中和干成之后才能形成。只要事前考虑得周到，做到基本统一，在有些人似乎明白又糊涂时先干起来，下力量把它干好，最后在一片赞扬声中，反对的也不反对了，甚至说："我早就同意。"

《同全国第四期市长研究班学员座谈时的讲话》（1986 年 1 月 9 日）

为人民办实事必须依据客观条件，尽力而为，量力而行。

实事求是，一切从实际出发，是我们办一切事情必须遵循的基本指导思想。历史的人必须承担历史的责任，但历史的人只能办历史的事。因此，为人民办实事必须依据客观条件，尽力而为，量力而行。当前，在人民生活中确实还存在着许多困难，群众要求解决这些问题，应当说是合情合理的。但是客观条件有限，只有那么些钱、那么些物，决定了一个时期只能集中力量解决一批问题。如果项目列得过多，把财力、物力撒了"芝麻盐"，到头来什么事情也难以办成办好，想办多，反而办少，甚至连少也办不成。当然，我们也不能以客观条件为借口，不去尽力而为。

《同天津市部分机关干部的谈话》（1986 年 3 月 17 日）

办当前需要的事情，尽可能为长远作铺垫、打基础，而不能为将来安钉子、设障碍；办长远的事情，尽可能结合当前的需要，而不能脱离现实的条件。

办实事，是要解决群众的急迫问题，但也不能完全急功近利。群众的利益，既有当前利益，也有长远利益；既有局部利益，也有整体利益。一般来讲，群众往往对当前的切身利益注意得多一些。而领导者的责任，就在于能够从全局出发，代表群众的根本利益，高瞻远瞩，既考虑当前又想到长远，搞好远近结合。办当前需要的事情，尽可能为长远作铺垫、打基础，而不能为将来安钉子、设障碍；办长远的事情，尽可能结合当前的需要，而不能脱离现实的条件。

《同天津市部分机关干部的谈话》（1986 年 3 月 17 日）

看法与说法

第二册

李瑞环

中国人民大学出版社

第二册目录

26. 群众观点与我国民主政治建设有着密切的血缘关系。

研究当今中国的民主政治建设，必须从中国的国情出发，必须立足于建设有中国特色社会主义的客观现实，必须坚持以马克思主义基本原理为指导。马克思主义的历史唯物主义有两个基本观点，一个是生产力观点，一个是群众观点。生产力观点深刻揭示了生产力是一切社会发展的最终决定因素，社会主义的根本任务就是解放生产力，发展生产力。中共十一届三中全会以来，根据这个观点，我们认真总结历史经验，纠正了“以阶级斗争为纲”的“左”的错误，坚持了以经济建设为中心的指导方针，走上了改革开放之路，使我们国家的面貌发生了根本性变化。群众观点深刻揭示了人民群众是历史的创造者，是实践和认识的主体，是推动人类社会前进的动力。这个观点决定和影响着当代中国的许多方面，也决定和影响着我国的民主政治建设。中国共产党把全心全意为人民服务作为最高宗旨，把从群众中来到群众中去的群众路线作为根本的工作路线，把尽心竭力为人民群众谋利益作为全部活动的出发点和归宿，这一切都是群众观点在党的活动中的具体运用。社会主义民主的本质内容就是人民群众当家作主。人民群众通过多种形式和渠道了解情况，参与国家大事，行使管理国家和社会事务的权利，监督执政党和政府的工作人员，发挥建设社会主义的积极性和主动性，这一切都是群众观点在国家政治生活中的生动体现。群众观点与我国民主政治建设有着密切的血缘关系。把民主政治建设同马克思主义世界观联系起来，同执政党的领导方法、工作作风联系起来，同政府的各项职能和工作联系起来，同人民群众的实践活动联系起来，就使我国社会主义民主政治建设有了科学的理论依据和深厚的社会基础。在群众观点的指导下进行民主政治建设，在民主政治建设中体现群众观点，这是我国民主政治的显著特征和固有优势，也是发展我国民主政治的必然途径和基本方法。

《在中国人民政治协商会议第八届全国委员会第二次会议闭幕会上的讲话》(1994 年 3 月 19 日)

民主问题，说到底是一个如何对待群众的问题，也就是把群众摆到什么位置上的问题。

民主问题，说到底是一个如何对待群众的问题，也就是把群众摆到什么位置上的问题。群众路线是我们党的根本路线。尊重群众、相信群众、依靠群众是我们党的马克思主义世界观。我们党正是靠群众的拥护和支持这样一个根本优势起家的。社会主义民主的本质与核心，是人民当家作主。人民代表大会制度，是保障人民享有和行使管理国家权力的根本政治制度。市人民代表大会是地方的国家权力机关。在人代会期间，人民代表讨论、决定本地方的经济、政治、教育、文化等各方面的重大事项，听取政府和其他国家机关的工作报告，是宪法赋予人民代表的民主权利。人民政协会议是各民主党派、各人民团体和社会各方面代表对国家大政方针和群众生活重大问题进行政治协商和民主监督的重要组织形式。也就是说，我们党的世界观和“两会”的性质，决定了“两会”必须发扬民主，充分尊重代表的民主权利，为代表们行使民主权利创造条件。

《在参加天津“两会”的党员会议上的讲话》（1989年4月19日）

真正的民主是人民当家作主。要做到民主，就必须使广大群众有机会参与国家管理、有条件监督国家政权。

不能讲我们的民主多了，或者说民主搞过了。动乱闹的那一套不叫民主。真正的民主是人民当家作主。要做到民主，就必须广泛听取群众意见，使广大群众有机会参与国家管理、有条件监督国家政权。特别是对国家干部的表扬与惩处、上升与下降，都要以群众的意见为依据。只有这样，干部的眼里才有群众，而不是只看领导；才能有真正的民主集中制，才不会出现重大的错误。

《在天津市领导干部座谈会上的讲话》（1991年10月4日）

在我们国家充分发扬民主，既不能滥用群众的积极性，又不能搞自发的群众运动。

推进民主政治的建设，是我们国家的希望所在，也是解决各种弊端的关键环节。这是一个非常复杂的问题。要看到民主一方面受国家性质、政治体制的影响和制约，另一方面又受经济、文化、民族的历史、人民的素质等因素的影响和制约。过去我们研究这个问题常常离开历史和现状，离开领导和群众长期形成的观念形态。实际上，过去所说的民主，不是表现于人民群众如何当家作主，而常常表现在某些领导人的开明上，为群众说两句话，是个“清官”。一方面，是某些领导以民主的名义，做了一些违背群众意愿的事；另一方面，是群众出于某种要求和愿望自发组织起来的，向政府争取这个，争取那个。在我们国家充分发扬民主，既不能滥用群众的积极性，又不能搞自发的群众运动。要从我国长期缺乏民主传统和民主意识这个国情出发，考虑民主建设问题。正是由于这种现实，推进民主政治的建设，毫无疑问是非常重要的。也正是由于这种现实，我国民主建设的进程又不能太快，太快了可能要出事。总之，一方面要积极推进民主建设，一方面必须坚持稳步稳妥，不能搞片面性。

《在政治体制改革课题研讨汇报会上的谈话》(1986年9月24日)

民主是社会进步的标志，是人民的愿望，也是任何一个进步政党和组织的奋斗目标。

民主是社会进步的标志，是人民的愿望，也是任何一个进步政党和组织的奋斗目标。但就具体情况而言，民主又和一个国家的经济发展、文化传统、社会制度、思维方式和文明程度等因素直接联系，民主发展的程度极大地受制于这些因素发展的程度。因此，推进民主必须十分慎重，否则非但达不到目标，反而会引起与主观愿望相反的后果。

《会见美国驻华大使芮效俭时的谈话》(1993 年 7 月 9 日)

我们现在民主和自由搞得还不够，要高举民主和自由的旗帜，不能把民主、自由的口号都给了资产阶级。

我们现在民主和自由搞得还不够，要高举民主和自由的旗帜，不能把民主、自由的口号都给了资产阶级。但极端民主化、自由化就不好了，无政府主义也不好了。对民主、自由的口号，马克思主义应比资本主义、资产阶级解释得更加入情入理，让人们听起来更加舒服。民主和自由、集中和统一的问题是摆在我们面前需要很好研究的问题。现在有的报纸讲，“我们的民主比资本主义多多了”等，这样只是在“多少”的问题上研究是不够的。自由和“自由化”不一样。资产阶级自由化的要害是反对四项基本原则，不是讲自由就会“自由化”。如果把自由和“自由化”等同起来，就会把气氛搞紧了。我讲过，民主既是目的、也是手段、又是过程。所谓民主是个过程，是指经济什么样，政治什么样，文明文化程度什么样，民主就只能是个什么样。超越经济程度、超越文明文化程度的民主，历史上是不存在的。因而民主是相对的，是个过程，是动态的，是变化的。绝对的民主、绝对的自由怎么可能存在呢？这是马克思主义的观点，如果离开这些，就会变成唯心主义。

《同天津市新闻、文艺、出版工作者座谈时的插话》（1989年10月7日）

真正的民主不怕敌人。

真正的民主不怕敌人。我们不怕西方民主。一个国家要稳定，就要采取一系列措施。如果这些措施与西方不同就被指责是不民主，这是霸道的做法，中国人民对此不屑一顾。

《会见阿拉伯艺术家联合会代表团时的谈话》（1992年3月6日）

我们不是民主太多，而是不太会搞。

八九政治风波后国际舆论界掀起一阵风，似乎中国不要民主，不要人权。其实不是，我们是坚持民主、人权的。去年国内也有另一种意见，说前几年民主太多了，我也不同意这种说法。

我们不是民主太多，而是不太会搞，高度的民主是社会主义的内容之一，没有高度民主，社会主义不可能建成。但民主是具体的、历史的，而不是抽象的、绝对的，不能脱离一定时期的经济、政治、科学、文化的发展水平。空谈民主，简单照搬西方的民主在中国是行不通的，否认中国的民主建设还需要进一步加强也是不对的。

《会见日本客人时的谈话》（1990年7月27日）

应该反思究竟在中国应该怎么搞民主。

现在许多西方国家都热衷于谈论民主、自由、人权、法制等问题，在许多人印象中目前中国似乎在回避这些问题，其实这是一个误解。中国的封建社会历史很长，近代经济不发达，由经济所决定的其他方面如教育及文明程度等也还不够。目前中国不是民主搞得太多或太少的问题，这种提法本身就欠准确性。目前中国所需的是加强对民主过程中产生的问题的研究。一个国家的社会制度、经济状况以及由其历史形成的文化背景和与其相联的习惯等等会极大地影响着这个国家的民主法制建设。如果经济不发达，就很难一下子提高文明程度。在这种情况下，如果不以某种形式确定民主的范畴，中国这么大的国家就会陷入混乱。去年政治风波演变成那种形势，每个中国人，从领导到群众都应该反思究竟在中国应该怎么搞民主。如要充分理解这些情况，就需要对中国的经济、文化、历史背景和具体国情有充分了解。

《在接见美国世界事务组织全国委员会代表团访华时的讲话》（1990年6月16日）

民主究竟怎么搞，应该有历史的、具体的、相对的标准，不能与社会的经济、政治、文明状况相脱离。

民主是历史发展的必然趋势，是人类进步的标志，是广大群众的共同愿望，是我们共产党长期为之奋斗的目标之一。过去曾争论民主是手段还是目的，其实民主既是手段也是目的。民主究竟怎么搞，应该有历史的、具体的、相对的标准，不能与社会的经济、政治、文明状况相脱离。中国是个大国，人口多，底子薄，发展不平衡，文化教育不发达，过去相当长时期是封建社会，有一段还是半殖民地半封建社会。讲民主不能脱离这个国情，否则就不利于稳定，就会乱，就会影响民主的进程。

《在全国统战部长座谈会上的谈话》(1993 年 3 月 23 日)

对民主政治建设不积极不热心是错误的，照抄照搬西方民主模式是危险的，把发展民主看得过于简单、急于求成是会误事的。

我国的民主政治建设是一个重大而复杂的问题。我说过，民主是目标，是手段，也是过程。说它是目标，因为民主是历史发展的必然趋势，是社会进步的重要标志，是人民群众的普遍要求，无论是在革命战争时期还是在社会主义建设时期，我们党始终都把民主作为一个伟大目标写在自己的旗帜上。说它是手段，因为只有充分发扬民主，才能调动人民群众建设现代化国家的积极性，才能把各族各界团结成一个整体，才能动员全社会的力量对执政党和国家机关的工作实行有效的监督，从而最终实现我们的宏伟目标。说它是过程，因为民主从来都是历史的、具体的，因而是相对的，民主必然与一定社会的政治、经济、文化发展水平相适应，只能随着社会总体的发展而发展。离开条件和过程讲民主，不仅达不到民主的目的，而且会适得其反，导致经济和社会的不稳定。2 500 年前，希腊人首先提出民主这个概念，并指出民主的基本内核是让人民当家作主。2 500 年来，人类为此进行了多方面的艰苦卓绝的努力，取得了巨大的进步，但严格地说，让人民真正当家作主还远没有实现。我国社会主义制度的建立，从根本上为人民当家作主提供了保证，但中国的民主政治建设经历的时间不长，各方面的制约因素很多，必然是一个复杂的过程，不能单凭良好的愿望，不能企图一蹴而就，不能简单从事。中国的民主政治建设必须有领导、有步骤地进行，必须积极、稳妥地开展，必须随着我国的经济发展、社会进步和全民文化素质的提高而推进。归结起来说，否定民主对社会发展的进步作用、对民主政治建设不积极不热心是错误的，不顾我国具体国情、照抄照搬西方民主模式是危险的，把发展民主看得过于简单、急于求成是会误事的，看不到我国民主政治建设所取得的成就、对前景缺乏信心是没有根据的。

《在全国地方政协主席座谈会闭幕会上的讲话》(1997 年 11 月 27 日)

积极稳妥地推进社会主义民主政治建设，既是客观需要，也有现实可能。

民主是历史的、具体的、相对的，必然要受一定的社会经济、政治、文化等条件的制约。民主建设不能脱离现实，不能超越阶段，离开具体条件谈民主，不但达不到发展民主的目的，而且还会对经济发展和社会稳定带来不良影响。民主必然要随着社会的发展而发展。当前，我国改革不断深化，社会主义市场经济体制逐步建立，人民群众的文化素质进一步提高，人们的参与意识和竞争观念日益增强，积极稳妥地推进社会主义民主政治建设，既是客观需要，也有现实可能。

《在中国人民政治协商会议第八届全国委员会第二次会议闭幕会上的讲话》(1994 年 3 月 19 日)

积极稳妥地推进社会主义民主政治建设，必须始终坚持一切为了群众、一切依靠群众。

积极稳妥地推进社会主义民主政治建设，必须始终坚持一切为了群众、一切依靠群众。要努力做到悉心体察群众的情绪，及时了解群众的意愿，坚持不懈为群众办实事；要善于集中群众的智慧，充分尊重群众的首创精神，自觉接受群众的监督；要在密切联系群众的过程中，培养民主作风，增强民主意识，创造和积累民主政治建设的经验。

《在中国人民政治协商会议第八届全国委员会第二次会议闭幕会上的讲话》(1994 年 3 月 19 日)

27. 中国的民主政治建设要有中国的特色。

在建设有中国特色社会主义的进程中，民主政治建设始终是一个重要内容。我们在这方面已经取得了很大成绩。同时，我们也一直认为，民主是相对的、历史的、具体的。中国是一个有11亿多人口的大国，目前经济和文化总体水平还比较落后，各地发展也不平衡。这些情况一方面说明了中国民主政治建设的重要性和紧迫性，另一方面决定了中国民主政治建设的复杂性和艰巨性。因此，中国政府认为民主政治建设既要积极又要稳妥，必须在社会稳定的前提下进行，必须有利于经济发展和社会稳定。邓小平同志说过，“我们是要发展社会主义民主，但匆匆忙忙地搞不行”①。像我们这样一个大国，一旦搞乱了，不仅会给中国带来灾难，同时也会给世界的和平与稳定造成麻烦。中国的民主政治建设如同经济建设一样，要有中国的特色，要符合中国的情况乃至考虑到中华民族的文化传统、道德观念、思维方式等。

《会见挪威代首相、外交大臣戈达尔时的谈话》（1994年5月11日）

---

① 《邓小平文选》，1版，第3卷，285页，北京，人民出版社，1993。

在建设有中国特色社会主义的进程中，民主政治建设始终是一个重要内容。

民主是历史发展的必然趋势，是社会进步的重要标志，是人民群众的普遍要求，也是中国共产党和各民主党派、无党派民主人士长期为之努力奋斗的目标。中国共产党领导中国人民推翻三座大山，建立新中国，举的就是新民主主义的旗帜。中共十一届三中全会以来我们积极推进政治体制改革，一个重要目标就是扩大社会主义民主。我们一直认为，在这个方面已经取得了很大成绩，但是任务还远未完成，在建设有中国特色社会主义的进程中，民主政治建设始终是一个重要内容。同时，我们也一直认为，民主是相对的、历史的、具体的，一定的民主必然与一定的时代相联系，与一定社会的政治、经济、文化发展水平相适应。中国是一个有 11 亿多人口的大国，革命胜利前是半封建半殖民地社会，缺乏民主传统；目前尚处于社会主义初级阶段，经济和文化总的水平比较落后，各地发展也不平衡；在从高度集中的计划经济体制向社会主义市场经济体制过渡进程中，必然会出现许多错综复杂的矛盾和问题。这些就决定了我国的民主政治建设必须从我国的实际出发，符合全国人民的根本利益；必须在团结稳定的前提下进行，巩固和发展团结稳定的社会政治局面；必须有利于坚持以经济建设为中心，促进经济和社会的发展。邓小平同志说过，“我们是要发展社会主义民主，但匆匆忙忙地搞不行”①。匆匆忙忙地搞、脱离国情地搞，就会破坏社会的稳定，就会造成国家的混乱，就会影响经济的发展。在我们这个大国，

① 《邓小平文选》，1 版，第 3 卷，285 页，北京，人民出版社，1993。

一旦搞乱了，将会是什么样的局面？那将是一场大灾难，一切无从谈起，“包括民主、‘双百’方针等等，统统谈不上”①。这样搞所带来的只能是破坏，而不是建设，只能是“民苦”，而不是民主。

《在政协第八届全国委员会常务委员会第二次会议上的讲话》（1993 年 5 月 21 日）

建设富强、民主、文明的社会主义国家，是中国人民的总体目标。

建设富强、民主、文明的社会主义国家，是中国人民的总体目标。富强、民主、文明三者互相联系，互为条件。民主程度提高了，亿万人民的潜能得以充分发挥，国家才会富强、文明。当然，也只有国家富强、文明了，民主程度才能提高。

《会见希腊议长卡克拉马尼斯时的谈话》（1997 年 6 月 2 日）

各国有各国的情况，各国人民有权自己选择自己的政治体制。

各国有各国的情况，各国人民有权自己选择自己的政治体制。美国有些人经常批评中国不民主，但我们与他们交往中发现他们

---

① 《邓小平文选》，2 版，第 2 卷，252 页，北京，人民出版社，1994。

习惯于居高临下，指手画脚，教训别人，发号施令。他们批评别人不民主，而他们对待别人常常用不民主的方式，各国人民对此很反感。我们今天讨论问题的方式就很民主，平等对话，你谈，我也谈，自由发表意见，起到了沟通情况、增进了解的作用。

《会见印尼外长阿拉塔斯时的谈话》（1995 年 7 月 20 日）

没有必要的政治体制改革，经济体制改革难以持续，甚至会走错路，走邪路，已有的改革成果也会丧失。

政治体制改革比较复杂。社会是一个有机的整体，政治体制联系着经济体制，经济体制也联系着政治体制，互相渗透，互相制约。有些问题既是经济体制的问题，也是政治体制的问题。如果说经济体制改革涉及广大群众物质利益的再分配，那么政治体制改革涉及机构、人事，涉及头头脑脑。因此要非常仔细，非常审慎。当然，政治体制改革必须要搞，没有必要的政治体制改革，经济体制改革难以持续，甚至会走错路，走邪路，已有的改革成果也会丧失。审慎这个词，天津这几年经常用。先看你慎重的程度，对问题、情况了解的程度，对问题认识的程度，对事物特点、发展把握的程度，可能出现问题的防范等等。要下河先看出水处。这几年，我们讲改革要“迈小步、不停步，少走弯路回头路”，就是指先从那些看准了的改起，从小到大，先易后难，随着人们认识的提高，逐步推进。改革不能贪快，贪快就要翻船，欲速则不达。

《在政治体制改革课题研讨汇报会上的谈话》（1986 年 9 月 24 日）

要改革那些不符合我们共产党人和社会主义制度基本原则和宗旨的东西，使我们的政治体制更好地体现为人民服务、体现社会主义的性质和方向。

政治体制改革，归根结底是为发展经济、发展社会生产力服务。要改革那些不符合我们共产党人和社会主义制度基本原则和宗旨的东西，使我们的政治体制更好地体现为人民服务、体现社会主义的性质和方向；要改革那些不适应经济发展需要的机构设置和规章制度，使我们的上层建筑能够更好地推动社会生产力的发展。过去我们的机构设置和调整，脱离开经济发展规律去考虑，往往是“分久必合，合久必分”，这是我们多年的老毛病。机构压了多少次，精简了多少次，压不下来，原因在哪里？要虚心听取下边的意见，叫人家说真话，讲出毛病究竟在哪里。

《听取关于服务队工作汇报时的讲话》（1986年8月8日）

必须对现行的政治体制进行改革，改革的关键是党政分开。

我们现行的政治体制，是在革命战争年代形成的，是在大规模群众运动和不断强化指令性计划的过程中发展起来的。它适应那种特定的历史条件和背景。但是，在和平条件下进行经济、政治、文化等多方面的现代化建设，就显得越来越不适应了。党与国家政权机关、群众团体、各种经济文化组织的性质、职能不同，党不应该也不可能包办它们的工作。依法治国和人民参与国家管理将成为我国政治生活的重要特征。党领导人民制定了宪法和法律，党应当在宪法和法律规定的范围内进行活动。如果再固守过去那种领导体制，就会降低党的领导地位，削弱党的领导作用。因此，必须对现行的政治体制进行改革，改革的关键是党政分开。通过改善党的领导制度、组织形式和领导方法，实行党的政治领导，即政治原则、政治方向、重大决策的领导和向国家政权机关推荐重要干部。从党政不分到党政分开，是一项重大改革。我们要充分认识到，建立党政分开的新的领导体制，党就能从包揽政府和企事业事务的状况中摆脱出来，真正实行政治领导；就能集中精力致力于自身建设，做到党要管党；就能把自己放在驾驭形势和总揽全局的地位，发挥协调各方的领导作用；就能加强对各方面的监督，增强同官僚主义作斗争的力量。

《坚持党的基本路线　把天津社会主义现代化建设推向新阶段——在中国共产党天津市第五次代表大会上的报告》（1988 年 4 月 22 日）

作为会议的组织领导，不应把民主当作摆设，而是诚心诚意地发扬民主，听取代表的意见。

民主、求实、团结、鼓劲是一个整体。民主求实与团结鼓劲密切联系，不可分割。所谓民主就是真正体现人民的主人地位，所谓求实就是研究讨论一些问题，也就是更放开一些，民主气氛更浓厚一些，让大家把话讲出来，把建议和办法摆出来。所谓团结鼓劲是讲我们民主求实的目的、会议的目的，由这个意义上讲，民主求实是手段，目的是做到团结鼓劲。离开了团结鼓劲，民主求实就可能偏离正确的轨道，甚至出现乱发牢骚、涣散斗志的消极现象。同样，如果离开民主求实，会议开得死气沉沉，也不会有真正的团结鼓劲。我们强调民主、求实、团结、鼓劲，中心是把人民代表真正推到主人的位置，行使主人的权利，履行主人的义务。作为代表和委员，不是从旁观者的角度评头论足，而是站在主人翁的立场上研究决定家怎么当、事怎么办；作为会议的组织领导，不是虚应故事，把民主当作摆设，而是诚心诚意地发扬民主，听取代表的意见。

《在参加天津“两会”的党员会议上的讲话》（1989 年 4 月 19 日）

履行程序，添了一些小“麻烦”，可以减少决策失误导致的大“麻烦”。

履行程序需要花费时间和精力，是有一些“麻烦”，但它是民主权利的体现，也是集思广益的过程，添了一些小“麻烦”，可以减少决策失误导致的大“麻烦”。

《关于人民政协履行职能的若干问题——在政协第八届全国委员会常务委员会第十三次会议上的讲话》（1995 年 6 月 5 日）

依法治国，是人类文明进步的标志，是国家长治久安的保障，也是我们面临的课题和努力的方向。

依法治国，是人类文明进步的标志，是国家长治久安的保障，也是我们面临的课题和努力的方向。多年来，我们在加强法制建设方面做了大量工作，把“依法治国”作为方略载入宪法，初步形成了社会主义法律体系的基本框架。但是，法制建设同民主政治建设一样，是目标，是手段，也是过程，有一个随着经济社会发展而不断完善的历史进程。由于我们国家长期受封建思想的影响，加上“文化大革命”的破坏，也由于经济文化不够发达的局限，人们的法律意识还比较淡薄，在社会生活中以言代法、以权压法的现象还时有发生；有法不依、执法不严的问题还没有完全解决。我们要通过不断深化改革和推进民主法制建设，把我们国家真正建成社会主义法治国家。

《会见委内瑞拉全国立法委员会主席米基莱纳时的谈话》

（2000 年 5 月 15 日）

没有规矩不成方圆，法律就是规矩。

依法治国是人类文明进步的标志，自古以来，无论在东方还是西方，人类为这一政治理想进行了长期不懈的努力。早在两千多年前，我国古代著名思想家管子就提出了“依法治国”的概念。没有规矩不成方圆，法律就是规矩。严格按照法律治理国家，社会才能秩序井然，人民才能安居乐业，国家才能长治久安。

《会见英国上院议长兼大法官欧文勋爵时的谈话》（2002年5月27日）

民主是目的，是手段，也是过程。

民主的问题，是大家议论较多的一个问题，或者说是当前的一个热门话题。应该说，这是一个世界性问题，也是一个历史的问题。民主是什么，是手段还是目的，是政治问题还是经济问题，这些都是既明确又有争议的问题。要我说，民主既是目的，又是手段，也是过程；既是个政治问题，又是个经济问题。对于那些不讲民主，不注意发扬民主，不尊重群众民主权利的领导来讲，对于那些人民群众的社会历史地位得不到承认和保障的地方来讲，广大人民群众争取民主，民主就表现为目的。而在大家共同利益一致的情况下，为达到共同目标，把事情办得更好，因而集思广益，群策群力，包括纠正领导工作中的某些失误在内，在这里，民主就具有手段的意义。民土是 个渐进发展的动态过程，其发达程度离不开经济发展水平，离不开文明、文化程度。所谓充分发扬民主，是相对于一定历史时期的经济、文明、文化程度而言的。比如，在一种经济比较落后、物质比较短缺的情况下，只有依靠大家共同遵守的原则来维持一定的分配制度和社会秩序，而不能随意放开，各取所需，自由去拿。比如，不能把百货大楼的保管、保卫制度和人员取消，不能不锁银行的保险柜。有人问，我们中国现在的民主是多了还是少了？要我说，我们中国的民主，不是一个简单的多少的问题，而是一个怎么实现和实现得好不好的问题。就总体来讲，我国包括领导和群众都有一个提高素质、增强民主意识、学会发扬民主本领的问题。民主和集中是辩证的统一。我们这样一个 11 亿人口的大国，又面临改革和建设如此复杂的问题，需要集中，需要有统一的意志。我们现在确实面临着不少的问题和困难，要想解决这些问题和困难，必须要有集中统一，要有领导权威，要采取一些行政手段，制定一些统一的纪律，但所有这些，都不能离开人民的意志和愿望，即民主这个基础，否则就不能成功。积极推进民主与稳定也是统一的。不实行真正的民主，就不可能实现真正的稳定。离开稳定，没有稳定的局面，到处乱哄哄，谁也不管谁，谁也管不了谁，那就根本不叫民主，也无法建设民主。

《在天津市政协八届二次会议闭幕会上的讲话》（1989 年 4 月 24 日）

政治体制改革必须稳定、稳步、稳妥地进行。

很多西方国家的朋友说，你们经济体制改革很好，但政治体制改革又如何呢？我们一直认为，在进行经济体制改革的同时，也必须相应地进行政治体制改革。否则，经济体制改革既不可能持久，也很难提到更高的水平，还会出现社会问题。其实，在中国有些经济体制改革，也有政治体制改革的意义。比如过去农民种什么东西，种多少，一天干几个小时，统统都由上面来规定。农村改革后，土地的使用权归农民所有，种什么、不种什么、怎么种，都由农民自己来决定，农民有了自主权。再比如，过去工厂的生产计划都由上面确定，现在工厂生产什么、不生产什么，厂长可以根据市场情况自己决定，这本身也是一种政治体制改革。当然，从总体和大的方面讲，中国的政治体制改革步子还不算大，许多方面需要加强和完善。对此，我们是心中有数的。对于政治体制改革，我们之所以采取十分谨慎的态度，是由中国的国情决定的。人口多，国家大，底子薄，各方面的发展很不平衡，政治体制改革必须稳定、稳步、稳妥地进行。看不到政治体制改革的重要性、必要性是错误的，把政治体制改革看得过于简单，操切行事，也是会坏事的。像中国这样的大国，一旦政局不稳，出现社会混乱，那么所有的良好愿望都会变成泡影，对世界也是一个灾难。

《会见西班牙联合左翼代表团时的谈话》(1992 年 12 月 11 日)

政治体制改革和民主建设必须努力推进，但不能太急，就好似驾驶一艘大船，转弯时要放慢速度，速度太快就会翻船。

我们的政治体制改革要坚持“三稳”：稳步、稳定、稳妥。民主是具体和相对的，是与一个国家的经济、文化发展水平相适应的，不能超过其经济、文化的发展水平，否则就会造成混乱。中国人民长期饱受动乱之苦，现在不管有什么理由，不能再出现动乱了。政治体制改革和民主建设必须努力推进，但不能太急，就好似驾驶一艘大船，转弯时要放慢速度，速度太快就会翻船。

《会见美国前驻华大使恒安石夫妇时的谈话》(1991 年 11 月 1 日)

28. 我们应当理直气壮地谈谈我们的人权观。

我们应当主动地、全面地谈谈人权问题。这次出国，天天都碰到所谓“人权问题”。每个国家的领导人在谈话之后，总有一段批评中国人权的话。他们除了借口攻击社会主义制度外，讲的道理也非常片面，只讲人权的普遍性原则，不讲中国的特殊情况。而我们的回答理由也不全面，只讲发展权、生存权，不讲政治权利和人的自由。我们应当按照马克思主义观点理直气壮地谈谈我们的人权观，不但要讲特殊性，而且要谈普遍性，谈普遍性与特殊性的关系。世界上的事物都是普遍性和特殊性的统一，没有离开个性的共性，也没有离开共性的个性。任何事物都是共性个性的统一。每一项工作，如统战工作、政协工作、民族宗教工作等，也都有一个共性和个性的关系问题。现在先把在比利时皇家国际关系研究所的讲演稿写好，主题就是中国的人权情况和我们的基本观点。回国后再找机会理论结合实际地谈谈共性和个性、普遍性和特殊性的问题。

《在丹麦就人权问题同身边工作人员的谈话》（1994 年 5 月 16 日）

中国对人权普遍性原则的确认和实施是真诚的、一贯的。

国际社会公认的关于人权的正确原则是人类文明发展的结果，对于人类发展和进步具有积极意义，适用于国际社会大家庭的每个成员。中国共产党从成立那天起，就坚定不移地致力于实现和维护中国人民的各项基本权利，始终不渝地为人民群众在政治上享有民主、在生活上走向富裕而斗争。中国是联合国人权委员会的成员国，积极参加了联合国人权领域的各项活动，包括参与了一系列人权文书的起草和制订工作。中国加入了17个国际人权公约，并准备于今年年底签署《经济、社会和文化权利国际公约》。中国对人权普遍性原则的确认和实施是真诚的、一贯的。

《答德国〈世界报〉记者问》(1997年6月10日)

人权的普遍性原则必须与各国的具体情况相结合。

在这次访问过程中，一些国家的领导人和朋友们从不同角度、以不同方式谈到了人权问题。我愿借此机会就中国的人权观点作一个简要介绍。

首先，我们尊重国际社会关于人权的普遍性原则。国际社会公认的关于人权的正确原则对于人类发展与进步具有积极的意义。中国作为联合国人权委员会的成员国，支持联合国按照《联合国宪章》的宗旨和原则，为促进和保护人权与人的基本自由所作的努力，并积极参加了联合国人权领域的各项活动。中国参与了联合国人权文书的起草和制订工作，加入了《世界人权宣言》、《德黑兰宣言》、《发展权宣言》等八个国际人权文书。对去年世界人权大会通过的《维也纳宣言和行动纲领》，中国积极参与了讨论、起草和制订，作出了重要贡献。

第二，我们强调人权的普遍性原则必须与各国的具体情况相结合。对待人权问题也像其他事物一样，离开共性与个性的统一，就无法收到实际效果而流于空谈。由于历史背景、文化传统和社会经济发展水平不同，各国在实行人权的普遍性原则时，从内容到形式，从方法到步骤，都会有所不同。不考虑特殊性，要求不同国家套用同一模式，沿用同样办法，采用同等步骤是行不通的。对于许多发展中国家来说，首先需要实现的人权是生存权和发展权。当然，这并不是说可以忽视其他人权和自由。但如果那里的多数人连起码的生存条件都不具备，还有什么其他人权和自由可言？当前许多发展中国家人民生活贫困，外债负担沉重，国际社会尤其是发达国家对那里人权状况的关注，应当充分考虑和认真推动这些问题的解决。

第三，我们认为人权表现为历史的过程。所有的国家都毫无例外地处在这个过程之中。各个国家的人权状况都不可避免地受到社会发展程度的制约，同时又都应随着社会的发展和对人权认识的深化而不断改善，因而都有进一步提高本国人民享有人权程度的任务。如果把世界各国分为两类，一类专门监督他国人权状况而自己却无须改善，一类只被别国监督而没有发言权，这本身就是对人权的普遍性原则的否定。事实上在一些发达国家，也有相当一部分人生活在贫困线以下，种族歧视远未解决，也存在着进一步改善人权状况的问题。

第四，我们警惕有的国家借口人权干涉别国内政。我们赞成在实施人权普遍性原则的过程中，各国互相尊重，增进了解，求同存异，共同进步。但我们反对以人权为借口，搞霸权主义、强权政治，干涉别国内政，因为这本身就是对别国全体人民人权的侵犯。中国人民百余年来饱受帝国主义的侵略和欺凌，深知个人的人权与自由同整个国家的主权是紧密联系的，如果国家丧失独立，那么任何个人的人权也必然丧失干净。因此，中国人民对以任何形式干涉中国内政的做法都是十分敏感和不能容忍的。

第五，我们愿意参与人权领域的国际性对话。国际社会中对人权问题存在不同看法是正常的，有了分歧可以协商对话、交换意见，而不应动辄诉诸压力和制裁。对话总比对抗好。大量事实证明，通过对话可以增进了解，加强理解，消除误解，达到谅解。中国作为联合国安理会常任理事国，将一如既往地为增进国际社会在人权领域的合作，尽到自己的责任，作出应有的贡献。

《中国的对外政策和对人权问题的基本观点——在比利时皇家国际关系研究所的讲演》(1994 年 5 月 18 日)

贯彻人权普遍性原则必须从实际出发，必须着眼于多数人的利益，必须坚持循序渐进，必须注重客观效果。

由于历史背景、文化传统和经济发展水平不同，各国在实施人权普遍性原则时，从内容到形式，从方法到步骤都会有所不同。即使是世人公认的最一般的原则，如果脱离了具体情况，也未必行得通。比如生孩子，生多少是妇女的基本权利。然而在有着12亿多人口的中国，如果没有计划和倡导，过不了多久就会翻一番——24亿，再翻一番——48亿，再翻一番……那时中国将是什么局面？给世界将带来什么后果？我们认为，贯彻人权普遍性原则必须从实际出发，必须着眼于多数人的利益，必须坚持循序渐进，必须注重客观效果。只是高唱一些动听的言辞，简单照抄照搬别国的做法，是不可能成功的，甚至会带来相反的结果。

《答德国〈世界报〉记者问》（1997年6月10日）

即使是世人公认的最一般原则，如果脱离了具体情况，也未必行得通。

我们认为，人权的普遍性原则必须得到尊重，这些原则是人类文明进步的结果，中国政府签署并遵循有关人权的国际公约。我们也认为，人权的普遍性原则必须与各国具体情况相结合。即使是世人公认的最一般原则，如果脱离了具体情况，也未必行得通。比如生孩子，生多少是妇女的基本权利，是再自然不过的事情。但在中国就必须加以引导，否则就会产生严重的后果。

《在特立尼达和多巴哥就人权问题答记者问》（2000年5月17日）

人权原则的内容是随着经济和社会生活的发展而发展的，这个过程永远不会完结。

人权原则的内容是随着经济和社会生活的发展而发展的，这个过程永远不会完结。昨天看已近于完善，今天看还远未完善；今天看已近于完善，明天看可能又远未完善。正是在这个不断追求、不断变化、不断发展的过程中，人类所享有的基本权利不断被推向更高的阶段。世界上的国家都处于这个过程之中，处于前后左右不同的位置上，不同步的现象总是存在的。但各个国家无论处于什么位置，都有一个不断提高本国人民享有人权程度的任务。各国应当通过平等的对话和交流，共同促进人权事业的发展。有的人对自己国家人权状况的感觉过于良好，对别国特别是发展中国家动辄横加指责，这对人权普遍性原则的实现不会带来任何好处。

《答德国〈世界报〉记者问》(1997 年 6 月 10 日)

民主建设是一个永无休止的过程，所有的国家都处在这个过程之中。

民主是具体的、相对的，一定的民主必然与一定的时代相联系，与一定社会的经济、文化发展水平相适应。随着社会经济、文化的发展，民主也会不断发展；社会的发展不会终结，民主的发展也不会终结。民主建设是一个永无休止的过程，所有的国家都处在这个过程之中。尽善尽美、无须再发展的民主是不存在的。

《会见希腊议长卡克拉马尼斯时的谈话》(1997 年 6 月 2 日)

既要警惕西方国家利用民主、人权压我们，同时又要高举社会主义民主旗帜，不断推进民主政治建设。

邓小平同志曾经说过：随着经济体制改革的深化，必然要伴随着进行政治体制改革，没有政治体制改革，经济体制改革就不能保证正确方向，也不能深入。政治体制改革包括多方面的内容，其中很重要的一条就是建设社会主义民主政治。我们坚决反对西方国家以人权、民主来压我们，反对它们利用这类口号来干涉我国内政。但是我们同时也必须明确：我们共产党人是讲民主的。我们说，全心全意为人民服务是我们党的根本宗旨，为人民群众谋利益是我们一切工作的出发点和归宿。那么，我们为群众谋利益的具体目标是什么呢？就是经济上的富裕、政治上的民主、精神上的文明。所以，坚持不懈地为广大人民群众的民主权利而奋斗，始终是我们共产党为群众谋利益的一项重要内容。我们党领导全国人民推翻三座大山，举的就是新民主主义的旗帜。在社会主义时期，实现最广泛的人民民主始终是中国共产党奋斗的目标。我国的宪法，我们的党章，十四大报告都明确提出，要为建设富强、民主、文明的社会主义现代化国家而奋斗。因此我们既要警惕西方国家利用民主、人权压我们，同时又要高举社会主义民主旗帜，不断推进民主政治建设。

《听取福建省委、省政府和福州市委工作汇报时的讲话》
（1994 年 2 月 17 日）

一旦乱了，什么民主、什么自由、什么人权，一切都无从谈起。

团结稳定的社会局面是进行各项事业的前提条件。这是我们在十几年改革开放过程中得出的一条基本经验。我常讲，只有团结才能稳定，只有稳定才能发展。团结稳定是大局，任何时候、做任何事情都应该自觉地服从和服务于这个大局。毫无疑问，政治体制改革要逐步深入，民主、自由、人权要不断推进，但这些都必须从实际出发，特别是要从保持团结稳定的社会局面出发。这是维护国家和人民根本利益的需要，也是搞好民主政治建设自身的需要。一旦乱了，什么民主、什么自由、什么人权，一切都无从谈起。我们在这方面是有过深刻教训的。邓小平同志曾经讲过，我们最终的目标是发展社会主义民主，但是匆匆忙忙搞不行。搞得太急、太快，脱离了中国的实际情况就会出现社会不稳。

《会见乌兹别克斯坦人民民主党代表团时的谈话》
（1993 年 5 月 17 日）

29. 商量是领导者民主的表现，开明的表现，高明的表现。

商量要能够听得进不同意见。我们与人商量，不是为了摆样子、走形式，而是为了听到各种声音，从别人的意见中发现问题，纠正错误，吸取有益的东西。商量是领导者民主的表现，开明的表现，高明的表现。没有民主的作风，没有虚心对待不同意见的正确态度，商量就不可能收到好的效果。古人主张“每有大事，必相咨访”、“用人之言，若自己出”；并认为“千人之诺诺，不如一士之谔谔”。我们共产党人以人民群众的利益为最高利益，以马克思主义作为自己的世界观，应当有更高的思想境界和博大胸怀。我们只有对不同意见抱着“与其说是允许，毋宁说是欢迎”的态度，才能自觉、主动地与别人搞好商量。

《在全国政协九届三次会议中共组联组讨论会上的讲话》（2000年3月7日）

遇事商量比不商量好，多商量比少商量好，早商量比晚商量好。

遇事商量比不商量好，多商量比少商量好，早商量比晚商量好。平时多商量，遇事先商量，有利于广泛听取各党派团体和各族各界人士的意见，促进决策的民主化、科学化；有利于增进理解、扩大共识，使党和政府的方针政策成为大多数人的自觉行动；有利于发现和集中群众的智慧与经验，依靠群众的力量克服困难、解决问题；有利于协调利益关系、化解社会矛盾，维护和发展团结稳定的政治局面。

《在全国政协九届三次会议中共组联组讨论会上的讲话》
（2000 年 3 月 7 日）

高明的领导之所以高明，主要不在于他的脑袋比别人聪明，而在于他善于汲取更多人的实践经验和聪明才智。

商量是马克思主义认识论的要求。人的正确思想是从哪里来的？只能来源于实践。这里所说的实践，不是指哪一个人的实践，而是指千百万人民群众的社会实践。一个人的实践活动总是有限的，一个人的认识也总会有局限性。高明的领导之所以高明，主要不在于他的脑袋比别人聪明，而在于他善于综合，善于概括，善于汲取更多人的实践经验和聪明才智。如果离开人民群众这个实践的主体，只凭个人的苦思冥想、个别体验，甚至自以为是、闭目塞听，不愿意听取别人的意见，就不能获得正确的认识，就不会作出正确的决策，就无法把事情办好。在商量的过程中了解各方面情况、集中群众的智慧，这是领导者少犯错误、不断进步的重要途径。人们对客观事物的认识是一个不断深化的过程。我们每一项方针政策的制定和实施，既是对过去实践经验的总结，又是一个新的认识过程的开始。这些方针政策是否符合实际，是否符合群众意愿，能不能随着客观情况的变化而变化，并不断地有所创新、有所前进，都离不开人民群众的社会实践，离不开实践的检验，离不开与实践的主体——人民群众进行商量。

《在全国政协九届三次会议中共组联组讨论会上的讲话》（2000 年 3 月 7 日）

要认真听取民主党派的意见，提得对的就要采纳，就去办，而不能应付，做表面文章。

一个领导者高明不高明，不仅在于自己就某个问题提出的意见正确不正确，而且在于是否善于吸收别人的意见，在于是否能够综合各种意见中的有价值部分，集中大家的智慧，从而形成正确决策。民主党派提的意见、建议被采纳了多少，固然同民主党派参政议政水平有关，同时也取决于我们各级党政主要领导的开明程度。我们要认真听取民主党派的意见，提得对的就要采纳，就去办，而不能应付，做表面文章。

《听取中央统战部工作汇报时的谈话》（1995 年 1 月 3 日）

共产党要靠正确的政治主张和自身的模范行为去实现政治领导，靠自己的道德风范赢得各党派朋友的信任。

合作共事是双方的事，合作要以对方的存在为前提，继承和发扬合作共事的优良传统也需要双方努力。由于共产党处于领导地位，起主导作用，在这方面的责任就更大，工作就应当做得更好。

继承和发扬统一战线中多党合作的优良传统，对于民主党派来说，重要的是坚持正确的政治方向，自觉树立大局意识，努力提高参政水平，为经济建设、社会发展、祖国统一多作贡献，并在这个过程中，加强民主党派的自身建设。民主党派新一代的领导人，应该尽快完成社会角色的转换，在新的岗位上，把自己锻炼成为既能把握大局，又能了解实际，既能高瞻远瞩，又能脚踏实地，同共产党肝胆相照、真诚合作的新一代政治家、国务活动家和社会活动家，当之无愧地担负起带领本党派广大成员前进的重任。对于共产党和党的统战工作者来说，当前需要特别注意的是，要主动多联系，多沟通，多谈心，多服务；要充分尊重民主党派的自主权利，尊重他们在宪法规定的权利和义务范围内的政治自由、组织独立和法律地位平等；要虚心听取民主党派的意见建议，要听得进逆耳忠言，决不能叶公好龙。我在天津工作时，每年都要搞几次谈心服务活动，听到许多真心话。经常在一起谈心、通气，有利于消除隔阂，密切关系，是加强团结的一个重要方式。处理执政党和友党的关系，也应该提倡平等待人，诚恳待人，宽厚待人，真正做到诚心交友，同心共事。这样做不是不要原则，而是要创造一种和谐的气氛。共产党要靠正确的政治主张和自身的模范行为去实现政治领导，靠自己的道德风范赢得各党派朋友的信任。

《领导干部要重视学习社会科学——在统一战线和多党合作专题研究班座谈会上的讲话》(1997 年 1 月 24 日)

待人诚诚恳恳，说话实实在在，才能听到真诚、坦率的肺腑之言。

商量要平等待人、诚恳待人。有的时候你愿意和别人商量，但人家却不愿和你商量；即使商量了，谈的也不是真实想法。之所以这样，一个重要的原因就是你不能平等待人、诚恳待人。没有平等，高人一等，盛气凌人，只能叫做强加于人，而不能称之为商量。有了平等，有了相互尊重、和谐融洽的气氛，才能使人们畅所欲言，把各种意见、主张都讲出来。没有诚恳的态度，拿腔作调，虚情假意，别人只会同你虚与委蛇、敷衍应付，而不会和你说真心话。待人诚诚恳恳，说话实实在在，才能听到真诚、坦率的肺腑之言。

《在全国政协九届三次会议中共组联组讨论会上的讲话》（2000年3月7日）

许多问题之所以没有科学化，是因为还没有民主化。

改革要深化，就必须向民主化、科学化发展。民主化与科学化是有着连带关系的，民主化里体现了科学化，许多问题之所以没有科学化，是因为还没有民主化。

《谈当前改革中需要注意的几个问题》（1989年1月5日）

没有决策的民主化，就很难有决策的科学化。

决策的民主化、科学化是领导现代化建设的客观需要，也是人民群众的强烈愿望。人民群众之所以有这样的愿望，一方面是因为他们希望切实行使管理国家和社会事务的权利，另一方面是因为几十年的酸甜苦辣，使他们深刻体会到，决策正确与否直接关系着他们的切身利益。决策正确，可以给人民带来安宁和幸福；而决策失误，就会给人民带来痛苦和灾难。一般来讲，没有决策的民主化，就很难有决策的科学化。就决策的民主化而言，最基本的要求有两条，一是严格地履行民主程序，二是广泛地听取各种意见。

《在政协第八届全国委员会常务委员会第三次会议上的讲话》（1993 年 10 月 9 日）

一个人拍板，是很难做到科学决策的。

一个人拍板，是很难做到科学决策的。一个领导班子的决策，应是这个班子集体智慧的结晶。共产党是执政党，加强同群众联系的一个重要内容就是要制定出符合大多数群众利益、符合实际、行之有效的各项政策。对于决策者来说，决策错误是最大的脱离群众。如果能够建立起一个强有力的监督机制，把民主集中制切切实实贯彻好，我们就可以把决策的失误减少到最低程度。目前东欧的局势提醒我们，应当认真总结过去若干年的历史经验，勇敢地、毫不犹豫地承认存在的弊端，坚决地、有步骤有计划地通过各种各样的渠道，挖掘科学社会主义理论固有的潜能，把这种潜能充分发挥出来。发扬民主、健全党的制约机制，就是一个十分重要的渠道。

《同津冀鲁三省市党委负责同志座谈时的讲话》（1990 年 2 月 27 日）

平时多协商，遇事先协商，有利于广开言路、集思广益，实现决策的科学化、民主化。

所谓协商，其要旨就是协调、商量。正如我国已故周恩来总理所讲："协商这两个字非常好，就包括这个新民主的精神。"从中国人民政治协商会议的长期实践中，我们深深体会到，平时多协商，遇事先协商，有利于广开言路、集思广益，实现决策的科学化、民主化；有利于发现问题、纠正失误，及时有效地改进工作；有利于协调关系、化解矛盾，维护和发展团结稳定的政治局面。

《会见也门协商委员会主席加尼时的谈话》（2001 年 10 月 15 日）

建立社会协商对话制度，是政治体制改革的一项重要内容，是发扬人民民主的一条有效渠道。

建立社会协商对话制度，是政治体制改革的一项重要内容，是发扬人民民主的一条有效渠道。如何把群众的意见变成改进领导工作的依据，把领导的意见变成群众的实际行动，看来，开展社会协商对话是一个好办法。从天津的情况看，群众是满意与不满意同时并存：多数人满意，部分人不满意；大的满意，小的不满意。在不满意中有的是因为没有做思想工作，存在着一些误解，有的是合理要求和实际困难没有得到解决。不能把这种不满意看成是消极的东西，而要看到它的积极作用。它能使我们头脑冷静，审慎工作，不断进取。我们的工作就是在这种满意与不满意的矛盾中前进的，旧的不满意解决了，还会出现新的不满意，促进我们不断地研究新矛盾，解决新问题。

《在天津市第十一届人代会第一次会议上的讲话》

（1988年5月15日）

请一些德高望重、经验丰富、身体尚佳的退居二线的老同志，同高级知识分子相结合，组成政府咨询委员会，好处甚多，意义匪浅。

请一些德高望重、经验丰富、身体尚佳的退居二线的老同志，同高级知识分子相结合，组成政府咨询委员会，这是天津的一个创造。两年的实践证明，这件事情好处甚多，意义匪浅。它不仅为退居二线的老同志继续发挥作用找到了一种好方式，更重要的是为政府实行决策的民主化和科学化开拓了一条新路子。长期以来，由于封建社会和小生产经济的影响，由于科学文化教育的落后，以及干部素质、民主作风方面存在的问题，我们没有建立起一整套严格的决策制度和决策程序，没有完善的决策支持系统、咨询系统、评价系统、监督和反馈系统。对重大问题的决策，在很大程度上还停留在凭领导者个人经验和意志办事的传统方法和水平，这是造成某些决策失误的一个重要原因。最近几年，我们开始注意这个问题，正在从人们的观念、政治体制等方面加以解决。而成立市政府咨询委员会，就是在这方面的一个重要步骤，一种积极尝试，现在看是十分成功的。采取这样一种形式，让一批老同志发挥智囊、参谋、研究和咨询作用，具有其他形式、其他人员所不能代替的优势。这些老同志参加革命几十年，有着丰富的阅历和经验，有着很高的智慧和才干，特别是长期工作、生活在天津，情况熟悉，体会深切。因此，他们的参谋和咨询，一般都具有较高的水平；这些老同志所处地位比较超脱，很利于通观全局，权衡利弊，因此，他们的参谋和咨询，一般都比较客观、周到、全面；这些老同志都已退居二线，可以有更多的时间调查研究、运筹谋划，因此，他们的参谋和咨询，往往是高瞻远瞩，具有较大的战略价值。总之，从这两年的实践中，我们得到了这样一个启示：成立以退居二线的老同志为主体的政府咨询委员会，对于实现决策的民主化和科学化具有特殊重要的意义。这可能是咨询委员会一建立就生机勃勃、受到各方面关注的关键所在。

《同天津市政府咨询委员会委员座谈时的讲话》（1989 年 1 月）

30. 共产党没有任何理由惧怕和排斥监督。

我们这次大会要突出地谈一下互相监督的问题。这是个老话题，现在讲有新意。长期共存、互相监督是多党合作的方针。长期共存是互相监督的前提，没有长期共存，监督就无从谈起；互相监督是长期共存的目的，离开互相监督，共存就失去意义。互相监督当然是双向的，但由于共产党在我国处于领导地位，其方针政策正确与否直接关系到人民的利益和国家的前途，所以我们讲互相监督，主要的还是各民主党派对共产党的监督。中国共产党有批评与自我批评的优良传统，有一套党内的监督制度，但离开方方面面的监督还是不行的。各民主党派的监督是人民监督的一部分，它有着特殊的作用和意义。发展社会主义市场经济是个崭新的事业，许多问题需要实践探索，许多工作需要各民主党派监督帮助。当前，消极腐败现象屡禁不止，社会各界普遍关注。解决这个问题需要做多方面的工作，需要加强制度建设，同时需要加大监督力度。中国共产党作为最广大人民根本利益的忠实代表，没有自己的特殊利益，没有任何理由惧怕和排斥监督。毛主席有一段大家都熟悉甚至会背诵的话：“因为我们是为人民服务的，所以，我们如果有缺点，就不怕别人批评指出。不管是什么人，谁向我们指出都行。只要你说得对，我们就改正。你说的办法对人民有好处，我们就照你的办。”① 不怕监督、欢迎监督、实行切实有效的监督，是共产党的传统和品格。

《同〈在中国农工民主党成立七十周年纪念大会上的讲话〉起草人员的谈话》（2000年8月3日）

我们的政府是人民政府，我们的最高宗旨是全心全意为人民服务，我们应当敢于面对群众，而不应当害怕群众。

我们的对话会已经坚持几年了。市政府和人民代表、政协委员、群众代表经常性的、面对面的对话好处很大。它使我们听到许多好的意见，包括建设性的批评性的意见；它帮助我们改进了工作，特别是机关和干部的工作作风；它密切了干部和群众的关系，增进了大家的相互了解。同时，通过对话也提高了政府的威信。当然，对这种对话形式也有不同看法甚至担心，认为这么大的范围、这么多的人参加、由电视电台现场直播，万一出了问题，不好收拾。我认为，这种顾虑一是可以理解，二是认识上有毛病。我们的政府是人民政府，我们的最高宗旨是全心全意为人民服务，我们应当敢于面对群众，而不应当害怕群众。我们常说干部是人民的公仆，仆人听听主人的吩咐乃至批评，没有什么不应该。我们认为群众是真正的英雄、是老师，虚心向英雄或老师请教不是很正常吗？同时我们自己如何、工作如何，应当有个基

① 《毛泽东选集》，2版，第3卷，1004页，北京，人民出版社，1991。

本估计，有什么可怕？怕丢丑、怕丢毛病？没必要。当然，我们的对话也有一些不足之处，需要改进和提高。比如，提意见的客气话还是太多，实质性的意见仍然显少；政府官员解释意见的力气太大，接受和改进的劲头不够。至于有些官员水平不高、工作不深不细，当场出丑那是实属应该。总起来说，我们的对话要坚持，要总结，要完善，要搞得更好。

《在天津市政府对话会预备会上的讲话》（1987 年 11 月 14 日）

敢于让群众讲真话、讲批评的话，这不是坏事，而是自信与力量的表现。

把握群众的情绪，就要发扬社会主义民主，敢于接受群众的批评意见。领导干部应当做到坦率地与群众对话谈心、交换意见。这样，群众才会感到领导干部值得信任和依靠，他们的心情才舒畅，也才能直抒其言。新旧体制交替之际出现的各种各样的问题，有的是不可避免的，也有的是由于我们工作中的缺点和失误造成的。群众中出现一时不能适应这种局面的现象，以至产生对某些问题的误解，是难免的。怎么办？对存在的问题采取回避的态度是不行的。最好的办法是同群众对话，敢于把我们工作中的缺点、失误，我们面临的种种困难，以及我们在十年改革中总结出来的主要经验和教训，毫无保留地向群众讲清楚，同群众坦诚相见，一起商量克服困难的办法。目前，在党政机关某些工作人员中存在的消极腐败现象，为群众所深恶痛绝。群众对这些问题有意见，我们要认真听取，做到该解决的解决；同时，对一些误解也要该解释的解释，该引导的引导，绝不能采取敷衍了事的态度。党的历史表明，我们的力量在于群众，群众是拥护我们的。敢于让群众讲真话、讲批评的话，这不是坏事，而是自信与力量的表现。

《把群众情绪作为第一信号》（1988 年 12 月 30 日）

中国共产党有自我批评的优良传统，但也需要其他党派的监督，就像医生一样，有的病自己能治，有的病还得让别人帮助诊断、治疗。

中国共产党领导的多党合作和政治协商制度是我国一项基本政治制度，“长期共存，互相监督”① 是毛泽东主席提出的多党合作的基本方针。长期共存是互相监督的前提，互相监督是长期共存的目的。中国共产党有自我批评的优良传统，但也需要其他党派的监督，就像医生一样，有的病自己能治，有的病还得让别人帮助诊断、治疗。邓小平指出，一个政党需要经常听到不同的声音，最可怕的是鸦雀无声。通过互相监督，可以广泛听取各党派的意见，有利于及时发现和改正错误，有利于集中多数人的智慧，有利于决策的民主化、科学化，有利于防止和克服腐败。实践证明，一党领导、多党合作，长期共存、互相监督，是中国社会主义民主政治的一个特点、一个优势。

《会见日本众议院议长伊藤宗一郎和参议院议长斋藤十郎时的谈话》（1999 年 12 月 9 日）

① 《毛泽东文集》，第 7 卷，34 页，北京，人民出版社，1999。

我们既不是一党专政，也不搞反对党，而是中国共产党领导的多党合作。

我们既不是一党专政，也不搞反对党，而是中国共产党领导的多党合作。实行中国共产党领导的多党合作，必须以民主党派的存在为前提。民主党派现在正面临新老交替、接班换代的问题。这个问题已向中央汇报过。今后两年民主党派要着力积极培养高层次、高水平的接班人，建设发展好各级组织。民主党派有了新成员、新领导，才能够继续发展，长期存在。社院的存在与民主党派的存在是相联系的。民主党派里的年轻人增加了，就有一个如何学习、提高的问题，有一个如何理解对待中国共产党领导的多党合作，把这个光荣传统一代一代传下去的问题。因此，办好社院不是一时的权宜之策，而是要长期坚持的重大举措。这是由中国的国情决定的，是巩固和发展爱国统一战线、坚持和完善中国共产党领导的多党合作和政治协商基本制度的需要。

《视察中央社会主义学院时的讲话》（1995 年 10 月 19 日）

能够经常听到一些在我们党内听不到的意见，这是民主党派存在的重要的理由和根据。

由于长期"左"的思想的干扰，特别是"文化大革命"的严重破坏，在提不同意见、做诤友、提批评、搞监督这些方面，我坦率地说，民主党派最近几年还没有恢复到建国初的那个程度。

所以，要发扬民主党派与共产党长期共存、互相监督的优良传统。要解放思想，不要有什么顾虑，不要心有余悸。讲对了更好，讲错了也不要紧。这样，便于执政党保持清醒的头脑，及时纠正错误，便于我们在复杂的局面下、在困难的情形下、在胜利的形势下保持谦虚谨慎的作风，团结奋斗，把历史赋予的任务完成得更好。我真诚地说，我们非常希望听一些不同意见，听一些在别处听不到的、别人不敢讲的意见。能够经常听到一些在我们党内听不到的意见，我认为这是民主党派存在的重要的理由和根据。如果民主党派的意见都和共产党完全一样了，我们说什么，你们就都说什么，这只是多一部分人而已，多党合作的意义就不存在了。民主党派存在的意义，就在于有着共产党自身不能代替的作用。

《在会见各民主党派中央、全国工商联新老领导成员时的讲话》（1997 年 12 月）

对执政者说好话容易，但是能很诚恳地、肝胆相照地提出一些批评意见，很不容易。

我很理解由于长期“左”的错误的严重破坏，我们很多人一下子对肝胆相照、开诚布公地提意见还不太习惯。民主党派的老一辈领导同志和我们的关系非常深，是很好的朋友，但他们也吃了很多的苦头，以后就形成了满台锣鼓响、一片赞扬声这么一种气氛。这种气氛有需要、有可以理解的一面，而从国家大计来讲，应该更多地听到你们的批评意见，听到你们的忠告乃至警示、要我们注意的一些问题。对执政者说好话容易，但是能很诚恳地、肝胆相照地提出一些批评意见，很不容易。不能说一提意见就是不拥护共产党了，只要提意见的出发点是为了帮助共产党把中国的事情办好，即使提得不准，尖锐一些也不要紧。民主党派各个方面的专家学者比较多，有的不处在第一线，看问题比较客观、超脱，研究问题比较清楚、深刻。希望你们有什么意见和建议能够及时地、毫无顾虑地提出来。

《在会见各民主党派中央、全国工商联新老领导成员时的讲话》（1997 年 12 月）

要研究、创造各种能够充分发挥人民监督作用的制度和形式，使人民能够经常地、及时地、有序地防止和矫正权力在运行过程中脱轨变形。

我国是人民当家作主的社会主义国家，我们的政府是人民政府，我们的军队是人民军队，我们的警察是人民警察，我们的法院是人民法院，我们的检察院是人民检察院，我们的干部是人民公仆。我们的社会制度之所以优越，从根本上说，就在于一切权力属于人民。毛泽东同志讲过一段名言：我们的权力是谁给的？是人民给的。我们的责任就是向人民负责。我们的每句话，每个行动，每项政策，都要适合人民的利益。因此，我们应当经常听取人民群众的意见，体察人民群众的情绪，关心人民群众的疾苦，接受人民群众的监督。当前，一些地方消极腐败现象仍在滋长蔓延，已经成为改革发展的障碍、社会稳定的隐患，引起人民群众的不满。要改变这种状况，有效地预防和遏制腐败，必须对权力进行制约和监督。我国的各种形式的监督，都是人民意志的体现，从本质上讲都属于人民监督。为了人民、依靠人民是我国监督的根本特点，也是我国监督的最大优势。我们必须根据我国的实际情况，研究、创造各种能够充分发挥人民监督作用的制度和形式，使人民能够经常地、及时地、有序地防止和矫正权力在运行过程中脱轨变形，以保证人民的权力永远掌握在人民手中。

《在中国人民政治协商会议第九届全国委员会第四次会议闭幕会上的讲话》（2001年3月12日）

我们多少年讲，领导是公仆，群众是主人，而事实上，常常是仆人比主人还厉害。

你们大家想想：世界上有许许多多事情也是这样，许许多多国家包括我们国家也是这样。好的我们都带上“人民”两个字，政府叫“人民政府”，解放军叫“人民解放军”、“人民战士”。国外最高的演员叫“人民功勋演员”，在朝鲜“人民演员”是最高的，还有“人民英雄”等等。因为人民最可敬，人民最可爱，真正力量的源泉和智慧的宝库在人民。历史前进靠什么？历史的认识、历史的发展统统靠人民群众。大家给我披这个花，我只不过是站在群众之中，没有违背群众意愿，做我力所能及的事。人民群众是实践和认识的主体，所有世界的一切认识都是群众的，而不是领导的。人民群众是推动历史发展的动力，所有历史往前走，还是往后走，还是不走，都是由群众来决定的。任何一个人不管是哪一个领导人，失去了群众，就不能治国，就不能够稳定社会，就不能使这个国家或民族振兴。我们是社会主义国家，人民群众是国家的主人，我们多少年讲，领导是公仆，群众是主人，而事实上包括目前，常常是仆人比主人还厉害。今天我们能有这样一个形式，确确实实使公仆置于广大群众的监督之下，由群众评价哪个好，哪个坏。我想把它推广开来，普及下去，将会有很深刻的意义。可以肯定地讲，它将是我们国家政治体制改革的一个最重要最本质的内容。要使群众真正成为国家主人。

《在天津市和平区“十佳公仆”表彰大会上的讲话》

（1989 年 2 月 3 日）

我们现在的干部人事制度从下边往上边看，透明度很低，掩盖物太多，搞得有些神秘化。

进行政治体制改革，首先要改变用人制度。一叫体制，二叫用人。体制也是人确立的。政治体制改革，说来说去是用人的问题。中国的改革，如果干部人事制度不改革，其他一切改革都靠不住。当然路线很重要，但没有人也不行。这是关系党和国家兴衰成败的一件大事，对经济发展的快慢具有决定性的影响。历朝历代兴衰常常在用人，历朝历代开明帝王都讲用人。用人的问题主要是能择优，能使优秀的人才脱颖而出。我们现在的干部人事制度从下边往上边看，透明度很低，掩盖物太多，搞得有些神秘化。为什么有些干部怕领导不怕群众，在领导面前唯唯诺诺，在群众面前什么离谱的话都敢说，什么离谱的事都敢做，怕仆人不怕主人，就是因为他的命运在领导手里，吃谁的饭，当谁的官，拿谁的钱，把领导赏识和群众拥护看作两码事。要增强选拔干部的透明度，去掉笼罩在干部人事制度上的神秘色彩。要使我们的干部一开始就最大限度地置于群众的监督之下，以利于群众发表意见，使群众到关键的时候能起作用。做到这一点，就是一大进步。

《在政治体制改革课题研讨汇报会上的谈话》（1986 年 9 月 24 日）

听取人大代表的意见，接受人大代表的监督，这是人民政府本来之义，原有之义，应该如此。

人民政府的领导成员是人民群众通过他们的代表选举出来的。及时地、广泛地听取人大代表的意见，接受人大代表的监督，这是人民政府本来之义，原有之义，应该如此。过去我们没做这项工作，今天向人大常委会和人大代表作检讨。今年，我们一定经常地、直接地听取代表的意见，使人民代表能够充分行使自己的职权。要改变那种代表在基层说话不如干部，不能把民意反映上来，开完人代会代表就没事干的状况。直接听取人大代表的意见，也是人民政府实际工作的需要。作为人民政府，要想完成任务，就必须了解下面的真实情况，依靠人民群众，集中人民群众的智慧，群策群力，集思广益。由于政府工作范围比较广泛，涉及面比较多，要想让政府各部门在很短的时间内听到各方面的意见是很难的，而通过人民代表这个渠道，就可以把更大范围的群众意见及时地集中上来，就可以使人民政府处理的问题、作出的决定，更符合广大群众的意愿。直接听取人民代表的意见，还出于反对和纠正不正之风的需要。由于林彪、“四人帮”的破坏，造成党内和社会上的许多不正之风。我们从下级汇报听来的情况和直接从基层了解到的情况相比较，基层群众反映的情况往往更加切合实际。总之，及时地、直接地听取人民代表的意见，我认为确实是我们联系群众，了解真实情况，以利于及时、正确地解决问题，克服官僚主义，少犯或不犯错误的一个很重要的形式。

《在天津市人大代表座谈会上的讲话》（1983 年 11 月 18 日）

有些批评可能不完全准确，只要有5%也是好事。

经常和基层同志对对话有好处，有助于了解情况，联系群众。有人说群众中许多意见是谣传，小广播影响人们的情绪。小广播多是大广播不发达的结果，大广播一发达，小广播就没了。找群众对话，有意见摆在桌面上，没有什么可怕的。有些意见可能尖锐些，这不要紧，只要你批评得对，我们就接受；有些批评可能不完全准确，只要有 5％也是好事；至于有的人气大放炮，那也没什么不好，给他们有个出气孔。没个出气孔，气憋得太足容易憋爆炸，不断给找个口儿，说完出出气也就完了。

《在天津市公用局现场办公会上的讲话》（1987 年 12 月 9 日）

与学生对话没有理由顾忌。

与学生对话没有理由顾忌。第一，我充分相信这几年我们党的方针、政策是正确的，是没有见不得人和不能向你们讲的。第二，我是领导，你们是群众，领导对群众总有两条任务：一叫听你们的，你们说得对的，我就听，是错误就改，并不护短，也就没有什么可怕；二叫说你们的，你们说得不对的，我就要讲，讲给你们听，因此没有什么下不了台的。第三，我相信我们的学生绝大多数是好人、好心，都希望把我们的经济搞得快一点，把我们的国家搞得好一点。这一点我们是共同的。有了这个共同点，问题就好谈。第四，改革是一场革命，是个群众创造历史的过程，在我们面前存在着很大的必然王国，我说不清楚、说不准并不丢人，你们能有高见我求之不得，因此我是高高兴兴、轻松愉快而来的。

《在天津大学部分学生座谈会上的讲话》（1985 年 10 月 23 日）

31. 共产党是以自我批评为主要特征的党。

必须承认，学潮有大背景、小背景，有坏人、有西方敌对势力要颠覆我们，这也不是什么新闻，只是这几年我们自己忘了。同时也得承认，我们的工作确实有相当多的失误，所以造成了脱离群众。这次也是我们工作中缺点错误的暴露，群众对我们不满的爆发，这种气氛被坏人利用了。你搞得好，坏人不敢表演，他插不进手来，招不了兵，买不了马；搞不好就会给他们提供条件，结果成了气候。共产党是以自我批评为主要特征的党，要认真从自己方面找找教训，群众对我们不满意的、我们确实存在的毛病，都要认真改。

《会见中华教育艺术研究会刘吉、曲啸、李燕杰、李永田四同志时的谈话》（1989年10月14日）

马克思主义认为，革命党靠自我批评治病，靠自我批评强大，靠自我批评前进，靠自我批评胜利。

当领导还要多做自我批评。批评，哪个党都有，资本主义国家那些反对党就是专门批评人家的。只有勇于自我批评才是我们党与其他任何政党区别的显著标志之一。这是毛主席在《论联合政府》中讲的。马克思主义认为，革命党靠自我批评治病，靠自我批评强大，靠自我批评前进，靠自我批评胜利。自我批评像空气和水一样重要，丢掉了自我批评就是灭亡。对一个干部来说，勇于自我批评，是他进步的开端。一个进步快的人，常常是善于自我批评、善于从自己的失败或错误中学习的人，他的威信也决不会因此而降低。

《听取湖北省委、省政府工作汇报时的讲话》(1990 年 11 月 18 日)

开展批评，是我们党领导的事业及自身建设的需要，也是我们党有自信心、有力量的表现。

坚持正面宣传为主的方针，不是不要批评报道。重视和改进批评报道，同样是新闻事业的社会主义性质和党性原则决定的。批评与自我批评，包括新闻批评，是我们党的建设的重要法宝之一，是我们党克服消极思想侵袭、保持健康肌体的有力武器。正因为如此，我们党历来重视在报刊上开展批评。早在建国初期，中央针对我们党处于执政地位“容易产生骄傲情绪，在党内党外拒绝批评，压制批评”的新情况，专门作出了《关于在报纸刊物上展开批评和自我批评的决定》。1954 年 7 月 17 日，《中共中央关于改进报纸工作的决议》又进一步明确规定：“把报纸是否充分地开展了批评、批评是否正确和干部是否热烈欢迎并坚决保护劳动人民自下而上的批评，作为衡量报纸的党性、衡量党内民主生活和党委领导强弱的尺度”。十一届三中全会以后，针对“文化大革命”中党的这一传统遭到严重破坏的情况，1981 年 1 月 29 日在《中共中央关于当前报刊新闻广播宣传方针的决定》中再次重申：“各级党委要善于运用报刊开展批评，推动工作。”开展批评，是我们党领导的事业及自身建设的需要，也是我们党有自信心、有力量的表现。因此，批评报道不是要不要的问题，而是如何坚持和改进的问题。

《坚持正面宣传为主的方针——在新闻工作研讨班上的讲话》（1989 年 11 月 25 日）

勇于开展批评与自我批评，依靠自己的努力不断克服自身的缺点和错误。

无论在革命战争年代还是在和平建设时期，我们党之所以历经曲折艰险而能够永葆生机与活力，不断从胜利走向胜利，一个根本的原因，在于我们党能够经常倾听和接受广大人民群众的意见和监督，勇于开展批评与自我批评，依靠自己的努力不断克服自身的缺点和错误。但是，这些年来我们一些同志在这方面做得不好，对党的优良传统和作风逐渐淡忘、疏远、陌生了。尤其在党政机关，担任各级领导职务的大多数是共产党员，机关工作行政命令性强、上下级关系分明，领导同志作指示、发号令的时候多，听意见、受监督的时候少，批评别人的时候多，作自我批评的时候少。由于缺乏自律和约束，形式主义、主观主义、官僚主义的作风和消极腐败现象逐渐滋长和蔓延。各级党组织要在“三讲”教育中拿起批评与自我批评的武器，有组织地充分发动群众来给领导干部提意见、找问题，使我们的领导干部能够全面、深入地来一次自我反省，系统、集中地受一次马克思主义理论的再教育。

《听取全国政协机关“三讲”教育情况汇报时的讲话》（1999年8月8日）

没有批评的领导班子必然是涣散软弱的领导班子。

从一般的道理上讲，任何一个人，他的时间有限、实践有限，因此，他的思想认识总难免有局限性、片面性，这就需要别人帮助，批评就是帮助。从这个意义上讲，人人都要帮助人，人人需要人帮助，也可以说，人人需要批评。从另外的意义上讲，由于人们的立场、世界观的原因，有些人在资本主义、资产阶级的影响下，对马克思主义、共产党的领导、社会主义制度发生了动摇，他们的言行背离了革命原则和利益。对这种现象，如果任其发展，就会危害我们的事业，我们就应当对他们进行批评，这既是维护革命的利益，也是爱护同志。作为一个领导班子，如果没有批评，就不会有真正的集体领导和统一领导。就一般来讲，对一些问题总是有这样和那样的看法，有正确的也会有错误的，有全面的也会有片面的，这就需要大家讨论和协商，反对或纠正错误的，最后达到统一，这个过程中就难免有批评。领导班子成员说话和办事，难免有这样那样的错误，为了不造成大的影响和损失，就要纠正，其中也要有批评，只有这样才能保证领导班子的一致和正确。所以，没有批评的领导班子必然是涣散软弱的领导班子。

《在天津市基建系统政治工作会议上的讲话》(1981 年 11 月 2 日)

工作中常常碰到两种人：一种是顺着捧的，一种是顶着干的。顺着捧的常常使我们上当吃亏。

我们领导者在工作中常常碰到两种人：一种是顺着捧的，一种是顶着干的。一般来说，对顶着干的，我们比较注意；对顺着捧的，我们则常常上当吃亏。不信可以回头想想看。我和一些同志说过：必须设法改变这种情况，即当某个领导人在台上的时候什么都是正确的，有错误也没有人提，致使铸成大错，造成大的损失之后再来算总账。

《在社会主义理论问题研究座谈会上的讲话》(1990 年 12 月 13 日)

对说尖锐话的人、反对话的人不要在意，更不要怕。

我在天津工作时，和大学的学生对话前，管教育的同志打算找一帮积极分子、团干部、学生会干部，说找那些意见多的人没法控制局面，怕下不了台。我说，就找那些自命不凡的、最有意见的人来对话，连几个学生都应对不了还当什么市长！于是找了一帮有见解的、自视很高的学生对话。结果他们说“说不过我”。

我说："什么叫说不过我？有理尽可以讲嘛！还是你们没理啊。如果有理还说不过我，说明你们本事还是不行啊。"对话结束时我说："第一，你们把自己看得太高。你们天天发牢骚、瞎闹腾，其实你们才读了几本书，有多大的本事？第二，你们把自己看得太低。国家花那么多钱培养你们，你们是国家的栋梁，但你们总是把自己放在普通老百姓和旁观者的位置上。"我还说："从对话中可以得出三个结论：第一，你们当中一定会有栋梁之才；第二，你们当中一定会有平庸之辈；第三，你们当中难免会出不肖之徒。"这些学生最后还给我鼓了掌。所以，对说尖锐话的人、反对话的人不要在意，更不要怕。

《听取浙江省委、省政府工作汇报时的讲话》（2000 年 2 月 24 日）

批评的目的在于促进自我批评。

我们天津的文艺队伍是一个好队伍，这些年来团结的状况是大有进步的。但是，毋庸讳言，还存在着一些不协调、不团结的因素。据我所知，还有些疙疙瘩瘩的、你长我短的事情。这对于我们同心同德、统一步伐、共同搞好文艺创作，十分不利。大家来自五湖四海，由于经历和认识方面的差异，特别是"文化大革命"遗留下来的消极后果，在某些问题上看法不一致是会经常发生的。这要在实现四个现代化的共同目标下，通过经常地交换意见、交流思想，正确地开展批评与自我批评，很好地加以解决。现在不少人怕在文艺界讲话，除了文艺界文人多，有些人爱挑毛病以外，就是还有些疙疙瘩瘩的事，话不好讲。据说有些人之间的不团结问题有"悠久历史"。从 30 年代就折腾，折腾到今天还在那儿折腾，日本帝国主义打跑了，全国解放了，“四人帮”垮台了，有些老哥们儿的矛盾还没有结束，这场戏不知道有多长。有事不是摆在桌面上，而是在底下叽叽喳喳。有的人不研究工作，不琢磨事，而是光琢磨人，专门琢磨干事的人。人们说，“批判”的水平提高了，干事的水平下降了。有的人只当裁判员，不当运动员，老在那吹暂停、吹犯规，谁进球就吹谁犯规。当然，对一些作品和演出，要允许有这样那样不同的看法，提倡善意的实事求是的文艺批评，这是繁荣文艺事业所不可缺少的。但必须明确，批评的目的在于促进自我批评。如果批评不能促进自我批评，那这个批评就达不到目的。不承认这一条，就是否认马克思主义的内因论。有些同志的作品和演出，总的倾向是健康的，出发点也是好的，但是有缺点，有毛病，要肯定他好的方面，帮助他在实践中纠正、提高。这总比那些什么也不干，整天盯着别人挑眼的、“常有理”的人好得多。你什么也不干，当然挑你的错挑不出来，就像我前边讲的，你说“我没污染”，你什么也没写，你哪来的污染？但是，坐吃社会主义，专挑社会主义的眼，这本身就是个大错。

《在天津市文艺创作会议上的讲话》（1984 年 1 月 7 日）

我们要主动拿镜子照自己，自揭己短。

搞好批评与自我批评，首先是要搞好自我批评。毛主席在《论联合政府》中指出：“有无认真的自我批评，也是我们和其他政党互相区别的显著的标志之一。”① 毛主席这里没讲批评，因

① 《毛泽东选集》，2 版，第 3 卷，1096 页，北京，人民出版社，1991。

为批评别人，任何政党都会，外国反对党专门批别人。我们承认内因是根据，外因是条件，批评的目的是促进自我批评。没有自我批评，批评就达不到目的。因此我们要主动拿镜子照自己，自揭己短，特别是一把手要带头自我批评。只有这样，班子的其他成员也才会剖析自己。批评与自我批评，必须坚持“惩前毖后，治病救人”和“团结——批评——团结”的原则，始终坚持与人为善，共同进步。

《听取河北省委、省政府工作汇报时的讲话》(1999 年 4 月 16 日)

一把手应该是批评与自我批评的一把手。

批评与自我批评对领导者、有权人特别重要。他地位高、有权力、影响大，纠正他一个人的错误可以为很多人谋利益。对领导人开展批评很不容易，如果领导者自己没有自我批评的精神，你的批评也没有意义；如果被批评者心胸狭窄，还会给今后带来许多麻烦。如果领导者之间不能开展经常的、诚恳的批评与自我批评，一定会影响团结，也不会有真正的团结，因而也一定会影响工作。一把手最关键。可以把一把手组织起来，专门研究一下批评与自我批评的问题，从理论到实践真正学懂弄通，使他们懂得一把手应该是批评与自我批评的一把手。我讲过，领导身边一定要有几个有见解、敢直言、联系面广的人。这种人一定是公道正派、为人民负责的，同时也是领导信得过的人，他们可以随时纠正领导者的错误。当然，这样的人很难找，但这件事很重要。

《同天津市委组织部门同志的谈话》(1987 年 12 月 2 日)

批评必须注意方式，首先要出于善意，第二要掌握事实，第三要注意方法。

批评必须注意方式，首先要出于善意，第二要掌握事实，第三要注意方法，要区别情况，具体对待。帮助一个同志改正错误，需要批评，也需要自我批评。按照内因是根据的原理，批评的目的是为了促进自我批评。因此，我们在批评人时，要讲究方式，要进行科学的分析，要合情合理。我们不但要强调勇于、善于批评别人，同时还要注意虚心接受批评，勇于做自我批评。

《在天津市基建系统政治工作会议上的讲话》(1981 年 11 月 2 日)

对有错误的同志，要采取与人为善的态度，欢迎和鼓励他们进行诚恳的批评和自我批评。

解决思想战线混乱问题，主要是开展批评和自我批评。认真开展积极的思想斗争，要坚持马克思主义，对重大理论性、原则性问题要旗帜鲜明，通过批评与自我批评提高理论水平。在强调开展积极的思想斗争的时候，要十分注意防止“左”的错误。过去那种简单片面、粗暴过火的批判，以及斗争的方法，绝不能重复。无论是开会发言，写文章，都要进行充分的说理和实事求是的科学分析。参加讨论和批评的人，首先要对讨论和批评的问题研究清楚，绝不能以偏概全，草木皆兵，不能以势压人，强词夺理。对有错误的同志，要采取与人为善的态度，给他们时间认真考虑，允许他们合情合理地澄清事实，进行合乎情理的申辩，尤其要欢迎和鼓励他们进行诚恳的批评和自我批评。

《在天津市青联和学联代表大会上的讲话提纲》(1983 年 10 月 29 日)

有批评，还要有谅解。

党内开展批评与自我批评，实在地讲，比过去少，既不像过去那样经常，也不像过去那样直截了当。这是个重要问题，必须认真改正。与此同时，有批评，还要有谅解。毛主席讲过，团结、谅解、友谊比什么都重要。

《在中共天津市委常委民主生活会上的讲话与插话》(1986 年 2 月 21 日)

32. 常想缺点不足处，少犯错误多进步。

批评与自我批评是我们党的特征，是我们党坚持真理、修正错误的重要途径，是我们党解决内部矛盾的方法。任何人、任何政党都会有错误，错误只有通过揭露，通过批评和自我批评才能改正。有无自我批评是党性强不强的一个标志，是坚持唯物主义认识论的必然条件。常想缺点不足处，少犯错误多进步。没有自我批评的人往往是搞不好团结的人，搞好团结需要检讨和纠正自己的毛病；没有自我批评的人往往是脱离群众的人，搞好群众关系要虚心倾听群众的意见包括批评意见；没有自我批评的人往往是进步和提高慢的人，因为进步是克服落后的结果，提高是相对过去不高的差别。综合上述，批评和自我批评是每个革命同志不可缺少的武器，也是克服领导班子涣散软弱状态的基本途径。因此，我们必须坚持批评，学会批评，养成批评和自我批评的习惯。

《在天津市基建系统政治工作会议上的讲话》（1981 年 11 月 2 日）

掌声、歌颂未必真帮忙，批评、反对不一定都添乱。

统一战线是同和异的结合，在大目标一致的基础上，允许有不同的思想、不同的信仰和不同的价值观念。如果统一战线组织内不允许讲不同意见，统一战线就等于虚设，就没有存在的必要。冷静地想一想，掌声、歌颂未必真帮忙，批评、反对不一定都添乱。形势如何发展，局面怎么演变，关键取决于我们自己把各方面的工作做好，把自身形象搞好。事实上，目前党内的意见不比党外少，以往政协会上党内委员的发言常常比党外人士尖锐得多。有法律在，有章程在，开会当中你不能不让人讲话。

《听取中央统战部汇报时的谈话》(2002 年 2 月 1 日)

要勇于自以为非，不要自以为是。

要善于吸纳意见，多听意见，听各种意见特别是听和自己不同的意见，择善而从之。要勇于自以为非，不要自以为是，一经发现自己的错误就及时果断地进行纠正。人的成长进步就是在不断地自以为非、不断地纠正错误的过程中实现的。

《在全国地方政协工作经验座谈会结束时的讲话》(2001 年 12 月 6 日)

一个认为自己过去的一切都好的人，一定是进步不快的人。

总结经验不仅是总结自己的，也包括吸收别人的。无论是建筑还是其他，一个人的本事大小，不仅在于从自己的实践过程中来增长才干，还要能把别人的智慧吸收变为自己的。善于不善于吸收别人的经验是一个人能不能提高和进步的重要一条。这也就是我们讲虚心使人进步的原因。总结经验既要肯定成绩，也要找出毛病、找出不足。任何一项工作，不管你怎么努力总是存在不足，特别是像设计这样的工作。完全理想的、完美无缺的事情是不可能的。进步和提高是相对过去的水平而言的。我们的进步是在不断地寻找和克服过去不足的过程中来进步，我们的提高是在不断地寻找和克服过去的那些毛病中来提高。一个认为自己过去的一切都好的人，一定是进步不快的人。所以我希望要把总结经验形成一个制度，形成一个习惯，形成一个风气。任何事情做完以后，总是应该讲上那么一、二、三、四几条。经常自我做检讨，事过之后找一找，好坏对错明白了，以后办事会更好。

《在天津市建筑设计院科技干部会上的讲话》(1985 年 1 月 10 日)

认为个人对凡事都能说明白的人，这个人一定是不明白。若干人就是因为老认为自己什么都明白，最后做了很多糊涂事。

全国政协如何加强与港澳委员的联系，委员如何在符合基本法和港澳法律的条件下加强相互之间的联系等等，说起来似乎都是明白的，但具体操作起来又是不太明白的，有些问题现在连说也还说不明白的。有人会讲，这不都糊涂了吗？实实在在地说，现在有些问题真的就是说不明白。你们可能说明白了，反正我是说不明白。有人会讲，你当政协主席，对政协的事都说不明白，这算什么主席啊？我倒以为，认为个人对凡事都能说明白的人，这个人一定是不明白。若干人就是因为老认为自己什么都明白，最后做了很多糊涂事。这叫作“假明白真糊涂”。正是因为一个人不可能有那么多智慧，所以才要那么多人、那么多委员、那么多界别共同协商，共同探讨。

《同全国政协港澳委员座谈时的谈话》（1998 年 3 月 7 日）

放弃批评就是自我毁灭；诚恳自我批评的人才能健康进步。

要积极开展批评与自我批评。批评与自我批评是我们党的优良传统，是纠正错误、改进工作、完善自我的重要方法。放弃批评就是自我毁灭；诚恳自我批评的人才能健康进步。古人讲：“明莫大于自见，聪莫大于自闻”，最聪明的人就是那些能够看见自己的缺点和错误的人。毛主席多次强调：没有批评与自我批评，党的生命也就停止了。要继续进步，就要继续作自我批评。小平同志也说过：领导干部“一个季度或者半年，可以在一个党委，一个党组，结合讨论工作，过一次党的生活，做点批评与自我批评……这不只是个人的修养问题，也是一种监督，是党的生活的一种形式”①。目前党内批评与自我批评的风气很差。这里我引用三句话，第一句是：自我批评谈谈感想，互相批评提提希望；第二句是：批评下级哄着护着，批评同级包着让着，批评上级捧着抬着；第三句是：有问题当面不说背后说，开会不说会后说，是非面前不开口，遇到矛盾绕着走。

为什么批评与自我批评这些年来搞成这个样子呢？有个人的问题，也有历史上和社会上的原因。一是建国以后批评与自我批评被搞歪了。无休止地搞政治运动，斗你也是帮助，打你也是帮助，来回地折腾，特别是在“文化大革命”中，“四人帮”把批评搞成“打棍子”、“抓辫子”、“扣帽子”，整人害人。“一朝被蛇咬，十年怕井绳”，人们至今对批评还有顾忌。二是利益原则严重渗透进党内生活，批评与自我批评被搞变味了。一些同志从个人的利益得失考虑，患得患失，批评上级怕丢乌纱帽，批评同事怕伤和气，自我批评又怕暴露问题，授人以柄。所以，虽然民主生活会也照开，批评与自我批评也照作，汇报材料也照写，但却有形式没有内容，千篇一律，无助于真正解决党内生活中存在的问题。三是在新的历史条件下究竟如何开展批评与自我批评，缺乏明确的标准和尺度。比如，现在都说风气不好，怎样才算好呢？不是说没有规定，但有的规定过严有的又过宽，究竟什么事情妨碍四化大局必须坚决制止，什么事情在市场经济的条件下可以允许？对诸如此类的问题也还要进一步探索、完善和加强。

《听取河北省委、省政府工作汇报时的讲话》（1999 年 4 月 16 日）

① 《邓小平文选》，2 版，第 1 卷，331 页，北京，人民出版社，1994。

> **如果听到的都是歌功颂德，久而久之就会忘乎所以，看不到自己的问题，更谈不上自我批评，那么就会犯更多更大的错误。**

从目前批评报道的实际状况看，既有新闻单位不大善于批评的问题，也有被批评者包括一些领导机关、领导干部不习惯不适应批评的问题。有些被批评的部门、单位认为“家丑不可外扬”，于是就到处说情，或设置障碍，使健康的批评报道也难以正常进行。这种状况应当通过各方面的努力，逐步加以改变。批评与自我批评是我们党的光荣传统，是我们纠正错误、团结群众的锐利武器。过去我们靠这个武器夺取无数胜利，今后还要靠这个武器。新闻批评不同于一般的批评，因此新闻单位发表批评性报道必须站在党和人民的立场上，以热情帮助解决问题的态度，选择具有普遍教育意义的、有代表性的典型事例。不仅要注意问题的合理性，而且要注意问题解决的可能性。同时，批评报道的事实一定要准确，对问题的分析要客观。凡涉及重大问题的批评报道，要同有关上级或主管部门联系，并听取被批评者的意见，核查事实。中央新闻单位在批评报道中涉及地方时，要多与地方党政领导机关通气、协调，多尊重他们的意见。新闻工作者不要把自己放在“裁判官”的位置。批评报道出现失误应公开更正。从被批评者来说，尤其是作为领导干部和领导机关，要正确理解。一个单位、一个人如果听到的都是歌功颂德，久而久之就会忘乎所以，看不到自己的问题，更谈不上自我批评，那么就会犯更多更大的错误。有一点批评只能使他们头脑清醒，增加对批评的承受能力，自觉地拿起批评的武器，依靠舆论的力量，弘扬正气，打击邪气，推动工作。

《同起草班子谈起草〈在新闻工作研讨班上的讲话〉》
（1989年11月20日）

一个干部在台上的时候，是满台锣鼓响，一片赞扬声；一旦下台，意见就全来了。为什么？就是在台上的时候不让人家提意见或人家不敢真提。

我们党的组织制度是民主集中制。这是一个很好的制度，它是同群众路线相贯通的。共产党不把民主集中制完善起来，就很难谈得上联系群众。现在在执行民主集中制上存在一些问题，特别是在发扬民主、接受党内外监督方面，问题还不少。比如，有些领导干部，口头上讲要听取群众的意见，而要真提意见就不高兴；口头上说要尊重多数人的意见，而在自己孤立的时候又大讲“真理”在少数人手里，而不去想一想自己的意见到底是否是真理，怎样经过民主集中制来取得多数人的同意。总之，不听群众意见，不看实践效果，翻来覆去怎么讲都是自己常有理。一个干部在台上的时候，是满台锣鼓响，一片赞扬声；一旦下台，意见就全来了。为什么？就是在台上的时候不让人家提意见或人家不敢真提。我们现在研究问题，有些命题提出来了，包括民主的问题、集中的问题、政治体制改革的问题等等，但好多研究都还是仅仅证明已经作出的决策和判断。你那个政策出来，它去证明这是对的；当你说这个政策错了，它又证明早就该批。类似的现象很多，而且在重复着。所有这些都反映出我们发扬民主还不够充分，党的自我制约的能力还比较差，因而也就给我们提出了一个如何进一步发扬民主，健全党的制约机制的大问题。

《同津冀鲁三省市党委负责同志座谈时的讲话》（1990 年 2 月 27 日）

什么问题都是完全统一，没有不同声音，并不正常。一呼百应、一言九鼎，久而久之必犯错误。

一个班子里对一些问题有不同意见是正常现象。通过讨论或争论，可能统一了认识，也可能统一不了，最后表决，少数服从多数，允许保留意见。这就是民主集中制。这样就可以集中大家的智慧，避免或减少失误。现在，有的班子讨论问题很少有不同意见，没有议论、没有争论，讨论就是表态。有人以为这样很好、是团结的班子。其实，这样并不好，这样的班子也不是真正团结的班子。什么问题都是完全统一，没有不同声音，并不正常。一呼百应、一言九鼎，久而久之必犯错误。毛主席让领导干部看柳宗元的《敌戒》，就是说没有敌人、没有对立面、没有不同声音，容易懈怠，容易自以为是，容易犯错误。古往今来一些有功绩、有威望、有水平的“大人物”后来犯了大错误，犯非常幼稚的错误，就是他听不得不同的意见，也没有人敢向他提出不同意见。

《同天津市委组织部负责人谈选人配班子问题》（1987 年 12 月 10 日）

重要的是我们自己要头脑清醒，不要因听好话而忽视我们的困难，忽视我们现存的缺点和问题。

现在，人们对去年的拆除临建棚工作是肯定的、满意的，广大群众说了我们很多好话。如何对待这些好话，第一，我们不能反对，人家是真心好意，反对不通情理；第二，好话在当前还有用，它可以振奋精神，增强信心；第三，目前我们的威信还不太高，也有那么一些人无事生非，故意给领导抹黑，群众的好话可以挤占他们一些市场；第四，重要的是我们自己要头脑清醒，不要因听好话而忽视我们的困难，忽视我们现存的缺点和问题。

《在城建系统全体会议上的发言》(1982年1月20日)

在估价成绩和失误时，不因成绩巨大而忌言失误，也不因揭露失误而抹煞成绩。

小平同志讲，要冷静地总结过去、思考未来。总结经验，是一个由感性认识上升到理性认识的过程，是一个实践、认识、再实践、再认识的过程。要真正实事求是地总结人民群众在改革开放和现代化建设中的历史活动，必须做到在估价成绩和失误时，不因成绩巨大而忌言失误，也不因揭露失误而抹煞成绩；在对待具有顽强生命力的新生事物幼芽时，既肯定、保护、扶植，又不忘去掉附着在它身上的旧事物残片；在处理两难选择的问题时，既要果断，又要瞻前顾后，使之对全局产生有利影响，并为今后的发展作一些铺垫。所有这些，都离不开马克思主义哲学这个伟大的认识工具。

《同出席全国马克思主义哲学研究与干部哲学教育研讨会全体代表座谈时的讲话》（1989 年 10 月 13 日）

公开讲的，要以正面东西为主；内部讲的，要以研究问题为主。

有个传说，李瑞环一见批评天津市的报道就不高兴。我告诉大家，报道阴暗面是没有什么不高兴的。有的批评稿我是表扬的。如果你的报道有利于解决问题，你揭露了小问题，解决了一大片，这当然是好事。但要注意把握这样一个原则：公开讲的，要以正面东西为主；内部讲的，要以研究问题为主。现在的毛病在于，公开报道的问题不少，内部讨论的成绩很多，正好翻了个个儿。过去打仗都是说打胜仗。你看国民党的电台，老是播在某某地方歼灭了共军多少。然后再听延安的，也是讲在某某地方打了国民党多少、捉了国民党多少。双方都说打胜仗。这么报道，是因为多数群众需要鼓舞，需要振作，需要斗志，需要团结。由此就出来这么两种东西：一种叫公开发的报刊，一种叫内部发的内参。现在有的媒体没里没外，凡内参里登的，外边也照登出来，我看是不行的，大家要冷静认真地研究一下这个问题。我们绝不能怕揭露问题，新闻也不能没有揭露问题，但揭露问题的目的是解决问题。

《在中央及外地驻津记者联谊会成立大会上的讲话》（1988 年 7 月 7 日）

要有上进心、求知欲、责任感；要珍惜时间、抓紧时间、有效利用时间；要广交往、慎交友、近好人、远小人；要养成检讨自己的习惯。

19岁上大学，这是你人生的重大转折。从此你变成了大人，变成了知识分子。你开始独立自主了。别人对你也开始变了：照顾少了，要求高了。你要适应这个变化。要有上进心、求知欲、责任感；要珍惜时间、抓紧时间、有效利用时间；要广交往、慎交友、近好人、远小人；要养成检讨自己的习惯，经常检讨，一事一检讨，一天一检讨。此后，你会变得越来越明白，而我们会变得越来越糊涂，但希望你变得比我们明白的时候还明白。望你自尊、自信、自强不息。

《给孙子老虎（小名）19岁生日的赠言》（2005年7月12日）

33. 我们应该听点意见，改点毛病，长点出息。

在我国经济建设中，我们必须坚持以公有制为主体、发展多种经济成分的方针。在农村，当前要特别注意稳定和完善多种形式的联产承包制，发挥个体经济和其他经济成分对社会主义经济的有益的、必要的补充作用，绝不能否定个体经济。要十分谨慎地对待这件事情。一旦农村经济政策出了问题，或者说农民对个体经济、私有经济的发展感到有什么政策上的威胁，发生了动摇，出现了混乱，那将是一个不可收拾的局面。对此全党必须有很清醒的认识。要警惕再出现那种把农村个体经济当作“资本主义尾巴”来割的错误做法。我们已经走了 40 年的曲曲折折的道路，酸甜苦辣都尝过，其中经过了 10 年“文化大革命”的折腾，后面这 10 年有成功也有失误，去年又经过这么大的风波，我们应该听点意见，改点毛病，长点出息，不能再折腾。要十分清醒和警惕。要稳定，就必须稳定农村，抓好农村。农村这一块抓好了，有了粮食，有了棉花，怎么都好说。农村要出了问题就不得了。60 年代出问题时有毛主席在啊，当时党的情况跟现在不一样，那时候有饿死的也不言声，现在吃不好都不行啊。所以，稳定政策，首先要稳定农村政策，特别是稳定农村有关个体经济的政策，对此我们要十分地小心谨慎。一是强调不变，二是在谈到这个问题时要谨慎。要十分注意可能产生的误解，不能因为我们的文章、说法而造成群众的误解。

《在河北省六大班子成员座谈会上的讲话》（1990 年 1 月 6 日）

坚持好的东西，修正错的东西，创造新的东西。

今天的会议议程进行完毕。

作为九届全国政协主席，我衷心希望和祝愿政协十届一次会议圆满成功。

衷心希望和祝愿十届全国政协坚持好的东西，修正错的东西，创造新的东西。

衷心希望和祝愿人民政协事业越来越好。

也衷心希望和祝愿十届全国政协委员在认真履行职责的同时，事业有成，个人进步。

《在中国人民政治协商会议第十届全国委员会第一次会议预备会上的致辞》（2003 年 3 月 2 日）

一个民族要不断进步，就必须及时经常地检讨自己。

查韦斯总统对中国十分友好，对中国的经验很感兴趣，特别是对毛泽东思想颇有研究，是我们的好朋友。我们应当有选择地向他谈一些我们的经验和教训，以尽朋友之谊。我想，主要谈三点。一是：一个民族要实现振兴，就必须千方百计地振奋民族精神，把全民族的积极性调动起来，潜力挖掘出来，人心凝聚起来，依靠本民族的艰苦奋斗，克服困难，创造业绩。这就是毛主席讲的自力更生的精神。二是：一个民族要不断进步，就必须及时经常地检讨自己，既要看到已取得的成绩，又要正视出现的失误，更要记取付出沉痛代价换来的刻骨铭心的教训，切实改正错误，改进工作。这也就是我们经常强调的勇于坚持真理、随时修正错误。三是：一个民族要跟上时代，就必须大胆地融入国际社会，善于同其他国家和民族进行广泛的交流与合作，学习和借鉴外来的一切文明成果，取诸家之长，走自己的路。这就是邓小平讲的要坚持改革开放，要保持中国特色。当然，外交语言也要有一些。

《同〈会见委内瑞拉总统查韦斯的谈话参考要点〉起草人员的谈话》（1999 年 10 月 3 日）

勇于坚持真理，随时修正错误。

要发扬国家主人翁精神。不论属于哪个党派哪个团体哪个界别，所有委员都要把国家和民族的利益放在首位，以实现四化、统一祖国、振兴中华为己任，在参政议政的过程中，对国家大事积极主动地发表意见，认真负责地提出各种建议和批评，勇于坚持真理，随时修正错误。

《在中国人民政治协商会议第八届全国委员会第一次会议闭幕会上的讲话》（1993 年 3 月 27 日）

坚持正确的，改正错误的，抛弃过时的，创造新鲜的。

人类社会总是在不断继承前人的基础上向前发展的。九届全国政协是历史进程中的一段，我们的工作不应该也不可能脱离历史和现实的条件。我们必须了解、熟悉人民政协的全部历史，研究、汲取历届政协的成功经验，把前人的成果作为我们工作的起点。八届全国政协结合新的形势，在总结历史经验基础上提出的一些原则和做法，已被实践所检验、社会所公认，得到了中央的肯定。比如，要保持政协固有的性质和特点，不比不套，坚持政协就是政协；政协履行职能必须坚持中国共产党的领导，必须服从和服务于国家的大局，必须注意从实际出发，必须加强同有关部门的配合；要选好角度，发挥优势，做到尽职而不越位，帮忙而不添乱，切实而不表面；要注重实践，在实践中探索开拓，在实践中总结积累，靠实践解决问题，用实践经验推动工作；等等。所有这些，对于九届全国政协的工作仍然具有重要的指导意义，我们应当很好地坚持和继承。当然，坚持不是简单照搬，而是要有所区别，有所侧重，在坚持中前进；继承不是墨守成规，而是要结合新情况，创造新经验，在继承中发展。归结起来，就是要坚持正确的，改正错误的，抛弃过时的，创造新鲜的。我们这一届政协要适应时代的要求，尽到自己的责任，对前人有新的发展，对后人有好的交代。

《在政协第九届全国委员会常务委员会第一次会议上的讲话》

（1998年3月16日）

作为领导者来讲，要肯于倾听各方面的意见，要不耻下问，三人行必有我师。

马克思主义认为，历史活动是群众的事业。脱离了群众我们就会丧失任何力量而变成空架子。这些年来，天津的工作日新月异，不断发展，就是因为我们坚持了相信群众、依靠群众这个马克思主义的基本的理论。我常讲：我们的目标在哪里？动力在哪里？智慧的源泉、是非的标准和克服困难坚持原则的勇气在哪里？统统在这里。对重大问题作出决策，最重要的是要合民心、顺民意，代表绝大多数人的根本利益，符合客观实际，离开了这一条，不可能成功。用现在的话来讲，就叫决策的科学化、民主化。作为领导者来讲，要肯于倾听各方面的意见，要不耻下问，三人行必有我师。

《关于怎样做好市长工作答记者问》(1987 年 3 月底)

有意见憋着不提，鸦雀无声往往是最可怕的。

治理整顿、改革和建设，面临着复杂的情况，我们看不到的一些问题，群众往往能看到；我们想不出的主意，群众常常能够想出来。人民代表和政协委员代表着全市人民的意志，汇聚着全市人民的智慧。要把这些意见和智慧真正集中起来，就必须创造一个宽松和谐的环境和民主活跃的气氛。我们的工作成绩是主要的，但也存在着不少问题和不足。克服缺点、纠正错误既需要我们的自觉和努力，更需要群众的批评和监督。有了缺点错误，让人家讲话，允许人家批评，这是我们党的优良传统。即使话讲得尖锐一点，不那么中听，甚至有的意见不那么准确，但作为领导者，要看到群众敢于提批评意见是一种参与的表现，意味着人们公共责任的增强，这是一件好事情。要欢迎人们揭露我们的错误，因为第一，我们确实有错误；第二，错误只有通过揭露才能改正；第三，揭露错误的人是给我们治病的人，我们应当感谢。有意见憋着不提，鸦雀无声往往是最可怕的。

《在参加天津“两会”的党员会议上的讲话》（1989 年 4 月 19 日）

一个单位、一个地方之所以鸦雀无声，或者普遍存在说假话的现象，固然有社会风气的影响，但根子在领导身上。

就总体上讲，改革开放以来，我们重视听取群众意见，尊重群众首创精神，及时总结群众的发明创造，用以指导全国的工作。同时也要承认一些地方在听群众意见方面确有许多毛病，有许多事情与群众商量不够，听群众意见不够。有的同志自以为是，对群众意见不以为然；有的敷衍应付，听意见只是做做样子；有的只听顺耳的话，听不进半点不同意见；有的名曰听意见，实则对群众发号施令。一个单位、一个地方之所以鸦雀无声，或者普遍存在说假话的现象，固然有社会风气的影响，但根子在领导身上。

《听取浙江省委、省政府工作汇报时的讲话》（2000 年 2 月 24 日）

如果来了这么多人开会，讲的所有观点跟我们讲的一模一样，开这个会就是多余的。

既然是一个国际性学术研讨会，既然是我们请人家来开会，就要允许人家讲话，就要为人家提供一个和谐的、融洽的、易于发表意见的环境。我们一些同志有一个不好的习惯，一听到不同的特别是跟我们某些原则不完全一样的意见时，“义正辞严”站起来进行批驳，以为这样就打了胜仗。既然如此，何必把人家拽到这儿来“交战一场”呢？原则上的分歧，当然不能同意，但也未必打架，正面阐述我们的立场观点就可以了。如果来了这么多人开会，讲的所有观点跟我们讲的一模一样，开这个会就是多余的。如果会上一点新的意见都没有，开会只是为了证明我们的观点是对的，就什么意义也没有。我们参与讨论发言的同志要准备充分，讲出有见解、有深度的观点来；对别人的讲话发言，无论内容或多或少，观点是否正确，都得有个平等讨论的态度。我认为，全球化不仅是一个经济问题，而且必将极大地影响到政治、社会、人们的生活以及思维习惯等各个方面，这是一个很大的题目。经济全球化问题究竟怎么解释，经济全球化和每个国家的发展究竟是什么关系，经济全球化对中国在 21 世纪的发展究竟会带来什么样的影响，中国未来的走向是什么，等等，国外会有各种看法，国内的看法也不尽一样。所以，多听听来自全球各地的人们对全球化问题的看法，有什么不好呢？人的进步就在于不断听不同意见，必须养成听不同意见的习惯。特别是讨论经济全球化这个题目，更需要听听全球各个角度的意见。所以应当借这个机会，使我们机关的同志们，特别是领导同志们多了解一点情况，多吸收一点知识。当然会上有些发言和文件不能随意扩散。但无论如何首先是允许人讲话，这是最基本的一条。

《在听取“21世纪论坛”2000年会议筹备工作汇报后的讲话》（2000年5月29日）

不能光搞大批判，应该提建设性意见。

我们有些人的毛病在于习惯说这也不对那也不对，这也不行那也不行，这个人不怎么样那个人也不怎么样。那你说怎么样才对，怎么样才行？我们不能光搞大批判，应该提建设性意见，应该研究怎么样才对，怎么办才好。

《在地方政协主席座谈会上的讲话》（1999年3月11日）

怎样做到密切联系群众呢？一叫走下去，二叫听意见，三叫办实事，四叫作宣传。

要依靠群众，首先就要联系群众。怎样做到密切联系群众呢？我归纳了四句话：一叫走下去，二叫听意见，三叫办实事，四叫作宣传。

《听取福建省委、省政府工作汇报时的讲话》（1990年2月9日）

必须老老实实地倾听群众的意见。

所谓听意见，首先就是下去倾听群众的意见，要真心实意地听。党的十一届三中全会以来，我们国家的社会主义民主建设取得了明显的进步。但也应该承认，在发展社会主义商品经济的同时加强社会主义民主建设，仍然是一项繁重的任务，还有不少问题需要进一步解决好，毛主席讲过的“又有集中又有民主，又有纪律又有自由，又有统一意志、又有个人心情舒畅、生动活泼，那样一种政治局面”①，还没有真正地形成。我过去在天津讲过：群众最可敬，群众最可爱，群众最可怜，群众最可畏。最可敬，是指他们是历史的主人，历史上一切大的进步无一不是人民群众的功劳；最可爱，是说群众干的事很多，而且通情达理，要求不高；最可怜，是说群众的工作和生活条件是艰苦的，我们的决策出现错误，最终还是群众吃苦头；最可畏，是说真正把群众惹急了，无论什么人也得倒台。所以，下去必须老老实实地倾听群众的意见。

《听取福建省委、省政府工作汇报时的讲话》（1990 年 2 月 9 日）

领导干部下基层，要防止“葫芦掉在井里头——在下面漂着”。

领导干部下基层，必须坚持实事求是，反对形式主义。从领

① 《毛泽东文集》，第 8 卷，293 页，北京，人民出版社，1999。

导上讲，要防止不顾面上工作需要，不考虑基层承受能力，单纯地追求下去的人数，形成“一窝蜂”、“一阵风”，收不到预期效果，无法坚持经常；要防止为下去而下去，茫无目标，“葫芦掉在井里头——在下面漂着”，不能帮助基层和群众解决问题，只是添乱；要防止不顾现实情况的变化，机械地搬用过去同吃同住的某些具体做法，以致给群众带来不便；要防止工作的主观随意性，偏离党的政策，滥发议论，乱出点子，使基层和群众对政策的稳定性和连续性产生怀疑，引起思想混乱。从干部来讲，必须放下架子，甘当小学生，真正和群众打成一片，虚心倾听群众的意见，认真改正自己的毛病；必须关心群众疾苦，帮助基层解决问题，正确宣传和贯彻党的政策；必须模范遵守中央有关廉政建设的规定，不大吃大喝，不收受礼物，不开后门，不走后门，努力做人民的好公仆。

《关于加强党同人民群众联系的几个问题——在新华社国内工作会议上的讲话》（1990 年 4 月 11 日）

要切实抓好机关自身的建设，使领导机关的工作能够切切实实地为基层、为生产、为群众服务。

领导干部到基层去，到群众中去，对于改变那种高高在上、坐而论道的毛病，摆脱那种整天陷入文山会海、礼仪活动的弊端大有必要。但是，加强党同群众的联系是一个大概念，要求通过多种途径，采取多种方式，解决多方面的问题，干部下基层只是一个途径。现在下面的干部和群众对相当一部分领导机关有意见，说这些领导机关办事拖拉，工作扯皮，“门难进，脸难看，事难办”，“离不开，惹不起，靠不住”。因此，各级领导机关在组织干部分期分批轮流下基层的同时，要切实抓好机关自身的建设，使领导机关的工作能够切切实实地为基层、为生产、为群众服务。

《关于加强党同人民群众联系的几个问题——在新华社国内工作会议上的讲话》（1990 年 4 月 11 日）

34. 统一战线要坚持求同存异、体谅包容。

可以这样说，求同存异、体谅包容是统一战线工作的中心。我们过去出问题常常在这两个方面。从统一战线的历史看，有忽视“求同”的错误，但主要的还是不能“存异”的错误，以“同”的重要性来否定“异”的必要性，打着立场坚定、旗帜鲜明的旗号，结果损害了统战工作的大局，给我们带来巨大损失。能不能“存异”，我看很重要的一条，在于能不能体谅包容。做统战工作，就是要宽容一点、谅解一点、豁达一点、“糊涂”一点，就是要听得进、容得下、想得开。对于有些人提出的不同意见包括比较刺耳、比较尖锐的，要听得进；对于有些人在信仰上、世界观上以及思维方式、生活方式上同我们的差别，要容得下；对于那些反对过我们并被证明是反对错了的人给以适当安排，也要想得开。这是我们的气度，是我们的胸襟，也是我们的原则和品格。中国共产党已经是有70多年正反两方面经验和50年执政历史的大党，当前正在从事一场前无古人而又异常艰巨复杂的伟大事业。我们应当有超越前人的远大眼光和宽阔胸怀。必须使我们的干部懂得，我们共产党的干部也会有毛病。有的毛病自己看得见，有的毛病自己看不见；有的毛病自己能治，有的毛病还要请人帮忙。我们说“欢迎批评”，这是真心话。

《在讨论起草邓小平新时期统一战线理论研究班座谈会讲话稿时的发言》(1999 年 10 月 27 日)

统一战线仍然是我们党的一大法宝。

在新形势下，统一战线仍然是我们党的一大法宝，其范围不是缩小了，而是扩大了；对象不是减少了，而是增多了；任务不是减轻了，而是加重了。一句话，统一战线不是可有可无，而是比过去任何时候都更加重要。

《新时期的统一战线工作——在全国统战工作会议上的讲话》(1993 年 11 月 5 日)

统一战线是“同”和“异”的矛盾统一体。没有“同”，就建立不起统一战线；没有“异”，就没有必要建立统一战线。

统一战线是“同”和“异”的矛盾统一体。“同”主要是统一战线成员基于共同利益而确立的共同目标和要求。没有“同”，就建立不起统一战线。“异”主要是统一战线成员间在信仰上、世界观上、具体利益和要求上以及其他方面存在的差别。没有“异”，就没有必要建立统一战线。统战工作，既要“求同”，也要“存异”，二者不可偏废。统一战线的首要任务是“求同”。对于共产党来说，放弃“求同”，就是放弃方向，放弃领导，放弃工作。为此，统战工作必须保持政治坚定、头脑清醒，主动宣传党的路线方针政策，积极开展教育引导工作，不断提高统战对象为实现共同目标团结奋斗的责任感和自觉性；对不利于实现大目标、有损于共同政治基础的倾向，要坦诚、负责地给予指出，热情、及时地帮助纠正。统一战线的一个重要问题是“存异”。在统一战线中，有些差异可以通过工作加以限制、缩小乃至转化，但有些差异是应当而且可以长期存在的。比如，党派之间的差异，信仰之间的差异，民族之间的差异，多种经济成分之间的差异，等等。有些人正是由于同我们之间存在差异，才成为统战对象。如果否定这些差异，不能“存异”，也就否定了统一战线存在的理由。

《在邓小平新时期统一战线理论研究班座谈会上的讲话》（1999年11月2日）

“同”，是团结的基础，应当着眼“同”，重视“同”；与此同时，应当正视“异”，承认“异”，允许“存异”。

“同”，是团结的基础，应当着眼“同”，重视“同”，在合作共事中发展“同”。在现阶段，“求同”，就是求建设有中国特色社会主义之大同，求统一祖国、振兴中华之大同。与此同时，应当正视“异”，承认“异”，允许“存异”。

《在中国人民政治协商会议第八届全国委员会第一次会议闭幕会上的讲话》（1993年3月27日）

人们思想的统一，行动的一致，力量的凝聚，各方面积极因素的调动，都需要以取得共识为前提。

共识是团结统一的基础，是共同奋斗的目标，是规范行为的准则。因此，一个国家，一个地区，一个社会，一个时代，一般都非常重视取得广泛共识的问题。共识不是一成不变的，不同的时期，不同的历史条件，人们有着不同的共识。抗日战争时期，中华民族到了最危险的时候，“工农兵学商，一起来救亡”，抗日救国成为全国人民的共识。解放战争时期，国民党反动派卖国独裁打内战，人民大众奋起反抗，“打倒蒋介石，解放全中国”成为全国人民的共识。历史的经验说明，人们思想的统一，行动的一致，力量的凝聚，各方面积极因素的调动，都需要以取得共识为前提。共识形成之日，就是人民事业胜利推进之时。在我国改革开放和现代化建设的新时期，中国人民的最大共识是什么？就是邓小平同志倡导的建设有中国特色的社会主义。

《在民主党派、工商联、无党派领导干部理论研讨班结业时的讲话》（1994年1月22日）

为了大目标需要大团结，实现大团结需要大目标。

人民这个概念，不是一成不变的，在不同的历史时期有着不同的内容。毛泽东同志说，“在抗日战争时期，一切抗日的阶级、阶层和社会集团都属于人民的范围，日本帝国主义、汉奸、亲日派都是人民的敌人。在解放战争时期，美帝国主义和它的走狗即官僚资产阶级、地主阶级以及代表这些阶级的国民党反动派，都是人民的敌人；一切反对这些敌人的阶级、阶层和社会集团，都属于人民的范围。在现阶段，在建设社会主义的时期，一切赞成、拥护和参加社会主义建设事业的阶级、阶层和社会集团，都属于人民的范围；一切反抗社会主义革命和敌视、破坏社会主义建设的社会势力和社会集团，都是人民的敌人。”① 由毛主席这段话可以看出，人民的概念是由革命和建设的大目标决定的，大目标改变，人民的概念也会改变。然而不管大目标和人民概念怎么改变，人民创造历史这一基本观点不能改变，为了大目标需要大团结、实现大团结需要大目标这个道理也不能改变。人民总是分为不同阶级、阶层和社会集团，总是既有社会基本群众，又有其他方面的人群。这些其他方面的人群，在大目标上同我们是基本一致的，但在信仰上、在世界观上、在具体的利益和要求上又同我们不尽一致。这些人虽然总体数量不是很多，但是有相当的社会能量和政治影响，对实现大目标有其特殊的作用。我们所说的“人民”包括他们，“人民创造历史”包括他们，“一切为了人民、一切依靠人民”也包括他们。当然，我们始终重视依靠基本群众，但是如果少了其他方面的人群，我们的“人民”就构不成一个整体，我们的团结就够不上“大团结”。而实现同他们的团结，不能采用共产党内的办法，也不能采用一般的群众工作办法，只能采用同他们结成统一战线的办法，就是通过求同存异、合作共事、平等协商、交友联谊，同他们团结、联合起来，为大目标而奋斗。只有这样，我们才能真正代表全

---

① 《毛泽东文集》，第7卷，205页，北京，人民出版社，1999。

体人民的利益和愿望，才能完成伟大的事业；也只有这样，统一战线工作对象才能充分发挥自己的潜能与影响，才能在人民创造历史的进程中作出自己的贡献。

《在邓小平新时期统一战线理论研究班座谈会上的讲话》（1999年11月2日）

有了大目标，大团结大联合才有广泛的基础；围绕大目标，才能超越分歧、凝聚人心。

实现大团结大联合，说到底离不开大目标。有了大目标，大团结大联合才有广泛的基础，统一战线才有前进的方向；围绕大目标，才能超越分歧、凝聚人心，把各党派团体、各族各界、海内海外所有中华儿女都团结起来、联合起来。

《在全国统战工作会议上的讲话》（2000年12月6日）

不同时期的奋斗目标不同，因而要团结和联合的范围也不同。

统一战线简单讲就是搞大团结、大联合。再详细一点讲，就是在共产党领导下，把更多的人士团结起来、联合起来，为了共同的目标而奋斗。不同时期的奋斗目标不同，因而要团结和联合的范围也不同。比如抗战时期的目标是打倒日本帝国主义，为了这个目标我们同国民党搞过统一战线。解放战争时期，目标是打倒蒋介石解放全中国。现在是和平建设时期，目标是建设有中国特色的社会主义、实现祖国的统一和实现中华民族的复兴，这样我们统一战线的范围和队伍也有了变化。我们现在的统一战线可以简单概括为“一个领导、两个联盟、三个范围”。一个领导，就是共产党的领导。两个联盟，就是全体社会主义劳动者、拥护社会主义的爱国者的联盟和拥护祖国统一的爱国者的联盟。三个范围，第一，是以建设有中国特色的社会主义为基础，实现大陆范围人民的团结；第二，是以拥护祖国和平统一为基础，实现大陆同胞与台、港、澳同胞的团结；第三，是以促进中华民族伟大复兴为基础，实现海内外全体中华儿女的团结。我们想通过这种大团结、大联合，把拥护和支持我们的人搞得多多的，把反对我们的人搞得少少的。

《会见越共中央总书记杜梅时的谈话》(1995 年 11 月 28 日)

求同存异、交心通气、广泛联系、合作共事。

人们的思想不可能是完全一致的，各种差异、各种矛盾、各种不同的看法是存在的，所以需要做工作。但这种工作，不能像过去搞阶级斗争那样。要求同存异、交心通气、广泛联系、合作共事。在这个过程中，无论是共产党人还是民主党派、无党派及其他人士，都应该学会求同存异。我们的大目标是一致的，允许有不同意见存在。作为共产党的干部，在和党外人士相处中，应该诚恳待人、平等待人、宽厚待人、依理待人。这是最起码的要求。

《在〈邓小平新时期统一战线理论学习纲要〉出版座谈会上的讲话》（1998年12月21日）

说民主党派的思想认识同我们完全一致，空前统一，如果真是这样，还要统战部干什么？

有些干部由于缺乏基本知识，常常说外行话，比如，说民主党派的思想认识同我们完全一致，空前统一。如果真是这样，还要统战部干什么？统战部做工作不是为了把人家特殊的、必须存在的东西做光了，都和我们共产党一样了。如果真是这样，统战部存在的理由也就没有了。

《同全国统战部长会议代表座谈时的讲话》（1998年2月13日）

对民主党派中个别人的不当言论，不要大惊小怪，更不要简单地同民主党派组织联系起来，你一联系，就会带来紧张气氛。

当前社会上存在各种各样的观点、意见，这种情况当然在民主党派成员中也会有所反映。但有错误倾向的人是少数，有极端言论的更是个别人。近些年民主党派的情况是好的，各民主党派中央换届后，新的领导班子也是很稳重的，主要领导人的头脑是很清醒的。对民主党派中个别人的不当言论，要进行必要的教育，但同时要看到这类问题总是会有的，不要大惊小怪，更不要简单地同民主党派组织联系起来，你一联系，就会带来紧张气氛。需要指出的是，我们党内一些同志至今对共产党领导的多党合作和政治协商制度的必要性缺乏认识，存在“清一色”的思想。比如，不赞成各方面条件较好的人加入民主党派。如果不能有一定数量的优秀人才加入民主党派，这一基本政治制度怎么存在和发展？如果民主党派成员的水平都很低，多党合作的水平怎么能提高？

《同全国统战部长会议代表座谈时的讲话》（1999 年 1 月 20 日）

共产党和民主党派要“长期共存”，就要以对方的存在、发展为前提和条件。“肝胆相照”，光有“肝”没有“胆”，怎么“相照”？

共产党领导的多党合作和政治协商制度是我国的基本政治制度，所谓基本制度，我理解就是能够影响其他制度的制度，是长期不变的制度。我们共产党和民主党派要“长期共存”，就要以对方的存在、发展为前提和条件。“肝胆相照”，要有“肝”有“胆”，光有“肝”没有“胆”，怎么“相照”？

《在全国统战部长座谈会上的谈话》（1993 年 3 月 23 日）

做统战工作的同志始终应当注意，不要官气十足、盛气凌人。

做统战工作的同志始终应当注意，不要官气十足、盛气凌人，而要诚恳宽厚、热情谦和；不要自以为是、高人一等，而要平等商量、互相切磋；不要包办代替、横加干预，而要充分尊重民主党派独立自主处理自己内部事务的权利。

《同全国统战部长会议代表座谈时的讲话》（1998 年 2 月 13 日）

统战干部要形象好、人缘好、富有人格的力量。

统战干部与从事其他工作的干部一样，要求具备许多基本的条件，如思想觉悟、文化素质、办事能力等等。但是统战干部还应当具备一些特殊的条件，其中很重要的一条就是要形象好、人缘好、富有人格的力量。

就一般来讲，我们做人的工作一要靠真理的力量，二要靠人格的力量。所谓真理的力量，就是所宣传所提倡的东西合乎客观实际，体现人民利益，代表社会正义，反映时代潮流；所谓人格的力量，就是以身作则，带头实践共同目标和道德标准，具有感召力和亲和力，令人心悦诚服、愿意接近。在我们工作中常常可以看到这样的现象：同样的话，有的人去说是“一言九鼎”，有的人去说却“一文不值”；同样的事，有的人去办就顺利，有的人去办就困难。

对统战干部之所以要特别强调形象好、人缘好、富有人格的力量，是因为，统战工作是联系、团结的工作，如果你让别人见了感到别扭，避之唯恐不及，本身就是“裂变”因素，怎么能去联系人、团结人呢？统战工作常用的是平等、商量的方式，如果你居高临下，作风霸道，把个人意见强加于人，怎么能同别人合作共事呢？统战工作主要是靠带动、靠影响，如果你言行不一，不能以身作则，率先垂范，你讲的道理怎么能使别人信服呢？统战干部具有桥梁、纽带的作用，如果你的言行违背党的宗旨，不能使人感受到党的正确和温暖，党的方针政策又怎么能很好地得到贯彻落实呢？因此，形象问题、人缘问题、人格力量问题，对统战干部来讲，不是无关紧要的小问题，而是涉及统战工作能否真正收到实效、统一战线能否巩固和发展的大问题。统一战线工作重视发挥人格的力量，是我们党的优良传统和重要经验。在中国革命的历史上，一大批党外人士之所以冒着各种危险聚集在我们党的旗帜下，倾心支持我们的事业，同我们肝胆相照、荣辱与共，固然是因为我们党有正确的政治主张，也是与我们党有许多像周恩来那样高风亮节、富有人格魅力的同志相联系的。很多党外朋友说，同周恩来在一起“如沐春风”。现在统一战线工作的环境、对象、任务都发生了很大变化，但这个优良传统和重要经验决不能忘记、决不能丢掉，必须努力继承和发扬。

《在邓小平新时期统一战线理论研究班座谈会上的讲话》

（1999年11月2日）

35. 团结的面越宽越好，团结的人越多越好。

统战工作贯彻十五大精神，就是要牢牢把握大团结大联合的主题，多做协调关系、理顺情绪的工作，多做团结鼓劲、凝聚人心的工作，多做排忧解难、化解矛盾的工作，团结的面越宽越好，团结的人越多越好，团结起来，为实现跨世纪宏伟目标共同奋斗。

《同全国统战部长会议代表座谈时的讲话》（1998 年 2 月 13 日）

统一战线有三个圈。

统一战线有三个圈，或者说三个层次。第一个圈是在建设有中国特色社会主义的目标下，把大家团结起来，这主要是指大陆，当然，海外不少人也赞同；第二个圈是祖国统一、“一国两制”，在爱国主义的旗帜下，把大陆和台港澳地区一切爱国的人们团结起来；第三个圈是中华民族的复兴，这是十二届六中全会关于社会主义精神文明建设决议中的话，这个圈包括了国内，也包括了海外华侨、华人。邓小平同志最近在上海的讲话中说，我们有几千万爱国同胞在海外，他们对祖国作出了很多贡献。我们所说的中华民族，不只是汉民族，而是指包括56个民族在内的中华大家庭。

这三个圈，一个圈比一个圈团结的范围更大。研究、制定政策，就要看在哪个圈、哪个层次上来讲。这个说法合适不合适，还要认真研究。但是有一条可以肯定，统一战线要分层次，宜宽不宜窄。

《在听取中央统战部关于民族、宗教工作汇报时的谈话》（1993年2月24日）

爱国统一战线是广泛团结，凝聚人心，完成新时期总任务的基本保证。

爱国统一战线是实现广泛团结，凝聚人心，完成新时期总任务的基本保证。实现改革开放和现代化建设的各项任务，建设有中国特色的社会主义，是一项宏伟而艰巨的历史使命。完成这样的使命，必须依靠全党的团结，必须依靠广大工人、农民、知识分子的团结，必须依靠国内各民族的团结，必须依靠海内外中华儿女的共同奋斗。统一战线的本质就在于大团结、大联合。新时期统一战线是由全体社会主义劳动者、拥护社会主义的爱国者和拥护祖国统一的爱国者组成的最广泛的联盟。这一联盟从总体上看包含了三个方面的内容：以建设有中国特色社会主义为基础，实现大陆范围人民的团结；以拥护祖国和平统一为基础，实现大陆同胞与台港澳同胞的团结；以促进中华民族伟大复兴为基础，实现海内外全体中华儿女的团结。有了这种空前广泛的联盟，我们就能够把一切共产党员和非共产党员，马克思主义者和非马克思主义者，无神论者和宗教信仰者，汉族群众和少数民族群众，国内同胞和海外侨胞，总之，把一切可以团结的力量都团结起来，把全民族的意志和智慧凝聚到实现四化、统一祖国、振兴中华的总目标上来。这样，我们建设有中国特色社会主义的宏伟事业，就会获得取之不尽的力量源泉；实现中华民族的伟大复兴，就会形成更加广泛和坚实的社会基础。

《新时期的统一战线工作——在全国统战工作会议上的讲话》（1993年11月5日）

爱国统一战线是多党合作，参政议政，发扬社会主义民主的有效形式。

爱国统一战线是多党合作，参政议政，发扬社会主义民主的有效形式。中国共产党领导的多党合作和政治协商制度，是马克思主义政党理论和统一战线学说与我国实际相结合的一大创造，是我国政治制度的一大特色。坚持和完善这一制度，是我国社会主义民主政治建设的一大任务。各民主党派和各界党外人士，积极参与改革开放和现代化建设中各项决策的协商讨论和民主监督，可以促进决策的民主化和科学化，使我们党少走弯路，少犯错误。从这个意义上说，统一战线中各党派、各界党外人士参政议政作用发挥得越好，对于我们的事业就越有帮助。统一战线中的民主监督是我国监督机制中不可或缺的组成部分。这种民主监督首要的是民主党派和党外人士对我们党的监督。在当前我国历史发展的重要时期，我们特别需要统一战线中那种敢于仗义执言、据理力争的党外诤友，特别需要把民主党派、党外人士的监督作用充分发挥出来。必须看到，在我们的不少党员领导干部中，还严重地存在着听不得批评意见，容不得民主监督的现象。切实解决这一问题，对于推动社会主义民主政治建设，加强和改善共产党的领导，意义极其重大而深远。

《新时期的统一战线工作——在全国统战工作会议上的讲话》（1993 年 11 月 5 日）

爱国统一战线是协调关系，化解矛盾，维护社会稳定的积极力量。

爱国统一战线是协调关系，化解矛盾，维护社会稳定的积极力量。新旧体制的交替，各种利益关系的调整，不可避免地会产生一些新的矛盾。由于国际上局部地区民族、宗教冲突的加剧，我国社会中的一些不稳定因素有可能被触发以至激化。国际敌对势力颠覆社会主义的图谋一直没有停止。维护社会稳定始终是我们必须高度重视的重大任务，也是统一战线应该担负的一项重要工作。协调好统一战线内部各党派、各民族、各团体以及各方面成员之间的关系，是巩固发展团结、稳定、和谐的社会政治局面必不可少的重要环节。统一战线汇集了各方面党外代表人士，他们在各自所联系的群众中往往具有我们党不可替代的影响。同样的语言，由他们向自己代表的群众说出来，有时比我们说更容易被接受；同样的工作，由他们到自己代表的群众中去组织和开展，常常比我们去做效果更显著。通过统一战线，协调关系，沟通思想，理顺情绪，化解矛盾，可以有效地消除各种不稳定因素，对实现我国社会长治久安具有重要的作用。

《新时期的统一战线工作——在全国统战工作会议上的讲话》
（1993 年 11 月 5 日）

爱国统一战线是体察民情，反映民意，密切党同群众联系的重要渠道。

爱国统一战线是体察民情，反映民意，密切党同群众联系的重要渠道。密切联系群众是我们党的优良传统。群众路线是我们党的生命线。在建立社会主义市场经济体制条件下，我们党能否始终保持和发展同人民群众的血肉联系，警惕并随时克服一切脱离人民群众的倾向，这对能否巩固执政党地位是一个严峻考验。密切联系群众，必须体察群众意愿，关心群众疾苦，听取群众意见，解决群众困难。统一战线中各党派、各团体、各界党外人士，联系各自的群众，代表各自群众的利益，反映各自群众的要求。他们站在不同的角度想问题、提意见，仁者见仁，智者见智，既有共识，也有歧异；既有正确的意见和建议，也有不那么正确、甚至错误的看法。唯其如此，才能真实、准确地反映社会现实。从这里，我们能够了解到通过其他渠道不易掌握的社会信息和情况，听到不易反映上来的呼声和意愿，获取难以得到的建议和批评。这就有助于我们党在研究形势时，更全面地掌握实际情况，做到胸中有数；在制定政策时，更准确地体察群众的心理，做到符合民意；在解决问题时，更切实地想群众之所想，急群众之所急，办群众之所需。只有这样，我们才能不断赢得民心，真正获得广大群众的拥护、支持，永远立于不败之地。

《新时期的统一战线工作——在全国统战工作会议上的讲话》（1993年11月5日）

爱国统一战线是安排人事，合作共事，加强国家政权建设的必要途径。

爱国统一战线是安排人事，合作共事，加强国家政权建设的必要途径。充分发挥参政党和党外人士在管理国家事务和社会事务中的积极作用，是我国社会主义民主政治建设的重要内容，是共产党领导的多党合作和政治协商制度的具体体现，也是统一战线的一项传统工作。实践证明，搞好党外人事安排，加强共产党员与党外人士的合作共事，有利于巩固和完善人民民主专政的国家制度，有利于保证各方面人民群众广泛行使当家作主的民主权利，有利于调动各种社会力量一起贯彻中国共产党的方针政策。党外人士是我们国家各领域、各层次干部队伍的重要来源之一。安排一批人，影响一大片。统一战线的人事安排，是一项十分重要而复杂的工作。做好这项工作，需要各级党政主要领导干部有全局观念和政治眼光，亲自动手，过细工作；需要有关部门高度重视，紧密配合；需要及早发现人选，长期培养帮助。

《新时期的统一战线工作——在全国统战工作会议上的讲话》（1993年11月5日）

爱国统一战线是联络友谊，沟通感情，促进实现“和平统一、一国两制”的桥梁纽带。

爱国统一战线是联络友谊，沟通感情，促进实现“和平统一、一国两制”的桥梁纽带。对港澳恢复行使主权，保持港澳的长期稳定繁荣，不仅需要中英、中葡政府间信守协议，更有赖于港澳各阶层同胞与我们党和政府和衷共济。实现海峡两岸的和平统一，必须贯彻“寄希望于台湾当局，更寄希望于台湾人民”的方针，需要海内外一切拥护祖国统一的仁人志士的共同努力。和平统一祖国，必须发挥统一战线联系面广的优势，依靠统一战线大团结、大联合的力量。统一前，必须通过不断发展壮大爱国主义基础上的广泛团结，增进交流，联络友谊，沟通感情，寻求共识，化解隔膜与障碍；统一后，在两种社会制度并存的条件下，更需要依靠统一战线来广泛团结意识形态不同、生活方式不同的人们，同心同德，携手奋进，一起谱写振兴中华的新篇章。

《新时期的统一战线工作——在全国统战工作会议上的讲话》（1993 年 11 月 5 日）

大团结大联合关系统一战线的根本，影响党和国家的全局。

大团结大联合关系统一战线的根本，影响党和国家的全局。从理论上讲，人民群众是实践和认识的主体，是创造历史的动力，坚持大团结大联合就是坚持历史唯物主义；从党的性质讲，中国共产党代表最广大人民的根本利益，共产党的责任就是使人民群众认识自己的利益，并且团结起来为自己的利益而奋斗；从统战本身讲，统一战线的任务就是要调动一切积极因素，化消极因素为积极因素，把一切可以团结的力量都团结起来；从历史经验讲，大团结大联合搞得好时我们就顺利前进，搞得不好时就遭受挫折，要使我们的事业不断发展就必须加强大团结大联合。

《在全国统战工作会议上的讲话》（2000年12月6日）

统一战线讲本质和宗旨，讲功能和地位，讲范围和对象，说到底，都离不开团结。

团结是统战工作的主题。在任何时候，统一战线都是为了大目标，本着求同存异的原则，把各个方面包括把不同层次、不同见解的人团结起来共同奋斗。统一战线讲本质和宗旨，讲功能和地位，讲范围和对象，说到底，都离不开团结。团结与统一战线工作密不可分，我们大家应该多做一些这方面的文章。我在今年政协大会的讲话中谈到大团结大联合时，强调要注意发扬中华民族“和为贵”的传统。对此多数人说好，也有提不同意见的，说还讲不讲斗争啊？我们说“君子和而不同”，这种“和”本身就是有原则的和。过去长时期内我们不讲和，只讲斗，不斗则“修”，不斗则亡。建国以后，我们斗争不断，给我们的国家、我们的民族、我们的事业带来很大危害。所以我觉得对多数人来讲，还是应该坚持团结的原则，多交些朋友。

《同全国统战部长会议代表座谈时的讲话》(1996年12月25日)

团结一切可以团结的力量，调动一切积极因素，化消极因素为积极因素，是统一战线的安身立命之本。

毛主席说过，什么叫政治？政治就是把拥护我们的人搞得多多的，把反对我们的人搞得少少的。同理，什么叫统战？统战就是团结一切可以团结的力量，调动一切积极因素，化消极因素为积极因素。这是统一战线全部工作的出发点，是统一战线工作的过程和归宿，是统一战线的安身立命之本。

《在中央工作会议上的讲话》(2001年2月12日)

实现大团结大联合，必须始终着眼大多数。

实现大团结大联合，必须始终着眼大多数。要把多数人的利益、多数人的愿望、多数人的意见、多数人的情绪作为我们制定政策的出发点和归宿。每项政策出台都要坚持总体受益原则和总体承受能力原则，考虑到有多少人受益多少人吃亏、多少人赞成多少人反对，尽可能得到广大群众的理解和支持。要加强对各方面群众的教育、引导。使群众正确认识整体利益与个人利益、长远利益与眼前利益的关系，在实现整体利益、长远利益中实现自己的利益，在追求自己发展的过程中为国家为社会作贡献。要开辟和畅通各界群众表达意见的民主渠道。充分发挥我们的政治优势，逐步完善社会调节机制，扩大公民有序的政治参与，把各方面的利益诉求和愿望主张引导到社会主义民主与法制的轨道上来。要关心和帮助有困难的群众。维护他们的合法权益，保障他们的基本生活，经常想想他们需要什么，多为他们做一些雪中送炭的实事，把贫困群众纳入我们的工作视线之内和服务网络之中。

《在全国统战工作会议上的讲话》（2000 年 12 月 6 日）

人民群众总是既有社会基本群众，又有其他方面的人群。实现同他们的团结，只能采用统一战线的方法。

统一战线的重要地位和作用，是由马克思主义基本理论决定的，也是在中国共产党领导的中国革命和建设的实践中形成的。历史唯物主义有两个基本观点，一个是生产力观点，一个是群众观点。生产力观点揭示了生产力是社会发展的决定性因素。党的十一届三中全会以来提出关于社会主义初级阶段的基本理论，明确发展生产力是社会主义的根本任务，制定“一个中心、两个基本点”的基本路线，主要是依据这一观点。群众观点揭示了人民群众是历史的创造者，是实践和认识的主体，是推动历史的根本动力。我们讲全心全意为人民服务，一切为了人民、一切依靠人民，就是从这一观点出发的。人民这个概念在不同的历史时期有着不同的内容，随着大目标、总任务的变化，人民的范围也在变化。人民群众总是既有社会基本群众，又有其他方面的人群。这些其他方面的人群，在大目标上同我们是基本一致的，但在信仰上、在具体的利益和要求上又同我们不尽一致。这些人虽然总体数量不是很多，但是缺了他们，我们讲的人民就不完整。这些人有相当的社会能量和政治影响，对实现大目标具有特殊的作用。实现同他们的团结，只能采用统一战线的方法。

《在中央工作会议上的讲话》（2001 年 2 月 12 日）

通过正确的政策和有效的工作，把拥护我们事业的人搞得多多的。

通过正确的政策和有效的工作，把拥护我们事业的人搞得多多的，实现最广泛的大团结大联合，是一个重大的政治问题。在我国历史上，由于一盘散沙，我们的民族遭到多少侵略，受过多少凌辱；建国以后，由于动乱折腾，我们的国家失去多少宝贵时间，错过多少发展机遇。我们要永远记取这些惨痛的历史教训。一百多年来，一代又一代志士仁人，为了一雪民族屈辱，争取人民解放，前仆后继，付出了巨大的牺牲；12 亿中华儿女对国家的强盛、祖国的统一、民族的振兴寄予了殷切的希望。我们要时刻想着他们的重托。所有党派所有团体所有个人都应当胸怀大局，增进共识，最大限度地团结起来联合起来，为实现跨世纪宏伟蓝图共同奋斗。

《在中国人民政治协商会议第八届全国委员会第四次会议闭幕会上的讲话》（1996 年 3 月 13 日）

我国经济成分和经济利益的多样化、社会生活方式的多样化、社会组织形式的多样化，对统一战线的社会构成，势必产生深刻的影响。

大团结大联合是一个不断发展的过程。20多年的改革开放，使我们国家发生了巨大的变化。市场经济、利益原则、竞争机制，推动了社会生产力的迅速发展，促进了人民生活的普遍改善，也产生了许多错综复杂的现象。利益的作用激发了人们的进取意识和创造热情，给社会注入了发展活力；利益的驱动也使一些人的私欲膨胀，带来诸多消极负面的东西。随着所有制结构和分配方式的调整，各社会阶层不断分化重组，利益关系日益复杂。不同所有制、不同行业、不同地域之间的人员流动日趋频繁，人们的职业、身份和地位不再固定不变。比如，不少国有企业工人进入私企、外企或者下岗待业，大批农民成为乡镇企业工人或者进城打工，一些知识分子和机关干部“下海”经商或成为各种自由职业者，各阶层中都有一些人成为股份持有者或私营企业主，等等。按照马克思主义的观点，社会存在决定社会意识。由于经济地位的区别，人们的思维方式和价值取向常常有所不同；由于具体利益的差异，人们的愿望和要求往往不尽一致。一项措施出台很难使所有人同等受益，总会有人赞成有人不赞成；一个人在改革中不可能始终受益，难免有时满意有时不满意。现在，我国经济成分和经济利益的多样化、社会生活方式的多样化、社会组织形式的多样化，都是过去难以想象的，也是不可避免的，而且还在不断发展之中。如此复杂多变的社会状况，对我们的思维观念，对政权的社会基础，对统一战线的社会构成，势必产生深刻的影响。对此，我们必须高度重视，深入研究，心中有数，并使我们的方针政策和各项工作适应不断变化的情况。否则，就不可能把一切可以团结的力量真正团结起来。

《在全国统战工作会议上的讲话》（2000 年 12 月 6 日）

36. 赞成统一就是爱国。

实现祖国和平统一是人心所向，民族所求，是包括台湾同胞在内的全中国各族人民的神圣使命。我们将继续按照“一国两制”的构想，推进和平统一事业。我们一再表示，赞成统一就是爱国，在一个中国的原则下，只要通过增加接触和协商，就能够逐步解决海峡两岸之间存在的分歧。我们的这一主张，受到了有识之士的普遍赞扬和支持。希望台湾当局以民族大义为重，采取实际步骤，同我们一道共同完成祖国统一大业。

《在黄埔军校建校七十周年和黄埔同学会成立十周年纪念大会上的讲话》（1994年6月16日）

要加强两岸的合作与交流，特别是加强经济上的合作，做到你中有我，我中有你。

过去在海峡两岸对峙的情况下，福建由于自身的地理位置，发展受到了限制，而现在这种位置却转化为一种优势。海峡两岸交往日益频繁，福建得天独厚。目前是促进两岸合作的一个很好时机。实现祖国统一的一个办法，就是要加强两岸的合作与交流，特别是加强经济上的合作，做到你中有我，我中有你。必须看到，福建对台湾的影响很大，吸引力很大，完全有条件把更多的人吸引过来办企业。当然，让他们办企业就要让他们获得利益，但应该看到，有些项目如果不同他们合作，我们也没有利益。福州的福兴开发区，如果没有开放引进，靠乡镇怎么会有能力盖起那么多楼房？连省里都没有那么多钱。现在开放引进，楼房盖起来了，整个乡面貌就变了。所以说，没有什么可怕。

《听取福建省委、省政府和福州市委工作汇报时的讲话》（1994年2月17日）

海峡两岸都是中国人，有着共同的文化。先从文化交流搞起来，对推进祖国和平统一有重大意义。

在当前的情况下，玄奘法师的顶骨舍利从大陆迎奉到台湾，会有很好的影响。这件事是一件具体的事，但是由它可以引申出许多道理来。作为海峡两岸双方来讲，毫无疑问大家都希望祖国统一。但是目前确实还有许多工作要做。对双方有益的、能够交往的，还是尽量先做起来。大陆京剧界的朋友去台湾演出，回来告诉我，看戏的有很多是台湾的政要。京剧作为中国的国粹，大家都喜欢。海峡两岸有共同遵循、共同赏识的文化，文化交流可以更加广泛深入。在全世界，不管中国人走到哪里，不管你是男的女的，有钱的没钱的，信这个的信那个的，只要一讲中国文化，一讲同是中华儿女，就马上产生亲近感，就不难沟通。海峡两岸都是中国人，有着共同的文化。所以，先从文化交流搞起来，对推进祖国和平统一有重大意义。两岸多搞一些大家都满意、都希望做的事情，多多益善，长此以往，“我们都是同根同种”、“我们都是一家人”、“我们还是应该合起来过”的想法，就会越来越浓，分歧相应就会越来越小。

《会见台湾玄奘顶骨舍利迎请团主要成员时的谈话》

（1998年9月27日）

“合则两利”。海峡两岸的人坐在一起，政治不谈谈经济，大的不谈谈小的，近的不谈谈远的，总是可以谈起来嘛！

人类创造的某项文明成果，在某种情况下有时也可能给人类带来灾难，但从总体和长远来看，总是会给人类带来幸福的。以研究孙子兵法为例，可以毫不隐讳地讲，几十年前，共产党的研究是为了如何对付国民党，国民党的研究是为了如何对付共产党。如今大陆的专家和台湾的专家在一起研究，可否这样讲，主要已不是用来对付对方了。研究兵法可以运用到各个方面，并不一定就是要打仗。有句古语，“自古知兵非好战”嘛！

刚才台湾朋友提议下一届孙子兵法研究会在台湾召开。如果台湾方面没有阻力的话，我很愿意促成这个建议的实现。这么多外国人都可以和中国人坐在一起研究中国人祖宗的创造，为什么中国人和中国人不可以坐在一起呢？有位台湾朋友主张把“合则两利”改为“两利则合”，我说，“合则两利”也好，“两利则合”也好，总是离不开一个“合”字。我们坐在一起，政治不谈谈经济，大的不谈谈小的，近的不谈谈远的，总是可以谈起来嘛！

《与第三届孙子兵法国际研讨会部分中外代表座谈时的讲话》（1992 年 4 月 8 日）

捐前嫌、解旧怨、弃小隙、全大局。

当前，进一步巩固和发展中华民族的大团结，有着广泛的共同基础和诸多的有利条件。邓小平同志视察南方的重要谈话，描绘了加快我国现代化建设的宏伟蓝图，进一步指明了强国富民的正确道路。中共十四大确立了建设有中国特色社会主义理论的指导地位，作出了一系列重大决策，为我国今后的长期稳定发展提供了思想、政治、组织保证。统一祖国、振兴中华的伟大目标，表达了海内外中华儿女的共同心愿，创造了捐前嫌、解旧怨、弃小隙、全大局的良好条件。我国源远流长、博大精深的优秀传统文化，哺育着一代又一代中华儿女，具有强大的吸引力和凝聚力。我们中华民族是一个伟大的民族，我们的祖先在历史上曾经对人类作出过重要贡献，我们今天应当而且能够为了中华民族的伟大复兴而携起手来，继续创造出无愧于先人的辉煌业绩。

《在中国人民政治协商会议第八届全国委员会第一次会议闭幕会上的讲话》（1993 年 3 月 27 日）

两岸之间要多沟通、多交往，先办有共识的事，先说有共识的话。

两岸之间要多沟通、多交往，加强了解、消除误解、增进理解。要求同存异，先办有共识的事，先说有共识的话。哪个话题好说，就多说。哪个话题不好说，就少说，或者放一放，以后再说。我们一家人总有能够说到一起的话题吧？不说今天说明天，不说今人说古人，说孔夫子，总能说到一起。中国老百姓讲“走亲戚”。亲戚之间走动多了，来往多了，隔阂就淡了，亲情就浓了。这走动中，当然也包括两岸的宗教交流。

总之，两岸之间要和解、要统一，这个目标要坚定，要积极，但也要有耐心，操之过急于事无补。求同存异，广泛联系，做买卖，走亲戚，到时候再说。到时候再说，这并不是消极，而是讲工作，讲条件，讲时机，讲过程。如果台湾像大师这样有强烈爱国意识的人多起来，祖国统一的进程就会加快。

《会见台湾星云大师时的谈话》（2008 年 8 月 8 日）

谈判可以分早晚，统一方式可以商谈，但说到“台湾独立”，就没有丝毫谈的余地。

祖国统一，是我们的历史责任。能不能守疆卫土，是衡量中国历朝历代当政者的一个重要标准。有的当政者也许做过许多好事，但在守卫国土问题上做错了一点，就会“骂名千载，遗臭万年”。我们说台湾是中国不可分割的神圣领土，这是很严肃的说法，表明了我们统一祖国的决心。我们要与国民党和谈，与台湾各方面交往，最终是为了统一。谈判可以分早晚，统一方式可以商谈，但说到“台湾独立”，就没有丝毫谈的余地。

《会见台湾有关人士时的谈话》（1993 年 2 月 11 日）

任何挟洋人以自重，割裂祖国疆土，出卖民族利益的人，都没有好下场。

世界上只有一个中国，台湾是中国领土不可分割的一部分。中华人民共和国政府作为代表全中国人民的唯一合法政府，得到了联合国及世界各国的普遍承认。台湾问题关系到中国的主权与统一，关系到中华民族的尊严，任何企图把台湾从中国分裂出去的言论和动作，都是对中国内政的粗暴干涉，都不能不遭到中国人民的坚决反对。在中国历史上，任何挟洋人以自重，割裂祖国疆土，出卖民族利益的人，都没有好下场，最终只落个千载骂名。今天中国的和平统一是海峡两岸人民的共同愿望，是历史发展的必然趋势，任何到国际上制造“两个中国”、“一中一台”的图谋，不仅违背全民族的根本利益，也必将给台湾的稳定与发展带来莫大的损害，更是注定要失败的。

《会见牙买加总理帕特森时的谈话》（1995 年 6 月 16 日）

对台湾问题的复杂性，我们必须有清醒的认识，仔细观察，准确判断。否则会变成敌我不分，是非不分，进步与落后不分。

台湾问题很复杂，许多问题十分敏感，我们制定政策和对事件表态，需要十分慎重。比如，我们说不允许搞“台独”，这是明确而坚决的，但对一些具体问题就要分析，因为台湾各种矛盾交织在一起。台湾人的本土意识不同于“台独”意识。由于历史的原因，台湾同大陆隔绝状态延续时间比较长，有些人有狭隘地方主义，有些人认为自己应当与其他省份的人平等，不应被另眼看待，更不应受到歧视，这种想法也不能说错。从现象上看，这些观点有点与“台独”相似，但是不能因此把他们与“台独”混为一谈。对台湾问题的复杂性，我们必须有清醒的认识，仔细观察，准确判断。否则会变成敌我不分，是非不分，进步与落后不分。

《会见台湾有关人士时的谈话》（1993 年 2 月 11 日）

收回香港，是彪炳史册的大事；管理好香港，事关中华民族的形象。

收回香港，是中国人民 100 多年来的夙愿。为了收回香港，一代又一代志士仁人前仆后继，英勇奋斗，付出了巨大的努力。特别是邓小平先生，为了香港的顺利回归，呕心沥血，殚精竭虑，他晚年的最大愿望是到回归后的香港来看看。当三年前香港终于回归祖国的怀抱、香港同胞终于成为国家主人的那一刻，全中国人民、全世界华人是何等兴奋，何等自豪！在座的各位亲身经历了这一历史性的伟大时刻，又有幸参与了回归后的管理工作，是何等光荣，何等难得！我相信，经常想想这些，心胸就会更加宽阔，头脑就会更加清醒，眼睛就会更加明亮；经常想想这些，看人、看己、处事、为人，就会有一个更高的境界。我曾经说过，收回香港，是彪炳史册的大事；管理好香港，事关中华民族的形象。全世界都在关注你们，看你们能不能把香港管好；全中国都在关心你们，盼你们把香港管得比英国人强。我相信你们能够充分理解所处的重要地位，能够肩负起历史赋予的神圣使命。

《会见香港特别行政区政府主要官员、行政会议成员、立法和司法机构负责人时的讲话》（2000 年 11 月 5 日）

关于香港的未来，应该讲两句话：一是“满怀信心”，二是“谨慎小心”。

现在仍有一些人对香港回归后的前途不放心。关于香港的未来，我认为应该讲两句话：一是“满怀信心”。英国人能管好香港，中国人为什么管不好？说中国人管不好，是殖民主义的思想。二是“谨慎小心”。“一国两制”毕竟是新事物，从中央政府到特区政府，都没有经验，我们认为最重要的是认真贯彻基本法，坚持香港原有的政治制度、经济制度、生活方式不变和法律基本不变。

用“一国两制”方式解决香港问题，为解决台湾问题提供了先例。台湾有人对“一国两制”不认同，予以否定。否定也好，肯定也好，这是中国多数人的意愿，不会以个别人的意志为转移。随着人类文明发展程度的提高，台湾问题会一天天向和平解决的方向发展。10 年前说香港问题能平稳解决，相信的人不多，离九七回归时间越近相信的人越多。看待台湾问题也是这样。中华民族是有强大凝聚力的，党派和个人的私利不能代替整个民族的根本利益，不能扭转全民族走向统一和振兴的大趋势。

《会见美国百人会代表团时的谈话》（1997 年 7 月 7 日）

海外华侨华人体现出刻苦耐劳、恋土爱乡、随群合众、团结互助的传统美德。

我们中华民族的许多传统美德，在海外广大华侨华人包括潮汕人身上得到充分体现和发扬。一是刻苦耐劳。许多人现在成了世界名人、商业巨子，而当初离开家乡的时候条件并不怎么样，如刚才林百欣①先生所讲的，不少人是由于贫穷、生存不下去才走的。你们完全是凭自己的顽强奋斗和聪明才智，在海外艰苦的环境中创基立业，取得成就，获得社会的承认。这说明什么？我曾经跟若干有成就的人作过长谈，包括谢国民②、林绍良③、王永庆④以及香港的一些名人，也包括科学技术上有成就的李政道⑤、杨振宁⑥等。我认为，所有这些人的成就说明一个问题，就是我们中华民族在世界上不是劣势的民族。你们能够跟各个国家、各个民族的人去竞争，成为各行各业的佼佼者，那么，为什么中国不可以同世界各国竞争，在现有的基础上走进世界前列？我们的前人在明末以前，在全世界是“尖”。到清朝的时候，当我们还满足于康乾盛世时，西方的工业革命已经开始，事实上我们已经落后了。我们现在并没有什么野心，想占人家什么东西。但我们应该无愧于我们的祖先曾经有过的辉煌，应该尽我们这一代的责任，把我们的国家建设得更好。华侨华人的成功给了我们

① 中国香港企业家，丽新集团创始人。
② 泰国华人企业家，泰国正大国际集团董事长。
③ 印度尼西亚华人企业家，林氏集团董事长。
④ 中国台湾企业家，台塑集团创办人。
⑤ 美籍华人物理学家，在 1957 年和杨振宁共同获得诺贝尔物理学奖。
⑥ 美籍华人物理学家，在 1957 年和李政道共同获得诺贝尔物理学奖。

很大的信心。实践证明了，中华民族有这样的能力，在世界的大舞台上占据自己应有的位置。二是恋土爱乡。海外华侨华人总是真诚地希望家乡繁荣，不倦地致力于家乡公益事业，以能够多为父老乡亲作贡献为荣耀。这一条，是外国人往往不能理解的。你们在座各位也有在其他国家生活时间比较长的，可以看到有些国家就没有这个凝聚力。我到古巴访问的时候，卡斯特罗对我说，你们的华侨华人出去，都是给你们出主意，帮着你们搞建设，你们出国参加什么运动会，都是去给你们摇旗呐喊，而我们古巴出去的人都骂我们，跟仇人一样。他问，你们是靠什么政策。我说当然与政策有关，但是还有其他别的关系。老实说，我们的华侨华人出去的时候，并没有得到我们多大的帮助，有的还是被反“右派”、“文化大革命”整走的。但中华民族有个根深蒂固的观念，不管怎样还是认为祖国好。现在国家的政策好了，这种观念比过去有了发挥作用的更好条件。我看，我们民族的乡土观念很了不起、很宝贵，是中华传统文化凝聚力的一种表现，是促进民族繁荣兴旺的一种力量。三是随群合众，华侨华人到什么地方都能和那里的人和睦相处。四是团结互助。华侨华人无论到了哪里，都十分珍惜乡谊乡情，在同当地人民和睦相处的同时，相互之间互相帮助、支持。全世界有华侨华人的地方，都有自己的社团。这大大加强了华侨华人在不同环境下落地生根的能力。这一条也是十分难能可贵的。

《在会见第九届国际潮团联谊年会海外知名人士时的讲话》
（1997 年 11 月 19 日）

乡土观念比较重，这可能是中国人的一个特点，也是一个优点。

各位过去对汕头家乡的建设出过很多的力，出过很多的主意，希望你们一如既往地关心家乡。乡土观念无可非议，我家乡在天津郊区，现在，那里已没有我认识的老人了，但我每年都回去一趟，村里的人都站到街上来，我作个揖，说给各位比我岁数大的人拜年了。有的人不理解，说没有认识的人了，你去给谁拜年啊。我说总是想看看村里怎么样了嘛。我体会，年岁越大这种观念越明显，过去的事反而更清楚了。乡土观念比较重，这可能是中国人的一个特点，也是一个优点，对海外同胞来说，没有乡土观念就很难谈祖国观念。也希望你们在关心家乡的同时，对我们的国家有什么意见，有什么建议，尽管提。大家团结起来，把我们这个民族的优势、智慧和力量展现出来。

《在会见第九届国际潮团联谊年会海外知名人士时的讲话》（1997年11月19日）

在支持国家建设过程中，自己也发展起来。

邓小平同志曾讲过，中国的发展可以很快，中国应该乐观地看前途，其中一个条件，就是世界上有5 000万华侨华人，这是我们一个很大的优势。当时邓小平同志讲的5 000万可能也包括了尚未统一的港澳台在内，是一个大体的算法。我担任全国政协主席后，邓小平同志也讲过，我们用中华民族和大中华这个概念把大家联系起来的工作做得差，我们有些人的人缘差，使一些华侨华人无法体会到家乡感和亲切感。这就是说，在邓小平同志的头脑中，讲中国未来发展的有利条件，就包含华侨华人这支力量。改革开放十几年来的实践证明，华侨华人不仅在潮汕，也不仅在广东，而且在整个国家的现代化建设中起了非常重要的作用。我们讲利用外资，属于海外华侨华人的投资占一半以上。我们讲对外贸易，通过香港转口的商品占一半多，前几年高达70％。我们讲中国现在比较成功的企业，有相当多的是我们海外华侨华人投资兴办的。比如，我们这些年来吃肉的问题解决得比较好，养猪、养鸡的饲料成本降得很低，据我所知，谢国民先生在这一行业的发展中就起了非常大的带动作用。与此同时，应该看到，现在我们还没有充分发挥华侨华人这支力量的作用，或者说在华侨华人工作方面，我们注意得还不够，存在许多不足。比如说，我们自己的同胞在内地经营了很长时间的事业，后来外国人进来了，我们跟外国人谈来谈去，就把同胞扔到一边去了。我们必须有意识地通过海外同胞发展壮大我们的国家，与此同时，通过壮大我们的国家，又使我们的海外同胞得以壮大。也就是说，在我们希望和要求海外同胞支持家乡建设的时候，也应该研究如何使他们在支持国家建设过程中，自己也发展起来。必须看到海外同胞的发展也是中华民族的发展，是中华民族在不同的地方、不同的方面的贮存、积蓄。这个方面工作的研究，我们还欠缺，自觉性还不够高，今后应该有意识地加强。

《在会见第九届国际潮团联谊年会海外知名人士时的讲话》

（1997年11月19日）

37. 人民政协是我国民主政治建设的一大创造。

我国实行的人民代表大会制度与共产党领导的多党合作和政治协商制度，是符合我国国情的一种新型的民主制度。这种制度既不同于一些国家的议会制和多党制，也有别于一些国家的一党制。在这种制度下，人民在通过选举、表决行使民主权利的同时，还可以就重大问题进行充分协商；在实行法律监督的同时，还可以实行广泛的民主监督。人民政协所实行的民主协商方式，有助于充分吸纳各民主党派的意见，使共产党的领导作用和民主党派的参政议政作用同时得到发挥；有助于拓宽人民群众发表意见的渠道，做到既尊重多数人的共同意愿又照顾少数人的合理要求；有助于在团结稳定的前提下发扬民主，在发扬民主的过程中巩固和发展团结稳定的政治局面。这种民主协商方式，是我国民主政治建设的一大创造，也是我国社会主义民主制度的一大特色、一大优势。

《在中国人民政治协商会议第八届全国委员会第一次会议闭幕会上的讲话》（1993 年 3 月 27 日）

承认民主重要，就不能不承认政协重要；承认稳定重要，也就不能不承认政协重要；承认既要发展民主又要保持稳定，就必须认真研究和充分发挥政协的作用。

人民政协是由中国共产党、各民主党派、无党派民主人士在长期革命斗争实践中，经过慎重周密的考虑，从我国国情出发而创建的。从诞生之日起，它就是我国民主政治建设的重要组织形式，体现了发扬民主同维护国家稳定、促进社会进步的统一。当然，我国民主政治建设需要多方面的努力，包括坚持和完善人民代表大会制度，坚持和完善中国共产党领导的多党合作和政治协商制度，推进国家领导制度的改革，加强基层民主建设，保障人民群众的各项民主权益等等。就人民政协自身来说，它的具体组织形式和工作方法也不是已经完美无缺。但是，它在我国民主政治建设中的特殊地位和作用，它的独创性和有效性，已经得到历史的证实。从这个意义上讲，承认民主重要，就不能不承认政协重要；承认稳定重要，也就不能不承认政协重要；承认既要发展民主又要保持稳定，就必须认真研究和充分发挥政协的作用。

《在政协第八届全国委员会常务委员会第二次会议上的讲话》
（1993 年 5 月 21 日）

多党合作的重要性决定了人民政协的重要性，多党合作的长期性决定了人民政协的长期性。

中国共产党领导的多党合作和政治协商制度是我国的基本政

治制度，人民政协则是这个基本政治制度的政治形式和组织形式。多党合作的重要性决定了人民政协的重要性，多党合作的长期性决定了人民政协的长期性。人民政协不同于人大，周恩来同志说，人大、政协两会有权力之分，无高低之别，政治地位上是平等的。江泽民同志说，人民政协与人大、政府互为补充，相辅相成。在我国政治生活中，人民政协具有不可替代的作用。那种“歪歪斜斜进政协，进了政协矮半截”的说法是错误的。半个世纪来，人民政协伴随我国革命与建设的进程，在各个历史时期都发挥了重要作用。现在，虽然各方面的情况发生了很大变化，但人民政协的性质、地位和作用并没有改变，它在推动改革开放和经济发展，加强社会主义民主和法制建设，维护团结稳定和促进祖国统一等方面，仍然具有独特的优势。人民政协是以毛泽东同志为代表的老一辈革命家给我们留下的宝贵遗产，它完全适合中国国情，我们应当高度重视，精心爱护，始终不渝地坚持。

《在全国地方政协主席座谈会闭幕会上的讲话》(1997 年 11 月 27 日)

团结和民主是人民政协工作的主题。

团结和民主是人民政协工作的主题。人民政协作为最广泛的爱国统一战线组织，应当高举大团结的旗帜，通过求同存异、体谅包容、协调关系、化解矛盾，把不同党派、不同阶层、不同民族、不同信仰的人凝聚起来，在实现祖国统一和振兴中华的大目标下，努力增进全体中华儿女的大团结、大联合。人民政协作为共产党领导的多党合作和政治协商机构，应当发扬社会主义民主，营造知无不言、言无不尽、融洽和谐、生动活泼的氛围，尊重和保障各界代表人士充分发表意见的权利，搞好以协商讨论和批评建议为主要形式的民主监督，积极促进我国的社会主义民主政治建设。加强团结、维护稳定、发扬民主、促进发展，是人民政协应尽的责任，我们一定要很好地担负起这个责任。

《在中国人民政治协商会议第九届全国委员会第三次会议闭幕会上的讲话》（2000 年 3 月 11 日）

以坚强的团结保证我们的民主进程健康有序，以充分的民主保证我们的团结充满活力。

我们所追求的团结，是持久的、生机勃勃的团结，这种团结只有在民主的基础上才能实现；我们所坚持的民主，是具有中国特色的人民民主，这种民主必须以各族人民的团结为前提才能达到。把团结和民主统一起来，以坚强的团结保证我们的民主进程健康有序，以充分的民主保证我们的团结充满活力，这是我们的传统，也是我们的优势，要始终不渝地坚持和发扬。

《在中国人民政治协商会议第九届全国委员会第三次会议闭幕会上的讲话》（2000 年 3 月 11 日）

民主、求实、团结、鼓劲。

即将召开的政协八届二次会议是一次非常重要的会议，会议讨论决定的问题都是事关我国改革、发展与稳定，具有全局意义的大问题。全国人民、全体委员都十分关心这次会议，希望把会开好。为开好这次会议，全国政协向中共中央专门写了报告，提出了开好会议的指导方针，这就是以邓小平同志建设有中国特色社会主义的理论为指导，以民主、求实、团结、鼓劲为方针。中共中央批准了这个报告，同时也批准了这个方针。我认为要开好这次会议，就必须深入理解、认真贯彻这个方针。

之所以强调“民主”，我理解，首先是由人民政协组织的性质所决定的。人民政协是实现中国共产党领导的多党合作和政治协商这一基本政治制度的组织形式，是发扬社会主义民主的重要渠道，政协的会议理所当然要强调民主。第二是大会的内容所要求的。这次大会要讨论许多重要问题，只有充分发扬民主，集思广益，才能作出正确的决定。第三是全国人民所希望的。每年的“两会”已经成为全国人民政治生活中的大事，社会舆论关注的热点，他们希望把“两会”开得生动活泼，富有成效，希望会议严格履行民主程序，切实保证行使民主权利，形成浓厚的民主气氛，体现人民群众当家作主的原则。

之所以强调“求实”，因为我们的会议不是摆样子，走过场，而是要真心实意地研究问题、探讨问题。当前我们正在努力建立社会主义市场经济新体制，在这个过程中，大事多、新事多、难事多、复杂的事情多，需要全面考虑、多方权衡、反复比较。研究和决定问题，既要看到当前又要看到长远，既要看到总体又要看到局部，既要看到需要又要看到可能，既要充分听取多数人的意见又要重视少数人的意见。这就要求我们在开会时有科学的方法，求实的精神，进行深入的探讨，做到热烈而不离题，广泛而有重点，全面而不空泛，深刻而不表面，既要体现高度负责的态度，又要反映参政议政的水平。

之所以强调“团结”，因为我们强调会议要发扬民主，畅所欲言，认真负责地研究讨论问题，这样，不同意见的争论，批评与反批评就难以避免。我们认为这是必要的、有益的，同时我们也必须明确，所有这些，都是为了更好地研究和决定问题，都是为了追求真理，都要从团结的愿望出发，达到团结的目的。团结是大局，大局是团结。人民政协是大团结的象征。政协的会议理应体现团结、促进团结，会议的结果要促进全国人民的团结。我们希望会议中大家相互尊重、取长补短，多一些理解宽容，少一些斤斤计较。要通过开会，加深了解，消除误解，增进共识，加深友谊。总之，要团结起来开好会议，开好会议促进团结。

之所以强调“鼓劲”，因为改革开放以来我们所取得的成就是举世公认的，去年工作的成绩是显著的，当前各方面的形势也是好的。但是，我们这么大的国家，这么多的人口，从事这样前所未有的、艰巨复杂的事业，必然有成功的一面，也有失误的一面；有令人振奋的一面，也有令人忧虑的一面；有积极的一面，也有消极的一面；有美好的一面，也有丑恶的一面。对于社会生活中这种客观的现象，我们必须有清醒的认识，全面的分析，准确的判断。我们允许批评揭露一切消极丑恶现象，但是我们同时也希望在批评揭露时要看到积极的、正确的那一面，要看到主流。批评揭露的目的是为了研究解决问题。我们要注意社会效果，注意提出解决问题的办法，注意鼓士气、长志气。在整个会议的过程中要给全体委员鼓劲，而且要通过我们的会议给全国人民鼓劲。

“民主、求实、团结、鼓劲”这八个字是互相联系、相辅相成的有机整体，要全面理解。强调民主、求实，不能忽视团结、鼓劲；强调团结、鼓劲，不能丢掉民主、求实。忽视团结、鼓劲，最终达不到开会的良好目的；而丢掉了民主、求实，就失去了开会的意义。民主、求实要有利于团结、鼓劲，团结、鼓劲要促进民主、求实。

《在政协第八届全国委员会常务委员会第五次会议上的讲话》

（1994年3月5日）

坚持委员会制，不能少数人说了算。

按照政协章程的规定，政协实行的是委员会制。委员会制同行政首长负责制的区别，就在于它是一种集体领导的制度，是一种各成员权利平等、民主议事的制度，是一种少数服从多数、在多数人意见基础上进行决策的制度。在这种制度下，各种见解都能充分发表，不同的主张也允许存在；重大事项必须经过一定的民主程序，不能少数人说了算；决策时一人一票，实行民主基础上的集中。政协常委会实行的委员会制，是有中国特色的社会主义民主在统一战线组织中的一种具体实现形式。它既遵循了委员会制的一般原则，也体现了人民政协的性质，能够正确而充分地发挥人民政协的优势和作用。

《在政协第八届全国委员会常务委员会第二十三次会议上的讲话》

（1998年1月22日）

让更多人讲话，听更多人的意见，不仅是一个开会的方法问题，而且是一个群众观点、民主作风和法制观念的问题。

对领导机关、领导干部来讲，让更多人讲话，听更多人的意见，不仅是一个开会的方法问题，而且是一个群众观点、民主作风和法制观念的问题。政协是我国最广泛的爱国统一战线组织，包括着各个方面，联系着众多人士，在政协的会议上，大家理应有充分的机会，反映各自所代表的群众的意见和要求。政协是发扬社会主义民主的重要形式，政协的会议理应广开言路，畅所欲言，让大家把各种意见、主张都讲出来。政协常委会是委员会制，实行的是民主集中制原则，研究问题理应充分商量，兼听博纳，以集中正确的意见。

《在政协第八届全国委员会常务委员会第二次会议上的讲话》
（1993 年 5 月 21 日）

政协中存在不同意见、不同声音是正常的现象。

营造民主、和谐的氛围，是政协工作的基本条件。近些年来，我们始终注意保持和发扬人民政协的优良传统，努力维护一个能够广开言路、直抒胸臆的民主环境。在政协的各种会议和各项活动中，提倡知无不言、言无不尽，坚持求同存异、体谅包容，鼓励平等、真诚的协商讨论，切实尊重、保护委员的民主权利。凡提交审议的文件，都要充分听取委员的意见，可采纳的都予以采纳，确实不能采纳的说明情况和理由，并允许保留不同意见。人民政协是有广泛代表性和包容性的统一战线组织，在共同政治基础上团结着具有不同利益、不同信仰的各方面人士，政协中存在不同意见、不同声音是正常的现象。发扬社会主义民主是政协工作的条件，也是政协工作的内容，应当贯穿于政协各项工作的全过程。

《在中国人民政治协商会议第九届全国委员会第五次会议闭幕会上的讲话》（2002 年 3 月 13 日）

人民政协中存在不同的意见是正常的，与其说应该允许，毋宁说应该欢迎。

人民政协中存在不同的意见是正常的，与其说应该允许，毋宁说应该欢迎。如果大家对任何问题的看法都一样，没有不同意见的比较，没有批评和反批评，政治协商和民主监督就失去了意义。

《在中国人民政治协商会议第八届全国委员会第一次会议闭幕会上的讲话》（1993 年 3 月 27 日）

内部讨论，允许讲得不准。要求都讲得很准，就不能解放思想、畅所欲言了。

政治协商、民主监督是个大题目。这个话说起来很熟，真正做到、做好，并不容易。

十四大报告以及许多会议都指出，中国共产党领导的多党合作和政治协商制度是我国的一项基本政治制度。多党合作、政治协商、民主监督的好处在哪里，如何与人民代表大会制度相配套，如何把它搞得更好，这些都需要认真研究，而不能停留在表面上、形式上。我想过些天请大家来谈一谈政治协商、民主监督的原理、原则、道理、问题，以及要注意的事项。不是作汇报，而是研究问题，你一言，我一语，畅所欲言。党内要提倡这个风气，不然还研究什么问题？内部讨论，允许讲得不准。要求都讲得很准，就不能解放思想、畅所欲言了。当然，对外发表要严谨，表述要尽量科学、准确。

《在听取中央统战部关于民族、宗教工作汇报时的谈话》（1993年2月24日）

结合新情况，落实老精神。

政协工作怎样深入？我认为，关键就是把中央早已明确了的精神加以落实，或者说就是结合新情况，落实老精神。比如说，如何使政治协商郑重经常，民主监督切实有效，参政议政富有成果，等等。就政协自身来讲，就是强调认认真真、老老实实地贯彻落实早已明确了的精神。这些精神是老一辈说的，我国宪法和政协章程确定的，不能因为某些人不重视、不了解而改变它。当然，政协的工作同其他工作一样，也要随着改革开放事业的发展和社会主义市场经济体制的建立，在各个方面有所创新、有所发展，而把这些精神、原则、规定与丰富多彩的实际情况相结合，本身就是创新，就是发展。

《结合新情况　落实老精神——在全国地方政协工作经验座谈会上的讲话》（1994年12月9日）

要坚持在前进中开拓，在开拓中前进，把已经看准的又能够做的事情先做起来。

在工作思路上，我们要坚持在前进中开拓，在开拓中前进，把已经看准的又能够做的事情先做起来，先易后难，逐步展开，尽快形成活跃的工作局面，在这个过程中解放思想，大胆探索，勇于创新，有所作为。在工作方向上，我们要始终注意坚持党的领导，服务国家大局，保持政协特点，贴近群众生活。在工作方法上，我们要特别强调重视实际，重视实践，重视经验，在实践中探索，在实践中总结，靠实践解决问题，用经验推动工作。

《在中国人民政治协商会议第九届全国委员会第一次会议闭幕会上的讲话》（1998年3月14日）

在实践中探索，在实践中总结，靠实践解决问题，用经验推动工作。

到实践中去，是做好人民政协工作的重要环节。这些年来，我们强调在实践中探索，在实践中总结，靠实践解决问题，用经验推动工作，对政协事业的发展起到了很好的作用。注重实践已经成为政协工作的基本思路，也是我们面临的课题和努力的方向。应当看到，履行主要职能取得了很大的成绩，积累了宝贵的经验，但还存在不够规范、不够经常的问题；反映社情民意提供了基层和群众的大量情况，引起了领导机关的高度重视，但还存在不够准确、不够广泛的欠缺；专题调研提出了许多重要的意见和建议，对工作起了很好的作用，但还存在不够深刻、不够全面的毛病；会议发言有很多真知灼见，产生了良好的社会影响，但也还存在不够切实、空泛议论的现象。所有这些不足，有认识问题，有水平问题，但最根本的是实践问题。

《在中国人民政治协商会议第九届全国委员会第三次会议闭幕会上的讲话》（2000 年 3 月 11 日）

不比不套，坚持政协就是政协。

八届政协的工作，在邓小平建设有中国特色社会主义理论的指引下，在以江泽民同志为核心的中共中央的领导下，在有关部门的大力配合下，经过全体委员的共同努力，取得了多方面进展。我们修改了政协章程并把参政议政列入主要职能，拓宽了政协工作的领域；制定了关于政治协商、民主监督、参政议政的规定，促进了政协工作的规范化制度化；开展了反映社情民意的工作，为党和政府提供了基层和群众的大量实际情况；围绕党和国家的重大决策以及群众关心的问题调查研究，提出了许多重要的意见和建议；扩大同海内外爱国人士的联系，推进了在统一祖国、振兴中华共同目标下的大团结大联合；拓展对外友好交往，增进了同各国人民的相互了解和友谊；深化理论政策研究，增强了工作的自觉性和主动性；加强机关建设，为政协开展工作提供了有效的服务；等等。本届政协在工作过程中，始终坚持解放思想、实事求是，努力探索新形势下履行职能的途径和方法，使各项工作积极、稳步、活跃、有序地向前推进。我们一贯注意发扬政协优良传统，保持政协固有的性质和特点，不比不套，坚持政协就是政协；牢牢把握团结、民主两大主题，广泛联系，求同存异，实事求是地推进民主政治建设；强调政协履行职能必须坚持中国共产党的领导，必须服从服务于国家的大局，必须注意从实际出发，必须加强同有关部门的配合；认真选好角度、发挥优势，做到尽职而不越位，帮忙而不添乱，切实而不表面；重视政协组织的界别特点，促进委员同本界群众的联系，把界别活动与政协统一活动结合起来，使政协成为各界各民主党派参政议政的场所；充分尊重政协委员的民主权利，努力探索调动委员积极性的途径，依靠广大委员活跃和深化政协工作，不断提高参政议政的水平；把专委会作为政协工作的重要基础，通过专委会联结和组织各方面人才，收集、整理散见于群众中的见解和建议，发挥下通各界、上达中央的桥梁作用；注重实践经验，加强同地方政协的联系，经常总结交流各级政协的好做法，用经验推动和指导工作。我们的工作还存在一些不足，与中共中央的要求、政协章程的规定和社会各界的期望还有差距。有的工作刚刚开始，还没有真正落实；有的工作缺少必要的制度，还不够规范；在新的历史条件下政协如何更好地发挥作用，还有许多尚待研究的课题。

《在中国人民政治协商会议第八届全国委员会第五次会议闭幕会上的讲话》（1997 年 3 月 12 日）

1993年3月27日，李瑞环和江泽民等出席全国政协八届一次会议闭幕会。左起：刘华清、李鹏、万里、杨尚昆、江泽民、乔石、李瑞环。

（新华社记者刘建国摄）

1993年3月27日，全国政协八届一次会议在人民大会堂闭幕。李瑞环致闭幕词。

（新华社记者兰红光摄）

1993年8月18日，中共中央在中南海怀仁堂召开党外人士情况通报会，向各民主党派、全国工商联负责人和无党派人士通报中共中央决定在全国开展反腐败斗争的部署和意见。江泽民、李瑞环、胡锦涛、荣毅仁等参加座谈会。

（新华社记者 刘建国摄）

1994年1月1日，全国政协在政协礼堂举行新年茶话会。江泽民、李鹏、乔石、李瑞环、朱镕基、刘华清、胡锦涛、荣毅仁等党和国家领导人同首都各界人士欢聚一堂，共庆新年。图为江泽民、李瑞环和政协常委王光美在政协新年茶话会上交谈。

（新华社记者刘宇摄）

1995年9月3日，党和国家领导人江泽民、李鹏、乔石、李瑞环、刘华清等出席向人民英雄纪念碑敬献花篮仪式。

（新华社记者李学仁摄）

1996年12月17日，李瑞环在中南海亲切会见民革、民盟、民建中央主要领导成员，代表中共中央对这几个民主党派新老交替工作的顺利完成表示祝贺。这是会见后合影，前排右起：民建中央主席成思危、民建中央副主席万国权、中共中央统战部部长王兆国、民盟中央名誉主席费孝通、李瑞环、民革中央主席何鲁丽、民盟中央名誉主席钱伟长、民盟中央主席丁石孙、民建中央咨议委员会主任浦洁修。

（新华社记者樊如钧摄）

1993年3月26日，全国政协八届一次会议举行第六次大会，选举政协第八届全国委员会领导机构。新当选的全国政协主席李瑞环和副主席霍英东（左）互相祝贺。中为副主席马万祺。

（新华社记者刘建国摄）

2000年6月14日，全国政协主办的“21世纪论坛”2000年会议在北京开幕。全国政协主席、“21世纪论坛”2000年会议组委会名誉主席李瑞环主持开幕式。左一为新加坡内阁资政李光耀，左二为国务院总理朱镕基，右一为博茨瓦纳前总统马西雷。

（新华社记者李学仁摄）

1995年3月13日，李瑞环在政协八届三次会议期间与港澳委员座谈。右一为八届全国政协副主席万国权，右二为副主席王兆国，右三为副主席吴学谦，右四为副主席霍英东，右六为副主席安子介，右七为副主席叶选平，右八为副主席马万祺。

2000年11月8日，李瑞环视察香港时，有记者问："您在讲话中强调了团结的重要，这是不是指香港人不够团结？"李瑞环反问道："如果我祝你们身体健康，是不是指你们的身体就不健康呢？"

2001年3月3日，全国政协办公厅、中共中央统战部举行招待会，欢迎出席全国政协九届四次会议的香港特别行政区和澳门特别行政区的全国政协委员。李瑞环和国务院副总理钱其琛（前排左一）等出席招待会。

（新华社记者陈树根摄）

2001年11月6日，李瑞环参加香港中华总商会100周年庆祝活动。左一为全国工商联名誉副主席、金利来集团董事局主席曾宪梓，左二为全国政协副主席、全国工商联主席经叔平，左三为全国政协副主席霍英东，左四为香港特别行政区行政长官董建华，右一为长江实业集团董事局主席李嘉诚，右二为全国政协秘书长郑万通，右三为中央政府驻港联络办主任姜恩柱，右四为香港中华总商会会长陈有庆。

2002年3月11日，李瑞环在全国政协九届五次会议期间招待港澳委员宴会上。左一为全国政协副主席叶选平，右一为全国政协副主席霍英东，右三为国务院副总理钱其琛。

2003年1月8日，李瑞环出席澳门中华总商会90周年会庆酒会。左一为全国政协副主席、澳门中华总商会会长马万祺，右一为澳门特区行政长官何厚铧，右二为中央政府驻澳联络办主任白志健。

38. 政协说官亦官、说民亦民、非官非民、亦官亦民。

政协这种形式是中国的一个创造。政协有许多特色，说它是官又不是官，它没有多少决定权；说它是民又不是民，它参与国家重大问题的决策。所以我讲政协说官亦官、说民亦民、非官非民、亦官亦民。从民的意义上讲，它可以直接接触三十几个界别的委员及其联系的群众。从官的意义上讲，许多政协委员是各级领导干部或曾经是领导干部。它下通各界，上达中央，有许许多多的有识之士，是人才库。

《在四川考察时的谈话要点》（1996 年 5 月 11—14 日）

人民政协体现了中华民族和衷共济、兼容并蓄的传统精神。

人民政协这一组织形式，坚持了马克思主义统一战线、人民民主的基本理论，体现了中华民族和衷共济、兼容并蓄的传统精神，是老一代领导人的伟大构想。半个世纪的历史充分证明，人民政协符合中国国情，有着鲜明的中国特色，在我国政治体制中具有不可替代的作用。

《在中国人民政治协商会议第九届全国委员会第一次会议闭幕会上的讲话》(1998年3月14日)

政协各行各业的人都有，是个“人才库”。

政协委员各行各业的人都有，上天的，入地的，打球的，唱戏的，无所不包，联系面广。政协“说官亦官”，“说民亦民”，“亦官亦民”。中国常讲四大班子：党委、人大、政府、政协。政协上达中央，下通各界，社会称之为“人才库”。

《会见美国百人会代表团时的谈话》(1997年7月7日)

政协有很多优势：一是人才荟萃，智力雄厚；二是代表性强，信息量大；三是位置超脱，视界宽阔；四是下通各界，上达中央。

政协有哪些优势？至少有这么几条：一是人才荟萃，智力雄厚，能够深入研究一些宏观的、重大的、深层次的问题。二是代表性强，信息量大，能够反映各方面群众的意见、愿望和要求。三是位置超脱，视界宽阔，能够比较客观地提出意见和建议。四是下通各界，上达中央，能够发挥民主渠道作用。

《在政协第八届全国委员会常务委员会第二次会议上的讲话》（1993年5月21日）

应当根据政协的界别特点，改进政协工作的方式，拓展政协工作的路子。

重视发挥界别作用，是政协工作的突出特色。近些年来，各级政协组织鼓励委员加强同本界别群众的联系，积极反映界别的利益和要求，注意安排代表界别的会议发言，认真办理党派、团体提出的提案，注重通过界别协调关系、化解矛盾。所有这些具有界别特点的活动，都收到了明显的效果。人们的利益要求、思维观念、价值取向既有地域之间的区别，又有行业、职业带来的差异。随着市场经济的发展，跨越地区的联系、组合日益增多，通过界别渠道了解各方面的情况越来越重要。人民政协集中了各个界别的代表人士，政协的许多工作都离不开界别作用的发挥。我们应当根据政协的界别特点，改进政协工作的方式，拓展政协工作的路子。

《在中国人民政治协商会议第九届全国委员会第五次会议闭幕会上的讲话》（2002年3月13日）

人民政协只有突出界别的特色，发挥界别的作用，才能更好地履行职能。

人民政协现有34个界别，包括了当今中国各党派和主要社会团体，集中了社会各界的代表人物。这种按界别组成的形式，可以为各个党派、团体以组织名义发表主张提供场所，可以使群众中分散、个别的意见得到系统、综合的表达，可以广泛吸纳社会各方面人士的智慧，也有利于通过界别协调关系、化解矛盾。从一定意义上讲，了解了各界别的意见就基本上了解了多数人的意见，掌握了各界别的情况就基本上掌握了整个社会的情况。人民政协只有突出界别的特色，发挥界别的作用，才能更好地履行职能，使各项工作生动活泼、富有成效。

《在中国人民政治协商会议第九届全国委员会第四次会议闭幕会上的讲话》（2001 年 3 月 12 日）

人民政协这座宏伟大厦，凝聚着一届又一届政协委员的心血和汗水；人民政协的辉煌业绩，与共和国历史上一大批闪光的名字紧密相连。

人民政协这座宏伟大厦，凝聚着一届又一届政协委员的心血和汗水；人民政协的辉煌业绩，与共和国历史上一大批闪光的名字紧密相连。作为这个组织的成员，作为他们的后来人，我们应该很好地把人民政协事业接过来、传下去，尽到自己的历史责任。人的一生中，像政协委员这样与人民与国家直接相连的机会不多，尤其是本届政协委员跨越两个世纪更为难得。我们要无愧于先人，无愧于组织，无愧于时代，在个人和政协史册上写下值得纪念的一页！

《在中国人民政治协商会议第九届全国委员会第一次会议闭幕会上的讲话》（1998 年 3 月 14 日）

政协委员是地位，是荣誉，更是责任。

政协委员来自各个界别，代表本界别群众参与国事。政协委员选得如何，政协委员做得怎样，关系到所在界别的意见能否得到充分反映，关系到人民政协在我国民主政治建设中的地位和作用。新时期的政协委员，应当是各个领域的代表人士，在业务上有突出的成就，在本界别有较高的威望；应当与本界别群众保持密切的联系，认真听取和表达群众的意愿，自觉维护群众的利益；应当在社会上有良好的形象，遵守国家法律和社会公德，以模范行为影响他人和社会；应当有参政议政的能力，履行政协章程规定的各项职责，在协商大政方针和重要问题时能够积极提出意见和建议。政协委员都有自己的事业、自己的追求，努力发展自己的事业、争取更大的成就，这是理所当然的，是应当鼓励和支持的，但还应该有更高的境界，把国家和人民的利益摆在更加重要的位置。政协委员是地位，是荣誉，更是责任。我们要经常想想自己的身份，看看自己的言行，力求无愧于政协委员的光荣称号，以实际行动维护政协组织的形象。

《在中国人民政治协商会议第九届全国委员会第四次会议闭幕会上的讲话》（2001 年 3 月 12 日）

香港的特殊位置，决定了香港政协委员在履行职能方面具有独特的优势和条件。

香港是中国了解世界的一个窗口，是中国走向世界的一座桥梁，是连接内地与世界的一条纽带。我们引进的外资有一半来自香港或经过香港，我们的出口贸易有一半以上经香港转口或出口香港。香港的特殊位置，决定了香港政协委员在履行职能方面具有独特的优势和条件。你们对世界各地情况掌握得多，对各种信息了解得快；你们都是香港各方面的代表人物，能够从不同于内地委员的角度观察问题、发表见解。因此，中央对于你们的意见特别重视。希望你们充分利用这些有利条件，多为国家建言献策。

《会见香港地区全国政协委员时的讲话》（2000 年 11 月 8 日）

应当十分珍惜政协委员这个光荣称号，而不要把自己看低了，看轻了，看小了。

香港委员在回归后如何在香港发挥作用？这是大家一直比较关心的问题。我曾经讲过，香港地区的政协委员不负有同特区政府进行协商、对特区政府进行监督的职责，不能以政协委员的身份参与香港事务。这是“一国两制”方针所决定的。但这并不是说香港委员在香港就没有多少作用了。政协组织在国家政治生活中有很高的地位，政协委员在社会上有很大的影响。中国 12 亿人中，全国政协委员只有 2 000 多个，也就是说 50 多万人中才产生一个。尽管你们是以市民的身份参与香港事务，但由于你们的特殊地位和社会影响，对于你们的意见人们往往更加重视。大家应当十分珍惜政协委员这个光荣称号，而不要把自己看低了，看轻了，看小了。

《会见香港地区全国政协委员时的讲话》（2000 年 11 月 8 日）

大家在一起总是要多看别人的长处，多给别人留些存在与活动的余地。

大家在一起总是要多看别人的长处，多给别人留些存在与活动的余地。如果你挤得人家一点空间都没有，互相一伸胳膊、一伸腿就碰上了，不能怨别人蹬了你，而要怨你自己留给别人的空间太小。政协机关应该做团结合作的模范，在团结合作方面给人们树立一个榜样。前几年我到处讲团结，有人说我老是抹稀泥，光讲团结不讲是非、不讲原则。而我认为，在当前的中国能不能搞好团结本身就是个大是非、大原则。至于具体的是是非非，不是完全不讲，而是放在什么前提下讲。总之，无论困难有多少，条件有多艰苦，都不可怕，只要大家齐心合力、团结奋斗，就能把工作搞好。

《同全国政协机关干部座谈时的讲话》（1993 年 6 月 1 日）

通过政协，能够了解到通过其他渠道不易掌握的社情和民意，听到不易反映出来的呼声和意愿，获取到难得的建议和批评。

我们有 2 000 多位全国政协委员，他们联系着各自的群众，代表各自群众的利益，反映各自群众的要求，从这里，我们通过政协，能够了解到通过其他渠道不易掌握的社情和民意，听到不易反映出来的呼声和意愿，获取到难得的建议和批评。如果每位全国政协委员一年提供一条有价值的信息，集中起来全年就有2 000多条，平均每天可以向中央报送5条重要信息。这对于中央在研究形势时，更全面地掌握实际情况，更准确地体察各阶层群众的心理，更切实地想群众之所想、急群众之所急、办群众之所需，将会产生多么大的作用！把反映社情民意这项工作做好了，政协的优势就能得到发挥，政协今后的工作就会活跃、深入。所以，做好反映社情民意这件事是参政议政的一种有效形式，是民主监督的一种有效形式，也是调动政协委员积极性的一种有效形式。

《在政协第八届全国委员会第二十次主席会议上的讲话》

（1994年11月5日）

39. 尽职而不越位，帮忙而不添乱，切实而不表面。

政协如何以邓小平同志建设有中国特色社会主义理论为指导，实施本届大会确定的方针任务，我看关键是选好角度、发挥优势。就一般来讲，不同单位有不同的事情，同样的事情在不同单位可以有不同的干法。对政协来讲，就需要研究如何把我们特有的事情干得更好，如何把我们与别人共有的事情干得更能体现政协的特点和优势。总之，在如何使政协的工作尽职而不越位，帮忙而不添乱，切实而不表面，更加生动活泼、富有成效方面，需要我们大家都来动动脑筋。

《在全国政协第八届常务委员会第一次会议上的讲话》
（1993年3月28日）

政协履行职能必须遵循四条原则：坚持中国共产党的领导；服从和服务于国家的大局；注意从实际出发；加强同有关部门的配合。

去年，我在八届全国政协第十三次常委会上就政协履行职能问题讲了十条意见。一年来的实践证明，这些意见对于政协工作起到了积极的推动作用。其中一条提出政协履行职能必须遵循的四条原则，我认为这个问题非常重要，今天再展开讲一下。

第一，必须坚持中国共产党的领导。人民政协是共产党领导的多党合作和政治协商机构，从它诞生之日起就在共产党的领导下开展工作。共产党的领导是人民政协在我国政治生活中正确发挥作用的根本保证，也是我们所实行的社会主义民主区别于西方议会民主的主要标志。我们反复强调在中国不搞西方式的议会民主。西方议会民主就其实质来说是资产阶级民主，就其表现形式来说有两个显著特点：一是无论实行一院制的还是两院制的，都存在反对党，各政党之间互相争斗，争夺执政权；二是国家的立法权、行政权、司法权分别由议会、政府和法院行使，三权鼎立，互相牵制。我们搞的是有中国特色的社会主义民主，实行的是人民代表大会制度与中国共产党领导的多党合作和政治协商制度。在我国，参加政协的各民主党派、各人民团体、各族各界人士都接受共产党的领导，不是反对党或反对派；人大、政府、政协、司法机关都在党的统一领导下各司其职，共同致力于中国的社会主义现代化建设。中国共产党在国家生活中的领导地位是我国宪法所规定的，拥护共产党的领导是我国每一位公民、每一个社会团体、每一个党派的法律义务。我们一定要自觉地、始终不渝地坚持共产党的领导，不论是建言献策还是批评监督，都要从有利于加强和改善中国共产党的领导出发。

第二，必须服从和服务于国家的大局。推进改革开放和现代化建设，维护安定团结的政治局面，是当前我们国家的大局。各级政协都必须自觉地树立大局意识，找准自己在大局中所处的位置，围绕大局履行好自己的职能。只要有利于大局的事，就应当大胆探索，积极去做。同时我们应当看到，人们对各种问题的观察和判断难免受到自身地位和视角的限制，有些意见在一时一地看来是有道理的，而从大局上看来就未必全面、恰当。政协在提出各种意见和建议时，要注重调查研究，善于从大局出发观察和判断问题。

第三，必须注意从实际出发。当前的实际是，各地的情况千差万别，对政协工作的认识、要求、指导和帮助都存在着一些差异，各地政协自身条件也不尽相同。因此，政协在履行职能的各项工作中，在选择题目、组织活动、提出建议等各个环节上，都要充分考虑实际情况、实际需要和可能产生的实际效果。我们既要满腔热情、锲而不舍地工作，又不能仅仅从抽象的原则和良好的愿望出发；既要虚心学习借鉴别人的经验，又不能简单地照搬其他地方、其他机构的做法，盲目攀比。我们要注重对客观情况的调查研究，实事求是，积极稳妥，按照政协职能的要求创造性地开展工作。

第四，必须加强同有关部门的配合。政协履行职能，无论是协商、监督，还是参政议政，与其他部门的工作都有着广泛、密切的联系，都要依靠其他部门的支持与配合。所以，政协在履行职能的过程中，应主动加强与有关部门的沟通协调，设身处地体谅实际工作的困难，及时提供情况、交流材料、反馈信息。在其他部门希望政协给予什么帮助时，都应尽心竭力做好。要始终注意平等待人，诚恳待人，以礼待人，做到热情、友善、周到、细致。我们要把自己的位置选准，把上上下下、方方面面的关系理顺，为履行职能创造良好的外部环境。

上述四条，是我们的经验，也是我们的规矩。这几条坚持得好，我们就能肩负起历史赋予的责任，就能把履行职能的工作扎实有效地向前推进。

《在政协第八届全国委员会常务委员会第十七次会议上的讲话》

（1996 年 6 月 14 日）

搞好政协的协商和监督，有利于广开言路、集思广益，实现决策的科学化、民主化；有利于发现问题、纠正失误，及时有效地改进工作；有利于求得共识、协调步伐，推动各项事业的健康发展。

政治协商和民主监督是人民政协的主要职能。政治协商，主要是指对国家的大政方针、政治生活中的重大事项、经济和社会发展中的重要问题，在决策之前进行协商。民主监督，主要是指对国家的宪法和法律法规实施情况、重大方针政策的贯彻执行情况、国家机关及其工作人员履行职责的情况，进行监督。实践证明，这种协商和监督，有利于广开言路、集思广益，实现决策的科学化、民主化；有利于发现问题、纠正失误，及时有效地改进工作；有利于求得共识、协调步伐，推动各项事业的健康发展。

《在中国人民政治协商会议第八届全国委员会第一次会议闭幕会上的讲话》（1993年3月27日）

政治协商的要旨是就国家的重大问题进行充分商量，既听多数人的意见，也听少数人的意见；既听正确的意见，也听错误的意见；既听支持的意见，也听反对的意见。

政治协商是人民政协的首要职能，它的要旨是就国家的重大问题进行充分商量，既听多数人的意见，也听少数人的意见；既听正确的意见，也听错误的意见；既听支持的意见，也听反对的意见。实践证明，这种政治协商可以促进决策的民主化科学化、减少工作失误，可以增进理解、扩大共识，可以反映社情民意、集中群众智慧，可以协调利益关系、化解社会矛盾。政治协商是发扬民主的重要形式，是推进工作的科学方法，是中国政治制度的显著特点，符合中华民族兼容并蓄的优良传统。

《会见阿曼协商会议主席卡塔比时的谈话》（1999 年 5 月 18 日）

民主协商的特点是，尊重各方，照顾少数。

坚持民主协商，在协商过程中加强党的领导。民主协商是实现党对统一战线领导的主要方式，是处理统一战线内部关系的重要原则，也是统一战线开展工作和活动的主要方法。通过民主协商，完善党的方针政策；通过民主协商，宣传贯彻党的方针政策；通过民主协商，加强和改善党对统一战线的领导。民主协商的要旨在于决策前的充分协商和讨论。民主协商的特点是，尊重各方，照顾少数。在协商前，要认真做好准备工作，使参加协商的各方面人士全面了解有关情况，并有充分的时间进行考虑和酝酿。在协商中，要从善如流，凡是能够采纳的意见都要采纳，不能采纳的要说明情况和原因。

《新时期的统一战线工作——在全国统战工作会议上的讲话》（1993 年 11 月 5 日）

真诚相待、肝胆相照、知无不言、言无不尽的协商，对于我们的工作只有益处、没有害处。

政治协商是中国共产党和各民主党派、无党派民主人士长期合作共事的优良传统，是我国政治制度的一大特点和优势。通过协商，可以广泛听取各党派团体和各族各界人士的意见，促进决策的民主化、科学化；通过协商，可以增进理解、扩大共识，使党和政府的方针政策成为大多数人的自觉行动；通过协商，可以发现和集中群众的智慧与经验，依靠群众的力量克服困难、解决问题；通过协商，可以协调利益关系、化解社会矛盾，维护和发展团结稳定的政治局面。大量事实证明，有协商比没协商好，真诚相待、肝胆相照、知无不言、言无不尽的协商，对于我们的工作只有益处、没有害处。

《在中国人民政治协商会议第九届全国委员会第二次会议闭幕会上的讲话》（1999 年 3 月 11 日）

把政治协商、民主监督一下子就搞得很实很充分，还不太可能。

在目前的条件下，把政治协商、民主监督一下子就搞得很实很充分，还不太可能。这不仅是政协本身想不想搞的问题，还有各方面的问题，比如有党政领导同志的看法问题。就像贵州省原来某位领导人的家属和省里一些干部所发生的贪污腐败问题，贵州省的干部和群众、省政协都有反映、有看法。为什么没有揭露出来、实行监督呢？因为那位领导人还在位。要解决好这个问题，先得把人调走。还是得从上面、从组织上采取措施以后，下面的意见才能提得出来。政协的职能里加上“参政议政”，原有的两条基本职能并没减。政协参政议政的重要形式就是协商、监督，但又不仅限于协商、监督，还可以更广泛地开展活动。这样，政协就可以使上劲了。比如去年政协经济委员会写了一个报告，对当时的经济工作提了若干建议，中央很重视，及时地采纳了，下发了关于加强宏观调控的6号文件。今年6月召开的政协常委会，研究农业问题，钱正英同志的发言，数据统计很充分、分析很深刻，还有杨汝岱等同志的发言也很好。大家都认为问题讲得深，层次比较高，很服人。这就是参政议政。总之，政协工作如何搞得更实一些、更活跃一些，还需要大家认真研究，积极探索，总结经验。

《同贵州省政协领导同志座谈时的谈话》(1994年10月19日)

这届政协强化了两个东西：一个是参政议政，一个是反映社情民意，这样大家就有活儿干了。

政协工作我过去没有研究，后来中央叫我上这儿来，我比较认真地学习了老一辈领导人关于政协工作的讲话。政协的职能主要就是政治协商、民主监督、参政议政。其中参政议政是我们这一届政协加上的。政治协商、民主监督由毛主席开始起就讲，讲得很清楚了。那么为什么没有如同大家刚才所说的完全照办呢？

原因也是很清楚的。你们在座的很多人都当过省委书记，当过省长，当过部长，你们那时候是怎么对待政协来着？现在当书记、当省长、当部长的跟你们那时不是一样的吗？这个事情急了不行，但也不要丧失信心。民主政治建设的推进是一种必然的趋势，但在中国特殊情况下，既要积极努力，也不能急于求成。所以，我在本届政协一开始就讲了“尽职而不越位”等三句话。有些人认为我说的不对，“还没干，你就怕越位，什么叫越位啊，还没有到位。”我说，人在社会上都有位，你在家里对你儿子来说是爸爸，对你老婆来说是丈夫，对你爸爸来说就是儿子，哪能没有位呢？有位就有个不越位的问题。政协履行职能这件事情需要一个很长的过程，随着经济的发展，各方面条件的具备，循序渐进地往前推。大家可能注意到，在这届政协里我们强化了两个东西：一个是参政议政，一个是反映社情民意，我想这样大家就有活儿干了。然后又有一个引导，就是多搞调查报告。你们当书记、省长的不是忙吗？我搞个调查报告给你，不听也搁在你这儿，来回地说，总会有效果的。应该说全国政协这几年的调查报告对中央一些重要文件的形成，对政府的工作，是有积极影响的。我想大家应该承认这一条，同过去相比，我们政协的作用还是有所增强的。要讲缺点也可以讲很多，有的是由于我们工作努力不够，有的是目前暂时只能如此。相信经过大家的努力，政协的工作总会不断进步的。

《在政协八届五次会议中共、特邀联组会上的讲话》

（1997 年 3 月 2 日）

参政议政不简单等同于政治协商、民主监督，而是它的拓展和延伸。

参政议政与政治协商、民主监督是一致的。人民政协参政议政的主要内容和基本特征就是政治协商、民主监督。参政议政又不简单等同于政治协商、民主监督，而是它的拓展和延伸。一般说来，政治协商、民主监督以国家和地方的大政方针、重大问题为中心议题，以各级领导机关为具体对象，以会议为主要形式，并依据一定的程序和规则进行。参政议政则不完全受上述条件的局限，对象更加广泛，内容更加丰富，形式更加多样，方法更加灵活。把参政议政列入政协的主要职能，拓宽了政协工作的渠道和领域，为广大政协委员及其所联系的各界人士参与国事、发挥专长提供了更多的机会，同时也为各级政协切实有效地组织政治协商、民主监督，从题目的选择、信息的收集、材料的积累、人员的组织等方面创造了良好的条件。

《在中国人民政治协商会议第八届全国委员会第二次会议闭幕会上的讲话》（1994年3月19日）

参政议政贵在主动、重在实效。

人民政协的参政议政，贵在主动，重在实效。要广泛参与。突出政协特点，代表各界群众，积极参与各种政治、经济、文化、社会及国际交流活动。要开展咨议。从不同的角度，对国家和地方方针政策的执行情况，对某一方面具有突出影响的重要事项，对社会普遍关心的热点问题进行讨论评议，帮助群众释疑解惑，促进有关部门搞好工作。要深入调研。紧密围绕中心任务，组织力量开展专题调研，在科学分析论证的基础上，提出高质量的、可操作的乃至有预见性的建议。把参政议政确定为政协的一项主要职能，是新的历史条件下政协工作的进步和发展。它为委员参与国事提供了更加广阔的舞台和便利的条件。

《在政协第八届全国委员会常务委员会第十三次会议上的讲话》（1995年6月5日）

把了解和反映社情民意作为一项重要的经常性的工作。

政协是以界别为单位组成的机构，政协委员必须与本界的群众保持密切联系，倾听群众的呼声，体察群众的情绪，反映群众的愿望，维护群众的利益。当前，一方面，中央一再要求知实情、讲真话，力戒虚假浮夸，另一方面，一些地方官僚主义严重、形式主义泛滥，许多真实情况反映不上来；一方面，许多领导干部为解决问题殚精竭虑、苦乏良策，另一方面，不少有识之士的真知灼见滞留于下层，散佚于民间，得不到应有的重视。人民政协在反映社情民意方面具有自己的优势：位置超脱，较少受到部门或地区利益的局限，能够比较客观地反映各种情况和问题；人才荟萃，具有各方面的实践经验和专业知识，能够提出有价值的意见和建议；渠道畅通，下通各界，上达中央，可以及时地将基层同高层决策部门相沟通。把了解和反映社情民意作为政协和政协委员一项重要的经常性的工作，认真地开展起来，对于提高委员自身素质，增强参政议政能力，对于活跃政协工作，履行政协职能，对于帮助执政党和政府全面地掌握实际情况，推进决策民主化和科学化，都有非常重要的作用和意义。

《在中国人民政治协商会议第八届全国委员会第三次会议闭幕会上的讲话》(1995 年 3 月 14 日)

反映社情民意，一要力求真实，二要注重质量，三要争取快速，四要突出特色。

反映社情民意是根据当前形势需要提出来的，是政协工作的一个创造，是政协履行职能的重要内容和基础环节。几年来，政协反映社情民意工作取得了很大成绩，创造了不少经验，应当认真总结、推广、提高。反映社情民意，我觉得有四点非常重要：

第一，要力求真实。信息不真实，不仅没用，而且误事。我们应该把力求真实作为信息工作的一个首要问题、一个基本要求来加以重视。京剧《群英会》中有一段蒋干盗书，盗来了一条假信息，导致曹操错杀了自己的战将。电视剧《李克农》中也有一个情节，由于李克农①同志及时向中央报送了顾顺章②叛变的消

① 曾任中共中央社会部部长、中华人民共和国外交部副部长、中国人民解放军副总参谋长。1931 年 4 月，李克农得到钱壮飞派人送来的顾顺章被捕叛变的情报，设法报告了党中央，为保卫党中央和地下党组织的安全作出了重要贡献。

② 中国共产党早期领导人之一，中共中央特科负责人。1931 年被捕叛变，1934 年被国民党处死。

息，使当时在上海的中央领导都幸免于难。由此可见，报送一条正确的信息或报送一条错误的信息，其结果大不一样。现在弄虚作假的现象很多，假商品可恨，假情况可怕，把问题绝对弄准弄真的确不容易，但从事信息工作的同志一定要力求真实，坚持实事求是，提倡讲真话、报实情，反对弄虚作假。

第二，要注重质量。真实本身就是质量，不真实就谈不上质量。这里我想从另外一个角度来强调信息的质量，就是说，我们反映的情况应该具有普遍性的意义，应该是有分量、有价值的信息。为此，必须着眼大局、贴近实际、贴近群众。

第三，要争取快速。信息最讲时效，有时候早一天得到就可以解决问题，晚一天就可能没用。现在办事情环节多、效率低，有些来自基层的信息，往往从乡里转到县里，县里转到地区，一层一层转来转去，就可能失真或贻误时机。政协下通各界、上达中央，可以将基层的情况和呼声直接送达中央领导同志，我们应该充分发挥这个优势，尽量减少环节，提高效率，特别是一些重要信息更应及时、快捷。

第四，要突出特色。政协信息常常是从不同界别、不同层次、不同角度反映各界群众的愿望和要求，而不是简单地照转一些专题性的信息。政协委员可以从不同的角度、不同的层次、不同利益群体的视野来看这个问题，把他们的意见综合起来，政协的信息就有了特色。党政部门看看政协信息怎么说，也就可以基本了解各阶层、各界别人士的想法。所以，我们在反映社情民意的时候要十分注意界别性，避免一般性，从不同方面反映社会各界群众的意见和要求。

《接见全国政协办公厅第二次信息工作座谈会代表时的讲话》

（1999 年 12 月 28 日）

政协不立法，但可以立论。

古人讲立德、立功、立言。立言就是对某个重大问题，经过调查研究，反复论证，提出“一家之言”，提出一些论点。从一定意义上讲，立言，也就是立论，专题调研做的就是立论的工作。政协不立法，但可以立论。如果我们政协每年能拿出若干调研报告，为解决国家和民族当前和今后若干重大问题提供有价值的思路、建议，在立论上有所贡献，那就是成就，就是尽职尽责。

《在政协第九届全国委员会第四次主席会议上的讲话》

（1998年5月6日）

专题调研是政协履行职能的一项基础性工作。

专题调研是政协履行职能的一项基础性工作，同时也是政协参政议政的一种重要方式。我们搞调研，当然总是希望建议被采纳，对决策产生影响。但是最终能否被采纳，取决于多种因素。其中有选题问题，有报告水平问题，有实施条件问题，也有认识和时机问题。八届政协期间各委员会的调研报告共180多份。其中有些引起了中共中央、国务院的高度重视，对实际工作起到了推动作用，比如：关于加强宏观调控、抑制通货膨胀的建议，关于农业和农村问题的建议，关于加强基础教育的建议，关于加强社会主义精神文明建设的建议，关于加强对非洲工作的建议，关于在宁夏建设扶贫扬黄灌区工程的建议，等等。但也有一些报告没有产生大的作用。我认为这些报告不用不等于无用，今天不用不等于将来也不能用。有的报告花费了很大的心血，提出了独到的见解，我们不能一送了之。我建议，对所有调研报告和有分量的会议发言，都要集中力量，加以整理，删繁就简，去粗取精，锤炼文字，编印成册，在一定范围发行，使之留存下来。中国历史上很多有识之士为国家大计上书建言，有的在当朝当代就被采纳，也有的当时未引起重视，却对后人后世产生了重大影响。孟子、荀子、韩非子，他们的著作很大一部分就是对当时领导者的进言。我们所熟悉的历史名篇佳句，有不少出自历代“疏”、“表”、“策”、“论”。孙中山的《建国方略》，其中许多设想他并没有实施，但对后人启示很大。延安时期民主人士李鼎铭①先生提出的“精兵简政”，至今仍有其现实意义。我们自己在实际工作中也常常有这种体会：正苦于对某个问题百思不得其解，偶尔发现一份材料，翻阅一下，豁然开朗。可能这份材料几年前就送来了，并未引起重视，此时才体会到它的价值。

《在政协第九届全国委员会第四次主席会议上的讲话》
（1998 年 5 月 6 日）

坚持调查研究，弄清实际情况，是做好一切工作包括政协工作的基础，也是当前需要突出强调的一个问题。

坚持调查研究、弄清实际情况，是做好一切工作包括政协工

① 民主人士。1941 年在陕甘宁边区第二届参议会上提出“精兵简政”议案，得到毛泽东的大力支持。

作的基础，也是当前需要突出强调的一个问题。我国正处在由计划经济体制向社会主义市场经济体制转轨的时期，旧体制已被打破，但还在一些环节发生影响，新体制正在建立，但在许多方面还有待完善，出现了许多错综复杂的现象。由于利益关系的影响，社会矛盾纵横交错；由于新与旧、正确与错误的观念交织碰撞，对同一事物往往产生多种甚至截然相反的看法；由于客观现实变化很快，人们的认识容易陈旧落后。特别是现在社会上弄虚作假现象相当严重，形形色色的假情况、假数字、假政绩、假商品屡禁不止，往往造成是非混淆、真伪难辨。在这种形势下，如果不下大力量加强调查研究，就很难把客观情况弄全弄准，就极容易上当受骗，就会因判断失误而把事情办坏。因此，我们必须力戒官僚主义、形式主义，切实从会议多、文件多、应酬多的状况中解脱出来，集中时间和精力，扎实、深入、反复地开展调查研究，真正抓出成效，并形成自觉、形成制度、形成习惯。

《在中国人民政治协商会议第九届全国委员会第二次会议闭幕会上的讲话》（1999年3月11日）

文史资料不仅可以存史，还可以资政、育人。

政协专门设一个机构做文史资料工作，是因为政协中有一批很特殊的人物，他们经历过许多非常重要而别人很少知道的事情。由这样一批特殊的人物，把他们亲历、亲见、亲闻的重要事情写下来，这是政协文史工作的特点和优势。文史资料不仅可以存史，还可以资政、育人。征集到文史资料后，不能把它束之高阁，而要充分发挥它在社会主义精神文明建设、特别是爱国主义教育方面的积极作用，以利于年轻一代更深刻地了解过去，珍惜现在，面向未来。这应当成为政协文史资料委员会的一项重要任务。

《在听取全国政协文史资料委员会工作汇报时的讲话》

（1998 年 5 月 6 日）

40. 民族、宗教无小事。

民族、宗教无小事，不能掉以轻心、麻痹大意；民族、宗教问题很复杂，不能用简单化的方法对待、处理；民族、宗教工作涉及方方面面，不仅统战部门，而且各有关部门都要重视、都要去做；民族、宗教领域的新情况、新问题较多，要及时研究，不断总结，作出新的概括，但一定要瞻前顾后，慎之又慎。

《〈中国共产党关于民族问题的基本观点和政策干部读本〉代序言》（2002年1月）

民族工作在我国始终是一件大事，它关系到国家的统一，它关系到社会的稳定，它关系到经济的发展，它关系到边防的巩固，它关系到全民素质的提高，它关系到挫败国际敌对势力的图谋。

民族工作在我国始终是一件大事。

第一，它关系到国家的统一。我们中国是由960万平方公里领土、56个民族、12亿人口组成的，每一个民族都是这个多民族大家庭中不可缺少的成员。我国少数民族有近1亿人口，分布在全国各地，民族自治地方有157个，占国土总面积的64%。因此，我们讲人民的团结，领土的完整，国家的统一，都是以各民族的团结为基础的。没有各民族的团结，中国就会陷于动乱和分裂，中国就不成其为中国。

第二，它关系到社会的稳定。民族是历史的产物，在历史发展过程中各民族形成不同的风俗、不同的习惯、不同的语言和不同的生活方式，各民族之间的差异是客观存在，而有差异就会有矛盾。这些矛盾的妥善解决，始终是实现社会稳定中极为重要的一个方面。历史和现实都反复证明，民族地区的各种矛盾解决得好，民族关系和谐融洽，就为全国的社会政治稳定创造了有利的条件。

第三，它关系到经济的发展。我们讲现代化建设，讲提高综合国力，讲实现“三步走”的战略目标，都是就包括所有少数民族在内的整个中华民族这个整体而言的。如果民族地区经济长期处于落后状态，我们的各项宏伟设想就不可能完全实现。这些地区的经济长期搞不上去，发达地区的经济也会由于资源和市场的制约而难以保持发展后劲。

第四，它关系到边防的巩固。我国陆地边界线2.1万公里，绝大部分位于少数民族聚居区，仅内蒙古、新疆、西藏、广西等四个自治区就达1.5万公里。只有把民族地区建设好，把各族群众的爱国主义热情进一步激发出来，共同承担守疆卫土的光荣责任，才能筑起一道坚不可摧的边防长城，才能保护祖先留下的疆域不受任何外来侵犯和蚕食。

第五，它关系到全民素质的提高。我国人民整体素质的提高，是建设富强、民主、文明的社会主义现代化国家的基本内容和基本条件。如果不大力推进民族地区的经济发展和社会进步，不切实提高1亿少数民族人口的思想道德、科学文化水平，就谈不上整个中华民族素质的提高。

第六，它关系到挫败国际敌对势力的图谋。在当今世界政治格局中，民族问题日益显示出其重要地位，一些国家的动乱、分裂、解体，多数都与民族问题密切相关。国际敌对势力也力图把挑拨、离间民族关系作为遏制、搞乱中国的突破口。我们只有重视和做好民族工作，谨慎和妥善地处理好民族关系，不断巩固和发展民族团结，才能在复杂的国际斗争中掌握主动，立于不败之地。

《在各界少数民族人士座谈会上的讲话》（1994年9月8日）

要从世界总体发展的高度来观察民族、宗教问题。

研究民族、宗教问题，始终要注意国际上的影响和动向。当今世界上很多地方闹乱子，如苏联解体、波黑冲突、中东问题，许多都与民族、宗教问题有联系。萨达姆把伊拉克搞成那个样子，还能维持得住，离开民族、宗教因素去考虑，就不可思议。我们研究国际上的民族、宗教矛盾及其发展趋势，反过来再看我国的民族、宗教问题，就容易看得更清楚。

从世界总体发展的高度来观察民族、宗教问题，才能引起人们对这个问题的重视。达赖搞了个流亡政府，天天在那里折腾，西方就利用这个找中国的麻烦，给中国施压。只要国内的民族、宗教问题一有事，国际上就会有反应。总之，要拿出材料，并加以分析归纳，简明扼要，使领导干部懂得民族、宗教问题的重要性、复杂性，从而更加重视这个问题。

《在听取中央统战部关于民族、宗教工作汇报时的谈话》（1993年2月24日）

必须像爱护眼睛一样爱护各民族的团结。

大家常说的我们中国，包括960万平方公里领土、56个民族以及由这些民族组成的12亿人民这样一些最基本的构成条件。这些条件缺一不可，缺少其中任何一项，就不成其为中国。这些条件不可割裂，领土不能分裂，民族不能分裂，人民不能分裂，如果分裂了，中国同样不成其为中国。

中国少数民族有近1亿人口，各级民族自治地方的面积加起来超过全国面积的一半。因此在一定意义上可以说，中国领土的完整、人民的团结，是以各民族的团结为基础的。没有各民族的团结，就没有国家的统一；破坏各民族的团结，就是破坏国家的统一。任何人，如果他自认为是中华民族的一员，是爱国主义者，那么他就必须像爱护眼睛一样爱护各民族的团结。

《同新形势下民族、宗教问题研讨班学员座谈时的谈话》（1994年7月4日）

56个兄弟民族情同手足，休戚与共，一荣俱荣，一损俱损。

在中国，保持国家的统一，维护领土的完整，实现人民的团结，都离不开各民族的共同努力。讲任务，是56个民族共同的任务；讲成绩，是56个民族共同的成绩；讲困难，是56个民族共同的困难；讲前途，是56个民族共同的前途。56个兄弟民族情同手足，休戚与共，一荣俱荣，一损俱损。

《〈中国共产党关于民族问题的基本观点和政策干部读本〉代序言》

（2002年1月）

严格执行党的宗教政策，按照宗教仪轨和历史定制办事。

加快寻访认定工作，一定要严格执行党的宗教政策，按照宗教仪轨和历史定制办事。对于班禅转世的宗教仪轨和历史定制，一些人不了解，一些人有误解，特别是由于达赖等人的肆意歪曲，造成了一定的混乱，有必要加以澄清。宗教仪轨在历史上有一个演变过程，自1792年清朝政府颁行金瓶掣签①制度以后臻于完整，形成定制，主要有以下几条：一是成立以扎什伦布寺活佛、高僧为主的寻访班子，二是按照宗教仪轨和程序进行转世灵童的寻访，三是把参加掣签的候选儿童报请中央政府批准，四是由中央政府派员主持举行金瓶掣签，五是把掣签认定的灵童报请中央政府正式批准继位，六是由中央政府派员主持举行转世灵童坐床典礼。在这几条中，金瓶掣签特别重要，它既坚持了中央政府的主权，在宗教上又体现了释迦牟尼的“法断”，

---

① 1792年清政府制定《钦定藏内善后章程》，规定藏传佛教活佛达赖和班禅转世灵童需在中央代表监督下，经金瓶掣签认定。新中国成立后制定有《藏传佛教活佛转世管理办法》，明确藏传佛教活佛转世承袭金瓶掣签制度。

有助于排除各种干扰，杜绝营私作假的流弊，为广大藏传佛教信徒所信服。

《在班禅转世灵童寻访领导小组第三次会议上的讲话》（1995年11月10日）

许多人并不是鬼，我们自己疑神疑鬼，结果把人变成了鬼。

我们总说56个民族是一家。要让人家当兄弟，我们首先要把自己摆放在兄弟的位置上。历史上，我们有过大汉族主义的毛病。对分裂倾向，我们要提高警惕，但也不能以此为借口，对大汉族主义放任不管。大汉族主义同样有害于国家统一和民族团结，常常会直接诱发分裂主义情绪。我们应该开明一点，既有自信，也有互信。我们执政50多年了，政权、军队都在手里，如果说还有那么多人反对你，就要认真想想这究竟是怎么一回事！

我举两个自己亲身经历的人和事。小靳庄过去很有名，这个村的支书在“文革”后期当了宝坻县的书记。粉碎“四人帮”后，人们批判他，他不理解，说“当初到县里来是你们让我来的，现在你们批我的那些理，我连听都听不懂”，说完话，拎起行李、骑上自行车就回家了。他以后在村里带领群众致富颇有成就，村里党员又选他当书记，有的人想不通，认为他是“三种人”。我问他还是不是党员，既然是党员，既然是多数党员都选他，我们有什么理由不同意？他当村支部书记后干得非常好。还有孙健①，一个烧锅炉的，在“文革”中当了副总理，在位时也说了不少昏话。下台以后，他告诉别人，自己糊里糊涂地上去了，糊里糊涂地下来了，他也不明白到底是怎么一回事。整党时，有人提出把他开除出党。我为此专门找了薄老，希望将此人留在党内。孙健本人深受感动，跑到天津市委组织部大哭了一场。这个人回到单位后同样干得很出色。我举这两个例子，想说明一个道理：许多人并不是鬼，是我们自己疑神疑鬼，结果把人变成了鬼。若干年来，在民族工作中，在其他许多方面，有没有这样的现象？

《听取中央统战部汇报时的谈话》（2002 年 2 月 1 日）

尊重宗教信仰自由，坚持独立自主办教。

宗教问题是一个复杂而敏感的问题，宗教工作是一项重大而特殊的工作。列宁曾经讲过，对宗教要“特别慎重”、“十分严谨”和“周密考虑”。这里我想特别强调两条，一是尊重宗教信仰自由，二是坚持独立自主办教。这两条都是宪法所规定的。之所以强调尊重宗教信仰自由，是因为宗教作为人类精神生活的一种普遍、长期存在的现象，有其发生和发展的认识根源和社会根源，有其不以人的意志为转移的客观规律，是因为我们的根本宗旨是全心全意为人民服务，我们的一切努力都是为了实现和维护广大群众的基本权利，这些权利体现在许多方面，当然也包括他

① 曾在天津大成电锯厂、天津中国机械厂当工人。1975 年 1 月任国务院副总理。在“文化大革命”中犯有严重错误，1978 年 3 月被免去职务，回天津机械厂工作。

们对自己宗教信仰的自由选择权利。之所以强调坚持独立自主办教，是因为历史上殖民主义和帝国主义曾把天主教和基督教用作侵略中国的工具，中国天主教会和基督教会曾被外国势力所控制，中国人民深受其害，是因为一切爱国的信教群众或不信教群众都不希望历史的悲剧重演，不愿意中国的宗教再戴上“洋教”帽子。这两条原则，是老一辈领导人研究中国国情、总结历史经验得出的科学结论，是根本性的、长期性的指导方针。实践证明，宗教工作坚持这两条原则，就能够切实保障信教群众的人权，就能够真正维护国家的主权，就能够使宗教与社会主义社会相适应。

《在全国性宗教团体负责人迎春座谈会上的讲话》（2001年1月18日）

宗教问题是个复杂的问题，需要作深入探讨。

宗教问题是个复杂的问题。在我国，多数信教的人是好的，信教的目的也是为了追求好的东西。这几年，信仰宗教的人数有较大增长。去年我到了南方一个地区，发现宗教颇有市场，不仅一些老百姓信教，有的党员也入了教。我建议当地领导不要着急，但要重视、要研究。在当今世界上，有些宗教势力的崛起，对国际政治也产生了相当重要的影响。宗教在现代社会中是如何发展变化的？对社会产生着哪些影响？我们应当怎样认识宗教，持什么样的方针政策？我们在宗教工作的理论和实践方面哪些是对的，哪些有毛病，怎样才能把我们的工作做好？在诸如此类问题上，需要作深入探讨。

《同赵朴初同志的谈话》（1992年12月4日）

宗教问题很多属于思想问题。解决思想问题不能操之过急，解决宗教问题也不能操之过急。

宗教问题很多属于思想问题。解决思想问题不能操之过急，解决宗教问题也不能操之过急。讲宗教问题有长期性，就是说问题一下子解决不了。讲宗教问题有国际性，就是说解决国内的宗教问题应与国际问题相联系。既然承认宗教有群众性、民族性、复杂性、国际性和长期性这“五性”，就要以此为依据来制定政策、规范行为、指导工作。

《在听取中央统战部关于民族、宗教工作汇报时的谈话》
（1993年2月24日）

宗教问题的产生和发展有着极其深刻的社会根源。

宗教问题是一个非常复杂的问题，它的产生和发展有着极其深刻的社会根源。现在这方面也有许多需要重新研究的问题。比如，我们曾经把信仰宗教归结为经济的落后、科学文化的不发达，但事实上在当今许多发达国家，信仰宗教仍然是一种普遍的社会现象。观点影响政策、支配行动。正确的观点指导人们走向光明，夺取胜利；错误的观点也会使人误入歧途，导致政策上的失误和工作上的被动。希望统战部和党校的同志，在这些基本观点的研究上多下点功夫。

《同新形势下民族、宗教问题研讨班学员座谈时的谈话》（1994 年 7 月 4 日）

不能借口出现新情况、新问题，就不执行党的宗教政策。

宗教工作要全面准确地贯彻党的宗教政策。我们党关于宗教问题有一套完整的政策。从毛泽东同志那个时候起，我们党就运用马克思主义关于宗教问题的一般理论，深入研究中国宗教的实际情况，在实践中逐步形成我们党自己的宗教工作方针政策。可以这样说，除了“文化大革命”那种特殊的情况外，几十年来我国的宗教问题解决得还是比较好的。目前，宗教方面确实出现了许多新的情况和问题。一方面，我们要进行研究，并把研究结果报告中央，如果有什么好的建议，也可以通过必要的程序转化成中央的政策。与此同时还必须明确，不能借口出现新情况、新问题，就不执行党的宗教政策。当前有些说法或提法不够准确，就是由于没有完整、准确地理解党的宗教政策。比如，有人认为，我们是马克思主义的无神论者，宗教徒是有神论者，有神论者与无神论者是完全对立的。类似的浮浅理论，不仅在会上有，报刊上也有。如果把有神论和无神论的区别简单地引申为人与人之间的关系、信教和不信教群众之间的关系，并把这种关系看成是完全对立的，就可能导致大的乱子。对于信教和不信教群众的关系、对于我们党同宗教界人士的关系，党的宗教政策讲的是政治上团结合作、信仰上互相尊重，同时明确地肯定，宗教信仰自由，宗教信仰是个人的私事。党的宗教政策是经过深思熟虑的，不是策略，不是权宜之计。宗教的问题，要按党的宗教政策去解释、去解决，这样才能少犯错误。我希望大家下功夫认真地研究党的宗教政策，并把它作为我们做工作的实实在在的依据。

《同全国统战部长会议代表座谈时的讲话》(1996 年 12 月 25 日)

对宗教里面积极的、有利于社会文明进步的内容应该加以挖掘、整理，以便使之在现实生活中发挥积极作用。

中华民族历经沧桑，经受了种种磨难，总是能够衰而再兴，分而必合，压不垮，打不散，隔不断，其中一个重要原因，就在于中国有特殊而悠久的文化纽带。中国文化有强大的凝聚力。中国传统文化中有相当一部分来自宗教文化，或者说宗教文化对中国传统文化有相当大的影响，尤其是对伦理道德的影响称得上广泛而深刻。今天我们所提倡的精神文明，所讲的若干美好词句，许多都与佛教的一些主张有关。比如在今年的抗洪救灾中，大家讲得最多的“一方有难、八方支援”，“扶危济困”，“献上一份爱心”，与佛教“慈悲为怀”、“济世救人”的主张就有着相通之处。我们有一个组织叫“中华慈善总会”，社会各界向它捐款的非常多。其实，“慈善”就是佛教中的思想。我为天津慈善协会办的杂志题的词就是“慈心救人，善举济事”。我认为，对宗教里面积极的、有利于社会文明进步的内容应该加以挖掘、整理，以便使之在现实生活中发挥积极作用。

《会见台湾玄奘顶骨舍利迎请团主要成员时的谈话》(1998 年 9 月 27 日)

41. 民族地区的主要任务是发展经济、改善生活。

民族地区的主要任务是发展经济、改善生活。一般地说，这是因为，现在全国都在以经济建设为中心，民族地区当然不能例外；特殊地说，这是因为，民族地区经济确实比较落后，群众生活确实比较困难。如果经济长期得不到发展，群众生活长期得不到改善，就会带来一系列问题。事实证明，民族地区其他问题的解决，从根本上说有赖于经济的发展。因此，民族地区各级领导要死死扭住经济建设这个中心不放，千方百计把群众的力量集中到发展经济、改善生活上来。要引导群众学习科学文化知识，逐步提高自身素质。当然，对破坏民族团结、制造祖国分裂的图谋和行径，我们要高度警惕，但必须作这种估计：搞分裂、捣乱的人是极少数。离开这种估计，第一，不符合实际情况；第二，否定了我们党和政府几十年来的工作，否定了党和各民族群众的血肉联系。把少数民族地区某些具体的、个别的问题都简单地归结为民族分裂问题，既不符合实际，也不利于解决问题，甚至会影响发展的大局。

《听取云南省委、省政府工作汇报时的讲话》（1999 年 3 月 28 日）

经济落后可以导致一连串的落后，经济发展可以带来一连串的发展。

发展经济、改善生活，是民族地区的重要工作，是各族群众的迫切愿望。实践证明，经济落后可以导致一连串的落后，经济发展可以带来一连串的发展。经济长期不发展，群众生活长期不提高，就会带来一系列问题。经济搞上去了，生活水平提高了，群众才有盼头，有劲头，党和政府才有威信。多数群众就会跟党走。因此，各级领导必须始终把发展经济、改善生活作为工作重点，切实抓紧抓好，抓出成效。

《在新疆考察工作时的谈话》（1994 年 8 月 28 日）

民族地区的各项工作任务都应当放到发展经济、改善生活的过程中去完成。

民族地区的各项工作是互相联系的有机整体。贯彻民族、宗教政策，坚持和完善民族区域自治制度，发展民族教育、科技、文化、卫生事业，培养民族干部，加强民族团结，维护社会稳定等，都十分重要，都必须切实抓好。所有这些工作，都是与发展经济、改善生活相一致的。这些工作如果不抓紧抓好，发展经济、改善生活就没有前提和保证。同样，如果经济长期不发展，群众生活长期不提高，这些工作就难以做好。实践证明，经济落后可以导致一连串的落后，经济发展可以带来一连串的发展，民族地区的各项工作任务都应当放到发展经济、改善生活的过程中去完成。

《在各界少数民族人士座谈会上的讲话》(1994 年 9 月 8 日)

经济上去了，老百姓日子好过了，就能团结大多数，少数人搞分裂就没有市场。

我们共产党人的历史责任，就是带领全国 56 个民族共同走向现代化，实现整个中华民族的振兴。整个国家的现代化离不开民族地区的现代化，整个中华民族的振兴离不开少数民族的振兴。当前，少数民族地区最突出的问题是经济落后。民族地区经济总是落后，就很难保证国家的长治久安。经济上去了，老百姓日子好过了，就能团结大多数，少数人搞分裂就没有市场，就不能得逞。可以说，发展经济、改善生活是解决民族地区问题的根本途径。

《同新形势下民族、宗教问题研讨班学员座谈时的谈话》(1994 年 7 月 4 日)

逮住最苦的一头就出不了事。

全国 8 000 多万尚未稳定解决温饱问题的人口，大部分集中在民族地区。明朝张居正说，“治理之道，莫要于安民；安民之道，在于察其疾苦。”(《答福建巡抚耿楚侗》) 逮住最苦的一头就出不了事，下决心解决少数民族地区贫困群众的温饱问题，才是为政安民之道。

《在听取中央统战部关于民族、宗教工作汇报时的谈话》(1993 年 2 月 24 日)

帮助贫困地区的群众尽快摆脱贫困，走向富裕，是社会主义制度的应有之义，是我们共产党人应尽的责任。

扶贫不仅是个经济问题，而且是个政治问题。我们共产党的根本宗旨就是为广大人民群众谋利益，社会主义制度就是人民当家作主，人人过上好日子。贫困地区由于各方面条件比较差，改善群众生活需要有一定的过程。但是如果长期解决不了群众温饱问题，就不好解释了。关心群众生活，就应当关心最困难的这部分人，首先解决他们的生存问题。“治理之道，莫要于安民；安民之道，在于察其疾苦。”我们看到的那些贫困户，一锅面糊糊吃几天，房子连窗户纸都没有，刮风下雨，将何等困难！帮助贫困地区的群众尽快摆脱贫困，走向富裕，是社会主义制度的应有之义，是我们共产党人应尽的责任。

《听取广西壮族自治区党委、政府工作汇报时的讲话》

（1993 年 4 月 18 日）

研究事物，主要是研究事物的特殊性。西藏就是特殊，研究“西藏问题”就是要研究它的特殊性。

研究事物，主要是研究事物的特殊性。西藏就是特殊，研究

“西藏问题”就是要研究它的特殊性，从中引出我们对西藏的方针政策。我觉得我们对“西藏问题”的特殊性还是研究、认识不够。强调解放思想、实事求是，目的是希望大家不要有包袱，要从西藏的实际情况出发，找到从根本上解决“西藏问题”的办法。

《在第三次西藏工作座谈会筹备领导小组第一次会议上的讲话》（1994年2月18日）

西藏200万人为全国12亿人守疆卫土，全国12亿人理应支持西藏解决经济问题。

“西藏问题”从本质上讲，是一个政治性的问题，但就解决“西藏问题”的途径和方法来说，主要的还是个经济问题。当然，西藏目前的稳定问题、对敌斗争问题十分突出，对此我们决不可掉以轻心，但公开的、大量的问题还是经济问题。刚才有位同志说，西藏的经济问题，从长远或从根本上讲，是促进内因的变化，使西藏自身有活力、有动力。这话不是没有道理，也应当朝着这个方向努力。但西藏是个特殊地区，既是个边疆地区又是个高寒地区，就是实现刚才有人说的“粮食自给”，也需要相当长的过程。西藏的经济没有外部的支持，很多事情是无法办成的。这个支持，包括中央的支持，也包括全国各省市的支持。经济支持用简单的话说，就是西藏200万人为全国12亿人守疆卫土，全国12亿人理应支持西藏解决经济问题。从根本上讲，这个支持是相互的，这个支持有利于祖国统一，有利于民族团结。

《在第三次西藏工作座谈会筹备领导小组第一次会议上的讲话》（1994年2月18日）

援藏工作要注意使发展经济与改善群众生活相协调、相吻合，不能只看到楼堂馆所一座一座起来，而老百姓的家境依然如故。

民族地区必须坚持把发展经济、改善生活作为工作主题，摆上重要位置。搞广电覆盖工程、增加警力等等，这些都是必要的，但发展经济、改善生活这个主题，绝不能放松，不能改变。有材料反映，南疆有50%的家庭年收入在500元以下，一些家庭没有煤烧，这怎么生活！“东突”① 在南疆一些地方办训练班，我们竟然一点儿都不知道。过去搞革命的时候老百姓掩护我们，现在一些老百姓在掩护他们，这不能不引起我们的深思！只有把经济搞上去，把人民生活搞上去，使群众得到实实在在的利益，他们才能打心眼儿里拥护党和政府的领导。援藏工作要注意使发展经济与改善群众生活相协调、相吻合，不能只看到楼堂馆所一座一座起来，而老百姓的家境依然如故。总之，团结最大多数的群众，是统战工作也是党的其他一切工作的出发点和落脚点，只有团结了大多数，才能孤立一小撮，才

① 是指企图分裂中国、在新疆建立“东突厥斯坦伊斯兰国”的恐怖组织和势力。

能从根本上实现长治久安。

《听取中央统战部汇报时的谈话》(2002 年 2 月 1 日)

新中国建立50年了，群众还喝“涝坝水”，实在是说不过去。

这次来新疆给我最深的一个印象是人畜共饮“涝坝水”。所谓“涝坝水”，就是土坑水，夏天蓄，一年用，又脏又臭，长满了小虫，不用说喝，看着都恶心。新中国建立 50 年了，群众还喝这种水，实在是说不过去。我作为共产党的一个领导人，感到痛心，感到内疚。

我相信新疆饮水问题长期得不到解决，一定有它的难处。但我也认为只要重视，只要下决心，只要认真想办法，总能够解决。我们共产党人常讲要全心全意为人民服务，并把这说成是一切工作的出发点和归宿。什么叫全心全意为人民服务？不能千方百计、尽心竭力地为群众排忧解难，全心全意只是一句空话。水和空气、阳光一样，对人的生存健康有着特殊的作用。解决新疆群众的饮水问题是新疆群众最急需的事，新疆自治区党委、政府必须高度重视这个问题。这关系到群众利益、群众情绪，关系到党的形象、党群关系，关系到整个自治区、整个形势。我有一个想法，也跟和田领导商量过，凭我的经验，南疆应该有浅层地下水。如果这个看法成立，每个村打一口压把井，就可以不再喝“涝坝水”。我看和田的书记、县长有股子劲。我去找钱，你们组织实施。我帮你们募捐，这种事大家都同情，也是一次团结互助的活动和教育，我家也捐一口井。你们（指新疆自治区人民政府主席阿不来提·阿不都热西提）尽快向中央写一个解决新疆饮水问题的报告，我联系江泽民、李鹏同志听你们的汇报。如能实现，新疆喝“涝坝水”的历史就可以很快结束。①

《在新疆和田考察工作时的谈话》（1994 年 8 月 27 日）

我国是社会主义制度的国家，我们党是为人民谋利益的党，对群众的疾苦，我们理当坐卧不宁、寝食不安！

民族地区群众的生活普遍比较困难。改革开放以来，民族地区群众生活有了很大改善，但由于历史和客观的原因，这些地方平均收入、生活水平与沿海地区相差甚远。迄今全国没有稳定解决温饱问题的 8 000 万人口和其中处于绝对贫困状态的 2 700 万人口，大部分分布在民族地区。在荒漠干旱、高寒阴湿和石山秃岭地区，有一部分群众连吃水都成问题，生病就医、小孩上学就更谈不上。如新疆的喀什、和田等地，许多群众常年喝“涝坝水”，即在村头挖一大坑，夏天下雨盛满后供一年饮用，由于坑水被严重污染，群众喝后引起许多疾病。造成这种情况，有的是由于客观上的原因，彻底解决无疑需要一个过程，有的则与我们有些同志对群众的困难视而不见、议而不行、抓而不实有关。我

① 李瑞环同志考察结束回北京后，即指示中央统战部和全国工商联开展募捐活动，他自己也带头捐了款。当年 10 月，王兆国同志便将筹集到的资金 1 500 万元送到和田，当地又配套 1 500 万元，并很快实施改水工程。1995 年 10 月，和田改水工程竣工，15 万多群众喝上了洁净的井水和自来水。这个活动还促进了新疆全区的改水工作。

国是社会主义制度的国家，我们党是为人民谋利益的党，对群众的疾苦，我们理当坐卧不宁、寝食不安！民族地区发展经济、改善生活的困难较多，有两个条件是必需的，一是领导威信，二是群众精神。领导威信不高，不能号令三军；群众精神不振，一切无从谈起。领导的威信从哪里来？靠上级封不出来，靠权力压不出来，靠自己或靠宣传吹不出来，靠耍小聪明骗不出来，只有靠真心实意地、尽心竭力地、坚持不懈地为人民办实事才能逐步地建立起来。群众也只有在他们艰苦创业的过程中，能得到实实在在的利益，感到有希望、有盼头，他们才会有劲头、有积极性，才会振奋精神。在发展经济中改善生活，为改善生活而发展经济，这在群众生活还比较困难的民族地区，具有突出的现实意义。

《在各界少数民族人士座谈会上的讲话》(1994 年 9 月 8 日)

42. 我们的宗教信仰自由政策是一项长期政策。

我们的宗教信仰自由政策是一项长期政策，而决不是什么虚伪之辞、权宜之计。那种认为无神论与宗教信仰自由之间势不两立，一讲宗教信仰自由政策就是放弃唯物论、无神论的看法，是错误的；同样，那种认为一讲坚持唯物论、无神论就是要对宗教采取反对态度的看法，也是错误的。当然，我们也承认在执行宗教信仰自由政策的过程中有的时候有的地方可能会出现偏差，不仅仅在宗教政策方面，在其他方面也都可能出现偏差。我们会努力改进工作，解决这些问题，也欢迎外国朋友们提出善意的批评和积极的建议。

《会见美国基督教会联合会访华团时的谈话》（1998 年 10 月 14 日）

我们所实行的宗教信仰自由政策符合中国的历史文化传统。

中国在其漫长的历史上一直是一个世俗国家，政权高于神权，没有出现过政教合一的全国性政权，也没有发生过欧洲历史上那种宗教战争。中国又是一个讲求“和合”文化的国家，主张“以和为贵”，对各种文化兼容并包，包括对待宗教。中国现有的五大宗教，除了道教是中国本土产生的，其余都是外来的。中国历朝历代的统治者，有过偏信某一种宗教的情况，如有的偏重佛教，有的偏重黄老之学，但总体上讲对各种宗教都是宽容的。中国传统文化有相当部分与宗教文化有联系，特别是佛教文化对中国传统文化的发展作出过相当大的贡献。与此同时，各种外来宗教也不断从中国传统文化中汲取养料，不同程度地“中国化”。我们所实行的宗教信仰自由政策符合中国的历史文化传统，既符合信教群众的要求，也为占人口大多数的不信教群众所接受。

《会见美国基督教会联合会访华团时的谈话》（1998 年 10 月 14 日）

我们党关于宗教问题的基本观点和政策，是要长期坚持的而不是权宜之计。

我们党关于宗教问题的基本观点和政策，是经过深思熟虑的，是经受了实践检验的，是严肃的、真诚的，是要下功夫实行的而不是说着听的、摆着看的，是要长期坚持的而不是权宜之计。比如，尊重和保护宗教信仰自由，这是宪法规定的。因为宗教作为人类精神生活的一种普遍、长期存在的现象，有其深刻的认识根源和社会根源，有其不以人的意志为转移的客观规律；因为我国是人民当家作主的社会主义国家，人民享有广泛的自由和民主权利，包括对宗教信仰的自由选择权利；因为信教群众和不信教群众在政治上经济上的根本利益是一致的，只有尊重信教群众的宗教信仰，才能把他们团结起来共同致力于社会主义现代化建设。又比如，坚持独立自主、自办教会，这也是宪法规定的。因为历史上殖民主义和帝国主义曾把天主教和基督教当作侵略中国的工具，中国天主教会和基督教会曾被外国势力所控制，中国人民深受其害。新中国建立后，爱国宗教界人士和信教群众不愿意中国的宗教再受外国势力的支配，实行独立自主、自办教会。这一选择，是我国信教群众和不信教群众的共同愿望，是我们抵御外国势力干涉我国宗教事务、利用宗教进行渗透的有效屏障，是我们维护国家主权和民族尊严、避免历史悲剧重演的重要保证。

《在中央工作会议上的讲话》(2001 年 2 月 12 日)

承认宗教是个人的私事，就要尊重个人的信仰自由。

对宗教工作，不论过去、现在和将来，我们都强调“严格地按照党的宗教政策办事”，或者说“全面正确地贯彻党的宗教政策”。党的宗教政策，是根据马克思主义基本理论制定的，是符合我国当前社会发展实际的。某些浅见的人说，“马克思主义讲无神论，怎么去支持有神论?”他们不太理解，说这种话就如同说“我们要实现共产主义，私人财产就得交出，吃大锅饭”一样肤浅。我们走过这样的弯路，“割资本主义尾巴”，农民养只鸡也不行，最后弄得饭也没得吃。宗教信仰问题是一个历史现象。如果承认历史发展的长过程，承认其阶段性，承认宗教是个人的私事，当然就要尊重个人的信仰自由。这也是我国宪法规定的个人信仰自由的权利。

《在参加政协八届四次会议少数民族界、宗教界委员讨论时的谈话》（1996 年 3 月 7 日）

在制定政策时要十分谨慎，在方式方法上要十分讲究，对信教群众的思想工作要十分细致。

要认真研究如何把加强管理同实行宗教信仰自由政策更好地统一起来。不能一讲信仰自由、落实宗教政策就忽视、放弃管理，处处事事退让，坐视不良倾向膨胀，直到事情发展到难以收拾的地步；而一讲管理，又忽视宗教政策，随意干涉、过多限制，甚至把有神论同无神论的对立简单理解为信教的人同不信教的人的对立。宗教是人类社会长期存在的现象，包括在社会主义中国，也会是长期存在的现象。因此，我们要树立长期与之打交道的思想准备，在制定政策时要十分谨慎，在方式方法上要十分讲究，对信教群众的思想工作要十分细致。要认真研究、总结建国以来我们处理宗教问题的正反两方面经验，包括处理藏传佛教问题的经验，要认真研究我国历朝历代处理宗教问题的经验，也要认真研究世界各国的经验。要通过这次整顿寺庙的实践，总结出一些系统的东西，使我们的工作水平有一个大的提高。

《听取藏传佛教工作座谈会汇报时的谈话》（1997 年 1 月 11 日）

我们是无神论者，与有神论者在信仰上存在差异，但这种差异并不意味着人与人之间的对立。

我们讲宗教信仰自由，讲宗教信仰问题是个人的私事，讲信仰上互相尊重，是真诚的。在我们看来，宗教具有群众性、民族性、国际性，因而是一个具有长期性、复杂性的政治问题，必须十分慎重地对待。我们是无神论者，与有神论者在信仰上存在差异，但这种差异并不意味着人与人之间的对立。当前建设富强、民主、文明的社会主义现代化国家，是摆在全中国人民面前的共同任务，在这个大目标下，人们在信仰上的差异是次要的。

《会见瑞士代表团时的谈话》（1997 年 8 月 30 日）

把有神论和无神论两种世界观的对立，变成信教者和不信教者之间的对立，这是错误的。

我们的宗教政策是信仰自由，公民有信教的自由，也有不信教的自由。我常讲，你信不信佛，信不信上帝，信不信神仙，都可以。你不信、我信，或者我不信、你信，这是个人的私事。你信不信是你的事，我信不信是我的事，朋友还是朋友。不能说因为你信神我不信神，或我信神你不信神，就对立起来。一些人看法上有毛病，把有神论和无神论两种世界观的对立，变成信教者和不信教者之间的对立，这是错误的。

《会见台湾玄奘顶骨舍利迎请团主要成员时的谈话》（1998 年 9 月 27 日）

有宗教信仰者对四项基本原则不反对就可以，不能要求有宗教信仰者也信仰马克思主义无神论。

我们讲宗教信仰自由，而宗教从世界观上来说和马列主义就不同。有宗教信仰者对四项基本原则不反对就可以，不能要求有宗教信仰者也信仰马克思主义无神论。“领导权应掌握在马列主义者手中”这一条，对于宗教界需要作些解释。宗教的协会、寺院等领导权的掌握者，就不可能要求他是马列主义者。

《同赵朴初同志的谈话》（1992 年 12 月 4 日）

在中国，信教和不信教群众在思想信仰上的差异是次要的，在政治上经济上根本利益的一致才是主要的。

中国共产党和中国政府的根本宗旨是全心全意为人民服务，也就是为了多数人，团结多数人，依靠多数人。我们的一切努力，都是为了实现和维护广大人民群众的基本权利，其中当然也包括了他们对自己宗教信仰的自由选择权利。我国宪法明确规定，中华人民共和国公民有宗教信仰自由。我们在宗教工作中始终强调是否信仰宗教、信仰哪一种宗教，是公民个人的私事，不应受任何国家机关、社会团体和个人的干涉，这都是为了实现和维护宗教信仰的自由选择权利。在中国，信教和不信教群众在思想信仰上的差异是次要的，在政治上经济上根本利益的一致才是主要的。中国的宗教信仰者有1亿多人，一些少数民族如藏族、回族等多数群众信教。只有尊重公民的宗教信仰自由权利，才能调动广大信教群众的积极性，才能使信教和不信教的群众在根本利益一致的基础上团结起来，把意志和力量凝聚到建设现代化国家、实现更加美好生活的共同目标上来。

《会见美国基督教会联合会访华团时的谈话》（1998年10月14日）

政治上团结合作，信仰上互相尊重。

正确处理好宗教问题，最重要的是正确理解和全面贯彻党的宗教政策，在处理我们同宗教界朋友之间的关系时，坚持政治上团结合作、信仰上互相尊重的原则。建设有中国特色的社会主义，振兴中华，完成祖国统一，是我们与宗教界朋友们的共同目标和共同利益。这既是我们之间在政治上实现团结合作的基础，也是我们在信仰上互相理解、互相尊重的基础。实践证明，只有在政治上真诚团结合作，才能真正做到在信仰上互相尊重；而只有在信仰上互相尊重，才能有效巩固和加强政治上的团结合作。这两者相辅相成，缺一不可。只要我们坚定不移地执行这个原则，我们就一定能够团结宗教界爱国人士和广大信教群众，不断巩固和扩大新时期的爱国统一战线。

《在全国性宗教团体领导人迎春座谈会上的讲话》(1993 年 1 月 1 日)

信与不信教，这是个人自由，应当是各自方便，互相尊重。

有人讲，中国的宗教信仰自由只是个策略，是权宜之计，这不对。中国的宗教信仰自由是真诚的。我本人不信教，但家里有人信，比如我母亲和儿媳都信佛。有人讲，有神论与无神论水火不相容，这也不对。星云大师①是讲哲学的。从哲学的意义理解，不能说信仰不同，人与人就“有你无我”，就是搞对抗。我的母亲、孩子信佛，但我们相处得很和睦。信与不信，这是个人的自由，应当是各自方便，互相尊重。

《会见台湾星云大师时的谈话》(2008 年 8 月 8 日)

各宗教倡导的伦理道德都有热爱祖国、服务社会、弃恶扬善、造福人群的内容，这些内容有许多与我们共产党人所提倡的精神文明是一致的。

中国有五大宗教，五大宗教指佛教、道教、伊斯兰教、天主

① 俗名李国深，佛学大师，原籍江苏江都，台湾佛光山开山宗长。

教、基督教。各宗教倡导的伦理道德都有热爱祖国、服务社会、弃恶扬善、造福人群的内容，如佛教的“庄严国土、利乐有情”，基督教的“荣神益人”，道教的“慈爱和同，济世度人”，伊斯兰教的“两世吉庆”等等。这些内容从一个方面反映了人类对美好世界的向往和对真善美的追求，长期以来在人民群众中产生了广泛、深刻的影响。这些内容有许多与我们共产党人所提倡的精神文明是一致的。在一定意义上可以说，我们同宗教信仰者的区别，只是对事物本原的认识和追求目标的方式上的区别，而目标本身常常是相同或近似的。只有实行宗教信仰自由政策，才能对宗教中积极、向上的内容加以挖掘、整理，使之在现实生活中发挥积极作用。当然，我们也支持宗教随着现代社会的进步开展必要的神学建设，以更好地与社会主义社会相适应。

《会见美国基督教会联合会访华团时的谈话》（1998年10月14日）

1992年8月10日，李瑞环在视察内蒙古自治区期间出席了内蒙古乌兰牧骑艺术节闭幕式。前排右一为中共中央办公厅调研室主任陈进玉，右二为内蒙古自治区政府主席布赫，右四为内蒙古自治区党委书记王群。

1993年1月19日，李瑞环邀请我国宗教界团体十位领导人到中南海座谈。后排右一为中共中央统战部部长王兆国，后排右三为国务院秘书长陈俊生。

（新华社记者李治元摄）

1993年8月25日至30日，李瑞环在宁夏回族自治区考察工作。图为李瑞环在同心县就如何进一步贯彻落实党的宗教信仰自由政策同宗教界人士进行交谈，征询他们的意见。

（新华社记者吴文彪摄）

1993年10月21日，李瑞环在人民大会堂会见出席中国佛教协会第六届全国代表会议全体代表。

（新华社记者刘建国摄）

1993年12月17日，李瑞环在人民大会堂会见出席中国伊斯兰教第六次全国代表会议代表。

（新华社记者刘建国摄）

1994年8月，李瑞环视察新疆维吾尔自治区。前排右三为新疆维吾尔自治区政府主席阿不来提·阿不都热西提。

1995年5月22日，李瑞环在人民大会堂会见出席中国、韩国、日本佛教友好交流会议的代表。前排右一为中国佛教协会主席赵朴初，前排左一为全国政协副主席、中共中央统战部部长王兆国。

（新华社记者刘建国摄）

1996年1月12日，李瑞环在人民大会堂宴请第十一世班禅额尔德尼·确吉杰布。

（新华社记者樊如钧摄）

1997年1月30日，李瑞环在中南海与全国性宗教团体负责人举行迎春座谈。图为座谈会后合影。

（新华社记者刘建生摄）

1997年7月22日，李瑞环视察青海塔尔寺。

2002年2月9日，李瑞环在全国政协大楼会见第十一世班禅额尔德尼·确吉杰布。

（新华社记者鞠鹏摄）

2003年8月13日，李瑞环视察西藏自治区大昭寺。左一为西藏自治区党委书记郭金龙。

43. 正确地识别和处理民族宗教问题，必须高举维护人民利益、维护法律尊严这两面旗帜。

在现阶段，我国民族、宗教领域发生的问题，主要属于人民内部矛盾，但也不排除有的问题带有对抗性质。对于人民内部矛盾，只能用耐心说服、改进工作的办法来解决。绝不能把非对抗性矛盾当作对抗性矛盾，人为树敌；不能把非对抗性矛盾激化成为对抗性矛盾，自讨苦吃。对一些人借口民族、宗教问题引发事端，制造动乱，我们也不能丧失警惕，必须严肃对待，果断处理。此类事端，有时是非对抗性矛盾和对抗性矛盾交织在一起，不明真相的群众和别有用心的坏人搅和在一起，增加了我们工作的难度。事实证明，正确地识别和处理民族宗教问题，必须高举维护人民利益、维护法律尊严这两面旗帜。任何人以任何理由损害人民利益、践踏法律尊严，都是不能允许的，都必须坚决制止。

《同新形势下民族、宗教问题研讨班学员座谈时的谈话》

（1994 年 7 月 4 日）

我们党关于民族问题的基本观点和政策。

我们党关于民族问题的基本观点和政策主要有：（一）民族的产生、发展和消亡是一个漫长的历史过程，社会主义时期是各民族共同发展、繁荣的阶段，各民族间的共同因素在不断增多，民族特点、民族差异将长期存在。（二）民族问题是社会总问题的一部分，我国现阶段的民族问题只有在建设有中国特色社会主义的共同事业中才能逐步解决。（三）国家统一是各族人民的最高利益，各族人民都有维护祖国的安全、荣誉和利益的义务。（四）各民族一律平等，国家保障少数民族的合法权利和利益。（五）各族人民要互相尊重，和睦相处，不断巩固各民族的大团结。（六）各民族要加强互助合作，努力实现共同进步和繁荣。（七）发展经济、改善生活是我国现阶段民族工作的主要任务，是解决其他各种问题的基础。（八）民族区域自治是中国共产党对马克思主义民族理论的重大贡献，是解决我国民族问题的基本制度。（九）不断提高各族人民的思想道德素质和科学文化素质，努力造就一支宏大的德才兼备的少数民族干部队伍。（十）民族问题和宗教问题在一些地方往往交织在一起，在处理民族问题时要注意贯彻党的宗教政策。

《〈中国共产党关于民族问题的基本观点和政策干部读本〉代序言》
（2002 年 1 月）

我们党关于宗教问题的基本观点和政策。

我们党关于宗教问题的基本观点和政策主要有：（一）宗教

有其发生、发展和消亡的过程，在社会主义社会将长期存在，不能用行政力量去消灭宗教，也不能用行政力量去发展宗教。（二）宗教信仰自由受国家宪法保护，公民有信仰宗教的自由，也有不信仰宗教的自由。（三）要宣传无神论，但不能把有神论和无神论的区别等同于政治上的对立。要坚持政治上团结合作、信仰上互相尊重。（四）国家依法对宗教事务进行管理，保护正常的宗教活动和宗教界的合法权益，制止和打击利用宗教进行违法犯罪活动。（五）我国宗教方面的矛盾主要是人民内部矛盾，但在一定条件下也可能出现对抗性的问题，要严格区别、妥善处理两类不同性质的矛盾。（六）坚持独立自主、自办教会的原则，在平等的基础上开展宗教方面的对外友好交往，抵制境外敌对势力利用宗教进行渗透，不允许任何境外宗教团体和个人干预我国宗教事务。（七）爱国宗教团体是党和政府联系信教群众的桥梁，要支持它们加强自身建设，自主开展活动，充分发挥作用。（八）爱国宗教界人士是团结信教群众、维护社会稳定的重要力量，宗教界要有计划、有组织地培养爱国宗教教职人员队伍。（九）积极引导宗教与社会主义社会相适应。宗教界要把爱教与爱国结合起来，在国家法律和政策范围内进行活动。（十）所有宗教团体和宗教界人士都必须维护法律尊严，维护人民利益，维护民族团结，维护国家统一。

《〈中国共产党关于民族问题的基本观点和政策干部读本〉代序言》

（2002 年 1 月）

任何宗教都要维护法律尊严，维护人民利益，维护民族团结，维护国家统一。

在我国，爱国爱教是统一的。我们所讲的积极引导宗教与社会主义社会相适应，从根本上说，就是任何宗教都要维护法律尊严，维护人民利益，维护民族团结，维护国家统一。这“四个维护”体现了党和政府对宗教界的基本要求，反映了宗教界人士和信教群众的普遍共识，是所有宗教团体、宗教界人士必须遵循的行为准则。实践证明，坚持“四个维护”，有利于全面贯彻宗教信仰自由政策，有利于保障宗教界的合法权益和地位，有利于宗教活动的正常开展。希望宗教界发扬爱国主义优良传统，为“两个文明”建设作出新贡献。

《同全国宗教团体负责人座谈时的谈话》（1996 年 2 月 13 日）

任何宗教、任何教派、任何个人都不能置于国家法律之上。

在家庭中，父子吵架，夫妻不和都属于家庭纠纷，但是如果杀了人，无论是父亲杀儿子，还是丈夫杀妻子，就不能再说成是家庭纠纷问题了。《宪法》第 36 条规定：“国家保护正常的宗教活动。任何人不得利用宗教进行破坏社会秩序、损害公民身体健康、妨碍国家教育制度的活动。”任何宗教、任何教派、任何个人都不能置于国家法律之上。

处理西吉事件①，必须高举保护人民的旗帜——保护人民利益，保护人民生命财产安全；必须高举维护法律的旗帜——维护法律的尊严，制止一切违法犯罪行为。这是核心问题，是我们制定文件的根据，也是执行文件的目的。我们的党是为人民谋利益的党，我们的政府是全心全意为人民服务的政府。我们不是常讲要与人民同呼吸、共命运，同甘苦、共患难吗？现在，西吉一些群众在那里蒙受苦难，迫切希望我们去解救他们。如果我们或无动于衷，或无能为力，那我们还算什么共产党、人民政府！

中央的要求是：坚决、果断、迅速地平息西吉事件，不能再拖。拖下去，犹豫动摇，等待观望，只会使问题更难解决。越拖损失越大，越拖死人越多，双方杀红了眼，仇越结越深，冤冤相报何时了？拖下去，祸在西吉，殃及宁夏，甚至可能引起其他地方、其他方面的连锁反应。

《听取宁夏回族自治区党委工作汇报时的讲话》（1993 年 8 月 30 日）

强调宗教与社会主义社会相适应，从根本上说就是要努力做到“四个维护”。

在历史上，任何宗教想要存在与发展，都要解决一个与所在

① 1992 年至 1993 年期间，宁夏西吉伊斯兰教哲合忍耶教派沙沟方面和陈家沟方面因内部纠纷发生了几起武装械斗流血事件，致使双方死伤数十人，给人民生命财产造成巨大损失。1993 年 8 月，李瑞环同志代表党中央前往宁夏处理这一重大事件，明确提出高举保护人民利益、维护法律尊严的旗帜，要求不管是什么人，只要侵害了人民利益，违犯了法律，就要依法惩处。依照这个原则，依法处理了对这次事件负有重大责任的教派代表人物和其他违法犯罪分子，有效平息了械斗事件，有力地维护了社会稳定。

社会相适应的问题。在当代中国，建设有中国特色社会主义代表了全国人民的根本利益和共同愿望，宗教界理所当然地应当通过自己的方式投身于这一事业，并作出自己应有的贡献。强调宗教与社会主义社会相适应，从根本上说就是要努力做到“四个维护”：维护法律尊严，维护人民利益，维护民族团结，维护祖国统一。

《同全国宗教团体领导人座谈时的谈话》(2000 年 1 月 31 日)

民族、宗教纠纷宜解不宜结，宜疏不宜阻，宜散不宜聚，尤其不能用夸大问题的严重性，来掩盖自己的错误，掩盖自己的无能。

我国民族、宗教问题，基本上是属于人民内部矛盾性质的群众性问题。有些地方即使矛盾激化了，甚至动了刀枪，也未必都是阶级斗争的反映。有的是官僚主义，处事不当，激起民愤。有的地方闹事，里面可能有坏人，有敌对分子。即使如此，这件事从整体上讲也未必一定都是敌我矛盾。对于这类问题，不能掉以轻心，不能简单化处理。对民族、宗教纠纷要尽可能解决在萌芽状态，宜解不宜结，宜疏不宜阻，宜散不宜聚，尤其不能用夸大问题的严重性，来掩盖自己的错误，掩盖自己的无能。

《在听取中央统战部关于民族、宗教工作汇报时的谈话》(1993 年 2 月 24 日)

对民族、宗教方面发生的问题，既要高度重视，又不可过分渲染。

对民族、宗教方面发生的问题，既要高度重视，又不可过分渲染，该处理的处理，该解决的解决，而宣传主要还是要讲正面的。因为问题的一面讲得过多，就等于承认你现在的稳定出了问题了，这本身就容易给想闹事的人一个口实，使他们感到有了机会，同时会使群众人心惶惶。这不利于团结，不利于集中精力搞经济建设。但这并不是说我们有关的工作就可以放松。对于那些想利用民族、宗教问题搞渗透、搞颠覆的人，特别是对达赖集团，必须高度警惕，时刻不能大意。我们的经验就是对这种事情不要张扬过多，而要冷静观察，果断处理。希望你们准确把握形势的发展和变化，审慎、及时、果断地处理出现的问题，不酿成大的事端，尤其不要被这些事情干扰了发展经济、改善生活这个大的战略部署。处理闹事主要是政法委、公安、军队一拨人的事，更多的人还是好好弄生产去，比如弄畜牧业，弄水电，弄格尔木去。我们有这么多党员、干部，基本群众又都站在我们一边，就算有点事又有什么了不起呢？总是可以处理好的。

《听取青海省委、省政府工作汇报时的讲话》（1996 年 7 月 25 日）

动不动就上纲，就戴大帽子，听起来很解气，实际上很坏事。

用简单的、抽象的提法概括复杂的思想认识问题和工作实践中的具体问题以至不同意见和具体偏差，容易把事情搞坏。应当说，大汉族主义有，地方民族主义也有，“两个主义”的现象是存在的。但“两个主义”的帽子不要轻易戴，是什么问题就解决什么问题。我们处理问题，总是要使大家化解矛盾，消除隔阂，更好地团结起来。动不动就上纲，就戴大帽子，听起来很解气，实际上很坏事。这既不利于团结，也无助于问题的解决。

《在听取中央统战部关于民族、宗教工作汇报时的谈话》（1993 年 2 月 24 日）

企图用行政手段去限制甚至消灭宗教是行不通的、有害的，当然，企图用行政力量去发展宗教也是错误的。

我们的辩证唯物主义世界观认为，世界是物质的，物质世界是可以认识和改造的，这种认识和改造要通过实践来实现。在我们的主张里，物质第一、客观第一、存在第一。由此可以得出一个基本观点，就是客观事物的发展和变化是由其内在规律所决定的，任何违反其内在规律的外部干预，任何对复杂问题的简单处理，都是不能奏效的。所谓客观，除了自己的思想，其他都是客观，宗教的存在也是客观。正是基于这种观点，我们认为，宗教作为人类精神生活中一种普遍、长期存在的现象，有其发生和发展的深刻社会根源和认识根源，有其不以人的意志为转移的客观运动规律。企图用行政手段去限制甚至消灭宗教是行不通的、有害的，当然，企图用行政力量去发展宗教也是错误的。我们对宗教的认识也有一个从比较肤浅、比较片面，向着比较深刻、比较全面发展的过程。过去的解释，认为宗教的发生和发展是由于社会生产力、科学技术水平以及人们对自然界的认识能力低下。但现在的情况是，人们对自然界的认识越来越深入，改造自然的能力越来越加大，但宗教信仰者并没有减少。全世界 58 亿人口中有 46 亿信仰宗教，其中包括许多对自然现象有深刻认识的科学家和有广泛影响的政治家。这就要求我们对宗教作进一步观察，针对新的情况作出新的解释，要求我们尊重宗教内在的发展规律，对宗教问题采取非常慎重的态度。

《会见美国基督教会联合会访华团时的谈话》(1998 年 10 月 14 日)

少数民族干部有着汉族干部难以替代的作用和影响。有些话由他们直接说，有些事由他们出面办，有些工作由他们亲自去做，往往具有事半功倍的效果。

少数民族干部是我们党的干部队伍的有机组成部分，是我们党和政府团结联系少数民族群众的桥梁和纽带，他们在许多方面有着汉族干部所不能或难以替代的作用和影响。特别是在开展民族工作方面，有些话由他们直接说，有些事由他们出面办，有些工作由他们亲自去做，往往具有事半功倍的效果。共产党人作为我们这个民族大家庭的领导者、掌舵者，必须以战略的眼光、宽阔的胸怀，真正把各族干部和群众广泛团结起来，齐心协力，同舟共济，一起为维护统一、振兴中华而努力奋斗。

《同新形势下民族、宗教问题研讨班学员座谈时的谈话》
(1994 年 7 月 4 日)

44. 团结稳定是治国安邦的大道理，要管许多小道理。

没有团结就没有稳定，没有团结稳定，一切无从谈起。当前，我们国家总体上是团结稳定的。改革开放的政策顺应民心，经济发展给群众带来了实惠，现代化建设的目标对全国人民具有巨大的凝聚力和感召力，团结稳定的基础进一步增强。与此同时，随着改革开放的不断深入，出现了经济成分和经济利益的多样化、社会生活方式的多样化、社会组织形式的多样化，并由此带来经济结构和社会关系的新变化，使我们面临诸多错综复杂、利弊相伴的问题，遇到不少十分棘手、难以处理的矛盾。特别是在一些地方，下岗人员过多，农民负担过重，社会治安状况不好，消极腐败现象屡禁不绝，使群众的利益和情绪受到严重的影响。保持团结稳定的局面，说到底取决于群众的稳定、人心的稳定。民心顺一切皆顺，民心稳社会就稳。我们要始终坚持人民群众总体受益原则和总体承受能力原则，在制定政策、出台改革措施时，都应充分考虑人民群众满意不满意、高兴不高兴；要尽心竭力帮助群众排忧解难，把贫困群众纳入干部视线之内和服务网络之中，使他们的基本生活得到保障。同时必须深入细致地做好思想政治工作，使人们切实了解，离开团结稳定，经济无法发展，国家不能富强，个人生活也难以改善；使人们真正懂得，团结稳定是治国安邦的大道理，要管许多小道理，中国只要自己不乱，就没有任何力量可以阻挡我们前进。

《在中国人民政治协商会议第九届全国委员会第三次会议闭幕会上的讲话》（2000 年 3 月 11 日）

伟大的任务需要广泛的团结，广泛的团结创造伟大的业绩。

伟大的任务需要广泛的团结，广泛的团结创造伟大的业绩。只有不断巩固和扩大团结，才能维护稳定的社会局面，保持和谐的人际关系；才能充分利用时间进行建设，抓住机遇发展自己；才能挖掘蕴藏的潜力，充分发挥中国人民的聪明才智；才能振奋民族精神，凝聚海内外各方面的力量。

《在中国人民政治协商会议第八届全国委员会第一次会议闭幕会上的讲话》（1993 年 3 月 27 日）

唯有团结，才能稳定；唯有团结，才能一心一意搞四化；唯有团结，才能推进祖国统一大业；唯有团结，我们民族才能自立于世界先进民族之林。

最大限度地团结人，是统战工作的一项重要任务。中共十四大提出的各项任务是令人鼓舞的，同时也是十分艰巨的。必须看到，在我们前进的道路上，无论是改革开放、经济发展和社会进步，还是按照“一国两制”的方针促进祖国和平统一，都还存在许多问题和困难。解决这些问题，克服这些困难，要靠正确的路线、方针、政策，还要靠共产党的团结和全体人民的团结。唯有团结，才能稳定；唯有团结，才能一心一意搞四化；唯有团结，才能推进祖国统一大业；唯有团结，我们民族才能自立于世界先进民族之林。各民主党派有自己熟悉的领域，有自己的成员和所联系的群众，有自己具有广泛社会影响的代表人物，可以在实现最广泛团结的任务中，发挥特殊的作用。我们要搞好共产党同各民主党派的团结、各民主党派之间的团结、各民主党派内部的团结，并以此为基础团结带动更多的人，为实现我们的伟大目标而共同奋斗。

《同各民主党派中央、全国工商联负责人和无党派人士代表座谈时的讲话》（1992 年 11 月 17 日）

只有团结稳定的局面，才有利于鼓劲办事；只有不断地鼓劲办事，才有利于促进团结稳定。

要真正做到团结稳定，就必须鼓劲干事。要通过各种方式方法进行鼓劲，通过各种方式方法去办实事。近两年对全国人大会议和政协会议的宣传报道方针就是民主、求实、团结、鼓劲，后来很多地方开“两会”也用这几句话。只有团结稳定的局面，才有利于鼓劲办事；只有不断地鼓劲办事，才有利于促进团结稳定。历来都是办事才能增强团结，坐在那里讲团结，常常团结不起来。所谓统一思想、统一认识，这个思想、认识在没有行动之前都是相对的统一，真正的统一是在工作的过程之中，以至于工作的结果之后。开始往往有些不统一，人们在干的过程中，通过办事就统一了。所以要不断地把群众的精神振奋起来，把大家的力量凝聚起来，把人们团结起来，去办大家都认为应当办的事，也包括我刚才说的像小浪底水库这样的事。你共产党不是要为人民服务，办几件有益于人民的事吗？你办老百姓受益和关心的事，既振奋精神，也树立威信。你如果不办事，说得再动听也不行。

《接见洛阳市党政领导时的讲话》(1991 年 8 月 17 日)

唯团结才能稳定，唯稳定才能发展，唯发展才能振兴。

唯团结才能稳定，唯稳定才能发展，唯发展才能振兴。团结、稳定、发展、振兴是中华儿女的共同愿望。

当前，我国社会总体上是团结稳定的，但也存在一些妨碍团结、影响稳定的因素。我国正处在建立社会主义市场经济体制的深刻变革之中，会出现一些经济利益的摩擦、思想观念的碰撞，出现一些不公平、不合理的事情，出现一些消极、腐败的东西，我们的工作也会出现这样那样的问题甚至失误。尽管这些是难以完全避免的，但是，它确实给一些人带来生活上的困难、心理上的失衡、情绪上的不顺。对此，决不能忽视、回避、敷衍、推托。我们必须面对现实，负起责任，真心实意地关心群众疾苦，尽心竭力地解决各种问题，耐心细致地做好思想工作，这是保持团结稳定局面的重要基础。

《在中国人民政治协商会议第八届全国委员会第五次会议闭幕会上的讲话》(1997 年 3 月 12 日)

中国没有团结稳定的局面，一切无从谈起。

中国没有团结稳定的局面，一切无从谈起。回顾一下，咱们中国近一百年当中，集中精力、踏踏实实连续搞建设有过几段？从 1900 年说起吧，八国联军进北京、《辛丑条约》，以后辛亥革命，以后军阀混战，以后第一次国内革命战争，第二次国内革命战争，抗日战争，解放战争，都一直在打吧。当然有些仗是不能不打的，比如日本人侵略进来，不打行吗？要推翻三座大山，不打行吗？1949 年全国解放，应该安下心建设了吧！我们确实也集中精力抓了几年建设，取得很大成就，可是没多久，就开始反右，“大跃进”，反“右倾”，“四清”，直至“文化大革命”。一系列政治运动，劳民伤财多少？得罪人多少？光是“文化大革命”，一搞就是 10 年，使中国陷入了灾难境地。可以说，近百年来，只有十一届三中全会之后这 18 年，咱们踏踏实实地搞建设、干活了，没折腾。大家可以联想一下，过去农业发展目标，黄河以北亩产 400 斤，“过黄河”是亩产 500 斤，“过长江”是亩产 800 斤，弄了多少年，什么时候达到过？现在到各省去看，这 400 斤、500 斤、800 斤算什么呀，亩产 1 000 斤、1 000 公斤的地方有的是呀！什么原因？归根结底是因为我们有一套好的方针政策，有一个团结稳定的局面。假如我们再有这样一个 18 年、两个 18 年，中国将是一番什么景象？如果我们有了一个 18 年自己就又坐不住了，又要折腾，那就不行了！当前我们的社会政治局面是团结稳定的。首先党的高层领导是团结的，全党也是团结的，全国人民对我们党是拥护的。但是我们决不能大意，要百倍地珍惜、尽力地维护这个局面，不利于团结稳定的话不说，不利于团结稳定的事不做。一切从有利于团结稳定出发。只要我们团结稳定，只要我们按照小平的理论路线干下去，中国是大有希望的。

《在政协八届五次会议中共、特邀联组会上的讲话》（1997 年 3 月 2 日）

政治上稳定才能促进改革开放，保证经济发展；经济发展了，生活改善了，人民群众才会更加支持改革开放，从而又促进政治上的稳定。

中国是一个人口众多、地域辽阔的国家。历史上长期动乱曾使中国人民吃尽了苦头，因此，中国人民十分重视和向往“国泰民安”。80 年代我们取得了一些成就，其重要原因之一就是政局稳定。我们体会，没有稳定的局面就一切无从谈起。政治上稳定才能促进改革开放，保证经济发展；经济发展了，生活改善了，人民群众才会更加支持改革开放，从而又促进政治上的稳定。按中国传统的说法，形成这样一个良性循环，是“安邦兴国”之道。

《会见布隆迪乌普罗纳党代表团时的谈话》（1991 年 7 月 21 日）

中国人倒霉的时候容易团结，打胜仗以后常常不团结，我们一定要牢记历史的教训。

我们中华民族不能说不团结，但确实也吃过不少不团结的亏。过去有人说我们是一盘散沙，至今也有人说中国人在一起合不来。美国人说，在研究所等高科技单位来一个日本人甭担心，他没多少招；来一个中国人就要小心，因为中国人聪明，他会把技术学走。如果来两个日本人就要小心，因为他们合起来就有力量了；来两个中国人，就不用怕，因为他俩准会打架。如果来三个中国人，你就更不用管，他们自己就折腾起来了。这当然有讽刺和挖苦之意，但我们自己是是非非，张家长、李家短，不团结的事确实太多了。现实中还有这种情况，两人闹不团结不是因为你做错了，而是因为你做对了；不是因为你太穷了，而是因为你太富了；不是因为你太笨了，而是因为你太能了。对香港恢复行使主权的整个过程，是对中国人的团结，包括香港人的团结、内地人与香港人的团结的考验。在这样重大的历史关头，我们应该更好地团结起来。中国人倒霉的时候容易团结，打胜仗以后常常不团结，我们一定要牢记历史的教训。

《同港澳地区全国政协委员座谈时的讲话》(1995 年 3 月 13 日)

中国人民必须团结，必须发展经济，必须把国家搞强大，否则就要挨打，就会任人宰割。

认真回顾抗日战争这段历史，目的是使全国人民特别是我们的子孙后代了解日本帝国主义发动的那场侵略战争给中国人民带来的深重灾难，了解中国人民为维护国家独立、争取民族解放所进行的可歌可泣的英勇斗争，是为了从中吸取历史教训，这就是中国人民必须团结，必须发展经济，必须把国家搞强大，否则就要挨打，就会任人宰割。

《会见美国“肖振瀛学术研讨会”代表团时的谈话》
（1995年8月24日）

不向前看就无法团结，向前看才能团结，团结起来前面才好看。

我们过去的经验教训可以讲很多，关键的一条在于团结。所以，邓小平在十一届三中全会上突出强调要团结一致向前看。不向前看就无法团结，向前看才能团结，团结起来前面才好看，不团结起来前面是什么模样就看不出来。如果老是回头看，总是计较你整过我，我整过你，你坐过班房，我挨过斗，这就没法团结。

《在〈邓小平新时期统一战线理论学习纲要〉出版座谈会上的讲话》
（1998年12月21日）

只有团结才能奋斗，但离开奋斗也说不上团结。

不要叫消极的东西牵着走。消极的东西当然要重视，并逐一地加以解决，但我们的主要精力还是抓积极面，注意积极进取。只有团结才能奋斗，但离开奋斗也说不上团结。真正的团结要在奋斗的过程之中，在为了一个共同的目标而奋斗中逐步形成。有时就事论事，越论问题越多、越复杂。大目标是前进，这样会把更多的人吸引过来。大步向前，有人在后边嚷两句、骂两句，不要紧，不管他，他也就没劲了。你越把他当个事，他越觉着自己很了不起，“人来疯”。控制大好形势的关键，在积极进取，把工作搞好、搞完善。精神文明建设需要加强，这毫无疑问是对的。但是，有些人把我们现在的精神文明、思想政治工作说得一塌糊涂，我不赞成。人们的精神状态什么时候像现在这样振奋过？人们的思想什么时候像现在这样解放过？实事求是的原则什么时候像现在这样被理解和坚持过？群众的首创精神什么时候像现在这样受到尊重过？外国的科学技术什么时候像现在这样被正确对待过？

《同全国第四期市长研究班学员座谈时的讲话》(1986 年 1 月 9 日)

坚持原则和团结多数是一致的，团结大多数就是一条重大原则。

坚持原则和团结多数是一致的。我们讲团结，当然不是不要原则。没有原则的团结不是真正的团结。我这里讲的原则，指的是重大问题、重大是非、重大原则。团结大多数就是一条重大原则。全心全意为人民服务是我们党的根本宗旨。除了人民的利益，党没有任何私利。正因为如此，我们总是把绝大多数人的状况，包括他们的愿望、要求、情绪、觉悟作为确定任务、制定政策的依据，把团结、依靠绝大多数人作为我们完成任务、实行政策的目的和保证。

《在全国宣传部长会议上的讲话》(1991 年 1 月 19 日)

努力创造民主团结、融洽和谐的气氛。

人与人之间关系的融洽、协调，是社会安定的基础。在当前改革的形势下，必须注意随时不断地协调各方面的关系。根据这几年的经验，应当注意以下几个问题：一要不断完善政策，调整好人们的物质利益关系。我们承认人们在分配上的合理差别，但也必须实行合理的调节，防止收入差别过于悬殊，在鼓励一部分人先富起来的同时，力争使在付出同等智力和体力劳动的情况下，收入大体相等。二要力戒片面性，避免诱发不安定因素。比如，在强调干部“四化”① 时，不要忽视老年干部和工农干部的作用；在强调发挥知识分子作用时，不要低估其他劳动群众的智慧和创造力；在宣传鼓励一部分人依靠辛勤劳动先富起来时，不要忘掉全社会共同富裕这个最终目标；在宣传改善和提高人民生活时，要注意国情、国力，不要吊群众的“胃口”；在批评和揭

① 指干部的革命化、年轻化、知识化、专业化。

露某些问题时，要分清主流和支流，不要以偏概全。总之，处理各种问题都要注意社会效果，要有助于理顺群众情绪，有利于协调好各方面的关系。三要努力创造民主团结、融洽和谐的气氛。我们在从事各项工作时，都要把注意力集中到团结人民、充分发挥群众的社会主义积极性和创造精神上来。特别是各级领导同志要克服狭隘观点，真正做到诚恳待人、平等待人、一视同仁、知人善任，尽可能使更多的人高兴，使更多的人满意，使更多的人在四化建设中充分发挥自己的聪明才智。

《在天津市十届人大六次会议上的〈政府工作报告〉》

（1987 年 4 月 22 日）

45. 把局面搞乱了最终倒霉的还是老百姓。

一个多月来发生的全国性的学潮，是建国以来所没有过的。由于学潮的波及和影响，许多城市都出现了交通堵塞、供应困难、价格上涨、社会秩序动荡等，给人民生活和组织人民生活带来许多困难和问题。天津就总的方面看要好得多，迄今为止，全市没有出现大的问题。鱼、肉、蛋、菜、奶供应充足，销售正常，日用工业品没有出现脱销的现象，物价在35个大中城市中仍然是比较低的，上涨指数逐月下降。应该说，在当前这种情况下，人民生活许多方面能够达到今天这样的程度，是很不容易的。这是天津的广大群众、包括青年学生在内共同努力的结果，是我们几年良好工作的结果，也是有关部门的领导与群众认真负责、夜以继日地工作的结果。对此，市政府也付出了极大的心血，乃至不惜承担许许多多的误解。

现在，学潮有所缓和，但还没有结束。在今后的时间里，能不能使天津继续保持现在这样一个局面，使人民生活得以正常进行，我认为有条件，有可能，但也有令人担忧的问题。如果没有一个稳定的社会环境，人们不上班或不能上班，生产和工作不能正常地进行，人民生活的基本条件就无法保证，尤其是一些与人民生活密切相关的单位稍有闪失，就会波及全市。因此，维护和保持社会的稳定，直接关系到每个人的切身利益，是当前群众最关心的问题，最迫切的愿望。

我不否认，当前人们存在着一些分歧和不同的看法；一些人有意见、有情绪，也可以理解。对有些问题的认识一时统一不起来，假以时日终究会弄清、统一。但是，保证天津局势稳定，不给群众生活造成混乱、带来困难，不出现灾难性的局面，不论是谁，不论是工人、农民、知识分子，还是青年学生，都应该有这样一个起码的共识。我们常讲求同存异，这个问题，应该是全市所有方面、人士的大同。我们的人民几经磨难，好不容易过上几天安心、安定的日子，任何人没有理由使人民群众重新陷入动乱之中，重受动乱之苦。可以肯定，把局面搞乱了最终倒霉的还是老百姓。

《在部署抓好当前人民生活会议上的讲话》（1989 年 5 月 24 日）

说工作重点是稳定，是说在 1989 年或者 1989 年一个时期里，改革、发展要服从稳定、围绕稳定。

市委扩大会议的精神主调是稳定。在会议文件和讲话中，问题和困难面谈得多，消极面和不利面谈得多，目的是唤起大家的警觉。一些同志提出，过去讲要时刻注意改革、发展、稳定三者的关系。这次讲 1989 年的工作重点是稳定，那对改革、发展应该怎么说？其实，说工作重点是稳定，是说在 1989 年或者 1989 年一个时期里，改革、发展要服从稳定、围绕稳定。我在预备会上讲“稳住局面、保住吃饭、多方准备、球形方案”①，前两句就是保住老百姓的生活，后两句就是小心谨慎、多方准备，防止和应付可能出现的各种复杂局面。会出什么问题？会出什么局面？我说不清。但种种情况综合起来看，确实有点要出事的感觉。你们是天津公安战线的领导骨干，我们今天来，一是感谢你们过去一年对市委、市政府工作的支持；更重要的是提醒你们，正如我在会上讲过的，今年可能面临“异常复杂的局面，意想不到的困难”，公安战线的工作哪年也不像今年意义这么直接，今年最直接最突出的是稳定局面。我向你们提出一个要求，要结合实际落实市委扩大会议精神，振奋精神、提高警惕，准备应对可能出现的各种情况。是不是一定会出事，我不敢肯定。有时就是因为你准备得充分，本来要出事，反而倒没出事。至于怎么多方准备，希望你们有个方案。

《在天津市公安分局长会议上的讲话》（1989 年 1 月 13 日）

稳住阵脚，小心应对，防止动乱。

北京闹得很乱，天津尚属平静。外地来人称天津是“和平之岛”。天津人自己怎么看呢？可以说，既珍惜这个局面，又担心失掉这个局面。这种担心不是没有道理的。平静只是一个方面，有一些人把天津看作“久攻不下的顽固堡垒”，正在策划搞乱天津的行动计划。尽管他们人数不多，但他们的汇合加上一些被蒙蔽的群众足以构成对天津的威胁。

---

① “球形方案”是一种形象说法，球形无方向性，意指哪里出了问题都可以及时、有效地应对。

然而，天津毕竟是天津。既然我们经受了风风雨雨，能够有今天这样的局面，也应该经得住更大风浪的考验。当前最重要的是稳住阵脚，小心应对，防止动乱。我们有很多有利条件，其中最根本的有两条：一是有理，二是有人。

所谓有理就是有真理。我们提出的团结起来防止动乱，让天津人民免受动乱之苦，反映了全市人民的共同愿望，代表了全市人民的切身利益，因而得到了全市人民的衷心拥护。这个道理，一切有良知的人都不会反对。如果有什么人出来反对，只能证明他别有用心，站到了人民的对立面。

所谓有人就是有群众。但群众需要组织。这几天，我们的舆论宣传起了很好的作用，极大地统一了全市人民的思想，使团结起来防止动乱的口号深入人心，成了压倒一切的声音。真理一旦掌握群众，就变成巨大的物质力量。短短几天，全市出现了无数个保卫人民、保卫天津的群众组织。它们扎根于广大群众之中，遍及全市城乡各地，形成了对敌斗争的汪洋大海，筑成了防止动乱的钢铁长城。

现在天津的形势是好的，是可以控制的。但天津不是孤立的，必须百倍提高警惕，万万不可麻痹大意。

《同天津各界人士座谈时的讲话》(1989年6月2日)

中国无论如何不能再乱了，不管什么理由，讲得多么好听，只要是不利于稳定的事，就要从根本上采取措施去解决。

当前压倒一切的任务是稳定，离开了稳定，一切都无从谈起。我们的宣传报道必须十分认真谨慎，要尽量避免可能导致不稳定的东西。比如不久前说什么一颗小行星要撞击地球，搞得人心惶惶。中国无论如何不能再乱了，不管什么理由，讲得多么好听，只要是不利于稳定的事，就要从根本上采取措施去解决。

《在〈人民日报〉国内记者工作会议上的谈话》(1990年4月28日)

保持安定、避免动乱，符合大家的共同利益，也要靠大家的共同努力。

当前，我市的社会局面基本是稳定的，人民生活秩序基本是正常的。但人们心中仍有疑虑，对这种局面能不能维持下去、往后将如何发展有所担心，我看有两种可能。

第一种可能，天津能保持安定、避免动乱。因为安定符合人民的根本利益，是全市人民的共同愿望；广大工人、农民、知识分子识大体、顾大局，是支持党和政府的工作的；我市各级党组织坚强有力，广大党员在关键时刻能够经受考验、挺身而出；我市高等院校的领导和骨干是积极努力的，绝大多数青年学生是热爱祖国的，也是比较理智的；广大公安干警和武警指战员是有战斗力的，纪律严明，忠于职守，有一整套对付坏人的经验，完全有能力保护广大人民。

还有第二种可能，那就是出现大家都不希望看到的那种动荡和混乱。种种迹象表明，现在确有极少数别有用心的人在大做文章，蓄意把一个好端端的天津搞乱。他们制造种种谣言，蛊惑人心，破坏社会安定；他们妄图设置路障，拦截车辆，扰乱公共交通秩序；极少数人甚至扬言要冲击电厂、拉掉电闸，制造全市性的停产、停水、停气事件，破坏人民的正常生活；一些没有改造好的刑满释放分子和其他犯罪分子妄图浑水摸鱼，蠢蠢欲动。对此，我们必须时刻警惕。

毫无疑问，一切善良的人都希望实现第一种可能，防止第二种可能。因为，第二种可能只能带来一场灾难，对谁都没有好处。可以设想，如果出现动乱，工厂不能开工，商店不能营业，学生不能上课，公共交通不能运营，煤、气、水、电中断，甚至群众生活每天必需的粮食、蔬菜也无法供应，起码的人身安全也失去保证，那将是一个什么局面？至于治理整顿、稳定物价和反对腐败、推进民主建设等要求，更不可能顺利实现，改善人民生活的各种实事也将化为泡影。这种局面，对工人有害，对农民有害，对知识分子有害，对青年学生有害。一句话，最终是老百姓受害，人人受害。

实现第一种可能，避免第二种可能，符合大家的共同利益，也要靠大家的共同努力。一切有良知的人，一切想过安全日子的人，一切不是别有用心的人，不管对问题的看法有多大不同，都可以在维护天津安定、防止动乱的问题上取得共识，作出贡献。那种为了个人意见、个人的情绪，置广大人民利益于不顾，背离广大人民意愿的人，只能成为历史的罪人、人民的罪人。我坚信，只要全市人民认清形势，擦亮眼睛，紧密团结，极少数别有用心的人就会被孤立起来，难以得手。只要我们每一个人都能一切着眼于全局，一切言行都从有利于安定出发，我们就一定能够保持和发展我市安定团结的政治局面。

《在天津市领导干部通气会上的讲话》(1989 年 6 月 1 日)

在团结起来防止动乱、团结起来防止流血这个问题上，我们的同志不能再讲任何条件，不能再说思想不通。

当前天津面临着严峻的形势，复杂的局面。最近几天出现了一些值得严重注意的动向。极少数人阴谋制造流血事件，“开辟新的战场”，把天津搞乱。如今，在北京制造动乱的极少数骨干分子正在插手天津。我们相当一些人缺乏应有的警觉。许多青年学生更是懵懵懂懂，被蒙在鼓里。应该说这是一个严重的问题。

我们必须紧急动员起来，揭露极少数人蓄意制造动乱的阴谋；最大限度地团结起来，为防止动乱、防止流血而英勇斗争。这是当前最大的事情，最明显的道理，最基本的检验，也是全市人民最直接的利益。我们希望大家把一些不同的看法和认识上的分歧暂且放在一边，使自己的一言一行有利于这件大事情，服从于这个大道理。在团结起来防止动乱、团结起来防止流血这个问题上，我们的同志不能再讲任何条件，不能再说思想不通。稳定是为了人民，稳定必须依靠人民。我们要发挥政治优势，形成强大的社会舆论；要坚持群众路线，组织起维护安定的坚强力量；要依靠专门队伍，毫不手软地随时打击制造动乱的不法分子。只要我们这样做了，就一定能够把天津稳住，防止动乱、防止流血是完全可能的。

《在天津市领导干部通气会上的讲话》（1989 年 5 月 28 日）

要认识形势之“非常”，保持社会之“正常”，力戒个人之“失常”。

现在的形势，简要地说是“情况非常复杂，形势非常严峻”。北京的事越闹越大，参与的人越来越多，情绪和手段越来越激烈。全国各地闹事的也在不断升级、蔓延，许多地方出现了打砸抢烧的局面。天津表面平静，地下活动频繁。一些别有用心的人，正在和北京某些组织秘密串连，企图搞乱天津。他们扬言：“天津不搞乱，北京难成功”，甚至打算设置路障、搞乱交通，破坏与生活相关的生产要害单位，搞乱社会和人民生活。当前最为困难的是，上边没有明确的指示，媒体没有清晰的信号，发展变化较难把握，现在是个“非常时期”。我们必须充分认识稳住天津的极端重要性。天津一旦失控，一旦出现北京那种混乱局面，天津人民陷入灾害之中可以肯定；同时会给北京带来巨大的压力，天津供应北京戒严部队食品的任务也无法继续。所以，认识“非常”、稳住天津是市委、市政府和全市人民压倒一切的任务。

“一切为了人民、一切依靠人民”是天津工作的基本思路，也是天津克服重重困难、不断夺取胜利的基本经验。在目前这个非常时期，要实现“稳住天津、维护正常”的目标，仍然要坚持这个基本思路和经验。市委几个负责同志商量了一下，认为必须迅速把群众组织起来，以区、县、局为单位，成立“双卫队”，即保卫人民、保卫天津。我们认为，天津人民是反对动乱的，是拥护市委的，他们是希望市委采取果断措施维护稳定的。市委决定成立指挥部，由晋峰①同志负责，各单位也要由主要领导人牵

① 即刘晋峰，当时任天津市副市长。

头，目的是展示力量、压住邪气。我希望各级领导同志，值此关键时刻，头脑要清楚，脚跟要站稳，要和市委保持一致，切勿自作聪明。我已和工青妇等负责人以及一些教育、文艺界的同志分别打了招呼，希望大家经受住这次考验。现在，群众人心浮动，到处打听消息，市领导的一言一行，都会引发他们猜测，引起连锁反应。希望大家保持正常的工作状态，不要惊慌失措。总之，要认识形势之“非常”，保持社会之“正常”，力戒个人之“失常”。

《在天津市委领导碰头会上的讲话》（1989 年 5 月 30 日）

在重大原则问题上，要立场坚定、旗帜鲜明，但是无关紧要的小事太清楚了反而不好。

我们必须看到，动乱以后，相当多的人，特别是知识阶层，在学校特别是中青年教师，现在还需要做大量的工作。我估计思想没有真正转过弯来的不是个小数目。对待他们，要耐心地做工作，乃至需要我们更开明一点，豁达一点，“糊涂”一点。我好说两句话，叫做心中有数装糊涂，心中有数团结多数。当然，在重大原则问题上，要立场坚定、旗帜鲜明，但是无关紧要的小事太清楚了反而不好。大夫容易看见到处都是病菌，就来回地洗手，搞得神经高度紧张。管仲临死的时候，齐桓公想叫管仲的好朋友鲍叔牙接他的班，问管仲怎么样。管仲有一段很有名的话，意思是：叔牙君子也，虽然不能为相，叔牙见人一恶始记终生，是其短也。

《在〈人民日报〉国内记者工作会议上的谈话》（1990 年 4 月 28 日）

凡不是别有用心的，凡错误不太大的，不要过分追究个人责任。

在过去资产阶级自由化泛滥时期，出过这样或那样的问题的，凡不是别有用心的，凡错误不太大的，凡他的所作所为是有上边根据的，就不要过分追究个人责任。当然，作为自己应该从严要求，认真接受教训。对于高级干部要求应该严格，因为那么大的干部，自己也以为有那么高的水平，在重大问题上应该有辨别是非的能力。

《在〈人民日报〉国内记者工作会议上的谈话》（1990 年 4 月 28 日）

46. 无休止的纠纷闹不起，宝贵的时间丢不得。

看形势好不好，其中一条标准就是团结。团结如何，决定着工作如何、局面如何。我们都是来自五湖四海，为了一个共同的目标走到一起来了，哪有什么重大的恩怨、根本性的矛盾、了不起的问题啊！我常说能到一起工作是一种缘分。这不是要人们抹稀泥，不讲原则。因为有些问题，对、错都是小事，没必要争论你长我短。团结本身就是一个原则。现在我们改革与建设的任务相当繁重，机遇难得，时间紧迫，无休止的纠纷闹不起，宝贵的时间丢不得。团结起来，抓住机遇，尽快发展自己，这就是一个大的原则。

《听取陕西省委、省政府工作汇报时的讲话》（1999 年 9 月 9 日）

讲团结，首先是党内讲团结，各级领导干部讲团结。

小平同志有一段很重要的话：中国搞四个现代化需要两个条件，一个是国内有一个团结稳定的社会局面；一个是国际有一个和平友好的环境。讲团结，首先是党内讲团结，各级领导干部讲团结。我在今年政协大会闭幕时讲了一番“和为贵”的道理，我讲的“和”当然是讲原则的，不是否定必要的斗争。但是以往我们所谓的“斗争”，回头看看，有的是有必要的，相当多是自己跟自己瞎折腾，斗完了啥都没得到。“反右”斗争、反“右倾”斗争，“四清”斗争，有哪次斗对了？“文革”就更不用说了。在一起工作，这是有缘，分开了以后留下美好的回忆，这不很好吗？毛主席在《党委会的工作方法》中有一句话：“谅解、支援和友谊，比什么都重要。”① 一个班子里边应当互相补台，互相体谅。只有首先实现党内的团结，然后才谈得上各个方面的团结。

《听取青海省委、省政府工作汇报时的讲话》（1996 年 7 月 25 日）

领导者的主要精力要放在研究现实、研究面临的工作上，而不应该陷入历史的纠葛之中。

无论如何，我们都是共产党员，我们担负着领导中国这么个大国家的历史任务。这个错误那个错误，包括“文化大革命”的错误，包括“四人帮”的错误，包括自由化的错误，可以在党内讲，但对老百姓来说，这都是共产党内出的事。从这个意义上讲，我们党员都应承担这个责任，不能自己瞎折腾。我在天津就不跟他们纠缠那些历史问题，你给我讲我也不听，我来了以后就

① 《毛泽东选集》，2 版，第 4 卷，1441 页，北京，人民出版社，1991。

管这段。领导者的主要精力要放在研究现实、研究面临的工作上，而不应该陷入历史的纠葛之中。要做好工作，台上各部门各方面之间、台上台下之间应该互相信任，互相支持。同志之间要多交心通气，增进了解，团结一致，把事情搞好。当然，真正属于原则的问题，我也不主张抹稀泥，但真正带有原则性的分歧有多少啊？并不多。

《在河北省六大班子成员座谈会上的讲话》（1990 年 1 月 6 日）

今天我们评价历史，将来历史也会评价我们。

维护团结稳定，必须讲大局、讲历史责任感。从香港被占到香港回归，历经 150 余年。在新中国建立前的一个多世纪里，我们的民族蒙受了多少屈辱，遭受了多少苦难，令人痛心疾首；在新中国建立后的几十年中，我们的国家经历了多少曲折，付出了多少代价，真是刻骨铭心。为了把一个半殖民地半封建的旧中国变成独立自主的新中国，无数志士仁人前仆后继，浴血奋斗；为了找到一条符合中国国情的正确发展道路，我们的党和人民百折不挠，艰辛探索。今天的局面确实来之不易！我们这一代人正处在我国发展的重要时期，肩负着重大的历史责任。我们这一代人也是历史发展过程中的一段，也有一个上对祖先、下对子孙交待的问题。今天我们评价历史，将来历史也会评价我们。只要我们多想想这些，还有什么一己私利不可以割舍，还有什么个人恩怨不可以超越，还有什么缺点毛病不可以抛弃！我们完全应该同心同德，团结奋斗，共同创造更加美好的未来。

《在中国人民政治协商会议第八届全国委员会第五次会议闭幕会上的讲话》（1997 年 3 月 12 日）

诚恳待人，平等待人，一视同仁，知人用人。

“三人一条心，黄土变成金”，是说明团结可以形成强大的合力，团结就是力量，团结就是胜利，团结就是生命。“一个篱笆三个桩，一个好汉三个帮”，是说明任何人都需要大家的支持，也就是“谅解、支援和友谊，比什么都重要”。领导者的本事主要在于能够听取大家的意见，把大家团结起来。一个领导者工作好坏，关键是能否得到大家的支持和帮助。我觉得，同志之间应该是待人以诚而去其诈，待人以宽而去其隘；作为领导更要有宽广的胸怀，诚恳待人，平等待人，一视同仁，知人用人；要看得远一点，想得大一点，心胸宽一点，姿态高一点。

《在中共天津市委扩大会议上的讲话》（1989 年 10 月 4 日）

所有的事情都商量周到了是不可能的。

团结是力量，团结是生命，团结是取得一切胜利的根本保障。希望今后工作中，既要坚持民主集中制，又要敢于独立负责；既能推心置腹、肝胆相照地开展批评与自我批评，交换意见，又要提倡互相谅解，注意友谊。所有的事情都商量周到了是不可能的，事情是错综复杂的，常常有这样那样的事情出来，所以有些不周到之处，相互之间都要谅解。大家走到一起，五湖四海，东西南北，男女老少，不同的经历，不同的方面，到一起共事就是有缘。有缘千里来相会，有缘万里到一起。在一起工作时，难免有点疙疙瘩瘩的，东一句西一句的，但离开了，回过头来看看有什么？我们这段合作，到将来我们年岁大了，或者工作调动了，这个时期还是值得大家回忆的。在工作中，我们要结成深厚的友谊。既讲原则，又注意关系；既能秉公办事，又能讲一点友谊。我想，天津市政府这块牌子是可以硬硬梆梆地挂在这里的。我是充满信心的。

《在天津市政府领导班子调整后第一次全体会上的讲话》
（1985年10月13日）

要善于发扬人的长处和优点，而不是首先抠住人家的短处和缺点把人治住。

过去体委系统风气不能算很正，当面和和气气，背后嘀嘀咕咕，你说我，我告你，帮帮伙伙，疙疙瘩瘩。有的人不是在提高自己上下功夫，而是靠踩踏别人显示自己的高明。有的人本事不行，滥竽充数，天天讲陈词滥调；有的人或许有点本事，但心眼不正，说谁都不行，没他不行，其实他也不太行。特别是领队、教练员以及组织领导方面的干部，对搞帮帮派派、团团伙伙，占着茅坑不拉屎的人必须拿开。搞一个队总搞不好的，也要撤换。我常说领导干部有三类：一是有的同志人是好人，能团结人，但不避邪，不能按原则办事；二是有的同志能坚持原则，敢得罪人，但简单生硬，不懂策略，不能团结人；三是既能团结多数人，又能压住歪风邪气，这是我们需要的干部。首先是讲道理、讲大局、讲规矩，也要讲方法、讲水平、讲调动人的积极性。每个人都有优点、都有缺点，都有长处、都有短处，而且往往长是短的原因，短是长的结果，长和短有时还是相伴随的。领导者的责任就是善于发扬人的长处和优点，并在发扬其长处和优点的过程中帮助人克服其短处和缺点，而不是首先抠住人家的短处和缺点把人治住。

《听取天津市体委工作汇报时的讲话》（1986 年 6 月 23 日）

不能把自己的长处搁在脑袋上晃悠，把人家的缺点从屁股底下抠出来跟自己的优点比。

我在分管宣传工作时曾经讲过，我们长期以来对一分为二的观点讲得有毛病。什么事情都讲分，分了之后就讲斗，太简单化、绝对化了。一个班子要一分为二，有正确的代表，有错误的代表。一个家庭也要一分为二，有正确的代表，有错误的代表。先讲分的普遍性，后讲斗争的绝对性，“不斗则修”，“不斗则退”，“不斗则亡”，太简单。列宁是讲过，统一物之分为两个部分以及对它的矛盾着的部分的认识，是辩证法的实质，但列宁同时讲这需要解释和说明。“批邓”时我就说，北京建委班子里的几位同志谁斗谁？叫我斗他们，我没见他们有什么不好；叫他们斗我，我为什么叫你斗。事物是可分的，但斗争是多样的，两个人谈心、争论，把思想统一了；手术刀和病灶斗，把病去掉了；扁担和肩膀斗，把水挑回家了，这就是斗争方式的多样性。不讲斗争的多样性只讲斗争的绝对性，斗来斗去，有几个斗对了？俗话讲，有缘千里来相会，能在一起工作，真是个缘分，有这么一段合作共事的历史，应该留下美好的记忆。人总是有优点有缺点，有长处有短处，不能把自己的长处搁在脑袋上晃悠，把人家的缺点从屁股底下抠出来跟自己的优点比；一个班子总有强一点的弱一点的，没有弱一点的也显不出来强一点的，你强是因为有弱一点的托着，相互可以取长补短才成其为班子；一个班子总是有文的有武的，一个乐队有吹管的、有拉弦的，但指挥就是一个人，大家都当班长、都来指挥，就没法办。所以我说，假如把12个省委书记弄到一个班子里，那这个班子肯定弄不好。毛主席讲，友谊与谅解比什么都重要。人人都需要谅解和理解。要诚恳待人、平等待人、以理服人，一视同仁。要加强了解，增进理解，消除误解，达到谅解。

《听取陕西省委、省政府工作汇报时的讲话》(1999年9月9日)

确实存在那么一批人，干事没能耐，整人有本事，用整干事的人来表现自己存在的价值。

中国人一不懒，二不笨，地域不小，资源不少，没有任何理由和根据长期落后于其他国家。但是，我们确实有很多应该干成的事而干不成，有许多可以干好的而干不好，原因究竟在哪里？其中之一，就是因为我们有些人总是自己整自己。确实存在那么一批人，干事没能耐，整人有本事。他自己不努力，也没有什么贡献，就是用整干事的人来表现自己存在的价值。如果这种人不能得到应有的批评教育和必要的惩罚，正气就树不起来，国家就没有希望。各级领导一定要为先进人物撑腰，使那些为国家操劳的人、尽心竭力为四化献计献策的人、为人民作出巨大贡献的人受到人们的尊重，得到好的结果，使扶正祛邪成为整个社会的风气。

《在献计出力活动先进人物座谈会上的讲话》(1986年8月28日)

要克服那种不择手段追名逐利的不良倾向。

要克服那种不择手段追名逐利的不良倾向。影响文艺界团结的一个带普遍性的原因，是有些同志对名利看得过重，往往因争名争利而伤害了感情，结下了隔阂。所以，不断提高广大文艺工作者的思想境界，教育大家正确对待名利，对搞好团结具有十分重要的意义。我们并不是一般地反对功利主义，相反，我们鼓励、支持大家好学上进，鼓励、支持个人成名成才，希望天津多出一些名作家、名演员。但是，争名于朝，争利于市，对于个人名利斤斤计较，患得患失，甚至钩心斗角，不惜损害集体，伤害同志，这是很不好的。希望大家能用更高的精神境界，来对待这些问题。同志们不是塑造和宣传了许多正确对待名利的先进人物吗？像“亏了我一个，幸福十亿人”的老山前线战士，像“自己活着，就是为了使别人过得更美好”的雷锋式人物，像“一息尚存须努力”为青年作出好榜样的老一辈革命家，像“心底无私天地宽”、从不计较个人得失的曲啸①式人物，等等，我们应当把这些作为自己的榜样。中国有句老话，叫“志逾鸿鹄，行若赤金”。志，就是远大、高尚的追求；行，就是坚定、闪光的实际行动，我们每个文艺工作者都应当有这样的修养和素质。有了这

① 演讲家。1985年被中华全国总工会授予“五一劳动奖章”、“全国优秀教育工作者”称号。

一条，我们的团结状况就会有个根本好转。

《齐心合力 繁荣文艺——在天津市委、市政府召开的文艺创作座谈会上的讲话》（1986年6月28日）

历史上整文人最厉害的往往是文人，特别是有威望的和掌了权的文人。

在1984年创作会议上，我讲了“文人双轻（清）”的毛病，即文人相轻、自命清高。当时有一句话我没有讲，就是历史上整文人最厉害的往往是文人，特别是有威望的和掌了权的文人，反动统治者往往利用这一点使文人自相残杀。这方面历史有记载，野史上讲得更多。侯宝林说相声，讲《关公战秦琼》，讽刺韩复榘式的文艺领导，这不可怕，因为这是明眼人一眼就能看穿的问题。倒是文艺界内部有那么一些人，作品写不出，表演没本领，不学无术，整人有方，这是造成文艺界不团结、不安定的一个重要原因。比如，有些人整天热衷于走东家，串西家，“茶碗一端，说话无边，香烟一点，专说人短”，光琢磨人，不琢磨事。再比如，有些人对好学上进、工作成绩优异的同志，不是抱着尊敬、学习的态度，而是冷眼相看，说短道长，无见贤思齐之心，有嫉才妒能之意，谁要一冒尖，就讽刺挖苦，甚至造谣诬陷。不把这种坏风气压下去，听任先进受打击，正气被压抑，团结就无从说起。各级领导都应该旗帜鲜明地支持、鼓励干事的人，当他们受到非难时，要敢于为这些同志撑腰、作劲，坚决改变那种功过不分、赏罚不明的做法，更不允许出现“干的不如看的，看的不如捣乱的”的怪现象。对于极少数专门打击先进的所谓“铲子匠”，要严肃批评，加强教育，屡教不改的，应当给以必要的纪律处分，绝对不能听任不干事的人琢磨、妨碍以至打击干事的人。

《齐心合力　繁荣文艺——在天津市委、市政府召开的文艺创作座谈会上的讲话》（1986 年 6 月 28 日）

对作家艺术家来讲，还是多留下一些作品叫别人评论，不要留下两个人打架的事叫别人评论。

咱们过去来回争是非，争得没完没了，到底哪个真的是，哪个真的非？整来整去，谁成了英雄了？结果都是两败俱伤，两人都怄了一肚子气，都弄了一身病，最后两人死了悼词都差不多。历史是公正的，也是无情的，历史给每个人的时间是有限的。在有限的时间里干点什么？我想，对作家艺术家来讲，还是多留下一些作品叫别人评论，不要留下两个人打架的事叫别人评论。我们是历史中的人，我们也是历史中的一段，我们现在评价历史，将来历史也会评价我们。

《在政协八届五次会议文艺、教育、特邀联组会上的讲话》（1997 年 3 月 3 日）

把工作停下来陷入无休止的争论，只能是影响团结、影响工作、影响健康。

对一些问题有不同看法，这是正常现象。文艺界有些特殊。

有的不同看法和争论可谓是“历史悠久”。由30年代就争，直到现在，跨经了抗日战争、解放战争，“文化大革命”双方都被打倒了。现在，改革开放都十多年了，再争论就不合时宜了吧？这样说并不是不讲原则。对原则问题当然要弄清是非，而你们的一些争论主要是认识问题，或多年积存下来的恩恩怨怨、门户之见。对于这些问题，只有在繁荣文艺的过程中，在改革开放的进程中逐步加以解决。把工作停下来陷入无休止的争论，只能是影响团结、影响工作、影响健康。

《同天津市新闻、文艺、出版工作者座谈时的插话》（1989年10月7日）

文艺界内部也要增强团结，克服“内耗”的弊端。

文艺界内部也要增强团结，克服“内耗”的弊端。“文人相轻”的现象，在一些单位仍然盛行。不同的艺术流派相互不服气，相互瞧不起，有些甚至发展到相互拆台、互不合作、打“内战”。由此形成了许多隔阂，产生了许多内耗，影响了团结起来共同弘扬中华民族优秀文化和繁荣社会主义文艺的工作。这个问题要引起大家的注意，尤其是名作家、名演员，要有气量，要有点宽容和互相帮助的精神。

《在广东省文艺出版界座谈会上的谈话要点》（1990年2月1日）

不解决团结问题，繁荣文艺就没基础、没希望。

我们这个国家，论人一不懒二不笨，论资源一不缺二不差，但为什么长期以来发展缓慢，屡遭挫折？这当然和我们的某些失误有关系，但团结问题也是个非常重要的原因。国家是这样，具体到一个地区、一个行业、一个单位，往往也是如此。就天津文艺界讲，长期以来事业发展不快，成果不够理想，这和团结问题一直没有解决好关系很大。在几次座谈会上，不少同志都讲了这样一个意见：天津的文学艺术要在全国打出威风，创出水平，第一要团结，第二要团结，第三还是要团结，这个意见是很中肯的。天津文艺界不团结的现象可以列举许多。比如，领导和群众不团结，疙疙瘩瘩的事情不少。有的领导同志是该领导的不领导，不该领导的瞎领导；许多该管的不管，不该管的又过多干预。还有些领导搞亲亲疏疏，团团伙伙。也有些同志对领导干部怀有成见，要求过苛，稍不合自己的心意，就造舆论，出难题，甚至把“抗上”作为一种“美德”，谁当领导反对谁。在这些单位里，上下之间的关系很不正常，有的闹得水火不相容。又比如，新老之间不团结，有相当一部分单位至今没有形成新老密切合作的局面。有些老的文艺工作者对年轻的同志看不惯，在帮助青年成才上缺乏热情，缺乏公心，教戏不教拿手戏，演出和青年争舞台，有的甚至嫉妒人才的成长，说什么“我可以把你扶上马，也可以把你拉下马”；有些青年人对老一辈不够尊重，把他们的艺术、才能看做“陈旧”、“糟粕”，虚心不够，傲气很足，有的甚至“过河拆桥”，缺乏起码的艺术道德。再比如，名人名家之间不团结，为了比座次、争待遇、论高低，明争暗斗，互相拆台，甚至公开声称："一山不二虎，有我无他"，一个演员上台演唱，对他有意见的人竟把扩音器的效果故意调差。有的人可以把对方的一言一行，都偷偷地记录在案，一有机会就添油加醋地告黑状。有的同志讲，看这些人的行为，浑身直冒冷汗。最近，有些人听说我在抓文艺，就托人捎话，写信写条，互相告状。过去，马、谭、张、裘①可以在一个剧团共事，而我们有些同志却发展到势不两立，不能同台演出。本来就不行，又不能合作，结果使一些剧团凑不齐四梁八柱，缺胳膊短腿，形不成气候。再比如，不同艺术门类之间的关系也不够协调，你看我不行，我看你差劲，互不服气，互相掣肘，经常搞小动作，主角与配角、前台与后台、专业与业余、作家与评论家之间，都存在一些不和谐、不团结的问题。应该说，天津文艺界还没有真正形成一个和谐的环境，这固然有领导的责任，但内部不团结也是一个非常重要的原因。这种状况，使得许多同志把宝贵的精力浪费在没完没了的人事纠葛上，文艺界的许多工作也在这种无休止的"内耗"中削弱了、贻误了。所以，不解决团结问题，繁荣天津文艺就没基础、没希望。文艺界的各个部门、各个单位，都应该严肃认真地抓一下团结问题。特别是那些由于不团结而影响正常工作、妨碍事业发展的单位，必须采取措施，限期解决问题。争取在不长的时间里，使文艺界出现一个齐心协力、团结奋斗的新局面。

《齐心合力　繁荣文艺——在天津市委、市政府召开的文艺创作座谈会上的讲话》（1986 年 6 月 28 日）

---

① 指当代著名京剧表演艺术家马连良、谭富英、张君秋、裘盛戎。

47. 不但要懂得斗争的绝对性，还要懂得斗争的多样性。

要稳定，就必须团结。你埋怨我，我埋怨你，心不齐，气不顺，怎么稳定？团结本身就是稳定。讲团结，当前主要的是要协调好各个方面相互之间的关系，理顺人的思想情绪，团结一切可以团结的人。目的是克服困难，顶住各种压力，把经济搞上去。说简单一点，就是协调关系，理顺情绪，加强团结，发展经济。这是当前的大局。关系是可以协调的，矛盾是可以调节的。我们不但要讲矛盾的普遍性，而且要讲矛盾的特殊性；不但要懂得斗争的绝对性，还要懂得斗争的多样性。筷子与肉斗，肉到了嘴里；手术刀与人斗，可以去除病灶；扁担与肩斗，可以把水挑到家里。这些都是斗嘛！为什么一说斗，非要你把我整垮、我把你整垮呢？具体问题要具体分析，不同性质的矛盾，要用不同的方法去解决，这是马克思主义最本质的东西，活的灵魂。当前要多做“活血化瘀”的工作。协调关系，理顺情绪，尽可能把可以团结的人团结起来。

《在〈人民日报〉国内记者工作会议上的谈话》（1990 年 4 月 28 日）

不同质的矛盾，用不同质的方法去解决，这是马克思主义的一个原则。

把群众中积极的东西加以宣传，从而影响群众，又在这个基础上形成新的积极因素，再加以宣传，这是正面教育和自我教育的过程。我认为，在社会主义条件下，正面教育和自我教育，应成为人民内部进行思想政治教育的一种基本方法和形式。对人民群众内部的思想问题，采取强制的方法、批斗的方法，历来就不能真正解决问题。“文革”期间的什么“不斗则修”、“不斗则退”、“不斗则亡”，天天斗、斗、斗，其结果如何？不同质的矛盾，用不同质的方法去解决，这是马克思主义的一个原则。解决思想认识问题尤其应该如此。

《听取黑龙江省委工作汇报时的讲话》（1990年8月17日）

具体事物之所以复杂，因为它表现为过程，表现为综合，表现为质的多样性。

社会科学家，是学一般道理的。但如果他没有做过基层工作，缺乏实践经验，上来管理社会，也要补课。因为很多理论，包括马克思主义的教科书，都是一个观点一个观点、一条一条讲的。比如，世界是物质的，认识是一个过程，对立统一，量变质变，一条一条学的，书本也只能这样写。而在事实上，在认识、对待某个具体事物和解决某个具体问题时，不是像书本那样分成条条，这段是讲物质的，那段是讲物质可以认识的；前面是讲对立统一的，后边是讲否定之否定的。每件具体的事都综合了各种理论，很复杂，如有个老丈母娘和闺女合起来把姑爷打了；有时挑大粪的不挑了，出现了“黄金塔事件”；有时菜少了，有时菜多了；等等。怎么解决？毫无疑问这里面都含有理论，但现查书本是不济事的。具体事物之所以复杂，因为它表现为过程，表现为综合，表现为质的多样性。比如一块木头，拿它去做桌子是原料，拿它去烧火是燃料，拿它去做扁担叫工具，拿它和坏人做斗争叫武器，拿它行凶抢劫叫凶器，拿到法庭上就成了证据。而且世界上的事物又是互相联系和制约的。因此，有一般理论的人也要补课，要把理论和实践结合起来，提高认识事物和实际办事的水平。由实践到理论是一个飞跃，由理论到实践也是一个飞跃，这个飞跃更重要，更难。

《同〈中国城市经济社会年鉴〉记者的谈话》（1985年1月9日）

对人的问题要谨慎，欲所加，勿因喜而谬赏；罚所及，勿因怒而滥刑。

对人的问题要谨慎，包括提升的、退下的和处分的。纠正不正之风要掌握政策界限。既要坚决又要稳妥，欲所加，勿因喜而谬赏；罚所及，勿因怒而滥刑。有些问题是社会风气所影响的。要着重教育，左右上下要考虑周到。三中全会以来很重要的一条是解放了人们的思想，人们心情舒畅，无顾虑地大胆开拓。开拓、开创往往要离开规定，完全按规定就谈不上开创；而现在讲纪律检查，是按已有的规定来办的。这并不是为有问题的人辩解，而是要讲政策，讲区别。对有一般问题的人要着眼于教育，对坏人要坚决打击，但目的也是为了教育多数人。毛主席讲过，根据群众的觉悟程度去教育群众是马列主义的原则。

《在中共天津市委常委民主生活会上的讲话与插话》（1986年2月21日）

打击不能放松，但必须注重教育，教育是综合治理最重要的内容。

社会秩序、社会治安单纯地依靠严打、依靠酷刑是不行的。古今中外任何一种制度下的太平盛世都不是凭严打、酷刑创造的。大家都比较清楚的唐朝的“贞观之治”，在魏徵给唐太宗的建议里就讲，你要想有太平盛世，不能完全凭酷刑，“虽董之以严刑，振之以威怒，终苟免而不怀仁，貌恭而不心服。”你处罚得很严厉，表面看起来他好像老实点，实际上你没有解决问题。所以历代都主张“思国之安者，必积其德义”。要进行道德方面的教育，强调以德育人。我们共产党是以解放全人类为己任的，我们更应该以教育作为我们治理环境的主要内容，更应当把教育放在突出的地位，并很好地与严厉打击结合起来。要发挥我们的传统优势，把家庭的、学校的、社会的、单位的教育有机地结合起来。实践证明，许多问题都有一个发展的过程，许多矛盾开始并不是对抗性的，处理得当，都可以缓解其对抗性。“文革”时有个错误的提法，讲矛盾就是势不两立，你死我活。矛盾的本质是对立的是斗争的，这叫矛盾的斗争性，这是对的。矛盾斗争还有许许多多的特殊性，毛主席在《关于正确处理人民内部矛盾的问题》中曾经讲，矛盾是可以调解的，处理好，可以把矛盾调解下来，处理不好可以使矛盾激化或转化。许多矛盾开始并不是对抗性的，只是由于工作不当才使之激化。犯罪的人，也都不是天生的坏人，都有其犯罪的发展过程，如果在这个过程中加以教育，有些人就未必真的成了犯罪分子。即使是犯了错误或犯了罪的人，就我们共产党来讲，也要着眼于教育。在过去的几十年，我们党能够把战争罪犯、封建皇帝改造过来重新做人，而现在许多犯罪分子，多数是年轻人，可塑性更强，为什么不可以把他们改造成新人？打击不能放松，但必须注重教育，教育是综合治理最重要的内容。

《在社会治安综合治理工作会议上的讲话》(1988 年 11 月 9 日)

打击和教育是相辅相成的，不讲教育只讲打击，就很难奏效，就变成镇压；只讲教育没有打击，就不能震慑坏人，等于教育万能。

我们政法战线的同志，必须认识到打击和教育这两个相辅相成的关系，不讲教育只讲打击，就很难奏效，就变成镇压，教育还是基础；但只讲教育没有打击，就不能震慑坏人，等于教育万能，走到我们过去那条路去。对于那些少数坏人，如果手软，实际上等于对多数人不负责任。对少数坏人的仁慈就等于对多数群众的残忍。

《在天津市检察长工作会议上的讲话》(1988 年 12 月 6 日)

用行政命令的办法发展商品经济，这叫战争的痕迹，政治的色彩，具有农村工作的特点。

用行政命令的办法发展商品经济，这叫战争的痕迹，政治的色彩，具有农村工作的特点，而且这些还不断地显现出来。商品经济本来就是东西多了就便宜，便宜就少了，少了就涨价，涨价东西就又多了，市场有调节的功能。我们是有计划的商品经济，也要发挥市场的作用，通过市场调节逐渐发展自己，又通过发展自己使整个社会也协调起来，这很有一些不以人的意志为转移的东西。

《在天津市政府召开的各省市、中央部委驻津办事处主任座谈会上的讲话》（1988 年 2 月 11 日）

什么东西到一定的量，质就变化了。比如说到商店去买二斤花生豆，说小心着点，别把皮掉了，老太太也可以做到。说叫你运五吨花生豆，别掉皮，你试试看。

有的同志说，你们建筑工人老喊难，盖房子有什么？你们在座的有农村来的，农村盖房子不就是俩木匠，两瓶二锅头，弄两斤肉，五天不就起来了三间北房？一到你们这就没完没了。我说你这个同志不能这么看，因为你盖三间、两间小房子容易，整个的几百万平米就变成一个行当、一门科学，那不容易。什么东西到一定的量，质就变化了。比如说到商店去买二斤花生豆，回来过年三十吃，说小心着点，别把皮掉了，老太太也可以做到。说叫你运五吨花生豆，别掉皮，你试试看。别看这简单，准把花生皮运没了。这是一门科学，看着容易不行。

《在天津市郊县建材座谈会上的讲话》(1981 年 6 月 29 日)

48. 弘扬中华民族优秀文化。

邓小平同志提出的关于建设有中国特色的社会主义的基本理论，是毛泽东思想的新发展，是指导我们建设社会主义现代化强大国家的锐利武器。毛泽东同志在《新民主主义论》中说，我们共产党人，一切奋斗的目标，在于建设一个中华民族的新社会和新国家，在这个新社会和新国家中，不但有新政治、新经济，而且有新文化。同样地，建设有中国特色的社会主义，不但要建设有中国特色的社会主义的政治和经济，而且要建设有中国特色的社会主义的文化。

一定的文化（作为观念形态的文化）是一定的政治和经济的反映，又给予伟大影响和作用于一定社会的政治和经济；而经济是基础，政治则是经济的集中的表现。我们讨论中国文化问题，不能忘记这个马克思主义的基本观点。有中国特色的社会主义新文化，即我们的民族形式与社会主义内容相结合的新文化，就其本质和主体上说，应该是符合中国国情的，表现社会主义的时代生活和时代风貌，揭示现实社会关系的本质和历史发展趋势的。这种新文化必然是以有中国特色的社会主义的政治和经济为根据的，反转过来又给政治、经济以伟大的影响和作用。如果不能建成这种新文化，建设有中国特色的社会主义的历史任务就不可能真正完成。

列宁说过："无产阶级文化并不是从天上掉下来的，也不是那些自命为无产阶级文化专家的人杜撰出来的。如果硬说是这样，那完全是一派胡言。无产阶级文化应当是人类在资本主义社会、地主社会和官僚社会的压迫下创造出来的全部知识合乎规律的发展。"① 现实是历史的发展，是历史长河的一定阶段。现代文明无一不是在已有的物质和文化基础上建立起来的。因此，建设有中国特色的社会主义新文化，一定要植根于中华民族文化的深厚土壤，深入地研究中国的历史文化，弘扬中华民族文化的优秀传统。

自"五四"以来，我们党领导的无产阶级新文化运动即新民主主义的文化革命运动是卓有成就的。新中国成立 40 年来，我国的社会主义文化建设取得了重要的进展。特别是在邓小平同志提出建设有中国特色的社会主义的基本理论以后，在改革开放和经济建设取得巨大成就的同时，社会主义文化建设事业又有重要的发展。但是，我们必须清醒地看到，建设有中国特色的社会主义新文化，是一项浩大的系统工程，是一个非常艰巨、非常复杂而又非解决不可的任务。究竟怎样实现民族形式与社会主义内容的有机结合，社会主义新文化各门学科和各个领域的内容、构架、体系、发展趋势及其相互关系究竟应当是怎样的，这是一个需要认真实践和探索的重大课题，是一个长期的过程。但是，我们相信，只要我们明确了方向，坚定了信心，团结奋斗，经过坚持不懈的努力，随着我国社会主义经济、政治的发展，就一定能够发扬光大中华民族文化的优秀传统，建设起无愧于先人和当今时代的有中国特色的社会主义新文化。

《关于弘扬民族优秀文化的若干问题——在全国文化艺术工作情况交流座谈会上的讲话》（1990 年 1 月 10 日）

---

① 《列宁全集》，中文 2 版，第 39 卷，299 页，北京，人民出版社，1984。

面对全球化，中国文化最不怕。

中国文化如何应对入世、如何应对全球化的问题，是一个很重要也很现实的问题。依我看，面对全球化，中国文化最不怕，全球化给中国文化创造了更多走向世界的机会。换句话说，全球化过程中，中国最具竞争力的就是文化。说世界上其他文化会把中国文化吃掉，我可以肯定地讲，这不可能。中国文化曾传到日本、朝鲜、越南等诸多国家，结果不但没有消失，反而影响甚至一度主导了这些国家的文化。在东亚、东南亚诸多国家，至今仍然可以处处感受到中国文化的影响。

《看望政协文艺界委员时的讲话》（2002 年 3 月 7 日）

中国特色的社会主义文化是以中华民族文化为主体的文化。

什么是有中国特色的社会主义文化呢？可以肯定地说，这种文化是以中华民族文化为主体的文化，它既是有中国特色社会主义的重要内容，又极大地影响着有中国特色社会主义的政治和经济。从一定意义上说，对中国的历史、文化缺乏深入系统的研究，要想在中国干成大事是不可能的。大家知道，毛主席对中国历史的研究极其深刻，对民族文化的了解也极其深刻，这是他领导中国革命和建设取得伟大胜利的一个原因。这里不去详细论述他在这方面的贡献，单就改造中国的典故和语言来说，他创造了一代语言。他常常巧妙地赋予一些典故、成语以现代含义，把一些很复杂的问题讲得很通俗生动，连不识字的工人、农民都能听得懂。直到现在，在我们许多领导人的讲话和党政部门的文件中，即使没有直接引用毛主席的话，也可以找到不少毛主席创造的语言词汇。一些外国人对中国的问题常有不同看法，但对中华民族的优秀文化遗产却不敢轻视。不管是哪国人，只要把他拉到中国，到西安兵马俑一看，恐怕都不能不为中国的古代文化所折服。法国在近代文艺复兴中出了好多文化巨匠，他们常常为法兰西民族的优秀文化而自豪。据说法国菜在西餐中很有名气。有一次一位法国人请我吃饭，问我法国菜怎么样，我说不错。他又问和中国菜比怎么样，我说这不可比，两者不是一码子事。他又说，如果非要比一比，哪个更好一些呢？我说按照中国菜的要求，法国菜中的很多东西只称得上是“半成品”，还要做许多道加工才能吃。我举这些事例，是要说明我们的祖先曾创造了灿烂辉煌的古代文化，为人类文明的发展作出过重要的贡献。

《听取陕西省委、省政府工作汇报时的讲话》（1990年4月19日）

中国人要以自己的文化屹立于世界民族之林，否则，我们上对不起祖宗，下对不起儿孙。

能不能弘扬民族优秀文化，是直接关系到能不能建设有中国特色的社会主义的大问题。什么是有中国特色的社会主义呢？按照毛主席对新民主主义的论述分析，应该包括有中国特色的社会主义政治、经济和文化三个方面。可以看出，文化的位置和分量举足轻重。毫无疑问，在具有中国特色的社会主义文化中占主导和主体地位的，一定是民族文化。所以，能不能弘扬民族文化，必然影响到能不能建成有中国特色的社会主义。中国人要以自己的文化屹立于世界民族之林。这个问题现在必须引起足够重视并积极采取相应措施，否则，我们上对不起祖宗，下对不起儿孙。我们的文化是一个庞大的系统，弘扬民族文化是一个庞大的工程。这不仅是文化界和意识形态领域本身的责任，全党、全民都有这个责任。要动员起来，为此坚持不懈地奋斗！

《同天津的全国政协委员座谈时的谈话》（1990 年 3 月 27 日）

对祖国的优秀文化艺术要重视、保持、扶植、发展。

文化部对祖国的优秀文化艺术，比如京剧等，要重视、保持、扶植、发展，不能让它们在我们手中丢掉。建设、发展社会主义文化毫无疑问要吸收外国的有益的东西，但吸收的目的是为了发展我们的民族文化。当然，发展民族文化是全民族的任务，但作为中华人民共和国的文化部，在如何更好地继承和发展民族优秀文化传统方面，担负着十分重大的责任。我们绝不能对自己的民族文化搞虚无主义。

《在听取文化部汇报时的插话》（1989 年 8 月 9 日）

把祖先留下的宝贵的文化遗产保护好、整理好、继承好。

中华民族传统文化源远流长，博大精深，对于中华民族的形成、繁衍、统一及自立于世界民族之林，起到了不可估量的作用，对于人类文明的进步和发展，也产生了极其深远的影响。作为华夏子孙，我们既感到骄傲自豪，也感到责任重大，我们必须把祖先留下的这一极其丰厚、极其宝贵的文化遗产保护好、整理好、继承好，并在此基础上有所创造、有所前进。按照马克思主义的观点，文化具有继承性和借鉴性，它的许多内容并不是为某一个阶级、某一个时代所特有，也不只是为某一个阶级、某一个时代所专用。中华民族传统文化所包含的政治、经济、文艺、军事、哲学、道德等方面的理论和思想，在许多方面都反映了事物的客观规律，具有超越时空的意义，可以为我们所借鉴、利用。特别是其中关于改造自然、经邦济世、修身养性、成就事业等方面的警句格言，一旦赋予新意，便可以为现实服务。比如"实事求是"一词，最早出自近两千年前的《汉书·河间献王传》，原意是真诚地依据事实，探求古书真义。毛泽东同志加以新的阐发，把"实事"作为客观存在的事物，把"是"看做客观事物的规律，把"求"当作研究、探索。新解后的"实事求是"，已经成为马克思主义认识论最中国化的概括，也是毛泽东思想和邓小平理论的精髓。又比如"天人合一"一词，我们过去只是片面地把它当成为一种唯心的、主观的东西加以理解，现在我们都体会到其中更为丰富的含义，认识到人在改造大自然的同时又必须与之亲契合一，与万事万物和谐共存。科学阐释"天人合一"的内涵，就有助人们提高保护自然环境的意识，自觉坚持走可持续发展之路。诸如此类的例子还可以举很多。

历史是过去的现实，现实是历史的延续。实践证明，要准确地把握现实，科学地预见未来，就必须深入地了解历史、研究历史。我们常讲“鉴古知今”、“鉴往知来”，就是这个道理。

《在〈续修四库全书〉出版座谈会上的讲话》（2002 年 5 月 9 日）

对于传统文化中优秀的东西，对于构成民族精神基础和主干的内容，必须加以继承和弘扬。

中国有五千年的文明史，有很丰富的民族传统文化，这是值得骄傲的一面。但如何将传统文化中好的东西与现代文明有机地结合起来，这是中国当前面临的问题，也是需要加以解决的课题。我们认为，对于传统文化中优秀的东西，对于构成民族精神基础和主干的内容，必须加以继承和弘扬。只有这样，才有可能在世界民族之林中保持自己的长处和特征。对于本民族的文化采取虚无主义态度，数典忘祖，全盘否定，显然是错误的。

《会见新加坡内阁资政李光耀时的谈话》（1995 年 12 月 20 日）

对于珍贵的祖宗遗产，要很好地保护、传留；对于过时的、有害的东西，要准确地加以剔除；对于优秀的传统文化，要着眼新的时代需求，使之更好地为现实服务。

中国是一个文化遗产很丰厚的国家，这既使我们引为自豪，也使我们感到责任重大。对待这些文化遗产，处理得好，会成为培育民族精神的珍贵养料；处理得不好，也会成为阻碍前进的沉重包袱。在这个问题上我们曾经走过弯路，或者抱残守旧，食古不化；或者全盘否定，数典忘祖。如“文化大革命”，不加分析，横扫一气，造成了不可弥补的损失。正反两方面的经验告诉我们，对待文化遗产，必须采取科学的态度，对于大量珍贵的祖宗遗产，要很好地保护、传留；对于过时的、有害的东西，要准确地加以剔除；对于优秀的传统文化，要着眼新的时代需求，注意挖掘整理，取其精华，使之更好地为现实服务。

《拜会日本天皇明仁时的谈话》（1999年12月10日）

越是民族的东西，越能走向世界。

我们不能把有中国特点的东西丢掉。引进外国的东西是应该的，但要洋为中用，不能简单地说外国的一切都好，不能用外国的东西顶替我们自己优秀的东西，当然，也不能用我们自己的东西去排斥外国好的东西。要珍惜和弘扬中华民族的优秀文化传统。继承和发展，首先是继承，没有继承，就没有发展。只有继承了我们民族文化的优秀传统，才能建设社会主义文化。要反对民族虚无主义。应该明白：越是民族的东西，越能走向世界。外国人批评我们许多地方不足，但他们很尊重我们民族的优秀文化传统。

《出席梅兰芳塑像揭幕仪式时的谈话》（1989 年 10 月 23 日）

为了弘扬民族文化，要从财力、物力上给以必要的支持，要研究制定相应的经济政策。

为了弘扬民族文化，要从财力、物力上给以必要的支持。一是要合理调剂使用现有的文化投资。现在文化建设资金比较紧张，国家限于财力不可能一下子拿出很多钱，只能在统筹兼顾的原则下，各级都从文化经费中尽可能挤出一些钱来用于民族文化建设。二是要在税收方面采取倾斜政策。对于发展健康的社会主义文化事业，包括发展民族文化事业，要给予支持鼓励，对这些方面的优秀精神产品的出版、发行、演出、播映、展出所得的收入，在征税时要实行低税率，有的还要减税和免税，而对那些文化学术价值不大的畅销书和演出活动所得的收入实行较高的税率，努力以丰补歉，不让创作、演出健康优秀作品的单位和个人在经济上吃亏。三是研究和改进现有的分配政策。要按照按劳分配的原则，根据国家财力的可能，逐步改变各类文艺人员收入不够合理的状况。对为体现社会主义时代精神和繁荣民族文化事业作出突出贡献的尖子人才，要在工资以及住房等方面给予优厚待遇。四是要提倡勤俭办文化事业，努力做到少花钱多办事，不花钱也办事。近几年来，我们在文化事业中一方面经费严重不足，另一方面也存在着大手大脚、铺张浪费现象，特别是一些质量低劣的电影，耗资巨大，却无法公演。在这些方面紧一紧，就能办很多有益的事情。

《关于弘扬民族优秀文化的若干问题——在全国文化艺术工作情况交流座谈会上的讲话》(1990 年 1 月 10 日)

要通过各种渠道和各种教育活动，提高青少年的民族主体意识和民族文化修养。

弘扬民族文化，树立和增强民族自尊心、自信心和自豪感，是一个长期的具有战略意义的任务。这项工作必须从幼儿园和小学抓起，实行学校、家庭、社会相结合，对儿童和青少年分阶段依次递进地进行民族历史和民族文化的教育。

第一，要编写各种读物。我国历史上表现刻苦好学、聪明智慧、品德高尚的故事很多，民族英雄、志士仁人、文豪学者和能工巧匠，人才辈出，各领风骚，还有“自古英雄出少年”的种种传说，这些对青少年都很有教育意义。要把这些历史故事和历史人物编写成各种通俗读物，制作一批音像制品和动画片，以多种生动活泼、引人入胜的形式，向青少年进行中华民族悠久历史和灿烂文化的教育。同时，有关部门还要对现在使用的大、中、小学的课本作必要的调整，在语文、历史、地理、政治等科目中加重民族文化优秀传统的教学内容。

第二，要逐步创造有鲜明民族特色的文化环境。如：在城乡建设中，对房屋设计、桥梁建造，以及工厂、学校、机关、公园与其他公共场所的布置和装修，特别是修建青少年文化宫、科学园地等活动中心，要在实用、经济的前提下，尽可能地注意表现民族特色，有些还可以民族历史人物、历史故事作为雕塑和壁画的内容，使青少年从小就在民族文化环境和氛围之中耳濡目染，受到熏陶和教育。

第三，要组织青少年积极开展民族文化活动。如：组织学生开展民族文化知识竞赛，进行以历史题材为主的作文比赛和民族艺术评比，参加各种民族文艺演出，观摩民族艺术表演，参加有民族特色的节日庆典活动，参观游览名胜古迹，等等。

总之，要通过各种渠道和各种教育活动，提高青少年的民族主体意识和民族文化修养，使他们不仅具有这方面的知识和技能，更重要的是，让他们继承和发扬中华民族传统的优良道德品格，塑造与形成当代中国的民族精神。

《关于弘扬民族优秀文化的若干问题——在全国文化艺术工作情况交流座谈会上的讲话》（1990年1月10日）

任何人要在中国这块土地上办点大事，不立足于中国的实际，不研究中国的事情，就不可能成功。

对中国的历史文化传统、文艺欣赏习惯要重视，要好好研究。任何人要在中国这块土地上办点大事，不立足于中国的实际，不研究中国的事情，就不可能成功。我说过：新名词太多，弄不懂，记不住，这不对。毛主席是研究怎样让人把话听懂，我们有些同志是越讲越玄乎，越讲越糊涂。……中国人搞中国的事，不研究中国的文化风俗习惯，中国的过去和现在，是难以成功的。

《听取广播电影电视部汇报时的插话》（1989年8月1日）

49. 对传统文化既不能食古不化，抱残守缺；也不能数典忘祖，全盘否定。

要继承、借鉴好中华民族的文化遗产，就要在广征博采的基础上，廓清历史文化发展的脉络，赋予其应有的历史地位，并运用马克思主义的方法加以批判地总结，取其精华，剔其糟粕，鉴往而知来，更好地为现实服务。对古文化遗产抱残守缺、照搬照抄，是不可取的；而妄自菲薄、数典忘祖，采取历史虚无主义态度，把我国悠久的文化斥之为历史“积淀”，视为沉重的“负担”，更是极其有害的。时至今日，许多发达国家都在用很大的精力研究中国文化。相比之下，我们对中国古籍的研究与发掘，倒显得不是多了而是太少了，不是深了而是很浅。这是值得我们认真思考的。

《〈中国历代文献精粹大典〉序》（1990 年 6 月 3 日）

中华民族文化源远流长，博大精深，影响深远。

中华民族文化是一个丰富博大的有机整体，既包括汉民族的文化，也包括各少数民族的文化；既包括悠久的古代文化，也包括近代和现代文化。中华民族文化在世界文明史上占有极其重要的地位。它有以下几个显著特点：

一是源远流长。我国是世界上经济、文化发展最早的国家之一，有记载的历史长达 5 000 年之久。我国人民依靠自己的勤劳和智慧，很早就有了发达的农业和手工业。许多重要的农作物都是中华民族的先民最早从野生植物培育而成的，在公元 6 世纪就有了完整的农耕理论著述。在春秋时期就炼出了生铁，早于欧洲很多年。我们的祖先有举世闻名的造纸、印刷术、指南针、火药四大发明，并且是第一个将指南针用于航海的国家。在观天测地方面，我们的祖先也创造过奇迹。我国至今还保留着世界上最早最丰富的古代天象记录资料，在春秋时期就发现并记录了后来以哈雷命名的彗星，早在战国时期就编制出了恒星表。在公元 132 年我国就发明了地震仪，开始了人类使用仪器观测地震的历史。我们的祖先不仅在征服大自然的斗争中曾经遥遥领先于世界，而且在文化思想领域也有许多成就居于世界前列。早在周朝，我国便产生了文学巨著《诗经》。中国的戏曲艺术也有悠久的历史，从古代歌舞发展起来的戏曲——元杂剧是中国古典戏曲的高峰。著名的剧作家关汉卿活动的时代比世界著名的英国戏剧家莎士比亚要早 300 年。

二是博大精深。中华民族的传统文化内容极其丰富，不仅包括政治、经济、文化、军事、史学、教育、哲学、道德、宗教等方面的理论、思想，还包括科技成就、文艺创作、文物古迹和民风民俗等等。在上述许多领域，我们的祖先都曾分别达到过当时世界水平的巅峰。我国的文学艺术，就其作品的丰富、成就的辉煌和名家的众多来说，在世界文学史上占有突出地位。以诗歌为例，继《诗经》、楚辞之后，汉乐府、唐诗、宋词、元曲，递相继承又各有创新。就小说而论，《三国演义》、《西游记》、《水浒》、《红楼梦》、《聊斋志异》等文学巨著更是闻名世界。我国古代的美术，不仅有《韩熙载夜宴图》、《清明上河图》这样的杰作和诸多画派名家留下的大量艺术珍品，还有敦煌、云冈、龙门、麦积山四大石窟和秦陵兵马俑这样堪称世界奇观的地上地下的绘画雕塑宝藏。我国古代的学术，诸子百家，经史子集，经过千百年的繁衍和发展，有些已形成了完备的体系，其中尽管有封建性的糟粕，但也有许多值得吸取的精华。

三是影响深远。我们的民族文化是随着中华民族的发展而发展起来的，它对于中华民族的形成、繁衍、统一、稳定和自立于世界民族之林，都起了不可取代的巨大作用，有着超越时代的深远影响。而刻苦耐劳、酷爱自由、不畏强暴、英勇奋斗、从不屈服于外来压迫的民族精神，正是中华民族优秀文化传统的集中体现。在漫长的岁月中，我们的民族屡经曲折磨难，甚至几临倾覆厄运，却一次再一次地衰而复兴，蹶而复振，转危为安，巍然屹立。在当今世界上，凡是中华儿女，不管走到什么地方，只要他良知未泯，都不能不为辉煌灿烂的中华民族文化而感到骄傲。

中华民族文化对于人类的进步和发展产生了广泛深远的影响。我国古代的四大发明对于人类文明的贡献自不待言，若干领域的学术思想成就也丰富了世界思想文化宝库。中国古代的辩证法、教育思想、军事理论等，在当今世界上仍然具有不衰的魅力。

总之，我们的祖先给我们留下了一份极其丰厚、极其珍贵的文化宝藏。我们要为后代留下点什么？这的确是个严肃的问题。我们应该珍惜、保护和发掘中华民族的优秀文化遗产，并在继承的基础上，有所创造，有所前进。

《关于弘扬民族优秀文化的若干问题——在全国文化艺术工作情况交流座谈会上的讲话》（1990年1月10日）

在中国，一切有作为的政治家、思想家无不从传统文化中吸取营养。

弘扬民族传统文化，并不是要搞复古主义。历史文化都是一定时代的产物。同任何事物一样，中华民族的传统文化也具有两重性。建立在小农生产基础上的封建文化的狭隘性和保守性，诸如鄙视劳动、宗法观念、家长作风、因循守旧、封建迷信、男尊女卑等等，曾经是导致我国社会长期停滞的思想根源之一。因此，对历史文化遗产绝不应不分良莠，兼收并蓄，而应当批判地继承，吸取其精华，剔除其糟粕。我们弘扬民族文化的根本目的，是要推陈出新，古为今用，是为了向前看，而不是向后看。

对待民族文化遗产，必须采取历史唯物主义的态度，就其所处的历史条件去分析它进步与否，而不能用今天的标准苛求历史和前人。苛求势必导致历史虚无主义。“文化大革命”时期，林彪、“四人帮”把民族文化遗产一概斥之为“四旧”，横加扫荡，导致了灾难性的后果。这种沉痛的历史教训是应当永远牢牢记取的。

还应当看到，文化遗产具有相对的稳定性，它的许多方面并不是为某一个阶级、某一个时代所独有的，也不只是为某一个阶级、某一个时代所利用的。我们既要看到文化遗产的阶级性、时代性，又要重视它的继承性、借鉴性。我们的先辈在治理国家、修养品德、成就事业等方面，为我们留下了大量可资借鉴的宝贵经验，他们提出的许多警句格言，至今仍然闪烁着哲理的光辉，其中有些东西一旦赋予新意，便可成为社会主义精神文明的组成部分。在中国，一切有作为的政治家、思想家无不从传统文化中吸取营养。

《关于弘扬民族优秀文化的若干问题——在全国文化艺术工作情况交流座谈会上的讲话》（1990年1月10日）

鼓吹民族虚无主义和历史虚无主义思潮，不仅是个文化问题，而且是个政治问题。

鼓吹民族虚无主义和历史虚无主义思潮，不仅是个文化问题，而且是个政治问题；不仅是个对待历史的态度问题，而且更重要的是个对待现实的态度问题。这种思潮在政治上、思想上造成了恶劣的影响，对此不可低估。一个时期以来，在一些人心目中，似乎中国什么都不行，一切都是外国的好，言必称西洋，张口骂祖宗，崇洋媚外、丧失国格人格的丑恶现象时有发生。深入批判民族虚无主义和历史虚无主义，不但关系到弘扬中华民族优秀文化，而且关系到发扬爱国主义精神、维护我们民族尊严，关系到引导人们坚持什么方向乃至于中国走什么道路的大问题。

《关于弘扬民族优秀文化的若干问题——在全国文化艺术工作情况交流座谈会上的讲话》(1990年1月10日)

从孔夫子到孙中山都要认真总结，摒弃其糟粕、弘扬其精华，做到古为今用。

对待民族传统文化，历来存在片面的理解：一种观点是毫无批判地兼收并蓄。这显然是错误的。任何传统文化都有其历史的局限性，也一定受当时统治者的利益所影响。其中总会有不合时宜、不利时宜的东西。另一种观点是全盘否定，鼓吹全盘西化，认为中国什么都不好，言必谈西洋，张口骂祖宗。以上两种观点显然是错误的。马克思主义的主张是，对民族传统文化要批判地继承。从孔夫子到孙中山都要认真总结，摒弃其糟粕、弘扬其精华，做到古为今用。毛泽东就是这方面的典范，最突出的一例就是他对“实事求是”的应用。

《就起草〈关于弘扬民族优秀文化的若干问题〉同身边工作人员的谈话》（1990年1月2日）

对民族传统文化，不讲继承，发展就失去前提和基础；不讲发展，传统文化就失去生机。

每个文明古国都有一个对民族传统文化继承和发展的问题，现实是历史的延续，不讲继承，搞历史虚无主义，发展就失去前提和基础，民族的长处和特征就难以保持。现实是历史长河中的一段，不讲发展，不研究与时代结合，传统文化就失去生机，也不可能很好地继承。对于传统文化中的优秀成分，我们应当随着历史的发展变化，利用现代的文明、现代的手段、现代的各种条件，进行认真的研究整理，进行新的概括、阐述，使其发扬光大，以对祖先负责，对子孙后代负责。

《会见意大利总统斯卡尔法罗时的谈话》（1998年6月10日）

丢掉民族的优秀文化遗产，不仅是民族自身的悲剧，也是人类的损失。

无论是东方还是西方，世界各民族都有自己独具特色的文化。文化艺术离不开人民的生活、习惯、思想、感情。而各民族人民语言不同，历史发展不同，地理环境各异，经济和社会发展形态有别，所以，文化艺术总是有一个民族形式、民族风格的问题。相对来说，文化艺术的民族保守性是比较强的，许多古典的东西，甚至可以保持几百年、几千年，后人还是继承它、喜欢它。这是人类发展历史长河中一个带规律性的共同现象。提起俄罗斯民族文化，人们就会联想到普希金的诗歌和托尔斯泰的长篇小说；提起日耳曼民族文化，人们就会想到歌德、海涅的诗歌、剧作和贝多芬的音乐；提起意大利民族文化，人们就会想到但丁的《神曲》和达·芬奇的绘画。这些富有民族特色的文化艺术，是民族生活、劳动、斗争和人民智慧的结晶，是民族的创造，是吸收人类文明的成果，又是对于人类文明的贡献。它构成了维系民族成员的心理纽带，是民族生命的重要组成部分。一个国家要实现文艺的繁荣，必须注重研究和继承民族文化的特点、风格及其优秀遗产。在深刻的社会变革过程中，在急剧的现代化过程中，文化的内容和形式必然会有许多新的变化，但是决不能忽视民族特色和民族文化的研究。丢掉民族的优秀文化遗产，不仅是民族自身的悲剧，也是人类的损失。

《关于弘扬民族优秀文化的若干问题——在全国文化艺术工作情况交流座谈会上的讲话》（1990 年 1 月 10 日）

我们既要看到历史文化遗产的阶级性，又要重视它的承继性和借鉴性。

马克思主义历来认为，优秀的文化遗产作为人类认识和改造世界的共同成果，决定了它具有相对的稳定性。也就是说，不但物质文明，而且精神文明的许多方面，不是某一个阶级所独有的，而是经过不同阶级世世代代的努力共同创造的成果；它也不是只为某一个社会形态服务的，而是可以为各个不同的社会形态服务的。因此，我们既要看到历史文化遗产的阶级性，又要重视它的承继性和借鉴性。中国历史上下五千年，历代王朝交相更替，阶级关系不断变化，但人们在改造自然、治理国家、提高自身素质等方面，积累了许多共同的精神财富，是不同时代、不同阶级的人都可以接受、利用和借鉴的。且不说中国兵、农、医、艺的实用文化，诗骚曲赋的文学精粹，民谚俚俗的熠熠智慧，即使在治理国家、安定社会、修养品德、成就事业等方面，我们的先辈所提出的许多至理名言，都使后人受益无穷。诸如“正奇互补”、“乱极而治”的朴素哲理，“民为贵”、“天下为公”的民本思想，“魂系中华”、“爱国如饥渴”的民族正气，“先天下之忧而忧，后天下之乐而乐”的政治抱负，砥砺品学、上下求索的进取精神等，即使在今天也仍然闪耀着光辉，其中有些东西一旦赋予新意，便可成为社会主义精神文明的组成部分。把所有的历史文明简单地贴上阶级的标签，并拒绝继承、借鉴，不是马克思主义对待传统文化的正确态度。

《〈中国历代文献精粹大典〉序》（1990 年 6 月 3 日）

我们不仅要将前人的优秀遗产保留下来，而且应该为后人留下一些新的能够传之久远的东西。

我们对待传统文化不仅仅要继承和传播，而且要以马克思主义为指导，加以系统整理和综合研究，在继承的基础上有所发展和创新。这是我们应尽的历史责任。以京戏为例，《玉堂春》是一出群众喜爱的戏，如果把前面嫖院一段去掉，就会好得多。再如《四郎探母》，如果把四夫人这个角色去掉，既不伤害原剧的本意，又能使主要人物特别是杨四郎的形象更加生辉。有的戏文唱词稍改动几个字，也会更加确切、增色。当然，这种加工、整理要采取很谨慎的态度，不能损害、减弱它原有的思想、艺术成就。总之，我们不仅要将前人的优秀遗产保留下来，而且应该为后人留下一些新的能够传之久远的东西。

《同天津部分京剧工作者的谈话》（1989年10月7日）

五四运动提倡新文化，打倒孔家店，这固然有其片面的一面，但中国传统的东西确实过于保守，确实需要冲击一下。

中国在悠久的历史中形成了具有自己民族特色的传统文化，但它也有两个方面的作用。一方面，它在现实生活中起到团结、凝聚人民的作用。另一方面，由于这种文化过分系统和周全，又容易导致思想上的禁锢，从而阻碍发展。一百多年来中国社会的停滞、落后与此是有关系的。在中国传统文化中，对什么都有现成的规定，这样，后人就不需要再动脑筋创造了。五四运动提倡新文化，打倒孔家店，这固然有其片面的一面，但中国传统的东西确实过于保守，确实需要冲击一下。

《同古巴国务委员会主席卡斯特罗的谈话》（1995 年 6 月 14 日）

在对待中国历史文化的问题上，我们应该自信、自爱、自重、自强。

我们不能搞历史虚无主义，背叛自己的祖宗，丧失中国人的人格。在座的有艺术家，有当权者，如果中华民族的光辉文化在我们手里丢掉，那将有愧于祖先，对不起后人，我并不否认吸收外国先进东西的必要性，包括文化在内。对外开放是我们坚定不移的国策，现在我们正进行着日益频繁的对外交流，毫无疑问，一切外国的有益的东西我们都要学习、吸收，并做到“洋为中用”。但这决不意味着可以轻视自己本民族的东西。外国的东西只有经过消化吸收，和我们民族的特点相结合，才能成为自己的东西，真正为我所用。我记得歌德说过这样的话：民族性就是世界性。越是民族性强的东西，不仅越受本国人民的欢迎，也越能走向世界，跻身于世界先进文化之林。在对待中国历史文化的问题上，我们应该自信、自爱、自重、自强。

《在戏剧“梅花奖”评委座谈会上的讲话》（1986 年 12 月 30 日）

50. 弘扬中华民族“和”的思想。

了解是友谊的前提，了解是合作的基础，了解包括对现状的了解也包括对历史的了解，包括对经济的了解也包括对政治的了解、文化的了解，特别是对传统文化的了解。因为传统文化是一个民族劳动、智慧的结晶，是构成一个民族自身特色的重要内容，是维系一个民族生生不息的精神纽带。中国是一个历史悠久的文明古国，在中华民族漫长的历史发展进程中，创造了独具特色的传统文化，在博大精深的中国传统文化中，“和”的思想占有十分突出的位置。早在三千多年前，中国的甲骨文和金文中就有了“和”字。西周时期，周太史史伯提出“和实生物，同则不继”的观点。到了春秋战国时期，诸子百家更是经常运用“和”的概念来阐发他们的哲学思想和文化理念：管子提出“畜之以道，则民和”；老子提出“知和曰常，知常曰明”；孔子提出“礼之用，和为贵”；孟子提出“天时不如地利，地利不如人和”；荀子提出“万物各得其和以生”；《中庸》提出“和也者，天下之达道也”；等等。“和”不是盲从附和，不是不分是非，不是无原则的苟同，而是“和而不同”。“和”的思想，强调世界万事万物都是由不同方面、不同要素构成的统一整体。在这个统一体中，不同方面、不同要素相互依存、相互影响，相异相合、相反相成。

由于“和”的思想反映了事物的普遍规律，因而它能够随着时代的变化而不断变化，随着社会的发展而不断丰富其内容。现在，我们所说的“和”，包括了和谐、和睦、和平、和善、祥和、中和等含义，蕴涵着和以处众、和衷共济、政通人和、内和外顺等深刻的处世哲学和人生理念。

《和睦相处　和谐共进——在英中贸易协会举行的欢迎午宴上的演讲》（2002 年 5 月 28 日）

“和”的思想与马克思主义是一致的。

“和”的思想、“和为贵”的思想不是不分是非，不是无原则的苟同，而是和而不同。它认为世界万事万物都是由不同方面、不同要素构成的统一体，在这个统一体中，不同方面、不同要素相互依存、相互影响，相异相合、相反相成。只有不同的调味品的结合，才能做出美味佳肴，只有不同的音调的交响，才能奏出动听的音乐。“和为贵”就是一切以“和”为依归，以“和”为出发点和落脚点，争论也好，谅解也好，一切都是为了“和”，为了人与人、人与自然的和睦相处、和谐共存、协调渐进。而这些和马克思主义观点是一致的。

《同全国政协八届四次会议文稿起草人员的谈话》（1996 年 1 月）

“和为贵”。

和睦的人际关系是实现大联合的重要条件。我们的祖先历来重视“和”，崇尚“人和”，主张“和为贵”。和谐、和气、祥和、谦和等话语，在城市、农村里，在公众舆论、私人往来中，都能时常听到。和以处众、和衷共济、政通人和、内和外顺等词句，在生活、工作中，在讲话、文章里，仍然经常使用。“和为贵”的观念世代相传，潜移默化，已经渗透到社会生活的许多方面。今天，我国的社会历史条件发生了根本性变化，人们的奋斗目标是共同的，根本利益是一致的，应当使这一传统美德更加发扬光大，人们之间应当相互尊重、相互理解、相互关心，形成和发展平等、友爱、团结、互助的新型人际关系。当然，讲“和为贵”不是不分是非、不要原则。对违反国家法律、损害人民利益、制造民族分裂、破坏祖国统一的各种行为，我们必须坚决反对。

《在中国人民政治协商会议第八届全国委员会第四次会议闭幕会上的讲话》（1996 年 3 月 13 日）

反对“和为贵”思想的人，常常以坚持马克思主义自居，实际上他们坚持的是被自己歪曲了的马克思主义。

反对“和为贵”思想的人，常常以坚持马克思主义自居，实际上他们坚持的是被自己歪曲了的马克思主义。的确，马克思主义的辩证法作为对于资本主义制度的批判的思想武器，凸显了斗争和革命的本性，它“在对现存事物的肯定的理解中同时包含对现存事物的否定的理解，即对现存事物的必然灭亡的理解”①。无论是马克思、恩格斯、列宁或毛泽东，他们在重视斗争性的同

① 《马克思恩格斯全集》，中文 1 版，第 23 卷，24 页，北京，人民出版社，1972。

时，丝毫没有轻视对立面的同一性。马克思和恩格斯指出：我们这个世界面临的两大变革，是人同自然的和解以及人同本身的和解。也就是社会发展最终要实现人的全面发展和人与人、人与自然之间的和谐。列宁所说的“发展是对立面的统一”①，毛泽东在《矛盾论》中把矛盾的同一性定义为对立面的相互依存和相互转化，等等，都是这方面的论述。

马克思主义既讲矛盾的普遍性和斗争的绝对性，同时又讲矛盾、斗争的特殊性、多样性，讲具体问题具体分析、不同质的矛盾用不同的方法来解决。在矛盾的转化过程中，既存在着双方同归于尽或新事物取代旧事物的方式，也存在着对立面之间互相制约而取得平衡的方式。那种将矛盾简单化为你死我活的僵化思维，不但在理论上违背马克思主义辩证法的精髓，而且在实践中危害甚大。

《同全国政协八届四次会议文稿起草人员的谈话》（1996年1月）

“天人合一”主张万事万物和谐共存，与现在讲的环境保护、可持续发展的内涵是一致的。

中国文化博大精深、内涵丰富。比如“天人合一”思想，我们过去只是片面地理解，把它当成一种唯心的东西加以批判，当成一种糟粕加以抛弃。相当长时期以来，人们认为什么毒蛇呀猛

① 《列宁全集》，中文2版，第55卷，前言Ⅷ页，北京，人民出版社，1990。

兽呀都是人类的天敌，都应该消灭。现在才发现，自然界所有东西都有它存在的理由，所有东西都是相互联系、相互依存的。“天人合一”思想中就有主张自然与人类亲契合一、主张万事万物和谐共存的内容。这种思想是多么重要，咱们老祖宗是多么英明呀！现在环境保护、可持续发展炒得非常热，其实它们的内涵就是“天人合一”嘛！

《看望政协文艺界委员时的讲话》（2002 年 3 月 7 日）

“家和万事兴”。

中国改革开放以来，社会生产力快速发展，综合国力显著增强，人民生活不断改善，整个国家面貌发生了巨大而深刻的变化，一个重要原因是我们始终把稳定作为发展各项事业的前提和条件，非常注意处理改革、发展、稳定三者的关系，切实把握改革的力度、发展的速度和社会承受的程度，精心维护来之不易的团结稳定的局面。中国人有一句口头语，叫“家和万事兴”。一个国家只有团结稳定，上上下下、方方面面充满和气，人们才能一心一意搞建设、谋发展，才能把经济工作搞上去。

《会见斯洛文尼亚总统库昌时的谈话》（2002 年 5 月 21 日）

“和”的思想，也是经商之道、发财之道、发展之道。

“和”的思想作为中华民族普遍具有的价值观念和理想追求，

对中国人民的生活、工作、交往、处世乃至内政和外交等各个方面都产生了深刻的影响。表现在人与自然的关系上，强调“天人调谐”，人是大自然和谐整体的一部分，又是一个能动的主体，人必须改造自然又顺应自然，与自然圆融无间、共生共荣；表现在人与人的关系上，要求“和睦相处”，待人诚恳、宽厚，互相关心、理解，与人为善、推己及人，建立团结、互助、友爱的人际关系；表现在人与社会的关系上，崇尚“合群济众”，社会由个人所组成，个人离不开社会，应当尊重个性、鼓励个人的追求和创造，又必须融入集体、把个人的目标同社会的需要结合起来；表现在国与国之间的关系上，倡导“协和万邦”，国家间应当亲仁善邻、讲信修睦、礼尚往来，不能以大欺小、以强凌弱、以富压贫，国际争端要通过协商和平解决，各国之间应在平等相待、互相尊重的基础上发展友好合作关系；表现在各种文明的关系上，主张“善解能容”，各种文明都是人类文明的组成部分，都对人类文明作出了贡献，不应当相互排斥，而应当彼此尊重、相互学习、保持特色、共同进步。在座的各位多是经商的，是从事经济贸易的，做生意要讲发财、讲发展。怎么样发财、发展呢？“和”的思想认为“和气生财”，只有通过商量沟通工作，营造出合作共事的良好氛围与环境，才容易把生意做成、做好。“君子聚财取之有道”，合作是以对方的存在为前提，坑害对方就等于破坏合作，应以互惠互利为目的，谋取双赢。做生意要着眼整体、看到长远，即使一时达不成协议，也不能伤了和气，“买卖不成仁义在”，如此等等。“和”的思想，也是经商之道、发财之道、发展之道。

《和睦相处　和谐共进——在英中贸易协会举行的欢迎午宴上的演讲》（2002年5月28日）

两岸关系中，“和”最重要。

现在两岸关系中，“和”最重要。（星云：和则共融。）过去主张一切都“对立”时，看对方都看毛病，越看越不顺眼。结果你骂我，我骂你，越走越远。现在则相反，你来看我好的地方，我来看你好的地方，旅游就是专看好的地方，这样就会越走越近。

《会见台湾星云大师时的谈话》（2008年8月8日）

“和尚”，就是以“和”为“尚”。

的确应该多讲“和”。“礼之用，和为贵，先王之道斯为美”啊！胡锦涛总书记提出建设“和谐社会”，是很得人心的话。佛教也是讲和谐的，你们“和尚”，就是以“和”为“尚”。用“以和为尚”解释“和谐社会”也是贴切的。

我们马克思主义哲学讲对立统一规律，什么事物都是对立统一的。但过去只讲对立，不讲统一，把“对立”理解为“斗争”绝对化；只讲你死我活，不讲相反相成，什么事情都要斗；只讲斗争的绝对性，不讲斗争的多样性，结果运动不断、斗争没完，反而把“和”说成是没原则、抹稀泥、立场不坚定。其实，很多事情都是“和”的状态，“和”是常态，许多事物都是和的结果。比如，一个乐队是“和”，一场宴席是“和”，一道菜也是“和”。没有若干原料聚合在一起，能做成一道菜吗？（星云：素食里的罗汉菜就是这样。）一杯水也是“和”，氢和氧合在一起，才构成水。斗争当然是不可避免的。但什么是斗争？佛教里讲经，把邪恶的人引导转变过来，这也是斗争。斗争、对立，并不都是消灭对方，你死我活。

《会见台湾星云大师时的谈话》（2008 年 8 月 8 日）

多想想别人，多想想大局，多一些尊重理解，多一些体谅包容。

在我国悠久的历史发展过程中，我们积累了很多的经验和教训，其中最重要的一条就是提倡“和合”，强调团结。人和、祥和、和睦、和谐、和以处众、和衷共济、和气生财、内和外顺等词语经常使用，随处可见。团结就是力量，团结就是胜利，团结就是生命，人们经常讲，反复讲，到处讲，常讲常新。古书中记载了这样一个故事：汉朝时，京城田氏三兄弟田真、田庆和田广，一直和睦相处，庭院中有棵紫荆树，也长得花繁叶茂，但后来他们闹别扭，要分家，紫荆一夜之间就枯萎了。兄弟三人大为震惊、大受感动，于是兄弟不再分家，和好如初，紫荆花又盛开如故。晋代陆机作诗说：“三荆欢同株，四鸟悲异林。”唐代李白感慨道：“田氏仓卒骨肉分，青天白日摧紫荆。”上面讲的紫荆花，和作为香港区旗区徽标志的紫荆花是不是一个品种，我没有考证；上面讲的故事，是体现“天人感应”思想的一个传说，未必真有其事。但这个故事所表达的道理，的确发人深思。我们这个五千年文明古国，之所以历经磨难而绵延不衰，屡处逆境而昂扬奋起，就是因为有许多这样博大深邃的思想，有一种内在的强大凝聚力。当今中国要发展、要振兴，必须继续弘扬中华民族的优良传统，特别要倡导“和合”，强调团结。我看香港也是如此，最最重要的是加强团结。唯团结才能稳定，唯团结稳定才能发展繁荣。香港也只有团结稳定、发展繁荣，才能为我们祖国统一和民族振兴作出新的更大的贡献。香港地方很小，容易磕磕碰碰；香港讲市场经济，难免你赔我赚。我希望大家多想想别人，多想想大局，多一些尊重理解，多一些体谅包容，团结起来把香港的事情办得更好。

《会见香港各界知名人士时的讲话》（2000 年 11 月 7 日）

过一个欢乐、祥和、文明的春节。

今年春节是 90 年代的第一个春节，也是一个不寻常的春节。之所以不寻常，一是经历了去年春夏之交的政治风波，全国的局势日益稳定，人们更加珍惜过太平安定的日子；二是治理整顿已取得初步成效，经济形势正在向好的方向发展，克服暂时困难还需要进一步振奋精神；三是国际上风云变幻，更要求我们奋发图强，办好自己的每一件事情。过好今年春节，创造一个良好的社会气氛，对于增强信心，做好工作，继续前进，有着重要意义。什么叫过好春节？我想，主要有三条：

第一，过一个欢乐的春节，就是要丰富节日的文化生活，使大家在歌舞升平中得到休息和美的享受。

第二，过一个祥和的春节，就是通过过节，干群之间加深理解，同事之间增进友谊，邻居之间更为和睦，军民之间增强团结，使社会更加协调，气氛更加融洽。

第三，过一个文明的春节，就是要倡导健康有益的新风尚，革除愚昧落后的旧习俗，并做到安安全全、干干净净。

《在河北省春节文化活动安排座谈会上的讲话》（1990 年 1 月 4 日）

如果不重视协调，不善于协调，不能及时、有效地加以协调，就会影响改革发展稳定的大局。

世界上万事万物都是相互联系、相互影响的，都是在平衡与不平衡、协调与不协调的矛盾运动中变化发展的。在人类社会出现以前，自然界按照自然法则自发地调节、演化和发展。在人类社会出现以后，产生了人与自然、人与人之间的矛盾和冲突，人类为了生存和发展，也就有了自觉的协调活动。历史发展到今天，整个世界呈现出快速多变、复杂多样的特点，不同文明之间相互交融又相互激荡，不同利益之间相互依存又相互摩擦，人对自然的索取越来越多，人与自然的矛盾也越来越突出。和谐共存、协调共进的问题已经成为人类普遍关注的重大问题。在我国，随着改革开放的深入和市场经济的发展，社会经济成分、组织形式、就业方式、利益关系和分配方式日益多样化，人们的职业、身份经常变动，不同群体、不同行业、不同地域间的差异和矛盾错综复杂，协调的任务比以往任何时候都要繁重。应当看到，我国现阶段的各种社会矛盾多属于根本利益一致基础上的人民内部矛盾。解决人民内部矛盾，主要的大量的要靠协调工作。如果不重视协调，不善于协调，不能及时、有效地加以协调，就会影响改革发展稳定的大局。协调的思想在中华民族的文化遗产中占有重要的位置，“和衷共济”、“兼容并包”、“厚德载物”、

“天人合一”等许多人所熟知的成语，都包含着和谐、协调的意思。强调协调的作用，符合事物的客观规律，符合时代的发展潮流，也符合中华民族的优良传统。

《在中国人民政治协商会议第九届全国委员会第五次会议闭幕会上的讲话》(2002 年 3 月 13 日)

看法与说法

第 三 册

李瑞环

中国人民大学出版社

第三册目录

51. 必须高度重视经济与社会协调发展的问题。

我多次见过越南领导人，每次都做些准备，真诚地向他们谈一些问题，特别是我们改革开放中的经验教训。越南是我们的邻邦，过去和我们走的路子差不多，我们希望他们搞得更好。我想，这次主要谈谈经济与社会的关系问题。我们的改革总体上是好的，特别是经济体制改革，成绩很大，当然也不是没有问题。但我觉得当前最大、最难解决的问题还是经济与社会协调发展的问题。对此，我们必须高度重视。事实证明，集中精力发展经济、改善人民生活，是完全正确的。在大规模经济建设中，在深化改革的过程中，出现这样那样的社会问题是难免的。但对有些问题，例如分配不公、两极分化、道德滑坡、诚信缺失，乃至贪污腐败等，绝不能麻痹大意，必须下决心及时、切实加以解决。否则，就会变成畸形的、病态的社会。在畸形的、病态的社会环境下，经济增长是不可能持久的，即使一时上去了终究也会掉下来，乃至出现更加复杂的社会问题。因此，必须保持清醒的头脑，在抓好经济工作的同时，下大力量促进社会的全面进步，实现经济与社会的协调发展。

《同〈会见越南国家主席陈德良时的谈话参考要点〉起草人员的谈话》

（1997 年 12 月 2 日）

实现经济与社会的协调发展，是一个既明确又难办的事情。

毫无疑问，经济是基础，经济是中心，经济搞好了，解决其他问题、实现社会进步就有了必要的物质保障。官正①同志讲，我国有许多“病”是“穷病”，是由于穷带来的“病”，这话很有道理。当然这不是说经济搞上去了，其他方面也就自然而然地上去了。如果在发展经济的过程中，忽视精神文明建设，不下大力量去抓社会进步，在思想道德、科学文化以及民主法制建设方面不能取得与经济建设相适应的成果，人心就会涣散，国家就不能长治久安，即使经济一时上去了也很难长期维持。实践证明，实现经济与社会的协调发展，是一个既明确又难办的事情。

《听取山东省委、省政府工作汇报时的讲话》（2000 年 9 月 11 日）

一个国家的文明程度如何，发展前景如何，很重要的一个方面就是看它的风气如何。

如何创造一个与经济发展相适应、相协调的良好风气，是一个需要认真研究并着力加以解决的重大课题。一个国家的文明程度如何，发展前景如何，很重要的一个方面就是看它的风气如何。风气不好，人心就难以凝聚，社会就难以稳定，经济最终也

① 即吴官正，当时任中共中央政治局委员、山东省委书记。

难以搞上去。

《会见新加坡总统纳丹时的谈话》(2001 年 11 月 19 日)

改革开放要坚持，纠正不正之风、打击经济犯罪也要坚持；改革开放要坚决，纠正不正之风、打击经济犯罪也要坚决。

从根本上讲，纠正不正之风是有利于改革和开放的，但也有一些需要正确处理的问题。笼统地说不正之风、经济犯罪是改革开放造成的，这无疑是错误的，因为过去不搞改革开放，也有不正之风。但是，也不能简单地说，不正之风同改革开放没有任何联系。因为：（一）有些现象不搞改革、开放就不可能或很难发生。比如，搞闭关锁国，不同外国人打交道，资本主义的腐朽东西就很难进来；不搞有计划的商品经济，一切都靠发票证，倒买倒卖、皮包公司、回扣等问题就不会这么多。（二）改革具有革命的性质，需要有开拓创新精神，必然要冲破一些习以为常的东西。这里边有些动机是好的，效果也是好的，这好辨别；有些动机是好的，但效果不好，这就需要分析；也有的是借改革的名义，搞不正之风，甚至违法乱纪。当然，改革对他们来讲，只是一个招牌，但如果不搞改革，不提倡开拓，他就打不了这个招牌。（三）由于改革正处于新旧体制的交替时期，旧的体制不断受到冲击和瓦解，新的体制一时还难以完善，这就难免有些漏洞，就容易被一些人钻了空子。我这样讲，不是否认改革开放的必要性，而是说要正视这些问题，自觉地采取防范措施，缩小消极因素的影响。我们过去讲过，随着改革和开放不可避免地会带来一些消极因素，要一手抓开放，一手抓打击经济犯罪。我认为这些提法比较符合实际。总之，改革开放要坚持，纠正不正之风、打击经济犯罪也要坚持；改革开放要坚决，纠正不正之风、打击经济犯罪也要坚决；改革开放是个长期的任务，纠正不正之风、打击经济犯罪也是个长期的任务。

《在中央端正党风座谈会上的发言提纲》（1986年4月3日）

在高速发展的同时，我们还存在一些值得重视甚至令人担忧的问题，其中比较突出的就是社会风气问题、道德问题、精神文明问题。

改革开放20多年来，我们国家在经济、社会各个方面都取得了很大进步，特别是经济发展很快，成就被世界所公认。但不能回避，或者说不能不承认，在高速发展的同时，我们还存在一些值得重视甚至令人担忧的问题，其中比较突出的就是社会风气问题、道德问题、精神文明问题。就一般道理上讲，一个国家的精神文明程度、社会风气状况，与国家方针政策及法治水平，与道德思想的教育和引导，与这个国家的管理能力，以及领导集团和领导人的行为都有着直接的关系。

我们有过一段时间，讲究道德的作用，讲究思想的作用，反对一切所谓的个人主义，不能有名的思想，不能有利的思想，不能有什么利益的追求。我们也曾主张摆脱八级工资制，把八级工资制作为资产阶级法权来批判，好像是人人平等、世界大同。但这样搞的结果，没有实现共同富裕而是导致共同贫困，有很长时间内解决不了吃饱肚子的问题，解决不了穿衣服的问题，成了一个什么东西都短缺的社会，吃饭要粮票，穿衣要布票，买糖要糖票，有几十种票证。现在人们说中国搞证券公司搞得不错，我说中国有搞证券的经验，中国搞了几十年的票，搞过各种各样的票证。现在的年轻人把这些事当新闻，不明白吃油还要有油票，花生米也要票，怎么什么都要票？那个年代，我们天天喊讲思想教育，讲无私奉献、为人民服务，强调思想是灵魂、是统帅、是生命线，思想工作第一，其结果是思想，或我们的言论，或我们说的都很好，但人们真正的积极性、主动性、创造性并没有充分而有效地发挥出来。

《在接见驻新加坡使馆工作人员、中资机构和留学人员时的讲话》（2001 年 11 月 20 日）

我们讲关心人民生活应该是物质、精神并重，而不只是让人吃饱了就算了。

人民生活不能就是吃、穿，人是讲理想、讲思想、讲觉悟的。前两年，有这样一句话：端起碗来吃肉，放下筷子骂娘。一些人引用这句话的目的是想说有些人没有觉悟、没有良心。我跟一些同志说，人是高级动物，是有思想的，同低级动物不一样。杂技团耍叉子的狗熊不给吃的不耍，耍完了不给吃的拿着叉子不放下。钱不是万能的，单靠钱买不来人们对社会的满意，买不来社会的安定团结。在没饭吃的时候，吃饱肚子是头等大事，但物质生活到了一定程度，人们的追求就会转向精神生活，而且物质生活越好，对精神生活的要求就越高。我们讲关心人民生活应该是物质、精神并重，而不只是让人吃饱了就算了。

《接见全国整顿清理文化市场工作会议代表时的谈话》（1989年8月26日）

把东方传统文化与现代社会建设结合起来。

小平同志提出广东要用20年赶上亚洲“四小龙”，还希望你们在精神文明建设方面超过它们。因此，我们有必要研究一下新加坡的社会管理，研究他们是如何把东方传统文化与现代社会建设结合起来的。新加坡这个国家，你进去之后就会感到它非常有规矩、有礼貌，文明程度很高。我认为其中很多是标志人类文明进步的共有的东西，而不是属于哪个社会制度的，很值得认真研究和借鉴。

《在广东省考察工作时的谈话》（1992年3月15—18日）

我们讲重视教育，首要是重视基础教育；讲支持教育，重点要支持基础教育。

现在的青少年，是我们国家的未来，民族的希望。国家实施九年制义务教育，积极发展高中和职业技术教育，就是要使适龄青少年在中小学受到良好教育，全面增强青少年的素质。实践证明，中小学是打基础时期，一个人小时候可塑性强，从小抓起，在中小学阶段就树立起正确的世界观和人生观，对一生都起着重要的影响。同时，学校和社会是相互联系、相互影响的。学校风气好，青少年素质提高了，也会成为树立良好社会风气的推动力量。抓好基础教育，也是保持社会安定的需要。基础教育涉及千家万户。一个学生健康成长，全家高兴；一个学生沾染了坏习惯，全家不得安宁。从小学开始就教育学生怎样做人，怎样对待父母、师长，怎样对待邻居、伙伴，怎样对待公共秩序和社会道德，通过具体的行为规范教育，使青少年健康成长。这样，学生安心，家长放心，也就使社会增加安定的因素。抓好基础教育，更是发展高等教育的必要条件。基础教育肩负着向高等学校选送学生的重任。进入高等学校的学生在基础教育中打好了底子，思想好，知识牢固，身体健康，有劳动习惯，学习进步就会快，高等教育培养合格的专业人才也就容易得多。现在高等教育中遇到许多问题，其中新生的素质不高是一个大问题。抓高等教育的质量，也要从根儿抓起，把基础教育办好。总之，教育要发展，基础教育要先行。我们讲重视教育，首要是重视基础教育；讲支持教育，重点要支持基础教育。

《在天津市普教工作会议上的讲话》（1989 年 4 月 10 日）

忽视教育的领导者，是缺乏远见的、不成熟的领导者。

我们应该牢固地树立起这样一个观念：忽视教育的领导者，是缺乏远见的、不成熟的领导者，这样的领导，是不合格的领导。今后，我们一定要把教育工作摆到更加重要的议事日程上，不但要抓，而且要真正抓紧、抓好。要选择一两个教育基层单位作为联系点，经常分析情况，研究问题，总结经验，指导工作。要尽可能地解决好教师特别是中小学教师的待遇问题，在政治上关心他们，在生活上体贴他们，对于市里已经有明确规定的，要一项一项地具体落实。待遇仍然偏低的，要在力所能及的范围内加以解决。在这方面，各区、县、局都有许多好的经验、好的做法，为教师、为学校办了许多实事，这种风气要继续提倡，希望全市能多出几个热心教育事业的“教育区长”、“教育县长”、“教育乡长”。

《在天津市普教工作会议上的讲话》(1989 年 4 月 10 日)

教书和育人、传授知识和陶冶思想是密不可分的双重任务。

教书和育人、传授知识和陶冶思想是密不可分的双重任务，是培养社会主义建设的合格人才所必需的。我们讲提高教育质量和学生素质，就包括了学生的政治、思想、道德、世界观方面的素质。唐代大文学家、思想家韩愈讲：“师者，所以传道、授业、解惑也。”这个“传道”就是讲的思想、礼仪、道德。作为社会主义国家的教师，不仅是科学文化知识的传播者，而且是精神文明的建设者，是塑造一代新人的工程师和艺术家。我们所有学校培养出来的学生，都应该有理想、有道德、有文化、有纪律，热爱社会主义祖国和社会主义事业，具有为国家富强和人民富裕而艰苦奋斗的献身精神。但是，现在并不是所有的同志对这些都认识得很清楚了，在实际工作中确确实实还存在着重智育轻德育、重教书轻思想教育的现象。有的教师对学生完成作业情况、考试成绩、接受能力比较关心，而对学生平时的思想作风表现重视不够；有的教育方法简单生硬，甚至随意讽刺挖苦和体罚学生；个别教师对自己要求不严，思想作风上有这样那样的毛病，对学生带来不良影响。所有这些，都是应该避免和纠正的。教师的工作不同于一般的行政工作和技术工作，它是培养人、出息人的一种十分复杂的综合性的劳动。教师的工作联结着千家万户，关系到整个国家的未来。一个孩子没有教育好，不仅对国家是个损失，对孩子的家庭更是莫大的不幸。

《在庆祝教师节表彰教书育人为人师表模范教师大会上的讲话》

（1986 年 9 月 10 日）

假如我们两眼一睁，忙到熄灯，忽视了对下一代的教育，就等于忽视我们党奋斗的最终目标，我们就成了糊涂人。

我们的一切奋斗和工作，归根到底，都是为了民族的独立、国家的富强和人民的幸福，为了建设伟大的社会主义、共产主义，也可以说，是为了未来，为了后代。假如我们两眼一睁，忙到熄灯，忽视了对下一代的教育，就等于忽视我们党奋斗的最终目标，忽视我们毕生为之奋斗的革命和建设事业的伟大成果，我们就成了糊涂人。

《在中国关心下一代工作委员会第一次会议上的讲话》

（1990 年 6 月 28 日）

教育既然是全社会的事，就应该由全社会来办。

教育既然是全社会的事，就应该由全社会来办，各个单位既然都需要人才，就应该为培养人才尽责。我曾讲过，中国的许多困难，总是与人多连着。要解决这些困难，就必须在人多上打主意，想办法。像教育这种事业，如果不形成全社会关注和支持的风气，教师的地位怎么提高？许多实际问题怎么解决？

《在天津市社会支教总结表彰大会上的讲话》(1988 年 11 月 10 日)

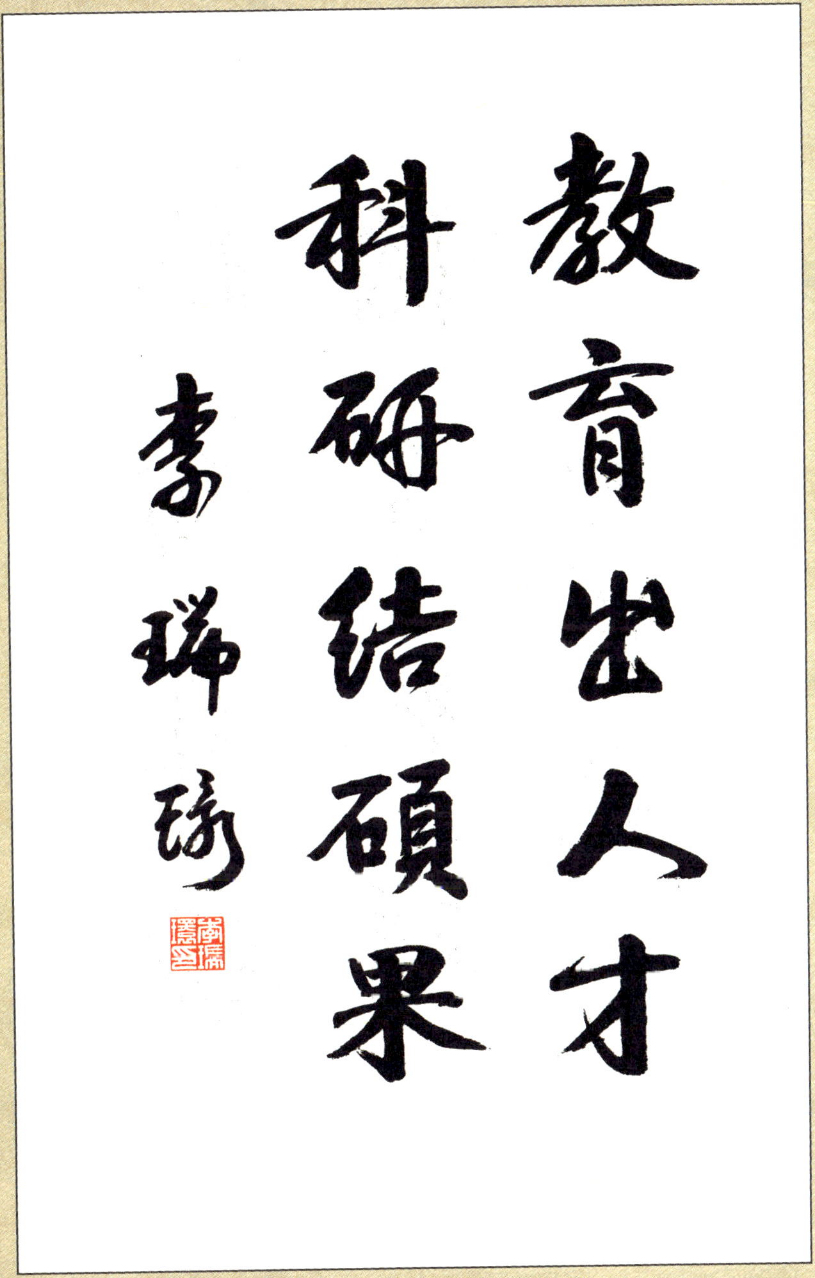

为南京财经大学题词（2003 年 10 月）

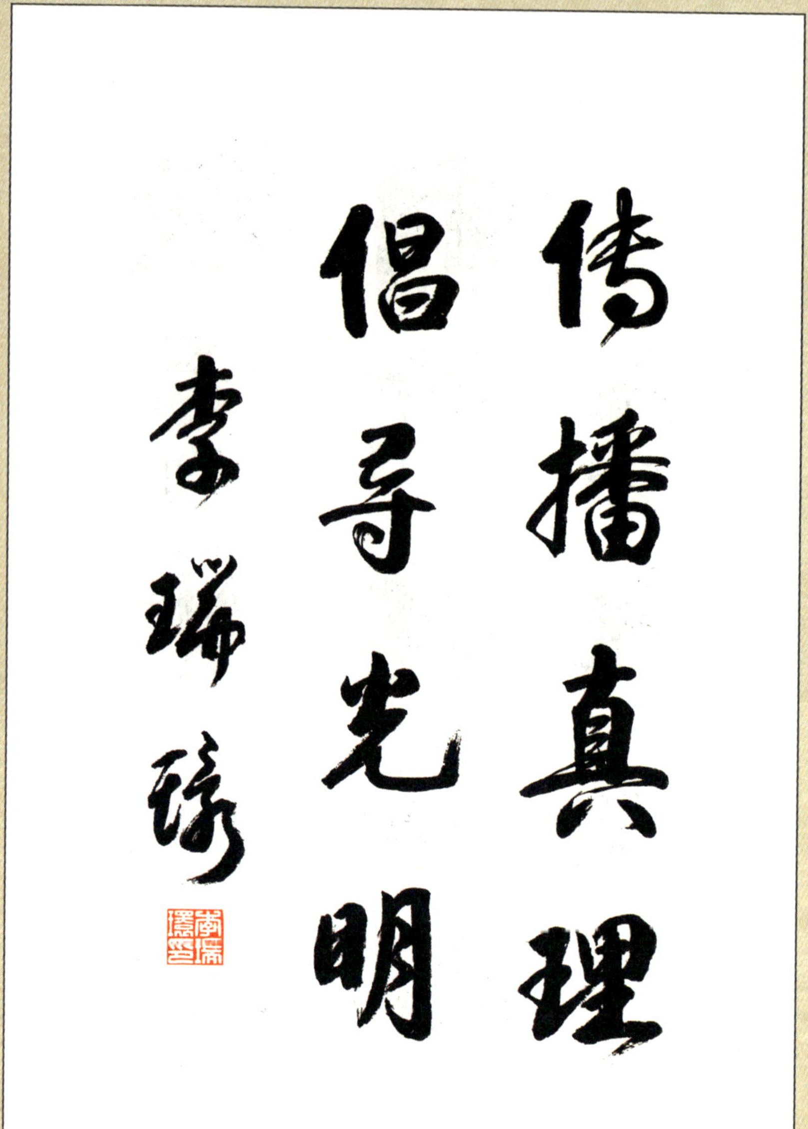

为《光明日报》创刊45周年题词（1994年6月）

52. 两个文明一起抓，两副担子一起挑，两个成果一起要。

在整个改革和建设中，不仅要有经济目标，而且要有政治的、精神的目标，要把提高人们的思想觉悟放到重要位置上。还是我们原来提出的，两个文明一起抓，两副担子一起挑，两个成果一起要。有些人把物质文明建设和精神文明建设这两个目标看成了一个，只讲物质，不讲精神；而物质文明的目标又简化成利润和金钱。这是个很大的问题。连外国的一些有识之士都认为我们把金钱看得太重，把道德礼仪看得太轻。我们究竟要培养一代什么人？这个问题不能不引起我们高度重视。实现社会主义现代化必须有现代化的人，而社会主义现代化的人也只能在建设社会主义现代化的过程中培养。精神文明建设和物质文明建设同等重要，要随着物质文明建设使人的思想觉悟逐步提高，把培养“四有”新人作为重要目标。

《谈当前改革中需要注意的几个问题》（1989 年 1 月 5 日）

精神文明建设既是为物质文明建设服务的，又是建设有中国特色的社会主义的一个目标。

脱离物质文明建设讲精神文明建设，是空话；随着物质文明建设的发展，如何进一步加强精神文明建设，我认为这是关系到把国家建成什么样子的大问题。如果在物质文明发展的过程中不研究精神文明建设，不注意培养什么人的问题，就有可能或者经济建设上去了，社会风气下来了；或者经济建设发展到一定程度也不能继续上去。精神文明建设既是为物质文明建设服务的，又是建设有中国特色的社会主义的一个目标。这个目标包括培养有理想、有道德、有文化、有纪律的“四有”新人。假如没有这个目标，我们这个国家和资本主义国家又有什么两样？因此，随着经济建设的发展，精神文明建设也必须跟上去，决不能搞成“两张皮”。

《在广东省考察工作时的谈话》（1992 年 3 月 15—18 日）

如果物质生活搞上去了，精神生活搞不好，经济建设最终也会受到妨碍，老百姓也不会满意。

中国在物质文明和精神文明建设方面进行了多年探索，取得了成绩，积累了经验。但在处理传统文化与现代科学、物质文明与精神文明的关系问题上，我们也还存在一些问题，有些问题在近几年显得比较突出。中国曾经在很长一段时间忽视了物质文明的建设，长期陷于各种无谓的争论，浪费了宝贵时间。党的十一届三中全会后，我们把工作重点转移到经济建设上来，取得了很大成绩，这已是举世公认的。一个国家不发展经济，不提高人民的生活水平，许多问题的解决包括精神文明的发展就无从谈起。但是人类生活包括物质和精神两个方面。如果物质生活搞上去了，精神生活搞不好，经济建设最终也会受到妨碍，老百姓也不会满意。所以邓小平从一开始就提出物质文明和精神文明要两手抓、两手都要硬。但是我们有时抓得不够好，出现了一手比较硬、一手比较软的情况，如不良风气抬头、有些已经绝迹的社会丑恶现象死灰复燃。这不仅与现代文明相违背，也与中华民族的传统文化相违背。

《同新加坡内阁资政李光耀的谈话》（1995 年 8 月 23 日）

只有把两个文明建设都搞上去，才能谈得上建成有中国特色的社会主义。

精神文明建设是建设有中国特色社会主义的重要组成部分。在我国现代化建设的全过程中，我们必须始终像重视物质文明建设一样重视精神文明建设，像抓物质文明建设一样抓精神文明建设。只有把两个文明建设都搞上去，才能有社会的全面进步，才能满足广大人民群众的根本愿望，也才能谈得上建成有中国特色的社会主义。毫无疑问，精神文明建设必须紧紧围绕经济建设这个中心，为改革开放和现代化建设提供强大的精神动力和智力支持，成为物质文明建设的重要保证。同时也要看到，精神文明本身也是我们努力奋斗的目标。在任何时代、任何地方，人类社会的进步总是离不开对真、善、美的追求，我们搞现代化建设，就包括了人民精神生活的改善和文明水平的提高。如果忽视精神文明建设，我们的社会就会被种种愚昧、落后、僵化、不文明的现象所困扰，经济建设也将受到严重的阻碍。

《听取广西壮族自治区党委、政府工作汇报时的讲话》（1993 年 4 月 18 日）

不是经常讲“无粮则乱”吗？我看缺乏精神食粮，各种思想问题、落后的意识形态也会泛滥成灾。

这些年，随着经济的发展和生活的改善，人们的精神面貌也发生了许多可喜的变化。但也必须看到，在人们的精神生活中确实存在着不少问题。比如，我到过一些居民家庭，可以说是“鸟枪换炮，今非昔比”了，电视机、录音机、洗衣机、电冰箱，各种高档家具，几乎是应有尽有，但是唯独没有书架，很少看到书报杂志，这种现象值得我们深思。再比如，这些年新建了许多居民住宅，开始时漂漂亮亮，可过不多久就面目全非，挺整洁的墙上不是贴上一堆煤饼，就是乱写乱画，弄得一塌糊涂。许多新建居民楼所起的名字，也能说明点问题，什么“建材楼”、“电缆楼”、“果品楼”、“土产楼”，还有什么“天拖南”、“体院北”、“小稻地”、“老窝棚”，看起来唯物、具体，实在是粗俗、原始。农村在这方面的问题就更突出。新的文化、科学、卫生不能说没有进入农村，但远没有占领阵地，比起封建文化、落后的意识形态要弱得多。婚丧嫁娶中的迷信活动十分盛行，什么金童玉女，在陪葬品里还有什么纸糊的录音机、电视机，等等。我们有些村万元户不少，但进村一看，杂乱无章，破烂不堪，光秃秃很少花草树木，脏乎乎到处狗屎人粪。有的村已经成了先富起来的典型，但至今连个公共厕所都没有。同志们可以设想一下，在这样一种文化素质的基础上，怎么能够顺利地建设社会主义现代化？这就给我们提出一项十分紧迫的任务：在物质生活不断提高的同时，必须给我们的人民以更多、更丰富的精神食粮，在全社会形成适应现代生产力发展和社会进步要求的、文明的、健康的、科学的生活方式，摒弃那些落后的、愚昧的东西。我们不是经常讲“无粮则乱”吗？我看缺乏精神食粮，各种思想问题、落后的意识形态也会泛滥成灾。当然，出现上面这些问题的原因是多方面的，不能单靠某一种手段来解决。比如要大力发展教育，尽快普及科学知识等等。

《齐心合力　繁荣文艺——在天津市委、市政府召开的文艺创作座谈会上的讲话》（1986 年 6 月 28 日）

要一以贯之地坚持“两手抓”、“两手硬”。

社会主义精神文明成为我国现代化建设的重要特征。我们党的工作重心转移以后，就明确提出了坚持四项基本原则，实行“两手抓”、“两手硬”的战略方针。十多年来，我们在这一方针指导下取得了很大的成绩，同时，在这个问题上也有过深刻教训。当我们只忙于经济建设的时候，当精神文明建设面临新情况、新问题的时候，往往容易发生问题。必须明确，没有社会主义精神文明，有中国特色的社会主义事业就无从谈起。如果不一以贯之地坚持“两手抓”、“两手硬”，中华民族的优秀文化和党的优良传统就有可能在我们这一代手里丢掉，革命前辈创建的社会主义事业就有可能在我们这一代手里葬送，祖先留下的家业就有可能在我们这一代手里衰败。精神文明建设体现在现代化建设的一切环节，渗透在政治、经济、文化、社会生活各个方面。所有部门特别是各级领导干部必须保持清醒的头脑，始终坚持党的“一个中心、两个基本点”的基本路线，始终重视社会主义精神文明建设，始终抓紧反对腐败，加强党风建设和廉政建设，始终注意思想教育工作，并紧密结合实际，切切实实地作出成效。

《新时期的统一战线工作——在全国统战工作会议上的讲话》（1993 年 11 月 5 日）

喊响两个目标，学会两种方法，取得两个成果。

市委根据一些单位的经验，要求在明年的工作中必须喊响两个目标，学会两种方法，取得两个成果。喊响两个目标，就是要使人们懂得党的总任务、总目标包括两个文明建设。因而在进行任何一项工作时，都要讲政治，讲意义，坚持思想领先。学会两种方法，就是要使我们从事各方面工作的干部既会用经济的手段抓经济，也会用思想政治工作调动人的积极性，把两者很好地结合起来。思想政治工作必须结合经济工作去做，经济工作必须依靠思想政治工作做保证。取得两个成果，就是每一项工作和建设，既要注重物质成果，也要注重精神成果。要把人民群众在完成任务的斗争中所表现的高尚品质和革命精神总结推广，变成社会的共同财富；并用每项建设的成就来教育和鼓舞人民，引导人们去夺取新的胜利。

《在中共天津市委四届四次全委扩大会议上的讲话》（1985年12月26日）

可考虑有一个管总的提法，就是加强社会主义精神文明建设。

近年来，我们党在加强整个意识形态领域工作的过程中，有若干重要的提法，如反对资产阶级自由化；加强思想政治工作；一手抓“扫黄”，一手抓繁荣文艺；弘扬民族文化等等。可考虑有一个管总的提法，就是加强社会主义精神文明建设。在这个总的口号下，指导和抓好整个意识形态领域的各项工作，有立有破，使各项工作有一个明确的方向、目标和落脚点。

《听取福建省委、省政府工作汇报时的讲话》（1990年2月9日）

地方可以根据自己的实际情况，来设置本地方的精神文明建设机构。

中央怎么办，我们回去再说，地方可以根据自己的实际情况，来设置本地方的精神文明建设机构。机构叫什么名字，设多大摊子，给一个什么级别，中央不作硬性规定。上下不强求一致，左右也不要求看齐。就开这么个口子，中央既不另给钱，也不另给编制，各地方自己去调剂。据我所知，精神文明所涉及的部门有的是有钱的，有的是有人的，有的既有钱又有人。我们要善于利用现有的人员机构，把力量组织起来，协调起来，纳入精神文明建设的轨道……办事机构上面应该有一个领导小组，或精神文明建设委员会一类的领导班子。我的看法，办事机构可以小一点，但领导班子的规格应当高一点。

《同全国精神文明建设活动工作会议代表座谈时的讲话》（1990年11月9日）

要根据总体规划的要求和精神产品的特点，使“虚功”实做。

精神文明建设和宣传工作，有的不能量化，有很多可以而且应当量化。要根据总体规划的要求和精神产品的特点，像抓“菜篮子工程”那样，给出版社、通讯社、报社、电台、电视台、剧院（团）、制片厂等单位下达出好书、出好报道、出好文章、出好节目、出好戏的指标，使“虚功”实做。

《在全国宣传部长会议上的讲话》（1991年1月19日）

一个国家体育的发展是这个国家精神文明水平的标志之一。

体育是人类文明与进步的一种表现。一个国家体育的发展是这个国家精神文明水平的标志之一。我们全社会要形成这样一种风气：人人喜欢体育，人人尊重运动员，有条件的青少年愿意走进体育这个大门里来。只有这样，体育事业才会后继有人，才会不断发展和提高。

《会见中国乒乓球队时的讲话》（1992 年 1 月 5 日）

要想领导好，必须身体好；要想身体好，必须常运动。

哲人讲“生命在于运动”。民间俗话说“人必须活动”，就是说你要想“活”就必须动，“动”就是运动。

领导干部必须要有运动，没有运动很难做好领导。“领导”首先是“领”，“领”就是带领，就是走在前边，干在前边，身先士卒，没有运动，没有健康的体质，跟在后边都困难，怎么能“领”好；“导”就是“引导”、“教导”，要“导”好，就要看好多书和材料，掌握好多情况，就需要多动脑筋，没有充沛的体力就很难“导”好。要想领导好，必须身体好；要想身体好，必须常运动。

领导干部是脑力劳动者，要经常用脑，好的领导一定脑子很好。脑子好有先天条件，更重要的是训练，是多学、多思，是劳逸适当，所以脑子必须休息。怎么休息？光躺在床上不一定能休息，睡觉不一定能休息，有时越想休息越不能休息，而运动却可以使脑子休息。

《在’99 京津“市长杯”网球友谊赛前接见两市领导同志时的讲话》（1999 年 2 月 17 日）

建基地、撒大网、抓小孩。

我在 1991 年接任乒协名誉主席时曾对乒乓球队讲过，要“建基地、撒大网、抓小孩”。就是提倡从普及开始，在普及基础上提高。中国有 12 亿多人口，可选拔的对象多，可以真正做到百里挑一、千里挑一、万里挑一，然后送进基地进行强化训练。要利用好中国人多这一优势，将网撒得大些，要注意选才，多选一些才，选好人才，有条件的可以多搞几支队伍。只要从各个方面多做努力，我相信中国能够在世界乒乓球项目上长期保持领先地位。中国长时期领先，确有打击和挫伤别人积极性的一面，另一方面，中国乒乓球队长期被世界各国当成对手、当成研究对象，争来争去，使乒乓球技术不断向前发展，这也是中国对乒乓球事业的贡献。

《在接见第四十六届世乒赛中国乒乓球代表团时的讲话》
（2001 年 5 月 10 日）

53. 正确地、全面地理解和执行以正面宣传为主的方针。

就新闻战线自身的发展来说，是否正确地、全面地理解和执行以正面宣传为主的方针，直接关系到舆论作用的发挥，也关系到社会主义新闻事业的成败。一般说来，新闻舆论作用发挥得比较好的时期，也正是这个方针贯彻得比较好的时期；反之亦然。50 年代，关于中国共产党 30 年伟大、光荣、正确历史的宣传，抗美援朝、保家卫国的爱国主义宣传，黄继光、邱少云等战斗英雄的宣传和孟泰、马恒昌、李顺达、郝建秀、王崇伦等劳动模范的宣传，以及大规模有计划的社会主义经济建设的宣传；60 年代，关于独立自主、自力更生、上下一心克服暂时困难的宣传，大庆油田创业史、“铁人”王进喜、雷锋精神和焦裕禄事迹的宣传；十一届三中全会以来对拨乱反正、经济建设和改革开放的宣传，所有这些，都曾对我国人民发挥了巨大的鼓舞作用，对我国社会主义建设事业起到了积极的推动作用。在坚持这个正确方针的过程中，也锻炼和培养出一大批知名度较高并且深受党和人民信任的新闻工作者。在“文化大革命”期间，全局性的“左”的错误使新闻事业遭到了严重的干扰和摧残。那种“假、大、空”的所谓“正面宣传”使新闻在广大群众中丧失了信誉，那种揭批“走资派”的宣传给党和革命抹了黑。这个沉痛的历史教训，人们永远不会忘记。

《坚持正面宣传为主的方针——在新闻工作研讨班上的讲话》（1989年11月25日）

新闻报道必须坚持以正面宣传为主的方针。

当前，改进新闻工作需要研究和解决的问题很多。无论是从新闻工作的一般意义上讲，还是从当前各方面的实际情况来讲，或是从稳定压倒一切这个大局来讲，关键的问题是新闻报道必须坚持以正面宣传为主的方针。这是社会主义新闻事业必须遵循的一条极其重要的指导方针。坚持这个方针，就是要准确、及时地宣传党的路线、方针、政策，实事求是地反映社会现实生活的主流，让人民群众用创造新生活的业绩教育自己，形成鼓舞人们前进的巨大精神力量，在当前就是要造成一个有利于稳定局面的舆论环境。

《坚持正面宣传为主的方针——在新闻工作研讨班上的讲话》（1989年11月25日）

用人民群众自己创造的英雄业绩来教育人民，是最有说服力、最能鼓舞人心的。

列宁说过，生气勃勃的创造性的社会主义是人民群众自己创造的。我们党领导人民建设具有中国特色的社会主义，不管这一事业有时会经历怎样的曲折和失误，但从根本上说，从长过程说，这一事业无疑是我国历史上最壮丽、最伟大的事业，人民群众创造历史的主流总是健康的，光明面总是占主导地位的。无论是这一事业本身还是投身这一事业的人民群众，都是值得讴歌的。这是辩证唯物主义和历史唯物主义的基本观点。坚持正面宣传为主的方针，理直气壮地宣传人民群众创造历史、改造社会、建设新生活的英雄壮举，宣传社会主义在中国不断前进的历史真实，正是新闻工作者义不容辞的历史责任。

人民群众自己教育自己，是推动历史发展的基本方式之一，人民群众在创造历史的进程中，总是有所发现，有所发明，有所创造，有所前进。加强正面宣传，用人民群众自己创造的英雄业绩来教育人民，是最有说服力、最能鼓舞人心的。这本来是我们的一条成功经验。近十年来，我们的新闻机构对四化建设与改革开放的成就、经验和先进人物也作了不少报道，但是从总体上说还不够充分，不能与时代的前进步伐相呼应，还没有形成一种振奋精神、艰苦创业、励精图治、无私奉献的社会舆论环境。应该说，这是邓小平同志指出的这些年来思想政治工作薄弱、艰苦奋斗的教育进行得不够这个最大失误在新闻工作中的一种反映。我们之所以强调坚持正面宣传为主的方针，就是为了改变这种状况。在目前我们遇到暂时困难、不少同志信心不足的时候，坚持这一方针尤为必要。

坚持以正面宣传为主的方针，用人民群众自己创造的英雄业绩来教育人民，实质上也是我们党实现领导的一种重要方式。因为人民群众在创造历史的过程中，总有一部分先进的人走在前头，他们创造的较高劳动生产率、先进工作方法，他们在这种创造过程中表现出来的高尚的精神境界、道德风貌，无疑具有极大的示范和引导作用。领导者的责任，就在于把他们的经验和事迹加以总结、推广，使他们的先进经验和先进思想逐步成为全社会的共同财富。对于一个领导者来说，这是提高自己领导水平的一条重要途径。

《坚持正面宣传为主的方针——在新闻工作研讨班上的讲话》（1989 年 11 月 25 日）

一切鼓舞和启迪人们为国家的富强、人民的幸福和社会的进步而奋斗的，都是我们所说的正面，都应当努力加以报道。

既然我们在理论上和实践上承认并坚持新闻宣传的党性，那么在新闻报道中坚持正面宣传为主的方针就是题中应有之义了。我们所说的“正面”，所说的“为主”，就是要着力去宣传报道鼓舞和启迪人们发展社会生产力的东西，鼓舞和启迪人们坚持四项基本原则、坚持改革开放的东西，鼓舞和启迪人们加强社会主义民主和法制建设的东西，鼓舞和启迪人们推进社会主义精神文明建设的东西，鼓舞和启迪人们热爱伟大祖国和弘扬民族文化的东西，鼓舞和启迪人们维护国家统一和民族团结的东西，鼓舞和启迪人们为推动世界和平与发展而斗争的东西。总之，一切鼓舞和启迪人们为国家的富强、人民的幸福和社会的进步而奋斗的，都是我们所说的正面，都应当努力加以报道。

《坚持正面宣传为主的方针——在新闻工作研讨班上的讲话》（1989 年 11 月 25 日）

新闻既要讴歌伟大的成就，也要对存在的问题展开批评；既要赞颂时代的壮举，也要对消极丑恶现象进行揭露。

报纸、通讯社、广播、电视有没有严肃认真的批评，关系到新闻机构的形象和新闻宣传的效果。新闻报道经常有一点严肃认真的批评，提倡什么，反对什么，态度鲜明，就显得有生气，有战斗性。群众的愿望、意见、要求得到了反映，心情就舒畅，积极性就高涨。群众的情绪能够通过正当渠道得到疏解，就不至于来个“总爆发”，也有助于整个社会的稳定。反之，如果没有一点批评，新闻报道就会显得沉闷、呆板，缺乏生气，缺乏战斗性。这里的关键在于正确处理好正面宣传与批评报道的关系，处理好歌颂与揭露的关系。新闻既要讴歌伟大的成就，也要对存在的问题展开批评；既要赞颂时代的壮举，也要对消极丑恶现象进行揭露。当然，正面宣传必须占主导地位，批评与揭露性的报道只能占次要位置，并且要十分注意把握分寸。批评的东西太多、太集中，连篇累牍，效果肯定不好。我们的批评报道，不是为批评而批评，不是为了展示和渲染落后现象，而是为了改进工作，解决问题，增强人们前进的信心。批评报道要有下文，有实际效果，以充分显示党和人民克服消极现象的决心和力量，从而进一步团结、鼓舞和激励人民，为实现建设有中国特色的社会主义宏伟目标努力奋斗。无论是表扬还是批评，最后都要给人以力量，给人以信心，给人以勇气，给人以希望。对消极的东西如果处理得当，也可以起到积极的作用，这就是我们追求的目的。

《坚持正面宣传为主的方针——在新闻工作研讨班上的讲话》（1989年11月25日）

正确地发挥新闻舆论的监督作用，必须坚定地站在人民利益的立场上，也就是站在党的立场上。

总结近几年来的经验，正确地发挥新闻舆论的监督作用，应当把握好这么几条：第一，新闻工作者必须坚定地站在人民利益的立场上，也就是站在党的立场上，反映广大人民群众的呼声、愿望和要求，这是舆论监督的根本前提和出发点。第二，新闻单位通过内部参考、内部简报向上反映问题，必须力求准确，不得掺假，以免提供错误信息。第三，要充分发挥新闻的能动作用。要选择那些人民群众普遍关心而又有条件解决的问题作公开报道。舆论监督有了满意的结果，群众就能从中受到党的路线、方针、政策的教育。第四，党和政府要支持和善于利用舆论监督来改进和推动工作。这是舆论监督取得实际效果的关键。第五，新闻舆论监督必须在宪法和法律的范围内进行，新闻单位和新闻工作者也应接受党和人民的监督。

《坚持正面宣传为主的方针——在新闻工作研讨班上的讲话》

（1989 年 11 月 25 日）

在纠正不正之风的宣传报道上，要控制数量、掌握分寸，不能把“九牛之一毛”弄得到处是“毛”。

从本来的意义上讲，纠正不正之风是有利于人们正确地看待形势的，但如果对有些问题不进行很好的研究和处理，也会影响人们对形势的认识。现在，确有一部分人对当前的大好形势有错误的看法。正因如此，中央提出要进行形势教育。应当说，错误看待形势的人，有一个共同的特点，就是夸大阴暗面。我们进行形势教育时，说他们是“一叶障目”，看不到本质和主流。他们则说：“我们看到的只是‘九牛之一毛’”。如果我们在纠正不正之风的宣传报道上，不控制数量、掌握分寸，把九牛一毛弄得到处是“毛”，就会给他们提供证据，甚至把本来能够正确看待形势的人也搞糊涂了。我认为这是个大局、大势，应该引起高度的重视。

《在中央端正党风座谈会上的发言提纲》（1986 年 4 月 3 日）

用人们的大满意消除小的不满意，用多数人的满意去冲淡少数人的不满意。

正面教育、正面宣传，是理顺群众情绪、用大满意消除小不满意的有效方法。我们就是要用大好的形势，来鼓舞人们的信心和斗志，用人们的大满意消除小的不满意，用多数人的满意去冲淡少数人的不满意，认真地、扎扎实实地通过各种方法把人的情绪理顺，把人们的精神更好地振奋起来。这绝不是原谅自己的缺点、问题，对缺点、问题要正视，要认真对待，使群众感到我们在听意见、长出息。

《在天津市区县局领导干部会议上的讲话》（1986 年 6 月 26 日）

新闻舆论的监督，实质上是人民的监督。

坚持正面宣传为主的方针与正确地实行舆论监督是一致的。新闻舆论的监督，实质上是人民的监督，是人民群众通过新闻工具对党和政府的工作及其工作人员进行的监督，是党和人民通过新闻工具对社会进行的监督，不应仅仅看成是新闻工作者个人或者是新闻单位的监督。舆论监督包含批评报道，但不是简单地等同于批评报道，它在我国已成为人民群众行使社会主义民主权利的一种有效形式。人民的利益和愿望，人民的意志和情绪，人民的意见和建议，都是党和政府所必须时刻重视和考虑的内容，通过新闻报道把这些反映出来，形成舆论，也就是舆论监督。新闻舆论监督是通过新闻工作者的努力来实现的。新闻记者不是党和政府的负责干部，一般说不大会囿于某个单位、团体的具体立场，看问题比较容易超脱一点；他们生活在群众之中，比较容易听到真实情况；他们大都有较高的政治水平和文化素养，能比较敏锐地发现和提出问题；他们所处的工作岗位，有条件方便地、无所顾忌地向领导机关直至最高决策层反映问题。因此，我们必须充分重视新闻舆论的监督作用，必须充分重视发挥新闻工作者在新闻舆论监督中的作用。

搞资产阶级自由化的头面人物所鼓吹的新闻舆论监督，同我们所说的根本不同。他们是要凌驾于党和政府之上，站在党和人民的对立面来进行所谓“监督”，这种“监督”往往是他们或他们的小集团对党和人民不满情绪的宣泄，甚至是对党和政府的进攻。人民群众根本不需要这样的“监督”，而且坚决反对这种所谓“监督”。

新闻的舆论监督既然是人民的监督，新闻工作者就要千方百计地深入实际，扎根于人民群众之中，细心地体验、洞察、反映群众的呼声、愿望和要求。我们的新闻报道，必须增加来自下面的声音，代表广大群众讲话，下情上达，在广大群众同党和政府之间，在各部分群众之间，架起相互沟通理解的桥梁，为人民群众实现对党和政府工作的监督作出贡献。

《坚持正面宣传为主的方针——在新闻工作研讨班上的讲话》（1989 年 11 月 25 日）

新闻宣传提倡什么、反对什么，旗帜要鲜明；在具体掌握上要防止“刮风”。

新闻宣传提倡什么、反对什么，旗帜要鲜明；在具体掌握上要防止“刮风”。当我们宣传某项工作时，要讲清具体情况、政策界限；当我们表扬先进人物、先进经验时，要讲清不同的条件，留有余地；当提倡某种做法、形式时，不要贬低另一种可行的做法、形式；在强调宣传这一面时，对允许存在的另一面也要作适当报道；当社会舆论过分集中在某些“热点”问题时，要注意适当分流。解决好这个问题，要靠记者有高度的责任心和政治敏感性，更要靠总编辑掌握全局，统筹安排。新闻宣传领导机关也要从宏观上及时加以指导。

《坚持正面宣传为主的方针——在新闻工作研讨班上的讲话》（1989 年 11 月 25 日）

那种过激的、脱离多数人切身利益的口号，结果一定是脱离群众。

历史的经验已经证明，那种过激的、脱离多数人切身利益的口号，最终的结果一定是脱离群众。学习雷锋也好，坚持历史优良传统也好，都是因为其基本精神有现实意义，可以解决当前问题。如果离开了当前的形势和实际，离开了十年改革开放后的新情况，不同现实相结合，都不会有好的结果。

《在〈人民日报〉国内记者工作会议上的谈话》(1990 年 4 月 28 日)

抓住正面，影响反面；抓住先进，影响后进。

不是说表扬先进的同时就否认了工作中的不足和问题，这是两件事。宣传成绩，宣传好人好事的目的，就在于能够解决我们存在的问题。作为领导干部在宣传正面经验的同时，不是为表扬而表扬，不是为树哪个人而树哪个人。这也是我们常讲的树先进要有针对性。讲成绩，集中宣传某一条经验，本身就是有针对性地克服某一问题，这就叫抓住正面，影响反面，抓住先进，影响后进。教育为主，不是惩处为主，个别处理可以，处理多了就等于没处理。批评是必要的，目的是引起自我批评，批评不能引起自我批评等于没用。

《在听取引滦入津指挥部工程进展情况汇报时的讲话》
(1982 年 5 月 19 日)

要把发现先进人物、先进典型并加以推广、指导全盘，作为一项重要的领导方法。

要把发现先进人物、先进典型并加以推广、指导全盘，作为一项重要的领导方法。这就是从群众中来、到群众中去的领导方法，一般号召与个别指导相结合的领导方法。那种高高在上、工作飘浮、说空话、做表面文章的恶劣作风，如不痛改，也是非常不利于我们事业的。

《为〈新中国群英谱〉所作的序》（1990年4月27日）

通过群众创造的先进典型引导群众不断前进。

先进典型，是由领导定的，还是群众自己创造的并从具有典型意义的先进经验中提炼出来的，说到底是个历史观的问题。也就是究竟是人民群众创造历史，还是少数人创造历史的问题。通过群众创造的先进典型引导群众不断前进，使个别的、先进的东西得到推广、普及，推动社会的前进，历史的发展本来就是这样的。近年来，我们在抓典型时有两个毛病：一个是抓的问题，常常按照我们自己的需要，按照既定的模式去选典型，搞成上面要什么，下面就给你什么；一个是用的问题，不注意运用群众创造出来的、大量生动先进的典型来教育和引导人民前进。这已经成为我们社会科学工作和思维科学方面的一个大毛病。抓典型的意义，除了以此推动事物发展外，还有一个重要作用，那就是用反映事物本质的典型经验，用群众创造历史过程中的智慧，为中央决策提供正确依据，也为修正和补充我们的方针政策提供参考。我们不能按照主观意志和臆想决定政策，而必须根据群众的实践来决定和制定我们的方针政策。这是一个带根本性的问题，是坚持辩证唯物主义和历史唯物主义的大问题。

《在广东省新闻宣传战线负责人座谈会上的谈话》

（1990年1月31日）

54. 团结、稳定、鼓劲是新闻宣传工作的一个基本方针。

团结、稳定、鼓劲的方针，是宣传思想工作必须长期坚持的方针。我们党是执政党，总是希望我们领导下的国家是团结稳定的，无论什么原因导致的分裂和动乱，对我们都是有害的。我们的中心任务是搞好经济建设，如果没有一个长期团结稳定的政治和社会环境，许多事情就难以办成。改革开放是搞好经济建设的必由之路，失去了团结稳定的基本条件，我们就无法从容妥善地处理改革中各种矛盾和问题，就不可能有效吸引国外的资金、技术和人才。中国人民饱尝分裂和混乱的苦头，强烈要求保持一个长期团结稳定的局面，混乱不得人心，折腾不得人心。只有实现团结稳定，才能鼓起人民群众搞建设的劲头；只有人民群众有了搞建设的劲头，才能有助于团结稳定。我们宣传思想战线的同志在任何时候做任何工作，都要考虑到团结稳定，都要有利于团结稳定。

《在全国宣传部长会议上的讲话》(1992 年 1 月 25 日)

新闻宣传要做到有利于稳定，有利于鼓劲，只能帮忙，不能添乱。

我们的党和国家正处在一个非常重要的时刻。党的十一届三中全会以来，我们以经济建设为中心，坚持四项基本原则，坚持改革开放，成绩是很大的。十三届四中全会以来，以江泽民同志为核心的中央领导集体采取了一系列果断措施，全国的局势日益稳定，各项工作都有进展，赢得了全国人民的信任。但是，我国经济在前进中也存在着许多问题和困难。十三届五中全会正确地分析了形势，决定用三年或者更长一点时间基本完成治理整顿的任务，实现经济持续、稳定、协调的发展。解决多年积累下来的问题需要有一个过程，实行财政、信贷“双紧”方针，进行经济结构调整，也会带来一些新的困难。特别是在今年政治风波之后，一些思想认识问题的深入解决还需要做许多工作。西方一些国家对我国的经济“制裁”仍在继续。近几个月来东欧一些国家政局出现的动荡和变化，也需要我们冷静对待。总之，形势很好，问题不少。我们既要充满信心，又不可掉以轻心。当前压倒一切的是稳定。我们要进行多方面的努力，充分发挥我们的政治优势，稳定经济，稳定政治，稳定社会，在巩固改革开放成果的同时，实现治理整顿的目标。完成这一任务，虽不能说主要依靠新闻宣传，但确实需要新闻宣传的紧密配合。新闻宣传如何按照中央的精神把工作做好，做到有利于稳定，有利于鼓劲，只能帮忙，不能添乱，确实是一个值得重视和研究的大问题。

《坚持正面宣传为主的方针——在新闻工作研讨班上的讲话》

（1989 年 11 月 25 日）

要把上下交相怨变成上下一股劲。

现在令人忧虑的问题是大家都有意见，谁也没有责任。问群众，群众有意见；问领导，领导也有委屈；地方有意见，北京也有意见。这个问题如果用矛盾的普遍性来解释也可以，没有矛盾就没有世界嘛。但大家都有意见，谁也不负责任，谁也不想法儿、不出招不好。当前思想政治工作、宣传工作，要把上下交相怨变成上下一股劲作为一个问题去抓。前一段民谣很多，传这传那，我主张别理它，但是要重视它，里面有谣言可以肯定，但我们不可不重视。对此，不仅要别而听之，重要的是合而听之。前几年到农村去，那民谣都是什么？改革怎么讲？开放怎么样？都是好的，什么“老头老婆看球赛”啦，什么“旅游不出南门外”啦，“啤酒瓶子成筐卖”啦，“黑白电视盼着坏”啦，现在变成了“什么都不如物价涨得快”啦等等。这种情绪，上上下下你也说、他也说，很值得重视。我认为，不在于面临的困难和问题大小，在于怎样使大家振奋精神、齐心合力。只要是振奋精神、齐心合力，我们现在的困难又有什么了不起呢？和 60 年代初期比，现在的困难小得多，起码从吃穿用上讲不至于到那种程度，毛病在于思想上的不一致，就是我在几次会议讲过的那句话：从来没有这么多人有意见；从来没有对这么多事都有了意见；从来是有有意见的就有做工作的，而现在做工作的人也有意见。宣传工作就要在如何把大家的思想统一起来，把大家的劲头鼓起来上面做文章。1982 年，陈伟达[1]同志、胡启立[2]同志和我到中央去汇报，

---

① 当时任天津市委第一书记。

② 当时任天津市市长。

当时中央领导同志问，天津工作有起色，天津工作的思路是什么？我概括了两句话：尽最大努力把群众的积极性调动起来，把领导的威信树立起来。1983 年，中央领导同志视察引滦入津工程时，问引滦的经验简单讲是什么。我说简单讲就是：把大家的积极性充分调动起来并合理地发挥出去。现在讲，就是把群众的情绪作为第一信号，一切为了人民、一切依靠人民。总而言之，还是要把大家的心气弄到一起，七股八叉的不行。宣传工作包括新闻宣传在内，都要有利于团结鼓劲，既要讲民主、讲活跃，又要讲团结、讲鼓劲，最终是解决问题，推动我们各项工作的发展。要围绕着如何消除分歧去研究和加强我们的工作，消除怨气，形成合力。

《同天津市部分宣传干部座谈时的谈话》(1989 年 2 月 18 日)

宣传报道要多说一点理顺群众情绪的话，多做一点“活血化瘀”的工作。

团结才能稳定，团结才能有劲。大家团结一致，劲都往一处使，外边的压力就不可怕了。我们常讲，团结就是力量，团结就是胜利，团结就是生命，现在还可以讲，团结就是稳定，团结就是鼓劲。我讲这些话，是希望宣传报道要多说一点理顺群众情绪的话，多做一点“活血化瘀”的工作。

《在〈人民日报〉国内记者工作会议上的谈话》(1990 年 4 月 28 日)

“抹稀泥”也是堵漏洞、找平直的一种方法。

在新的一年里，整个宣传口，包括文艺、出版战线的工作，都要为十四大的召开创造良好的思想舆论环境，维护团结、和谐的局面。我们想问题办事情都应本着这个精神。能避免激化矛盾的就尽量避免，你说这是“抹稀泥”也可以。“抹稀泥”也是堵漏洞、找平直的一种方法。在目前的形势下，强调团结稳定有特殊的意义，这就是大局。

《在中央宣传、思想工作领导小组会议上的谈话》(1992 年 1 月 4 日)

把思想统一起来，把精神振奋起来，把力量凝聚起来。

平息政治风波后，宣传、思想战线面临着复杂的局面、艰巨的任务、严重的困难。现在，党内外都在深刻地思考，思想上的扣子还不少。为此，要在政治、经济领域抓紧办几件让人民高兴、满意的实事的同时，进行大量的深入细致的思想教育工作，用十三届四中全会的精神，帮助人们澄清事实、分清是非、弄清理论、理顺情绪，从困惑和迷惘中把思想统一起来，把精神振奋起来，把力量凝聚起来。党的宣传工作要紧密围绕党的中心工作并为之服务。我们党要继续坚持“三步走”的发展战略、“一个中心、两个基本点”的基本路线和基本方针，把社会主义现代化事业继续推向前进。宣传、思想战线眼下的急迫任务就是，把这些年被自由化搞乱了的思想理论问题重新纠正过来，正本清源，为改革开放、治理整顿、经济建设，为党的建设、精神文明建设、民主和法制建设提供良好的舆论环境和科学的理论支持。

《在全国宣传部长会议上的讲话》（1989 年 7 月 20 日）

长时间紧张下去并不利于稳定。“天下和静在民乐”。

前一段，广播电视集中宣传平暴，起了很好的作用，这是必要的。随着局势的进一步稳定，宣传上气氛偏紧的状况要逐步缓解下来。长时间紧张下去并不利于稳定。“天下和静在民乐”。人们希望保持稳定局面，恢复正常生活。广播电视的宣传是个敏感的问题，要掌握好分寸，做到对群众的思想状况心中有数，要把准确体现中央精神作为一个大题目来研究。现在，坚持四项基本原则、反对资产阶级自由化的宣传有所加强，这是好的，相对来说，改革开放的宣传比较空泛，需要充实。

《听取广播电影电视部汇报时的插话》（1989 年 8 月 1 日）

一定要把群众的情绪松弛开来、活跃起来。

今年是国庆 40 周年，不同寻常，要借这个机会大力宣传我们建国以来取得的伟大成就。前一段时间，多播一点反映革命传统的文艺节目是必要的，今后也还要继续播放，但编排上应是为庆祝建国40周年搞的回顾或展览，不要给人造成其他不能搞、都要收的印象。现在，有的地方空气有点沉闷。长期紧张不好，一定要把群众的情绪松弛开来、活跃起来。国庆40周年文艺节目一定要办得丰富多彩，好戏连台，歌舞升平。

《听取广播电影电视部汇报时的插话》(1989年8月1日)

新闻报道应该允许不一样，但在基本问题上必须一样，认识需要统一，相互需要理解。

现在社会上的思想认识比较活跃，各种各样的思想问题比较多，说法不够一致，观点上有很不统一的地方。或者说有意见的人越来越多，说不到一起的人逐步深入家庭。孩子和家长说不到一起，家长和家长说不到一起，现在急需要把各种不同的意见统一起来，使相互之间有一个了解。急需研究一点道理到群众中去宣传，澄清是非，使我们大家有一个共同的、基本的说法和看法。当然，你说现在思想比较乱也行，总而言之说法很多，报道上各种内容也很多。你可以这么报道，我也可以那么报道。同一个事情报道出来不一样，看法也不一样。我觉得应该允许不一样，但在基本问题上必须一样，认识需要统一，相互需要理解，这是当前党的宣传工作的一个任务。

《在中央及外地驻津记者联谊会成立大会上的讲话》
(1988年7月7日)

宣传工作者要重视新形势下的新问题，要把问题研究清楚，把提法搞准确，不要轻易下结论，以免造成混乱。

在改革开放的形势下，出现许多前所未有的新情况。对此，我们一定要冷静观察、慎重对待，不可简单地肯定或否定，尤其不能以个人的好恶、传统的习惯为标准。比如，有些节目有人看不惯，其实冷静下来想一想未必是毒草。迪斯科开始时被说成是摇摆舞，被一些人否定、排斥，现在不仅年轻人跳，老年人也跳，而且电视上还介绍跳迪斯科对老年人健身有好处。外地有一个剧团在体育馆演出，有人找我说应该立即把他们轰走。第二天我去看了看，水平并不怎么高，但气氛很热烈，观众的情绪很高。仔细想来并没有什么不好，只是有点新。现在的电视节目，平心静气地说是比以前丰富得多了，个别人看不惯，可以不理。我们必须冷静地研究，搞清楚哪些东西是属于进步的，而人们的思想观念没跟上；哪些东西确实是属于腐朽的，在毒害社会和青少年。不能笼统地说一切都好或者一切都不好，这是不科学的。宣传工作者要重视新形势下的新问题，要把问题研究清楚，把提法搞准确，不要轻易下结论，以免造成混乱。

《同天津市部分宣传干部座谈时的谈话》(1989 年 2 月 18 日)

不正之风是在特定的历史时期和特定的环境、特定的条件下的产物，原因是复杂的，要具体分析。

宣传报道上使用的语言要十分慎重，力求准确。有些说法在一般情况下，人们也能够正确理解，但在特殊情况下，就容易被误解或曲解。比如，“上梁不正底梁歪”这句话，本来的意思是强调领导干部要以身作则，起带头作用。但有些人却把造成不正之风的原因，统统归结为“上梁”，说什么“上梁不正底梁歪，歪歪斜斜一起来”，说纠正不正之风是“上头有病，让下边吃药”。现在确有那么一些人，瞪着眼找“上梁”，找单位的“上梁”，地区的“上梁”，乃至全国的“上梁”。事实上，不正之风是在特定的历史时期和特定的环境、特定的条件下的产物，原因是复杂的，要具体分析。

《在中央端正党风座谈会上的发言提纲》（1986 年 4 月 3 日）

对于一些政治口号和敏感的提法，要十分慎重。

对于一些政治口号和敏感的提法，要十分慎重。比如说，最近一些地方提出搞“社会主义教育活动”，本意是好的，但要十分谨慎，因为原来的“四清”也叫“社会主义教育运动”。工作的重点要放在引导人们增强对社会主义优越性的认识上，使人家坚定“只有社会主义才能救中国，只有社会主义才能发展中国”的信心。要注意稳定政策、稳定人心，绝不能使人误解或联想到又要搞“四清”运动，“割资本主义尾巴”。对坚持多种经济成分，允许私营经济和个体经济存在等敏感的问题，在宣传用语上不要随意更动，不要让人以为政策又要变了。在对外交往中，特别是对待与我经济合作的外商，要慎用“防止国外敌对势力的颠覆”、“防止‘和平演变’”、“防止资本主义复辟”和“抵制资产阶级思想侵蚀”等提法和口号。要区别不同场合和不同对象，做到心中有数、内紧外松，注意为对外开放、鼓励外商前来投资创造一个宽松、稳定的环境和气氛。宣传上不要随意上纲上线，领导布置工作时讲话也要注意分寸。现在，还有许多人怕政策变，宣传上稍有不慎，就会影响一大片，影响国计民生和社会的安定。我过去常说，“过头”和“不及”两者相权，宁可“不及”而不要“过头”，“不及”可以补上，老是搞“过头”了再来落实政策不好。

《在广东省新闻宣传战线负责人座谈会上的谈话》
（1990 年 1 月 31 日）

对东欧局势的报道要坚持“谨慎、客观、低调、适度”的方针。

前段对东欧局势的报道，我们坚持了“谨慎、客观、低调、适度”的八字方针，取得了较好的效果，对稳定全国局势很有作用。这是事关全局的大事，处理好很不容易。当时，我们规定由新华社、《人民日报》统一发稿。对罗马尼亚事件的报道，我们也照此原则行事，结果在国内国外赢得了主动。

《在广东省新闻宣传战线负责人座谈会上的谈话》
（1990 年 1 月 31 日）

利用舆论工具动员群众、传播经验、指导工作，应成为领导者的一项基本功。

毛泽东同志指出："办好报纸，把报纸办得引人入胜，在报纸上正确地宣传党的方针政策，通过报纸加强党和群众的联系，这是党的工作中的一项不可小看的、有重大原则意义的问题。"①各级党委必须高度重视，切实加强对新闻事业的领导，特别是在当前形势下，应该比以往任何时候更重视新闻工作，把舆论工具牢牢掌握在自己手中。

党委主要负责同志要亲自抓新闻工作，善于运用舆论工具推动全局工作。利用舆论工具动员群众、传播经验、指导工作，应成为领导者的一项基本功。大量事实表明，在关键时刻，新闻舆论能否保持正确导向，党委的坚强领导是决定性因素。因此，对于那些影响全局的言论、消息和文章，党委主要负责同志应切实负起政治把关的责任，必要时应亲自动手起草或修改。只要各级党委真正重视新闻宣传，切实加强领导，我们的新闻事业一定会生机勃勃，越办越好。

《坚持正面宣传为主的方针——在新闻工作研讨班上的讲话》
(1989年11月25日)

① 《毛泽东选集》，2版，第4卷，1319页，北京，人民出版社，1991。

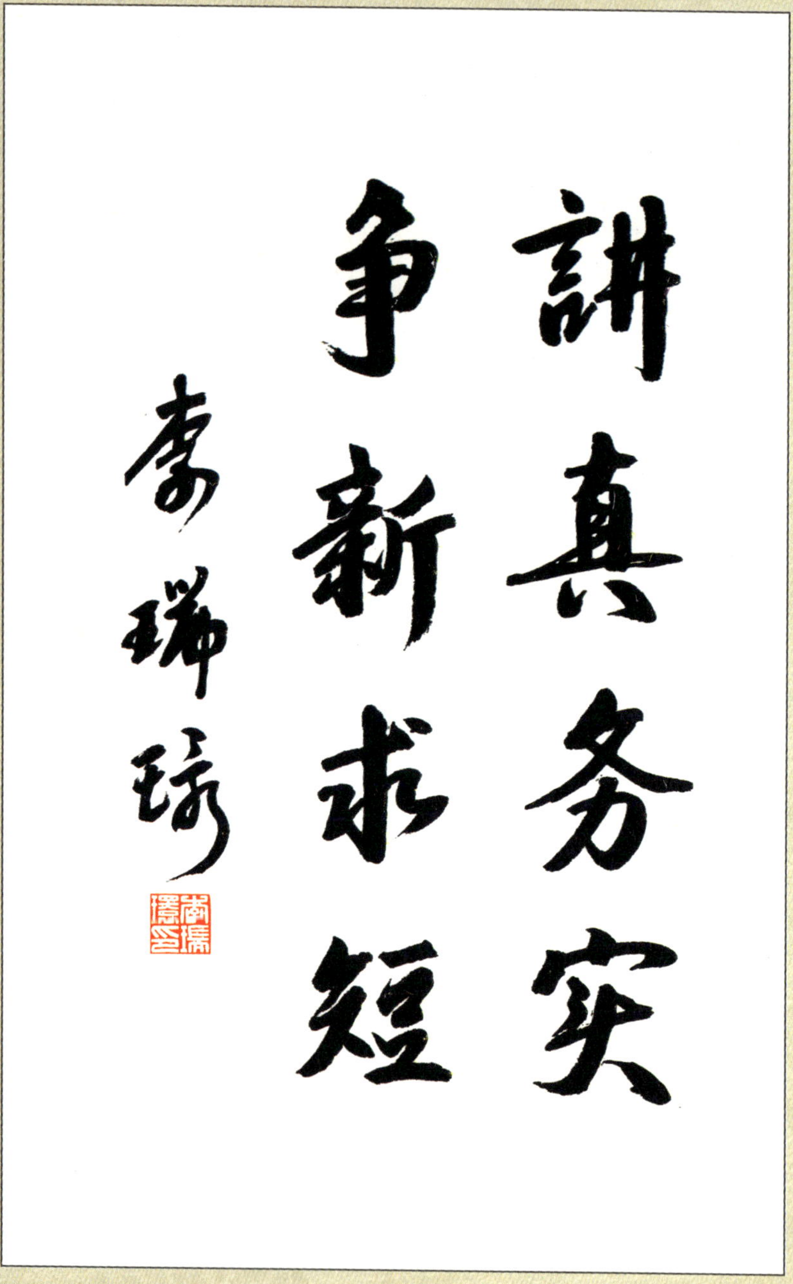

为《人民日报》华东分社成立和地方版创刊题词（1994年11月）

55. 报道真情，注意特色，重视可读性。

报纸要报道真情。新闻的生命在于真实。我们所讲的真实，不是个别意义上的真实，而是整体上和本质上的真实。报道真情是党中央的要求，是人民群众的愿望，也是报纸的声誉和品格。报道真情说起来简单，真正做到并不容易。

报纸要注意特色。特色是各类报纸存在的理由和依据。报纸都有自己的特殊性，都有自己特定的任务和服务对象，比如《人民政协报》的特色就是政协特色，这个特色是别的报纸不可替代的。一切共性的东西都在个性之中，一切普遍的东西都在特色之中，理在其中立。因此，要注意特色，研究特色，突出特色。

报纸要重视可读性。要在准确把握中央精神、坚持正确舆论导向的前提下，认真研究报纸的可读性。可读性包括很多方面，比如新闻要新，要讲时效；要提倡短文章，扩大信息量；要给人以知识，增强趣味性；把形式多样、生动活泼的好新闻奉献给读者。

《看望〈人民政协报〉工作人员时的讲话》（2003 年 1 月 17 日）

新闻姓新。

新闻姓新。要新就要讲时效。慢三拍，时过境迁，就没有新闻可言了。特别在当今社会，传播工具、通讯手段日益现代化，情况瞬息万变，我们又处在一个开放的条件下，信息四通八达，竞争日趋激烈。新闻的战斗性、吸引力如何，很大程度上取决于传递的速度。一些重大事情和突发事件，如果我们在报道上动作迟缓，往往陷于极大的被动。与此同时，也要注意掌握新闻报道的时机。快是相对概念，新并不是猎奇。讲求时效必须从维护国家、人民利益的需要出发，慎重考虑报道的时间、口径和效果，不能为快而快，不仅要善于抢，有时也要善于压。如遇到重大的突发事件，一时情况还不很清楚，决不能仅仅因为担心外国人同我们抢新闻便草率发稿，以致报道失实，危害党和人民的利益，甚至严重影响安定团结的大局。有时为了尽快提供信息，可先发简单消息，随后再进一步加以报道。有些事情可以多做少说，有的则只做不说，不该报的坚决不报。总之，我们追求的应当是符合党和人民根本利益的高时效，是在服从党和政府领导机关有关规定下的高时效，是准确、真实前提下的高时效。

《坚持正面宣传为主的方针——在新闻工作研讨班上的讲话》
（1989年11月25日）

新闻的生命在于真实。

坚持正面宣传为主的方针并不否认新闻的特点。新闻的特点，人们可以作多种概括，但照我看，除了前面谈到的党性以外，还要注意真实性、时效性和可读性。首先，新闻的生命在于真实。离开了真实，新闻就失去了存在的意义。所以我们要像爱护眼睛一样，维护新闻的真实性原则，坚决防止和杜绝弄虚作假、任意拔高和凭空杜撰等不良现象。要把坚持真实性提高到坚持党性原则、坚持新闻工作职业道德的高度来认识。

强调正面宣传为主，是以真实性为基础的。早在1925年，毛泽东同志在《〈政治周报〉发刊理由》一文中就明确主张："我们反攻敌人的方法，并不多用辩论，只是忠实地报告我们革命工作的事实。敌人说：'广东共产'。我们说：'请看事实'。敌人说：'广东内哄'。我们说：'请看事实'。敌人说：'广州政府勾联俄国丧权辱国'。我们说：'请看事实'。敌人说：'广州政府治下水深火热民不聊生'。我们说：'请看事实'。"① 用事实说话，这是我们新闻报道的基本原则。新闻的真实性不仅要求每一篇具体报道的新闻要素必须真实准确，而且要求从新闻宣传整体的把握上做到真实、客观、全面。如果把阴暗面集中起来，每天8个版都登不完，其中每件事都可能是真实的，但从整体上看完全不符合我们的真实情况。批评性报道，固然要实事求是，完全真实；正面报道，歌颂性的，表彰性的，也要实事求是，完全真实，否则不但起不到鼓舞人心的作用，而且可能产生相反的效果。"文化大革命"中盛行的"假、大、空"，为了某种政治需要，没有的事实也硬加上去。这种恶劣作风必须禁止。在新闻实践中，故意造假的不能说没有，但毕竟是极个别的。但由于政治水平低，调查不深入，或者因粗疏操切而造成失实的现象倒是屡

---

① 《毛泽东文集》，第1卷，22页，北京，人民出版社，1993。

见不鲜。所以治本的方法，是提高新闻队伍的马克思主义水平，提倡深入实际、调查研究和艰苦细致的工作作风及严肃认真、一丝不苟的工作态度。编辑部要把这件事当成大事，每年抓它几次。否则，我们的新闻在人民群众中就没有信誉，没有权威，党和政府的威信也会因此而受到影响。

《坚持正面宣传为主的方针——在新闻工作研讨班上的讲话》（1989 年 11 月 25 日）

新闻，首先要真，其次要新，第三要短，第四要活。

新闻，首先要真，其次要新，第三要短，第四要活。光真和新不等于有人看，还得要短小精干，生动活泼。大块的文章能避免的要尽量避免，有的文章可以短的应尽量压缩，只有压短，人家才能爱看，才能增加信息量。这也叫尊重人，尊重人的时间。

《在“现场短新闻”颁奖会上的讲话》（1990 年 6 月 12 日）

实事求是，讲真话，是宣传工作必须遵循的原则。

实事求是，讲真话，是宣传工作必须遵循的原则。宣传工作目的是统一思想、鼓舞士气、团结群众、努力奋斗，但也不能只讲好不讲坏，尤其不能瞪着眼睛说假话，否则无法服人。今年户卷调查的报道，《天津日报》的评论是我改写的，其中引用了调查中的几句话：要说天津的工作，也有许多做得不怎么样的地方，不过他们也真使劲了，他们把吃奶的劲都使出来了，弄到这样也不容易，别再挤对他们了，把他们挤垮了再换一拨说不定还不如他们呢。还引用了一段话：要说天津的物价也涨了不少，但和外地比天津还算好一点，相比之下咱也就知足了。这两段话前者是看见我们使劲，并不是说好得不得了；后者是讲相比之下还说得过去，绝对地说并不太满意。

《同天津市部分宣传干部座谈时的谈话》(1989年2月18日)

如果不下功夫提高宣传艺术，不增强新闻对人们的吸引力、感召力和说服力，坚持正面宣传为主的方针就是一句空话。

要使正面宣传为主的方针取得良好效果，必须努力提高宣传艺术。读者、听众、观众是报纸、广播、电视的服务对象。全心全意为他们服务，首先就要让他们想听、爱看，尽量满足他们的不同需要。有些正面宣传内容是很积极的，但不讲究报道的方式、方法和技巧，不研究读者的心理和接受能力，人们就不愿听、不愿看。因此，如果不下功夫提高宣传艺术，不增强新闻对人们的吸引力、感召力和说服力，坚持正面宣传为主的方针就是一句空话。

提高宣传艺术首先是内容问题。如果没有引人注意的内容，报道的事实没有典型意义或深刻的内涵，而片面地去追求写作或表现技巧，那只能是矫揉造作。反之，有了好的内容，但不讲究表现的方式方法，不讲究技巧，干干巴巴，枯燥乏味，也不会收到好的效果。我们要求的是内容与形式的统一，思想性与知识性、趣味性的统一。当然，这很难全部做到，但实践证明，只要态度端正，肯花气力，一定会有所收获。

《坚持正面宣传为主的方针——在新闻工作研讨班上的讲话》

（1989 年 11 月 25 日）

增强新闻的可读性，是为了尽可能多的人入耳、入眼、入脑、入心。

增强新闻的可读性，是为了尽可能多的人入耳、入眼、入脑、入心。为此，要大力改进文风，克服八股腔调，把形式多样、生动活泼的新闻奉献给广大读者，让人们喜闻乐见，成为良师益友。我们共产党人靠真理吃饭，靠真理服人。要让人们从大量的新闻中自己得出结论，不要指手画脚，强加于人。凡是可读性强的新闻，大多具有贴近群众、贴近生活的特点。人们不仅要工作、学习，同时也要吃饭、娱乐。人的需求是多方面的，我们的报道面也应当是广泛的，无论是 8 小时以内，还是 8 小时以外，人们都应能从新闻报道中找到感兴趣的东西。因此，只要是有益的知识，是健康的趣味，就应该提倡和传播。

《坚持正面宣传为主的方针——在新闻工作研讨班上的讲话》

（1989 年 11 月 25 日）

办报首先要弄清读者是谁，读者究竟在想什么，需要什么。

办报首先要弄清读者是谁，办给谁看，他们究竟在想什么，需要什么。《人民政协报》有特定的读者群，只有下功夫研究读者心理，刊登他们想看、爱看的东西，尽量满足他们的需求，才会赢得他们的信赖和赞许。我一直主张要扩大信息量，提倡短新闻，标题有内容。我赞扬过一些好标题，比如“赫鲁晓夫死了”，这个标题多好，一目了然，下面再写就是交代他何时何地得何种病死的，如果读者没有时间，读了这个标题也就可以了。现在报纸上的不少新闻，同样的内容在标题里讲一遍，在导语里讲一遍，在正文里还要讲一遍，来回重复，浪费版面，读者也不爱看。

《在〈人民政协报〉改日报座谈会上的讲话》(1996年12月27日)

地方报纸主要报道地方的东西，要想办法把地方报纸办活，办出自己的特色来。

我至今仍认为，地方报纸登中央的东西太多。中央的重要新闻，地方报纸应该登，但太多了地方特色就不明显了，这是个需要进一步解决好的问题。地方报纸就应该主要为地方服务，否则同《人民日报》还有什么区别呢？今后必须明确一点，地方报纸主要报道地方的东西，要想办法把地方报纸办活，办出自己的特色来。同一件事，报道也可以有差别。

《在广东省新闻宣传战线负责人座谈会上的谈话》(1990年1月31日)

科技宣传本身要讲科学。

科技宣传是一项政策性很强的工作，必须严肃认真，高度负责，讲究科学。目前科技工作中确实存在着许多问题。有些问题解决起来比较容易，而有些问题解决起来比较复杂，涉及方方面面，需要具备一定条件，需要有一个过程。科技宣传要理解别人的难处，不能只是“将军”、“挑刺”，要注意动机与效果的统一。科技宣传本身要讲科学，讲质量，科技知识的传播，科技成果的介绍，典型经验的推广，先进人物的宣传，都要实事求是，尊重科学，决不能胡编乱造，刮风起哄。科学研究是一种复杂的创造性劳动，需要进行长期的多方面的探索，乃至大胆地提出某些科学假说，在这里，坚持“百花齐放、百家争鸣”的方针，创造良好的科学环境和气氛至关重要。科技宣传一定要保护和促进这种气氛，起码不能干扰和影响这种气氛。我们的科技宣传必须坚持党的基本路线，必须做到有利于团结，有利于稳定，有利于鼓劲，有利于成事。科技宣传还要注意多样性和生动性。宣传的内容要多样，照顾到各行各业、各个层次，防止片面单一。宣传的手段也要多样，充分利用报刊、广播、影视、展览、文艺等各种阵地和工具，尤其要发挥电视对普及科技知识的特殊作用。科技宣传容易呆板枯燥，要真正做到生动活泼、丰富多彩、深入浅出、通俗易懂，为广大群众喜闻乐见，困难很多，但我们必须向这方面努力。因为只有这样，才能贴近群众，贴近生活，收到良好效果。

《在全国科技宣传工作会议上的讲话》（1991 年 10 月 11 日）

56. 新闻的党性同新闻的人民性，两者是统一的。

新闻的党性同新闻的人民性，两者是统一的。我们党的宗旨是全心全意为人民服务，除了人民的利益以外，党没有自己的私利。党是人民利益的最集中的代表者。因此，党的耳目喉舌当然是人民的耳目喉舌。新闻工作对党负责与对人民负责是完全一致的。前几年新闻界曾有过党性与人民性的争论，有的人主张人民性高于党性，报纸应当跟人民走，而不应当跟党走。这种将人民性和党性对立起来的观点是根本错误的，是十分有害的。在今年春夏之交发生的政治风波中，新闻界极少数人正是以“人民性”为幌子，与党分庭抗礼，兴风作浪，起了很坏的作用，既危害了党的事业，也损害了人民的利益。在新闻战线工作的同志应当从这次血的教训中警醒。

《坚持正面宣传为主的方针——在新闻工作研讨班上的讲话》（1989 年 11 月 25 日）

一条新闻，可以启迪人们奋发进取，也可能混淆视听，涣散人心。

新闻舆论对人们的思想和行动具有迅速、广泛而深刻的导向作用。人们常说，报纸是“射程最远的大炮”。特别是在今天，随着科学技术的进步、人民群众物质生活条件的改善和文化水平的提高，看电视，听广播，读报纸，已经成为人们日常生活的重要组成部分。新闻舆论随时随地都在影响着人们的思想和行动。一条新闻，可以启迪人民奋发进取，也可能混淆视听，涣散人心。还必须看到，随着改革开放的深入，国外境外的大批记者进来采访，国外境外的各种声音也通过种种渠道迅速地传递进来，其中有许多新闻报道，或由于作者的政治偏见，或是有意造谣歪曲，往往造成错误的舆论影响。利用舆论蛊惑人心，进行颠覆煽动，已成为敌对势力实行和平演变战略的一个重要手段。因此，正确发挥新闻舆论在当代社会生活中的导向作用，既是正确引导人民群众的需要，也是反对敌对势力反动宣传的需要。对此我们必须有新的足够的认识。

《坚持正面宣传为主的方针——在新闻工作研讨班上的讲话》（1989 年 11 月 25 日）

新闻工作者必须模范遵守宪法、法律和认真贯彻党的方针政策。

新闻工作者必须模范遵守宪法、法律和认真贯彻党的方针政策。在这个前提下，新闻工作者有着纵横驰骋的广阔天地，可以充分发挥自己的聪明才智，把新闻报道搞得生动活泼、丰富多彩、各具特色。当前之所以特别强调新闻宣传纪律，不仅考虑到这是新闻党性原则的要求，新闻工作者必须同党中央在政治上保持一致，同时也是考虑到新闻队伍素质的提高需要一个过程。由于新闻从业人员各自的工作经历、政治素质、政策水平和业务水平的差异，工作中出现这样那样的差错是难以完全避免的。在这种情况下，强调严格新闻宣传纪律，有助于减少差错，也有助于新闻工作者在严格要求中得到锻炼和提高。

党领导下的报刊必须宣传党的路线、方针、政策和决定，这是纪律。个人如有不同看法、不同意见可以保留，或按照一定的组织程序提出，但是绝不允许利用自己掌握的舆论工具发表同中央决定相抵触的意见，绝不允许利用新闻舆论工具任意表达个人或小团体的主张、意志和感情。

对于西方和港台反共报刊发表的对我进行攻击、挑拨的文章，不得随意转载。党员和干部也不得私自同境外反共报刊建立联系，或向他们提供党和政府的内部材料，绝不允许在那些反动报刊上发表反对党的主张的文章。

新闻单位要加强保密观念，严格保密纪律，健全保密制度。对中央授权有关新闻单位发布的重要新闻，其他新闻单位不得抢先。要注意内外有别，新闻从业人员在工作中了解的机密，绝不准向无关人员透露，更不得传播各种小道消息。对违背新闻宣传纪律者，一定要认真追查，并根据不同情况给以批评教育或党纪、政纪处分；触犯刑律的还要追究其刑事责任。非如此，不足以改变一些单位长期纪律松弛的状况。

《坚持正面宣传为主的方针——在新闻工作研讨班上的讲话》

（1989 年 11 月 25 日）

如果方向、立场出了问题，你有再大的本事也搞不好新闻工作。

要搞好新闻工作，首先是端正方向、明确方针，要把办报纸、办广播的方针、原则搞清楚，这是最基本的。在理解和把握新闻部门的性质方面不是没有问题的。有一段时间，在新闻报道上，把我们党所作的种种努力，所取得的成绩，描绘得一无是处，这与新闻报道的片面性有关系。新闻界有人多次谈论报纸的党性和人民性的关系，他们强调报纸只对人民负责，把人民同党对立起来，强调“为民请命”，言外之意，似乎党报比党还要高明。一定要把这个方针搞对头。把新闻工作放在什么位置上，这很重要。如果方向、立场出了问题，你有再大的本事也搞不好新闻工作。新闻工作到底是什么性质？报纸、广播应该是党和政府的耳目喉舌，要宣传党的方针、政策，还要通过新闻报道反映群众的呼声和愿望。当然，党报不只是简单地反映某些具体的事物，而是要通过报道给人以信心、力量。反映群众的呼声，目的是能给领导提供准确的信息，解决群众的困难。

《谈天津市当前的新闻出版工作》(1988 年 7 月 21 日)

坚持新闻宣传的党性，就是要旗帜鲜明地宣传真理，宣传现实生活中进步的、光明的、先进的、积极的东西，揭露和批评反动的、黑暗的、落后的、消极的东西。

社会主义新闻宣传的党性，概括来说，就是无产阶级的阶级性和马克思主义的革命性、科学性的集中表现。这是区别于资产阶级新闻宣传的最显著的标志。我们说报纸是党、政府和人民的耳目喉舌，就是对新闻工作党性的一种鲜明的、形象的和科学的表达。它的主要内容是：公开声明自己站在党和人民的立场上说话，在政治上同党中央保持一致；坚持实事求是，说真话，不说假话；密切联系人民群众，真诚地和人民同呼吸，共甘苦，齐爱憎，正确地反映他们的愿望、呼声和要求；服从党的领导，遵守宣传纪律。

坚持新闻宣传的党性，就是要旗帜鲜明地宣传真理，宣传现实生活中进步的、光明的、先进的、积极的东西，揭露和批评反动的、黑暗的、落后的、消极的东西。必须准确地、坚持不懈地向广大群众宣传党的基本路线，宣传建设有中国特色社会主义的理论，宣传党和政府的方针、政策和法规。新闻报道必须注重社会效果，以社会效益为最高准则。在报刊、广播、电视的宣传中，决不允许发表违反宪法和法律的主张，决不允许发表诋毁、否定党的领导和社会主义制度的报道和言论，决不允许散布错误舆论、动摇人们对社会主义的信念，决不允许利用精神鸦片毒害人们的灵魂。不能因为新闻报道的失误影响社会的稳定。

《坚持正面宣传为主的方针——在新闻工作研讨班上的讲话》（1989年11月25日）

批评报道的事实一定要准确，对问题的分析要客观。

从目前批评报道的实际状况看，既有新闻单位不大善于批评的问题，也有被批评者包括一些领导机关、领导干部不习惯不适应批评的问题。有些被批评的部门、单位认为“家丑不可外扬”，于是就到处说情，或设置障碍，使健康的批评报道也难以正常进行。这种状况应当通过各方面的努力，逐步加以改变。从新闻单位来说，发表批评性报道要站在党和人民的立场上，以热情帮助解决问题的态度，选择具有普遍教育意义的、有代表性的典型事例。不仅要注意问题的合理性，而且要注意问题解决的可能性。同时，批评报道的事实一定要准确，对问题的分析要客观。凡涉及重大问题的批评报道，要同有关上级或主管部门联系，并听取被批评者的意见，核查事实。中央新闻单位在批评报道中涉及地方时，要多与地方党政领导机关通气、协调，多尊重它们的意见。新闻工作者不要把自己放在“裁判官”的位置。批评报道出现失误应公开更正。从被批评者来说，尤其是作为领导干部和领导机关，要充分理解、积极支持来自新闻单位的批评，增加对新闻批评的承受能力，自觉地拿起批评的武器，依靠舆论的力量，弘扬正气，打击邪气，推动工作。

《坚持正面宣传为主的方针——在新闻工作研讨班上的讲话》
(1989年11月25日)

报纸是面镜子，你要有气，不能砸镜子，要砸镜子反映的社会现象和不正之风。

报纸是面镜子，你要有气，不能砸镜子，要砸镜子反映的社会现象和不正之风。当然镜子也有哈哈镜，镜子不平，照出来变形。如果是镜子的毛病，就要换镜子、修理镜子，所以新闻界有时候也需要改进和整顿；如果不是镜子的问题，你就要多照照镜子，反思镜子照出来的问题，而不能把气撒在镜子上。简单地讲镜子不对，不是马克思主义的反映论。

《在新闻界谈心服务会上的讲话》(1988 年 2 月 13 日)

坚持“政治家办报”。

新闻战线的领导人员必须善于从全局和从政治上观察分析形势的变化，掌握好宣传的政策和策略，坚持“政治家办报”。要切实加强新闻工作人员的培训工作。要组织大家认真学习马克思主义理论，加强职业道德教育和文化业务培训，并通过社会实践和新闻实践提高大家的思想政治水平和新闻业务水平。对缺乏实际经验的年轻记者，要创造条件让他们经常接触实际，乃至把他们派到基层做一段实际工作。新闻队伍要精干。新闻单位要严格编制，人员能进能出。要注意选拔一些有实践经验而又熟悉新闻业务的同志充实到新闻队伍中来。

《坚持正面宣传为主的方针——在新闻工作研讨班上的讲话》(1989 年 11 月 25 日)

新闻改革的目的是使新闻工作更加符合新闻的党性原则，更好地遵循新闻的规律，发挥现代化舆论工具的功能，发挥新闻作为党、政府和人民的耳目喉舌作用。

我们已进入社会主义现代化建设和改革开放的新时期，新闻宣传所处的国内外社会环境，宣传报道的内容、手段和服务对象，都发生了很大的变化，新闻必须适应形势，进行深刻的改革。新闻改革如同其他方面的改革一样，不是要不要改的问题，而是怎样改的问题。应该指出，这种改革必须坚持社会主义方向，必须有利于加强和改善党对新闻工作的领导。不能用资产阶级新闻观对待新闻改革，也不能照搬西方的新闻体制和模式。我们社会主义新闻改革的目的，就是使新闻工作更加符合新闻的党性原则，更好地遵循新闻的规律，发挥现代化舆论工具的功能，发挥新闻作为党、政府和人民的耳目喉舌作用。新闻改革搞好了，也有助于把正面宣传为主的方针落到实处。当前新闻改革要做好的工作可以考虑以下几点：

——要完善新闻单位内部的领导体制。实行总编辑（社长、台长）负责制的单位，总编辑应有职有权。他们对自己职权范围内的工作，要敢于负责，果断处理，充分发挥自己的聪明才干，发挥主动性和创造精神。地方党委对此要充分理解和大力支持，不应过多地干预。总编辑对一些重要言论和敏感问题，应及时请示中央或地方党委，以避免和减少失误。在报社内部要完善记者、编辑对部主任，部主任对总编辑的分级负责制。

——要把新闻报道的立足点真正转移到面向群众上来。要把办好报纸、电视、广播提高到全心全意为人民服务、满足人民精神生活需要的高度上来认识，充分利用有限的版面、画面和时间，尽量多提供一些广大群众所需要的信息，反映他们的呼声和要求，为群众提供多方面的优质服务。要从群众关心和需要了解的角度，进一步拓宽报道面，对国内外各方面新发生的事实作广泛报道；要继续压缩各级领导干部一般活动的报道，需要报道的领导干部的活动，除重大的国事活动和国务活动外，要着眼于密切干群之间的联系与沟通。要多侧面地宣传人民群众在四化建设和改革开放中的创造性活动，使之在我们的报纸、电视和广播中得到充分的反映。

——要改革新闻宣传内容。要加强和改进经济宣传，为经济的决策、生产、经营、管理提供广泛的信息。要加强科学技术的宣传，通过各种形式普及科技知识，促进科技进步。要加强社会主义民主和法制建设的宣传，普及法律知识，增强人们的法制观念。这些宣传，特别是经济宣传，要改变艰涩乏味的状况，搞得生动活泼，深入浅出，尽可能与人民生活紧密结合起来，使更多的人喜闻乐见。

——要改革新闻宣传的形式。报纸是报道新闻。要增加报纸上的信息量，就必须多报道短新闻。我们的新闻要短些、短些、再短些，改变目前报纸上大块文章、长篇讲话过多，专版过多，会议报道、领导人一般活动的新闻过多的状况。领导同志的一般性讲话、文章，凡篇幅过长的应摘要后再送报纸发表，或者只在消息中提及。内容重要而篇幅过长的通讯、调查报告，可采取分日连载的办法。报纸刊登的学术研究和理论宣传文章篇幅一般不宜过长，有些很有新意的长篇文章可送刊物发表，报纸刊登摘要。至于那些虚张声势、言之无物的文章，报纸有权拒绝发表或转载。报纸的标题制作必须有内容，要切题、醒目和传递尽可能多的信息，版面设计要重点突出，新颖别致。

在新闻改革中，要注意正确处理社会效益和经济效益的关系，始终把社会效益放在首位。广告不要过多过滥，不要助长社会上推崇洋货和追求高消费的不良风气。严格禁止“有偿新闻”。对新闻单位的各种“创收”，要认真整顿。在整顿后，它们的经费收入可能会减少，政府有关部门应设法帮助它们解决困难。

《坚持正面宣传为主的方针——在新闻工作研讨班上的讲话》（1989 年 11 月 25 日）

如果做宣传工作的同志连自己存在的价值都说不清，还怎么让别人重视宣传工作。

我想向宣传战线提出这样一个意见，即宣传干部要下功夫、花力气，从理论和实践的结合上来论证在改革开放的新形势下宣传工作、思想政治工作的必要性和重要性。我讲过这样的话，如果做宣传工作的同志连自己存在的价值都说不清，还怎么让别人重视宣传工作。现在对宣传工作的重要性，朦朦胧胧、恍恍惚惚、若明若暗地可以说上若干条，但是从理论上、实践上归纳概括起来，证明我们的国家离开了宣传工作就要出问题，因而必须加强宣传工作，我们做得还不够。建设有中国特色的社会主义，没有强有力的思想政治工作，没有一支坚强的宣传队伍，没有一整套符合马克思主义基本原理又适合于我国现代化建设实际的理论是不能成功的。就当前来讲，经济和社会生活中的问题，许多都和思想理论上的问题相联系；若干问题需要研究，而现在没有弄清楚；不少思想、理论、政策问题需要统一，而现在不大一致；人们思想上的诸多看法需要回答，而这方面的工作显得比较被动无力。老实讲，我们还没有形成一套与改革开放相适应并为之服务的理论，还没有建立起一支与当前改革开放相适应的理论队伍，这是摆在我们面前最突出的一项任务。如果不形成这样一支队伍并产生与之相适应的一整套系统的理论，改革开放就很难沿着正确的轨道前进。

《同天津市部分宣传干部座谈时的谈话》(1989 年 2 月 18 日)

外宣工作相对独立出来，对内叫对外宣传小组，对外叫国务院新闻办公室，这是形势发展的需要。

前几年精简政工机构时，我在天津讲，不要随便拆庙，轰得神仙满地跑，小鬼哇哇叫。意思是说，一个单位干工作总要有个庙，庙里有神仙，然后再念经。现在你们庙有了，还不错；神仙也有了，下一步主要是把经念好。外宣工作相对独立出来，对内叫对外宣传小组，对外叫国务院新闻办公室，这是形势发展的需要。从当前来讲重要，从长远来讲更重要。

《在会见中央外宣小组局以上干部时的讲话》（1991 年 6 月 26 日）

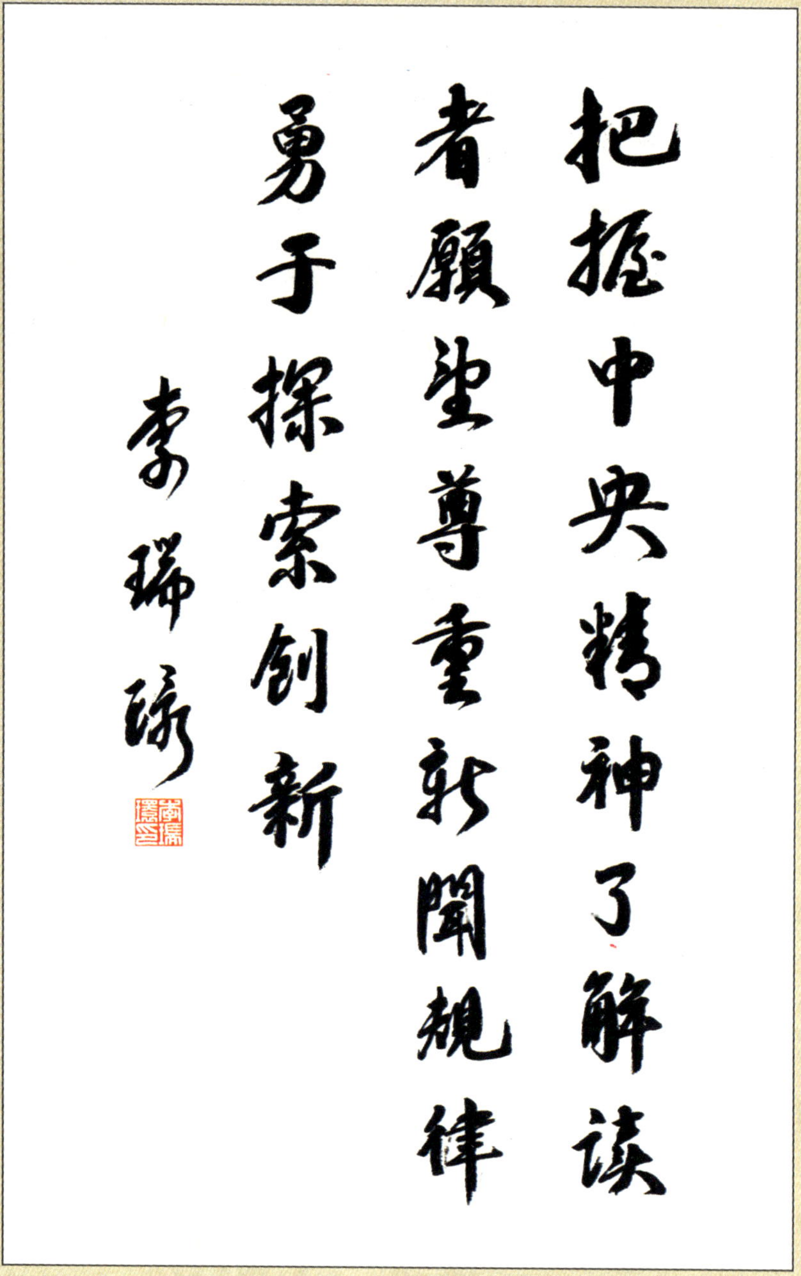

为《人民政协报》题词（2003年1月）

57. 思想政治工作要真正说服人，一靠真理的力量，二靠人格的力量。

思想政治工作要真正说服人，一靠真理的力量，二靠人格的力量。所谓真理的力量，就是宣传者、教育者讲的东西必须合乎实际，反映事物的本质和社会进步的趋势；所谓人格的力量，就是宣传者、教育者必须以身作则、言行一致，带头实践自己提倡的道德标准和价值观念。

为什么要强调言教与身教相结合？为什么要强调以身作则？因为只有你按照自己说的去做，人家才会信你说的是对的；要求别人做到的，自己首先做到，人家才会口服心服；信了服了，你讲的道理人家才能听得进去，才能照着去做。有了这种人格的力量，真理的力量才能发挥。不少事实说明，我们的有些教育工作收效不大，往往不是因为教育的内容失当，而是由于"语言的巨人，行动的矮子"、"台上他说，台下说他"这种现象的结果。假如你对群众讲的是"吃苦在先，享受在后"，而群众看到你的行为却是"好处全占，吃亏不干"；你对群众讲的是艰苦朴素、勤俭节约，而群众看到你的行为却是挥霍浪费、铺张排场，群众怎么能信服你，你讲的还有什么用？公生明，廉生威。言行一致，则一言九鼎；言行相悖，则一文不值。只有严于律己，才能产生巨大的感召力量。

《在中国职工思想政治工作研究会第六次年会上的讲话》（1990 年 5 月 18 日）

我们的思想政治工作，就是用人类历史上最先进、最科学的世界观、方法论去教育人、启发人。

马克思主义唯物史观认为，人类社会的历史是人民群众的历史，而不是神仙皇帝和少数英雄豪杰的历史。人民群众在创造历史的过程中，表现出强烈的历史主动性和主观能动性。马克思指出，自由自觉的活动恰恰就是人类的特征。毛泽东同志说："思想等等是主观的东西，做或行动是主观见之于客观的东西，都是人类特殊的能动性。这种能动性，我们名之曰'自觉的能动性'，是人之所以区别于物的特点。"这种主观能动性的发挥是否正确以及程度如何，首先取决于人们对客观世界的科学认识。我们的思想政治工作，就是用人类历史上最先进、最科学的世界观、方法论去教育人、启发人，解决人的立场和思想问题，使人们从各种谬误和偏见中解放出来，不断提高认识和改造世界的能力。工人阶级从自在阶级变成自为阶级，人类从必然王国走向自由王国，这是一个伟大的实践过程，也是一个曲折的认识过程。在这个过程中，思想政治工作，马克思主义理论的灌输起着十分重要的作用。唯物史观还认为，推动历史发展的决定性动力是生产力，而人是生产力中最活跃的因素。这里所说的人，是指掌握一定的劳动技能、科学技术知识和具有一定的思想觉悟、道德修养的劳动者。而开掘人的潜能，提高人的素质，改造人的认识能力，激发人的创造热情，都离不开教育，离不开思想政治工作。实践表明，随着现代科学技术的进步，提高劳动者的科学文化素质和思想道德素质，对于促进生产力的发展，具有越来越重要的意义。在社会主义条件下，思想政治工作天地广阔，大有作为。由此可见，重视思想政治工作，就是重视人民群众在创造历史过程中的巨大主观能动作用，就是重视人的因素在发展生产力中的决定性作用。

《在中国职工思想政治工作研究会第六次年会上的讲话》（1990 年 5 月 18 日）

建立社会协商对话制度，既是推进民主政治建设的一项重要措施，也是思想政治工作的一个有效方法。

思想政治工作者要树立从平等地位出发、共同商讨问题的作风，破除教育者和被教育者之间的严格界限。通过真诚坦率、赤诚相见的交流、恳谈，形成一种彼此沟通、相互教育的良好环境和气氛，增进领导和群众、党员和非党员以及社会各阶层成员之间的理解和友谊，吸引更多的群众自觉地接受党的引导。党的十三大提出的建立社会协商对话制度，既是推进民主政治建设的一项重要措施，也是思想政治工作的一个有效方法。在加强和改善思想政治工作的过程中，要把协商对话制度长期坚持下去，并且同过去已有的谈心、家访、民主讨论、接待来访等教育形式配套运用。

《坚持党的基本路线　把天津社会主义现代化建设推向新阶段——在中国共产党天津市第五次代表大会上的报告》（1988 年 4 月 22 日）

打铁先要本身硬，做思想政治工作的人必须有良好的精神状态、认识水平、工作方法、工作作风。

最近一个时期以来，我们的思想政治工作是有发展、有进步的，取得了一定的成绩。但是总的看来，还是远远跟不上新时期形势发展的需要。有些同志认为，现在是经济建设为中心，思想政治工作已经过时了，不顶用了，因而在工作中摆不上位；有些同志不敢做思想政治工作，存在软弱涣散，正气不敢树，歪风不敢顶；有些同志对共产主义远大理想丧失了信念，不相信大道理能管住小道理，目光短浅、言不及义；有些同志不相信思想政治工作的威力，认为凡事得讲“实惠”，只有靠钱才能解决问题；有些同志迷失了政治方向，看不清两种社会制度的本质区别，听任自由化思潮泛滥；有些同志认为思想政治工作费事麻烦不解渴，不如行政命令来得直截了当；有些同志高高在上，脱离群众，不了解群众疾苦，不懂得群众的心思，做宣传只会讲几句口号，无的放矢，不能打动人心；有些同志不能以身作则，说一套，做一套，做思想工作理不直，气不壮；有些同志对群众的落后要求迁就同情，纵容支持，甚至站在本位主义的立场上，作他们的代言人；有些同志不了解新情况，不总结新经验，自己不去钻研创造，而是埋怨青年不听话，新时期思想政治工作不好做。打铁先要本身硬，如果做思想政治工作的人，是这样一种精神状态，认识水平，工作方法，工作作风，怎么能做好思想政治工作呢？各项工作怎么能完成好呢？

《在天津市区县局领导干部会议总结大会上的讲话》

（1985年7月25日）

有人说对群众教育要理直气壮，如果理不直，气怎么能壮呢？

党的方针、政策的制定，要依靠正确的决策依据，要依靠科学家，更要依靠大多数群众。如果我们推行一种政策而大多数群众不理解，从根本上说这种政策就缺乏依据，缺乏依据的政策，怎能说服群众？有人说对群众教育要理直气壮，如果理不直，气怎么能壮呢？

《会见中华教育艺术研究会刘吉、曲啸、李燕杰、李永田四同志时的谈话》（1989 年 10 月 14 日）

人家见你就跑，你怎么做思想政治工作？

有的报纸或文章批评思想政治工作要尊重人、理解人、关心人的提法。据说其理由之一因为这是赵紫阳同志主持工作时中央文件的提法。其实，这个说法是我在天津市党代会上提出的。要说它不全面，这可能；要说思想政治工作不要尊重人、理解人、关心人，这就站不住脚了。人家见你就跑，你怎么做他的思想政治工作？

《在〈人民日报〉国内记者工作会议上的谈话》（1990 年 4 月 28 日）

要依靠骨干力量，形成强大的思想政治工作网。

思想政治工作靠少数人不行，单靠政工部门也不行。要依靠骨干力量，形成强大的思想政治工作网。引滦工程建设中思想政治工作生动活泼，主要是发挥了党团员和各类积极分子的作用，他们活跃在施工第一线，既是生产建设的中坚，又是政治工作的尖兵。这些同志置身于群众之中，一个人联系着几个人，领导没有发现的问题他们发现了，领导没有来得及解决的问题，他们帮助解决了。

《引滦入津工程总结报告》(1983 年 10 月)

坚持群众自我教育为主，正面教育为主。

思想政治工作有个基本的应该遵循的东西，就是要坚持群众自我教育为主，正面教育为主。就一般来讲，任何人都有长处和短处，有优点和缺点，而且这两种东西常常是相辅相成、相互伴生的，有时长是短的原因，有时短是长的结果。思想政治工作者、领导干部的责任，就在于必须首先看到一个人的长处和优点，在充分发挥他的长处和优点的过程中，去弥补他的短处，克服他的缺点，而不是首先抓人短处，抠人缺点，把人治住。人民群众实践的过程，改造客观世界的过程，同时也是改造主观世界、自己解放自己的过程，这实际上也就是自我教育的过程。特别是对群众的思想认识问题更要靠群众自己来解决。拿批评与自我批评来说，批评的目的在于促进被批评的人自我批评，如果被批评者不能做到自我批评，他就不能真的改正错误。当然，如何进行自我教育、正面教育，如何开展生动活泼的、群众喜闻乐见的各种形式的活动，使广大群众在这个过程中受到潜移默化的教育，这方面的工作还相差甚远，还很缺乏经验。

《在京津沪企业思想政治工作研讨会上的讲话》(1989年11月8日)

在思想政治工作中必须坚持依靠群众进行自我教育的原则。

人民群众是历史的主人，是创造物质文明的主人，同时也是创造精神文明的主人。人民群众自己解放自己，包括政治的解放，经济的解放，解除束缚自身的种种思想包袱的精神解放，所有这些解放都不能靠神仙皇帝，只能靠人民群众自己。马克思主义的这一观点，决定了我们对待群众的立场和态度，也决定了我们在思想政治工作中必须坚持依靠群众进行自我教育的原则。

人民群众是实践和认识的主体。人民群众实践的过程，改造客观世界的过程，同时也是改造自己主观世界的过程，实际上也就是自我教育的过程。思想政治工作的责任，就是在马克思主义和党的路线方针指导下，不断发掘人民群众在实践中涌现的代表历史发展趋势的先进思想、先进经验，帮助他们加以总结、概括，使之系统化、科学化，同时利用各种形式进行宣传、推广。这个总结、推广、再总结、再推广的过程，就是实践、认识、再实践、再认识的过程。这就是马克思主义的认识论，也是我们常说的从群众中来、到群众中去的马克思主义的工作方法。

人民群众自己教育自己，不仅决定了教育内容以及教育者与教育对象之间的平等关系，而且决定了必须采取启发式的教育方法。对人民群众的各种教育，都必须采取耐心说理、平等讨论、互教互学等民主的方式方法。启发式教育的意义在于，开掘和发挥教育对象内在的积极因素，使思想教育的过程成为信息交流、思想交流和感情交流的过程，使教育者发出的思想信息被顺畅地接受，并产生共鸣，从而增强教育效果。

《在中国职工思想政治工作研究会第六次年会上的讲话》
（1990 年 5 月 18 日）

把我们提倡的东西渗透、融化进去，把人们的精神空间和业余时间充实起来。

把思想政治教育的内容寓于文化娱乐活动之中，也是文化娱乐活动健康发展的需要。当然这种“寓”，不应当是简单的、生硬的，而应当是讲求艺术，如春雨润物那样，自然而然的。要根据职工特别是青年职工求知、求美、求乐、求新的特点，针对不同年龄、性别、文化层次的人们的需求和兴趣，开展多种多样的活动，诸如读书演讲、知识竞赛、心理咨询、社会调查、文艺鉴赏、影评书评、体育竞技活动等等。给职工提供施展聪明才智的机会和释放“剩余精力”的场所，并满足他们开眼界、得信息、学知识、交朋友的要求。健康、有益的文化活动开展得愈好，愈能抵制文化垃圾和精神毒品。我们一定要努力为群众提供越来越多的健康、美好、有益的精神产品，组织好丰富多彩的文化、娱乐、体育活动，并把我们提倡的东西渗透、融化进去，把人们的精神空间和业余时间充实起来。这样，才能把那些有害的、丑恶的东西排挤出去，用社会主义的和健康有益的思想文化占领阵地也才能真正成为现实。

为了使寓教于文、寓教于乐的活动更加丰富、更加广泛、更加深入地开展起来，还要从经济、法律、行政等方面采取适当的措施，提供必要的条件。电视、电影、新闻、出版、广播等大众传播工具在这方面有着十分重大的作用。在这些部门工作的同志，都要深刻认识自己所肩负的社会责任，研究如何更好地使群众在多种文化娱乐活动中受到潜移默化的教育，努力为广大群众提供更多健康有益、喜闻乐见的文化产品。

《在中国职工思想政治工作研究会第六次年会上的讲话》
（1990 年 5 月 18 日）

在形势教育中，一要坚持实事求是；二要进行科学分析；三要提出解决问题的办法。

搞形势教育要掌握基本的一条，叫做实事求是。实事求是包括讲成绩和讲问题两个方面。要讲清楚改革十年的成绩是主要的，给绝大多数人带来了实惠，通过回顾成绩来坚定大家对改革的信心；与此同时，也要讲清困难和问题，其中有的是难以避免的，有的是工作上的失误。要把两个方面结合起来，进行科学分析。这两个方面不是一半对一半，要弄清楚哪个方面是主要的、基本的、主导的。现在报纸上很多文章都讲，改革中出现的一些问题是不可避免的，让人们不要埋怨。这是好意，但是讲法不对。如果改革不可避免地会出现乱哄哄、通货膨胀、不正之风，那就不必治理整顿了。把这些问题看成是没法治，这就自觉不自觉地走上了不可知论和宿命论。事实上，只要我们认真地坚持实事求是的原则，走群众路线，按照马克思主义原理去认识、解决问题，许多问题是可以避免的，也是可以得到治理的。在形势教育中，一要坚持实事求是；二要进行科学分析；三要提出解决问题的办法，告诉大家把劲往哪里使，鼓舞大家克服困难的勇气。

《在中共天津市委五届常委二十四次扩大会议上关于形势教育和宣传思想工作的意见》(1988年11月15日)

对思想政治工作形成的老经验，结合新情况加以运用发展，仍可以大放光辉。

我们党在长期的实践中形成了做思想政治工作的优良传统，积累了丰富的经验，在新时期这些老经验并没有完全失去效用，结合新情况加以运用发展，仍可以大放光辉，使我们的思想政治工作越来越深入。举例来说：

——结合实际，进行远大理想的教育。通过组织学习文件和进行各种动员，使大家认识到本职工作的重要意义，自己每时每刻都是在为建设社会主义四个现代化添砖加瓦，从而树立起真正的光荣感、使命感、责任感，自觉地做好各项工作。

——针对不同人的特点，做具体人的思想工作。通过熟悉每一个同志的特点和长处，采取家访、谈心等多种形式，把思想工作做深、做细、做具体，一个人一个人地解决具体思想问题，使每一个人都能振奋起来，发挥长处，克服短处，在四化建设中大显身手。

——充分发挥领导干部、党员、团员和各方面骨干的模范带头作用。领导和骨干身先士卒，吃苦在前，享乐在后，就是无声的号令，就是最有说服力的思想政治工作。

——发扬革命英雄主义，不断地开展比学赶帮超等竞赛活动。表扬先进，鞭策后进，造成一种先进光荣、奋发向上、争作贡献的社会风气。

——开展赞扬身边共产主义因素活动。通过日常的凡人新事，体现新思想、新风貌，潜移默化，使广大职工特别是青年树立起共产主义远大理想，并在日常生产、工作、学习中学先进，见行动，树立起一代新风。

——把思想政治工作同对人的关心联系起来。把关心群众生活，解决群众的实际困难，作为自己应尽的职责，特别是对艰苦岗位上的人要给以更多的关心，解除他们的后顾之忧，保护他们的社会主义积极性。

——针对新时期青年人的特点，开展有益身心的文艺活动。形式丰富多彩，喜闻乐见，吸引青年广泛参加，寓教育于文娱活动之中。如此等等。

上述这些办法都是行之有效的，只要认真去做，并不断地针对新情况，总结和创造出新鲜经验，就可以把思想政治工作做得丰富多彩，更加富有吸引力、说服力、感染力。

《在天津市区县局领导干部会议总结大会上的讲话》

（1985年7月25日）

把思想教育寓于娱乐之中，寓于文化知识的学习之中，寓于科学普及的活动之中，寓于各种形式的服务之中。

在社会主义社会中，人们的生活应该是多姿多彩的。不同阶层的社会成员其需要是分层次的，我们的工作方式也就应该分出层次，使思想政治工作具有更大的吸引力。我们要坚持马克思主义的思想教育，向人们灌输社会主义思想，但必须抛弃空洞乏味的党八股，必须抛弃简单生硬的方式方法。要用群众切身的经验和喜闻乐见的形式开展思想政治工作。把思想教育寓于娱乐之中，寓于文化知识的学习之中，寓于科学普及的活动之中，寓于各种形式的服务之中，通过丰富多彩的活动，使群众得到哲理的启迪、心灵的感染、情操的陶冶。进而帮助人们分清是非，提高觉悟，树立正确思想，升华精神境界。

《坚持党的基本路线　把天津社会主义现代化建设推向新阶段——在中国共产党天津市第五次代表大会上的报告》（1988 年 4 月 22 日）

不仅要研究教育对象，更要研究教育者自己，看看我们有的宣传为什么不受欢迎。

我认为当前在思想政治教育中，不仅要研究教育对象，更要研究教育者自己，看看我们有的宣传为什么不受欢迎。你们这些人的演讲到处受欢迎，是因为你们以丰富的知识、精彩的语言、生动的事例，给人以思想的启迪、艺术的享受。听了之后，觉得不枉此行。现在有些人总是埋怨年轻人不愿接受教育，这是不全面的。年轻人固然有简单的一面，但相比之下可塑性比较强。一些人做不好工作光生气，生气没道理。解放前不少青年读了几本进步书，有了马克思主义信仰，就到解放区去了，这是为什么？

现在思想政治工作怎么加强？怎么改进？我们是执政党，要下功夫研究。

《会见中华教育艺术研究会刘吉、曲啸、李燕杰、李永田四同志时的谈话》（1989 年 10 月 14 日）

教育是科学，教育也是艺术。

我一直想能否找一批人编一套普及读物，从文学的、历史的、政治的不同角度，宣传马克思主义的思想，做到既有思想性，又有艺术性、可读性。把教育艺术当一个课题，是指教育是科学，教育也是艺术。要过河，就要有桥和船。现在有些人的演讲、报告为什么人们不爱听？个别人不愿听可能是立场问题，多数人不愿听是因为内容空洞，形式呆板，不注意方式方法。比如教师讲课学生不爱听，我们不能只埋怨学生，要多从教师讲课的内容、方法上找原因。今天，不能像“文化大革命”那样，下命令，天天读，人家不来，就说人家反革命。靠强制手段不行，采取强制手段，实际上是教育者对马列主义缺乏信心。

《会见中华教育艺术研究会刘吉、曲啸、李燕杰、李永田四同志时的谈话》（1989 年 10 月 14 日）

58. 尊重人、理解人、关心人。

尊重人、理解人、关心人，是社会主义制度的必然要求。在社会主义制度下，人民群众的根本利益是一致的，这就决定了人与人之间应该是诚恳宽厚、平等互助、团结友爱、和谐融洽的新型关系。尊重人、理解人、关心人，是社会主义新型人际关系的一个重要表现，也是建设社会主义新型人际关系的一个基本方法。建设这种新型关系是社会主义的一个目标，同时又是一个过程。思想政治工作在为社会主义经济建设服务的同时，必须积极为建立这种社会主义的新型人际关系服务。

《就起草〈关于职工思想政治工作的若干问题〉同身边工作人员的谈话》（1990年5月10日）

尊重人、理解人、关心人是党的根本宗旨和群众观点在思想政治工作中的体现。

我们党的根本宗旨是全心全意为人民服务，我们党历来强调相信群众，依靠群众，尊重群众的首创精神。这就决定了必须把人民群众放在主人的地位，在任何工作中都要正确地对待人民群众。尊重人、理解人、关心人，就是坚持这一根本宗旨和群众观点在思想政治工作中的体现。思想政治工作是做人的工作，只有努力使一个个人感到受到尊重、理解、关心，才能启发他们自觉地提高主人翁责任感，接受党的思想政治引导，发扬积极创造精神，克服自己身上消极的东西。这样的思想政治工作，才是真正有效的。尊重人，就是要平等待人，尊重人的人格和权利。理解人，就是要理解每个人的具体处境和个性，承认人们不同的性格、爱好和兴趣。关心人，就是要对人满腔热情、诚恳宽厚，为人排忧解难。只有这样，才能把思想政治工作做到人们心里去，尽可能地使更多的人高兴、舒畅，充分调动人们的积极性，让各阶层的人都能在四化建设中发挥自己的聪明才智。这是我们几十年来，在处理人民内部和革命队伍内部关系问题上形成的一个优良传统。是否尊重人、理解人、关心人，这是检验我们在思想政治工作中是否真正相信、依靠人民群众的一个重要标志，也是衡量思想政治工作干部是否合格的一个起码条件。

《在中国职工思想政治工作研究会第六次年会上的讲话》
（1990年5月18日）

中国的优势还在于讲政治、讲思想、讲人，离开了人，离开了人的思想，单讲钱，是不行的。

我们必须肯定地说这样一句话，不管商品经济、市场经济怎么搞，不管物质鼓励的作用有多大，在中国这样的制度下离开思想政治工作是不行的。我们的优势就在于加强思想政治工作。大家可以想想，凡是我们依靠思想政治工作，依靠人，依靠精神力量完成某些任务的，都不比资本主义差。举例说，我们的中环线，这 34 公里连拆迁在内，东边半年，西边半年，一年完成；外环线 70 公里，10 个月完成，许多专家包括美国和日本的专家都认为完不了。可我们靠发挥人的积极性就是完成了。中国的优势还在于讲政治、讲思想、讲人，离开了人，离开了人的思想，单讲钱，是不行的。我讲过这样一段话：人多是中国的一大特点，中国的许多问题和困难，都是由人多造成的，中国所有困难的解决，还得在人多上打主意。人多是一大困难，人多也是中国的一大财富，问题是研究怎么发挥，如何通过生动活泼、喜闻乐见的各种形式的思想工作，使职工活跃起来，振奋起来，心情舒畅地投入自己的工作。这是当前摆在全市包括商业部门面前的非常重要的一件事情。

《在天津市商业工作会议上的讲话》(1988 年 3 月 22 日)

做思想政治工作要尊重人、理解人、关心人，我们所说的这个“人”，当然指的是一般的人，属于人民的人。

做思想政治工作要尊重人、理解人、关心人。有人批这个观点，说世界上的人都是具体的人、历史的人，从来没有抽象的人。去年政治风波中的暴徒也是人，你能尊重、理解、关心他们吗？我说，这是找茬打架，我们所说的这个“人”，当然指的是一般的人，属于人民的人。

《听取湖北省委、省政府工作汇报时的讲话》(1990 年 11 月 18 日)

讲什么都得先加上“革命”二字，我看没有这个必要。

我曾提出过要尊重人、理解人、关心人、爱护人，注意人的个性，最大限度地团结人等问题。有人说我这里讲的人是抽象的人，没有区分好人与坏人、自己人与敌人，对坏人、敌人怎么能讲尊重、关心？按照这种逻辑，还怎么讲话呢？讲什么都得先加上“革命”二字，我看没有这个必要。

《同中国职工思想政治工作研究会负责人的谈话》（1992年5月21日）

确立尊重人、理解人、关心人、爱护人的指导思想。

确立尊重人、理解人、关心人、爱护人的指导思想。马克思、恩格斯指出，共产主义者所向往的，是个人全面发展的社会。过去一个长时期里，在“左”的思想影响下，不适当地干预个人志趣和爱好，造成了消极影响。新时期的思想政治工作，必须树立这样一个指导原则：在宪法和法律的范围内，在不违反社会道德规范和公共行为准则的前提下，允许和鼓励个人的志向、爱好和追求，为个人发展提供必要的阵地和条件。把尊重人、理解人、关心人、爱护人作为思想政治工作的基点，充分调动人们的积极性、主动性和创造性，尽可能地使更多的人高兴、满意，让各阶层的人都能在四化建设中发挥自己的聪明才智。

《坚持党的基本路线　把天津社会主义现代化建设推向新阶段——在中国共产党天津市第五次代表大会上的报告》(1988 年 4 月 22 日)

尊重人的个性，与我们提倡的树立共同理想、共同道德是一致的。

思想政治工作的一个指导思想，就是要尊重人、理解人、关心人、爱护人。这个指导思想的侧重点，是强调注意人的个性。我们所说的个性，绝不是西方提倡的那种超越现实、脱离整体的所谓"自我表现"和"自我价值"，而是如何更好地使每个人都能充分发挥主动性和创造性。尊重人的个性，与我们提倡的树立共同理想、共同道德是一致的。从辩证的观点看，共性和个性是对立统一的关系，没有个性就没有共性，只有个性表现活跃，生动活泼，共性才能丰富多彩，这就是马克思主义所说的共性寓于个性之中。我们必须看到，时代已经变了，我们的国家已经进入一个新的时期，现在的年青一代与我们已经有了很大的区别，我们原来的那一套，有的必须坚持、发展，有的则应该抛弃或改进。而需要改进的一个重要方面，就是对人的要求不能千篇一律，必须在四项基本原则的指导下，尊重人的个性及其兴趣爱好，并为个人的正当追求和发展创造条件。这种在共同原则前提下的追求和在个人追求中倡导遵循共同的思想观念、道德规范，逐渐形成共同的理想，就是我们的方向。

《〈文化采珍〉序》(1988 年 5 月)

要允许个性发展，要使人们在追求个人爱好的过程中受到潜移默化的影响。

现在思想政治工作有两大难题：一是还要不要思想政治工作，还要不要讲精神；二是承认不承认原来思想政治工作有一些东西拿到今天来有的已经不行了。思想政治工作确有个改革、改进和改善的问题。封建社会孔孟之道的普及就值得琢磨，说书的、读书的、看戏的都是这一套。我们现在要认真研究一下在新的形势下如何进行宣传教育的问题。要允许个性发展，要使人们在追求个人爱好的过程中受到潜移默化的影响。让爱听书的人在听书过程中受到教育，让爱钓鱼的人在钓鱼过程中受到影响。总之，是让人们在高高兴兴、不知不觉的过程中接受教育。

《在天津市五次党代会二十团讨论时的发言》(1988 年 4 月 23 日)

要注意把人们的缺点和特点区别开来，不要把人们的特点误认为是缺点加以抹煞。

尊重人、理解人、关心人，绝不是不讲原则、放松管理、取消批评，绝不是迁就不合理的要求或容忍不守纪律的行为。但是要注意把人们的缺点和特点区别开来，不要把人们的特点误认为是缺点加以抹煞。在批评人的错误时，一定要从团结的愿望出发，与人为善，好心帮助。只有这样，才能把坚持原则同尊重人、理解人、关心人很好地统一起来。

《同中国职工思想政治工作研究会第六次年会上的讲话稿起草班子的谈话》(1990 年 4 月 18 日)

尊重人、理解人、关心人，绝不是不分敌我。

尊重人、理解人、关心人，绝不是不分敌我。这个原则，当然是就革命队伍内部，就人民内部来说的。同敌对阶级和敌对分子的斗争，是另外范畴的问题，当然要按另外的原则来处理。但是，即使在这个范围，毛泽东同志在讲到瓦解敌军的政治工作时也说过："尊重已经放下武器的敌军俘虏的人格"①，"对于日本士兵，不是侮辱其自尊心，而是了解和顺导他们的这种自尊心，从宽待俘虏的方法，引导他们了解日本统治者之反人民的侵略主义"②。这种文明态度和无产阶级胸怀，在尽可能化消极因素为积极因素方面是能够发挥巨大作用的。

《在中国职工思想政治工作研究会第六次年会上的讲话》

（1990年5月18日）

强调以正面教育为主，绝不意味着放弃必要的思想斗争。

强调以正面教育为主，绝不意味着放弃必要的思想斗争。提倡和支持正面的东西，本身就是克服消极因素的一种巨大力量。在人民内部，思想上的斗争也是存在的。认真开展批评和自我批

① 《毛泽东选集》，2版，第2卷，512页，北京，人民出版社，1991。
② 《毛泽东选集》，2版，第2卷，503页，北京，人民出版社，1991。

评，过去、现在和今后都是克服思想上的偏差和片面性、克服资产阶级自由化的影响和其他各种错误倾向的影响，做好思想政治工作的重要方法。但是人民内部的批评，必须从团结的愿望出发，必须是积极的、说理的和讲分寸的，必须把批评的严肃性同科学性结合起来。

《在中国职工思想政治工作研究会第六次年会上的讲话》（1990年5月18日）

按锁配钥匙，锈锁先膏油。

深入细致地做个别人的工作，这是我们过去最拿手的一招。党组织依靠骨干，针对不同对象，分析其思想情绪，帮助其解开疙瘩，排忧解难，如同一把钥匙开一把锁。记得当年在基层工作时，我还总结过做后进人的思想工作的经验，叫做按锁配钥匙，锈锁先膏油，大胆给工作，培养自尊心。把思想问题比作锁，是先有了锁，后配钥匙。锈锁先膏油是讲对比较落后的人、难办的人，转化得有个过程，得先点一点儿油，慢慢再捅。你不能太急，不然不是把锁捅坏了，就是把钥匙弄断了。

《在京津沪企业思想政治工作研讨会上的讲话》（1989年11月8日）

把群众的积极性充分地调动起来并合理地发挥出去，是思想政治工作的核心，也是检验思想政治工作好坏的标准。

把群众的积极性充分地调动起来并合理地发挥出去，是思想政治工作的核心，也是检验思想政治工作好坏的标准。从生产力讲，人是最活跃的要素，充分发挥这一要素的作用，关键是把人的积极性有效地调动起来；从历史唯物论上讲，改革和建设是群众创造历史的过程，只有把群众的积极性调动起来，我们的事业才能成功；从国情上讲，中国就是人多，人多既是困难所在，也是我们的力量所在，只要把人民群众动员起来，就没有战胜不了的困难。当然，做好思想政治工作，把群众的积极性充分调动起来，并不容易。这里面既有思想政治工作本身的问题，也有许多实际问题，还有我们当前改革、开放当中面临的许多重大理论问题。理论问题很关键。因为，理论上不搞清楚，行动上必然产生盲目性。我们在一些事情上如果出问题，未必是在自然科学上，很可能出在社会科学上。从思想政治工作来讲，现在常常由于有理论上的问题说不清楚，或者理论和实践不统一，给工作造成很多困难。现在荒唐的东西有人信，而正确的话他却听不进去。你给他讲理想，他说是空想；你给他讲信仰，他说是迷信；你给他讲长远，他说看不见。这都说明，人们缺少一个统一的思想上、精神上的依靠与寄托。我认为，这不仅是思想政治工作的课题，而且是整个改革中的课题。

《听取天津市河西区文化建设调查汇报时的谈话》
（1988年5月11日）

如果大多数群众不开心，不高兴，工作劲头不大，我们就不能说这个地方的思想政治工作做得好。

努力调动人的积极性，应当成为我们思想政治工作的主要任务。人的积极性调动得如何，应当成为衡量思想政治工作做得好不好的一条基本标准。如果大多数群众不开心，不高兴，工作劲头不大，我们就不能说这个地方的思想政治工作做得好。

影响人的积极性的因素是多方面的。除体制上存在的弊端外，有的是因为自身思想觉悟不高；有的是因为对别人有意见；有的是因为家里闹别扭；有的是因为生活有困难；有的是因为看法有分歧；等等。总之，不同的人或同一个人在不同时期，思想问题是不完全一样的，不能企图用一种方式、一个办法，比如开一次会或者谈一次话，就能把情绪都理顺，把积极性都调动起来，事情没有那么简单。

《听取湖北省委、省政府工作汇报时的讲话》（1990年11月18日）

大家都有意见，似乎大家都有道理，又都没有责任，这就需要教育，需要解释。

去年的政治风波是一个很复杂的问题，极少数人包括境外敌对势力插手是个重要原因，但大多数人被卷进去是由于各种各样的原因。由于前几年思想教育工作有失误，有些人受到资产阶级自由化的影响，但也有一部分人对前几年我们的工作有意见。这些意见中，有些是我们做得不够好的地方，也有一些是我们教育不够、解释不够的问题。最突出的意见有四个方面：一是对物价上涨有意见。物价改革没同工资挂钩。搞市场调节，允许物价上下浮动，实际上向上浮得多，而工资却动得少，尤其是机关干部、知识分子的工资动得少。二是对分配不公有意见。有一些人收入高，并不是靠诚实劳动，靠合法经营，而是钻了我们工作和政策不配套的空子，赚了大钱，人们对这种“暴发户”很不服气。三是对某些领导干部的不正之风和社会上的腐败现象有意见。前几年，社会上的黄色书刊、“六害”等一些丑恶现象又重新抬头，群众对此很不满。四是对领导机关一些脱离群众的官僚主义有意见。这些人对我们的工作有意见，不能说责任在他们身上，应当说在领导身上。

大家都有意见，似乎大家都有道理，又都没有责任，这就需要教育，需要解释。改革开放搞活了，工作没跟上，大家都想生活好，有些人就利用职权捞些钱，这些是改革过程中出现的现象，有的属于行业不正之风，如都笼统地说成腐败是不合适的。

《会见日本前副首相宫泽喜一时的谈话》(1990 年 7 月 22 日)

火葬场和医院这两个地方能使人受教育。

我常讲两个地方能使人受教育：一是火葬场，在那里不管是什么人，男人、女人，当官的、老百姓都一样，往火炉子里一推，一按电钮，立即变成骨灰。看到了这个情况，还有什么想不开？为些小是小非争个没完没了，有啥意思？捞那么多钱财到头来也是一把骨灰。二是医院。在那里不管什么人，一旦病倒住院，什么伟大设想、什么重要工作，都得放下。你才理解人最重要的还是身体，没有身体，其他一切无从谈起。

《谈天津卫生事业的发展问题》(1986 年 1 月 13 日)

59. 要把解决思想问题同解决实际问题结合起来。

把解决思想问题同解决实际问题结合起来，应当作为思想政治工作的原则、内容和方法。我们的思想政治工作当然要讲道理，帮助群众解开思想疙瘩，但是必须看到，当前群众中存在的思想问题，有相当一部分是由于实际问题得不到妥善解决而引起的。这种因实际困难而产生的思想问题，不从解决实际问题入手，仅仅靠空洞的说教是解决不了的。人家在困难中烦恼，你的道理讲得再好，话讲得再动听，他也很难听得进去。不办实事，只说空话，思想政治工作就插不进手，贴不上身，就无法取得做好工作的基本条件和主动权。

《在中国职工思想政治工作研究会第六次年会上的讲话》（1990 年 5 月 18 日）

思想政治工作要结合经济工作一道去做。

十一届三中全会以后，党的工作重心转移到经济建设上来。邓小平同志反复强调："社会主义的根本任务是发展生产力”①。要横下心来“始终如一地、贯彻始终地搞这件事，一切围绕着这件事”②。“对实现四个现代化是有利还是有害，应当成为衡量一切工作的最根本的是非标准”③。思想政治工作和党的其他工作一样，理所当然地要服务于经济建设这个中心，有利于促进生产力的发展，促进社会主义现代化的实现。企业的思想政治工作围绕企业的生产和经营来进行，这是一个不可动摇的原则。

多年来正反两方面的经验证明，企业思想政治工作只有结合经济工作一道去做，才会取得成效和富有生命力。在企业中，职工的主要实践活动是生产和经营。职工的喜怒忧乐、情绪起伏，不少是发生在生产、经营过程之中，国家、企业、个人三者利益的协调与冲突，计划定额、工资奖金、住房福利等方面的问题与矛盾，干部与群众之间、职工之间的纷争与摩擦，大都直接或间接地与生产、经营有联系。我们的思想政治工作只有渗透到生产、经营、管理、服务、分配等各个环节，才能及时地把握职工的思想脉搏，找到解开“扣子”、化解矛盾的办法，才能使思想政治工作具有针对性和有效性。在企业中，我们开展各种教育，其现实的主要目的就是为了调动、发挥职工群众的积极性和创造性，把经济搞上去，发展生产力。离开了这一条，我们的教育工作就失去了依托，就不能落实，企业就不欢迎，群众也会有反感。对于这一点，在基层工作的同志都是有深切体验的。我们应该在这方面比过去做得更好。

《在中国职工思想政治工作研究会第六次年会上的讲话》
（1990 年 5 月 18 日）

---

① 《邓小平文选》，1 版，第 3 卷，264 页，北京，人民出版社，1993。
② 《邓小平文选》，2 版，第 2 卷，249 页，北京，人民出版社，1994。
③ 《邓小平文选》，2 版，第 2 卷，209 页，北京，人民出版社，1994。

解决经济问题，不能只是就经济谈经济，见物不见人。

现在，在相当一部分单位，相当一部分群众积极性不高，极大地影响着各项经济任务的完成。经济工作中的具体困难和问题可以摆出许多条，但从一定意义上说，最根本、最核心的还是人的问题，群众情绪的问题，群众积极性和创造性的问题。因此，解决经济问题，不能只是就经济谈经济，见物不见人，而必须从政治上看问题，从人的积极性上看问题。就是说，要始终想着群众，紧紧依靠群众，尊重群众的主人翁地位，从这里入手来解决问题。研究形势，就要把群众情绪当作第一信号；确定任务，就要倾听群众的意见和要求；采取措施，就要把依靠群众作为主要措施。总之，加强党同群众的密切联系，把广大群众动员起来，把他们的积极性调动起来，我们克服困难、完成任务就有了根本的保证。

《关于加强党同人民群众联系的几个问题——在新华社国内工作会议上的讲话》（1990 年 4 月 11 日）

经济问题说到底是个生产力问题，而发展生产的根本问题是个生产者的情绪问题，也就是我们常讲的职工的思想觉悟和积极性。

现在，人们对经济工作谈论很多，当然，经济的问题，还应主要从经济工作自身去研究，但也不能就经济谈经济。经济问题说到底是个生产力问题，而发展生产的根本问题是个生产者的情绪问题，也就是我们常讲的职工的思想觉悟和积极性。不把进步的政治精神贯注于职工之中，不真正形成一个心齐气顺、同心同德干四化的政治局面，再好的经济方针、经济政策、经济构想，也难以顺利实施。当前要下功夫理顺群众的情绪，这是各项工作的前提和基础。如果讲天津这几年取得了一些成绩，干成了一些事情，重要原因之一，就是包括广大职工在内的全市人民有一个好的精神状态，形成了一个好的民风民气。小平同志视察我市时，对天津群众的精神面貌和觉悟水平给予很高评价，说："群众高兴了，事情就好办，也容易办好。"实践证明，要理顺群众情绪，单靠经济手段是远远不够的，那种企图单纯用金钱买积极性的想法和做法更是错误的。对这个问题，我们应该认真地反思。这几年钱花得不算少，人们生活水平提高之快、幅度之大，是建国以来少有的，但为什么有些人还那么大的气，积极性远不如过去。究其原因，我看主要是这几年对思想政治工作有所忽视或者说抓得不够有力。我毫不否认在经济体制改革中，强调按劳分配、物质利益的重要性，使职工的劳动热情和积极性建立在关心自己切身利益的基础上，这是我们摒弃"左"的做法，在经济工作和思想政治工作领域拨乱反正的一个重要成果，但这绝不意味着可以不讲政治、不讲觉悟。失去了这个优势，我们的许多工作也就失去了动力。再者，我们搞四个现代化是搞社会主义的四个现代化，不是搞别的现代化。这几年由于思想政治工作薄弱而出现的一些现象，确实是不祥之兆，令人担忧。如果我们其他方面搞得热热闹闹，而忘掉了这件具有全局意义的大事情，那么，四化建设就可能走偏方向甚至半途而废。那将犯大的历史错误。

《在天津市城市协调发展研讨会上的讲话》(1988 年 3 月 12 日)

协调人际关系，简单地用行政命令的方法不行，用强制压服的方法不行，只能用民主的说服的方法，互相沟通以达到互相理解的方法。

在社会主义社会中，最广大的社会成员的根本利益是一致的，在共同的理想、共同的目标、共同的道德要求下形成良好的人际关系，这是社会主义优越性的一个重要体现。但是，在社会主义社会中，也仍然存在着矛盾和差别。由于人们生活在不同的社会群体之中，其社会地位、实践经验、知识水平和认识能力等各不相同，对利益的追求，对事物的认识，包括兴趣、性格、习惯等在内的个性，都存在着许多差异，因此，在群体与群体、个人与群体以及人与人之间的关系中经常地、普遍地存在着矛盾。要及时地解决这些矛盾，就需要有组织地进行经常性的协调。还应当看到，在社会主义初级阶段，由于经济和文化不够发达，由于不同经济成分的存在，由于地区经济、政治、文化发展很不平衡，在人际关系方面出现的不协调现象还会相当广泛、突出和长久。协调人际关系，简单地用行政命令的方法不行，用强制压服的方法不行，只能用民主的说服的方法，互相沟通以达到互相理解的方法，从团结的愿望出发，经过批评与自我批评，达到新的团结的方法，也就是我们讲的思想政治工作的方法。没有相应的、强有力的思想政治工作，人与人之间就容易疙疙瘩瘩，整个社会就难以协调，我们的雄图大略就无法实现。

《在中国职工思想政治工作研究会第六次年会上的讲话》

（1990 年 5 月 18 日）

要把精神鼓励和物质鼓励辩证地统一起来。

我们进行经济体制改革，毫无疑问要研究如何通过经济利益的调整与分配，来调动人们的积极性，过去那种大锅饭、平均主义的做法，那种忽视物质利益，片面强调精神作用的倾向，无论如何是行不通的。这几年的改革实践已经证明，只有真正关心劳动者的物质利益，满足劳动者的物质需要，才能真正调动起劳动者的积极性和创造性。但强调重视和关心人民群众的物质利益，绝不意味着可以削弱或否认思想教育，即精神动力的反作用。在这个问题上，前一个时期是有些毛病的，有些同志以为贯彻物质利益原则就是用钱和物来刺激人们的积极性，迷信金钱的作用，只讲经济手段，不讲思想教育。这样，在短时间里可能会刺激出一点积极性，但这种积极性是不可能持久的。相反，却使一些人滋长了金钱万能的观念，萌发了雇佣思想。所以，这不是对职工群众的真正关心，照此发展下去，只能损害工人阶级的根本利益。因此，我们一定要把精神鼓励和物质鼓励辩证地统一起来。

《会见天津市特等劳动模范时的谈话》（1987 年 4 月 30 日）

思想政治工作必须伴随并贯穿于为共产主义理想奋斗的全过程。

实现共产主义远大理想，决不是一蹴而就的事情，必须经过一个很长的社会主义历史阶段。这个历史阶段是不可逾越的。在社会主义阶段，特别是社会主义初级阶段，旧社会遗留下来的痕迹不可能马上消除，旧思想、旧观念、旧习俗会纠缠人们的头脑；经济、文化的落后在很大程度上制约着人们思想道德水准的普遍提高，原始、愚昧、落后的东西会顽固地表现出来；改革所带来的利益调整，会在思想道德方面引起种种新的矛盾、困惑和追求；风云变幻、错综复杂的国际环境和国内一定范围的阶级斗争，对人们的思想会不断地产生种种冲击。克服旧思想、旧习俗，抵御内外侵袭和腐蚀，战胜各种冲击和挑战，消释困惑和疑问，所有这一切，都离不开强有力的思想政治工作。只有通过卓有成效的思想政治工作，处于社会主义历史阶段的人们才会在创造物质文明的同时，不断地向思想道德的新境界迈进。实现共产主义远大目标，需要许多代人长期不懈地艰苦奋斗，奋力开拓，无私奉献，必要时不惜牺牲自己的生命。在整个过程中，我们不可避免地会遇到许多曲折、挫折和困难，人们也不可避免地会产生这样或那样的思想问题，这就决定了思想政治工作必须伴随并贯穿于为共产主义理想奋斗的全过程。忽视、否定思想政治工作，就谈不上实现共产主义理想的伟大历史使命。

《在中国职工思想政治工作研究会第六次年会上的讲话》
（1990 年 5 月 18 日）

离开了思想政治工作，就不能正确地认识党的基本路线，也不能坚定地执行党的基本路线。

党的十三大确定的社会主义初级阶段的基本路线，是十一届三中全会以来全党和全国人民进行改革和建设的伟大实践的科学总结，是以邓小平同志关于建设有中国特色的社会主义理论为指导而作出的高度概括。四项基本原则是立国之本，改革开放是强国之路。能否坚定正确地坚持党的基本路线，关键在于正确地理解四项基本原则和改革开放这两个基本点的相互关系，在于自觉地把两个基本点有机地结合起来，贯彻到各项工作中去。而要做到这一点，不能没有相应的、强有力的思想政治工作。因此，离开了思想政治工作，就不能正确地认识党的基本路线，也不能坚定地执行党的基本路线。

《在中国职工思想政治工作研究会第六次年会上的讲话》（1990年5月18日）

讲究道德的层次性，注意工作的渐进性。

在改革开放的新时期，在以经济建设为中心的情况下，要特别警惕忽视思想政治工作、放松道德教育的问题。如果经济工作上去了，人们的思想觉悟下降了，社会的道德滑坡了，那么我们的社会就是畸形的，治理起来非常困难。当然，思想道德教育工作也需要改进，做到与经济政策具体的、历史的统一，必须处理好三个关系，即现实与未来的关系、多数与少数的关系、广泛性与先进性的关系。在实际工作中，我们应根据不同对象的情况、不同时期的实际，讲究道德的层次性，注意工作的渐进性，明确区分应当提倡的、必须做到的、允许存在的和坚决反对的，既照顾多数，又鼓励先进，联结和引导不同觉悟程度的人们一起向上。在广大职工中，要大力倡导社会公德和职业道德，大力提倡国家利益、集体利益、个人利益结合的集体主义精神，大力倡导勤奋劳动、诚实守信、互相友爱的精神。对于职工中的共产党员、先进分子，尤其是党员领导干部，要提出更高的要求，引导他们树立远大理想，发扬奉献精神，身体力行共产主义道德。总之，先进的思想道德必须提倡，现行的经济政策必须执行。这样，现行经济政策才能发挥更大的威力，思想道德教育才能收到更好的效果。

《就起草〈关于职工思想政治工作的若干问题〉同身边工作人员的谈话》（1990年5月10日）

道德规范与经济政策二者不能混同或互相替代。

道德规范与经济政策二者不能混同或互相替代。经济政策是规定性的，道德规范是倡导性的；经济政策是处理最广大人们经济利益关系的现实的规定，而道德规范还应当包括一部分先进分子的理想要求。既不能都按道德要求来制定经济政策，也不能用经济政策来限制道德要求。如果把二者混同起来，就会给思想政治工作和实际工作带来极大的损害。较长一段时间内，人们用共产主义的道德去“剪裁”、评判现阶段的经济政策，结果把一些有利于生产力发展的东西视为非道德的异端加以谴责和否定，导致平均主义盛行。近几年来，我们的经济政策总的是对头的，但又出现了放松道德教育，有时把现行政策界限等同于道德规范的现象，忽视了对于先进道德的提倡和鼓励，使得损人利己的个人主义和“一切向钱看”的拜金主义思潮泛滥。这是我们必须汲取的教训。

加强道德建设与执行现行经济政策，应当是互相促进的。我们是社会主义国家，我们的改革开放是以马克思主义为指导的，是为了发展社会主义有计划的商品经济。经济政策的制定和实施，不仅要讲求经济效益和工作效率的提高，而且要有利于人际关系的协调和健康良好的社会道德风尚的形成。道德的教育和宣传，不仅要致力于提高全民族、全社会的道德水准，而且要有利于现阶段各项经济政策的实施。如果把二者对立起来，彼此排斥，道德与政策顶牛，其结果不是冲了道德建设，造成精神滑坡，风气败坏；就是冲了经济政策，造成平均主义、"大锅饭"的重新泛滥。

《在中国职工思想政治工作研究会第六次年会上的讲话》（1990 年 5 月 18 日）

要结合改革开放的实际，教育和引导群众，正确处理个人利益与国家利益、局部利益与整体利益、眼前利益与长远利益的关系。

思想政治工作必须加强自身的改革和建设，紧紧围绕四化建设这个中心，采取适合群众需要的恰当方式，深入、持久地进行坚持四项基本原则和"四有"教育，使越来越多的人成为有理想、有道德、有文化、有纪律的劳动者。根据这个方针，要结合改革开放的实际，教育和引导群众，正确处理个人利益与国家利益、局部利益与整体利益、眼前利益与长远利益的关系，正确对待改革中可能出现的某些失误和曲折。真正做到既要大力发展商品生产，又要克服金钱至上的思想；既要在分配制度上坚持按劳分配的原则，又要纠正斤斤计较、按酬付劳的雇佣观念；既要扩大企业自主权，增强企业活力，又要反对个人主义、本位主义。总之，既要搞好改革开放，又要坚持社会主义方向，使广大群众保持良好的精神面貌。

《在天津市第十届人民代表大会第五次全会上的政府工作报告》（1986年4月22日）

不能及时有力地回答群众在改革中出现的各种思想问题，改革就无法健康地发展。

现在党内存在一种消极情绪，认为思想政治工作无用了、不灵了。我们的宣传有时离开四项基本原则和国家的统一规定，甚至把一些歪门邪道作为推广的典型。比如，强调放开搞活，还要不要集中统一管理？强调市场调节，还要不要宏观计划指导？强调按劳分配，还要不要共产主义风格？强调提高生活水平，还要不要勤俭建国？强调对外开放，还要不要抵制资本主义的腐朽思想？如此等等。对于这些重大问题的宣传和解释上确实存在一些模糊认识和片面观点。事实证明，不加强思想政治工作，不能及时有力地回答群众在改革中出现的各种思想问题，改革就无法健康地发展。那种认为思想政治工作不灵了、无用了的说法是十分错误的，也是极其危险的。各级党的组织一定要把做好思想政治工作作为自己的主要任务，认真总结经验，改进工作方法，努力开创思想政治工作的新局面。

《在天津市委常委扩大会议上的讲话》（1985年3月21日）

社会在变，客观事物在变，人的思想也在变。做思想政治工作理所当然地要研究这个“变”。

我赞成对思想政治工作进行研究和探索。新的形势出现了许多新的变化。社会在变，客观事物在变，人的思想也在变。做思想政治工作理所当然地要研究这个“变”。这就是我们常讲的了解新情况，研究新问题，创造新经验。离开了对这个“变”的研究，谈加强和改进思想政治工作就一定是空话，就一定收不到好的效果。

《在“黄河杯”思想政治工作新探索征文颁奖仪式上的讲话》
（1991年6月11日）

60. 繁荣文艺必须有一个宽松的环境。

新的历史时期需要有一个比任何时候更加宽松、稳定的创作环境。我们正在展开和将要进行的经济改革、政治改革和文化改革，是一个人民创造历史的过程，是一项前所未有的伟大创举。我们希望文艺工作者要投身改革、反映改革、为改革服务，这就需要给文艺工作者一个敢于思考、敢于说话、敢于实践、允许失误的政策和环境。如果清规戒律很多，或是稍有失误就大惊小怪，文艺的探索和创新就无法进行，繁荣文艺也就成了一句空话。因此，一切真正愿意把文学艺术繁荣起来的同志，都应该自觉地创造和维护这个文学艺术发展所必需的良好环境，特别是各级领导同志，要充分认识和尊重文艺事业的特殊性，根据艺术生产的客观规律去实施正确的领导。

《齐心合力　繁荣文艺——在天津市委、市政府召开的文艺创作座谈会上的讲话》（1986 年 6 月 28 日）

繁荣文艺必须解放思想。

繁荣文艺必须解放思想。由于“左”的思想影响，长期以来，我们有些同志对文艺的功能、文艺的目的和文艺的标准，存在着片面的理解。文艺有娱乐、审美、认识、教育等多方面的作用。我们总是希望并努力争取充分发挥文艺的思想政治教育的作用，但也必须承认，不可能使每个作品都具有这种作用。文艺的根本任务，是满足广大人民群众日益增长的文化生活的需要。因此，我们在提倡多创作健康有益、群众喜闻乐见的作品的同时，也不反对政治思想上无害、艺术上较好、群众喜闻乐见的作品，只要不违反国家宪法和法律，就不要横加干涉。实践证明，对文艺作品简单地、片面地、过分地强调姓“社”姓“资”、强调思想政治教育的作用，就不能很好地坚持“二为”方向和“双百”方针，就很难做到“古为今用”、“洋为中用”，就不利于形成生动活泼、百花盛开的良好局面。

《繁荣文艺必须解放思想——在内蒙古乌兰牧骑艺术节闭幕式上的讲话》（1992 年 8 月 10 日）

不能把文艺环境问题绝对化。

文艺界有一种说法，认为文艺上不去，唯一的原因就是环境不宽松。这种看法是不全面的。强调繁荣文艺必须有一个宽松环境，这无疑是对的。但这是就整个事业来讲的，具体到一个人的成就，宽松环境未必是唯一的、更不是决定性的条件。历史上有多少大文学家、大艺术家都是在逆境和极其恶劣的环境里取得了光辉成就的。大家很熟悉司马迁《报任安书》中的一段话：“文王拘而演周易，仲尼厄而作春秋。屈原放逐，乃赋离骚。左丘失明，厥有国语。孙子膑脚，兵法修列。不韦迁蜀，世传吕览。韩非囚秦，说难孤愤。诗三百篇，大抵贤圣发愤之所为作也。”我们自己的情况也很能说明问题。大家生活在同样的环境里，为什么有些同志创作出许多优秀作品，在事业上取得了可喜成就，而有些同志所成甚少，乃至交了白卷呢？这就说明，宽松的环境便于创作，不宽松的环境也可能给作家、艺术家提供了解社会、体验生活的难得机会。我们知道，社会是复杂的，即使是今天，也不可能是万事如意的“极乐世界”，一定会有矛盾，会有荆棘，会有曲折，否则，就不称其为社会。按照马克思主义的观点，任何个别都含有一般，任何一般都离不开个别。文艺界作为整个社会的一部分，当然也不会成为“世外桃源”，文艺界前进道路上的荆棘、曲折，是社会矛盾的反映。就文艺要反映现实生活这个意义上讲，这并不是坏事。作为一个文艺工作者，既要把那些高尚的、美好的东西发掘出来，赞美它，歌颂它，提倡它，使更多的人感奋起来，仿效它，学习它；同时，也应该把那些卑下的、丑恶的东西掘出来，剖析它，暴露它，反对它，使人们警惕起来，以至最终把它消灭。既然这样，错综复杂的现实生活，各种人物的淋漓表演，前进路上的曲曲折折，就成了我们文学艺术难得的创作源泉和创作素材。现实生活中没有顾荣这样的干部，怎么能写出《新星》这样振聋发聩的优秀作品？我讲这段话的目的，是要说明这样一个道理，我们不能把环境问题绝对化，更不应该作为自己碌碌无为、不求上进的借口。

《齐心合力　繁荣文艺——在天津市委、市政府召开的文艺创作座谈会上的讲话》（1986 年 6 月 28 日）

在物质产品的生产中，我们允许有一定比例的次品、废品，为什么精神产品有点毛病就大惊小怪呢？

文艺作品是客观现实作用于作家、艺术家的感官，经过他们头脑的加工制作，通过艺术形式反映出来的，这就一定会有反映对了的和反映错误了的。文学艺术不是简单地直接地记录生活，而是把原始生活素材进行再创造，使之比实际生活更高、更典型、更理想、更带有普遍性，这也增加了失误和疏漏的可能性。在物质产品的生产中，我们不是允许有一定比例的次品、废品吗？更何况文艺产品的检验以及社会效益的测定，要比物质产品困难和复杂得多。因此，对文学艺术创作中出现的某些缺点、毛病，不应当大惊小怪，更不应当采取不恰当的态度和过激的做法。

这里我还要对反映改革的作品特别讲几句话。我们的改革，是一场伟大的试验和探索，特别是当前正处在新旧体制交替时期，旧体制尚未退出历史舞台，新体制正在孕育和成长，处于方生未死之间，颇多分娩前的阵痛。改革描写的对象是不定式，文艺作品很难做到完美无缺。因此在这方面应该更宽松一些。总之，我们不能因为文艺作品有某些失误，就对整个文艺队伍产生怀疑，也不能因为文艺队伍是一支好队伍，就不允许文艺工作有任何的失误。

《齐心合力　繁荣文艺——在天津市委、市政府召开的文艺创作座谈会上的讲话》(1986 年 6 月 28 日)

发生点问题，就一棍子打死，不符合党的文艺政策，不利于文艺的繁荣和文艺作品质量的提高。

像其他人一样，作家的认识也有一个逐步深化的过程，不能要求文艺作品第一稿就一点毛病也没有。不仅允许作者对自己的作品有一个反复修改完善的机会，还要帮助他们修改完善。文字的东西，修改的余地大一些，剧本拍成电影后再改困难就多了，所以希望尽可能在拍成之前把修改的工作做好。我想，只要我们态度诚恳，多数同志是会接受正确意见的。发生点问题，就一棍子打死，不符合党的文艺政策，不利于文艺的繁荣和文艺作品质量的提高。

《同全国故事片创作会议代表座谈时的讲话》（1990 年 2 月 20 日）

对文艺的作用估计又高又低的现象不能不说是一个深刻的教训。

作为观念形态的文学艺术，当然会对政治、经济和社会生活产生一定的作用与影响，但是，文艺毕竟是文艺，翻遍古今中外的历史，还未见过一篇小说、一出戏、一首歌就能够推翻一个政权、缔造一个国家的先例。我曾说过：我们有些同志把文艺的社会能量看得过高，一点小小的失误就闹成轩然大波，似乎要天下大乱，甚至兴师动众，大举讨伐；而经常又把文艺工作摆得过低，常常排不上日程，许多实际问题长期得不到解决。这种对文艺的作用估计又高又低的现象不能不说是一个深刻的教训。

《齐心合力　繁荣文艺——在天津市委、市政府召开的文艺创作座谈会上的讲话》(1986 年 6 月 28 日)

艺术生产是一种高度民主、非常自由的精神活动，它与过多的干预、机械的强制不能相容。

我认为，文艺创作要有一个宽松、稳定的环境，这不仅是人们的意愿问题，而且是客观的必然问题，是一个能否坚持按照艺术生产规律办事的问题。艺术生产与物质生产不同，尽管它必须以物质生产为基础，以千百万群众的认识和实践为源泉，但是基础、源泉并不等于文艺自身，不等于文艺作品的多少与好坏。要产生好的艺术成果，必须通过文艺工作者独立的、复杂的脑力劳动。这种生产方式是一种高度民主、非常自由的精神活动，与过多的干预、机械的强制不能相容。这种精神产品又要求是丰富多彩、多种多样的，最忌简单划一、强求一律，来不得任何公式主义和命令主义。文艺工作者的个人认识和实践总是有一定的局限，其产品也总是由不成熟到逐步成熟，既不可能一步达到尽善尽美，也不可能完全不犯错误。所以在艺术实践面前必须有一个人人平等、自由讨论、彼此争鸣、宽松和谐的环境，如果动辄揪辫子、打棍子、扣帽子，把气氛搞得十分紧张，其结果只能是扼杀文艺。我讲这一段的目的，不是想全面阐述艺术生产的规律，而是想说明这样一个问题：能否自觉地坚持创作自由，努力开创宽松、稳定的创作环境，是一个能否坚持按照艺术生产规律办事的问题。

《齐心合力　繁荣文艺——在天津市委、市政府召开的文艺创作座谈会上的讲话》（1986年6月28日）

作家思想不解放，心中有顾虑，就不可能创作出好的作品。

新中国建立之后，各行各业都取得了空前的成绩，文艺界也取得了不小的成绩。但相比之下不够理想，具有历史意义的作品，异时异地共存共赏的作品少之又少。像巴金、老舍那样的文学巨匠几乎没有。是什么原因？没有题材？没有人才？还是作家不努力？有人说，主要原因是"环境不够宽松，政策不够包容"。文艺是一种特殊的工作，作家思想不解放，心中有顾虑，就不可能创作出好的作品。作家和其他人一样，生活在一定的环境之中，总有一定的局限性。作家的思想认识也有一个由浅入深、由片面到更多方面的过程。如果一有错误就上纲上线，一棍子打死，作家的主动性、积极性、创造性就发挥不出来。十年动乱中，文艺事业枯萎凋零，十亿人民八个戏的教训就是个例证。

《就起草〈关于弘扬民族优秀文化的若干问题〉同身边工作人员的谈话》（1990年1月2日）

坚持创作自由，是马克思主义文艺思想的一条重要原则。

坚持创作自由，是马克思主义文艺思想的一条重要原则。马克思在批判对精神生产的压制和禁锢时，曾尖锐指出："你们赞美大自然悦人心目的千变万化和无穷无尽的丰富宝藏，你们并不要求玫瑰花和紫罗兰散发出同样的芳香，但你们为什么却要求世界上最丰富的东西——精神只能有一种存在形式呢？"① 列宁也强调，在文学艺术事业中，绝对必须保证有个人创造性和个人爱好的广阔天地，有思想和幻想、形式和内容的广阔天地。毛泽东同志在这方面的论述就更多了。比如《在延安文艺座谈会上的讲话》中他指出："在团结抗日的大原则下，我们应该容许包含各种各色政治态度的文艺作品的存在"②，"我们的批评，也应该容许各种各色艺术品的自由竞争"③。1956 年，他又正式提出了"百花齐放、百家争鸣"的方针，认为这是"促进艺术发展和科学进步的方针，是促进我国的社会主义文化繁荣的方针。艺术上不同的形式和风格可以自由发展，科学上不同的学派可以自由争论"④。过去，一些同志自觉或不自觉地制造紧张气氛，搞一些极左的东西，还常常以"坚持党性原则"、"坚持马克思主义"自居，实际上恰恰是违背了马克思主义。

《齐心合力　繁荣文艺——在天津市委、市政府召开的文艺创作座谈会上的讲话》（1986 年 6 月 28 日）

---

① 《马克思恩格斯全集》，中文 1 版，第 1 卷，7 页，北京，人民出版社，1956。
② 《毛泽东选集》，2 版，第 3 卷，868 页，北京，人民出版社，1991。
③ 《毛泽东选集》，2 版，第 3 卷，869 页，北京，人民出版社，1991。
④ 《毛泽东文集》，第 7 卷，229 页，北京，人民出版社，1999。

用简单化的办法来解决学术问题，既不利于科学和艺术的发展，也会给团结带来不利影响。

“双百”方针是我们党发展科学和艺术的一项长期的基本方针，也是为实践所证明的正确的方针。“双百”方针与统一认识是一致的。在重大政治原则问题上，在路线、方针、政策上我们必须强调统一认识。对于学术的是非、艺术的优劣，则应当允许不同意见存在，允许从容讨论，不急于下结论，不强求一致。除了违反宪法和法律之外，学术上的问题，只能通过民主的、平等的、充分说理的方法，在长期实践中逐步求得解决。用简单化的办法来解决学术问题，既不利于科学和艺术的发展，也会给团结带来不利影响。我们必须在坚持四项基本原则的前提下，提倡和鼓励大家畅所欲言，各抒己见，提倡和鼓励批评和反批评，提倡和鼓励学术和艺术上各种不同意见、观点、风格、流派自由发展和竞赛。只有这样，思想文化战线才会出现生动活泼的局面，才能达到真正的团结。

《在全国宣传部长会议上的讲话》（1991 年 1 月 19 日）

只有让文艺批评正常起来，才能使文艺界的环境宽松起来。

文艺批评是文艺界的一个敏感问题。文艺界的环境宽松与否，常常从文艺批评中反映出来；文艺批评开展得正常与否，也直接影响着文艺界的环境与气氛。

现在的文艺批评一叫有成绩，二叫不理想。举例来说：有的文艺批评感情用事，好说绝话，极而言之，不留余地。有的文艺批评唯我独尊，听不得反面意见，把争鸣变成了“争霸”。有的文艺批评互相吹捧，往往结为“阵线”，形成“圈子”。有的文艺批评摆出专家、学者的架势，对群众性的文艺活动极尽挑剔和指责。有的文艺批评则彼此排斥，“新派”视“老派”为陈腐，“老派”视“新派”为异端。有的则在一些没有多大意义的问题上笔来墨往，争起来没完没了，等等。所有这些不正常、不民主的文艺批评，都有碍于文艺环境的宽松与稳定。

长期以来人们天天讲文艺批评的重要性，遗憾的是，我们有相当一部分同志对文艺批评在整个文学艺术活动中的价值和职能并没有真正认识，文艺批评在文艺实践和文艺理论上的疏导与建树作用没有得到充分发挥，相反，有时却成了推行“左”的思想的武器，使文艺工作者对文艺批评望而生畏。实践证明，开展文艺批评一是不能“一阵风”，要维护党的文艺政策的连续性；二是切忌“一面倒”，既不应为尊者讳，也不该搞人微言轻，坚持真理面前人人平等；三是反对“一言堂”，要以广博的胸襟，宽容的气度，平等讨论和充分说理的方法，陈百家之言，抒百家之见。对文艺理论和创作上的是非，要靠文艺界去探索、去争鸣，领导上不要一言定生死。我非常同意王蒙①同志的一些见解，他认为世界上任何文学艺术家都没有不受批评的权利，一方面，批评要正常化、健康化、民主化，一方面，也不必受到一点批评就简直不得了。他希望文艺批评本身要正常化，文学艺术家对待批评的态度要正常化，还希望外国朋友和外国记者对中国文艺批评

① 当代著名作家、学者，曾任文化部部长、中国作协副主席。

的报道也要正常化。他讲最后一句是有所指的，因为写《男人的一半是女人》的张贤亮①访美期间，有的报纸发表了一篇批评这篇作品的读者来信，国外就当作一件大事来渲染，有人竟劝张贤亮不要回国，说回国要被送去劳改。这真是“海外奇谈”。我想再加一条，就是当外国对中国文艺批评的报道不那么正常的时候，也不要大惊小怪。总之，从一定意义来说，只有让文艺批评正常起来，才能使文艺界的环境宽松起来。希望大家共同努力。

《齐心合力　繁荣文艺——在天津市委、市政府召开的文艺创作座谈会上的讲话》（1986 年 6 月 28 日）

未必什么都要有政治属性，有些东西很难戴政治属性的帽子。

作为文艺，要特别注意娱乐功能，因为教育、认识、审美一般都是在娱乐的过程中实现的，这就是我们平时所说的“寓教于乐”，潜移默化。欣赏文艺，属于人们的精神生活，首先应让人们在精神上得到享受和满足。当然应该是健康、有益的享受和满足。只要无害，大家看了高兴，就可以算实现了文艺的功能，在这个意义上讲，无害就是有益。未必什么都要有政治属性，有些东西很难戴政治属性的帽子。过去这方面工作存在的问题，一是对娱乐的东西放得不够，二是对“黄”的东西禁得不够，表现在组织领导上，就是掌握得不适度。

《在听取文化部汇报时的插话》（1989 年 8 月 9 日）

① 当代著名作家，宁夏文联名誉主席兼宁夏作家协会名誉主席。

坚持一切着眼于建设。

我们不但要讲不该和不许干什么，同时还要讲应该和可以干什么，并告诉人们怎么干。这就必须坚持一切着眼于建设。只要我们振奋精神，扎实工作，加强领导，协作配合，切切实实地解决具体问题，我们就一定会在繁荣文艺方面办成许多群众满意而高兴的实事。

《出席“中华大家唱（卡拉OK）曲库”首发式时的讲话》（1991年5月28日）

剪除了毒草，香花会更好地开放；清除了垃圾，社会文化环境会更加健康。

“扫黄”的目的是为了繁荣文艺，而不是打击文艺。剪除了毒草，香花会更好地开放；清除了垃圾，社会文化环境会更加健康。不把那些充斥于文化阵地和文化市场的乌七八糟的东西扫掉，社会主义的、健康的文艺就不可能繁荣和发展。

《在全国整顿清理书报刊及音像市场电话会议上的讲话》（1989年8月24日）

1986年3月1日，李瑞环出席著名京剧表演艺术家张君秋舞台生涯50周年庆祝活动。

1986年6月28日，李瑞环参加天津市委、市政府召开的文艺创作座谈会并讲话。

1989年10月2日，李瑞环在天津礼堂观看《唐宋风韵》演出后接见骆玉笙（右二）、马三立（右一）。

1991年2月，李瑞环同参加春节联欢晚会的演员合影。前排左一为牛群，左二为冯巩，左三为郭秋林，后排左一为常贵田，左二为笑林，左四为常宝华，左六为高英培，左七为孟繁贵，后排左三为中共中央政治局候补委员丁关根。

1994年12月20日，李瑞环在北京出席梅兰芳、周信芳诞辰100周年纪念演出开幕式。演出结束后，李瑞环同演员合影留念。

（新华社记者李学仁摄）

1995年10月31日，《中国京剧音配像精萃》发行座谈会在人民大会堂举行，李瑞环出席仪式并讲话。前排右一为全国人大副委员长王光英，左一为全国政协副主席万国权。

（新华社记者郭占英摄）

1997年10月25日，李瑞环观看第五届艺术节开幕式大型文艺晚会《百花赞》演出，并同演员合影留念。第二排右一为国务委员李铁映，左一为全国政协副主席杨汝岱。

（新华社记者陈燮摄）

1999年4月，李瑞环在河北考察期间观看文艺演出后，亲切接见演员。左一为著名河北梆子表演艺术家裴艳玲，右一为河北省委书记叶连松。

2001年7月4日，李瑞环在人民大会堂出席并观看《光辉的历程》——庆祝中国共产党成立80周年大型交响京剧演唱会。这是演出结束后李瑞环等同演员们合影。后排右一为全国政协副主席万国权，右三为中共中央宣传部部长丁关根，右七为中共中央组织部部长曾庆红。

（新华社记者鞠鹏摄）

2001年5月4日，李瑞环在北京观看京剧大师马连良诞辰100周年纪念演出。这是演出结束后李瑞环同演员合影留念。第二排左一为北京市委书记贾庆林，左二为著名京剧表演艺术家马连良之女马小曼，左四为著名京剧表演艺术家、马连良义子马长礼，左五为中共中央宣传部部长丁关根。

（新华社记者樊如钧摄）

1992年7月10日，李瑞环在人民大会堂接见即将出征第25届夏季奥运会的中国体育代表团全体成员。

（新华社记者王景英摄）

1993年5月11日，李瑞环和国际奥委会主席萨马兰奇（右二）在北京中国美术馆为第三届中国体育美术展剪彩。

（新华社记者程至善摄）

1993年5月27日，李瑞环在人民大会堂会见参加第42届世界乒乓球锦标赛载誉归来的中国乒乓球代表团。荣获混双冠军的王涛（左）、刘伟（右）和李瑞环一起手持奖杯合影，请他分享夺冠的快乐。

（新华社记者王景英摄）

李瑞环酷爱打网球，这是他退下来之后打球的情景。

（郑洁摄）

61. 高明的、有远见的领导一定重视文艺工作。

这些年来，我们对经济工作比较重视，抓得也较得法，取得了举世公认的成绩。相比之下，对文化方面、精神方面、思想和教育方面就有些不足。比较突出的问题是社会风气不正、思想道德滑坡。有人说：照此下去，社会就会变成畸形，经济建设也会受到影响。文艺有娱乐、审美、认识和教育多种功能，属于文化精神方面的事业。在中国历史上，多数人特别是文化水平较低的人，他们的历史知识、思想观念主要是通过听书看戏获得。天下和静在民乐，社会的和谐、和睦、和静不能只靠管、卡、压，重要的是要捋顺群众情绪。多看文艺节目，能使受众高兴，并受到潜移默化的影响。所以，高明的、有远见的领导一定重视文艺工作。

《同河南省部分文艺工作者的谈话》（2012 年 5 月 25 日）

文艺界领导的肚量应该大一点。

我们的作家和艺术家绝大多数是好的，绝大多数作品是好的。有的作品如果只是小毛病，可以改一改。如果一棍子打下去，随便说这个作品是“坏的”，那就不仅否定了整个作品，而且会影响一大批人。解放后我们自己培养出来的很有名气的作家和艺术家为数不多，其中一个重要原因就是我们的肚量不够大，不能容人。像郭沫若、茅盾、曹禺、老舍等人，都是在解放前就已经出了名。我们自己培养的作家、艺术家，常常因为一些小问题就被否定。搞政治运动、“大批判”那一套，把人们都弄得战战兢兢，不敢有所创造和突破。创作的心态不正常，怎么可能写出好作品呢？历史上有许多名著，都是经过多次修改以后形成的，不经过不断地修改、不断地总结经验，一有问题就打死，就不可能有提高，也就不可能有好作品问世。所以，文艺界领导的肚量应该大一点。

《在广东省文艺出版界座谈会上的谈话要点》（1990 年 2 月 1 日）

搞得群众没书看、没戏看，就如同搞得群众没粮吃、没菜吃一样，这样的领导不能说是称职的。

检验文艺领导工作是否有成绩以及成绩大小，根本标准就是看健康的社会主义的文艺是否繁荣。如果一个地方、一个部门长期出不了优秀作品，出不了杰出人才，甚至搞得群众没书看、没戏看，就如同搞得群众没粮吃、没菜吃一样，这样的领导不能说是称职的，也是不会取得广大群众的拥护与支持的。

《关于弘扬民族优秀文化的若干问题——在全国文化艺术工作情况交流座谈会上的讲话》（1990 年 1 月 10 日）

领导要抓一点重头戏。

繁荣文艺有个领导上支持的问题，但作为革命的文艺工作者自己必须有股劲儿，努力创作出群众喜闻乐见、有生命力的东西去占领阵地。不能光是埋怨，寄希望领导下命令把坏东西赶走，把阵地留给自己。领导者的责任，一是出点子，二是抓本子，三是选人才，四是抓重头，抓一点重头戏，并使它能保留下来。

《在全国整顿清理书报刊及音像市场电话会议上的讲话》（1989年8月24日）

领导者应和文艺工作者保持密切的联系，经常听取他们的意见，防止简单粗暴地对待文艺家的艺术创造。

坚持“双百”方针，既是繁荣文艺的需要，也是弘扬民族文化的需要。这几年来一些外来文化形式，如芭蕾舞、交响乐和迪斯科等，已被许多人所喜爱，应当继续给予鼓励和扶持，使之更加健康蓬勃地发展。我们的民族文化本身就是万紫千红、丰富多彩的，是熔众多民族文化于一炉、汇各家精粹于一体的百花园。这是我们中华民族文化的特点和优势。我们要重视这个特点，发扬这个优势，放手开展创作竞赛和学术争鸣，使各兄弟民族的文化艺术在社会主义的大花园中奇葩竞放，争辉斗艳，各显风采。

实践证明，坚持“双百”方针，重要的是把握住以下几条：第一，要开展同志式的讨论和竞赛。在政治上不违背四项基本原则的前提下，各种风格、各个流派、各种观点，都允许存在，允许自由竞赛和自由讨论，允许批评也允许反批评，不打棍子，不扣帽子。要勇于坚持真理，勇于修正错误。这应当成为文艺工作的正常秩序。第二，要尊重实践，尊重群众。一切文艺作品的优劣要经过实践检验，由人民群众来评判是非，裁定高下，不能由少数人凭个人好恶、标准说了算。第三，要把握好为人民服务、为社会主义服务和百花齐放、百家争鸣的辩证关系。“二为”是我国文艺发展的总目标和方向，“双百”是实现“二为”的必由之路。二者紧密相连，不可分割，不能离开“双百”谈“二为”，也不能离开“二为”谈“双百”。第四，要尊重文艺的特点和规律。领导者应和文艺工作者保持密切的联系，经常听取他们的意见，防止简单粗暴地对待文艺家的艺术创造。

《关于弘扬民族优秀文化的若干问题——在全国文化艺术工作情况交流座谈会上的讲话》（1990 年 1 月 10 日）

以个人的好恶代替客观标准，或用一定历史时期形成的观念来衡量现在的问题，容易把已有的积极成果搞掉。

我们党办任何一件事情，历来强调讲究政策。但是，历史的经验值得注意。执行政策，一般说起来比较容易，真正做好很难。“扫黄”这件事，能不能搞好，达到预期目的，取决于搞准，即明确是非界限，严格执行政策。……要承认，长期封闭之后打开大门，进来的东西有好有坏，许多问题的发生，不是因为放得多了，而是在开放中放得不好，或该放的放得不够，不该放的放进来了。还要承认，由于长期封闭，人们在判断是非优劣时，常常受到个人思想、观念、习惯的影响，以个人的好恶代替客观标准，或用一定历史时期形成的观念来衡量现在的问题，容易把已有的积极成果搞掉。所以，要特别强调把问题搞准。

《在全国整顿清理书报刊及音像市场电话会议上的讲话》
（1989 年 8 月 24 日）

上边不宜说得太细，太细了就不准了，就没有普遍意义了。

总体来说，第一要认清形势，形势很好。第二要明确任务，任务繁重。第三要总结经验，两手抓、抓两面。我觉得大的精神已经有了，再往下讲就不是我们的事了。演戏去问演员吧，写小说找作家吧，话剧就找英若诚[①]同志吧，他们会比我说得清楚。上边不宜说得太细，太细了就不准了，就没有普遍意义了。

《接见全国整顿清理文化市场工作会议代表时的谈话》
（1989 年 8 月 26 日）

---

① 著名表演艺术家、翻译家、话剧导演，曾任文化部副部长。

现在文艺体制的弊端，我看可以概括为三个字，就是“死、懒、穷”。

现在文艺体制的弊端，我看可以概括为三个字，就是“死、懒、穷”。所谓“死”，就是上面统得过多，管得过死，下面没有活力，而是搞得很死；所谓“懒”，就是吃“大锅饭”，搞平均主义，不是奖勤罚懒，而是把一些人养懒；所谓“穷”，就是事业发展不起来，经济效益上不去，国家没有多得，个人没有多分，而是搞穷了。长期以来这已经形成了一种恶性循环，越穷就管得越死，管得越死就越懒，越懒就越穷。

《齐心合力　繁荣文艺——在天津市委、市政府召开的文艺创作座谈会上的讲话》(1986 年 6 月 28 日)

戏剧、院团经费困难，原因多种多样，但主要是领导对文艺的认识问题。

就全国来讲，戏剧、院团经费都比较困难，困难原因多种多样。但我认为，除了剧团结构布局不尽合理、历史包袱太重以及体制、机制等原因外，主要的还是政府拨款不足。当然政府有政府的困难，但我认为主要是政府领导对文艺的认识问题。我们许多权威文件都讲过，发展经济的目的就是为了“满足人民群众日益增长的物质和文化生活需要”。就是说，人民群众生活不仅是指物质方面，还包括文化方面。文艺无疑是人民群众文化生活的内容。人民群众要求有一定数量的剧团，经常为他们演戏，这是理所当然的。富而思文，富而思乐！这种要求随着物质生活的提高会越来越高。所以，关心演戏也就是关心群众生活。按此说法，我们的投入是多了吗？纳税人要求政府为他们多演戏、演好戏，不应该吗？我们国家钱多了，物质生活也提高多了，若干花钱项目出手也大方多了，为什么对这项有关民生的事业却精打细算呢？所以我说是认识问题。

《同河南省部分文艺工作者的谈话》（2012 年 5 月 25 日）

戏演得多、演得好，看戏的人都高兴，那么，这个政策就是正确的；反之就是错误的。

看了你们的演出，听了演员讲话，非常高兴。一个剧团一年演 200 多场戏，而且是到农村、基层单位，这在全国也是少有的。演出多了，群众看戏的也一定多了，你们收入也会多了，这样，演员辛苦多了。可是，从你们的精神状态上看，并没有觉得苦，而是很乐。据我所知，演员不怕演戏辛苦，而是怕没机会演戏。一个方针政策包括领导的指示，是好是差，是正确还是错误，这不能靠领导者自己说，也不能只听某些专讨好领导的媒体说，主要是看结果。如果在农村，就要看农民高不高兴、粮食比以前多不多；在剧团，主要看戏演得好不好、多不多，看戏的人多不多。戏演得多、演得好，看戏的人都高兴，那么，这个政策就是正确的；反之就是错误的。这就是实践检验真理、检验是非。

《同河南省部分文艺工作者的谈话》（2012 年 5 月 25 日）

老一辈文艺工作者应当把主要精力用在发现人才、培养新人上。

在培养人才这个问题上，各有关方面都应该尽心竭力，充分发挥自己的作用。比如，各文艺院校要加快教育改革的步伐，努力提高教育质量，并充分挖掘潜力，把提高中青年艺术人员水平的任务担当起来。现在，文艺院校的招生办法以及教学内容和教学方法有很多不够科学的地方。招考学生不看有无艺术成才的条件，而是单纯看分数线，来个“武大郎”，门门都是一百分，能成为舞蹈表演家吗？学习的内容和普通学校一样，数理化等各科平均使用力量，有些课程学了用不上，有些需要的又不着重去学，这就脱离了培养艺术人才的实际，对此必须进行改革。要注意选拔适合艺术特点需要的好苗子，要适当增加与专业有直接关系的学习内容，如学戏剧的要多学些历史知识、文学知识等。再比如，各个新闻单位和编辑、出版部门，要有组织、有计划地推荐、宣传文艺新人，今后我们要在编辑部门和各宣传单位中，专门设立个“伯乐奖”，鼓励大家努力发现人才，精心培育人才。这里需要特别强调的是，在培养人才方面，老作家、老艺术家担负着十分重大的责任。我们经常讲，“能者知能，贤者知贤”，“一流之人，能识一流之善；二流之人，能识二流之善”。能不能发现人才，发现什么层次的人才，与人才发现者本身的德才情况是直接相关的。我们的老作家、老演员，有着几十年的经验，有着精湛的创作和表演水平，天津文艺界能否出现更多的高水平的人才，在很大程度上将取决于我们文艺界的老一辈。还应该看到，老一辈艺术家要永葆艺术的青春，在群众中留下美好的艺术形象，不能靠永远占据舞台。老态龙钟、勉为其难，只能有损于自己美好的形象。老一辈文艺工作者应当把主要精力用在发现人才、培养新人上，在一代胜似一代的青年演员身上，使自己的艺术流芳百世，永放光辉。我希望大家都要把培养一代新人作为自己的主要任务，争取在这方面作出应有的贡献。

《齐心合力　繁荣文艺——在天津市委、市政府召开的文艺创作座谈会上的讲话》(1986年6月28日)

要注意经常接触新冒出来的人才，更要十分注意了解尚未冒出来的“潜人才”。

要使一批新人源源不断地涌现出来，首先是各级领导要树立起新的人才观，做发现人才的有心人。我们有相当多的同志在这方面是有差距的。在几个座谈会上，有些文艺团体的领导口口声声喊叫“缺人才”，提出一大堆要人、增人的理由。但一动真的，让他提出名单时，他又说不上几个人来。我看过这样一段历史记载，清朝大臣林则徐，每到一处首先了解、探寻当地有些什么人才，让人记录下来。遇到什么问题，需要请什么人来解决，甚为方便。这种精神是值得我们借鉴的。根据文艺界的特点，我们要注意经常接触新冒出来的人才。更要十分注意了解尚未冒出来的“潜人才”，也就是那些尚未得到社会承认的人才。这样的人，最需要领导慧眼相识，加以重用，使之脱颖而出。有一首唐诗大家都很熟悉，叫做“诗家清景在新春，绿柳才黄半未匀，若待上林花似锦，出门俱是看花人”。这里以“花”喻人，说明对于领导来说，要善于在“绿柳才黄”之际，识别、发现新冒出的脱颖人才。如果等到“上林花似锦”，人才都出了名，到处一片肯定、赞扬之声，再去“发现”，也就没有多少意义了。我讲这段话的意思，是想说这样一个问题：人才是有的，关键是我们的各级领导要做发现人才的有心人。

《齐心合力　繁荣文艺——在天津市委、市政府召开的文艺创作座谈会上的讲话》(1986 年 6 月 28 日)

62. 文艺的根本目的就是最大限度地满足广大群众的精神生活需要。

究竟应该怎样认识文艺的目的，也就是说，如何理解文艺要为人民服务、为社会主义服务的方向？我认为，文艺的根本目的应该是最大限度地满足广大群众精神生活的需要。说得更明白一些，我不同意只是把文艺作为教育群众的一种手段的看法。文艺应该是通过其特有形式，千方百计地提高和丰富人民群众的精神生活，为他们提供美的享受。

如果说物质生产的最终目的，是要使人民群众尽快地富起来，得到更多的物质享受，那么，艺术生产的最终目的，便应当是驱除人民群众精神上的“饥渴”，使他们在精神上极大地“富有”起来，得到更多的美的享受。毫无疑问，文艺作为思想战线的一个重要组成部分，有着教育群众的作用。但如果把根本目的仅仅理解为“教育”，而忽视给群众美的享受，实际上是否认文艺是人民生活的内容，因而也就违背了全心全意为人民服务的宗旨。

对于这样理解文学艺术的根本目的，有些同志会提出异议，认为这违背了传统说法。有不同意见当然可以研究、讨论，但不能把凡是不符合传统的说法和做法，一律视为异端。我们有个老毛病，往往认为祖宗说过的不能改，祖宗没说的不能做，一切以祖宗的是非为是非，即所谓“天不变，道亦不变”。这种毛病，禁锢了人们的思想，窒息了民主与科学，是中国社会前进的巨大障碍。

《齐心合力　繁荣文艺——在天津市委、市政府召开的文艺创作座谈会上的讲话》（1986 年 6 月 28 日）

文艺是人民生活的一个部分。

文艺是人民生活的一个部分。人民生活有两个方面，一是物质生活，一是精神生活，文艺、文化属于人民精神生活。我们常讲，要在建设四化的过程中，随着生产的发展，逐步改善人民的生活。这个生活就包括着人民的精神生活。古人讲“富而思文，富而思乐”。人民吃饱了，生活好了，对文化生活的要求就更强烈。兵荒马乱时期，很难谈上发展文艺、发展文化，许多文物没有人要，不值钱。不是讲一块金子不如一块面包，饿了还是先要面包吗！60 年代自然灾害时期，那时人们眼睛盯着的是这个月有几两肉，过节是否能多发二两补助油票，盘算着几尺布票怎么用，对文艺的要求没有多大劲。人民的温饱问题基本解决之后，就不满足于仅仅有物质生活了。我们现代化建设的战略目标，除了物质文明建设，还有精神文明建设。也就是我们常说的，两个文明一起抓、两个成果全得要。以此而论，能不能搞好文化工作就成了一个关心不关心人民生活的问题、战略目标明确不明确的问题。

《同中办调研室部分工作人员的谈话》（1989 年 8 月 20 日）

发展艺术的目的是为人民，发展艺术的动力要靠人民。

文化工作的主要任务就是满足人民日益增长的文化需要。如果人民群众肚子吃饱了，身上穿暖了，但精神生活处于饥饿状态，我们的社会就是一个畸形发展的社会。应当说，这些年来，广大文化工作者坚持“为人民服务、为社会主义服务”的方向，辛勤劳动，创作了一大批优秀的作品，取得了喜人的成绩。但也应看到，与物质生产的繁荣相比，与伟大的时代相比，与人民群众的要求相比，我们的文化工作还不相适应。发展艺术的目的是为人民，发展艺术的动力要靠人民。古今中外历史都证明，凡是异时共存、异地共赏的传世之作，都是植根于人民群众之中，都为人民群众所喜闻乐见。因此，我们的文化工作者要眼睛向下，深入实际，了解群众的需求，吸取创作的营养，接受群众的评判。物质生产要搞市场调查，讲适销对路，文化生产也应当经常听取服务对象的意见。希望文化工作者牢固树立群众观点，生产出群众喜闻乐见、健康有益的精神产品；希望文化工作者解放思想，潜心创作，生产出内行外行都称道、今人后人都叫好、国内国外都欢迎的佳作；也希望在这一过程中涌现出不愧伟大时代的杰出艺术家。

《在第五届中国艺术节组委会第二次会议上的讲话》

（1997 年 10 月 25 日）

存在变了，任务变了，文艺的方针也必须相应地调整。

在革命战争年代，国土沦丧，中华民族处于危急存亡之秋，人民生活于水深火热之中，那时候把政治斗争摆在突出的头等的地位，要求文艺直接配合抗日救亡和打倒蒋介石、建立新中国的革命斗争，这是完全必要的、正确的。革命战争年代的文艺在中国共产党的领导下，也确实发挥了团结人民、打击敌人的作用。今天，我们已经进入社会主义现代化建设新的历史时期，肩负的历史重任是建设高度文明、高度民主的社会主义现代化国家，我们的人民安居乐业，文化素养不断提高。存在变了，任务变了，文艺的方针也必须相应地调整。在政治领域，我们废除了“以阶级斗争为纲”的口号；在经济领域，我们突破了许许多多过去被视为不能改变的原则，使我们进入了政治上空前安定团结、经济上空前活跃昌盛的时期。我相信，根据马克思主义的基本原理和客观形势的发展，摒弃那些与现实不很适合的观点，把文艺理论推向前进，我们的文学艺术也一定会更加兴旺繁荣。

《齐心合力　繁荣文艺——在天津市委、市政府召开的文艺创作座谈会上的讲话》(1986 年 6 月 28 日)

文艺的繁荣单靠抓“扫黄”抓不出来。

在整个现代化建设和改革开放的过程中，大力加强社会主义精神文明建设是一个极为重要而亟待解决的课题，是一项长期而艰巨的任务。我讲过，要一手抓“扫黄”，一手抓繁荣文艺和活跃群众文化生活。这个方针必须坚定不移。文艺的繁荣单靠抓“扫黄”抓不出来。任何国家文艺的繁荣，都要靠发展健康的、优秀的文艺创作和演出活动，用健康的、优秀的文艺作品和文化活动占领阵地，使“黄色”的低级庸俗的东西没有市场。所以，彻底地解决“扫黄”问题，从根本上说必须用健康的群众喜闻乐见的东西来占领思想文化阵地，满足群众多层次、多方面的文化生活需要。繁荣社会主义文艺是一篇大文章，这次会议不可能专门展开研究，但这是个非常重要的问题，非下硬功夫解决好不可。

《同广东省文艺工作者座谈时的插话》(1989 年 9 月 11 日)

“扫黄”，要分清了再扫，而不能扫完了再分，更不能不加分析地横扫一气。

“扫黄”是件很得人心的事情，中央下决心要抓出成效来，各省市都要下功夫抓好这件事。“黄色”出版物的泛滥，既是资产阶级自由化泛滥的结果，又对资产阶级自由化泛滥起了推波助澜的作用，所以“扫黄”是反对资产阶级自由化的一个组成部分。同时，要严格掌握政策。这是一件难度不小的事。文学作品里边，一般总有一点爱情描写，甚至在一些有深刻思想的书里边，也会有些爱情描写，不能把这些东西都叫“黄”的东西。我们不能以个人好恶为标准，也不能以多年来在封闭中形成的旧观念、封建的传统伦理为标准。要分清了再扫，而不能扫完了再分，更不能不加分析地横扫一气。这就需要下很大功夫，一开始就搞得很细致，防止误伤好人。

《考察山西时的谈话要点》(1989 年 8 月 11—18 日)

富而思文、富而思乐。

广大群众对精神生活多层次多方面的需求，也迫切需要文学艺术事业有一个更大的繁荣和发展。富而思文、富而思乐，这是一条必然的规律。现在，人们安居乐业，生活情趣相当广泛，再加上电视等传播手段的广泛应用，群众的眼界开阔多了，成了世界艺术的公民，对文艺的要求越来越高，选择性越来越强。人们不但希望通过文艺生活受到思想启迪，同时，还要得到艺术的熏陶、美的享受。而在这方面，我们确实存在着很大的差距。正像有些同志所讲的：现在，一面讲文艺创作大丰收，另一面又存在群众欣赏闹饥荒。为什么许多文艺刊物的发行量寥寥无几？为什么外国电视系列片占据着我们的电视屏幕？为什么群众观看电影或其他演出往往是高兴而来败兴而归？原因可能是多方面的，但有一点可以肯定，目前的文学作品和艺术表演还不能满足广大群众多层次多方面的需要。就拿京剧来讲，并不是群众不喜爱，而是我们的艺术质量太差，为什么张派艺术在津展演时，场场爆满，全市出现了一股京剧热？为什么一部《四世同堂》、一部《新星》把男女老少都吸引到电视机旁，而有些电影、电视却无人问津？这说明人们的欣赏水平高了，对那些质量低下的作品和表演不再买账。文艺界应该看到这种趋势，认真地思考一下自己的工作。如果我们对群众的热望采取冷淡的态度或置之不理，那么群众对文艺也只会报以冷淡。1984 年讲话时，我曾经就这个问题“为民请命”，今天，我想再一次“为民请命”，希望早日看到文学艺术大繁荣的局面，有更多“曲高和众”的作品和表演，以满足广大群众新的需求。

《齐心合力　繁荣文艺——在天津市委、市政府召开的文艺创作座谈会上的讲话》（1986 年 6 月 28 日）

文艺工作者只有树立起高度的社会责任感，才能在创作中真正得到自由；也只有实现创作自由，广大文艺工作者才能更好地履行社会使命。

任何一个人，他生活在社会之中，就对社会负有一定的责任，既有权利也有义务，以严肃的态度对待自己神圣职业的作家、艺术家，更应该对千百万读者和观众负责，对时代负责，对历史负责。另一方面，我们有些同志也讲要宽松，要允许“创作自由”，但他们的宽松是有保留的，是带有好多附加条件的。有的作家打比喻说：“好像借给人家十块钱，又限定可买什么不可买什么一样。”这些同志往往把创作自由同文艺工作者的社会责任对立起来，仿佛二者不可兼得。其实，为文艺工作者创造宽松的环境和文艺工作者提高社会责任感是统一的，既不能对立，也不能割裂。列宁有一段很精彩的话：无产阶级的创作自由，不仅是摆脱了警察的压迫，而且摆脱了资本，摆脱了名位主义，甚至也摆脱了资产阶级无政府主义的个人主义。文艺工作者只有树立起高度的社会责任感，才能在创作中真正得到自由，也只有实现创作自由，广大文艺工作者才能更好地履行社会使命。

《齐心合力　繁荣文艺——在天津市委、市政府召开的文艺创作座谈会上的讲话》(1986 年 6 月 28 日)

衡量一个文艺工作者，最主要的是看他能否创作出更多的广大群众所欢迎的文学艺术作品。

对文艺界的同志我主张既要严格要求，又不能求全责备。我多次讲过，人人都有长处，都有短处；都有优点，都有缺点。有时短是长的原因，长是短的结果。看人首先是看长处，看优点，在发挥其长处、优点的过程中去帮助他克服短处和缺点，而不是首先抠人家的缺点，把人制住。古人讲“水至清则无鱼，人至察则无徒……举大德，赦小过，无求备于一人之义也”。衡量一个文艺工作者，最主要的是看他是不是热心于文艺事业，能否创作出更多的广大群众所欢迎的文学艺术作品，对其他方面不应过分苛求。尤其是对个人志趣、爱好以及性格和日常生活中的一些小毛病，没有必要去过多地干预和指责。而现在仍有不少单位过于注重生活小节，限制了冒尖人才的选拔和成长，使一些人变得谨小慎微、平平庸庸。还有一个值得注意的问题，就是不少单位主要演员入党要比其他人难得多，往往是抓住一些小事不放，甚至因为是出名演员，就另立入党标准。只有切实纠正了这种求全责备的错误做法，才能把人们的注意力引导到干事业上来，人们才能心情舒畅，充分发挥各自的聪明才智。

《齐心合力　繁荣文艺——在天津市委、市政府召开的文艺创作座谈会上的讲话》（1986 年 6 月 28 日）

不能简单地以是否在国外获奖来评价我们的文艺作品。

这几年，文艺界强调文艺要“面向世界”、“走向世界”，对此要作具体分析。有一些艺术形式，因为世界上的评价标准差不多，比如杂技、武术、声乐和芭蕾舞等，可以这样说；有一些艺术形式，因为受不同民族传统和社会意识形态的影响，缺乏共同的评价标准，因而不能这样说。所以，我们不能简单地以是否在国外获奖来评价我们的文艺作品。我们的文化的主体，是中华民族的文化，是社会主义的文化，应该面向中国，为中国人民服务。一般地说，在中国普遍受到欢迎的艺术作品，也会受到世界人民的欢迎。

《在广东省文艺出版界座谈会上的谈话要点》（1990年2月1日）

使每一个文艺作品首先是艺术品，而不能首先是“宣传品”。

既然社会主义文艺的根本目的是最大限度地满足广大群众精神生活的需要，那么对文艺的功能也应该做更加全面、更加广泛、更加准确的理解。一是在文艺的教育、认识、审美和娱乐这四项功能中，对长期忽视的认识作用、审美作用、特别是娱乐作用要适当地加以强调和突出。也就是说，整个文艺工作要注重扩大人们的生活视野，增长人们多方面的知识，提高人们观察生活、认识生活的能力，帮助人们树立起科学的世界观；注重歌颂一切真、善、美的东西，反对一切假、恶、丑的东西，从而使人们得到美的享受、得到娱乐，进而陶冶人们的情操，培养人们健康的审美观念。按照这个要求，艺术生产必须强调丰富多彩，不拘一格。在政治上有益无害的可以，在政治上所谓无益无害艺术上好的也可以。有教育意义的可以，所谓教育意义不大，但可以给人以美的享受的也可以。二是要强调文艺的教育、认识作用一定要通过审美作用、娱乐作用来实现。文艺不同于其他意识形态，它的教育、认识作用，只有在作品和表演具有强烈感染力的前提下，才能收到积极的效果。作品只有在满足人们艺术享受的过程中，才能启人心智，给人以教育。这就是我们平时所说的“寓教于乐”，潜移默化。离开了娱乐功能，其他功能都无从谈起。欣赏文艺，属于满足人们的精神生活，首先应该让人们在精神上得到享受和满足，当然应该是健康、有益的享受和满足。只要无害，大家看了高兴，就可以算实现了文艺的功能，在这个意义上讲，无害就是有益。我们应该努力克服那种内容浅薄、公式化、雷同化以及图解政策、跟着口号跑的现象，再不要搞那种没有艺术力量的所谓“标语口号式”的文艺作品，使每一个文艺作品首先是艺术品，而不能首先是“宣传品”。新的历史时期，全党的总任务总目标是发展社会生产力，实现四个现代化。而我们的人民通过文学艺术给予的享受，使精神生活得到提高和满足，就会心情舒畅，情绪饱满。这就有利于安定团结，有利于社会生产力的发展，有利于国家的繁荣富强和人民的富裕文明。如果讲政治，我认为这就是最大的政治。

《齐心合力　繁荣文艺——在天津市委、市政府召开的文艺创作座谈会上的讲话》（1986 年 6 月 28 日）

群众需要引导，但绝大多数群众喜欢，就不能简单地否定。

宣传部的同志反映，某省的音乐团在体育馆的演出应该停演。我悄悄去看了看。给我的突出印象，一是没有多高的艺术水平，但也谈不上是精神污染；二是观众真欢迎，台上台下一片欢腾，黑票卖到几十元。我们搞文艺的要不要研究这种现象？我向宣传口的同志提了一个问题，你说他们不好你们的好，那你们为什么卖不出票去？不是说物质的东西用物质去战胜，精神的东西用精神去战胜？你们应该有这个志气，用更好的东西去占领舞台。寄希望政府下令把他们赶走，是不是说明你们无能？你们认为他们迎合了群众，这个现象什么时候都有。群众需要引导，这话也没错，但绝大多数群众喜欢，就不能简单地否定。

《在天津音乐舞蹈创作座谈会上的插话》(1986 年 5 月 9 日)

文艺的革命化、民族化、大众化是不可分割的。

民族的文艺是最易于普及的文艺，因而也是大众的文艺。正是从这个意义上讲，文艺的革命化、民族化、大众化是不可分割的。民族化和大众化有着天然的联系。要重视并组织好群众性的自娱自乐文化活动，因为群众既是我们的服务对象，又是弘扬民族文化的动力。他们自编自演、自拉自唱，既是演员又是观众，既活跃了文化生活，配合了生产和工作，又能产生出很多好作品，培养出很多艺术人才；既推动了民族文化的普及，又为民族文化的提高提供了土壤。与此同时，人民群众对民族文化的需求，也一定会在普及的基础上不断提高。整个社会对民族文化的鉴赏水平提高了，必然会提出更高的要求，推动民族文化向前发展。好比懂戏的人多，唱戏的就难唱了，非得提高自己的表演水平不可。我们相信，随着弘扬民族文化活动的普及和深入，广大人民群众必将为我们民族文化的艺术宝库增添新的光彩，必将有许许多多新的创造。

《就起草〈关于弘扬民族优秀文化的若干问题〉同身边工作人员的谈话》（1990 年 1 月 2 日）

63. 既要突出主旋律，又要坚持多样化。

我们的电影创作，应当高举爱国主义、集体主义、社会主义的旗帜，提倡一切有利于现代化建设和改革开放的优秀之作，提倡一切有利于激发人们奋发图强、开拓创新、积极进取的优秀之作，提倡一切有利于陶冶人们道德情操的优秀之作。这应当成为我国文艺创作的主旋律。这样的主旋律和多样化不是对立的，而是统一的。体现这种主旋律的电影，其主题、题材、形式、风格必须多样化。政治性不那么强，但内容健康的影片，如表现勤劳俭朴、诚实守信、尊老爱幼，以及良好的家庭伦理关系、文明的人际关系等等的影片，也可以适当多拍一点。至于形式、风格和流派，更可以争奇斗艳。总之，既要突出主旋律，又要坚持多样化。只有坚持多样化，才能更好地表现主旋律。

《同全国故事片创作会议代表座谈时的讲话》(1990 年 2 月 20 日)

文艺要满足人们的不同需要。正像有的人想吃辣椒就买辣椒，想吃西红柿就去买西红柿一样。

要继续坚持文艺为人民服务、为社会主义服务的方向和百花齐放、百家争鸣的方针。在不违背四项基本原则的前提下，要允许各种不同风格、流派的文艺作品存在和发展，以满足人们的不同需要，正像有的人想吃辣椒就买辣椒，想吃西红柿就去买西红柿一样。决不能以个人的好恶和欣赏兴趣的不同，就随意否定一部文艺作品或一种艺术形式。

《同天津市新闻、文艺、出版工作者座谈时的插话》
(1989年10月7日)

有害的东西必须清除，有益的东西必须保护，益大害小的要修改，即使无益但也无害的东西也未必去反对。

这几年我们的文艺是有成绩的，活跃多了。当然，我们的文艺也有毛病，进步得不算快，与当前的形势不大适应，个别的还有不健康的东西。正因为如此，才提出要坚持“双百”方针，反对自由化的倾向。现在，一些人对文艺节目、电影、电视的批评，多数是很中肯的，应当认真吸取他们的意见，但有的也不正确。比如有人坚决反对文艺节目中有恋爱的内容，认为这是污染、毒草。当然，把所有的节目都加上恋爱的内容，或者表现得不适当，这确实不好，但如果说中国的文艺就是不能表现恋爱，也不合适。假如我们做这样一个规定，文艺节目中只许男的和男的在一起，女的和女的在一起，男的都是“少林寺”，女的都是“尼姑庵”，那将是历史性的大笑话。鉴别文艺作品好坏是一件很复杂的事，起码它比物质的产品难得多。尤其要注重的是，不能以个人的好恶为标准。比如我好打球，不会跳舞，就反对跳舞，行吗？说跳舞出事，吃饭不也出事吗？有害的东西必须清除，有益的东西必须保护，益大害小的要修改，即使无益但也无害的东西也未必去反对，绝不能以反自由化为名，以个人好恶为标准，把几年来很不容易得来的好东西搞掉。

《与天津大学学生的对话》(1985 年 10 月 23 日)

离开“二为”谈“双百”，就会迷失方向；不坚持“双百”，繁荣电影、繁荣文艺就会成为一句空话，最后也实现不了“二为”。

“为人民服务、为社会主义服务”是我国社会主义文艺创作的根本方向，决不允许动摇。“百花齐放、百家争鸣”是促进艺术发展和科学进步的方针，是促进我国社会主义文化繁荣的方针，必须坚定不移地贯彻执行。我们一定要全面、准确地理解“二为”与“双百”的关系。“二为”和“双百”是统一的，不要把它们对立起来、割裂开来。离开“二为”谈“双百”，就会迷失方向；不坚持“双百”，繁荣电影、繁荣文艺就会成为一句空话，最后也实现不了“二为”。作为我们这样一个社会主义国家的电影工作者，毫无疑问应该力求更好地反映我国的现实生活，更好地为实现现代化的目标服务。这种反映和服务，有许多应该是也能够是直接的，但不可能都是直接的。前几年有一种倾向，就是把邓小平同志关于“不是要求文学艺术从属于临时的、具体的、直接的政治任务”① 这个著名论点，理解为文艺离政治越远越好。这种理解显然是错误的。我们不赞成简单地要求文艺作品都直接地反映政治，用文艺作品来图解政治、图解政策，但绝不是认为文艺可以根本脱离政治。文艺不从属于临时的、具体的、直接的政治任务的思想，作为邓小平同志文艺思想的重要组成部分，有区别于过去对文艺和政治关系褊狭理解的含义，也有现实的针对性和目的性。在无产阶级取得政权以前，我们党的中心任务是武装夺取政权，党的文艺工作作为革命事业的一个部分，必须从属于革命斗争的需要。在无产阶级取得政权之后，我们党要领导经济建设和文化建设，以满足广大人民群众日益增长的物质和精神生活的需要。电影作为大众化的艺术，无疑应当是党的宣传教育工作的一种重要手段，但与此同时，它也无疑是群众精神生活的一个组成部分，是党和政府关心、提高群众生活所作努力的组成部分。因此，研究繁荣文艺、繁荣电影，应当考虑到广大群众多方面、多层次的文化生活的需要。

《同全国故事片创作会议代表座谈时的讲话》（1990 年 2 月 20 日）

既要坚决彻底地扫掉乌七八糟的东西，又要把握好政策界限，促进健康文艺的繁荣发展。

当前，宣传、思想工作的一件大事是“扫黄”。怎样做到既

① 《邓小平文选》，2 版，第 2 卷，213 页，北京，人民出版社，1994。

坚决地、毫不含糊地、大张旗鼓地把那些确属污染社会、毒害人民的东西扫掉，又把人民的文化生活活跃起来，这是一个大题目。“扫黄”，一开会，一动员，可能很快就会形成声势，没有必要的声势也不行。问题在于一扫起来，稍不注意，就可能过头，界限就可能分不清了。而一旦出现这种情况，就会遭到社会的非议，形成阻力，就可能造成欲进不能的局面。当然，给疮伤开刀，不碰着一点点好肉也不可能。但是，掌握这两者之间的界限，毕竟是重要的。上次反对精神污染之所以半途而废，领导不坚决、抓得不切实是一方面原因，同时还有一方面原因，就是有的界限没有搞准，有的地方侵犯了人家的个人爱好和生活，结果授人以柄。因此，我们既要坚决彻底地扫掉乌七八糟的东西，又要把握好政策界限，促进健康文艺的繁荣发展。国庆节前既要集中力量“扫黄”，又要努力把文化生活活跃起来。

《在听取文化部汇报时的插话》（1989 年 8 月 9 日）

农业部门不出粮食，就叫做工作甚差；电影部门不能出好电影，也叫做工作不好。

如同农业部门，所做的一切归根结底是为了多产粮食，保证有饭吃。农业部门不出粮食，就叫做工作甚差；电影部门不能出好电影，也叫做工作不好。我有两个担心，第一是在反对资产阶级自由化的斗争中，文艺界包括电影界在内，态度不坚决，不认真总结经验教训，今后还会出问题；第二是在强调批判资产阶级自由化，强调“二为”方向的时候，忽视“双百”方针的贯彻，把文艺搞得冷冷清清。群众迫切希望有更多的好电影，电影少了，不好了，他就要骂街。这个要求是很现实的，也是很合理的。

《同全国故事片创作会议代表座谈时的讲话》（1990 年 2 月 20 日）

四项基本原则作为一个历史时期重大的政治原则，应该从总体上去认识、去把握，而不能把对现实生活的某些批评指责为违背四项基本原则。

在新的历史时期，文艺的政治标准是十分明确的，就是要统一到党的四项基本原则上来。四项基本原则是我国宪法规定的社会生活各个领域都必须遵循的原则，文艺当然也不能例外，问题在于如何正确坚持、正确遵循。四项基本原则作为重大的政治原则，应该从总体上去认识、去把握，而不能要求文艺作品简单地去图解，也不能用来直接地规范具体的艺术创作，更不能把对现实生活的某些批评指责为违背四项基本原则。我们有些同志或者是以个人的好恶，或者是从个人利害出发，对某些作品和作者轻率地批评和指责，这是另立政治标准来代替四项基本原则。

在坚持四项基本原则的前提下，如何使作家、艺术家更加注重艺术标准，集中精力创作出具有较高艺术质量的文艺精品，是文艺工作应该注意解决的问题。我们提倡表现四化建设和改革，反映时代、反映现实生活的主旋律，目前这方面的作品确实是太少了，但我们也不能强求作家、艺术家都必须去写这类题材的作品。广大作家、艺术家，可以从时代发展和人民需要出发，选择各自熟悉的领域和擅长的表现手法去创作文艺作品。既可以写直接反映四化和改革的作品，也可以写间接反映四化和改革的作品；既可以写反映现实生活的作品，也可以用新的手法、从新的角度写反映我们中华民族伟大历史的作品；喜欢写现实的写现实，喜欢写历史的写历史，喜欢写人生的写人生，喜欢在伦理上作些新的探求的也可以大胆探求，写一些有较大社会容量，能够异时共存、异地共赏的文艺作品，比如刻画人的诚实与虚伪、艰苦与奢侈、勇敢与怯弱、进步与保守、勤奋与懒惰，等等。总之，只要不违背四项基本原则，各种题材、各种风格、各种表现手法都应该允许，这样才能真正做到百花齐放，才能真正克服题材狭窄、风格单调、公式化、概念化等弊端。

《齐心合力　繁荣文艺——在天津市委、市政府召开的文艺创作座谈会上的讲话》（1986 年 6 月 28 日）

四项基本原则是我们的立国之本，我们决不能违背。但我们决不能要求一切作品都直接为四项基本原则服务。

现在，文艺“为人民服务、为社会主义服务”的道路是十分广阔的。广大作家、艺术家可以从时代的发展和人民的需要出发，选择各自熟悉和擅长的文艺题材与样式，既可以写直接反映四化建设和改革开放的作品，也可以写间接反映四化建设和改革开放的作品；既可以写现实生活的作品，也可以以新的手法、新的角度写反映我们中华民族伟大历史的作品。喜欢写现实的写现实，喜欢写历史的写历史，喜欢写人生的写人生，喜欢在伦理道德上作些探求的，也可以探求。总之，只要不违犯宪法和法律，不违反四项基本原则，不宣传“黄色”的东西和鼓吹封建迷信，各种题材、各种风格、各种表现手法都应允许存在。四项基本原则是我们的立国之本，我们决不能违背。但我们决不能要求一切作品都直接为四项基本原则服务。否则，一定会搞得很单调，一定会造成对历史文化的虚无主义。

《同全国故事片创作会议代表座谈时的讲话》（1990 年 2 月 20 日）

只要不违背四项基本原则的戏就可以演，而不是说必须以坚持四项基本原则为前提才能演。

我认为，只要不违背四项基本原则的戏就可以演，而不是说必须以坚持四项基本原则为前提才能演。国画的花鸟、山水，戏曲的“钟馗打鬼”、《四郎探母》，怎么坚持呀？但它们不违背四项基本原则。

《同天津市新闻、文艺、出版工作者座谈时的插话》（1989 年 10 月 7 日）

要正确理解文艺的社会效益，强调社会效益为文艺开辟十分广阔的天地，而绝不应当成为束缚作家、艺术家创作手脚的框框。

在衡量文艺标准方面，还有个很重要的问题，就是要正确理解文艺的社会效益。去年，邓小平同志在全国党的代表会议上提出：思想、文化、教育、卫生部门，都要以社会效益为最高准则。这个要求是完全正确的，而且在实际生活中产生了重大影响。有些同志把文艺的社会效益仅仅局限于某种单一的政治效益，并以此作为标准来衡量文艺作品的价值，这显然是片面的。文艺的社会效益是一个非常宽泛的概念。给人以思想启发和人生思考，具有社会效益；使人赏心悦目，增添生活情趣，也有社会效益；帮助人们开阔眼界，增长知识，“多识鱼虫草木之名”，同样也具有社会效益。歌颂四化建设的新成就，宣传改革、开放的新步伐，介绍人民如何奋勇建设自己的新生活，使人们受到鼓舞，增长信心与干劲，具有社会效益；反映工作中的矛盾，揭露生活中的阴暗面，指出前进中的困难，唤起人们的警觉，激励人们同困难和邪恶现象作斗争，同样具有社会效益。一句话，一切能够提高和满足人民群众文化生活需要的艺术创作，都能产生这样那样的程度不同的社会效益，都应当允许存在、发展。强调社会效益为文艺开辟十分广阔的天地，而绝不应当成为束缚作家、艺术家创作手脚的框框。

《齐心合力　繁荣文艺——在天津市委、市政府召开的文艺创作座谈会上的讲话》（1986 年 6 月 28 日）

必须重视文艺的社会效益，争取社会效益同经济效益的统一。

我们必须重视文艺的社会效益，争取社会效益同经济效益的统一。根本不讲经济效益，是不对的，这样也不利于文艺事业、电影事业的发展。我们的主张是：第一，力求社会效益同经济效益的统一；第二，在首先考虑社会效益的同时，尽量提高经济效益；第三，当社会效益同经济效益发生矛盾的时候，要服从社会效益。一些好的影片，像《开国大典》、《喜盈门》等，很受群众欢迎，社会效益和经济效益都很好。这说明两个效益是可以统一起来的。但也必须承认，有些片子思想倾向较好，但票房价值不高；有些片子思想倾向并不好，却很有观众。两个效益的关系比较复杂，不能简单化。国家要从经济政策上鼓励和支持两个效益结合得好的作品和社会效益好而经济效益差一些的作品。

《同全国故事片创作会议代表座谈时的讲话》(1990 年 2 月 20 日)

对我们主张出的、号召出的书，要在政策上给予支持和帮助。

要找一条出版社能生存下来的路子，采取一个倾斜政策。对我们主张出的、号召出的书，要在政策上给予支持和帮助，或者补贴，或者免税，而对于不主张出的书，比如说打“擦边球”的书，出了之后意义不大，但卖得很快，价格又高，就要加大税收。把这部分税收回来，上边不要拿走了，返还到出版社，用在补助支持出版内容健康有益、教育功能较强的书上，使出版社实现经济上的平衡。要造成这样一种状况，即出“擦边球”的书拿的税多，多出好书得到的补贴多。这种补贴不是国家掏腰包，而是收打“擦边球”的书的税，用这些钱去帮助走正路的人出好书。我们还可以拿出点钱来补助、扶植高质量的书。

《同天津市新闻、文艺、出版工作者座谈时的插话》(1989 年 10 月 7 日)

一些人认为是“擦边球”的书，另一些人也可能认为是好书；一个时期为一部分人所不能接受的书，另一时期也可能被实践证明是有价值的书。

“擦边球”的书为什么可以出一些呢？所谓“擦边球”的书是有争论的书。一些人认为是“擦边球”的书，另一些人也可能认为是好书；一个时期为一部分人所不能接受的书，另一时期也可能被实践证明是有价值的书。简单地否定这一类书，出版物单一化，像“文化大革命”时一样，只有几本书，结果是闹书荒。要定个界限，凡是政治上不违背四项基本原则的，不是“黄色”的，就允许出版。这样做，容纳量可以宽一点，出版界也可以有个活跃气氛。当然，我们提倡的还是反映主旋律的东西。

《同天津市新闻、文艺、出版工作者座谈时的插话》

（1989年10月7日）

我们说尊重国画规律，并不反对油画和国画结合而产生的新品种，我们希望能有这种不东不西、亦东亦西的好东西。

国画艺术应当提倡创新。历史上所有的国画大师都有自己的特色造诣，都有自己的创新，但任何真正意义上的创新，都离不开对前人成果的继承和了解，离不开国画特有的规律和规矩。国画艺术应当善于借鉴。近代国画的发展乃至飞跃，在很多方面得益于对西洋画成就的合理吸收，但所有借鉴或吸收，都不能脱离中国画的基础。国画源于中国，根在中国，水平最高的画家和鉴赏者也在中国，中国最好也就是世界最好。民族性和世界性并不对立，就艺术而言，越有民族性就越有世界性。国画艺术应当注意宣传。我们举办画展就是一种宣传，但作为画家不能把主要心思用于宣传，用于广告、公关，而要力戒浮华，甘于寂寞，深入生活，潜心创作。只有这样，才能创作出好的作品；只要作品好，即便一时不为人知，最终也会被历史所承认。

我们提倡国画，并不排斥油画，油画在世界上有很大影响，在中国也应当发展繁荣。我们说尊重国画规律，并不反对油画和国画结合而产生的新品种，我们希望能有这种不东不西、亦东亦西的好东西。

《出席“当代国画优秀作品展”开幕式的讲话》(2002 年 7 月 10 日)

64. 贴近群众、贴近生活、贴近实际。

《渴望》这部电视剧能引起这么大的轰动，引起这么多人的共鸣，带来如此积极的社会效果，这在我国电视创作史上是罕见的。《渴望》不仅丰富了人民群众的精神文化生活，而且为我国电视剧、电影的创作闯出了一条新路。我们的文艺工作者、思想文化部门的负责同志以及各级领导干部，都可以从中得到应有的鼓舞和启迪。一部描写平凡生活的电视剧，产生如此强烈的社会反响，很值得深思，我们要认真研究和总结，从中悟出一些道理来。文艺作品首先要让人喜欢看，其次才谈得上教育人，这就是常说的寓教于乐。我们要善于用群众喜闻乐见的形式，使我们所倡导的社会主义伦理道德不知不觉、潜移默化地为广大群众所接受。在社会主义条件下，人民群众的根本利益是一致的，这就决定了人与人之间应该是诚恳宽厚、平等互助、团结友爱、和谐融洽的新型关系。这种新的人际关系是我们中华民族传统的美德在新的历史条件下的继承和发扬。我们的文艺作品应当着力表现这种新型的人际关系。《渴望》很好地表现了这个关系。艺术源于生活，高于生活。高于生活不是脱离生活，而是更典型、更普遍地反映生活。艺术的生命在于真实、真诚。创作者应善于运用自己的生活积累，善于从自己周围的人那里获取信息，确定应该写什么、怎么写。希望广大文艺工作者进一步贴近群众、贴近生活、贴近实际。

《同电视剧〈渴望〉剧组人员座谈时的谈话》（1991年1月8日）

群众喜闻乐见是文艺创作的出发点，也是对文艺是否坚持为人民服务的最终检验。

要正确衡量和评价文艺作品，还必须处理好领导、专家和群众之间不同的标准和要求。一般地说，领导、专家标准和群众标准应该是一致的，领导、专家在评价一部作品、一场演出时，应该反映群众的呼声，表达群众的心愿。但是，目前这方面有些不正常的情况，比如，有些演出不卖座，有些领导和文艺工作者不是从自身找原因，而是抱怨观众水平低。有些演出爆满，观众排队买不到票，有些领导、专家却不以为然，甚至指责为迎合低级趣味。这些情况，原因当然很复杂，不能一概而论。但是艺术终究属于人民，群众喜闻乐见是文艺创作的出发点，也是对文艺是否坚持为人民服务的最终检验。物质产品讲求适销对路，有些精神产品群众不喜欢、不接受，也不能总是抱怨群众水平低，没有欣赏能力，而是要在自己的产品上找原因，即使群众对某种文艺样式缺乏欣赏习惯，也应该帮助群众提高欣赏能力，做好普及推广工作。我认为，今天的问题不是“曲高和寡”，而是“曲低和寡”。中国的文艺要为广大人民群众服务，必须有自己的形式，即毛泽东同志所说的“新鲜活泼的、为中国老百姓所喜闻乐见的中国作风和中国气派”①。随着我国实行对外开放政策，对外交流日益频繁，我们要吸收外国的一切有益的东西，做到“洋为中用”。但外国的东西只有经过消化吸收，和我们的民族特点相结合，才能成为自己的东西，真正为我所用。歌德说过，民族性就是世界性。越是民族性强的东西，不仅越受本国人民的欢迎，也越能走向世界，跻身于世界先进文化之林。我国的文化艺术有着光荣的传统，我们应该自信、自爱、自重、自强。

《齐心合力　繁荣文艺——在天津市委、市政府召开的文艺创作座谈会上的讲话》（1986 年 6 月 28 日）

集中精力，发展经济；团结起来，繁荣文艺。

摆在我们面前的中心任务是，认真贯彻落实七中全会精神，团结起来，扎实工作，一心一意搞建设，集中精力把经济搞上去。这就是整个国家的大局。文艺工作服从和服务于这个大局，就是要坚持“为人民服务、为社会主义服务”的方向和“百花齐放、百家争鸣”的方针，下大力气繁荣文艺。繁荣文艺，既是文艺界服务于经济建设的实际行动，也是文艺界的中心任务。尽管一年来我们的文艺工作成绩很大，出现了一批优秀之作，但受群众欢迎的好作品毕竟还不很多。党中央殷切希望文艺界的同志，更加贴近群众、贴近生活、贴近实际，大胆探索，勇于创新，向人民群众提供更多健康有益的、喜闻乐见的精神产品。总之，集中精

① 《毛泽东选集》，2 版，第 2 卷，534 页，北京，人民出版社，1991。

力，发展经济；团结起来，繁荣文艺，这是党中央的要求，也是人民的要求。我相信，文艺界的同志们一定会努力实现这个要求。

《在文艺界春节团拜会上的讲话》（1991年2月9日）

能够吸引人，才能教育人。

要重视文艺节目的娱乐功能。文艺有多种功能，教育功能、认识功能、审美功能、娱乐功能等等。文艺节目首先要让人喜闻乐见，能够吸引人，才能教育人，即所谓“寓教于乐”。如果人家不爱听，不爱看，你去教育谁？文艺必须坚持百花齐放，不能一花独放。群众喜欢的东西，如果我们不熟悉，不了解，就要去研究，去掌握，用来为社会主义精神文明建设服务。“黄色”的东西要坚决地扫掉！但也不能全都是严肃的节目。在无害的前提下，把人们弄得高高兴兴，干活有劲，就是有益，这就是成绩。要搞出几条界限来，节目怎样才是好的，怎样才算犯规，才算错误，让大家有所遵循。要注意不能把个人的好恶作为对文艺节目评价的标准。

《听取广播电影电视部汇报时的插话》（1989年8月1日）

民族的、大众的、群众喜闻乐见的东西，要作为重头的东西去抓。

我们的文艺除了要代表时代潮流、真实地反映生活的主旋律，还有一个很重要的问题就是，中国的文艺首先和主要的应是中国式的，具有民族特色的。我并不排斥外国的好东西，但要洋为中用。文艺的主调、主要的表现形式应该是中国式的。民族的、大众的、群众喜闻乐见的东西，要作为重头的东西去抓。我们总是要办多数人满意的事，而不是只研究少数人高兴的事。我在天津工作时，一个基本的方法是老百姓需要什么，我就去抓什么。我们不能否认老祖宗。《河殇》最大的问题就是骂祖宗。我们的祖宗没有对不起我们的地方。五百年前、一千年前，我们的祖宗在世界上是够份儿的。现在中国人不是需要一味的揭露、泄气，而是需要振奋、鼓劲、长志气。我们要以群众的需要、社会的需要为出发点，努力创作出更多民族的、大众的、为群众喜闻乐见的优秀作品。

《同天津市新闻、文艺、出版工作者座谈时的插话》
（1989 年 10 月 7 日）

任何一个国家和民族的文艺，其中包括电影，都必须有自己的民族特色。

任何一个国家和民族的文艺，其中包括电影，都必须有自己的民族特色。比如墨西哥电影、印度电影、苏联早期电影，特点都非常明显。美国电影、日本电影、法国电影、意大利电影等等，也各有特色。中国的电影应该有什么特点？应该走什么路子？怎样把电影的一般规律与中国的具体情况、民族特点结合起来，形成有中国特色的电影？我希望同志们花点力量好好进行研究。你们不是讲外国影片进来太多，会冲击我们的电影市场吗？但是，我们也应该从另外一个方面去想一想，除了人们好奇或思想上的问题外，为什么外国电影一进来就把我们的电影挤到一边去了呢？为什么西餐就挤不了中餐呢？所以，我希望同志们在提高电影创作的艺术水平和艺术特色上下一番功夫。我们应该有志气，凭本事同外国电影竞争。

《同全国故事片创作会议代表座谈时的讲话》（1990 年 2 月 20 日）

凡属文艺作品，都必须有娱乐的功能，教育功能、审美功能、认识功能都寓于娱乐功能之中。

我曾经讲过，凡属文艺作品，都必须有娱乐的功能，教育功能、审美功能、认识功能都寓于娱乐功能之中。因为离开了娱乐功能，其他功能都无从谈起。打开电视机一看他就不喜欢，“啪”的一声关掉了，你还能讲什么功能！如果他爱看，在潜移默化中就受了教育嘛！我说的这个意思，不是否认或者忽视文艺的其他功能，不是说娱乐唯一，而是强调文艺的特性，使文艺在满足人民精神生活需要的过程中得以有效地发挥教育等功能。

《考察山西时的谈话要点》（1989 年 8 月 11—18 日）

如果离开审美和娱乐功能，那么故事影片就不叫艺术了，就会等同于一般的政治教科书和政治报告。

要正确理解教育、认识功能与审美、娱乐功能的关系。既然叫做文艺作品，就必须讲求审美和娱乐功能，具有艺术感染力。如果离开审美和娱乐功能，那么故事影片就不叫艺术了，就会等同于一般的政治教科书和政治报告。即使是电影的教育、认识作用，也只有通过审美、娱乐功能才能很好实现。过去在相当长的时期内我们强调教育、认识功能多，对审美、娱乐功能相对来说重视不够，这个问题在“文化大革命”期间表现尤为突出。我们提出重视审美、娱乐功能，并不等于可以轻视影片的教育、认识功能，轻视文艺作品在思想教育方面的作用。这几年确有忽视教育、认识功能，片面强调娱乐功能的错误倾向，甚至出现了一些“黄色”的、宣泄性的“娱乐”作品，这是必须正视和坚决改正的。我们的要求是教育、认识、审美、娱乐功能的统一，也就是文艺作品思想性和艺术性的完美结合。当然，不同的作品，各种功能发挥的情况和程度可以各不相同。

《同全国故事片创作会议代表座谈时的讲话》（1990 年 2 月 20 日）

有些节目中的啰唆话太多，一个重要原因就是没有群众观点。

广播电视的覆盖面越来越大，听众观众越来越多，节目办得好坏，在人民群众中的影响极大。广播电视工作者要从听众观众的角度去考虑问题，把办好节目提高到满足人民精神生活的需要，提高到为人民服务根本宗旨的高度上来认识。广播电视工作要认真听取听众观众的意见，经常研究怎样使他们喜闻乐见。我们有些节目中的啰唆话太多，一个重要原因就是没有群众观点。我曾和天津广播电视局的同志研究过这个问题，我觉得重要的一条是树立群众第一的思想。要虚心，要多从自己的工作中找原因，而不要埋怨“众口难调”。我们经历了那么多事，犯了那么多错，总应该长点出息，不断有所进步。

《听取广播电影电视部汇报时的插话》（1989 年 8 月 1 日）

生活应该是这样：干活像干活，休息像休息，娱乐像娱乐，不能老是处于紧张状态。

要注意区分哪些是人民需要的，哪些是人民不需要的，而且是反对的。比如“黄色”、有害的东西，人民不仅不需要它，而且厌恶、反对它，我们就不允许它存在。而一些无害的东西，只要是群众喜闻乐见，能使大家高兴，促使大家好好干活，就可以存在，从这一点讲，无害就是有益。邓小平同志肯定了这个看法。生活应该是这样：干活像干活，休息像休息，娱乐像娱乐，不能老是处于紧张状态。

《考察山西时的谈话要点》（1989 年 8 月 11—18 日）

如果文艺界自己不争气、不作劲，外部条件再好，也创作不出震惊当世、流传千古的佳作，也迎不来百花齐放、万紫千红的春天。

文艺要繁荣，没有宽松的环境不行，应该使文艺工作者有充分的创作自由；文艺要繁荣，没有必要的条件也不行，应该为文艺工作者提供适当的物质保障，这一切都是必不可少的。但唯物辩证法有一条基本原理：外因只是事物变化的条件，内因才是事物变化的根据，外因只有通过内因才能起作用。文学艺术要真正搞上去，归根结底要靠文艺工作者自身的艰苦努力。如果文艺界自己不争气、不作劲，外部条件再好，也创作不出震惊当世、流传千古的佳作，也迎不来百花齐放、万紫千红的春天。

《齐心合力　繁荣文艺——在天津市委、市政府召开的文艺创作座谈会上的讲话》（1986 年 6 月 28 日）

塌不下心来吃不了苦，就出不来名篇和巨著。

过去，阶级斗争为纲，政治运动频繁，不少作家、艺术家受到冲击，很难静下来、坐下来进行创作。现在大环境好多了，但文艺界有不少人在公关、包装上花的功夫太多，在潜心创作上花的精力太少。一部优秀的作品是要花很多时间和精力进行构思、研究、写作的。塌不下心来吃不了苦，就出不来名篇和巨著。现在浮躁感充斥我们国家，不止是文艺界，各行各业、上上下下，都想来快捷的、捡便宜的。毫不夸张地说，浮躁感已经演变成一种通病。

出不来精品，是不是还有别的原因呢？我想，看一个体制、一个政策、一个领导好还是不好，最大的一条，就是能不能把人的积极性调动起来，能不能把各方面的潜能发挥出来。我们写文章顾虑很多，面面俱到，穿鞋戴帽，光光溜溜，油油滑滑，撴也攥不住，摸也摸不着。我们很多节目也是这样，总是瞻前顾后、左顾右盼。冯骥才[1]等几个人弄《宰相刘罗锅》的时候，我看了感觉不错，就告诉他们，先找个胆大的电视台放，一天放两集，越快越好。放完了老百姓都说好。我说，这个时候谁说不好谁就是和珅，结果谁也没出来说不好。外国人拍电影、电视，卖不了座，赔了钱，是因为自己的本事不大。中国一部电影、电视要是花上几千万甚至于一个亿，最后审片没通过，这钱找谁要去？所以这是个很大的问题。我相信中国的作家、艺术家是有本事的，是一定能够创作出无愧于时代的好作品的。关键是如何提供一个潜心创作的环境？如何把大家的潜力最大限度地挖掘出来？这是需要广大文艺工作者自身奋斗的事情，也是需要各级领导认真研究考虑的问题。

《看望政协文艺界委员时的讲话》（2002 年 3 月 7 日）

有的作品像时装一样过几天就不“时髦”了，很重要的原因是缺乏理论功底。

要出好的作品，就必须学习。要学习马克思主义的基本理论，用马克思主义的立场、观点、方法去观察和研究事物，指导自己的创作。我过去讲过这样的话，有的作家的作品，之所以给人的印象不深，之所以生命力不强，有的像时装一样过几天就不“时髦”了，很重要的原因是缺乏理论功底。大家都知道，世界上许多伟大的作家，同时又是思想家。要学习知识，包括历史知

① 当代著名作家、学者，现任中国文联副主席。

识、社会知识和自然科学知识等。要紧紧地贴近群众，了解群众，贴近生活，了解生活。生活是一切创作的源泉，一切作品都来源于生活。要不断地磨炼自己，提高自己的文学修养。功夫不负有心人。只有这样，才会创作出无愧于时代的好作品来。

《在全国青年作家会议上的讲话》(1991年5月26日)

创作要精心、再精心，作品即使不能看出血来，也要能看出汗来。

搞现代题材作品比较难，不能求全责备，要求过于苛刻，弄得作家缩手缩脚，这样作品就出不来了。同样，对历史题材的创作，有点问题领导要担待，社会有关方面也要理解。历史戏要以历史为客观依据，但又不完全等同于正规的史书。因此，不能谁有点不满意，谁就找来，谁一找就不能写不能演。如果写满族，满族的后裔就找来了；写曹操，曹操的后代也找来了；写严嵩，严嵩的后代也找来了，那历史戏还有法写吗？再说，一出戏里如果都是好人，没有对立面，戏能立得起来吗？没有矛盾纠葛或矛盾很小，就没有艺术效果。我们说文艺创作需要社会的理解和谅解，需要领导的支持和担待，这丝毫不排除我们要求文艺工作者创作要精心、再精心，使我们的作品即使不能看出血来，也要能看出汗来。一部作品如果连作者的汗珠儿都看不见，稀里糊涂地拼凑一番，还要叫人去理解、担待就不好了。

《同重大革命历史题材影视创作会议代表座谈时的讲话》

(1992年1月23日)

不论是搞创作的，还是搞表演的，都要抓紧时间，系统地读一点书，提高自己的文化素质。

就领导来讲，创造宽松环境是个首要问题，而就文艺界自身来说，则重点应该解决精神状态问题。现在确实有相当一部分同志精神不够振奋，事业心很差。我举两个例子：先拿读书求知来讲，古人向有“知书达理”之说，诗圣杜甫就讲过：“读书破万卷，下笔如有神。”历史上的伟大作家都有着非常渊博的知识。像曹雪芹写的《红楼梦》，可以说是一部 18 世纪中国封建社会的百科全书，充分表现了作者知识的渊博。他不仅对于诗词歌赋、绘画、工艺美术，而且对于建筑、园林、花卉、医药、烹调以及农业知识等等几乎样样精通，无所不晓。鲁迅、郭沫若、茅盾都是学贯中西、通古博今的。郭沫若少年时代，就可以把《千家诗》、《唐诗三百首》、《诗经》全部背出来。茅盾 20 岁时就对“四书”、“五经”、《资治通鉴》、“九通”① 熟悉得很。而我们现在的情况如何呢？据我了解，有相当多的同志功夫下得不够，有的人可以叫做不读书，不看报，这正是许多作品、表演思想浅薄、内容缺乏的一个重要原因。前两天，我找几位作家聊天，大家讲了这样一个意见，天津现有的作家中相当多的人功底不厚，知识面较窄，照此下去，创作水平的提高将会受到很大限制。一些老作家语重心长地提出作家“学者化”的问题。我觉得，这个问题应该引起大家的高度重视，下决心迅速改变，在整个文艺界形成一种刻苦

① 清乾隆年间，将官修《续通典》、《续通志》、《续文献通考》、《清通典》、《清通志》、《清文献通考》六书与前代的《通典》、《通志》、《文献通考》合称为“九通”。

学习、勤奋读书的好风气。不论是搞创作的，还是搞表演的，都要抓紧时间，系统地读一点书，广读博览，用人类各方面的知识充实自己的头脑，提高自己的文化素质。除了学习马列主义外，要读点文学，读点历史，既看正史，也浏览各种野史，了解古今变迁，风土人情，体察各个层次人们的思想感情。这样，在创作和演出的时候，才能真正进入角色，作品、表演才不浅薄，才富有感染力。也只有这样，才有可能创作出流芳后世的鸿篇巨著。再拿练功学艺来讲，不少单位存在着懒散松垮的现象，至今没有形成一种刻苦钻研技艺、精益求精的局面。今天张君秋同志也在座。我看过他教徒弟的录像，都70岁的人了，一招一式，招招都见真功夫，那种对艺术精益求精的刻苦精神，让人看了十分感动。而我们有些同志就相差太多了。大冬天练功时，老师教得浑身大汗，只穿着背心，而有些年轻同志却穿着棉大衣还喊冷。“业精于勤，荒于嬉”，没有一股子勤学苦练的劲头，没有一颗永不衰竭的进取心，想在事业上有所成就是不可能的。我愿意重复引用鲁迅先生告诫青年作家、艺术家的一段话：千万不要把文学艺术当作一种敲门砖，出了一两本诗集或小说集，取得一点小成绩，就放弃艰苦的努力，以为用一年半载、几篇文字和几本期刊就可以立下“空前绝后的大勋业”。我们希望文艺界的所有同志，都要进一步振奋起来，发扬坚韧不拔和刻苦钻研的精神，努力攀登文学艺术的高峰。特别是一些有条件、有作为的文学家、艺术家，要舍得下功夫，以“十年磨一剑”的精神，像一位大文豪讲的那样，蘸着自己的血和汗，写出一些跨越时代的传世之作，搞出一批经得起时间检验、流传久远的戏剧和表演艺术作品。希望大家为了繁荣祖国和天津的文艺，争当披荆斩棘的先锋和冲锋陷阵的闯将。

《齐心合力　繁荣文艺——在天津市委、市政府召开的文艺创作座谈会上的讲话》（1986年6月28日）

不靠高质量的东西取胜，而寄希望于下令轰，这是艺术上无能的表现。

精神的东西只能用精神去战胜，除特殊情况外，一般不要用行政命令去枪毙一个戏。我们有些同志有个毛病，他们不是使劲创造出好的东西去占领阵地，而老是想让领导拍板、下令把别的东西轰走。他们这样做的出发点或许可以理解，但方法不对头。你有本事，拿出高水平的东西取而代之。不靠高质量的东西取胜，而寄希望于下令轰，这是艺术上无能的表现。

《同天津市新闻、文艺、出版工作者座谈时的插话》（1989年10月7日）

65. 振兴京剧要在继承中求发展。

振兴京剧的关键，或者叫最急迫的问题是什么，这是一个十分重要但目前又有争论的问题。我的看法，当前振兴京剧的关键是搞好继承，也就是说，要先继承后发展，把发展建立在扎实继承的基础之上。现在有些地方京剧上座率不高，比较萧条。出现这种状况，当然和群众需要的变化，以及电视等大众传播工具的普及，有着直接关系，但我认为主要原因，还是十年内乱期间江青一伙破坏了京剧的声誉，糟蹋了京剧艺术，割断了京剧发展的历史。当时，“十亿人民八台戏”，使京剧濒于灭亡的危险。在十多年里，青年演员丧失了学习的时间，中青年演员丧失了学习、实践的机会，老一代演员丧失了演出、传艺的黄金时代，现在他们有的过世了，有的老了力不从心了，观众也中断十多年没有看到正宗的京剧。这几年，我们在振兴京剧上虽然做了一些工作，但要挽回十年内乱给京剧艺术所带来的巨大损失，不是短时间所能奏效的。现在，我们演出的质量较差，拿不出当年那样地地道道的高水平的剧目来。有的演出甚至扭曲了形象，背离了京剧特有的艺术规律，老戏迷看了感到不满意，新观众看了产生误解。因此，振兴京剧的当务之急，也可以讲最有意义的事情，是集中精力搞好继承。也就是说，要消除十年内乱给京剧艺术造成的破坏和歪曲，就要拨乱反正，正本清源，恢复京剧的本来面目，逐步达到历史上曾有过的水平。如果不坚持这条指导思想，实际上是否认了“文化大革命”对京剧的破坏，振兴京剧就有可能变成一句空话。

《在戏剧“梅花奖”评委座谈会上的讲话》(1986 年 12 月 30 日)

要先继承后发展，坚持继承与发展的统一。

当前京剧振兴的主要问题是继承，并不是否认发展的重要性。京剧也像其他事物一样，不发展就没有生命力，但没有真正的继承，就不会有真正的发展。因此，必须强调先继承后发展，为发展先继承，继承和发展统一。

《在戏剧“梅花奖”评委座谈会上的讲话》(1986 年 12 月 30 日)

历史的人要办历史的事，不要超越历史去办那些自己不能办的事，也不要推卸自己的历史责任，不办自己该办的事。

我们作为这么一代人，历史的人要办历史的事，包括两方面，第一方面不要超越历史去办那些自己不能办的事，提前进入共产主义社会是瞎扯；也不要推卸自己的历史责任，不办自己该办的事。我们这一代人，没有任何理由和权利把我们祖先的好东西从我们手里扔掉。从我们手里边，从我们在座的这一代人里面，把我们祖国这种宝贵的遗产由我们手里中断或丢掉，那是历史的罪人，上无以对祖先，下无以对后代。如果把我们的京剧艺术以及其他各种传统艺术视为中国历史的、民族的文化精华瑰宝的话，我们没有任何理由在今天这样一个政通人和的时候把它丢掉；如果把这件事情提高到怎么对得起我们祖国、怎么对得起我们祖先、怎么向我们后辈人交待的话，我们这一代人，包括各级领导，尤其是本身从事这个行业的人，都有这样的义务把它保留下来，使之能够继承、发扬下去。

《在天津市青年京剧团“百日集训”总结座谈会上的讲话》（1986年11月19日）

不应该计较个人之间的恩恩怨怨和是是非非，而要把劲使在发展繁荣京剧艺术事业上。

振兴京剧归根结底要靠京剧界自身，靠京剧工作者的齐心合力，艰苦奋斗。党和政府希望广大京剧工作者担负起振兴京剧的历史重任，增强使命感和责任感，振奋精神，迎难而上。在社会上存在某些分配不公的情况下，希望京剧工作者能够保持和发扬“安贫乐道”的精神，安待遇菲薄之贫，乐京剧振兴之道，不计较个人得失，坚韧不拔，矢志不渝，一心扑在京剧事业上。这里还要着重讲一下加强团结的问题。京剧界的团结应该说有进步，但也还有不少疙疙瘩瘩的事情。有的不能同台演戏，有的甚至不能同室开会，“内耗”严重，本来人手就不齐，还齐不了心，合不成力，这种局面如不改变，很难叫人为京剧界说好话。按理说，京剧界应该是最讲团结的，任何一出戏的成功演出，都是红花绿叶互相帮衬的结果。正因为如此，人们常常把“共唱一台戏”、“补台”而不“拆台”作为搞好团结的形象比喻。其实，不少京剧剧目就是讲事业第一、大局为重、舍己为人、团结互助的。特别是在当前京剧发展遇到诸多困难的情况下，京剧界在同行之间，不同流派之间，领导和群众之间，演员职员之间，都不应该计较个人之间的恩恩怨怨和是是非非，而要同心同德，形成合力，把劲使在发展繁荣京剧艺术事业上。

《振兴京剧艺术　弘扬民族文化——在纪念徽班进京二百周年振兴京剧学术讨论会上的讲话》(1990 年 12 月 27 日)

振兴京剧有两个重要因素，一是“角儿”，一是观众。

京剧的一个特色是讲“角儿”，从某种意义上说京剧可以叫“角儿”的艺术。同是一出戏，如《四郎探母》、《大·探·二》① 等，由不同的人演唱，其影响、票价等截然不同。振兴京剧有两个重要因素，一是“角儿”，一是观众。没有好“角儿”，戏就演不好，也不会有更多的观众；没有广大热情的观众，也不会出更多、更好的名“角儿”。这次青年京剧演员电视大赛的成功，就在于抓了“角儿”，“角儿”比“角儿”，看谁好，最后评出若干优秀人才，推出名“角儿”。由于这种做法符合京剧特色，由于电视影响面大，这就使得许多人有机会和京剧接触。京剧是门富

① 京剧名段《大保国》、《探皇陵》、《二进宫》的简称。

于感染力的艺术，只要你能和它接触，就会被它吸引。

《在出席全国青年京剧演员电视大赛汇报联欢会时的讲话》（2001年5月11日）

看戏要看“角儿”，没有“好角儿”，演不出好戏。

京剧舞台艺术是以主要演员为中心的。看京戏要看“角儿”，没有好“角儿”，演不出好戏。同样一出戏，不同水平的演员去演，其艺术效果大不相同。所以京剧戏迷看戏以前，不但要知道演什么戏，尤其是要打听是谁演的。一部京剧史证明，京剧的兴衰同优秀的主要演员涌现多少和成就高低紧密地联系在一起。京剧是一门综合艺术，还需要各方面人才成龙配套。一个剧团不但需要各个行当的优秀的主要演员，而且需要优秀的“四梁四柱”①，需要优秀的鼓师、琴师和文武场演奏人员，还需要好的化装的、勒头的、检场的、管服装的、管靴帽的、管道具的和管音响的等各类人才。现在编导和各类设计力量特别薄弱，这方面的人才更需要加强培养。京剧目前不景气，一个重要方面是人才青黄不接。我们必须把选拔和培养优秀的京剧人才，特别是青年京剧人才，放在振兴京剧的突出位置。

《振兴京剧艺术　弘扬民族文化——在纪念徽班进京二百周年振兴京剧学术讨论会上的讲话》（1990年12月27日）

---

① 京剧素有“四梁四柱”之说，“四梁”指老生、青衣、武生、花脸（净），“四柱”指花旦、小生、老旦、丑。

选拔、培养和造就优秀的青年京剧人才。

京剧是一个艺术品位很高的剧种。一个演员成长为优秀人才，需要具备多方面的条件。一是要具有成为优秀京剧人才的个头、扮相、嗓子等先天条件，即必要的天赋。二是要有相当的文化素养，学一点基本理论，懂得一定的文学历史知识。三是本人要有长期苦学苦练的毅力，“冬练三九，夏练三伏”，常年不辍，持之以恒，才能掌握过硬的基本功。四是要有高明和开明的老师指导。老师不但要确有艺术造诣、真才实学，而且要善于因材施教、严格要求，毫无保留地倾囊相授。有名师、严师，才能出高徒。五是要有演出和实践的机缘。青年京剧人才的成长，必须在打好基础的前提下，尽快地把学习提高同演出实践结合起来。只有通过演出实践的锻炼，才能巩固和提高学习的成果，扩大知名度，并在与观众的广泛交流中得到鼓励与批评，使自己的艺术日益精进。六是青年京剧人才的成长需要有一个良好的环境，包括生活环境、学习练功环境、舆论环境以至人际关系环境，等等。上述六条说明，选拔、培养和造就优秀的青年京剧人才，确实是非常不容易的。

《振兴京剧艺术　弘扬民族文化——在纪念徽班进京二百周年振兴京剧学术讨论会上的讲话》(1990 年 12 月 27 日)

对观众要抓宣传、抓普及，对演员要抓质量、抓提高。

“百日集训”和京剧精粹音配像是在京剧艺术遭受“文化大革命”十年破坏，演员、剧目、观众都处于青黄不接的特定情况下，为了抢救而采取的两项重要措施。我一贯认为，振兴京剧艺术，对观众要抓宣传、抓普及，对演员要抓质量、抓提高。在“百日集训”中，一是选青年来学，因为青年可塑性大，上进心强，在舞台上活动的时间也长；二是邀名家来教，因为名家见多识广，艺有专精，是京剧艺术优秀传统的体现。同时集中时间，集中精力，进行系统教学，“开小灶”、“吃偏饭”，把一些濒临失传的优秀传统剧目继承下来。“百日集训”和京剧精粹音配像相辅相成，相得益彰，它们所体现的先继承后发展、在继承的基础上求发展的思路，符合人类文化纵向讲继承、横向讲借鉴的客观规律，对于弘扬京剧艺术乃至一切文化艺术都具有普遍意义。

《给天津青年京剧团“百日集训”十年庆祝活动的贺信》

（1996年9月4日）

下大力量抓好普及，下真功夫抓好提高。

当前，京剧面临的突出问题是观众日益减少。解决这个问题，既要下大力量抓好普及，又要下真功夫抓好提高。这里讲的普及，主要是指为京剧艺术培养和争取更多的观众。京剧虽然来自民间，但在长期的发展过程中，经过历代京剧艺术家的锤炼，有些还经过文人学士的加工，形成了一套独特而完整的艺术表演体系，加上许多剧目中的人物和故事都取材于历史，没有一定的戏曲知识和历史知识是欣赏不了的。再加上由于“文化大革命”的破坏，不少人对传统京剧生疏了，不懂得京剧所具有的艺术魅力，不能正确认识京剧的美学价值。不了解京剧，当然也就很难谈得上喜爱京剧。因此，向更多的人介绍京剧知识，让他们了解、熟悉京剧，进而喜爱京剧，是当前振兴京剧的一项紧迫工作。这里讲的提高，主要是指要提高京剧剧目的质量和演出的水平。京剧观众减少有多种原因，很重要的一条是京剧演出水平和艺术质量下降，行当不齐全，台风不严谨，与过去特别是与50年代的水平相比存在着很大差距。现在，许多地方一方面有些京剧没人看，一方面有些爱好京剧的人又没有高质量的京剧看，这就充分说明不是“曲高和寡”，而是“曲低和寡”。京剧界只有拿出高质量的剧目和高水平的表演艺术，才能吸引观众，征服人心，否则不仅不能争取新观众，还有可能失去老观众。艺无止境。我们要在原有的基础上苦心孤诣地追求，孜孜不倦地探索，不断攀登京剧艺术的新高峰。

《振兴京剧艺术　弘扬民族文化——在纪念徽班进京二百周年振兴京剧学术讨论会上的讲话》（1990年12月27日）

剧目贫乏既是不景气的表现，又是不景气的原因。

剧目贫乏，既是京剧不景气的表现，又是造成京剧不景气的原因。要摆脱这种局面，当前的重要任务，就是尽快组织力量抢救那些沉埋多年的有价值的传统剧目，搞好京剧剧目的整理与创作。

对于京剧传统剧目，不论是目前经常上演的还是重新挖掘出来的，都要本着取其精华、弃其糟粕的原则，进一步整理和加工。有的戏结构松散，场次拖沓，必须紧缩。有的戏一些场、段既无内容，又无艺术价值，可以删掉。有的戏对同一事件反复叙述，多次自报家门，应该精简。有的戏演出时间过长，要下决心压短。至于普遍存在的词句不通、以讹传讹或者为了合辙押韵，生编硬造的“水”词，更应该加以纠正。

整理剧目，是一项非常复杂细致的工作，不仅因为正确地辨别精华与糟粕、真正达到推陈出新，需要有相当的思想水平、学识和功力，而且因为这涉及京剧的特殊表演技艺和广大京剧爱好者的欣赏习惯。要改得贴切、自然、增色，精练、优美、流畅，使外行人看着顺眼，内行人能够接受，很不容易。既要有胆识，又要很谨慎。对一些观众非常熟悉、爱好的著名唱段，诸如《姚期》中的“小奴才”，《四郎探母》中的“叫小番”等，不要轻易改动。

做好整理加工工作，光靠京剧界的力量是不够的，需要吸收一批有相当文学修养，又通晓京剧艺术的人积极参与。过去“四大名旦”都有一批文人朋友，如梅兰芳之与许姬传、齐如山，程砚秋之与罗瘿公，荀慧生之与陈墨香，尚小云之与清逸居士、还珠楼主，他们一道整理剧目，切磋技艺，共同推进了京剧艺术的发展。建国以后，欧阳予倩、田汉等文化界知名人士，参与了京剧的剧本创作、改编和评论，为京剧艺术的提高作出了重要贡献。这些历史上的成功经验，可供我们借鉴。我希望，有更多的文化界人士能和京剧演员紧密结合，共同努力，把挖掘和整理加工京剧传统剧目的工作提高到一个新的水平。

《振兴京剧艺术　弘扬民族文化——在纪念徽班进京二百周年振兴京剧学术讨论会上的讲话》(1990 年 12 月 27 日)

要把研究提高演出质量和调整剧团布局结合起来，一碗饭最好一个人吃。

现在剧场票卖得不好、上座率不高，需要加以分析，究竟是剧团本身的问题还是其他问题？企业产品要讲究适销对路，要讲供求关系。京剧也是一样，天津究竟设多少剧团合适？设少了不好，太多了也不一定好。要把研究提高演出质量和调整剧团布局结合起来。一碗饭最好一个人吃，两碗饭搁两个人，不要本来就这么多饭而非弄那么多团，都饿着，都吃不饱。

《在戏曲座谈会上的讲话》（1986年5月15日）

本着保证重点的原则，有计划、有步骤地进行院团的合理调整。

没有剧团很难谈振兴京剧；没有一定数量的京剧团，也不利于京剧的发展；但一个地方京剧团超过了实际需要，又会使国家负担过重，艺术力量分散，观众不足，出现类似“市场疲软”的问题。毫无疑问，像京剧这样的民族文化瑰宝，国家当然要采取保护和扶持的政策，有的院团就是要重点支持。鉴于当前中青年优秀京剧人才缺乏的状况，应当本着保证重点的原则，有计划、有步骤地进行京剧院团的合理调整。对一些设置重复、力量薄弱和常年不演戏或很少演戏的京剧团，应该适当合并或撤销。

《振兴京剧艺术　弘扬民族文化——在纪念徽班进京二百周年振兴京剧学术讨论会上的讲话》（1990年12月27日）

振兴京剧是一项社会事业，应广泛借助社会力量。

振兴京剧是一项社会事业，应广泛借助社会力量。我热切希望各行各业和各有关方面都能为京剧振兴开绿灯、办实事、作贡献，也热切希望海内外炎黄子孙群策群力，关心和支持这项事业。一些同志建议成立一个振兴京剧的组织，请热心京剧的老同志、京剧界和文化界著名人士参加，研究和帮助解决振兴京剧中的一些问题，包括提出建议，协调各方，组织抢救、整理剧目和培养人才等工作。我赞成和支持这个建议。还有些同志建议成立一个振兴京剧的基金会。现在基金会过多过滥，国务院正在清理。但我认为，京剧可以作为一个例外。由国家、地方、企业以及热心京剧的人士出资，资助京剧事业的发展，表彰对振兴京剧作出贡献的人才。

《振兴京剧艺术　弘扬民族文化——在纪念徽班进京二百周年振兴京剧学术讨论会上的讲话》(1990 年 12 月 27 日)

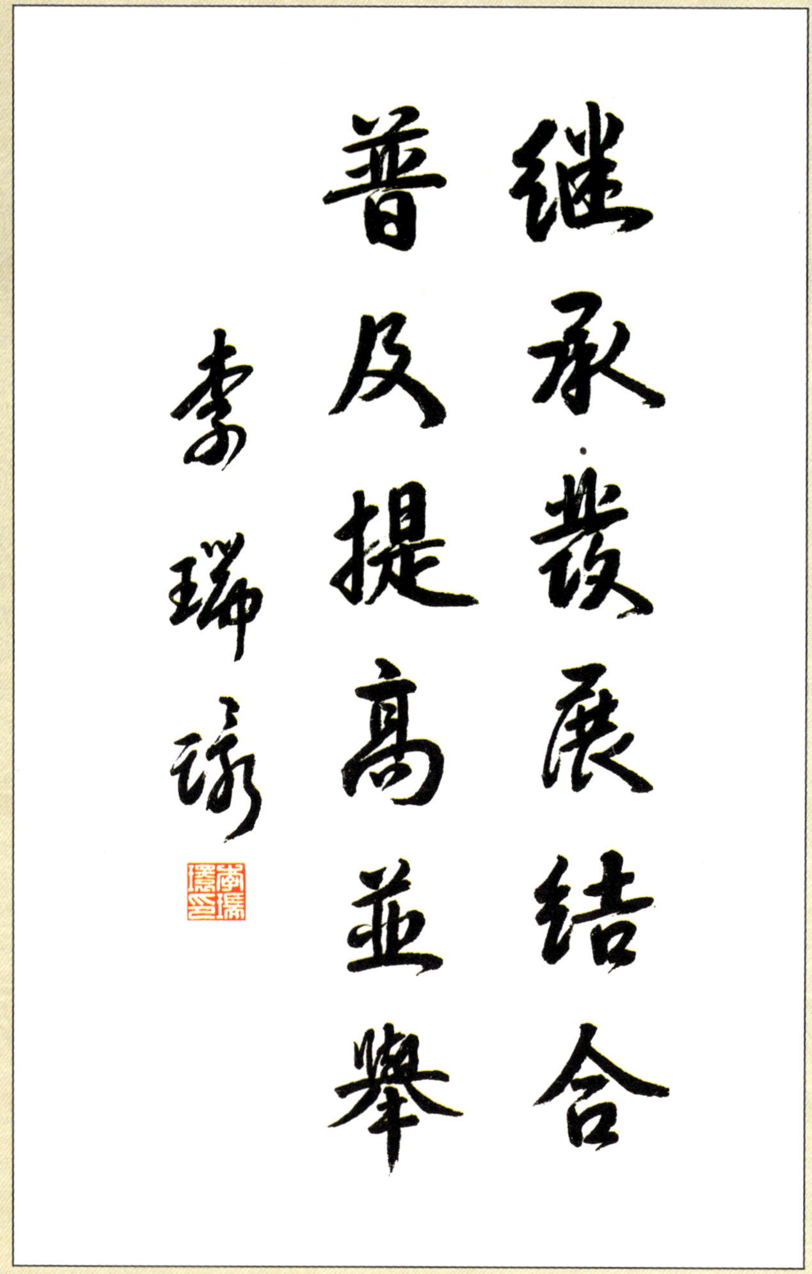

为纪念徽班进京二百周年、振兴京剧观摩研讨大会题词（1991 年 1 月）

66. 对于京剧，改革、改进、改善都可以，但是不能改行、变种。

学习、吸收外来文化必须注意保持特色，无论如何不能因为融入世界而把自己的好东西给弄丢了弄没了，也就是说改革、改进、改善都可以，但是不能改行、变种。比如说中国画，上个世纪之所以有一个很大的飞跃，之所以达到一个顶峰，就是因为有徐悲鸿等一批人到欧洲学习油画，从中学习、借鉴了许多好东西，如用色、空间感等等。但是他们没有离开中国画的传统和根本，没有把中国画变成油画。画油画中国人画不过法国人，国画却只有中国这么一个标准，中国最好的就是世界最好的。比如说京剧，有些节奏太慢、太拖沓，戏词也不太讲究，我赞成作些改进。但我主张先继承，然后再逐步地发展，离开了继承，就谈不上发展。

《看望政协文艺界委员时的讲话》（2002 年 3 月 7 日）

京剧就是姓“京”，如果周仓拿着盒子炮、关公拿着报话机，岂不叫人笑掉大牙。

民族文化采用现代科技手段，既要积极，又要谨慎。吸收现代科技手段，是为了更好地丰富和发展民族文化的特色，而不是削弱它、冲淡它、破坏它。要使二者科学地结合起来，为广大群众所接受和欢迎。比如京剧就是姓“京”，不管运用什么现代科技手段，都必须以不破坏它的艺术特色为准绳。如果周仓拿着盒子炮、关公拿着报话机，岂不叫人笑掉大牙。

《关于弘扬民族优秀文化的若干问题——在全国文化艺术工作情况交流座谈会上的讲话》（1990 年 1 月 10 日）

发展京剧必须符合京剧的特点，必须遵循京剧艺术的规律。

强调继承并不是否定发展，也不会妨害发展。恰恰相反，强调继承的目的正是为了使京剧艺术获得真正的发展。京剧也像其他事物一样，如果不发展、不创新，它的生命力就会逐渐枯萎。随着时代的前进和观众艺术需求的变化，京剧艺术包括它的形式和内容都需要有新的提高、新的发展。要按照“二为”方向和“双百”方针，对京剧面临的新形势和新问题进行多方面的研究，只要有利于京剧的发展与繁荣，各种观点、看法都可以提出和讨论，各种各样的艺术实践都可以探索和试验。科学技术的发展和新的艺术形式的出现，有不少适合京剧艺术、有利于改进京剧表演的东西，应该积极吸收和消化。这方面的试验有些即使不太成功，也不要过多地指责。当然，发展京剧必须符合京剧的特点，必须遵循京剧艺术的规律。京剧就是京剧，京剧的发展是对京剧的完善和提高，而不是把它变成别的剧种。京剧从诞生到现在，一直是在继承前人的基础上不断演化和发展的。但是这种演化和发展是一个渐进的、逐步完善的过程，具有相对的稳定性。京剧吸收其他戏剧艺术的优点，是见好就拿，拿来就化，把人家的优点融合到京剧艺术之中，而不是淡化自己的特色。离开京剧的发展规律，简单地、生拉硬扯地糅进一些与京剧格格不入的东西，不能叫发展京剧，而是对京剧艺术失去信心的表现。还要看到，京剧艺术与观众的关系同其他艺术有所不同。有些艺术形式，同一节目人们很少重复看几遍，而京剧则不然，同一出戏观众百看不厌，越是熟悉的戏越爱看。这就是所谓的“生书熟戏”。一些戏迷不但对唱词、念白背得滚瓜烂熟，而且对一腔一调一招一式都自有评判标准。从某种意义上讲，京剧培养了观众，观众也在一定程度上影响和制约着京剧。因此，对京剧的发展与创新还要充分考虑观众的欣赏习惯和接受程度。

《振兴京剧艺术　弘扬民族文化——在纪念徽班进京二百周年振兴京剧学术讨论会上的讲话》（1990 年 12 月 27 日）

说京剧不要改革、不能改革是不对的，但改革不能背离京剧自身的艺术规律，必须是在继承传统的基础上进行。

京剧也有一个改革、发展的问题。说京剧不要改革、不能改革是不对的，艺术大师们的重大贡献都在于改革。但改革不能背离京剧自身的艺术规律，必须是在继承传统的基础上进行。离开京剧的特点胡改乱改，比如改得和唱歌一样，那就不叫改革，而叫改行。京剧有的剧目太长；有的剧目过场太多，重复的话太多，台词不准不美；有的剧目内容不好，这些都应该在原有基础上进行整理、删节，并借用影视文学的方法加以精炼。京剧也要重视故事性，要有新节目，但京剧更重视唱腔、表演。如果单纯追求剧目新、内容新，京剧怎么也赶不上电影、电视。

《在会见海外京剧艺术家和著名票友时的讲话》(1994 年 12 月 21 日)

在继承前人成就的基础上，与自己、与时代的条件结合得好，就能发展，就有可能创新。

京剧是“角儿”的艺术，观众看的是“角儿”，“角儿”不提高，就不能吸引观众、征服人心，京剧就很难普及开来，达到持久的繁荣。京剧艺术经过历代艺人的千锤百炼，是一笔宝贵的民族文化遗产。抓紧继承京剧前辈用毕生精力凝结成的艺术精华，仍然是我们当前要下力量做好的工作。但是，强调继承并不是否定发展，也不会妨碍发展，京剧也像其他事物一样，如果不发展、不创新，它的生命力就会逐渐枯竭。在京剧艺术上取得突出成就的艺术家，都是在继承前人方面花了很大精力，同时又结合自己特点有所发展、有所创新的。京剧艺术的发展创新，必须在遵循艺术规律的前提下，必须在继承前人成就的基础上，与自己、与时代的条件相结合，结合得好，就能发展，就有可能创新。历史上凡有成就的京剧大师，无一不是严格遵循京剧规律，认真继承前人经验，并很好地结合自己条件。京剧就是京剧，京剧的发展是对京剧的完善和提高，而不是把它变成别的剧种。京剧也要吸收其他艺术的优点，而这种吸收是把别人的优点融化到京剧艺术之中，而不淡化自己的特色。离开京剧的特色、规律，简单、生拉硬拽地糅进一些与京剧格格不入的东西，这不叫发展京剧，而是糟蹋京剧，是对京剧缺乏理解和信心的表现。

《在纪念张君秋诞辰85周年座谈会暨〈京剧大师张君秋〉大型画册首发式上的讲话》(2005年10月14日)

继承前人的成就，借鉴别人的经验，结合时代的特征，这本身就是发展。

把音配像、把京剧艺术传留下去，最重要的是，各京剧院团、戏校以音配像为范本，认真学习，对照音配像找差距，根据音配像多排戏，力争多演戏、多出人才，使京剧艺术繁荣起来、振兴起来。毫无疑问，京剧像其他任何事物一样，必须重视发展、重视创新，没有发展、没有创新，不能与时俱进，就没有生命力。京剧像其他任何事物一样，必须以继承为基础。没有继承就是空中楼阁，就失去了依据。事实上，京剧从诞生到现在，一直是在继承前人的基础上不断演化和发展的，所有的京剧大师都有发展，所有的京剧大师都在继承前人方面花费了巨大精力。可以说，继承前人的成就，借鉴别人的经验，结合时代的特征，这本身就是发展。京剧艺术是“角儿”的艺术，“艺在人身，艺随人走”，京剧音配像恰是把“角儿”的音像传留下来。我们希望今后能演出更多的戏、能涌现更多的“角儿”。京剧音配像表现为对前人成果的忠实继承，但最终的结果应该是促进京剧的繁荣、创新和发展。

《在京剧音配像总结会上的讲话》(2002年9月5日)

京剧怎么改革，需要很好地研究。

京剧怎么改革，需要很好地研究。过去有些戏改得好，但也有些戏改得不像京剧了。我们有些同志对自己民族的东西缺乏底气和信心。有的京剧演出中跳起了芭蕾舞，唱起了流行歌曲“西北风”，观众喊“还有没有相声？”这说明群众对这种“改革”不满意。任何事物都有个发展、革新的问题，京剧也不例外。但必须按照京剧固有的规律去改，在不丢掉好的东西的基础上发展、革新，而不是简单化地乱改。

《在听取文化部汇报会时的插话》（1989 年 8 月 9 日）

讲振兴京剧不能把力量用歪。

现在，所谓“京剧发展”之风很盛，成家立派的过多，我不主张这样搞。从一般意义上来讲，离开了继承的基础，发展就会变成胡来，具体来讲，京剧艺术有十年遭受严重破坏这段历史，我们必须正视这一点，应该按照这种客观实际来确定我们的方针。京剧加上交响乐、迪斯科，可以不可以呢？可以。但这种简单的结合，不能叫京剧的发展。按我的话说，这是京剧和交响乐结婚生了个孩子，这个“孩子”，和爸爸妈妈有联系，但他不是爸爸也不是妈妈，不能叫京剧。所以，讲振兴京剧不能把力量用歪。如果不首先把主要精力放在继承上，一味地追求所谓标新立异，那只能事倍功半，甚至糟蹋京剧。

《在戏剧“梅花奖”评委座谈会上的讲话》（1986 年 12 月 30 日）

京剧的庆幸是保留了一批老艺术家的录音，遗憾是没有留下老艺术家的形象。音配像就是用庆幸来弥补遗憾。

音配像工程是在特殊情况下采取特殊方式进行的。音配像没有专门的领导班子，没有固定的办公地点，没有自己的演职员队伍，没有自己的剧场、行头、布景、道具，没有自己的录音、录像设备，经费也是自己筹措，靠的是艺术家们对弘扬民族优秀文化“尽忠”、对继承老一辈艺术成就“尽孝”的精神，靠的是参与者的艰苦奋斗，靠的是社会各方面的大力支持。说音配像的成就是大团结的硕果、是大协作的凯歌，一点也不过分。音配像采用的这种方式，优点是大家凭着热情、凭着责任、凭着自觉参与工作，体现了人们渴望振兴民族优秀艺术的精气神；难点是对联系、组织、调动、协调工作要求很高，负责协调联系的人显得极为重要，如果这些人有什么变故，对于整个音配像工程的影响就会很大。当初和我一起倡导、策划并负责音配像协调联系工作的主要是张君秋、谢国祥①两位同志，如今他们两位都走了。音配像开始策划时，我只有 50 岁，现在本人已经六十有七，岁月不饶人，每当想到张君秋、谢国祥等为音配像事业献身的同志，每当想到音配像事业漫长、曲折、艰辛的历程，每当想到戏迷朋友热情的企盼，我就感到一种无形的沉重的压力，产生一种坐卧不安的紧迫感、危机感。古往今来，“善始者实繁，克终者盖寡”。有多少工作、多少事业半途而废，留下千古遗憾！我曾经说过，京剧的庆幸是保留了一批老艺术家的录音，京剧的遗憾是没有留

① 曾任天津市委宣传部部长。

下老艺术家的形象，音配像就是用庆幸来弥补遗憾。我们无论如何不能使音配像功败垂成，留下新的遗憾！

《在京剧音配像工作座谈会上的讲话》（2002 年 4 月 20 日）

以音配像为范本、为老师，是京剧艺术的入门之道、提高之道、成功之道。

当前京剧界出现了许多可喜的现象，剧目不断丰富，演出形式多样，一批中青年演员脱颖而出。同时，大多数同志也认为，当前许多院团都存在演员和演出水平不高的问题。而如何解决这个问题，其说不一。但我认为最有效的办法就是，以音配像为范本、为老师，组织演员多听、多看、多学、多练。音配像对开宗立派的大师，凡能找到的录音都配了像，并且出版了梅兰芳、尚小云、程砚秋、荀慧生、张君秋、马连良、谭富英、奚啸伯、杨宝森、周信芳、李少春、裘盛戎、叶盛兰、李多奎、萧长华、李和曾、袁世海等京剧大师的专辑。比如，梅兰芳专辑的 28 出戏，是梅派最全、最好的范本，都是梅葆玖配的像或由他指导配的像。依我看，凡学梅派的演员都应当认真看、反复看，并且对照自己，寻找差距，研究提高。学梅派是这样，其他流派也应该是这样。这可以说是京剧艺术的入门之道、提高之道、成功之道，也是解决当前演出水平不高问题的一条正道。

《在〈中国京剧音配像精粹〉工程总结表彰大会上的讲话》（2007 年 7 月 9 日）

67. 文物工作要坚持“保护为主，抢救第一”。

把保护特别是抢救文物放在文物工作的首位，这也是国家文物局开创文物工作新局面的一个突破口。我们要高举“保护为主，抢救第一”这面旗帜，大声疾呼，造成一定的影响，引起全社会的重视和支持，以此推动整个文物工作的发展。如果不举起保护和抢救文物这面旗帜，引不起全社会对文物的关注，引不起领导部门对文物应有的重视，就很难把文物工作放到应有的位置。只有使更多的人认识到为抢救文物花一笔钱“应该”、“值得”，我们才能做好文物的其他方面的工作。

当前保护、抢救文物的任务很重，国家文物局要下功夫调查研究，摸清情况，提出一个全面的、切实可行的规划来。比如，全国究竟有多少珍贵文物需要抢救，可按名称、年代、价值、破坏程度、维修需要多少钱等等栏目，实事求是地排一个单子，分类分级，区别轻重缓急，五年干什么，三年干什么，一年干什么，有明确的目标和具体的措施，纳入国家或地方的计划，然后一件一件去办。“八五”计划中关于精神文明建设的这一部分，其中也包括文物工作。国家文物局要扎扎实实地订一个“八五”计划，然后上报中央，这样经费才有着落，抢救文物的工作才能落到实处。为此，文物部门就要改进作风，深入实际，扎实工作，就要提倡知实情、想实招、办实事、求实效，坚决克服漂浮、扯皮、推诿、拖拉现象。

《在国家文物局汇报会上的讲话》（1991 年 4 月 6 日）

文物事业应本着“先救命后治病”的原则，抓住重点，急事先办，把有限的力量首先用于抢救那些快“断气”的孤品、珍品上去。

文物事业战线长，涉及面广，各方面的工作无疑都应当抓紧抓好，但是，在当前任务繁重而我们的力量又很有限的情况下，必须坚持保护为主、抢救第一的方针。

我们所以强调保护为主、把抢救放在首位，这是由我国文物事业的特殊性决定的。与一些历史较短的国家相比，我国文物的显著特点一是年代久，二是数量多。由于年代久，许多文物经历了几百年、上千年，称得上饱经风霜，抵御自然侵蚀的能力大大降低，有些抢救一下就保存下来了，不抢救就没有了；早抢救几年甚至几个月就保存下来了，晚几年甚至几个月就没有了，而历史文物是无法再生的，一时的延误就有可能造成千古遗恨。由于数量多，加上我们过去的欠账又比较多，即使投入的力量有较大增长，与实际需要相比仍然会有相当大的距离，这就需要按轻重缓急进行比较排队，本着“先救命后治病”的原则，抓住重点，急事先办，把有限的力量首先用于抢救那些快“断气”的孤品、珍品上去。只有这样，我们的文物保护工作才能做到有重点、有区别、有标准、有成效。

《保护为主　抢救第一——在全国文物工作会议上的讲话》（1992 年 5 月 8 日）

如果使祖先留下的遗产在我们手中糟蹋了、损坏了，那就上无以对祖先，下无以对子孙。

我们这个国家历史上发生过无数次战争、灾荒，人民颠沛流离，饱受动乱之苦，历史文物也遭受了严重损失；特别是近代帝国主义列强和文物强盗疯狂掠夺，肆意破坏，历史文物损失更为惨重，或化成灰烬，或沦为废墟，或流落异国，或不明去向，许多稀世瑰宝已荡然无存，有的仅仅剩下文字记载。回想这些，真是叫人痛心疾首，无限惋惜。我国现存的文物，是我们的祖辈一代又一代，付出了巨大代价和牺牲才保留下来的，是非常不容易的。现在这些历经磨难的珍贵遗产传到了我们这一代手里，我们应该怎么办呢？是尽最大努力保护好，继续传给我们的后代子孙，还是不负责任，在我们手里任其毁掉呢？这确是一个值得每个当代中国人严肃思考的重大问题。我们常讲“历史的人干历史的事”。这句话包含着两层意思：一方面是说我们不要超越历史阶段去干未来才能干的事；另一方面是说我们不能逃避历史责任，不去干我们应当而且可以干的事。如果我们这些“历史的人”没有干“历史的事”，使祖先留下的这份遗产在我们手中糟蹋了、损坏了，那就不是一般的工作失职，而是上无以对祖先，下无以对子孙，成为千古罪人。

《保护为主　抢救第一——在全国文物工作会议上的讲话》

（1992年5月8日）

必须把保护文物作为一项重要任务，纳入当地经济和社会发展的总体规划。

当前，我们面临的各方面任务都很繁重，大事、急事、难事很多，但必须明确，保护文物，特别是大规模地抢救文物，决不是可办可不办的事情，而必须作为一项重要任务，纳入当地经济和社会发展的总体规划，自觉地认真抓好。保护文物是要花一点钱的，我国目前也确实是缺钱，但缺钱并不能只缺文物保护这笔钱。进一步讲，在四化建设的过程中，什么时候才能不缺钱呢？如果以此为理由，对文物保护工作中该办的事一拖再拖，拖上几年、十几年、几十年，那么有些文物还能存在吗？现在世界各国普遍重视文物保护工作。许多西方国家不仅对保护本国的历史文物很重视，而且对它们当年从其他国家抢劫来的文物也保护得很好。如果我们目光短浅，在文物保护方面该花的钱不花，该办的事不办，致使文物保护长期处于一种较低的水平，那么我们还有什么资格自称文物大国，在世界文化舞台上还有什么光彩？我们各级领导，包括各位当省长、当市长、当县长的，都要以对祖国、对民族、对历史、对子孙高度负责的态度，把自己管辖范围内的文物保护好。

《保护为主　抢救第一——在全国文物工作会议上的讲话》

（1992 年 5 月 8 日）

对埋藏在地下的文物，不讲条件、缺乏论证的盲目发掘，必须坚决反对；而具备条件、经过科学论证的有计划发掘，必须积极支持。

如何对待埋藏在地下的文物？不讲条件、缺乏论证的盲目发掘，必须坚决反对；而具备条件、经过科学论证的有计划发掘，必须积极支持。现在我们的文物发掘工作比较被动，绝大部分带有偶然性。在这方面，最好能有一个规划，形成一套有计划、有组织、慎重科学的办法，变被动为主动。长期不搞主动发掘，就很难取得经验。有些东西长期待在地下是保护，如果发掘出来而保护不了，那就会损坏。但也许有些东西早发掘几年就留下来了，晚了就没有了。

《听取陕西省委、省政府工作汇报时的讲话》（1990 年 4 月 19 日）

对历史事件和历史人物的评价可以有分歧，但是不能因此而影响对文物的保护和利用。

在文物的保护和利用上，还有两个问题需要解决。一个问题是，对历史事件和历史人物的评价可以有分歧，但是不能因此而影响对文物的保护和利用。你对武则天、杨贵妃等，可以有不同的看法，但谁也不能从自己的看法出发来决定哪个墓应保护，哪个墓该砸掉。你喜欢也好，不喜欢也好，它们都是文物。北京的颐和园是西太后修的，这个老太婆人人都恨，但颐和园还得放在那儿，并且要认真保护。天津“九国租界地”有很多小洋楼，是拆掉，还是留下来，修复原样，曾引起很大的争论。我主张留下来，修复原样。有人批评说，这究竟是光荣，还是耻辱和罪证，有什么值得修的。我说历史文物是劳动人民血汗和智慧的结晶，你能把故宫给砸了吗？你能把颐和园砸了吗？后来小平同志来天津，我把这件事向小平同志汇报，小平同志说讲这种话是无知。所以，我们不能从自己的观点、自己的好恶出发来对待文物，对文物可以有不同的观点，但是不能因此而影响对文物的保护和利用。

《听取陕西省委、省政府工作汇报时的讲话》（1990 年 4 月 19 日）

文物是人民群众制造的，保护文物也必须依靠人民群众。

历史的责任，时代的责任，也就是全民的责任，全社会的责任。文物是人民群众制造的，保护文物也必须依靠人民群众。事实证明，只有动员广大人民群众关心和参与文物保护工作，实行文物单位、执法部门与广大人民群众相结合，文物保护工作才有广泛的基础，才能真正落到实处。必须看到，长期以来由于“左”的思想影响，由于宣传教育工作薄弱，人们对文物的重要意义缺乏足够的认识。特别是“文化大革命”中把文物当作扫“四旧”的对象，不仅使文物遭受了一场浩劫，而且在人们思想上造成了极大混乱，这种影响迄今仍到处可见，成为做好文物保护工作的一大障碍。我们必须通过艰苦细致的宣传教育工作，唤起全民的文物保护意识，造成“保护文物，人人有责”的强大社会舆论，在广大群众特别是青少年中形成“爱护文物光荣，损坏文物可耻”的良好风尚，使爱惜、保护文物成为每个公民的行为规范，从而开创全民、全社会自觉保护文物的崭新局面。

《保护为主　抢救第一——在全国文物工作会议上的讲话》（1992年5月8日）

就当前而言还是要强调保护文物、抢救文物，而不是简单地讲搞活文物市场。

文物的保护和利用的关系，在文物界是一个争论时间较长的老问题。简单地把二者对立起来或混为一谈都是不对的。保护毕竟是保护，利用毕竟是利用，两者是有区别的；但是保护归根结底还是为了利用，在这个意义上说，保护和利用又是一致的。我们不能对文物利用的意义和方式作过于狭隘的理解，应该说利用是多种多样的。陈列展览固然是一种利用方式，把珍贵文物珍藏在库房里，偶尔展出一次，也是一种利用方式。

有的同志说，文物控制得过严、过死，文物工作没有搞活，文物部门很苦，不利于保护好文物。还有的同志说，在法律和政策许可的范围内，适当地搞活文物市场，让一部分文物进入社会，一可以满足人们在物质生活水平和文化文明程度提高的情况下产生的爱好文物的需求，二可以在国家财政困难的情况下筹集一些保护文物的资金，三可以回收散失在民间的一些珍贵文物。这些意见不能说没有一定的道理。但是就当前而言还是要强调保护文物、抢救文物，而不是简单地讲搞活文物市场。简单地讲“搞活”，那就有“乱”的可能。因为“活”和“乱”有时是伴生的。对文物假如不以保护为前提，缺乏保护观念，缺乏“保护”的那么一股劲头，眼里只盯着钱，文物市场一开，很容易出大事。到时候里勾外联，盗窃、倒卖、走私等现象很难控制。开放文物市场还有一个完善法规、加强管理问题，这些工作跟不上是谈不上开放的。

总之，开放文物市场这件事事关重大，情况复杂，要特别谨慎对待。

《在国家文物局汇报会上的讲话》（1991年4月6日）

强调把抢救放在首位，并不是否定文物的合理利用。

我们强调保护为主，强调把抢救放在首位，并不是否定文物的合理利用。从一定意义上讲，保护文物的目的最终还是利用。实践证明，合理、适度、科学的利用，不仅不会妨碍保护而且有利于保护。这几年，许多地方领导利用文物发展旅游，增加对外交往，有效地促进了地方经济发展，由此他们也更加关心并有更多的财力支持文物事业。一些地方的文物景点就是随着旅游业的兴旺而在有关部门支持下逐步恢复的。只有结合地方经济的发展，适应人民的实际需要，文物工作才能得到地方的理解和支持。当前，文物部门普遍反映经费困难，可以多想一点利用文物扩大经济效益的办法，以增强文物部门自身“造血能力”。在改革开放的形势下，把文物事业搞得更活一点，大有文章可做，要大力加以研究。一些文物的展出方式也可以更加多样化、高档化，更具吸引力。但是，所有的文物利用，都要服从国家有关法规，在保护文物安全的前提下进行，都应当有助于保护。“无其器则无其道”，有了文物的存在，才谈得上文物的利用，如果文物毁灭、流失了，不仅谈不上利用，连文物工作本身都会失去安身立命的基石。

《保护为主　抢救第一——在全国文物工作会议上的讲话》（1992年5月8日）

从某种意义上说，保护文物的最终目的是为了利用；有些文物没有利用就不能很好保护。

从某种意义上说，保护文物的最终目的是为了利用；有些文物没有利用就不能很好保护。比如房子，长久无人住就坏掉了。现在既有不重视文物保护而造成损失的问题，也有利用不够的问题。对文物的利用一般来说有两种效益，一是社会效益，二是经济效益。以文物为教材，进行爱国主义教育，振奋民族精神，丰富人民群众的精神文化生活等等，这是社会效益；利用文物来发展旅游业，比如秦兵马俑、华清池和黄帝陵，多吸引一些游客来看，增加一点经济收入，这是经济效益。我们把社会效益放在第一位，但也不完全排斥经济效益。赚点钱，有利于文物事业的保护和开发。

《听取陕西省委、省政府工作汇报时的讲话》（1990年4月19日）

我们可以运用文物来丰富人民的精神生活。

我们要把文物工作同弘扬民族优秀文化、同建设有中国特色的社会主义联系起来，从这样的高度，来看待和搞好文物的保护和利用。在现代化建设和改革开放的新时期，进一步加强文物工作，对促进物质文明建设和精神文明建设，增强中华民族的凝聚力，以及扩大我国人民同世界各国人民的文化交流和友好往来，都具有重要意义。文物真实地反映了我国历史各个发展阶段的政治、经济、军事、文化、科学和社会生活的状况，凝结着各族人民的智慧和创造，具有直观、形象、生动的特点。所以，用文物对广大人民群众特别是青少年，进行爱国主义、革命传统和历史唯物主义的教育，是别的教育手段所难以代替的。我们可以运用文物来丰富人民的精神生活。在大量的祖国文物中，有许多绚丽多彩的艺术珍品，能给人以美的享受，能供人欣赏和借鉴，产生陶冶情操、提高文化素养的效果。我们可以运用文物研究我国历史上科学技术发展的成果，为今天的社会主义经济建设服务。我们还可以利用文物发展旅游业，开展国际文化交流，扩大同各国人民之间的友好往来。我国文物对国外旅游者具有很大的吸引力，在国际文化交流中外国人对中国文物有特别的兴趣。

《听取陕西省委、省政府工作汇报时的讲话》(1990 年 4 月 19 日)

历史文物是我们学习历史唯物主义的直观、生动、形象的教材，是联结中华民族的强大精神纽带。

在今天我国社会主义现代化建设和改革开放中，文物仍然发挥着特有的作用。历史文物是我们学习历史唯物主义的直观、生动、形象的教材。它把各个时代的社会制度、社会生产、社会生活以实物的形式展现在人们面前，帮助我们了解社会发展规律和历史演变进程，了解中华民族长期居于世界领先地位的古代文明，了解近百年来中国人民前赴后继、争取民族独立解放的英勇斗争。丰富的历史文物有利于促进文化繁荣和经济发展。随着人们物质生活的提高，欣赏历史文物，参观名胜古迹，已日益成为人们精神生活的一部分。利用文物资源，吸引海内外游客，是发展我国旅游业的一大特色和优势，也是开展国际文化交流的一个重要方面。通过举办文物展览，经营文物商店，发行文物图书，提供参观服务等活动，既可以宣传扩大中国文物的影响，又可以为文物保护筹措资金。历史文物是联结中华民族的强大精神纽带。有些珍贵文物已成为举世公认的中华民族的象征。无论是身居中国本土还是生长在异国他乡的中华儿女，只要提到伟大祖国的文物瑰宝，都会联想到我们勤劳、勇敢、智慧的祖先，联想到中华民族在世界文明史上的历史地位，都会引为骄傲和自豪。历史文物的发掘、保护和展现，必将进一步激发海内外中华儿女的爱国热情，增强民族凝聚力，鼓舞人们在中华民族伟大复兴的旗帜下，为实现祖国统一和四化大业，作出自己应有的贡献。

《保护为主　抢救第一——在全国文物工作会议上的讲话》

（1992 年 5 月 8 日）

通过整修黄帝陵工程，可以使所有的中华儿女在共同的祖先面前，找到共同的语言，达到最广泛的团结。

在祖国现代化建设进程中，如何最大限度地把海内外同胞团结起来，把我们民族的巨大潜力挖掘出来，把人们的聪明才智发挥出来，始终是一篇必须下功夫研究的大文章。黄帝是中华民族历史上最有代表意义的旗帜。通过整修黄帝陵工程，可以使所有的中华儿女在共同的祖先面前，找到共同的语言，达到最广泛的团结，从而振奋民族精神，实现中华民族的伟大复兴。

整修黄帝陵既要抓紧当前的工作，又要有长远的考虑。规划、整修、植树以及宣传都要扎扎实实，精益求精。整修和保护黄帝陵是一项长期的工作，要年复一年地搞下去。要逐步形成一套建制、一班人马，保证各项工作不停顿地顺利实施。

《听取整修黄帝陵工作汇报时的讲话》(1994 年 4 月 6 日)

68. 人民城市人民建，为民之举靠人民。

我国的一大特点是人多，我们的许多问题和困难是人多造成的，要解决这些问题和困难也必须在人多上想主意。人多是我们的一大难题，人多也是我们的一大优势。在目前国家资金短缺的情况下，要想把人民生活的事搞得好点，必须坚持人民城市人民建，为民之举靠人民的方针，动员各个方面的力量，尽可能使更多的人参加到建设中来，有钱出钱，有力出力，没钱没力出出主意。实践证明，坚持了这一条，不仅有利于改变人民一切依赖国家、事事向上伸手的习气，解决财力物力方面的困难，而且会使大家在办实事的过程中受到教育和鼓舞，更加珍惜爱护自己的劳动成果，形成热爱家乡、关心公益事业的良好社会风气。

所谓为民之举靠人民，首先是指动员各方面的力量办那些群众急需、公众受益、长远受益的事。其中包括局部利益与全局利益发生矛盾时，自觉地牺牲局部，支援全局；包括主动地为全市性的工程和人民生活中的大事开绿灯、让方便、担困难、分压力，而不是设障碍、添麻烦、捞油水、占便宜；也包括根据各单位的特点，发挥各自的优势，为办实事出设备、献技术，或在舆论上宣传、道义上支持。“众人捧柴火焰高”，我们的许多大事、难事，都是靠全市各行各业、各家各户的通力协作、紧密配合而办成的。

为民之举靠人民，还表现为依靠群众解决建设资金不足的问题。我们有不少社会公益项目，是发动社会集资，民办公助建设起来的。比如，今年由于压缩基建规模，外环线建设资金有缺口，市道路工程指挥部采取发行建设债券的办法，仅十多天时间就征集到社会闲散资金 5 000 万元，不但可以保证外环线按计划建成通车，提早发挥效益，而且由于采取了到期还本付息的办法，群众利益也得到了保证。实践证明，适度集资，群众是可以接受的，也是符合中央指示精神的。

为民之举靠人民，还包括组织群众参加义务劳动。天津这几年组织群众性的义务劳动兴建大的工程，成效是显著的，中央来津视察的几位领导同志都充分肯定了它的政治意义和经济意义，认为经常组织人民参加一些义务劳动，这是我们的一个优势，也是很好的思想政治工作。今后，我们要自觉地把这种精神和形式推广到各个部门、各个单位中去。现在各企事业单位要办的事情很多，比如建浴池、办食堂、铺道路、修围墙等等，雇人来搞花钱很多，如果发动职工自己来搞，只要组织得好，安排得适当，对解决本单位的实际问题，改善生活环境和工作条件，对节省开支，培养职工的艰苦奋斗、自力更生精神，都会大有好处。

《在天津市人民政府第十届第七次全体会议上的讲话》

（1987 年 3 月 5 日）

搞好城市建设是改善人民生活的重要方面。

城市是经济建设的载体，是社会未来发展的基础，搞好城市建设是改善人民生活的重要方面。我们讲提高人民生活水平，不能光讲吃饭、穿衣，还要讲提高人民生活环境的质量，在城市就是城市环境质量。人创造环境，环境也影响人。一个好的环境，对提高人的素质可以起到重要的促进作用。

《听取福建省委、省政府工作汇报时的讲话》(1998年11月8日)

讲办实事，城市建设是最大的实事。

城市建设与人民生活密切相关，讲办实事，城市建设是最大的实事。不是说要看得见、摸得着吗？城市建设常常是最显眼的。把为群众办实事和各项建设结合起来，这是我们的一条原则。比如修道路既是城市的基础设施，又是人民生活中的实事。有的工人说："早晨上班是'吉斯'(挤死)，晚上下班是'奔斯'(奔死)，一天工作吃'琪司'(气死)。"[①] 他的情绪怎么起得来？尤其是女职工，下班晚了，孩子没人管，她怎么能安心？我曾讲过，对小孩妈妈来说，她的小孩就是大事。我们过去就常常讲要注意长远的、根本的利益，这当然都是对的，办任何事情都不能离开这个大目标。但是，不顾或以此来否定群众当前的、具体的、特殊的利益，这也不行。我们这样提过：要让人们今年看到什么，到了明年又多看和多享受到什么，让所有的人都有盼头。有盼头，才有劲头，这样才能在建设过程中，四化每前进一步，生活就改善一步，即一步一步地化，一步一步地改善。人是生产力中最重要的要素，人的精神不振，劲头起不来，生产是没有办

① "吉斯"是原苏联小轿车的一种；"奔斯"即现在的"奔驰"；"琪司"现称"起司"，是英文奶酪的音译。

法搞好的。

《同全国第四期市长研究班学员座谈时的讲话》(1986 年 1 月 9 日)

要把城市建设和改善人民生活的实事办好，最重要的就是要坚定地相信和依靠群众。

要把实事办实、好事办好，最重要的就是要坚定地相信和依靠群众，充分发挥政治优势。天津这几年发展变化的过程，就是依靠群众战胜困难的过程。回忆几年前的天津，满街临建棚，到处是垃圾；上水没来源，下水无出路；路上车挤车，车上人挤人，城市面貌破烂不堪，城市功能残缺不全，被人称为全国最破最乱的城市。曾几何时，天津完全改变了模样，其变化之快、变化之大，使全市人民引以自豪，外地人交口相誉。当然，也有些人感到难以理解，不可思议。是不是天津投资特别多？并不是，天津的城建经费比其他大城市要少得多；是不是天津享有特殊的政策？也不是，天津在上缴国家财政比例上一直是较高的；是不是天津有什么出格的地方？更不是，天津一直规规矩矩，几年来无论压缩固定资产投资，控制消费基金和社会集团购买力，都较好地完成了国家下达的任务。那么，天津靠的是什么呢？就是靠全市 800 万人民奋发向上的精神状态，800 万人民一往无前的顽强拼搏，800 万人民无穷无尽的智慧和力量。

《在天津市人民政府第十一届第二次全体会议上的讲话》(1989 年 3 月 6 日)

群众中确实存在着需要教育和引导的问题，而组织群众参加为自己办实事的活动，是使群众受到教育的最好方法。

群众中确实存在着需要教育和引导的问题，而组织群众参加为自己办实事的活动，是使群众受到教育的最好方法。群众受益的事情发动群众参加，群众出了力气，花了心血，就会感到自己是主人，就会当作自己的事情，有困难主动克服，有成绩引以为荣，对成果倍加珍惜。群众参加了办实事，就能亲自体验党和政府的关怀，知道办事的难处，了解领导的辛苦，对一些不尽如人意的地方也就能够理解和体谅。正因为我们在办实事的过程中尽可能扩大群众的参与程度，群众在办实事中看到了自己的力量，增强了主人翁的意识和责任感，从而更加积极地响应党和政府的号召，以更加饱满的热情投身于各项工作。

《一切为了人民，一切依靠人民——在天津市人民政府第十届第九次全体会议上的讲话》（1988 年 3 月 5 日）

拆临建是一件直接涉及几十万人利益的大事，没有广大群众参加是完不成的。

要利用各种形式，通过各种渠道，采取多种方法，大力宣传解决震灾户住房、年底拆除完临建的重要意义。要向广大干部和群众讲清楚，做好这项工作关系着我国的国际声誉和我市在全国的影响，关系着在政治上实现进一步安定团结和经济上实现进一步调整。要使干部和群众真正了解，这是一件直接涉及几十万人利益的大事，没有广大群众参加是完不成的；如果没有一个全市人民总动员、男女老少齐上阵的强大声势和强烈气氛，单靠领导是推不动的。要下大力量搞好宣传报道，宣传支持拆除临建光荣，阻碍拆除临建可耻；为拆除临建作贡献有功，在拆除临建中捞便宜有罪。要大力表扬那些顾大局、识大体，不顾单位和个人得失，支持拆除临建的好人好事；批评那些只顾个人、单位利益，不顾国家和全市人民利益的错误倾向，选择好的和坏的典型，在报纸上公开表扬和批评。

《在天津市区县局党员领导干部会议上的讲话》(1981 年 6 月 9 日)

凡涉及众人之事，须依靠众人之力。

完成修复重建任务，关系到千家万户，涉及各条战线。如果没有一个总动员，取得全市人民的理解和支持，形成一个全市人民齐上阵的局面，只靠某个部门或哪几个部门是不能完成的。凡涉及众人之事，须依靠众人之力。各行各业都要迅速地行动起来。思想工作要贯穿始终；计划工作要走在前面；设计施工要紧紧跟上；建筑科研要努力创新；商业、服务行业要紧密配合；各新闻单位和文艺团体要搞好宣传报道，大力表扬好人好事，批评各种错误思想和行为。做到人人献策，个个出力，为修复重建添砖加瓦。全市总动员，拆完临建过新年。

《在天津市第九届人大常委会第十一次扩大会议上的汇报》(1981 年 6 月 24 日)

原则了就不具体，具体了就包不全。

中央在经济极端困难的情况下给了我们 24 亿拆临建专款很不容易，我们绝不能辜负中央的关怀。要从大局出发，认真负责实事求是地贯彻市委的精神，而不能只是站在本单位、本部门和个人的立场上，挖空心思地去找文件的漏洞，拐弯抹角地去占国家的便宜。任何一个涉及千家万户群众的规定都只能是个基本原则，都会有些漏洞，外国法典搞几十万字也有漏洞。因为原则了就不具体，具体了就包不全。我们应当把主要精力用在理解基本精神、积极工作上面。市委文件精神如有不周全之处，我们要在工作中去弥补，如有漏洞的地方就帮助去堵，这是我们的希望和要求。

《在天津市人民政府全体会议上的讲话》（1981 年 6 月 18 日）

一个单位容貌的好坏，反映了一个单位的精神状态和管理水平。

优美的环境，整洁的生产条件和工作条件有利于陶冶人们的性情，培养人们的高尚情操，激发职工热爱工作、积极进取的精神。一个单位容貌的好坏，反映了一个单位的精神状态和管理水平。一个工厂，物料乱堆乱放，没有合理的场地布局，没有合理的距离，合理的流向，合理的储存数量，它必然影响生产效率和效益。所以它既是精神文明的问题，也是直接影响物质文明建设的问题。事实证明，一个单位环境容貌的好坏，首先反映了这个单位领导的事业心和责任感；反映了你单位究竟是认真负责，还是混日子；反映了你单位本身有没有主人翁精神，有没有当家作主的思想。所以，整顿各个单位容貌的工作已经到了非解决不可的程度了。不解决这个问题，不仅影响城市的声誉、国家的声誉，而且直接影响各项建设事业的进行；反过来又会影响广大群众的精神状态。

《在天津市整顿厂容店容校容动员大会上的讲话》（1982 年 11 月 2 日）

力量在群众之中，智慧在群众之中。

要加强宣传、教育工作，把广大干部群众充分发动起来，造成强大的声势。宣传、新闻部门，报纸，广播，电视，在今年第四季度都要把开创全市环境卫生新局面作为一项重要的内容进行宣传报道，使广大干部群众明白这次整顿工作的意义、目的和要求，变成群众的自觉行动。力量在群众之中，智慧在群众之中。只要真正把群众动员起来，许多困难就可以迎刃而解，许多好主意、好办法就可以产生出来。

《在天津市整顿厂容店容校容动员大会上的讲话》（1982 年 11 月 2 日）

69. 把城市的平衡、稳定、协调发展作为总题目。

研究城市的总体发展，必须了解组成城市整体的各个单位、各个行业、各个部门的发展，而研究这些特殊领域的发展，又都离不开城市的性质和发展方向。城市科学研究必须站在城市总体的高度来观察各个局部，而不能站在局部的立场来看待整个城市。要把城市的平衡、稳定、协调发展作为一个总的题目和对象来研究，从中找出那些与总体发展不相适应的方面和部分，找出造成缺门、短线和不平衡的原因，提出亟须解决的问题，以便通过工作把它们之间的关系理顺，使之尽快得到解决。

城市科学研究必须处理好现实与长远的关系、生产与生活的关系、经济建设与文化生活的关系等。在研究方法上要坚持理论与实践相结合、近期与长期相结合、专家学者与实际工作者相结合、学术研究与政府工作相结合，围绕城市中的突出问题，及时地提出解决的方案。城市科学研究不能代替具体部门、具体学科的研究。要组织好具体部门、具体学科的研究，并把其研究成果与城市科学研究结合起来，以促进城市科学的发展。

《谈加强城市科学研究》（1985 年 11 月 19 日）

要使一个城市协调、健康地发展，就必须认识城市的特点，把握城市运动的规律性。

从一般意义上讲，城市的特殊性决定了城市科学研究的重要性。城市是经济、政治和文化的中心，它代表着一个社会经济文化发展的高峰，是人类活动的中心舞台。马克思曾经这样说过，城市的发展，造成新的力量、新的观念，造成新的交往方式、新的需要和新的语言。城市的这种地位和作用，就表明了城市的发展有着自身的客观规律，有着区别于农村和一般地区的若干特点，因此，要使一个城市协调、健康地发展，就必须认识城市的特点，把握城市运动的规律性。然而这是我们长期没有解决好的一个问题。建国以来，经过中央的一再倡导，一大批干部在研究城市、认识城市方面作出了很大努力，对城市工作的领导有了显著进步。但由于我们党走的是以农村包围城市、最后夺取城市的道路，原有干部的主要成分是农民，多数时间活动在农村，这就形成了一整套与农村相适应的思想观念、领导方法和领导作风，这种观念、方法和作风至今还不断地表现出来。相比之下，我们对城市本来就不很熟悉，而这些年又没有把它作为一门科学的对象进行认真、系统的研究，这就使城市工作存在着很大的盲目性。有的同志讲，现在流行着各种“城市病”，比如，人口膨胀，供应紧张，各种“难”越来越多；污染严重，噪声成灾，自然环境不断恶化；基础建设、公用设施同城市发展相脱节，城市长期处于超负荷运行；等等。这些问题，在很大程度上反映了我们还没有掌握城市发展的规律，对城市的认识还有许多必然王国。目前，我们国家 30 万人口以上的城市有 173 个，这里集中了我国绝大部分的物质技术力量和教育、科学、文化力量，是连接幅员辽阔大地、星罗棋布乡镇的纽带，是我们向现代化宏伟目标进军的主要依托。如何使这些城市在社会主义现代化建设中发挥更大的作用，这已经成为一个十分重要、十分紧迫的问题。如果我们的城市领导工作仍停留在原来的水平上，或是把领导农村的做法继续简单地搬到城市中来，城市的发展和城市作用的发挥都将受到极大的限制，甚至会造成新的失误。城市科学是研究和解决城市问题的学科，它对于城市的许多问题，如城市的运动规律，城市规划的原则、理论和方法，城市在国民经济和社会发展中的地位和作用等等，都有科学的理论依据和明确的规定性。它的许多成果都是人类在城市发展的过程中经过曲曲折折、付出巨大代价而得来的，我们应当把这些宝贵的财富自觉运用到城市工作的实践中去，并不断地探索开拓，运用科学的观念和科学的方法，指导城市规划、建设和管理。可以这样说，城市科学是每个城市领导者的基本功和必修课，今后城市工作的水平，将很大程度取决于城市科学研究开展的广度和深度。

《〈万里论城市建设〉代序》（1994 年 3 月 29 日）

要将城市作为社会经济运行的一个载体，作为一个有机联系的复合体来进行研究。

城市作为一个极其复杂的有机整体，它的各个组成部分之间同样存在着内在的、必然的、不以人的意志为转移的、相互联系和相互制约的关系，功能是多方面的。因此，研究城市必须认真研究这种关系，并找出各个方面之间不够协调、不够稳定的地方；通过工作，使整个城市协调、平稳、持续地向前发展。城市建设的根本目的，就是要充分发挥它的多种功能，使其在发展商品经济、提高生产力、改善人民生活方面发挥更大的作用。因此，研究城市建设，必须注重宏观的、综合的研究。不能就项目论项目，或者就工业论工业，就商业论商业。要将城市作为整个国民经济运行的一个载体，作为一个有机联系的复合体来进行研究，决不能只是从某一个局部孤立地看问题。要从市情出发，根据整体性原则，正确处理城市建设与经济建设、文化建设以及城市环境的综合治理等各个方面的关系。除了必要的生产设施之外，还必须按比例配套地发展城市供水、排水、道路、公共交通、煤气、热力、供电、通讯以及其他满足人民物质和文化需要的基础设施。这些既是发展城市经济、满足居民生活的基本条件，也是发挥城市多功能作用的必要前提。它们之间不协调，城市就会“翻车”。过去，人们用小生产的观点看问题，认为在农村开荒种地就可以发展农业，在城市多盖工厂就可以发展工业；或者认为“变消费城市为生产城市”就是多盖工厂、发展工业。这种认识把城市看得过于简单，忽视了城市复杂的特殊性质和综合功能，硬把我们的城市降低到只是工业生产一项功能的“地域”，使城市无法发挥自己的整体效益。这是吃了大亏的。至今我们拿不出一个像样的城市来。这几年，天津的城市建设是下了一番功夫，取得了一些成绩的。现在有的同志觉得搞多了，他们想使经济，特别是工业上得快一点，其出发点是好的。但他们没有认真分析我们城市这个有机整体，搞清城市建设与经济发展的关系，常常是绝对地、孤立地、非此即彼地看问题，缺乏系统、整体的观念，不注意协调发展这个规律。事实已经证明：如果水、电、交通、通讯、商业、文教、卫生、住宅等各方面的建设跟不上去，都会直接或间接地影响和制约生产的发展。天津正是由于注意了正确处理工业、各项事业的发展同基础设施的关系，才有了这几年稳定协调的发展形势。

《在天津市城市协调发展研讨会上的讲话》（1988 年 3 月 12 日）

城市科学的研究既是一个总体，又必须多层次、多学科地分别研究。

城市的复杂性、综合性，决定了城市科学研究的艰巨性和多样性。它与城市内其他各个科学领域的研究，既是不同的，又是相联的；既不能互相代替，又必须互为关系。研究城市的总体发展，必须研究组成城市整体的各个行业、各个部门、各个方面的发展，而这些又都不能离开城市的整体，都必须以城市的整体发展目标为依据、为前提。所以，城市科学的研究既是一个总体，是自然科学和社会科学各类学科的有机结合，又必须多层次、多学科地分别研究，从各个方面、各个部分的相互依赖、相互结合、相互制约的关系中，来揭示整体的特征和运动规律。这个研究必须站在城市总体的高度上来观察问题，把整个城市的平衡、稳定和发展作为一个总的研究题目和对象，并以此为出发点，来研究各个学科、各个行业和各个部门，把它们之间的关系弄清、理顺。这些都决定了城市科学研究的复杂性、多样性和艰巨性。

《〈万里论城市建设〉代序》（1994 年 3 月 29 日）

城市经济的发展，取决于城市的功能，取决于城市这个载体的能力。离开了城市载体的能力，谈经济如何发展，最终只能是空中楼阁。

城市是经济发展的载体。城市经济的发展，取决于城市的功能，取决于城市这个载体的能力。离开了城市载体的能力，谈经济如何发展，最终只能是空中楼阁。交通不发展，运不进来，拉不出去，经济怎么搞上去？水、电、热不齐全，各项功能不够用，生产怎么能提高？最近几年，我们在解决城市基础设施，比如水、路、气以及其他设施上，花的力气是大一些，抓得比较突出些，力量比较集中些。这些基础设施大都是从经济发展需要出发的。事实也证明，这些基础设施的社会效益是相当可观的，为工业的发展提供了有利条件。因此可以肯定地讲，城市建设工作是一项极其重要的工作，这是问题的一个方面。从另一方面讲，城市建设也是花钱的，而且是花大钱的，要搞好，必须十分细致、认真。胡搞乱搞，可能把家搞穷，把经济搞乱。老百姓讲“土木之工不可不动，不可擅动”，就是说要量力而行。如果脱离实际，企图把长期的欠账在短时间内全部解决，或是不分内容，不分轻重缓急，什么都要大上、快上、全面上，上得过于急、过于猛，超出了财政的能力，影响和冲击了其他的工作，使经济关系紧张而不协调，必然造成难以为继的局面。其结果必然是妨害了整个经济的发展，造成大下的局面。建国 30 多年来，对城市建设在经济发展中的作用，认识不够统一。反映在城市建设工作上，表现为有时候头脑发热盲目大上，超出了财力的可能，造成经济上的困难；有时候又忽视了适度发展的作用和意义，盲目大下，使得“骨头”和“肉”严重失调，影响了经济发展的后劲。这种现象，30多年中多次反复，很需要深入研究，认真总结，使城市建设与经济建设更加协调稳定地发展。

《在天津市城市协调发展研讨会上的讲话》（1988年3月12日）

城市建设上不去，经济建设最终也上不去。

城市这个载体，功能不够，载体就那么大，想往上加多少，根本不可能。城市建设上不去，经济建设最终也上不去。因为上水无来源，下水无处理，马路不够宽，管子不够顸、不够长，电一会儿就停，你经济建设怎么搞？就经济建设谈经济建设，表面看来好像是很重视经济建设，但由于城市的基础设施没搞好，骨架没形成，路子不是越走越宽，最终结果是影响经济建设。

《在河北省九市城市问题研讨会上的发言》（1987年6月8日）

把革命胆略和求实精神结合起来，把冲天干劲和科学态度结合起来。

引滦入津工程是百年大计、千年大计，它将随着天津的存在而存在下去，长期地发挥作用。所以在设计和施工中必须十分注意质量。可以说：第一是质量，第二是质量，第三还是质量，在确保质量前提下争取速度。为此，在工程建设的一切环节中，都要提倡尊重科学，讲究科学，把革命胆略和求实精神结合起来，把冲天干劲和科学态度结合起来。在工程设计上，要力求做到先进、合理、经济，重大项目和重要部位都必须进行充分的技术论证。在施工上，要积极推广经过试验的、行之有效的先进技术和操作方法，把苦干和巧干结合起来。在管理上，要大力推行科学的管理方法，精心指导，合理组织，建立和健全以岗位责任制为中心的各种责任制，克服和防止混乱、窝工、浪费和无人负责的现象。在施工中，要加强安全教育，克服麻痹思想，严格操作规程，搞好防范措施，做到安全生产，尽量减少和避免灾害性事故的发生。要在全体设计人员和施工人员中开展群众性的技术革新活动，凡是有利于提高质量、加快速度、节约原材料和发明创造和合理化建议，都要加以采纳，并给予奖励。

《在天津市引滦入津工程开工典礼大会上的讲话》（1982 年 5 月 11 日）

治理城市要用中医辨证论治的方法。

现在，有许多事情仍然带有战争的痕迹、运动式的色彩。天天都有新精神，说明还没有走上正轨。城市中重要的是稳定和协调，一个城市的领导集团要经常研究协调、研究平衡，及时做协调、平衡工作，使城市在不断微调的过程中协调发展。所以，治理城市要用中医辨证论治的方法。

《在听取天津市第五次党代会报告汇报时的讲话》（1988 年 3 月 8 日）

把大城市变成小城市管，横的切块，竖的切段，大变小，长变短，就好管了。

大城市为什么不好管？就是因为大。我有个笨说法，叫把大城市变成小城市管。横的切块，竖的切段，大变小，长变短，就好管了。基于这种思路，我们除了全市需要统一管的，如规划等，其余的都切给区。区长在相当多的方面相当于这个规模的市长。现在，他们比较主动，整天在憋招儿。中环线西半环 18 公里拆迁只用 18 天，东半环 16 公里只用 13 天，而且被拆的人高兴，敲锣打鼓吃喜面，因为拆了旧房，能住新房；给房子的人也高兴，因为盖了房子卖不出去，压着资金要付利息；而这些都在区里。这种积极性有很多的因素，主要是经济利益问题，慢慢地也形成了风气。开始也不是这样，1981 年拆除临建棚时，为了搬“钉子户”，动员了各方面的力量，软的硬的都使过。1982 年修海河公园动员拆迁时，也遇到了一些阻力，顶着不拆的又常常是有后台的。但是我们坚持定了拆的必须拆，顶着的不能占便宜，积极的不能吃亏，逐步形成了这么一个风气。当然要有一套合理的规定，比如，被拆的，必须给个合理的出路，不能损害被拆老百姓的利益。这样，区里就得有给房子的权力，如果手里什么都没有，心里没底气，说话嘴就软。

《同全国第四期市长研究班学员座谈时的讲话》(1986 年 1 月 9 日)

有很多事情，孤立看一筹莫展，综合看“柳暗花明”。

“综合抓、抓综合”的方法，即从综合的目标出发，采取综合的方法，进行综合的工作，达到综合的效果。这是我们办成许多大事、难事的要招。对这个方法，希望同志们做些研究。

城市本身是一个复杂的有机体，具有多功能、多层次、高度综合的性质。许多事情既表现为各种矛盾的互相对立、互相制约，又表现为互相联系和多样性的统一。因此，对城市工作必须有综合的观点，切忌孤立、静止的观点，要从多方面观察研究问题。有一些事物在这个范围里是一个性质，在另一个范围里又是一个性质；在这里是包袱，在那里就是财富；在这方面是废料，在那方面就是原料。有很多事情，孤立看一筹莫展，综合看“柳暗花明”。当然，综合不是捏合，也不是凑合。综合抓，不是“胡子眉毛一把抓”，而是对事物本质规律认识的结果。这种综合的本事也不是从天上掉下来的，它来自于对情况的全面了解，来自于对工作呕心沥血，来自于反复实践和理论的指导。我希望大家试一试这个方法，对于提高本领、搞好工作会大有好处。

《在天津市人民政府第十届第七次全体会议上的讲话》
（1987 年 3 月 5 日）

对城市问题的解决，头痛医头，脚痛医脚，往往顾此失彼，“按下葫芦起来瓢”。

城市是个综合的有机体，具有多功能、多层次、高度综合的性质，对城市建设必须综合考虑。过去，我们的一个很大失误，就是对城市缺乏综合的系统的观念。管工业的只着眼于建工厂，扩大再生产，而忽视相关的城市功能的提高；管城建的，单纯抓建设，很少考虑与其他方面发展的有机协调。对城市问题的解决，头痛医头，脚痛医脚，往往顾此失彼，“按下葫芦起来瓢”。比如城市环境污染的治理，涉及废水、废气、废渣、垃圾、噪音等等。如果孤立地一项一项解决，合起来需要上百亿元，无论如何负担不起，而且很难收到好的效果。这就需要从综合的目标出发，采取综合的方法，进行综合的工作，达到综合的效果。离开综合的观点处理城市规划、建设和管理中的问题，人为地割裂事物内在的联系，就会背离城市运动和发展的规律，使城市难以协调发展。这几年，我们就是凭着这个“综合”，综合治理、综合开发，干了许许多多被人认为干不成的事情，取得许许多多综合的效益、综合的效果。

《在天津市城建工作会议上的讲话》(1987 年 2 月 18 日)

大工程可以“切灌肠”，一段一段地搞；城市管理可以“切豆腐块”，一块一块地弄。

我们现在这个思路，就是把整个统一的城市可分割的部分分割开来，下放下去，把原来由市级单位一部分人承担的任务，放到由众多的人来挑这个担子。总而言之，竖的“切灌肠”，横的“切豆腐块”，一人一块去弄。有人常常对搞建筑、对大工程感到很神秘，我说并不神秘。为什么呢？大工程变成小工程搞嘛！引滦工程很长，238 公里，可以“切灌肠”，一段一段地搞。同理，城市管理也可以把它分割开来，在尽可能的情况下，使区形成一级政权，名副其实的一级政权。很多现实情况说明，省辖市以及一些小城市，管理得都比较好。比如现在全国都在学三明，三明的城市管理经验有很多地方值得我们学习。

现在我们的思路，就是把天津市区在一定的内容、一定的范围内，变成个小城市。总共六个区，三个滨海区。其中河北区最大，57 万人。在这块土地上的 57 万人的吃喝拉撒睡由他们负责。我们这次改革的基本出发点，就是要加大市区的权力，加重区街的任务，把大问题变小，把难问题拆开，让更多的人来承担。

《在天津市区体制改革工作会议上的讲话》（1984 年 7 月 28 日）

城市建设要及时“腾笼换鸟”，注意“骨”“肉”协调。

工业的发展、经济的发展是很重要的。但是，忽视了城市基础设施建设的发展，工业、经济还是不能发展，即使勉强发展上去，最终也会出问题。过去，我们没有认识到影响城市功能的各个构成部分是经济发展的基础和条件，因而造成了很多“骨”“肉”失调的问题。有些人对花大力气搞道路交通、给水、排水、电力、电信、环境保护等基础设施不理解，不懂得基础设施对城市整体和未来的作用和意义。我相信，这一点越往后看越明显，越发展越显得重要。所有生产部门不仅要保持自身的发展，而且必须注意不能影响其他单位的发展，特别是不能影响总体的发展。我们现在有两方面问题，一是总体上基础设施落后，一是使用上不合理，有些单位占用基础设施很多，但效益很差，对社会贡献甚少，存在不如不存在，发展不如不发展。今年提出“腾笼换鸟”，就是要把这些工厂停下来，腾下的厂房、能源、材料用于生产社会需要、经济效益好、市场有销路的产品。

《在天津市城市科学研究会成立大会上的讲话》(1984年12月31日)

综合的目标，综合的工作，综合的方法，达到综合的效果。

“综合治理”这个概念究竟包含哪些内容？我认为，最根本的就是要把整个城市环境作为一个系统来研究、来对待。说得更具体一点，就是对任何整治对象都要有一个综合的目标，进行综合的工作，采取综合的方法，最终达到综合的效果。

所谓综合的目标，就是不能单打一，只看某一个方面，比如不能只看这座房子是否好看，只看这条道路是否好走，只看这块地绿得如何，而要把它们放在一个整体里边，从整个环境的要求来考察。有些事就一个局部来看，可能是对的，但放在整体里看，就可能是错的。比如，八里台立交桥周围原来想搞些雕塑小品，后来去掉了。因为立交桥本身就是一大堆水泥钢筋，那里需要点缀的是绿，不应再搞很多建筑小品。即使如此，目前看，绿得还不够，仍然发干。佟楼路边的小公园搞得不错，还有个植大树的方案，这是对的。如果没有绿的点缀，这一带都成了房子，效果就不好。从综合的目标考虑，跟不从综合的目标考虑，效果是不一样的。有些街边厕所修得很漂亮，上边还带几个小古建楼子，但从综合的效果看那是失败的。因为厕所最好不显眼，搞得很显眼、很漂亮，到处突出的是厕所，就是败笔了。所以研究整修的对象要从大环境这个整体出发，不能只从局部需要出发。

所谓综合的工作，就是不能把城市环境的治理简单地看作只是区街、规划、房管局的工作，或任务所在单位的工作，而应看作是全市人民、各行各业都涉及的工作。比如，修中环线搞拆迁，既要做思想工作，还得讲一点实际利益，人家照顾大局，你也得帮助人家解决实际问题。这就牵涉到很多的单位，如果单靠某一个部门是很难实现的，必须有多方面的参与。

所谓综合的方法，就是解决一个问题并不只是一个方法，可以从各个方面、用各种方法来解决，不能“吊死在一棵树上”。就拿整治街道来说，如果只有靠政府拨款这一个办法，这样所需要的钱是拿不起的。如果采取综合的办法，比如，他正好要盖楼，我这里正好需要整修，那么好，就请你给我盖一个什么模样的楼。再比如，企业要调整，我这里的街道正需要改造，两方面一结合，问题也就解决了。这样，我们就把街道的整治同各行各业的发展结合起来了。如果结合所有单位工作的发展，动员和借用各个方面的积极性，一起纳入城市治理过程中去，视野就宽了，方法就多了，力量也就大了。单从一个方面出发，只想着一个法，有些大题目是做不了的。

《在天津市城区综合治理研讨会上的讲话》（1985 年 12 月 17 日）

工业发展重点东移，大力发展滨海地区。

现在天津城市的布局很不合理，存在许多矛盾。突出的表现：一是工厂包围住宅，住宅包围工厂。市区1 000多个居民委员会界内都有工厂，生产、生活互相影响，工厂污染扰民，住宅密集制约工厂的发展。二是不同行业的厂点混在一起，同一行业的厂点又分散四方。一个工业区内既有要求净化的工厂，又有排放大量烟尘的企业。纺织行业的纺和织大部分在市区的东南部，而染和整则分散在市区的西北部和东北部，前后工序被割裂，穿越市区往返运输。三是城区用地十分紧张，郊县大片荒滩闲置未用。全市40%的人口居住在1.5%的土地上，而海河下游地域广阔，适于建设工厂，却没有很好开发。四是道路不成网，流向不合理。很近的距离，由于道路不通、桥梁过少，要绕很远的路；很近的路程，由于路面狭窄、车辆堵塞，要走很长的时间。这种状况说明，在布局上如果不结合天津经济发展，有一个新的战略构思，有一个突破性的调整，天津的改造和建设就很难有大的作为，天津在四化建设中的作用就无法充分发挥。

我们对天津城市布局的构思，概括起来说就是“一条扁担挑两头”：整个城市以海河为轴线，改造老市区，作为全市的中心；工业发展重点东移，大力发展滨海地区。围绕市区，积极发展蓟县旅游风景区和郊县卫星城镇，建设群星拱月式的城镇网络。

《在天津市第十届人民代表大会第三次会议上的讲话》
（1985年4月22日）

开发区选址要经过详细分析、比较。

分析和比较的方法，是做好一项工作的基本方法，是最常用、最管用的方法。在开发区选址问题上，开始有不同看法，后来把每块地进行详细分析，然后进行比较，现在一致认为这块地很合适。这块地原是塘沽盐场的废弃三分场，不占用耕地，可以大大节省投资；面积为33平方公里，有发展余地；东界海防路，西界京山铁路，南界京津塘高速公路，北界北塘镇，地理界限明确，便于管理；紧靠塘沽市区，有城市依托；港口、铁路、公路、机场等设施现成，水、电、气、通讯等衔接容易。可以说，进可攻，退可守，造价低，风险小，既具备尽快见效的条件，又具有持续开发的潜力，不失为兴办开发区的理想场所。

《在沿海部分城市对外开放座谈会上的讲话》（1984年3月29日）

70. 城市如果规划不好，就一定建设不好。

城市规划是城市的蓝图，没有蓝图就是瞎干；城市规划是城市发展的方向和目标，没有方向和目标就是没脑袋的苍蝇瞎撞；城市规划也是城市工作者、领导者应该遵循的法则，离开规划就是犯法违规。城市如果规划不好，就一定建设不好。一个城市的面貌，总是要通过当前的建设和长远的规划来得到体现。当前离开长远就会失去方向，长远离开当前就会落空。城市规划的作用，就在于能够从全局出发，高瞻远瞩，既考虑当前又规划长远，远近结合，由近及远，以最优的方案、最小的代价，一步一步地实现长远的设想。

《在听取天津市城市规划介绍时的讲话》（2008年4月10日）

建设现代城市必须有总体的规划。

建设现代城市必须有总体的规划。规划要反反复复地论证，搞好以后要严格遵守，分步实施，规规矩矩，按部就班，不能随便破坏，有的还要上升为法律，使之具有强制性。当然，规划不完善的地方也要修改，但不能因长官意志随便改，而必须再经过周密的论证。厦门地域不大，规划时尤其要讲究岛内建筑的密度和高度。高楼群要相对集中摆放，不要东一个西一个，弄得很散。弄散了就很难形成街景。比如，穆铁柱往人堆里一站，谁跟他也配不上。你们城中那个湖很美，但是如果周围都建成高楼，湖就成小沟沟了。这方面要注意。

《在厦门考察工作时的讲话》(1998 年 11 月 10 日)

规划设计工作要有全面的观点、发展的观点。

规划设计工作要有全面的观点。有的建筑，从一个单位、从一个局部、从一个建筑本身看，是正确的或者说是有理、有利的，但是从全局上考虑，则可能是错的或完全错的。我们不能迁就某个部门的利益，或者屈服于某些领导的权势，而丧失原则，不顾大局。

规划设计工作要有发展的观点。如果把建筑作为一个产品，区别于其他各类产品，最主要一点在于建筑物的寿命比其他许多产品都要长。许多建筑物不仅为当前服务，而且还要为今后若干年服务，为子孙后代服务，所以，必须尽量想得远一点。当然任何建筑也摆脱不了历史的制约，总离不开一定历史时期的痕迹，但是从我们主观上要力求想得和看得远一些，尽可能给后辈留下改造的余地。因此我们在规划设计上决不能只顾眼前，不顾长远。目前社会上有些人对规划局的工作提出一些批评，对这些批评要加以分析。比如有的人说“规划局太主观，大霸道，惹不起”。这种评价里边，有的人是因为他站在本单位的立场上对问题的要求没有得到满足，他就说别人太主观。所以对这种情况，规划局不能听这些闲言碎语。当然，不是说规划设计可以不听别人的意见，有好的意见也可以不接受。规划设计工作是一定历史时期社会、经济、文化、技术水平的综合反映，是全社会智慧的反映，必须重视社会意见，从群众中吸收营养。但是这和坚持规划的原则，敢于向不良倾向和作风进行斗争，不是一回事。在规划设计上我们必须把适用和美观、功能和观瞻统一起来。就是我们常说的适用、经济，在可能条件下注意美观的观点。特别是对沿街的建筑，它的观瞻对整个城市面貌和街景来说，是一项不可忽视的“功能”，同时从环境建设、环境保护、精神文明的角度来看，有着极大的作用和意义。所以我们的设计工作，必须在建筑物的造型上，群体街景的对比协调、多样统一上下功夫。特别是像改造天津这样的老城市，在设计每一个体建筑时，都应该注意到其周围的环境，把新建和旧有建筑物协调一致，把个体艺术和整体的效果统一起来，使每一个新建筑物都能为城市增辉，而不是减色，更不能破坏。

《在天津市城乡建设工作会议上的讲话》（1984 年 3 月 13 日）

我们艰辛地建设，除了为满足当前的需要外，还要为后辈儿孙留下一些财富。

城市规划是城市最重要、最基础的工作，它是城市的蓝图，是建设和管理城市的依据，也可以说是城市发展的方向和目标，不仅决定着城市的目前，也关系着城市的长远。城市规划以及与城市规划密切相连的建筑设计既是物质的东西，也是精神的东西；既是客观的东西，也是主观的东西；既是现实的东西，也是未来的东西。任何一个规划、设计和建筑，都是社会现实的综合反映，都不能脱离当时的政治、经济、文化和科学技术条件的制约。因此，一方面，我们不能要求人们超越历史条件去搞城市规划。北京的故宫，皇帝在里面作威作福，骄奢淫逸，享尽人间富贵。但是，故宫里没有空调，连电扇也没有，只能打扇子。另一方面，建筑又有着不同于其他产品的特点，最主要的是它的寿命长。如果没有特殊情况，如战争、爆炸、地震等大的破坏和个别的拆除，一般的房子都将存在几十年、上百年，有些大型建筑甚至上千年。这说明城市的规划和设计，不仅要从现实出发，还要考虑到建筑长远存在的情况。我们艰辛地建设，除了为满足当前的需要外，还要为后辈儿孙留下一些财富。如果我们不认真考虑，就会贻患千载，变成后辈的包袱。

《在天津市规划设计工作会议上的讲话》（1984 年 10 月 10 日）

强调规划与计划结合，计划与规划统一，这是搞好计划、实现规划的关键所在。

处理好规划和计划的关系，这是整个城市建设中极为重要的问题。正像许多同志说的，规划离开计划，就会“规划规划，墙上挂挂”，难以变成现实；计划脱离规划，就会“计划计划，经常变卦”，很容易破坏规划把城市搞乱。因此，强调规划与计划结合，计划与规划统一，这是搞好计划、实现规划的关键所在。

《在天津市城建工作会议上的讲话》（1987 年 2 月 18 日）

要搞清楚计划管什么，规划管什么，使二者既有区别又相互衔接。

城市，这是一个很大的题目，其中遇到的一个普遍问题，就是规划和计划谁管谁？我们的体会不是谁管谁，而是要统一。要搞清楚计划管什么，规划管什么，使二者既有区别又相互衔接。长期以来，在我国的城市建设中，由于计划经济模式的影响，计委的权力过大，管得太多太细，妨碍了自身职能的合理发挥，也给城建工作带来了不少矛盾。城市的性质、规模、布局和发展方向，是根据城市本身的地理位置、资源分布等各方面的条件决定的。城市的建设、发展，应干什么，不应干什么，房子盖在哪儿最合适，盖什么样子，如何做到景观、功能统一，个体、群众统一，等等，这是规划设计部门的任务；房子怎么盖，谁去盖，谁来管，也应由城建部门去组织实施。每年定量的东西，比如，有多少钱，盖多少房，先发展什么，哪些是重点，这是计划部门的责任。如果一个简单的建筑工程，从立项、投资到材料、施工都由计委管，而建委只是领着人去干活，建委就叫没发挥作用，计委则叫不务正业，因为这样会影响计委全局性的、宏观性的工作。我们的提法，叫规划、计划统一。规划离开计划，难以实现，计划离开规划，容易搞乱。规划工作必须集中统一，天津过去曾有这么一个规定，300 平方米以下的建筑，区里有权批准。我说规划不能完全按米数说，比如天安门广场纪念碑前面盖个 10 平方米的厕所也不行；马路中间盖个 3 平方米的小棚子也不可以。一个城市的性质，包括一个城市的规模、发展方向，是由这个城市本身固有的地位、作用和条件决定的，属于规划范围之内。城市要想发展，包括工业、商业和各行各业要想发展，必须按规划办事。否则，乱建一气，今天这个官说了算，把“红线”挤窄了，明天那个官有决定权，安上一个“钉子”，没法搞好，各行各业都搞不上去。

《同全国第四期市长研究班学员座谈时的讲话》(1986 年 1 月 9 日)

城市必须有合理的分工布局，没有区域分工布局就没有规划。

城市必须有合理的分工布局，没有区域分工布局就没有规划。我在天津时搞了食品一条街、文化一条街等几条街，当时有人反对，说是搞形式主义。其实古今中外的城市都有区域分工，北京过去就有大栅栏、王府井，天津有三不管、估衣街，东京有银座，纽约有华尔街。区域分工是城市发展的客观需要和内在要求。三亚有天然形成的若干个海湾，究竟哪些搞成高档次的，哪些建成大众化的，哪些适合外国人，哪些适合国内游客，要很好地研究。我去过马尔代夫，这个国家陆地面积大概 298 平方公里，人口 20 多万，有 1 100 多个岛，岛与岛之间以船相通，分工也很明确，对外国人开放的几个岛，本国人就受到限制，客房价格贵得惊人。我估计，三亚在相当一个时期内，旅游客源是以国内为主、内外交叉的局面。区域分工既要考虑管理方便、经济效益，更要考虑客人需求。

《谈三亚的城市建设》(2000 年 2 月 10 日)

总体上要有规划，实施上零敲碎打，要害是抓住计划，关键是依靠大家。

一个城市应该有一个大的基调和风格，有一个统一的规划，在各方面建设发展的过程中严格地按规划进行，不断地完善，随着时间的推移，一步一步地往前走，使所有的建筑都成为规划的有机部分，旧的越来越少，新的越来越多，这就是计划服从规划，规划计划的统一。具体说，就是总体上要有规划，实施上零敲碎打，要害是抓住计划，关键是依靠大家。总而言之，不研究城市的功能、城市里边各方面的关系，离开了城市的总的概念，单纯地讲经济、讲工业、讲农业，这个不成立，最终的结果是“骨”“肉”失调。咱们有几个大城市已经吃了这个亏，开始看走得很快，最后可能就爬不动了。

《在河北省九市城市问题研讨会上的发言》(1987 年 6 月 8 日)

把城市科学单纯地理解为研究城市建设是不对的。

城市是一个国家人口最集中的地方，是政治、经济、教育、科学、文化最发达的地方，是生产、生活服务设施最完备的地方，是各种功能结构最复杂的地方。城市各个系统、各个行业之间互相联系、互相依存、互相制约、相辅相成。城市科学研究的对象就是研究各系统、各行业、各部门在城市中的地位、作用和它们之间的相互关系。经过研究，找出它们之间不协调、不平衡之处，而后通过我们的工作，使它们平衡、协调、持续发展。在研究城市各个系统、各个行业、各个部门之间的相互关系时，不仅要研究定性的关系，而且要研究它们的定量关系。把城市科学单纯地理解为研究城市建设是不对的。长期以来我们忽视了城市整体研究。结果，工业发展了，人口增加了，而市政、公用配套设施跟不上，造成“骨”“肉”失调。我们要运用科学的原理和方法，对城市进行全面、系统的研究，掌握其发展的规律。

《谈加强城市科学研究》(1985 年 11 月 19 日)

城市的高度密集，决定了城市矛盾的集中和交错，而这种集中、交错，也就决定了城市科学研究的复杂性。

城市本身就是一个复杂的有机体，这就决定了研究城市科学必然是一个复杂的系统工程。有些同志不是给城市下这样一个定义吗？所谓城市，就是以人为主体，以空间和环境利用为基础，以聚集经济效益为特点的集约人口、集约经济、集约科学文化的空间地域系统。所谓集约，就是高度密集。由于密集，就出现了许多区别于农村的特点，使许多在农村不是问题的而在城市成了问题。比如在农村粪便处理、盖一两间房算什么问题，但在城市却都是大问题。可以这样说，作为人类文明标志的城市，一方面集中了人类的智能和成就，另一方面也集中了整个社会和整个时代所具有的各种矛盾。城市的高度密集，决定了城市矛盾的集中和交错，而这种集中、交错，也就决定了城市科学研究的复杂性。

《〈万里论城市建设〉代序》（1994 年 3 月 29 日）

总体和综合是城市科学研究的基本方法，也是城市科学存在、发展的客观基础。

具体问题具体分析是马克思主义的灵魂，具体之所以具体，是因为它表现为综合，表现为过程，表现为质的多样性。一个城市是一个大的具体，大具体里包括着无数的小具体，尽管小具体的自身变化不大，但由于整体的发展、大具体的变化，小具体也就随之发生了变化。从不同的角度、不同的场合看同一事物，其性质就可能不同。同是块木头，用它做家具就叫材料，用它烧锅炉就是燃料，用它去抬东西就是工具，用它和坏人做斗争就是武器，用它打人抢劫就是凶器，拿到法庭上又成了证据。有些东西在这里是包袱，到那里就是财富；从这个角度出发，可能处理很难，而从另一个角度出发，可能就比较容易解决。总体和综合是城市科学研究的基本方法，也是城市科学存在、发展的客观基础。当然，这里边也有局部和分析，但这个局部是站在总体上的局部；这个分析是为最终综合的分析。其中既有局部之间的综合，也有局部和总体的综合；既有空间的横向综合，也有时间的纵向综合；既有物质之间、精神之间的综合，也有物质和精神之间的综合。这就决定了城市科学研究必须向纵深发展。

《在中国城市科学研究会首届年会暨第一届理事会第二次全体会议上的讲话》（1986 年 8 月 30 日）

当前要以长远作为自己的目标，要体现长远的要求；长远要以当前作为出发点，并指导当前的发展。

如何处理当前与长远的关系，是我们多年来的老问题，也是规划设计工作中一个带根本性的问题。我们所讲的当前，常常表现为具体的、个别的、计划的东西，长远则表现为总体的、普遍的、规划的东西。一个城市的面貌，总是要通过当前的建设和长远的规划来得到体现。发展是连续的，当前是由过去发展而来的，长远则是当前发展的延续。当前要以长远作为自己的目标，要体现长远的要求，而长远要以当前作为出发点，并指导当前的发展。当前离开了长远就会失去方向，长远离开了当前就会落空。城市规划的作用，就在于能够从全局出发，高瞻远瞩，既考虑当前又规划长远，远近结合，由近及远，以最优的方案、最小的代价，一步一步地实现长远的设想。在城市建设过程中，影响城市发展的因素在不断变化，所以，规划也要随着城市的发展而加以修改或补充，因而是变化的、滚动的。进行当前的建设，要尽可能地为长远打好基础，而不能设置障碍；编制长远规划，要尽可能地结合当前的需要，而不能脱离现实的条件。

《在天津市规划设计工作会议上的讲话》(1984 年 10 月 10 日)

城市规模不宜过大。

城市规模主要指城市人口规模和与之相适应的用地规模。一般地讲，城市规模不宜过大，过大了，就会造成用水、用地紧张，建房困难，交通拥挤，绿地缺少，环境污染等一系列问题；特殊地说，作为经济中心城市，规模太小了也不行，太小了，形不成必要的力量，许多功能不能具备或不能充分发挥。对城市人口规模不控制不行，失去控制，就会盲目发展，造成“人口爆炸”；对城市人口规模采取理想主义也不行，理想主义，脱离现实，想得很好，实际办不到。当前城市规模的主要问题是人口偏多，世界各国许多大城市都走过一段人口过分集中的弯路，造成严重后果。许多国家都为大城市的拥挤不堪而头疼，不得不花费高昂的代价去扭转这种局面。

《在天津市第十届人民代表大会第三次会议上的讲话》

（1985 年 4 月 22 日）

必须严格控制城市人口和用地规模，不能任意膨胀。

北京的城市规划必须按照首都的城市性质，从政治中心、文化中心和各项服务功能出发。必须严格控制城市人口和用地规模，不能任意膨胀。必须认真研究城市的布局，下决心保护好城市中心区，对建筑密度、高度进行合理控制。

《参观北京市中心地区控制性详细规划汇报展时的讲话》

（1997 年 12 月 30 日）

全世界够得上一个“美”字的城市，几乎都是绿化得好的城市。

虽然城市的美化是由许多因素构成的，但绿化是其中一个重要因素甚至是决定性的因素。人们不难想见，一个城市要是没有树木、花草，没有绿地、公园，光秃秃、灰溜溜一片，究竟会是个什么样子？一个城市一年到头见不到绿色，人生活其中，究竟会是个什么滋味？全世界够得上一个“美”字的城市，几乎都是绿化得好的城市。绿化已经成为美化现代城市的一种必然途径、必然趋势。

《在天津市绿化委员会扩大会议上的讲话》（1984 年 2 月 21 日）

1985年10月2日，李瑞环和游人一起兴致勃勃地登上修复一新的蓟县古长城，称赞长城修复工程干得好。

1986年1月1日，李瑞环视察天津古文化街。左二为天津日报总编辑石坚，左三为天津市委副书记吴振，右一为天津市人民政府顾问毛昌五，右三为天津市委书记倪志福。

1987年8月26日，李瑞环察看天津外环线建设工程。

1987年12月30日，李瑞环参加天津永和桥剪彩仪式。左三为天津市人民政府顾问毛昌五。

1988年3月7日，李瑞环视察天津铁路枢纽改造工程。

1988年10月1日，李瑞环参加天津铁路枢纽改造工程竣工通车典礼。第二排右二为国务委员李铁映。

1992年4月21日，李瑞环在山东省委书记姜春云（右二）的陪同下，在潍坊参观杨家埠木版年画工艺。

（新华社记者张鲁成摄）

1994年4月5日，李瑞环参加清明公祭黄帝陵大典。前排右二为陕西省委书记张勃兴，右四为陕西省省长白清才。

1996年5月12日，李瑞环考察重庆城市规划。右三为四川省委书记谢世杰，左一为四川省政协主席聂荣贵，右四为四川省委常委、重庆市委书记张德邻。

1996年7月4日，李瑞环来到北京中国国际展览中心参观《迈向新世纪的中国城市——全国城市规划成就展》。前排左二为国务院原副总理谷牧，右一为全国人大原副委员长铁木尔·达瓦买提，右二为国家体改委主任李铁映。

（新华社记者刘建国摄）

1997年10月22日，李瑞环视察成都市府南河环境综合整治工程。右为全国政协副主席杨汝岱，左为成都市市长王荣轩。

2002年9月，李瑞环视察西安大明宫含元殿遗址。前排左一为陕西省代省长贾治邦，前排右一为陕西省委书记李建国，右三为陕西省委副书记、西安市委书记栗战书。

2002年9月11日，李瑞环视察黄帝陵整修工程。左二为中国建筑西北设计研究院总建筑师、中国工程院院士张锦秋，左四为全国政协秘书长郑万通，右五为陕西省委书记李建国，右二为中国科学院院士、中国工程院院士、国家建设部原副部长周干峙。

2005年4月22日，李瑞环视察北京建工集团。左二为北京市原副市长张百发。

71. 市长的主要职责是规划、建设、管理城市。

市委和市政府的主要领导必须把规划、建设、管理城市放在主要位置，下大力量抓。道理很简单，规划、建设、管理城市，是从总体、长远的观点出发的，这就难免伤害某些单位的近期利益和局部利益。因此，常常需要最终裁决的人，而这个人应该是懂得和关心、重视城市规划、建设和管理的。万里同志讲过一段很精彩的话："城市的党政一把手必须有一个懂得和重视规划、建设、管理的。否则这个城市很难搞好。许多事情行不通，表现在下边，但根子在上边，在市委、市政府大楼里的领导层。"天津很多单位为了城市建设，牺牲本单位的利益，顾全大局，支持政府。一方面是这些单位的努力，另一方面也因为分管的领导支持。如果妨害了工厂，管工业的市长顶着；伤害了农村，管农业的市长不干；妨害了商业，管商业的市长有意见，你规划管理部门再努力也不行。由于市里主要负责人抓，市里的领导层认识统一，下边不支持也顶不住。比如拆迁，常常说某厂长不通，我说没那事，把主管的市长或常委请来，把任务压给他们，很快就可以解决。中环线西半环拆迁时，一个陶瓷厂，说工人意见很大。我说工资照发，奖金照给，工作保证安排好，怎么会有意见？我给局长打电话，说是不是你顶着？他说没有。我说那你们一份一份地打报告是什么意思？第二天，他来了电话说都安排好了。这次修中环线东半环，占一个单位的院子六米宽，领导讨论拆不拆，党组书记说，别提意见了，提完了意见挨顿批，最终还是挡不住。这说明主要领导同志抓就好办。中央关于经济体制改革决定中明确的城市政府主要职能是规划、建设、管理城市，市长或市委书记理所当然地要把它作为大事来抓。我认为这叫抓根本、抓大事。

《同全国第四期市长研究班学员座谈时的讲话》（1986 年 1 月 9 日）

城市主要领导最好是懂得城市建设。

城市主要领导干部必须重视城建工作，凡城建搞得好的城市都由于主要领导重视。过去中央有个说法，大城市党政一把手要有一个要懂城建的。当年北京有李锡铭①、上海有芮杏文②，都当过城建部长，天津是我，工地出身。领导懂城建对城建工作有利，但不懂也不要紧，大连、珠海等城市的书记、市长都不是搞城建出身的，但城市建设都搞得不错，重要的是思想方法和工作方法。一要重视，把城建工作摆在重要议事日程，经常抓、反复抓。二要不怕苦、不怕累、不厌其烦。三要多听内行、专家的意见，不懂不要装懂。四要借鉴国内外的经验，借鉴不是照搬，而是善于取诸家之长、走自己的路。五要多听社会各界特别是老百姓的意见。房子盖完了，看的人总是老百姓多、不懂的人多。不

① 曾任北京市委书记。

② 曾任上海市委书记。

懂的人看了说好，懂的人看了知道好在哪里，这样才叫真好。不懂的人看了说不好，懂的人看了说很好，摇头晃脑、很神秘，那就不叫真好。广泛听取意见，然后再进行综合，好的建筑都是综合出来的。

人民大会堂、毛主席纪念堂、天津火车站等许多成功的建筑，都是先有多家多种设计方案，然后取众家之长综合而成。搞建筑最怕碰上“不懂、主观、有权”的领导。不懂不可怕；不懂、不听别人意见才可怕；不懂、不听意见但说了可以不算也无大害，最可怕的是碰上不懂、主观又有权“三位一体”的人，其破坏性常常是无可弥补的。懂不懂是个相对的概念。外行成为专家很难，但掌握一些基本知识也不是什么大不了的事。世上无难事，只怕有心人。只要用心，我们许多城市的领导同志都完全可以由外行变成内行。

《谈三亚的城市建设》(2000 年 2 月 10 日)

规划、建设、管理好城市。

强化城市规划、建设、管理部门的权力，树立它们的威信，这是能不能把城市规划、建设、管理好的一个关键。在座的同志是分管这块的，我想大家是赞成的，但也可能会说，你讲的我也同意，问题是我们回去说，主要领导同志不一定听。这个不要紧，因为这种客观的、必然的东西，一时不听，你多说几遍，来回地说，慢慢地也就通了。中央提出的北京市四项建设方针，是把城市规划、建设、管理放在了首位。上海最近就经常在报纸上讲城市建设、基础设施，并提出“七五”期间把提高城市基础设施功能放在突出地位。很多城市也都认识到了这个问题。我看这种趋势是不以人的意志为转移的。不以人的意志为转移，这个“人”，是不管什么人，男人女人，官大官小。当然，方法要讲究，做上级的工作，有时比做下级的工作还难，既要有主动的精神，又要用被动的形式，否则动机和效果就难统一。

《同全国第四期市长研究班学员座谈时的讲话》(1986 年 1 月 9 日)

城市建设没有规划不行，有了规划不严格执行也不行。

城市建设没有规划不行，有了规划不严格执行也不行。如果离开规划，城市面貌一定是越来越差、越来越乱，给子孙后代留下一大堆的难题，那将是历史的失误。解放 30 多年，我国的大城市的规划一直没有解决好，一直没有走上正轨，是领导不够重视，主要省市的领导不够重视，城乡建设战线的领导也重视得不够。许多建设单位不尊重规划，没有养成按规划办事的习惯。所以常常出现规划定了，各单位顶着不办；甚至有一些单位领导为了本部门的利益，采取各种手段来违反，甚而破坏规划。在这种情况下，搞规划的同志更应该对整个城市建设负责，对子孙后代负责，敢于坚持原则，保护我们城市建设健康地发展。我之所以多次批评规划局软，其目的也是想从侧面支持他们的工作，把这个对立面引到我们身上。

《在天津市城乡建设工作会议上的讲话》(1984 年 3 月 13 日)

作为城市的领导者，有没有远近结合的规划意识，工作成效是大不一样的。

作为城市的领导者，有没有远近结合的规划意识，工作成效是大不一样的。我们的城市建设不能急功近利，以牺牲长远为代价去迁就当前，比如规划的道路红线要从长远考虑，一下子把红线搞够，先控制起来，根据条件逐步实现，有条件时陆续完成，不搞够不行。有些同志不懂，主张把路先修起来，有钱以后再加宽。其实有钱时也加宽不了了，两边都盖起了房子，怎么加宽？当然，我们的规划也不能超越现实，贪大求洋，要从可能条件出发，力求适当。

《在天津市规划设计工作会议上的讲话》（1984 年 10 月 10 日）

天津的小洋楼能够留存到今天很不容易，不能让它们在我们手中毁掉。

有人说，小洋楼是过去洋人出钱盖的，现在修缮是给洋人树碑立传；还有人说，小洋楼是帝国主义侵略中国的罪证，修缮洋楼就成了“给帝国主义涂脂抹粉”。这种理解有片面性。就建筑本身讲，它是当时劳动人民血汗和智慧的结晶，是科学技术发展的标志。如果只是从建筑当时的所有权角度去看，不仅小洋楼不能保存，连故宫都得拆。故宫是什么人住的？故宫是最大的地主头子住的地方，还不应该拆？那么长城也应该拆了。长城是秦始皇修的，修长城死了那么多人，为什么不应该拆？这是历史虚无主义，是唯心主义的一种表现。天津的小洋楼能够留存到今天很不容易，不能让它们在我们手中毁掉。

《同天津市规划设计人员的谈话》（1984 年 9 月 29 日）

不能把从实际出发简单地理解成从今天出发，而要考虑到城市今后的发展变化。

城市科学首先要研究城市本身及其与周围地区之间的关系。每个城市的存在都是以其周围地区的存在为前提的。如要研究天津这个城市，就要了解北京和河北的情况以及它们与天津的关系，才能加深对天津的认识。其次，要研究城市的历史。一个城市不论其今天发展多快，总会带有历史的痕迹，形成这个城市特有的习俗、风貌，如果离开城市形成的历史，盲目地去与其他现代化城市相比，就会脱离现实，为当地人民所不接受。第三，要有发展的观点。因为城市是发展的，城市研究也要随着城市的发展而发展，如果我们用以前的眼光来看今天的城市，来研究今后城市的发展，就一定会出问题。不能把从实际出发简单地理解成从今天出发，而要考虑到城市今后的发展变化。

《谈加强城市科学研究》（1985 年 11 月 19 日）

发展农村经济，加强小城镇建设，防止过量人口涌入城市。

中国的农业和农村还有许多需要研究的问题。现在世界上发达国家的农业人口占全部人口的比例，少的只有4%至5%，多的也只有10%左右。而在中国这样一个人口大国，农业人口如果只有10%或者20%，非农业人口占到80%以上，那就意味着有十亿人非农，几亿人进城，这势必给城市带来极大的负担。城市发展规划由城市规模所决定，城市规模一是指人口规模，二是指占地规模，城市的水、电、路等基础设施都是根据城市规模确定的。过量的人口涌入城市，城市就难以承受。世界上一些城市如孟买、里约存在贫民窟，除了两极分化的原因外，很大程度上是农村人口盲目向城市流动、进城之后又没有容身之处造成的。城市人口增多，这个是必然趋势，但有一个过程。如何发展农业，提高农民生活，把农民的大多数稳定在农村，如何安排农村的剩余劳动力，使其流动的方向不超过小城镇，流向城市的数量保持在合理的范围内，是一个难度很大、需要深入研究的重大问题。而发展农村经济，加强小城镇建设，改善那里的生活环境和条件是必不可少的工作。

《听取福建省委、省政府工作汇报时的讲话》（1998年11月8日）

公共交通是城市的动脉，也是城市的门面和窗口。

城市的公共交通，是城市的动脉，也是城市的门面和窗口。它的状况如何，关系到社会和经济的发展，关系到人民生活，对内对外具有十分重要的影响。无论是中国人还是外国人，无论是乘飞机还是坐火车、轮船，只要到一个城市，首先接触的是公共交通，由此给人留下第一印象，甚至终生难忘。服务人员为乘客搀、抱、扶、拿，虽是小事一桩，却能改变车厢这个小社会内的气氛，形成和谐的人际关系，反映出一个城市的精神风貌和高尚的社会公德。公交工作不仅创造物质财富，有重大的经济意义，而且对维护安定团结的政治局面，创造和谐的社会环境具有不容忽视的特殊作用，是社会最需要的行业，是非常光荣的岗位。

《祝贺〈天津公交报〉创刊一周年》（1987 年 1 月 20 日）

城市对人口、面积、道路、车辆的容量都是有限度的，许多指标是可以预算出来的。

城市交通是一个综合的系统工程，它和城市人口、城市面积、城市布局、交通方式等都有直接关联，而且相互影响、相互制约，是一个动态的变化过程。对此，城市总体规划都有量化的规定，如道路分布、红线宽窄、管道粗细多少等。所以，城市对人口、面积、道路、车辆的容量都是有限度的，许多指标是可以预算出来的。例如，天津在当前情况下车辆的最高极限是多少？公共交通什么情况？汽车能容纳多少？汽车中小车是多少？250 万辆？还是 300 万辆？对此要做到心中有数，提前加以控制，免得膨胀后再控制就来不及了。当然，提前控制不只是车，人口、面积都要有个限度。这本来是城市科学的应有之义，可现在重视、了解的人越来越少了。天津市政府 1985 年有个决定，是若干老干部和专家、学者一年研究的成果，获得过国家研发奖，有些精神仍有参考意义。

《关于城市交通问题同天津市公安局主要负责人的谈话》（2011 年 4 月 11 日）

一要提倡人们乘坐公共交通工具，二是抓紧研究无污染汽车。

中国有些人议论想淘汰自行车，这不正确，中国还需要自行车。北京才有几十万辆汽车，交通就已堵得很厉害了。如果全中国有1亿辆汽车，就不得了了。除了交通问题，汽车废气造成污染也是一个严重问题。现在越来越多的人认识到，一要提倡人们乘坐公共交通工具，二是抓紧研究无污染汽车。

《同古巴国务委员会主席卡斯特罗的谈话》(1995年6月14日)

要把市容卫生工作搞好，并不是一件容易的事。

天津环境卫生面貌不好，过去在全国是出了名的，已经到了非整治不可的地步。有人说，天津是"四堆"泛滥，"五马"横行，"六乱"成灾。"四堆"是：垃圾堆、废土堆、材料堆、柴草堆；"五马"是：马路仓库、马路车间、马路搭建、马路作业、马路停车；"六乱"是：乱泼、乱倒、乱挖、乱占、乱搭、乱砍。我市环境卫生的这种落后面貌，已引起全市人民的强烈不满。一些同志十分中肯地说："天津的市容面貌与天津在全国所处的重要地位极不相称，与天津人民战天斗地、不畏艰苦的英雄气概极不相称，与天津产品的名气也不相称。"

应当承认，要把天津市容卫生工作搞好，并不是一件容易的事。因为几年来在这方面我们欠账太多，遗留问题过多，如果不下一个大的决心，不采取一个全市的、统一的突击性的活动，这些问题就无法解决。就以渣土为例，前阶段我们出动六万车次，清运了四五十万吨，可是现在仍然到处都是成堆成山，假如把这些工作都留给环卫部门，作为正常工作，就现在的力量，三年也搞不完。车从哪里找，土往哪里运，钱从哪里出，都会成了问题，还可能越搞越多。这次我们要把它作为抗震救灾的遗留问题，作为拆除临建的收尾战役，利用拆除临建的全班人马，利用现有的渠道解决人力、物力、资金问题，进行具体的组织工作。要把全市人民动员起来，干他个十天半月，这个问题就可以解决，就会给今后经常性的工作创造条件，打下基础。

《在天津市整顿市容大搞环境卫生经验交流会上的讲话》
（1981 年 12 月 16 日）

对环境卫生需要进行系统的治理。

我市的市容卫生工作有很大的进步。这一点，不论是天津人还是外地人，都有同样的看法。但是，仔细地看一下，特别是到偏僻的地方看一下，还有很多死角，还有很多非常不像样子的地方。目前的状况是，一促就变，一抓就好，一松就脏。在对环境卫生意义的认识上，在组织、体制、管理上，都存在着一些问题，还需要进行系统的治理。

第一，要抓脏源。环境卫生光你脏我扫不行，必须查脏源，研究脏源，从根上抓起。脏源究竟有多少，要搞清楚，有针对性地根除。不然的话，环卫工人再使劲，人增得再多，他越不在乎，反正有人拉。脏源不根除，环境卫生问题总也解决不了。第二，要抓风气。要改变人们不讲卫生的坏习惯，养成讲卫生、文明礼貌的良好习惯，形成自觉，形成社会风气。要由小抓起，由中小学、幼儿园抓起，从小养成讲卫生的习惯，每个人既是遵守纪律、讲究卫生、文明礼貌的小模范，又是对社会卫生的监督员，小孩监督大人，小孩带动大人。“子教三娘”嘛！第三，要抓改革。结合整个经济体制改革，进一步改革环境卫生的管理体制，核心是一包到底。把全市的统统包下来，每个片、每个街道都有人包，包括“门前三包”，包到人头上，挂牌负责，处处定专人，块块地方都有人管。第四，要抓宣传。要坚持经常宣传，形式灵活多样，形象，具体，如编些提倡讲卫生的小故事，演一些讽刺不讲卫生的曲艺、相声，搞个录像，谁吐痰，叫他拿手绢擦了，罚了钱，小孩鞠个躬，说声“谢谢伯伯，今天你支持了我的工作”，在电视台播放一下。也可以编些小节目、小戏剧，组织少年儿童演出；编些歌，让孩子们从小就唱。使讲卫生深入人心，形成社会风气。第五，要抓设施。一叫齐备，二叫实用，不一定只追求什么先进的。要各方面共同努力，包括财政、三项费用和各区财力等多种渠道集资，使我们的环境卫生设施做到齐备、实用。第六，要抓科研。要使环境卫生的治理符合中国的国情，符合当前社会经济发展条件，既不迁就目前的落后现状，又不脱离我国的实际情况。包括垃圾的集散、运输、处理等等，都要研究。把环境卫生、环境保护、城市管理、园林绿化等几方面的工作结合在一起，以环境卫生为主，组织一个科研部门，专门研究这个问题。第七，要抓组织领导。现在主要的问题不是没有领导，而是多头领导；不只是多头领导，而是谁也不去领导；不是不想领导，而是谁也领导不了。现在我们的经费不够用，但主要用于机构、人员的开支上了，而业务费用则占的比重不大。如何把现有的主管机构集中起来，减少头绪，形成力量，是个重要问题。现在很多事情没干好，有的是因为我们机构不齐全，有的是因为机构不适应，有的是因为机构太多。现在是谁也管不了谁，没有一个捏总的，“八国联军”，没有总司令。这个问题需要很好地研究解决。第八，要抓立法。要把这几年来在市容卫生方面的经验、所遇到的问题总结一下，看得准的，集中起来，归纳几条，简明扼要，形成条文。有的可作为市政府的暂行规定，有的报市人大常委会批准实行。今后，市容委、环卫局、环保局要真正成为市的办事机构，主要力量是对各区的组织、监督、检查，总结经验，表扬批评，搞科研，搞立法。

《在天津市市容卫生座谈会上的讲话》（1984 年 8 月 10 日）

人改变了环境，环境又改变了人。

天津确实变了。

天变青了——多年来，在天津上空盘旋着黑、白、黄三条“巨龙”，乌烟瘴气，灰尘滚滚。如今三条“龙”俯首就擒，烟尘为之一扫。尤其是随着煤气化和热化的实现，“龙子龙孙”将遭到毁灭性的围剿，那时“玉宇澄清万里埃”，天空将会更加清新明朗。

地变绿了——以往，天津缺树木，少花草，光秃秃，灰溜溜。如今，海河两岸修成了公园，住宅楼间搞起了庭院式的小区绿化，“桃柳堤景色宜人，秋实园繁花似锦”，绿化覆盖率成倍增加。

房变多了——昔日，危陋简房比比皆是，地震使 70% 的房屋遭到损坏，一度临建棚“拆得没有搭得快”。五年来，修建了

1 600 多万平方米住宅，临建棚不见了，“三级跳坑”改造了，幢幢新楼拔地而起，上百万居民迁入新居。

路变宽了——以前，城市路面狭窄，卡口重重，“坐车没有走路快”，成了天津的“一大怪”。现在，宽阔道路逐渐增多，座座新桥横跨海河，堵头卡口陆续开拓，交通管理初见效果，行路难的问题得到了缓解。

水变甜了——前些年，天津有一怪，叫做“自来水腌咸菜”。说自来水可以腌咸菜有点夸张，但确实是喝也难受，不喝也难受。喝，苦咸难咽；不喝，渴得难熬。引滦入津后，天津有了稳定的水源，人们喝的水清甜了。

害变利了——过去，工业污水缺乏治理，生活污水缺少出路，有些地方脏水四溢，臭气熏天。如今建成污水处理厂，使城市 1/4 的污水得到处理，还可以用来灌溉农田，造福人民。

脏变净了——前几年，天津的脏乱全国闻名，大街小巷乱泼、乱倒，公共场所又脏又乱，许多企业、机关乱堆乱放、污垢满地。这几年，开展讲文明搞卫生活动，企业、车间讲净化，厂区搞美化，实现了花园化。

破变好了——天津很多名胜古迹几经沧桑，破烂不堪，群众不满，游人扫兴；一些旧租界的小洋楼年久失修，面貌全非，拆了可惜，留着堵心。如今，蓟县古长城重展雄姿，天后宫、文庙、吕祖堂、广东会馆修葺一新，仿清建筑的古文化街即将建成开业，具有万国建筑博览会之称的小洋房，经过修整又重现它多姿多态的风采，装点着社会主义津门。

难变易了——新建了大批商业网点，开辟了农贸市场，买东西不那么难了；地铁通到西站，增添和延长了一些电、汽车路线，增加了出租汽车，乘车也不那么难了；修公厕、改水厕，如厕不那么难了；第三产业不断发展，人们的生活方便多了。

城变美了——长期以来，人们说天津是个工商业城市，不讲文化，说不上“美”字。经过这几年的建设、整修，人们发现天津开始美了。房屋由兵营式的单一面貌，开始讲究高低有别，错落有致，色调和谐，风格各异；街道两旁的“破烂围裙”、断壁残垣，进行了拆建、整修，青砖红墙交相辉映，白色窗棂新颖别致，围墙护栏玲珑剔透，花坛绿地点缀其间，街道也显得宽阔舒展了。新建的食品街、文化街、青少年活动中心和海河游乐场等等，更为天津增添了景色。

优美的环境陶冶了人们的情操，使人们精神面貌发生了变化。人们更加热爱自己的家乡，产生了作为一个天津人的自豪感，改变天津环境面貌的自觉性、积极性更加提高了。人改变了环境，环境又改变了人，人又去改变环境。现在，建设天津、整治环境，比以前容易多了。我们的领导要认清这个非常难得的形势，乘势而上，把工作搞上去。

《在天津市第六次环境保护会议上的讲话》（1985 年 12 月 9 日）

72. 建筑师必须对历史负责，对祖先负责，对子孙负责。

要注意在全球化进程中保持民族传统和地域特色。在国际交流日益广泛、频繁的情况下，建筑师要时刻把握世界的发展趋势，借鉴各国的先进经验，跟上不断前进的时代潮流；同时要高度重视和努力保持不同民族、不同地域的风格，使普遍性的文明成果寓于不同的个性之中，使建筑丰富多彩。要坚持既立足现实又面向未来。建筑必然受到现实的经济、政治、文化等条件的制约，因而总是带有时代的特征；建筑特别是一些重要建筑有着较长的寿命，它将存留于未来，又影响着未来。建筑师必须对历史负责，对祖先负责，对子孙负责，重视保护前人遗产，努力给未来创造财富而不是留下包袱。

《在国际建筑师协会第二十届大会开幕式上的讲话》（1999 年 6 月 23 日）

好的建筑师不在于多花钱，而在于花同样的钱却能做到更美观、更适用。

按照一般的理解，提高水平就要多花钱。我认为必要的、该花的钱还是得花。但是，提高水平并不一定等于多花钱。而且严格地讲，高水平本身就包含着低造价。高明的建筑师之所以高明，就在于他能把这两者很好地统一起来。有的建筑钱多花了，房子反而难看了，花钱买了个难看。什么叫水平高？我认为把美观、适用、省钱结合得好才是水平高。好的建筑师不在于多花钱，而在于花同样的钱却能做到更美观、更适用。

《在天津市规划设计工作会议上的讲话》（1984年10月10日）

建筑设计单凭自己憋是不行的，必须参考别人成功的经验。

讲对国家负责，对人民负责，没有比建筑工程质量更重要的了。一个建筑物除了使用功能外，还有外形、体型、色调等观瞻功能。特别是色调，有些建筑什么色都敢用，大黑、大红、疙疤绿、狗屎黄，而且都是没有加工调和的原生色。有人说："情人眼里出西施"，"各有各的看法，你喜欢灰的，我喜欢黑的"。这话从根本上否认了规划设计的客观标准，否认了这是一门学问。如果是专家说的，也就否认了自己的专家地位。这些同志不是从过去的工作中找不足，而是陶醉和满足；不是精益求精、刻意求新，而是夜郎自大、故步自封。建筑设计单凭自己憋是不行的，必须参考别人成功的经验。一个聪明的技术人员就在于能博采各家之长，经过自己的加工，形成新的东西。有些好的建筑，就可以照搬照抄，有的是明抄，有的是暗抄，拼拼凑凑，修修改改，吸收他人的优点，保持自己的特点。不是讲天下文章一大抄吗？我看建筑设计也要抄。

《在天津市规划设计工作会议上的讲话》（1984年10月10日）

把个体的多样性与群体的协调性结合起来。

如何把个体的多样性与群体的协调性结合起来，是规划设计中经常遇到的一个需要费心思、用气力解决的问题，也是检验规划设计人员水平的一个重要方面。当前，我们的规划中群体问题较多，不太注意前后左右的衔接，没有做到高低有别、错落有致、统一多样，形成好的街景，常常出现一个苍蝇坏一锅粥的现象。建筑设计首先要讲大效果，讲群体，讲街景。有些房子一个个看还不错，加在一起就不好了。这就有一个整体效益、社会效益和环境效益的问题。一幢房子，住房子、使用房子的是几家人，而观瞻这房子的是大多数人。我们常常忽视众多的人对房子的评价、欣赏，以及从这座建筑物所受到的影响。当然，强调总体协调，并不是不要重视个体设计。群体是由个体组成的，没有好的个体也就谈不上好的群体。个体搞不好，必然会影响群体，正是从群体观瞻上考虑，提高了对个体建筑重要性的认识，提出了在个体上下功夫的要求。目前，我们在个体设计上搞得不深，下功夫不够，缺乏特色，千人一面。城市建筑是百年大计，要经得起历史的检验。个体设计，要几遍、十几遍地研究琢磨，提高水平，讲究特点，注意多样性。规划和设计应该是一致的，规划和设计的一致可以充分体现群体和个体的关系。规划较多的是从全局的角度考虑群体的关系；而设计较多的是从单体建筑的角度考虑个体的特性。因此必须把规划与设计紧密地结合起来，通过规划、设计人员的创作，在个体的多样性和群体的协调性上取得更理想的效果，这就是我们的追求。

《在天津市规划设计工作会议上的讲话》(1984 年 10 月 10 日)

我们讲的丰富，是在协调统一原则下的丰富；我们讲的多样，是在统一中的多样。

长期以来，总是旧的建筑破坏和影响街景。这两年，由于整修水平的提高，许多过去被认为是先天不足、后天失修的旧建筑，经过修整，出现了新的光彩，我们许多新的建筑反而相形见绌，连老百姓都说“新的不如旧的修得好看”，这是一个不应该出现、并且必须解决的问题。为什么新建的东西总是不行？肩膀朝街、屁股朝前、火柴盒、大平板、脑袋长瘤子的毛病总是解决不了。现在，规划局已注意了这个问题，对正在设计、施工的建筑进行了重新审查，取得了一些成果，纠正了许多错的东西，但总的讲，还很不够，工作不细、不深，败笔的设计仍然不少。当然，也有不同的看法，说我们要求得太死，不够多样，不够丰富，这有一定道理。但是说“整了还不如不整”，这就不公道了。必须明确，丰富与乱七八糟、与杂乱无章是两个概念。我们讲的丰富，是在统一原则下的丰富；我们讲的多样，是在统一中的多样。离开统一的多样，就是没有原则、没有宏观，也没有城市的特点与风格。

《在天津市1986年街道综合整修庆功表彰大会上的讲话》
（1986年11月17日）

大多数建筑还是得规规矩矩、大大方方，才能延年益寿，站得住脚。

建筑需要走稳定的路子，不能像时装那样，常常在变，年年有新样子。可现在我们的一些建筑这儿长个疱，那儿长个瘤，有的缺个“眼睛”，有的缺个“耳朵”，歪脖瘸腿，成了“残废”。有的建筑在个体设计方面与大街景不相呼应，当不当、正不正，随便出个七高八低的。这类建筑，时间长了留的祸害太大。现在规规矩矩、大大方方的楼太少，异型的太多，但异型的又“异”不出个样儿来，真要能像悉尼歌剧院那样“异”出个模样来，给人一看就是个怪楼，那倒也是个东西。现在是说怪又不怪，说不怪又很别扭。我看大多数建筑还是得规规矩矩、大大方方，才能延年益寿，站得住脚。中国的旗袍，多少年了？到今天为止，许多女士在大场合还是穿旗袍。像有些时装，今年时兴，我看明年就不一定怎么样了。建筑更要注意稳定性和保存价值，颜色不行，有时还可以换，形状、结构出了问题，整治起来很难。建筑要有风格、特色，有风格、有特色才能引起重视，才能增加保存价值。中国的建筑要有中国的风格、中国的特色，各地的建筑要有地方特色。

《同天津城市改造与发展研究成员的谈话》(1987年3月)

天下文章一大抄，天下的好楼都有抄。

真正高明的技术人员不仅仅在于他有自己的创造，还在于他能取诸家之长，形成自己的特色。我建议设计院组织一帮人到北京、上海、广州等地参观学习，把好看的、新颖的楼图统统抄来。有的明抄，有的暗抄。不要认为这是丢人的事。天下文章一大抄，天下的好楼都有抄。大会堂是谁设计的，是许多人多种方案综合的；纪念堂是谁设计的，也是多种设计综合的。前者我是听说的，后者是本人领着综合的。取诸家之长，加天津的优点，经过自己的创造，就会形成新的特色。马克思的认识论强调两条，一叫纵向的连续性，二叫横向的借鉴性。认识来源于实践，但不是个人的实践，是社会的实践；认识来源于直接经验，不只是个人的直接经验，还包括别人的直接经验，如拒不接受别人的经验，则是狭隘的经验论。体型的变化，高低的分别，色彩的统一，都可以做一些文章。

《在天津市胜利路一条街规划汇报会上的讲话》（1982 年 9 月 18 日）

必须把新的建设和旧房整修统一起来，不能新的建得越多、越好，旧的显得越破、越旧。

必须把新的建设和旧房整修统一起来，建一个新的要带起几个旧的，形成一片街景，而不能新的建得越多、越好，旧的显得越破、越旧，要有个先来后到，后建的要兼顾先前的，同时又具有现代水平，我认为这是个大题目。在新区的建设上，一个问题是很不注意街景观瞻，临街的房太单调，路口之间没呼应。在老区的改造上，一个最不好的提法是“见缝插针”。在治理污染、搬迁这类工厂上有成绩，但问题很多，常常是轰走一个撒尿的，进来一个拉屎的。

《在天津市城市科学研究会成立大会上的讲话》（1984 年 12 月 31 日）

既要丰富多样，又要协调统一。

不少城市一个模样，你学我，我学你，这都是对的，但学来学去都一个样了，这就不对了。应该是虚心学习别人的长处，努力保持自己的特色，或者叫取诸家之长、走自己的路。我在南宁讲过，咱们国家具有亚热带气候的就海南岛、西双版纳、南宁这么几个地方。南宁的城市建设不应该照北方的样子搞，特别是绿化，一定要有自己的特点。多样性与统一性的关系，是城市建设中一个很大的难题。千篇一律火柴盒肯定不好，必须丰富多样。样子很多，互相没有关系，一定是乱七八糟。在大的方面、在总体上，还是要讲究协调统一。一个区域、一个街道要做一个图，对建筑的大小、高低、式样、色调，先在图上进行比较。

《考察三亚城市建设时的谈话》(2000年12月17日)

每一项建筑，都要给整个城市增辉，而不是减色，更不能为今后的工作安钉子、添腻歪。

建国以来，我们房子盖得不少，但城市面貌不怎么见好，主要原因就是没有抓好城市规划和建筑设计工作。新房子建起来，东一个西一个，没有形成整体规模，城市不是显得新，而是显得更乱更破。所以说，必须有一个合理的规划，按照规划一步一步地去建设，不能乱建。可以在建设过程中不断地完善规划，但不能离开规划。每一项建筑，都是实现城市规划的具体行动，都要给整个城市增辉，而不是减色，更不能为今后的工作安钉子、添腻歪。

《在天津市规划设计工作会议上的讲话》（1984 年 10 月 10 日）

现在城市建设的一大毛病是过于雷同。

现在城市建设的一大毛病是过于雷同。三亚在中国是个很有特色的地方，天涯海角，得天独厚，城市建设应该突出个性。三亚的环境、三亚的建设、三亚的绿化，都应在个性上做文章，体现热带风光、海岛景致。

《谈三亚的城市建设》（2000 年 2 月 10 日）

功能讲实用，外立面讲美观。

假如我们把全国公认的好的楼都抄来合理地拼拼凑凑，很协调、很新颖，这就是成就，也可以说是创造。我一直讲这个话，我们天津的公共建筑总要有一个超过劝业场的，设计院可能认为我们比劝业场强多了，但老百姓不承认。耀邦同志问过我，看你们建出来房子的人究竟是内行多，还是外行多，你总得让多数人去评论好才是好。功能作用与建筑美观是有所区分的，功能讲实用，外立面讲美观。什么是美观，这得由社会、由大众去评论。这就包括社会的文化知识水平，也包括民族地域的生活习惯。因此，脱离多数人的观点是不符合马克思主义的认识论的。

《在天津市胜利路一条街规划汇报会上的讲话》（1982 年 9 月 18 日）

城建文化固然少不了街景的美观和协调、建筑的艺术和特色，但同时也要包括街名、楼名等所体现的文化韵味。

房子盖好了，名字起得好不好，也体现一种文化，一种学问，一种品位。城建文化是什么？城建文化固然少不了街景的美观和协调、建筑的艺术和特色，但同时也要包括街名、楼名等所体现的文化韵味。一处好的街景，一幢好的楼房，如果不配上一个相宜而雅致的名称，就显得很不和谐，很没文化。长期以来，这个问题在天津并没有引起人们的重视，给楼房起的名字很土很俗，如物资管理部门建的住宅叫“物资楼”，蔬菜公司建的住宅叫“蔬菜楼”，还有什么“建工楼”、“市政楼”、“果品楼”、“煤炭楼”，等等。按照这个叫法，废品公司的楼就要叫“废品楼”，殡葬公司的楼就得叫“殡葬楼”。居住区起名也很不讲究，什么“天拖南”、“体院北”、“小海地”、“王顶堤”，等等。如果拖拉机厂和体育学院挪了地方，“天拖南”、“体院北”上哪儿去找？还有路名、街名等，什么丁字沽一号路、二号路、三号路，王串场一号路、二号路、三号路，南开一马路、二马路、三马路等，太简单，缺少点儿文化味。中环线西半环的吴家窑大街，乡村味太浓，根本不像城市的地名。天津的飞机场叫张贵庄机场，外国人一听，还以为是到了农村。一些建筑物的名字确实起得不好，不动脑子，没有从文化的角度去考虑。有的虽然唯物、具体，但实则肤浅、庸俗，让人看了别扭，听起来不舒服，还显得城市文化水平低。我们搞城市建设，不可不多方面地注意城建文化方面的问题。

《同天津城市改造与发展研究成员的谈话》（1987 年 3 月）

色彩的运用既要符合时代精神，又要考虑地方风情。

建筑的色彩是决定建筑能否给人以美的直观感觉的重要因素，所以建筑色彩的选择既要考虑到周围环境，地理位置，光照时间、角度，绿化与自然环境等等，又要依据其使用功能、建筑材料和建筑形体，通盘考虑，慎重选择。色彩作为一种传递审美信息的中介，有其特定的暗示功能，使人们心理上产生不同的情感，引起不同的意境与激情。因而建筑外观的色彩，既受到人们使用心理的影响，又影响着人们使用的心理。色彩的运用既要符合时代精神，又要考虑地方风情，只有做到“以色传神，以色抒情”，方能合情得体，陶冶人的性情，美化人的心灵，激发人的理想，让大家从城市的市容风貌上更多地获得美感。一般地讲，着色宜简不宜杂，宜明不宜暗，宜浅不宜深，独立的建筑用色不宜太多，一般不超过三种颜色。要给人以淡雅明快、深沉大方、清心愉悦的景观。

《在天津市1986年街道综合整修庆功表彰大会上的讲话》

（1986年11月17日）

73. 选人主要看政绩。

我认为，选人主要看政绩。政绩是一个人各方面的综合反映。没有真本事，政绩出不来；工作不肯干，政绩出不来；群众不拥护，政绩出不来。看政绩和看经验有关系，但不能等同。一般说来，经历多、经验多，容易出政绩，或者说，出政绩常常和经历、经验有关系，但经历不等于政绩。比如，有的人经历很丰富，干过各种工作，但哪项工作都很一般。这样的经历说明什么？说明这个人很平庸。看政绩不是不重德。所谓德，除了一般意义上讲的忠于党、忠于人民，主要看他是不是尽心竭力、坚持不懈地搞好本职工作。看他的品德、政绩首先需要的就是尽心竭力、坚持不懈。坚持用人看政绩，即不要只听他怎么说，主要是看他干得怎么样。这样公道、科学，人们服气，也可以避免发生大的偏差。

《在天津市各民主党派负责人座谈会预备会上的讲话》

（1988年1月3日）

评判一个人，不能只听他说得如何，在领导面前表现得如何，主要应看他是否为人民干实事，看他干事过程的表现及其结果。

战争时期选人，把生与死、血与火的考验作为重要标准。和平时期选人，就要把多干实事作为重要标准。评判一个人，不能只听他说得如何，在领导面前表现得如何，主要应看他是否为人民干实事，看他干事过程的表现及其结果。这样，我们就可以不被那些只有花把式，没有真本事，只要小聪明，不下真功夫，靠投机钻营的人所欺骗，就可以把那些有真才、干实事的人选到领导岗位。

选拔干部要看干实事，培养干部也要靠干实事。年轻干部上来，靠捧着、哄着、保着不行，必须把他们放到改造世界的第一线，交任务、压担子，使他们通过办实事的过程受到磨炼，经受考验，增长才干，树立威望。只有这样的干部，人们才信得过，自己才站得住；也只有这样，才能把误选、误用的人暴露出来，淘汰下去。

《育人之途——四谈少讲空话，多干实事》(《天津日报》特约评论员文章，1985 年 5 月 31 日)

办实事靠人才，办实事出人才。

能办实事的人才从哪里来？一个重要途径是在为人民办实事的过程中物色发现人才，培养锻炼人才，考察检验人才。这是因为经过“文化大革命”的破坏，有不少同志全心全意为人民服务的思想淡薄了，他们脑子里群众装得不多，个人想得不少，有的人乃至违法乱纪、贪污腐败，影响四化建设大局，引起群众强烈不满。因此，加强全心全意为人民服务宗旨的再教育，使干部在为人民办实事中经受检验、锻炼，纠正各种不正之风，是搞好干部队伍建设的当务之急。也还因为我们各级党政机关正处在新老干部交替时期，一大批年轻干部走上了领导岗位，他们有文化、有知识，精力比较充沛，但没有像老一辈那样处于战争年代，经受过火与血、生与死的考验。当今是和平时期，检验干部的主要标准要看是否全心全意为人民服务，是否真正为人民谋利益。只有把群众的疾苦时刻放在心上，真心实意地、尽心竭力地、坚持不懈地为人民办实事，才能取得组织上和群众的信任，也才能增长才干、不断进步，经得起各种风浪的考验。注意在为人民办实事中发现人才，放手使用人才，使“智者尽其谋，勇者竭其力，仁者播其惠，信者效其忠”，做到人尽其才；重视在为人民办实事中培养人才，给机会，压担子，创条件，多方帮助干部在实践中经受锻炼，增长才干；认真考察干部，以为人民办实事的实际表现和具体成果作为重要依据，识别干部，评判优劣，确定奖惩升降。这样，形成一种舆论、一种制度、一种机制，激励干部投身为人民办实事，使实事越办越好，风气越来越正，干群关系越来越密切，大量有用之才脱颖而出。

《研究起草天津市政府全体会议讲话时的谈话》

（1987年2月10日）

领导干部没有功就是过，没有成绩就是问题。

中国目前是个特殊的阶段，要一下子完全解决干部能上能下的问题不大可能，但这个方向必须坚持，起码可以是老人老办法，新人新规矩。新上来的大多是解放后参加工作的人，为什么同时期的人这个能上来做领导而那个就不行，原因只有一条，就是看谁能够给国家和人民办事。因此，凡能给国家和人民办事的干部，也就是称职的干部，可以接着干下去，否则就应该下来。这不是哪个人的问题，而是国家和人民的大利益。我们常讲不要占着茅坑不拉屎，不称职的干部要比占茅坑不拉屎严重得多。领导干部没有功就是过，没有成绩就是问题。

《同天津市各民主党派负责人座谈时的讲话》(1988 年 1 月 5 日)

当前群众最不满意、最憎恶的，一个是官僚主义，一个是以权谋私，再一个就是用人不公。

党内存在的消极腐败现象，可以列举很多。当前，群众最不满意、最憎恶的，我看一个是官僚主义，一个是以权谋私，再一个就是用人不公。官僚主义的习气这些年来在党内滋长了不少，有些地方、有些干部当官做老爷的现象还很严重。他们不了解群众的要求，不关心群众的疾苦，高高在上，颐指气使，在有意无意中制造着党同群众的隔阂。以权谋私的现象也很普遍，而且屡禁不止。有些人把群众赋予他们的权力当成筹码，去做种种交换，谋一己私利，直接侵犯群众的利益，严重败坏了党的形象。用人不公也是脱离群众的一个突出表现。这是因为，选拔、任用干部必须走群众路线，如果不按程序办事，以个人好恶来用人，或者把那些群众不欢迎的人提拔上来，群众必然对党的领导失去信心。我在天津时常引用孟子的话，“左右皆曰贤，未可也，诸大夫皆曰贤，未可也，国人皆曰贤，然后察之，见贤焉，然后用之。”左右皆曰贤，你左右的人，你的秘书、司机都说他好，这不可以，这个没准。诸大夫皆曰贤，当头头的都说他好，这个也不可以。国人皆曰贤，老百姓都说他不错，按理说可以了吧？还要再考察他，看他确实是贤才，然后才用他。古人尚且如此，我们共产党人当然应该比古人站得更高。组织路线中最根本的问题，就是用人不能失去群众，群众不接受、不拥护的人，你咕噜半天好话也不行。所以我说，官僚主义、以权谋私和用人不公，是当前党内消极腐败现象比较突出的表现，加强廉政建设必须在解决这些问题上有所突破。

《同津冀鲁三省市党委负责同志座谈时的讲话》（1990 年 2 月 27 日）

凡是对基本理论和路线不热心、不研究、不执行的人，以及不善于把它正确地运用于实际工作并取得实绩的人，不能提拔重用。

要把忠实于建设有中国特色社会主义理论和基本路线的干部选拔到领导岗位上来。我们讲选拔干部要遵循四化方针和德才兼备的原则，重要的是对这一理论和路线的态度。我们选拔的干部只有忠实于这一理论和路线，才能真正有效地率领人民群众去发展经济、建设国家，我们党才能真正得到人民群众的拥护。也只有这样，才能引导青年干部沿着正确的方向健康成长。凡是对这一理论和路线不热心、不研究、不执行的人，以及不善于把它正确地运用于实际工作并取得实绩的人，不能提拔重用。长江后浪推前浪，在干部的新老更替中，真正把握住这一条，我们党就有希望，就会永远保持旺盛的生命力。

《在参加党的十四大天津代表团讨论时的发言》（1992 年 10 月 13 日）

过去考验干部讲火的考验，血的考验，现在考验干部就看你对待群众如何。

过去考验干部讲火的考验，血的考验，现在考验干部就看你对待群众如何。你心里装着群众，一切为了群众，就是好干部。你做的一切都是为了个人，无论说得多好也是不合格的干部。

《听取黑龙江省委、省政府工作汇报时的讲话》（1999 年 7 月 7 日）

做领导干部必须忧国为民。

做领导干部必须忧国为民。就拿我们几个人来说，除了吃饭睡觉没有另外特别的想法和考虑，天天在那里干活，讲什么家庭生活、什么天伦之乐、什么个人爱好，诸如此类，统统不在话下。天津的形势之所以有今天这个局面，是广大群众努力的结果，中央支持关怀的结果，也是市委、市政府的领导班子战战兢兢、站班侍候的结果。假如不是忧国忧民，假如光看着坐着小汽车、出门好威风，假如选这样的人上来，时间长不了，国家倒霉，他自己最终也倒霉。我讲人民至上、国家至上的观点，而不是个人至上。找人就要找这样的人。

《在推荐天津市委、市政府领导班子人选会议上的讲话》（1986 年 11 月 29 日）

有人说，干部政策就是群众支持的就上，群众反对的就下。这样讲过于简单，但这样做不会离谱。

有人说，干部政策就是群众支持的就上，群众反对的就下。这样讲过于简单，但这样做不会离谱。现在的干部制度，使那些日日夜夜工作，有成绩、有群众的人上不来。因为到节骨眼上，群众没有发言的机会，而有发言权的领导只是听听汇报、看看材料，不大了解真实情况。如果汇报的人心邪嘴歪，好人就变成了庸人甚至坏人。在此基础上绝不可能公平。那些看错了、提错了的、不称职的人下不去也调不走，留下影响工作，退休不到年龄。究竟怎么办？没有明确规定。这是一大难题。建立以政绩为依据、以群众的意见为依据的机制，这些问题就可迎刃而解。

《在政治体制改革课题研讨汇报会上的谈话》（1986 年 9 月 24 日）

切不可把学历和文凭、文凭和知识、知识和才能、才能和贡献等同起来，它们之间有联系，但不等同。

知识的重要作用会越来越被人们认识、重视。就天津来讲，我们准备对知识分子使用情况做一次普查，尽可能地发挥他们的作用。另一方面，就大学生来讲，自己也不要把自己估计得过高。总的来说，大多数大学毕业生是满腔热情，积极努力，进步较快的。但毕业以后马上就顶事的，不能说没有，确实不多。在我们机关里有的大学毕业生开始下去工作，常常是不实际，甚至捅娄子。这不是说这些学生不好，而是说理论水平，或者说书本知识如何与实际结合好还要有个过程。工作能力、办事能力的提高要有一个过程，不能看得太简单。大学毕业以后，仍然需要很好地学习，而且是更高阶段的学习，只有这样，才能不断提高自己的能力。要首先看看自己的弱点，克服自己的弱点，努力提高自己的能力，不要老是抱怨别人。我们有的年轻干部上台，一下子局面打不开，也有这种情绪，抱怨别人看不起自己。我说你不要首先研究别人不应该看不起你，因而产生怨气，而是要首先研究你为什么叫人看不起，找找自己的弱点。我看大学生也应该这样，大学毕业到工作岗位后，一下子就都能使上劲是很难的，也需要自己的努力。大学生要对自己有一个正确的估计和评价，出了学校门只意味着在大学毕业了，而不能认为功课好了，毕业分配了，工作上就能胜任了。能力的提高必须在实践中取得，切不可把学历和文凭、文凭和知识、知识和才能、才能和贡献等同起来，它们之间有联系，但不等同。确有这样的人，有知识缺见识，有见识缺才能，有才能没贡献，眼高手低，志大才疏。知识分子最大的愿望是为他们创造条件，使他们的才能得到充分发挥，使他们的知识贡献给人类，使他们的价值得到社会的承认。解决知识分子问题的钥匙，在于发挥他们的作用。

《与天津大学学生的对话》(1985 年 10 月 23 日)

新提上来的干部，既是重用又是考验，不合格就得下去，这要成为一种机制。

我们现在选拔上来的干部，都是新中国建立之后和平时期出生的人，也就是说，都没有经过战争时期血与火的考验。为什么这个人能选上来而那个人没选上来，只是因为我们推荐、考察、评议的结果，认为这个人能办事、能胜任、合格。结果，这个人上来以后和我们原来想象得并不一样，干什么都不行，一年不行，两年还是不行，这就说明我们当初选拔得不准确、有误差。其实，这也难以避免。重要的是必须坚决纠正，尽快叫他下去，不能留下来继续误事，这也叫能上能下。而不能像对待建国前参加革命的干部那样，把某年参加革命、某年当什么官作为资历、资本，也不能易地做官甚至升官，继续误事。提得不准确责任不在他自己，放下去自己也不应有情绪。其实，没那个能力占着那个位置，于国家是误事，于大家是不服气，于自己是受罪。新提上来的干部，既是重用又是考验，不合格就得下去，这要成为一种机制。有上就有下，上的那一天就意味着有下的一天。这就好比登山一样，光是上去不行，还要下得来才行。

《在天津市各民主党派负责人座谈会预备会上的讲话》(1988 年 1 月 3 日)

我们自己的水平，要用我们今后的工作和成绩来证明，而不是靠贬低前人来证明。

最近几年，我们是处在新老交替的过程之中，如何搞好新老交替是个大的问题。干部是党的干部，工作是在党的方针政策指导下的工作，要讲连续性，不能够割断历史，尤其注意的是不能后任否认前任。一些地方新领导一上台就换人，“一朝天子一朝臣”，其结果都不好。我们自己的水平，要用我们今后的工作和成绩来证明，而不是靠贬低前人来证明。一般地讲，任何一个干部，在一个地方工作，不论是有成绩、无成绩，成绩大、成绩小，都会有对立面，用农村的话讲都有“仨亲俩厚”的。简单地否定过去的工作，实际上就否定了过去辛辛苦苦工作的一些同志的成绩，也就给一大批人思想带来了包袱。

《在天津市宝坻县检查工作时的谈话》(1986 年 10 月 13 日)

干部没有交流、在一个地方任职时间太长不好，但交流太快、走马灯似的也不行。

干部没有交流、在一个地方任职时间太长不好，但交流太快、走马灯似的也不行。其中一个问题就是容易失去对干部历史的、连贯的了解和全面监督，使一些政绩平平，甚至根本混不下去的人钻空子，易地当官乃至升官。交流很重要，有利于加强党的建设，有利于改革开放，但交流里面确实有需要研究的问题，既要考虑干部培养使用的计划，更要注意当地发展的要求。

《在余杭市部分离退休老同志和有关单位负责人“三讲”教育座谈会上的谈话》（2000年2月20日）

对看好的年轻人要尽早放下去，干得好再提。

在去开发区的路上，我向小平同志汇报了开发区领导班子的情况。小平同志说：“对看好的年轻人，要尽早放下去，干得好再提，这样提得准，提起来别人也服气，提上来也干得了。”我认为，小平同志这段话，对选拔培养干部具有重大的指导意义，我们应当认真学习领会。一个人究竟是行还是不行，不能只看一时一事的表现，也不能单凭领导个人的印象，必须放到基层、放到群众中去考验。如果确实工作努力、作风扎实、有办事能力，提起来就不会有大的偏差；同时因为他干得好、有政绩，别人也会服气。特别是“提上来也干得了”这句话，很有现实意义。我们这几年提拔了一批干部，总体上是好的，但也存在一些问题。有的人有文化、很聪明，工作后又一直在机关、在领导身边，很受领导赏识，可提上来后顶不了事。他们话讲得很多，表面上看有条有理，自己也觉得很得意；可别人却说，话讲得没错，但没用、“不着调”，不解决实际问题，“好人误事”。我们要对照小平同志的讲话，认真总结一下我们的干部工作，好的坚持，错的纠正。

《同天津市委领导同志的谈话》（1986年8月22日）

74. 选人用人第一和基本的出发点是工作需要。

我们这两年选人用人工作，总的说是好的，也有不好的。凡选配人好的单位，工作变化大、发展势头好；凡选配人不当的单位，不但工作没起色，而且是非多、事故多、麻烦多。可是考察一下，仔细想来，选任不当的干部也不是不尽心尽力，而是对担负工作不熟悉、不擅长、不对路。任何部门和单位的工作，都有其区别于其他部门和单位的特点和问题。我们选人用人，就应该从这些单位的实际情况出发，从搞好这个单位的工作出发。比如我们要选择一个城建方面的领导人，就应以能胜任为出发点选人，而不能以其他理由为出发点从没有城建工作经验的人中去选，哪怕这个人样样都好，早该提拔。前几年，中央提出：像京津沪这样的大城市的党政一把手，要有一个懂城市建设的，国家建委主任芮杏文调上海当书记，城建部部长李锡铭调北京做书记，我在天津做市长、书记也和我的城建出身有关系。这个精神和做法就说明城市不同于省区，有其固有的复杂性和特殊性，是一门科学，管理城市要具有一定的城市科学的知识和经验。我们的组织部门，是安排人的单位，心里装着一大堆人名，某某人政治水平高，某某人工作能力强，或某某人资格老、经验多，或某某人年纪轻、有文化，乃至某人是领导打过招呼、某某和某人的关系，等等。这些是不是理由呢？是理由，都应当考虑，但这些都不是选人用人的主要理由。选人用人第一和基本的出发点是工作，是工作需要。基层单位如此，省市和中央机关也应该是如此。同时，也要教育干部树立“工作需要就是我的志愿”的思想，把个人的志愿和工作需要统一起来。

《同天津市委组织部负责人的谈话》(1988 年 1 月 3 日)

接班，首先和根本的，是要接马克思主义的班。

今天，我们党面临的形势和任务同十年前相比，已有很大的不同。我们有许多有利条件，邓小平同志等老一辈革命家健在，十一届三中全会以来的路线是正确的，建设具有中国特色社会主义的道路已经开辟，我们国家的经济实力有了很大提高，各方面的工作都积累了一些经验，特别是十三届四中全会选举产生了党的第三代中央领导集体。但是，我们继续前进所要克服的困难之大、矛盾之多、问题之复杂，是绝对不可低估的。尤其是今年这场政治风波，暴露了我们党自身存在的许多严重问题，而这些问题的解决也绝非朝夕之功。在即将来临的 90 年代的十年中，我们的任务是艰巨的，面临的挑战是严峻的。从中央到各地方、各单位，大批的新干部已经和即将走上领导岗位，接前两代老同志的班。接班，首先和根本的，是要接马克思主义的班。就是要使马克思主义在中国能够后继有人，并且在社会主义现代化建设的新实践中得到坚持和发展，取得新的胜利。在今天历史发展的重要关头，郑重地提出全党学习马克思主义理论、学习哲学的任务，就显得尤为重要和迫切。

《同出席全国马克思主义哲学研究与干部哲学教育研讨会全体代表座谈时的讲话》（1989年10月13日）

要选那些公道正派、实实在在的人。

要选那些公道正派、实实在在的人。一个领导班子不公道、不正派、不实在，就不能给大家一种信任感、安全感，大家不放心。提心吊胆地过日子，工作没法做好。现在社会上存在着一种歪风：有的人不干事却事儿很多，拉拉扯扯，吹吹拍拍，你长我短，一帮一派。我讲过领导干部要坚持“四人”：诚恳待人，平等待人，一视同仁，知人用人。领导之间有意见，可以当面讲，我最不喜欢背地里鼓捣人的人。和我打过交道的人知道我这个脾气，或者叫毛病。我讨厌告黑状的人，对一起工作的人，乃至对自己的下级，当面好好好，偷偷地跑到上边告一大状，有内容，有记录，很系统。遇到这种情况，我就会先问他，你找他谈过没有？你批评过他了没有？那么作为你的同志、你的部下，你看到缺点不找他谈，不批评他、帮助他，跑我这儿来说这一通是什么意思？是证明你正派呢还是证明你忠于领导？我不反对向领导反映情况，但处事要处以公心，对同志要好心。同志之间有意见可以当面谈嘛，我们决不能让这种人进领导班子！对人总是要宽厚，总是要诚恳。待人以诚、以宽。其次是实实在在地干事。你说我们这个班子里边有多大的本事？没有。我出过一个题：两头骡子拉车快还是两头驴拉车快？毫无疑问，一般地讲两头骡子拉车快，力量大。我说未必——一个往前拉，一个往后拉，把车拉散了。小毛驴劲不大，但一股劲蹦跶蹦跶老往前走，一定比骡子快！

《在推荐天津市委、市政府领导班子人选会议上的讲话》（1987 年 11 月 29 日）

没有公道正派这一条，能力越大，越容易出问题。

企业领导要知人善任，公道正派。用人不公，不是任人唯贤而是任人唯亲，这是某些地方工作搞不好的一个重要原因。因此，对于企业领导来说，一定要公道正派，至于客观上由于自己的认识水平差，对人看不准，这也难免。但你主观上必须追求公道正派，不能拉拉扯扯，搞远近亲疏。有些地方、有些单位长期搞不好就是吃了这个亏。为政之道最起码的一个要求，就是公道正派，能力大小也重要，但相比之下还是其次。没有公道正派这一条，能力越大，越容易出问题。

《考察山西时的谈话要点》（1989 年 8 月 11—18 日）

用“能办事”作为标准选人，可以减少大的失误，避免上当受骗。

毛主席常用“办事”这个词评论人，说某某人“能办事”，某某人“你办事，我放心”。邓小平也同样重视“办事”，大家熟知的“黄猫、黑猫，只要捉住老鼠就是好猫”①，“少讲空话，多干实事”② 等等。把“能办事”作为评论人、选人的标准，乍听起来似乎简单，仔细想来很有道理。我们选人为了什么？就是为了办事。我们常说某某人是人才，就是说某某人能办事。我们说要选各种人才，就是因为需要办各种事。能办事是个综合指标。没有忧国为民的精神不行，光有精神没有本事也不行；没有理论、没有实践不行，不会理论联系实际也不行；没有主见不行，过于主观也不行；没有实干、苦干不行，只会傻干不会巧干也不行；不相信群众不行，不善于动员组织群众也不行。总之，有德无才不行，有才无德也不行，德才兼备才行。用“能办事”作为标准选人，可以减少大的失误，避免上当受骗。

《同天津市委组织部负责人谈选人配班子问题》（1987 年 12 月 10 日）

选人要注意选那些够这个材料的人。

这几年调班子大家公认的一条，就是选人要注意选那些够这个材料的人，或者说有能力、敢担当、胜任这个工作的人。德才兼备，首先是德，才也重要，比如选书记、选市长，选市委、市政府的头儿，还要看够不够那个格。光说思想觉悟、道德品质，劳模比省长、市长都不差，但他当不了省长、市长。我当过木匠，好举这样一个例子：一块木头，比如是红木、花梨、紫檀，

① 《邓小平文选》，2 版，第 1 卷，323 页，北京，人民出版社，1994。

② 《邓小平文选》，1 版，第 3 卷，121 页，北京，人民出版社，1993。

品质很好，但你的尺寸不够，就那么大、那么高，品质再好能做啥？做小板凳都不够。六届六中全会毛主席讲“才德兼备”，就是说要先看你是不是这个材料，尽管你人很好，“忠于革命忠于党”，是人们学习的“好榜样”，但也不能做高级领导者。宝坻县小靳庄的支部书记人很好，后来让他当了县委书记，他很受罪。“四人帮”垮台后批他，说他没水平、讲错话。他说：“我从来没说我有水平，讲话稿都是你们写的，错不错我也不知道。”像这样的例子还有很多。选人是为了办事、办特定的事，因此需要看他懂不懂这种事、能不能办好这种事。德也重要，品质不好容易坏事；才也重要，没有才不能办事。

《在推荐天津市委、市政府领导班子人选会议上的讲话》（1986 年 11 月 29 日）

有了水平才会有底气，有了底气才能有勇气。

机关干部的基本功包括两个内容。一是文字关，二是理论关。这两个水平提高了，才会有底气，有了底气，才能有勇气，才能在大是大非面前把得住，不被一时的“风”所左右。勇气来源于底气，所谓底气，就是观察世界、认识世界的能力。具备这种能力的基础就是两个基本功。政府工作必须提高水平，“拿得出手”。作出的决定，发出的文件，要符合科学。“差不多”不行，不能有半点含糊，而是真的高水平，领导机关区别于基层的标志，关键在此。领导机关指导下面工作，还是靠文件、靠政策。这种工作性质就决定了我们必须具备文字、理论的水平。当然，谁也不是天生什么都行，但我们强调下功夫学习，要不厌其烦，不嫌其精，不耻下问，不怕丢丑。总之，有了上进之心，进取之志，我们的工作一定会有大的改观。

《同天津市政府机关人员的谈话》（1985 年 2 月 24 日）

不能用选儿媳妇的标准去选女干部。

女干部的比例偏低，是一个带普遍性的问题，就连妇女相对集中的行业，女领导干部的比例也很低。这种状况与妇女在现代化建设中的地位和作用是不相称的。对这个状况不光妇联不满意，哪儿都不满意。目前，要求提拔女干部的呼声很高。但问题是，一旦有了选拔对象，大家又常常求全责备，最终还是很难上来。我看，这里有一个重要原因，就是观念上有毛病，即衡量女干部的标准有问题。我常说，不能用选儿媳妇的标准去选女干部。在我们这样一个古老的东方大国，人们常常把温良贤淑、容工惠丽作为东方女性的最佳标准，而对直率、勇敢、泼辣的同志常常是不加分析地指责为“疯疯癫癫”、“咋咋呼呼”。在竞争机制引入干部人事制度的情况下，如何使妇女干部的比例呈上升趋势，这是改革给各级党组织提出的新问题。所以各级党委要切实重视对女干部的选拔和培养工作，采取有力措施，为女干部更快地成长创造良好的条件。

《在天津市妇代会闭幕时的讲话》（1988 年 10 月 23 日）

敢于坚持原则，不能怕得罪人，应该是选人用人的一个标准。

敢于坚持原则，不能怕得罪人，应该是选人用人的一个标准。我说过，我们干部里边有这么几种人：一种人本来就不正派，这种人容易鉴别，群众也不会拥护；一种人老老实实、规规矩矩，就是不避邪，正确的东西有人反对他不敢坚持，错误的东西有人坚持他不敢反对，跟谁都是好好好、是是是，可以、可以、真可以，“手抓两把泥，脚踩西瓜皮，得抹就抹，得溜就溜”。这种人在关键时候就会误事。还有一种人能坚持原则，但方法太简单，不能团结多数，工作很积极，但由于他的积极闹成大家都不积极。我们需要的是那些既坚持原则又能团结同志的人。这样的人不多，但这样的人重要。

《在推荐天津市委、市政府领导班子人选会议上的讲话》
（1986 年 11 月 29 日）

不吃苦、不得罪人，就不称职。

我们这一代是注定要吃苦的一代。当干部，最基本的一条就得不怕吃苦。不吃苦不行，不得罪人不行。“三不”：不吃苦，不得罪人，就不称职。

《同全国第四期市长研究班学员座谈时的讲话》（1986 年 1 月 9 日）

相对于坏人而言，很多人都是好人，包括一些不讲原则、不得罪人的老好人。但是选干部就不能选这样的好人。

“要配好班子就得找好人”。这话不能说不对，因为谁也不能说选不好的人。问题是什么叫好人。相对于坏人而言，很多人都是好人，包括一些不讲原则、不得罪人的老好人。但是选干部就不能选这样的好人，而必须是道德品质好和思想觉悟高的人。具体来说，他们必须是拥护十一届三中全会以来的路线、方针、政策，坚持十三大通过的“一个中心、两个基本点”，积极主张并参加改革开放、不搞自由化和僵化的人；他们是全心全意为国家办事、为人民谋利益，一切言行都是以党和国家民族大业为出发点，而不是以个人、小团体利益为出发点的人；他们是尽心竭力、兢兢业业拼命工作的，不怕苦、不偷懒、不停顿地想事，没完没了地干事，永不满足、永不懒惰的人；他们光明磊落，有话讲在当面，有错不怕批评，不搞小动作，不搞拉拉扯扯，不搞团团伙伙；他们坚持原则，坚持真理，不怕得罪人，不当老好人，敢于仗义执言，为真理不顾一切；他们为人诚恳，待人宽厚，决不背后整人，对任何人哪怕是犯了错误的人，反对过自己的人，也是满腔热情地去帮助、去对待，甚至“书生气”地宣传这些人的长处。当官对他们讲是什么？就是受苦。有权对他们讲有何用？就是负责。这样的人才是我们需要的好人，只有选这样的人担任领导职务，我们的各项事业才有希望。

《在天津市各民主党派负责人座谈会预备会上的讲话》

（1988 年 1 月 3 日）

有一种很不好的风气必须引起注意，即越是能干工作、干工作多的人，越有人反对。

考核干部必须走群众路线，必须用全面的观点了解干部，对有些不同的意见要进行分析。有一种很不好的风气必须引起注意，即越是能干工作、干工作多的人，越有人反对。如果以反对人数计算，干工作的往往比不干工作的反对的人多。因为干工作就要说话，就要办事，就要待人，老说话难免有失，老办事难免有错，老待人难免有怨，归在一起就是某人说错了话，办错了事，得罪了人，比不干工作的人毛病还多。假如我们不加分析地排斥这种干工作的人，相反地把那些不去办事、不敢得罪人的人选进班子，这样的领导班子能不软弱吗？

《在天津市基建系统政治工作会议上的讲话》（1981年11月2日）

有些干部是“手抓两把泥，脚踩西瓜皮，见着问题就抹，见着矛盾就溜”。

就总的来讲，天津的各级领导班子大多数是好的和比较好的。正因为如此，我们的工业生产能够在三年调整中得到持续、稳步的发展。但是不能否认，我们有些领导班子确实程度不同地存在着涣散软弱的状况。有的是不团结，相互抵消了力量；有的是不配套，人才不齐；有的是不得力，缺乏“明白人”和实干家。在领导干部中，有的不想干，凑凑合合过日子；有的不肯干，讲得挺漂亮，不见行动；有的不敢干，怕得罪人；有的不会干，缺乏工作能力。所有这些问题，集中起来讲，突出的是一个“软”字。我们有不少的同志，在重大是非面前不敢坚持原则，对歪风邪气不敢顶，对老大难问题不敢抓，对困难任务不敢上，对好人好事不敢支持表扬。有的群众形容这样的一些领导干部是“手抓两把泥，脚踩西瓜皮，见着问题就抹，见着矛盾就溜”。这个话虽然尖刻一点，但不能不说是从一个侧面看出了我们某些领导干部的毛病，反映了群众对个别领导软弱的意见。

《在天津市区县局和工业企业负责干部会议上的讲话》（1982年8月）

有些人净说门面的话、圆滑的话，专门买好。如果用了这样一批人，能谈得上兴旺发达吗?

干事情的人经常挨整，这是国家不兴旺的一个突出的表现。对告状信尤其是匿名信必须认真分析。有些不干工作的人出发点不正，借题发挥，以整别人来表现自己的价值，很值得警惕。领导对于自己手下的干部要有基本的了解、起码的信任。如果要说缺点，哪个干部恐怕都能凑出三五条。因为真正干事的人老是说话，老是办事，就难免有错误，就难免得罪人。对于真干事而有缺点、错误的同志，要善意地帮助。那种小节貌似周到而不干事的人，反而什么毛病也逮不着他。因为他用不着说话，说话也净说门面的话、圆滑的话，专门买好。如果用了这样一批人，能谈得上兴旺发达吗？因此，在选用干部时，必须首先看他是不是把心思放在工作上；在处理举报时，要增强科学性，不要使真正干事业的人干起活来提心吊胆。

《同津冀鲁三省市党委负责同志座谈时的讲话》（1990 年 2 月 27 日）

领导班子的配备要讲究结构合理。一个班子如同一个乐队，总是有吹的、拉的、弹的、唱的，指挥只能是一个人。

领导班子的配备要讲究结构合理。一个班子如同一个乐队，总是有吹的、拉的、弹的、唱的，指挥只能是一个人。一个班子就像混凝土结构，有钢筋、水泥、沙子、骨料。光是钢筋就没法受压，没有钢筋，混凝土一拉就裂了，所以要讲合理地配比。班子中有强的、有弱的，强的不要老看到弱的生气，强是相对于弱而言，如果来一个更强的，你这个强的就变成弱的了，事物都是辩证的。我希望班子配备要有各种类型的人，要保护优点、保护长处，在此基础上，来互相帮助，克服缺点，克服弱点。要把特点、优点和缺点、弱点区别开来，特点不是缺点，不要把特点当作缺点。要尊重特点，保护优点。不能要求人人变成一个模样，没棱没角，这样的班子工作是弄不上去的。

《在余杭市部分离退休老同志和有关单位负责人“三讲”教育座谈会上的谈话》（2000 年 2 月 20 日）

有的班子添人是有力，有的班子减人是加强。

克服涣散软弱状态，必须从整顿班子入手。散、软的问题，一般都是班子里的问题。因此，贯彻落实中央30号文件，必须注意抓班子、整顿班子、调整班子。我们基建战线的领导班子总的是好的，但个别的也还有问题，需要调整或整顿。第一是不配套、不齐因而不力，有的是一把手软，有的抓业务的软，有的是全软，有的是全硬。一个班子好比一台戏，得有各种角色，才能唱好。有的人管生产行，但管政工就不行，有的人当一把手行，但管生活就不行，如果用各单位的一把手组成一个班子，也不一定能搞好。一盘象棋都是车，见面就兑没法走。有的班子添人是有力，有的班子减人是加强，总之要解决配套问题。第二是有派性，有的干部名为党委成员，实则是某派的代表，开会研究问题不是站在党的立场，而是代表某派说话。对这样的班子，第一是进行教育，第二是进行调整，第三是进行撤换，特别是“文化大革命”中的打砸抢分子要坚决拿下来。第三是党风不正，有各种各样的问题。例如多吃多占问题，送礼受贿问题等等。群众有意见，自己也硬不起来。因此，克服散、软问题，必须学习准则，搞好党风。

《在天津市基建系统政治工作会议上的讲话》(1981年11月2日)

单位之间的工作差距，常常就是领导班子差距的表现。

所有的问题，都和领导班子有着直接的关系。单位之间的工作差距，常常就是领导班子差距的表现。基本建设战线要上去，工作要发展，要提高，要适应新形势，就须狠抓各级领导班子，抓领导班子的配备与整顿。

《在天津市城建系统政治工作会议上的讲话》(1986年1月27日)

75. 领导的威望从哪里来？靠上级封不出来，靠权力压不出来，靠自己吹不出来，靠耍小聪明骗不出来。

办事要靠人，人要有精神。这个道理，有些同志至今尚未理解。他们不依靠群众，不动员群众，不深入群众，不研究群众的情绪，只是打电话，听汇报，办公室里憋套套；尽管忙忙碌碌，辛辛苦苦，工作却无起色。还有些同志，虽然也知道办事要靠大家，也想把大家的劲头鼓动起来，但方法不对头。他们只想让群众卖劲，不想给群众办事；只怨群众落后，不找自己毛病；好施小恩小惠，迷信权势压人。殊不知，用轰的办法，哄的办法，压的办法，都是无济于事的。

群众中本来蕴藏着极大的社会主义积极性。领导者的责任就是把群众的积极性调动起来、发挥出去。领导必须使群众信得过，在群众中享有威望。领导的威望从哪里来？靠上级封不出来，靠权力压不出来，靠自己吹不出来，靠耍小聪明骗不出来。只有靠真心实意地、尽心竭力地、坚持不懈地为群众办实事，才能逐步树立起来。“领导为群众办事儿，群众为领导作劲儿”。实事越办越多、越办越好，领导威望越来越高，群众劲头越来越足，形成“良性循环”。干群一体，群威群胆，无坚不摧，勇往直前。

《民心所望——三谈少讲空话，多干实事》（《天津日报》特约评论员文章，1985年5月30日）

群众需要领导，没有领导，群众的积极性既不能持久也不能提高；领导要有威信，没有威信就不能实行真正的领导。

群众需要领导，没有领导，群众的积极性既不能持久也不能提高；领导要有威信，没有威信就不能实行真正的领导。有人讲人多是优势，这话不全面、不准确，对领导者来讲，那里的人多，还不能就看成优势，只有得到那里大多数人的拥护，才能算是优势。

《在河北省六大班子成员座谈会上的讲话》（1990 年 1 月 6 日）

维护党的形象，树立党的威信靠什么？归根结底要靠党员的模范行动。

维护党的形象，树立党的威信靠什么？归根结底要靠党员的模范行动。现在，大家对党内和社会上的某些不正之风有意见，那么，怎样纠正这些不正之风呢？我们常说，要从领导做起，加强党内外监督，进行改革和加强制度建设等，这些都是纠正不正之风的有效方法。但我想来想去，最根本、最有效的是每个共产党员都能以身作则，为群众树立榜样。因为：我们是个大党，人多，覆盖面大；我们是个执政党，许多掌权的都是党员；群众有“看党员”的传统习惯。所以，提高党的威信，要靠党员的模范行动；密切党群关系，要靠党员的模范行动；纠正各种不正之风，也要靠党员的模范行动。党的任务靠什么来完成？归根结底也必须靠党员的模范行动来保证。当前，我国的改革已经进入关键阶段。许多难度很大而又不能绕过的问题提到了我们面前。我们如何才能顺利地渡过难关，如何才能经受住各种风浪和风险的考验、把改革开放继续推向前进？这里需要的条件很多，但我认为，最主要的、最根本的，还是得靠党员发挥模范作用。我相信，只要党员真正发挥模范作用，真正按照党的要求办事，那么，再大的困难我们也能够克服。

《在纪念建党六十七周年座谈会上的讲话》（1988 年 6 月 30 日）

只有行得正，说话才能硬。

有的领导并不是没有工作能力，就是因为“遇到困难绕着走，见到好处就伸手”，结果，在群众中丧失了威信，成了光杆司令，不能号令三军。大量事实证明，领导的行动，就是无声的命令，领导带了头，群众就有劲头。根据一些企业的经验，在当前，领导的表率作用最主要的有两点：一是在困难面前能身先士卒，勇挑重担，特别是不怕吃苦。有的同志说，吃苦是树立威信、搞好企业的要旨、要义、要招、要害。这话有一定道理。二是在物质利益方面，要先公后私，先人后己，不与民争利，不占群众的便宜。有的企业领导说，我们的班子能力并不太强，就是因为坚持了“当官不谋私，好处不靠前”，结果群众就拥护我们。俗话说，“无欲则刚”，只有行得正，说话才能硬。只有在廉洁奉公、克己为民方面做了榜样，才能有真正的发言权、领导权。有个别领导干部，上台时间不长，便宜捞了不少，奖金自己多拿，房子自己先占，工资自己先涨，甚至用生产、福利基金买高级轿车自己坐。这样的领导，不管你有多大本领，话说得多么好听，群众也不买你的账。我们的领导如果在上述两点上过得硬，即使工作能力弱一点，也会得到群众的拥护，工作也会搞好。

《在天津市工业企业领导干部会议上的讲话》（1986 年 5 月 26 日）

不是讲“一勤遮百丑”吗？只要我们日夜操劳，尽心竭力，拼死拼活地干，即使工作中有点差错，群众也会体谅。

一个人的能力有大小，能力大固然是做好工作的重要条件，但这还不是决定性条件，关键的是精神状态。肯定地讲，在今后五年里，工作要上一个新台阶，坎坷会多于坦途。因此，作为一个领导者首先是要做好吃苦的准备。我讲过，不吃苦、不得罪人，不称职，因为离开吃苦就没法搞好工作，离开吃苦也谈不上水平，也不能提高水平。领导者首先的第一的是和群众比吃苦，不是讲“一勤遮百丑”吗？只要我们日夜操劳，尽心竭力，拼死拼活地干，即使工作中有点差错，群众也会体谅。必须提倡思想艰苦，要勤于思索，善于琢磨，不停顿地想问题。勤勤恳恳，认真负责，勇于开拓，创造性地做好工作。要养成不尚空谈、多干实事的习惯。工作是什么？工作就是向困难作斗争。成绩是什么？成绩就是克服困难的结果。因此，新的一届市委，首先要有一个好的精神状态，这样困难就会显得渺小，局面就会很快打开。

《在中共天津市委五届一次全会结束时的讲话》（1988 年 4 月 28 日）

我们这一代注定是创业的一代，是吃苦的一代。

从一般意义上讲，人民群众是历史发展的真正动力，是实践和认识的主体。我们的一切工作能否取得预期效果，都取决于我们能不能很好地联系群众，组织群众，调动广大群众的积极性。从现实情况讲，当前确有一些干部官僚主义严重，存在着脱离群众的问题。目前国家总的形势很好，但也面临不少困难，而这些困难只有依靠群众的力量和智慧，只有得到群众的理解、支持和帮助，才能得到解决。唐代魏徵讲过："怨不在大，可畏惟人；载舟覆舟，所宜深慎。"这句名言深刻阐明了执政者与群众的关系。我们党是无产阶级政党，党的三大作风之一就是密切联系群众。在推进改革开放，建立社会主义市场经济体制的新形势下，我们不能丢掉党的光荣传统。要做到密切联系群众，就必须到群众中去，悉心听取群众的意见和呼声，了解民情民意；就必须加强廉政建设，克服消极腐败现象，革除群众反映强烈的毛病；就必须千方百计、尽心竭力地为群众办实事，办好事，帮助群众解决实际困难。艰苦奋斗，倡俭崇实，是我们中华民族的美德，是我们党的优良传统，也是我们克服困难、办好一切事情的法宝。现在社会上有一种大吹大擂、大操大办、大吃大喝的现象，群众意见很大，我们必须重视。要使广大干部群众懂得，我们国家目前还不富裕，大多数群众刚刚进入温饱水平，还有相当一部分群众没有摆脱贫困状态。我们这一代注定是创业的一代，是吃苦的一代。特别是领导干部要带头节俭、苦干，以多吃苦、多干事为荣。

《听取广西壮族自治区党委、政府工作汇报时的讲话》

（1993 年 4 月 18 日）

市政府、市长的职责说来很多，但最根本的就是给群众办事，为人民谋利益。

市政府、市长的职责说来很多，但最根本的就是给群众办事，为人民谋利益。只要把握住这一条，工作就有了方向，有了目的，有了动力，有了智慧。听到闲言碎语，不会垂头丧气；听到赞扬歌颂，不会洋洋得意。做到骂街的多了不动摇，喊好的多了不昏然。

《同〈中国城市经济社会年鉴〉记者的谈话》（1985 年 1 月 9 日）

领导威望不高，原因很多，主要原因之一是说话不兑现。

不少领导威望不高，原因很多，主要原因之一是说话不兑现。计划一确定就要拿下目标，从计划的确定执行到完成是个新的认识过程，在执行中部分的改变或较大的改变会有的，也是难免的，不是不可以调整，但不管是部分改变，还是较大改变，这改变、那改变，但总的目标是不能动摇的。战争时期如此，和平时期更如此。

事物是复杂的，是千变万化的，但总有它内在的规律性，总有征兆可以观察，实践中主观与客观不一定完全符合，也许预见得简单点，但不能因实践中有点问题，就作为完不成的理由。我在现场办公会上曾讲过，今天定的不一定都对，但都得算数，定下来的不许不完成。市政府最近一年多的工作很注意这一条。我们现在不需要坐而论道的空泛议论家，而需要扎扎实实地脚踏实地的实干家。

《关于“引滦入厂”和对发展公用事业的指示》（1982年11月20日）

领导干部首先要身体力行地学习先进人物的思想道德品质。

领导干部首先要身体力行地学习先进人物的思想道德品质，从他们身上不断地汲取政治营养。那种只叫别人学、自己并不学的言行不一的恶劣作风，不但无助于学习先进活动的推进，而且只会败坏党的声誉。

《为〈新中国群英谱〉所作的序》（1990年4月27日）

领导干部讲话、文章中引用一下诗词典故，可以画龙点睛、节省文字，但过分地、刻意地花太多工夫去寻章摘句，没多大意思。

领导干部讲话、文章中引用一下诗词典故，可以画龙点睛、节省文字，用得好还可以提神，但过分地、刻意地花太多工夫去寻章摘句，没多大意思。我这里讲一个亲身经历的故事：一年中秋节和民主党派成员赏月，事前我也找了两段有关中秋的古诗，但到我讲话时，前面的人把我准备的诗都用过了。我说：“我找的几首诗，你们都用过了，我再重复背也没什么意思了。但由此我想到一个问题，对我们这些日夜忙于实际工作的人，找、背几句诗很难，我想老百姓也不会希望我们花更多的时间去查诗背诗，这不是我们的职业。但我们有专门从事这个行业的作家诗人，他们可以花点时间按诗词的描写对象分门别类地编一本书，或者叫词典。这样我们查找起来就方便了，他们也有活干了，岂不是两全其美!”后来还真编出了这样一本书，叫《古典诗词百科描写辞典》。这个书很受欢迎，印了很多次。序言里就是我前面这段讲话的意思，是说任何人都有自己的本职工作或者叫正业。领导人喜欢点历史、文学是好事，但不务正业，影响了本职工作，就变成坏事。历史上不务正业的人不少。当皇帝写诗最好的应该是南唐后主李煜。作为一个皇帝，他的诗放到诗人里边或用现在标准看也算好的。但是，他垮台了，被俘虏了。中国还有个皇帝喜欢唱戏，就是唐明皇，梨园就是从他那里说起来的，到今天唱戏的祖师爷还是唐明皇。最后怎么样呢？连老婆都保不住，自己跑到四川去了。还有个皇帝喜欢写字画画，这就是宋徽宗，字写得好，画也画得好，在中国书画史上很有位置，现在卖得也很贵，结果怎样呢？把国家搞垮了，自己也当了俘虏。文章、讲话用点诗词典故古来有之，但要贴切。有的人专找一些生僻的、人们不太熟的段子，据说这样表现有学问。其实作为领导干部这不代表学问。你想说点什么意思，让秘书和有关单位打个招呼，到图书馆查查，专家、学者一凑合就出来了，他们还很高兴。我不是说领导干部查书背诗不好，而是说领导的时间有限、宝贵，比这重要的事多着呢!

《同河南部分省市领导同志的谈话》(2012年5月27日)

干部下基层要看是否获得了民心，不能因为扰民反而闹得老百姓一肚子意见，把威信给弄丢了。

干部下去要安民而不扰民。古人讲，为政之道，顺民心，厚民生，安民而不扰民。这是很有道理的。干部特别是领导干部下基层，要轻车简从，不要让基层为你干这个、忙那个，更不能搞不正之风。工作上和生活上也不要给群众增添负担和麻烦。比如过去“四清”工作队强调和群众同吃、同住、同劳动，现在和群众同吃、同住就不一定好办，特别是同住，人家不一定欢迎。干部下基层要看是否获得了民心，不能因为扰民反而闹得老百姓一肚子意见，把威信给弄丢了。

《同津冀鲁三省市党委负责同志座谈时的讲话》(1990年2月27日)

脑袋长在自己肩膀上，不能放在别人的胳臂上。

要注意左邻右舍，但切忌听风办事。要注意参考别人的做法，但必须注意自己的条件，不能盲从，不要攀比，不随声附和，不听风是雨。脑袋长在自己肩膀上，不能放在别人的胳臂上。这样，才能有底气，有主见，才能在纷繁复杂的社会现象中，辨清方向，坚定信心，经得起风浪，不左右摇摆，最后把事情办好。

《务实为本——八谈少讲空话，多干实事》(《天津日报》特约评论员文章，1985年6月6日)

76. 全心全意为人民服务，这是对每个共产党员和干部的最低要求，也是最高要求。

全心全意为人民服务，这是对每个共产党员和干部的最低要求，也是最高要求。所谓最低要求，因为这是每个党员入党时必备的条件，是每个干部应尽的职责；所谓最高要求，因为这是我们终身的奋斗目标，是一辈子也干不完的事情。“鞠躬尽瘁，死而后已。”

《在天津市人民政府第十届第三次全体会议上的讲话》

（1985 年 3 月 5 日）

我们的信念在哪里，追求在哪里，动力在哪里，智慧在哪里，我们的政治优势和精神力量在哪里？说到底，统统在全心全意为人民服务里。

要求共产党员特别是党员领导干部发扬无私奉献的精神，发扬全心全意为人民服务的精神，这是由我们党的性质、我们党的哲学、我们党的关于人民群众是历史的主人的根本观点决定的。我们的信念在哪里，追求在哪里，动力在哪里，智慧在哪里，我们的政治优势和精神力量在哪里？说到底，统统在这里。全心全意为人民服务，是我们党的根本宗旨，也是我们取得群众的信任和支持的根本途径。党员领导干部必须取得群众的信任，否则就不能实行真正的领导。这种信任，靠任何别的办法都得不到，只能靠真心实意地、尽心竭力地、坚持不懈地为人民办实事，只能在一切为了人民群众、一切依靠人民群众的实践过程中，才能逐步建立起来。

《在首都纪念伟大的国际主义战士白求恩大会上的讲话》（1989年11月11日）

我们共产党赖以发家、看家的最基本的东西，就是全心全意为人民服务。

我们共产党赖以发家、看家的最基本的东西，就是全心全意为人民服务。人民群众是社会的主人，历史的主人，是实践和认识的主体，共产党的一切都是从群众的根本利益出发的。要为人民群众办事，首先就要想到最困难的那部分群众，也就是我们常讲的“雪中送炭”。贵州如此大的范围长期摆脱不了贫困，是个很大很大的问题。长期解决不了这个问题，于情于理都说不过去，和我们的社会主义制度、和我们共产党的领导不相称。这不仅对于贵州省，就我们整个国家、我们党、我们中央来说，也是说不过去的。我们讲理由、讲进步当然也可以讲很多，但长期不能解决这么多人吃饱肚子的问题，我们是有责任的。

《听取贵州省委、省政府工作汇报时的讲话》（1994年10月19日）

一切为了人民群众，一切向人民群众负责。

马克思主义的群众观点最本质的有两条。一是一切为了人民群众，全心全意为人民群众谋利益。也就是毛泽东同志所讲的，全心全意地为人民服务，一刻也不能脱离群众，一切从人民的利益出发。二是一切向人民群众负责，对群众的切身利益采取严肃认真的态度。也就是刘少奇同志多次强调的，共产党人要在客观上使人民因为我们的服务而真正获得解放，获得益处。我想，只要掌握了这些观点，就会理解我们在为群众办实事的工作上，为什么花这样大的精力，下这样大的功夫。也就会在任何情况下，都能正确地对待群众，对待自己，对待我们党和政府的工作。具体来讲，也就是比较自觉地尊重人民群众的主人地位，从而把最广大人民群众的最大利益作为真理的最高标准；就能时刻牢记自己是人民的公仆，从而尽心竭力地为人民群众谋利益；就能懂得我们党和政府之所以存在的历史理由和客观根据，从而自觉地习惯地把为人民服务作为一切工作的出发点和归宿。

《一切为了人民，一切依靠人民——在天津市人民政府第十届第九次全体会议上的讲话》（1988年3月5日）

人民至上、群众第一。

中国共产党是工人阶级的先锋队，是全国各族人民的忠实代表，除了工人阶级和广大人民群众的利益，党没有自己特殊的利益。因此，每一个共产党员，每一个国家工作人员，不论任何时候、任何情况下，都必须坚持人民至上、群众第一的观点，必须把群众利益、群众情绪作为第一信号，放在第一的位置，把全心全意为人民谋利益作为一切工作的出发点和落脚点。特别是新上来的年轻干部，在这方面更要严格要求自己，把能否为人民办实事，能否取得人民群众的信任，作为检验自己工作的最高标准。当前值得我们注意的是，在一些部门和单位存在着种种官僚主义作风，给党的事业造成极大的危害，严重地影响着党在群众中的威信。有些人高高在上，对工作极端不负责任，饱食终日，无所用心；有些人对人民的疾苦漠然视之，对群众的意见和呼声置若罔闻；有些人对关系国计民生的重大问题，不调查、不研究，草率行事，以致造成重大损失；有些人办事拖拉，不讲效率，遇到矛盾推诿扯皮；还有些人对错误思想和危害人民利益的行动不批评、不斗争，听之任之；等等。凡此种种，同我们党的宗旨、人民政府的职责是格格不入的。我们必须深刻认识官僚主义的危害及其根源，同这种恶劣作风做坚决、持久的斗争。要结合纠正各种不正之风，揭露官僚主义的种种表现。对少数工作极端不负责任、造成重大损失的典型，要抓住不放，对其中的一些人要执行纪律，甚至绳之以法。与此同时，要对广大党员、干部深入进行党的宗旨教育，增强党性，更加自觉地继承和发扬党的优良传统，把全心全意为人民谋利益作为自己的终身目标，坚持不懈地、尽心竭力地为人民办实事。这是克服官僚主义的最有效的途径。

《在天津城市民用气化新闻发布会上的讲话》（1987 年 6 月 29 日）

绝不允许共产党员背离党的立场，丧失党的原则，只讲金钱，不讲政治；只讲当前，不讲理想；只讲享受，不讲奋斗；只讲个人，不讲集体。

当前改革面临着一些难度很大的问题，矛盾比较多。工作上也不可能没有缺点，有的改革措施还可能暂时影响一部分人的利益。因此，对共产党员必须强调顾全大局，当局部利益或个人利益受到影响时，要正确对待，妥善处理。绝不允许共产党员背离党的立场，丧失党的原则，只讲金钱，不讲政治；只讲当前，不讲理想；只讲享受，不讲奋斗；只讲个人，不讲集体。党的威信在于大多数党员的威信，而党员的威信主要的在于肯吃苦、肯吃亏，群众对党风的意见原因是多方面的，但最集中的一点是有些党员没有吃亏在前而占便宜太多，不是奉献而是索取。要端正党风，扭转一些人对党的看法，最基本的是教育党员不要与民争利，肯吃苦，肯吃亏。具体到这次物价改革，共产党员不能与群众争物，必要时晚买点，少用点。如果连这点都做不到，还谈什么全心全意为人民服务，还怎么能有威信？

《在天津市党员领导干部会议上的讲话》(1988年6月27日)

如果只讲共同利益而不注意研究解决具体人的具体利益，那全心全意为人民服务就将成为一句空话。

什么叫大事？对于为自己的婚事而满腹忧愁的大男大女来

说，帮助他们找一个理想的伴侣、建立一个美满的家庭是最大的事。对于为他们的婚事而牵肠挂肚的家长和亲戚朋友来说，也是高兴的事。我们经常讲要加强思想政治工作，进行三热爱的教育。怎么教育？只给他们大道理不行，必须通过我们的工作，通过他们亲身感受我们的党、我们的社会主义制度、我们的国家是十分可爱的，从而积极关心国家大事，搞好本职工作。如果只讲空道理，马列主义呀，国家命运呀，而他们的具体问题得不到解决，他心里不服，你也达不到目的。全心全意为人民服务是我们党和政府的最高宗旨，也是我们这次整党的核心内容。为人民服务，既包括了全体人民的共同利益、长远利益，也包括了不同人的具体利益。如果只讲共同利益而不注意研究解决具体人的具体利益，那全心全意为人民服务就将成为一句空话。

帮助大龄未婚青年解决婚姻问题，其意义更远远超出了对这些人本身的作用。天津市 30 岁以上的未婚男女共有 65 689 人，促成他们建立起家庭，就可以直接或间接地影响到他们的父母、兄弟姐妹及其亲朋好友等等五十几万人。这是一个相当大的数字。办好这件事，对于人们的生活、工作以至社会的安定团结和经济建设将会有很大的影响和作用。

《在关心大龄未婚青年婚姻问题经验交流会上的讲话》

（1983 年 12 月 5 日）

破点小规定，符合大精神。

今天中午吃饭的时候，几个年轻的钻井工人向我提出一个非常具体的问题。他们说：“工资不少，待遇不低，就是找不到老婆。”我问他们为什么。他们说，“我们是四海为家，野外作业，城市人不愿跟我们”。我说找个农村姑娘不是更踏实吗？他们说，农村的报不上户口，什么“石油工人一声吼，找个老婆没户口”、“石油的婆娘一枝花，生个孩子亚非拉（黑人）”。我想，这件事对他们个人来说、对他们的父母来说，是件老大老大的事。无论从传统上讲、从人性道德上讲，还是从党和政府的宗旨上讲，我们都应该管管这件事。我们常讲要为群众排忧解难，我想对这些找不到对象的小伙子来讲，这可能是他们最大的忧、最大的难。我有个主意，和你们商量，从农村去找，找成了，天津破例给解决城市户口，油田特殊给解决房子。可以到老家去找，也可以通过亲朋好友帮忙，最主要的由妇联各级组织去找。政府拨给一笔专款，作为活动费用。这样做突破了一些规定（天津市户籍管理规定），但符合关心群众的精神，或者说破点小规定，符合大精神。我认为这件事应该做，并且要抓紧。如果进展顺利，可以搞个集体婚礼，我愿意参加。

《视察大港油田时的谈话》（1988年2月20日）

有些小事由于种种原因，可以变成大事；有的易事由于情况的变化，可以成为难事。

会前有人说：“保媒拉纤自古有之，并不新鲜，新鲜的是大市长当媒婆。”这话乍听起来有点刺耳，仔细想来也可以理解。在当前大事多、新事多、难事多的情况下，花这么大功夫为人找对象，似乎有点小题大做。可世界上的事情就是这样，有些小事由于种种原因，可以变成大事；有的易事由于情况的变化，可以成为难事。由于上山下乡，由于恢复高考一些人忙于上大学，还有因为家庭落实政策晚等原因，使一些人错过了找配偶的最佳年龄。一些人是多少人？六万多人。这么多大龄青年找配偶是小事吗？当然不是小事是大事，不是易事是难事。找对象难，有了对象找房子也难。由于地震，天津 70%的房子遭到了破坏。这几年是抢建了一些房子，但总体上讲还是困难。不久前，我收到一封信，说："可怜可怜我们两个残疾人吧，只要给我们一间能放床的房子就行，我们都 30 多岁了。"也是不久前，夜间巡逻的警察在路边水泥管道里抓了一对"流氓"，可一查问是一对夫妻，还带着身份证。放他们走，他们说："求求你们，把我们送到市政府吧。"两个例子都很特殊，但也反映了天津住房的紧张情况。六万多人找配偶，再加上给他们找房子，无论从传统道德上讲，从社会主义人际关系讲，还是从全心全意为人民服务的宗旨讲，我们都应当重视这件大事，抓好这件大事。

《在关心大龄未婚青年婚姻问题经验交流会上的讲话》
（1983 年 12 月 5 日）

喊困难的劲挺大，解决困难的劲根本没有，这不能说是全心全意、尽心竭力。

衡量一个人有没有群众观点，不只是看他为人民办了多少件事情，还要看他对人民尽心竭力的程度，尽心了没有，竭力了没有，使劲了没有。喊困难的劲挺大，解决困难的劲根本没有，这不能说是全心全意、尽心竭力。千方百计，尽心竭力，从哪里来的？来自于对人民的全心全意。

《在天津市和平区举办家庭托儿所现场会上的讲话》
（1984年1月16日）

谈心为了服务，谈心就是服务，要把谈心和服务紧密结合起来。

搞好谈心服务活动，关键是领导同志要诚恳待人，平等待人，热情待人。与群众谈心要实心实意，讲真话，讲心里话，放下架子，满腔热情，不打官腔。“人之相知，贵在知心”，领导同志坦诚相见，群众也会敞开心怀，做到领导和群众互相交心，以心换心，心心相印。同时，谈心不要忘了办事，为人民服务是各级领导和领导部门最高的宗旨和使命，谈心为了服务，谈心就是服务，要把谈心和服务紧密结合起来，既讲实话，又办实事，使人感到见实效。

《与各条战线劳模代表谈心》（1988年2月10日）

77. 最大的忧患是没有忧患意识，最大的问题是对问题缺乏警觉。

现在，我们的国家总体上是稳定的。改革开放政策顺应民心，经济发展给群众带来了实惠，现代化建设目标对全国人民具有巨大的凝聚力和感召力，稳定的基础进一步增强。但是，对现实生活中存在的种种不安定因素，也不可掉以轻心。我们必须看到，一些群众中确实存在不满情绪。由于改革的深入，由于利益关系的调整，下岗失业人员增多，一些人的生活受到影响，加之少数干部腐败、工作简单粗暴以及社会治安、社会风气方面存在的问题，群众意见比较多，有些甚至引发群体性事件。应该说，他们的许多要求是合理的，他们从根本上是拥护党和政府的，但“怨不在大，可畏惟人”，由于涉及人数较多，影响面较广，我们应当高度重视。对群众的困难和问题，我们要深入地体察，切实地关心，妥善地解决。我们也必须看到，社会上确实存在某些破坏稳定、危害国家安全和统一的势力。对此，我们一定要心中有数。对目前大好的形势要充分肯定，要理直气壮地宣传，以鼓舞士气、增强信心。但对党内同志尤其是党的高级干部，必须多讲居安思危，必须增强忧患意识。一个国家、一个民族、一个政党，最大的忧患是没有忧患意识；一个国家、一个民族、一个政党，最大的问题是对问题缺乏警觉。“生于忧患，死于安乐”，这是一句老话，也是一个真理，我们应该牢记。

《在中央工作会议上的讲话》(2001 年 2 月 12 日)

执政集团同人民群众的关系问题，无论在什么时代、什么社会，都关系到是治国兴邦，还是乱国丧邦。

执政集团同人民群众的关系问题，在不同的时代、不同的社会，有不同的阶级内容。但是，无论在什么时代、什么社会，这个问题都关系到是治国兴邦，还是乱国丧邦。过去时代的有作为的清醒的政治家、思想家，无不对这个问题给以高度的重视。中国古人讲“民贵君轻”，“民惟邦本，本固邦宁”，“民，犹水也”，“水可载舟，亦可覆舟”，等等。这些重要政治思想，是很可宝贵的，是中国文化的优秀遗产，我们应当很好地继承和发扬。

《关于加强党同人民群众联系的几个问题——在新华社国内工作会议上的讲话》(1990 年 4 月 11 日)

把问题看多一些、看重一些，在任何时候、任何情况下都没有害处。

为十六大的召开创造良好的社会环境，统战工作责任重大。我们的民主党派工作、民族宗教工作以及若干方面的换届工作等等，都和安定团结有着直接的联系。当前我国形势很好，但也面临许多问题和困难。加入世界贸易组织后，我国经济社会的发展会有一系列变化，有些变化我们现在还没有预感到，但很快就会出现。比如农业，我国的农产品如大豆、小麦、水果等，在成本高、品质又不占优的情况下如何应对竞争？这方面的问题又与近年来日益突出的“三农”问题密切相关。汽车工业的竞争也会十分残酷，若干质优价廉的外国汽车进入国内市场，我们那么多的汽车厂及工人确有一个如何生存的问题。当然，这并不是说我们没有自己的强项和优势，但把问题看多一些、看重一些，在任何时候、任何情况下都没有害处。所有这些，都会给统战工作带来影响。我们要保持清醒的头脑，认清形势，早做打算，从长计议，谋划好自己的工作。

《听取中央统战部汇报时的谈话》（2002年2月1日）

我们在肯定成绩的同时，必须清醒地看到存在的问题。

当前，我们正处在一个大的变革时期，经济生活、政治生活和社会生活空前活跃，都是十分有利于生产力发展的。在这个过程中，许多新的观念在逐步形成。改革在一定意义上讲，是权力和利益的重新调节和分配。从长远看，全体社会成员都会从改革中获得好处，但也难免有些人暂时会吃一点亏。对改革中的这种现象大多数人是能够理解、能够接受的，但也有人会有这样那样的意见。开始时有意见的人不见得很多，但由于我们有些方面的工作做得不及时、不妥善，特别是许多该讲清的道理没有讲清，就使有意见的人逐步增多，各方面的矛盾显得更加突出、复杂。

我前几天在一个会议上讲，在对当前形势的认识上，要注意防止和纠正两种倾向。把当前存在的困难和问题看得过于严重，这种认识是不对的。同时认为形势好而忽视目前的复杂情况也是不对的。我们在肯定成绩的同时，必须清醒地看到存在的问题。第一，目前，有意见的面很大，从来没有这么多人有意见，从来人们没有对这么多事有意见。第二，不只是群众有意见，我们的许多领导干部、党团员也有意见，甚至意见更大。这就叫有意见的人面大，做工作的人面小。第三，有意见的人多，想办法的人少，谁都有意见，但谁也不承担责任。许多问题尚未研究出好招，比方说物价，许多人包括我们的领导干部说起来气很大，对涨价很有意见，但怎么让它不涨，出个招？谁也说不出来。我们天津在稳定物价上，应该说付出了很大的力量，但结果是群众有意见，埋怨有的价格涨得太多；工厂企业有意见，埋怨对他的产品价格控制得太严；理论界也有意见，各有各的角度，各有各的意见，但怎么解决却很少提出切实可行的办法。

《在电视剧〈大学〉获“飞天奖”庆功会上的讲话》

（1988年7月26日）

我们以往的毛病多在于把问题看得过于简单。由于看得简单，结果反而使问题复杂化。

政协工作必须在前进中开拓，在开拓中前进。首先要前进，就是要把已经看准的、条件成熟的、力所能及的那些事情先干起来，很快形成一个活跃的工作局面，在这个过程中去探索去开拓去创新。我们提倡开拓、创新，因为没有开拓、创新，就不可能持续地前进。但我们不能一开始就把主要精力花费在那些条件尚不具备的事情上。政协工作面临的问题和困难大体有两类，一类是新形势下出现的，需要研究探索，需要有一个解决的过程；一类是历史遗留下来的，其所以长期未能很好解决，一定有内在的理由和根据，两者都不能看得过于简单。我们以往的毛病多在于把问题看得过于简单。由于看得简单，结果反而使问题复杂化。这就是说，能干的要先干、多干，不能干的要积极探索。

《在全国地方政协主席座谈会闭幕会上的讲话》(1997年11月27日)

得民心顺民意则兴盛，失民心拂民意则衰亡。

党群、干群关系问题是一个关系到党和国家兴衰存亡的根本问题。得民心顺民意则兴盛，失民心拂民意则衰亡，这是古今中外概莫能外的道理。必须看到，我们的党群关系、干群关系总体上是好的。不这样看，就不能解释我们所取得的巨大成就，就不能理解我们国家所发生的翻天覆地的变化。片面夸大和渲染党群、干群关系中存在的问题，既不符合实际情况，也不利于问题的解决。我曾经讲过，新闻报道的真实性，不仅要求每篇具体报道的新闻要素必须真实、全面、准确，而且要求新闻宣传总体的把握上做到真实、全面、准确。如果把阴暗面集中起来，每天八个版也登不完，其中每件事都可能是真实的，但却不符合总体实际。所以只有从总体上看问题，才能看清事物的本质和主流，而不被表象和支流所迷惑。

与此同时，也必须看到，我们的党群、干群关系中确实存在着不少问题。例如，有的干部高高在上，养尊处优，对群众漠不关心；有的干部专横跋扈，作风粗暴，对群众强迫命令；有的干部欺上瞒下，伪造政绩，使群众吃苦受罪；有的干部徇私枉法，官官相护，使群众冤屈难伸；有的干部拉扯钻营，跑官要官，导致群众强烈不满；有的干部贪图享受，腐化堕落，招致群众厌恶；有的干部贪污受贿，以权谋私，激起群众公愤；更有甚者，有的干部依仗权势，横行霸道，骑在人民头上作威作福，引起群众切齿痛恨。这些现象虽然是少数，但确有发展蔓延之势，确实令人深思和忧虑，必须引起我们的高度警惕，并采取有效措施切实加以扭转。

《听取山东省委、省政府工作汇报时的讲话》（2000 年 9 月 11 日）

作最坏的打算，图最好的结果。

既要充分地肯定成绩，又要清醒地看到问题。经过这些年的发展，我们国家的综合国力和国际地位有了很大的提高，这是举世公认的。在公开场合，在群众中，在宣传报道里，要多讲成绩，多讲大好形势，以鼓舞士气，凝聚人心；但在党内，在党的领导干部中，在研究工作时，则要多谈问题，多看困难，多找不足，以保持清醒，作最坏的打算，图最好的结果。一个国家、一个民族、一个政党，最大的忧患是没有忧患意识，最大的问题是对问题缺乏警觉。毋庸讳言，我们现在确实面临不少问题，有些问题应该说还比较严重。比如说社会风气问题。现在送礼送红包已经司空见惯。一个同志告诉我，他的家人到医院动手术，送红包人家没接受，他不踏实，怀疑是不是给少了，会不会动手术时不认真，甚至不给使麻药，等等。在他看来，接受红包是正常的，没接受反而是不正常的。比如说诚信问题。昨天总书记和我在一个组听发言，委员们就讲到这个问题。现在不讲信用、弄虚作假很多啊！到商店买东西，售货员把票子翻过来调过去看，看是不是假的，顾客把东西颠过来倒过去看，看是不是真的。比如说腐败问题。这些年我们下了很大的力气抓，杀人都杀到国家领导人一级了，但还是没有遏制住，有的甚至愈演愈烈，特别是贪污受贿的案子越来越多，涉及的钱数越来越大，职务越来越高，群众反映十分强烈，等等。我们许多在位的领导干部包括高级干部，在会上听到的都是“满台锣鼓响，一片赞扬声”，很少有谈这些问题和问题的严重性，谈问题怎么解决；很少有人说出这么多问题的原因在哪里，上下都有意见，谁也没有责任。长此以往，非出大问题不可。

《看望全国政协中共界委员时的讲话》（2002 年 3 月 5 日）

在执政条件下特别是改革开放中，确有许多影响党群关系的新问题值得研究，解决这些问题不能简单化。

在执政条件下特别是改革开放中，确有许多影响党群关系的新问题值得研究，解决这些问题不能简单化。这几年，联系群众啊，从严治党啊，条文比解放初期严多了，可是很多问题并没有真正解决，有些甚至比解放初期更严重了。这是为什么呢？是大家不想往好里干吗？是按现在的理论搞不下去吗？还是其他什么原因？应当认真地调查研究一下。这些问题的出现，究竟哪些是由于忽视了教育，哪些是由于制度没跟上，哪些是改革开放中暴露的新问题，哪些是同改革开放和搞活经济伴生的？我们都应该仔细想想。是前几年处理人胆子小了？好像也不完全是这样，省一级的干部处理得不少了。症结究竟在什么地方呢？我总觉得没有真正摸透。由于没有说清道理，所以有的问题不管你怎么使劲去解决，人家对你还是不满意。但许多问题长期解决不了，一些群众的不满情绪继续发展下去，一定会影响生产，继而必然波及生活；生活一出问题，群众的气就上来了，这就是真家伙了。对于这些问题，一定要十分认真地去研究，为进一步解决这些问题提供思路和办法。

《同津冀鲁三省市党委负责同志座谈时的讲话》（1990 年 2 月 27 日）

共产党是执政党，在中国如果出大问题还是出在共产党身上。

当前应该提倡塌下心来研究问题，或者说塌下心来了解情况，总结经验，研究未来。要提醒我们的干部重视实践，重视调查研究。提出这个问题，一方面是因为十四大召开后，许许多多新精神的贯彻，必然会带来许许多多的新情况、新问题，需要认真总结经验，深入调查研究。另一方面，现在停留在表面上的东西比较多。有些提法，或是肤浅，或是猎奇，许多问题处于若明若暗，似乎明白又糊涂的状态。不少事情，好像一、二、三头头是道，一较真就糊涂了。比如说，互相监督的问题，当然是指共产党与民主党派之间的互相监督，但更主要的是民主党派对共产党的监督。因为共产党是执政党，在中国如果出大问题还是出在共产党身上。究竟怎么样实现这个监督，可以说我们党有许多经验，也可以说还有许多问题需要下大力气加以研究。再比如，现在全国各地、各行各业都在研究如何用十四大的精神来指导好工作，都在研究如何更好地为经济建设这个中心服务，这当然是对的。但为经济建设服务，不能离开自己的特点。离开了自己的特点，就会费劲不讨好。要真正做到把握特点，就需要平心静气地、刻苦认真地进行研究。贯彻十四大精神，建立社会主义市场经济体制是非常重要的，但这里边也有许多新问题。比如，市场经济讲平等竞争，而国营企业大多是一个在岗工人后面背着一个退休工人，非生产性部门及其人员又很多，同样生产一个产品，成本投入比起私营或乡镇企业高得多，叫它们怎么平等竞争？真正搞市场经济，这些实际问题必须解决，但怎样解决很不简单。这涉及老祖宗的理论，也涉及现行的政策。目前一些地方把贯彻十四大精神简单理解为搞多少开发区，盖多少大楼，上多少项目。哪有那么多钱？你们是研究室主任，有许多调查研究的有利条件，可以研究出一些能供领导决策参考的有价值的意见。

《在全国统战部研究室主任会议座谈会上的讲话》（1992 年 12 月 7 日）

执政党不犯错误是人民的最大利益。

企业产品出厂都要进行质量监督，没有监督，次品就会流向市场，就会影响声誉、影响销售，甚至使企业垮台。一个党也是一样，需要别人检查监督。共产党是执政党，它决定着路线、方针、政策的制定执行，它影响着国家的兴衰成败，它关系着亿万人民的生活。执政党不犯错误是人民的最大利益。黄炎培先生在延安和毛主席谈过一次话。他说，一人、一家、一团体、一地方乃至一国，其兴也勃焉，其亡也忽焉，跳不出这个周期率的支配，共产党怎么找出一条新路避免？毛主席说，我们已经找到了一条新路，这条路就是民主。也就是说，防止国家衰亡的出路就是人民当家作主。人民是主人，干部是仆人，仆人要尊重主人，听取主人指导，接受主人的监督。人民当家作主的程度，就是民主政治好坏的标志。因此，我们就有了一系列“人民”——人民政府、人民代表大会、人民政协、人民法院、人民检察院、人民解放军、人民警察、人民公仆，等等。无疑，这一套是符合马克思主义理论的，是符合全国人民利益和愿望的，也是符合时代潮流的。既然如此，还有什么问题？我看，最大的问题是做得不真诚，坚持得不彻底，言行不一致。中国的民主政治建设，只要真诚、彻底地坚持这一套，就是世界上最好的。

《同〈在统一战线和多党合作专题研究班座谈会上的讲话〉起草人员的谈话》(1997年1月22日)

正确认识党风问题，离不开改革开放；正确解决党风问题，也离不开改革开放。

为了保持党与人民群众的密切联系，保证改革开放的顺利进行，必须把我们的党风建设好。对于党风问题，应放在科学的基础上加以分析。一方面，在新旧体制交替的过程中，由于法制不健全，政策不配套，调节机制不完善，使党内不正之风有了滋生的土壤。另一方面也必须指出，在改革开放和发展社会主义商品经济过程中出现了一些新做法和新尝试，不能笼统地视为不正之风。正确认识党风问题，离不开改革开放；正确解决党风问题，也离不开改革开放。我们应该用改革开放的新观念来分析新问题，认真研究如何通过深化改革、建设制度来达到加强党风建设的目的。从总体上说，我市党员队伍的主流是好的，绝大多数党员是积极忠诚地为人民服务的，是有力量同各种消极腐败现象作斗争的。但是，也应该清醒地看到，确有少数党员，包括少数党员领导干部，不同程度地存在着以权谋私和严重官僚主义等不正之风，影响了党和群众的关系，损害了党的声誉，成为目前群众议论较多、意见较大的一个突出问题。对此，我们必须高度重视。一方面要加强党内思想教育，继承和发扬党的优良传统，提高党员素质，严肃党的纪律；另一方面要加快和深化改革，建立健全各种制度，逐步减少产生不正之风的土壤。当前，要从那些群众意见最多、制度建设的条件比较成熟的问题入手，逐项加以解决。总之，我们一定要下大力量研究解决好党风问题，把党风建设贯穿于改革开放的全过程，使每个共产党员特别是党员领导干部经得起执政的考验，经得起改革开放的考验，廉洁奉公，艰苦创业，担负起改革开放和现代化建设的重任。

《坚持党的基本路线　把天津社会主义现代化建设推向新阶段——在中国共产党天津市第五次代表大会上的报告》（1988 年 4 月 22 日）

78. 权力和真理是两回事，权力大，未必真理一定多。

领导和权力是相连的，地位越高，权力越大。领导者的意见和决策，一般都是站得高、看得远，我们应当尊重和贯彻执行。但是也要看到，权力和真理是两回事。权力大，未必真理一定多；对一般情况了解多，未必对具体情况了解得准。因此，作为领导者一定要有自知之明，多深入实际，多倾听意见，不能“金口玉言”、“唯我是从”。作为一般同志要坚持从实际出发，敢于向领导者提出意见和建议。还有一些领导者官僚主义严重，不深入实际，不接触群众，情况不明决心大，方法不对“点子”多。正如有的同志所反映的，他们一不懂，二主观，三有权，胡拍板，乱指挥，使下边为难，使工作受损。对于这样一些领导者的意见，我们决不能盲从，要敢于抵制，乃至进行必要的批评和斗争。

《同贯彻党的十二届六中全会精神讲话稿起草组人员的谈话》（1987年6月11日）

城市科学研究离开城市领导，在很大程度上就叫“白研究”；城市领导离开城市科学，在很大程度上就叫“瞎领导”。

城市科学的一个特点，是与城市领导紧密相连。从一定的意义上讲，城市科学也是领导城市的科学，开展城市科学研究，按照研究成果办事，是城市领导按照城市客观规律办事的基本工作方法，也是实现领导决策民主化科学化的主要内容和途径。城市科学研究从科研课题的提出到科研成果的应用，都离不开城市领导的支持与帮助。因此，城市领导对城市科学重视、关心和认识的程度，极大地影响着城市科学的研究工作。

城市科学研究离开城市领导，在很大程度上就叫“白研究”。因为，第一，城市科研成果绝大多数最终要通过城市领导的决策和工作才能表现出来，如果领导不接受，或引不起重视和支持，科研成果就会束之高阁，无法变成现实。比如，为了治理交通、拓宽马路，难免就要动迁一些单位和住户；为了保持街景观瞻，某些建设单位就不可能完全按照自己的意志和需要去施工；为了改善市中心的环境，某些污染扰民的工厂就要迁到边远地区；等等。这些都不是城市科学工作者自身能做到的，从这个意义上讲，领导支持不支持，决定着科研成果的命运。第二，城市科学既然是综合城市各方面的科学，是站在城市总体和长远利益上，对总体和局部、长远和近期得失利害的权衡，这就难免伤害到某些局部、近期的利益。在实现科研成果中，有些建筑想搞高的需要让它低一点，有些想搞大的让它小一点，有些搞得差的要求它搞好一点……而所有这些，如果没有领导进行调节，某些符合总体和长远利益的科研成果，就有可能因为触犯局部的、近期的利益而无法实现。第三，城市科学研究如果没有城市领导的重视、支持和及时指导，往往抓不住城市工作面临的突出重大问题，使研究工作走入偏题，导致劳而无功，无济于事。一些好的成果也可能由于脱离现实而被搁置起来。第四，城市科学转化为城市领导工作，有一些要最终形成政策、规定和制度，没有领导参加不可能实现这种转化。何况城市科学研究自身，也有若干条件问题，需要领导帮助解决。因此，城市科学必须靠近领导，面向实际，紧密地围绕城市中心工作和突出问题，提出研究课题，开展研究工作，提供研究成果。否则，很可能事倍功半或劳而无功，用不上，“白研究”。

城市领导离开城市科学，在很大程度上就叫“瞎领导”。城市科学是认识、管理和改造城市的科学，把城市科学引入城市领导决策工作中来，有利于改变单靠行政意志管理城市的陈旧方法，促使我们从小生产的手工业管理方式，向现代化、科学化的管理过渡。对城市要实行科学的领导就必须依靠城市科学，重视城市科学研究成果，否则，必然是盲目的领导。第一，城市领导需要从总体、长远去观察和处理问题，而当前的一个特点是大事多、急事多、新事多、难事多，领导者天天处在时少事多的情况下，很难集中时间、精力运筹帷幄，对问题进行系统的研究。在这种情况下往往容易就事论事，就局部看局部，就当前说当前，干一些从局部和眼前看有利，从整体和长远看属于花钱“买膩歪、安钉子、造麻烦”的事。第二，如果缺乏科学研究，没有长期谋划，不经过一个完整的研究过程，待事到临头要拍板，拍晚了误事，拍错了坏事，就难免捅娄子、出乱子。第三，城市科学总体性、系统性、综合性强，不可避免地受城市科学所涉及的各个学科发展变化的制约和影响。对各种相关科学的研究是城市科学研究的基础，而任何一个领导者都不可能有足够的时间和精力、知识和才能，对那么多科学都了如指掌。因此，必须把具有不同知识结构、不同经验的专家、谋士集中在一起，借助众人的头脑，以弥补领导者个人才智、经验和精力的不足。第四，城市领导集团例如市委、市政府，应该从城市总体高度来了解认识城市，研究解决城市的问题。但是，在实行领导分工负责制的情况下，每个领导成员又是一个方面的代表者，在进行集体决策时，某些人能言善辩，坚持己见；某些人有看法讲不出，讲了没人听。这样决策，形式上是少数服从多数，实质上缺乏科学依据，集体决定也可能出现瞎领导。如果我们充分发挥城市科学工作者的智囊、参谋、咨询的作用，又为研究工作创造一种民主、平等、协商的环境和一套健全的决策制度，这个问题就会得到较好的解决。

《在中国城市科学研究会首届年会暨第一届理事会第二次全体会议上的讲话》（1986年8月30日）

地位既不代表水平，也不代表贡献。但是地位越高，如果不负责任，不干实事，给人民造成的损失越大。

把注意的重心放在为人民办实事上。要抓住一切为人民作贡献的机会，千方百计地为人民干实事，而不是热衷于闹名誉地位，把“官”看得很重，否则他很难打开局面。为人民办事，这是对一个干部的最低要求，也是最高要求。所谓最低要求，是说这是每个党员干部必备的条件；所谓最高要求，是说这是一辈子也干不完的工作，“鞠躬尽瘁，死而后已”。现在不同于战争时期，没有生死的考验，就是看你是不是把人民群众的利益放在第一位。是尽心竭力为人民，还是千方百计为自己。这是重要的一条。有了这一条就能辨别是非，坚持原则，在重大关头奋不顾身。选拔年轻干部主要的也是看这一条，看他工作的出发点、过程和实际结果，而不能简单地凭听一次汇报，看一篇文章，有一面之交，就提拔、重用。青年干部要能上能下，上来以后，能干的就接着干，不能干的就下去；能当市长的就当市长，当不了的该干什么就干什么。地位既不代表水平，也不代表贡献。但是地位越高，如果不负责任，不干实事，给人民造成的损失越大。因此，领导地位越高的人，越要尽心竭力为人民办实事。

《同〈中国城市经济社会年鉴〉记者的谈话》（1985 年 1 月 9 日）

搞城市建设就怕遇上“主观、不懂、有权”的领导。

城市建设第一位的工作是城市规划。规划是城市建设的蓝图，是城市管理的依据，也是城市发展的方向和目标。没有好的规划，就不可能把城市建设好、管理好。搞好城市规划关键在领导。领导要关心、重视和支持规划工作。搞城市建设的人，就怕遇上“主观、不懂、有权”的领导，不懂不要紧，懂得太多不可能，就怕不懂又不虚心听取意见，他又有权说话算数，这非误事不可。

《在大连考察工作时的讲话》（1999 年 10 月 30 日）

把领导想办法和群众出主意结合起来。

“一切为了人民，一切依靠人民”，这是我们天津工作的基本思路，也是我们的一条基本经验。这几年，各级政府在坚持全心全意为人民服务方面，为人民办实事的劲头越来越足，应该说有了很大进步，基本形成风气。今后，我们还要增强为人民办实事的自觉性，特别是依靠人民的问题，必须明确，任何领导都不是神仙、圣人，知识和能力都是有限的。许多问题，少数人在屋子里冥思苦想常常是一筹莫展，而到群众中去，让大家出主意、想办法，就会柳暗花明，找到解决问题的出路。比如今天，大家提出了许多问题，又出了很多好的主意，就是一个证明。我们必须研究如何依靠群众的问题，比如，把我们遇到的困难和问题，有组织地、及时地公之于全市人民面前，让大家去讨论、去研究、去出主意，依靠全市人民的智慧和力量，共同办好天津的事情。我认为当前大家关心的物价和不正之风问题，就可以这样做。我相信，只要我们把领导想办法和群众出主意结合起来，把干部的努力和群众的积极性结合起来，群策群力，许多困难就可以克服，许多问题就可以解决。

《在与人大代表政协委员座谈对话会结束时的讲话》
（1988年11月25日）

以为少数人关起门来研究，就可以拿出周密完善、万无一失的方案，这只能是一种幻想。

我们要尊重知识，尊重专家、学者，这是我们党的群众路线的组成部分。我们说人民群众是认识和实践的主体，其中就包括专家、学者在内。在社会主义现代化建设时期，这一点尤其重要。同时必须指出，在研究和解决中国社会主义现代化建设和改革开放问题的时候，必须实行领导、专家和在实践第一线的广大干部、群众相结合。实现这种结合，专家和群众这两方面都要提高自觉性，而关键在于领导者的自觉性。如果各级领导不去促进这种结合，怎么能够得到有价值的研究成果呢？还有各级政策研究机构也很重要，对领导决策的影响更加直接。但是，如果不到群众中去，不到实践中去，也不听专家、学者的意见，那又怎么能够帮助领导经常地及时地了解群众的情绪，摸清群众的脉搏，集中群众的智慧，形成正确的观点和决策呢？总之，看不起群众的经验，以为少数人关起门来研究，就可以拿出周密完善、万无一失的方案，党和群众只要照着去办就行了，这只能是一种幻想。

《关于加强党同人民群众联系的几个问题——在新华社国内工作会议上的讲话》(1990 年 4 月 11 日)

必须改变那种既不懂又不虚心、既不服气又不争气的坏毛病。

我们要提倡刻苦学习的精神。我们干的是前所未有的伟大事业，我们承担着空前繁重的历史重任。我们的知识、才能，存在着很多不适应。新事物层出不穷，新知识许多不懂。如果不下大决心，不花大力气学习，我们就无法完成历史重任。我们必须改变那种自以为是、对新知识无动于衷，既不懂又不虚心，既不服气又不争气，一项工作干了几年，仍然是知其然不知其所以然的狂妄、无知和愚昧的坏毛病。使我们每个同志，特别是领导干部，都能成为既懂实践又懂理论，并善于理论和实践相结合的人。

《在天津市各界代表座谈会上的讲话》(1986年9月29日)

领导干部要听得进逆耳忠言。

要强调虚心听取意见。中国共产党处于执政的地位，要带头实行“长期共存、互相监督、肝胆相照、荣辱与共”的方针，主动自觉地请民主党派、无党派民主人士参与协商、监督。领导干部要听得进逆耳忠言，善于采纳各种有益的意见并切实付诸实施，而绝不能叶公好龙、讳疾忌医，采取表面客气而实际敷衍的官僚主义态度。政协委员和政协机关中的共产党员，要做合作共事的模范、廉洁奉公的模范和发扬民主作风的模范。只有这样，政治协商和民主监督才能经常而不间断、广泛而不狭隘、切实而不表面地开展起来。

《在中国人民政治协商会议第八届全国委员会第一次会议闭幕会上的讲话》(1993年3月27日)

把能听到不同意见当作莫大的好事。

听群众意见，一定要真心真意。要找确有意见并敢于提意见的人而不是一味说奉承话的人；对待提意见的人不是反感而是感激，给别人以说话的机会而不要让人把话憋在肚子里；有闻过则喜的胸怀，把能听到不同意见当作莫大的好事。

《听取浙江省委、省政府工作汇报时的讲话》(2000 年 2 月 24 日)

民主集中制是民主基础上的集中，现在坚持得不好，主要是民主得不够，讨论得不够，集思广益得不够。

为什么一个人在台上时"一片赞扬声"，一旦下台后"到处是意见"?我问一个同志这种现象怎么解释?他说："总的讲是个人不好。在台上时没人提意见并不是没有意见。因为，第一，不给人提意见的机会，大会小会一个人说；第二，提意见也没用，一定是被'澄清'、'驳回'；第三，谁提意见谁倒霉。""脸难看"、"事难办"、"玻璃小鞋穿上看不见"。话不说憋在心里，越憋气越大。一旦你下了台，提意见的机会来啦，意见也就多了。民主集中制是民主基础上的集中，它可以把不同的意见统一起来，把分散的意见集中起来，这是一个很好的制度。但现在有些地方坚持得不好，主要是民主得不够，讨论得不够，集思广益得不够。那么集中够不够呢?没有民主做基础，集中一定不够。

《同天津市委组织部门同志的谈话》(1987 年 12 月 2 日)

79. 把群众的积极性充分地调动起来并合理地发挥出去。

把广大群众的积极性充分地调动起来并合理地发挥出去，这是我们几年来工作的基本思路，也是各项工作取得成绩的一条基本经验。所谓充分调动，就是既要广泛动员各行各业、各个方面的力量，又要使每个人的优势、长处最大限度地得到开发和利用。所谓合理发挥，就是要把群众的智慧、力量凝聚起来，科学地组织起来，使之产生巨大的社会效益和经济效益。不管任何时候，碰到任何情况，我们首先想到的不是别的而是群众，“群众生产、群众利益、群众经验、群众情绪”。当然，我们也不是否认或不重视其他方面的问题，诸如资金、材料、工作安排等，所有问题都要重视，并要认真和妥善地加以解决。但第一位的是个群众问题，因为只有解决好这个问题，才能较好地解决其他的问题，马克思、恩格斯讲，历史活动是群众的事业。列宁讲，创造性的社会主义是由人民群众创立的。斯大林讲，脱离了群众我们就会丧失任何力量而变成空架子。毛主席讲，群众是真正的英雄，而我们自己往往是幼稚可笑的。这些马克思主义的基本观点，兴邦治国的至理名言，我们必须时刻牢记。

《深化认识，提高自觉》（1987 年 3 月）

改革中最基本和最核心的问题，是把人的积极性调动起来，把各方面的潜力挖掘出来。

改革中最基本和最核心的问题，是把人的积极性调动起来，把各方面的潜力挖掘出来。如果我们的政策不能调动企业和职工的积极性、主动性和创造性，这个政策就值得研究。只有把权力、责任和利益紧密结合起来，把为国家和为个人统一起来，人们才会有压力、动力，才会有主动性、积极性和创造性。这样，人们的聪明才智才能充分发挥出来。

《在万里同志召开的体制改革座谈会上的插话》（1986 年 7 月 29 日）

所谓领导，就是要“领”要“导”，什么叫“领”？就是带领，后面没兵，光杆司令一个，这只能叫个人溜达；什么叫“导”？就是引导，没有群众，这只能叫自拉自唱。

所谓领导，就是要“领”要“导”，什么叫“领”？就是带领，后面没兵，光杆司令一个，这只能叫个人溜达；什么叫“导”？就是引导，没有群众，这只能叫自拉自唱。从这个意义上说，领导只有相对于群众才能存在，一时一刻也离不开群众。在延安的时候，毛泽东同志考过一位同志。毛泽东同志说，政治就是把人团结得多多的。什么叫本事？领导的本事就是把群众的积极性充分调动起来并合理地发挥出去。群众积极性调动不起来，什么也搞不成；调动起来，发挥得不好，比如我们过去搞“大跃进”、“文化大革命”，就严重挫伤了群众的积极性。所以群众的积极性还有个合理发挥的问题。什么是威信？就是让群众满意、高兴和拥护。而所有这些，离开听群众意见，是不可能做到的。因此，我们在加强干部培养教育，提高干部素质的时候，尽管可以讲许多内容，但必须把坚持群众观点、群众路线，把经常听取群众意见作为最主要的内容。

我们常讲全心全意为人民服务是党和政府的宗旨，如果不经常听取群众意见，怎么能弄清楚服务什么、服务效果如何，怎么能把服务搞得更好？我们常讲一切依靠群众，如果不经常听取群众意见，怎么能把群众的智慧集中起来、力量凝聚起来，怎么接受群众的监督，纠正失误、克服困难、解决问题？我们常讲党与群众是血肉关系、是鱼水关系、是公仆和主人关系，如果不经常听取群众意见，如果二者分离，那将是什么关系？

《听取浙江省委、省政府工作汇报时的讲话》（2000 年 2 月 24 日）

领导者的积极，归根结底是为了使更多的人积极，如果领导者的积极带来周围的人都不积极，这个积极就值得怀疑，这个积极就不如不积极。

人是有自觉的能动性的，统一战线各项工作都要努力把人的主动性、自觉性、积极性充分调动起来，领导者的作用，就在于把多数人的积极性充分调动起来并合理发挥出去。领导者的积极，归根结底是为了使更多的人积极，如果领导者的积极带来周围的人都不积极，这个积极就值得怀疑，这个积极就不如不积极。看我们的方针政策是正确还是错误，看我们的每一项工作是好还是坏，看一个领导干部是合格还是不合格，都要以是否能够团结大多数、调动积极性作为重要标准。我们制定任何方针政策，都要使大多数人感到有盼头，取得大多数人的信任与支持。这样说，并不是要放弃对群众的教育和引导工作，但教育、引导终归是教育、引导，当一项方针政策不能被多数群众所接受的时候，即使它是正确的，也只能等待。如果硬要去做，就不可能获得成功，即使一时成功了，也一定会带来长期的不良后果。我们从事每一项工作，都要注意群众总体受益原则和总体承受能力原则。有的时候为了群众的全局利益和长远利益，不能不牺牲一些局部利益和暂时利益，但是这样做需要向群众讲清楚，取得他们的谅解，同时要通过我们的工作确实做到使多数人长远受益，否则，即使有良好的主观愿望，终归也是行不通的。我们评价任何一个领导干部，都要特别注意他对多数人的态度，同多数人的关系，以及多数人对他的看法。没有为多数人服务的真诚愿望、没有同多数人的良好关系、总是被多数人反对的干部，是不可能发挥好的作用的。

《同全国统战部长会议代表座谈时的讲话》（1999 年 1 月 20 日）

能否把群众发动起来是个重要的问题，群众发动起来之后能否使大家有活干，使得上劲，取得成效，也是一个很大的问题。

能否把群众发动起来是个重要的问题，群众发动起来之后能否使大家有活干，使得上劲，取得成效，也是一个很大的问题。

这里的关键是计划安排和组织领导。我们这次的安排是条块结合，先内后外，各负其责，块块总总。上次讲的是谁家的院内谁打扫，谁家的门口谁负责，这样就使大量的工作有了着落，大部分群众有人负责，有活可干了。但是市容和卫生是通过各个街道地区反映出来的，一个街道有若干个单位，因此只能由区街担总。但这样并不减轻系统的责任，任何一个系统都应负责本系统应完成的工作，都应当要求下属单位，按区、街要求搞好工作，有的要根据街道安排出车，有的要出人，有的要出一些物资。这里的关键是我们的组织者是否心中有数，弄清本地区、本单位需要解决的问题，并在此基础上搞好计划安排。例如由谁去解决，什么时候去解决，去多少人，哪些人去解决，解决到什么程度等等，都要像安排生产那样，有个统一部署，这样才能避免打乱仗。

《在天津市整顿市容大搞环境卫生经验交流会上的讲话》
(1981 年 12 月 16 日)

把工作着重点放在生产上，放在和生产有直接联系的单位、环节和职工上。

改革的根本目的是促进生产力的发展。经济问题，归根结底是生产问题。毫无疑问，经济工作里边有技术问题，有财政问题，有流通、金融问题，有上层建筑、生产关系等等若干问题，但根本的是个生产问题。因为创造社会财富是生产。研究经济工作不把主要力量用在研究生产上，不研究促进生产力的发展与提高，就叫做本末倒置。因而，尊重生产者、尊重直接参加生产的或离生产更近一点的人的意见和智慧，发挥他们的主动性、创造性和积极性，就成为改革和研究经济问题的中心。对这个问题，我们一些同志没有真正理解和认识，碰到困难和问题时，常常在屋子里面冥思苦索，或者只找几个人脱离实际地谋划，结果想不出好主意。因此，到下边去，到生产第一线去，向广大群众求计问策，这既是领导机关的任务，又是改变作风的具体行动，也是当前提高领导水平、促进经济发展、搞好改革的重要途径。把工作着重点放在生产上，放在和生产有直接联系的单位、环节和职工上，是当前领导工作必须解决的一个急迫问题。

《在献计出力活动先进人物座谈会上的讲话》（1986 年 8 月 28 日）

操主人的心，说主人的话，做主人的事，尽主人的力。

最近，我经常考虑这样一个问题，要把厂长负责制同企业的民主管理很好地结合起来，真正做到既有厂长在生产经营和行政管理工作方面的高度权威，又有职工群众充分的民主管理。这当然需要做多方面的工作，包括制定必要的法律和法规，不断完善社会主义的政治制度和经济制度，等等。但我认为，还有一个非常重要的方面，就是有赖于广大职工群众自身政治觉悟、组织程度和文化水平的提高。多年的实践证明，只要广大职工群众还处于没有组织、没有文化的状态，民主管理就不可能充分实现。我记得列宁曾讲过这样一段话，要实现民主管理，光有法律是不够的，必须有广大的教育工作、组织工作和文化工作。因此，为了使职工群众真正当家作主，必须努力提高自身的素质，包括使广大职工了解并懂得企业民主管理方面党的方针政策和国家的法律法规；学会并领会马克思主义关于民主建设的基本原理；提高参加企业生产经营决策和管理的专业知识水平和能力；特别是要加强对职工的思想教育，提高大家参加企业管理、搞好生产的主人翁责任感，就像有的劳模所说的那样：真正做到操主人的心，说主人的话，做主人的事，尽主人的力。

《会见天津市特等劳动模范时的谈话》（1987 年 4 月 30 日）

应该看到管理首先是人的问题，人是生产力中最活跃的要素。

领导的作用在于相信群众、依靠群众和充分调动群众的积极性，而不能把工人视为雇用的劳动力。从实践和认识的角度讲，群众是实践的主体。从历史唯物主义的观点讲，群众是历史前进的动力。从社会主义制度讲，群众是国家的主人。依靠群众，不能是抽象的，看不见，摸不着，而要落实到组织上。群体经营是一个办法，它体现了劳动者是企业的主体。

引进国外先进的技术和企业管理方法，强化企业经营者的领导权威，不能忽视职工群众在社会实践和历史发展中的主体作用。现在，企业比较注重加强管理和纪律，这当然是对的，必要的。但是，应该看到管理首先是人的问题，人是生产力中最活跃的要素。讲管理，离不开生产力水平、科学技术水平和人的文化、文明程度。不顾客观现实，单凭主观愿望希望管理达到更高的程度，既不现实也不可能。中国人口众多，企业里劳动力密集，这就决定了人在企业管理中占有非常重要的位置。不仅人人要参加管理，而且需要相互管理。很多企业的实践证明，只要解决好人的问题，一切都会很快变样。这是中国的国情。当然，强调发挥职工群众的作用，并不意味着群众的一切都是天然合理的，更不是搞什么群众运动。要加强对工人的教育，提高工人的觉悟。

《在讨论〈群体经营工作法纲要〉时的讲话》(1989 年 1 月 5 日)

企业靠管理，管理靠人才，人才靠培养。

中国的发展要解决很多问题，最关键最重要的还是人才问题。企业靠管理，管理靠人才，人才靠培养。要采取得力措施，有计划有步骤地、扎扎实实地培养一大批优秀人才，并形成优秀人才的竞争机制，这样我们的管理工作才能提高到一个新水平，各项工作也才能搞得更有成效。

《会见香港管理专业协会企业管理发展中心访京团时的谈话》(1997 年 9 月 25 日)

“大家动脑筋，企业出黄金”。

当前，我国的治理整顿和深化改革取得了不小的成就，同时也还存在着一些困难和问题。究竟怎样解决这些困难和问题，我曾经说过，从不同角度可以谈出不同思路和方法来，但最根本的最重要的一条，既是政治的，也是经济的；既是立场的，也是方法的，还是要靠群众，靠广大职工发挥主人翁精神来解决。过去有句话叫作“三个臭皮匠，凑成一个诸葛亮”。现在流行着一句话，叫作“大家动脑筋，企业出黄金”。这都符合毛泽东同志曾经说过的“群众是真正的英雄，而我们自己则往往是幼稚可笑的”① 道理。

《答〈经济日报〉记者问》(1990 年 4 月 29 日)

当前更加需要有一个畅所欲言、心情舒畅、能够激发人们创造精神的社会环境。

我国是社会主义国家，共产党执政就是领导和支持人民当家作主。社会主义事业是人民群众自己的事业，领导者的责任就是使人民群众认识自己的利益并且团结起来为自己的利益而奋斗，就是把人民群众的积极性充分地调动起来并合理地发挥出去。离开群众的积极性，离开群众的自觉支持和主动参与，什么事情也干不成。当前，智力资源越来越成为经济发展的重要依托，创新能力越来越成为经济发展的关键因素，更加需要有一个畅所欲言、心情舒畅、能够激发人们创造精神的社会环境。我们要通过发扬社会主义民主，把 12 亿人民的智慧和潜能最大限度地挖掘出来，形成振兴中华的伟大力量，推动各项事业蓬勃发展。

《在中国人民政治协商会议第九届全国委员会第三次会议闭幕会上的讲话》(2000 年 3 月 11 日)

① 《毛泽东选集》，2 版，第 3 卷，790 页，北京，人民出版社，1991。

发挥知识分子的作用是解决知识分子问题的总钥匙。

知识分子工作同其他工作一样，由于长期受“左”的思想影响，特别是由于十年动乱造成的灾害，问题成堆。比如，对知识分子的使用、培养、考核、奖励、提拔、入党、两地分居、子女就业、工作条件、生活待遇、政治地位、社会舆论等等，都存在着一些问题，都需要切实地、认真地逐一解决。但当前最根本、最关键的问题是如何充分发挥知识分子的作用。这是解决知识分子诸多问题的总钥匙，也是我们做好知识分子工作的出发点。

《发挥知识分子作用是解决知识分子问题的总钥匙》

（《光明日报》，1983 年 3 月 13 日）

80. 要经常想想群众在我们心目中占什么位置，我们在群众心目中是什么形象。

要经常想想群众在我们心目中占什么位置，我们在群众心目中是什么形象。要多花一点时间研究群众在想什么，希望什么，反对什么，我们应该为群众做点什么。要尽心竭力地为群众排忧解难，多办一些得民心、顺民意的事情。

《听取山东省委、省政府工作汇报时的讲话》（2000 年 9 月 11 日）

只有心中有人民，人民心中才有你。

做群众工作要在群众之中，与群众一起讨论，不要在群众之上，不能压服而要说服，要使外因通过内因起作用。群众是很通情达理的，他们的要求并不高，很容易满足。我们必须有这样一个观点：人民是主人，我们是仆人。共产党的干部不能把自己摆在群众之上，要为人民服务，要公而忘私，要讲点奉献精神。一个干部只有心中有人民，人民心中才有你。这些年，这一套都丢得差不多了，从理论到实践都丢得差不多了。

《会见中华教育艺术研究会刘吉、曲啸、李燕杰、李永田四同志时的谈话》（1989 年 10 月 14 日）

不是常讲群众是主人、领导是仆人吗？但我们常常是主人为仆人服务。

我们许许多多行业和岗位，把一个基本的问题弄反了，不是领导为群众服务，而是群众为领导服务。不是常讲群众是主人、领导是仆人吗？但我们常常是主人为仆人服务。现在讲政治体制改革，要精简机构、裁减人员，最基本的就是这一条。你说我们许多工作搞不上去是因为人少还是人多，是因为管得少还是管得多？笼统地说人少人多、管少管多不对，但一般来讲是因为人多，管人的人多，造成被管的人无所适从，因而都管又都不管。有时候领导爱生气，说怎么我这么管你，你都不听。其实就是因为你管，工作才上不来。打个比方，婆婆娶了两三房儿媳妇，该分家吧？不。她想，分家后孩子们怎么过啊？我给他们张罗张罗，大家还在一起过。为此，老太太起早贪黑，每天算计着今天给这个儿媳买个毛衣，明天给那个孙子买点吃的，每天都累得腰酸腿疼。结果儿子、儿媳都有意见，说老太太哪天把锅烧煳了，哪天碗没刷干净，哪天把饼子贴生了。老太太也生气，说我每天累死累活，你们还有意见，我不管你们了。一赌气，分了家。分家后各过各的，柴米也省了，意见也没了，老太太到各家去吃饭，都挺欢迎，今天吃鱼，明天吃肉。其实你早不管，早没事了。

《接见六运会代表团的讲话》（1987年11月11日）

必须摆正公仆与主人的位置，时时刻刻把老百姓放在心上。

六年来，我当市长的最大的一点体会，就是必须摆正公仆与主人的位置，时时刻刻把老百姓放在心上。不管任何时候，碰到任何情况，我们首先想到的不是别的而是群众，“群众生产、群众利益、群众经验、群众情绪”。我们不是否认或不重视其他方面的问题，所有的问题都要重视，并认真、妥善地加以解决。但第一位的是个群众问题，因为只有解决好这个问题，才能较好地解决其他的问题。正像小平同志来津视察时所说，“群众高兴了，事情就好办，也容易办好”。你给群众办事，群众给你作劲，你给群众少办事，群众就给你少作劲，你要把群众的积极性充分调动起来，首先要全心全意地、尽心竭力地、坚持不懈地为群众办实事。群众是历史的主人，社会的存在与发展最终取决于群众。我讲过，群众最可爱，他们确有许多实际困难，而对我们的要求并不高；群众最可敬，他们有无穷无尽的力量，社会的财富靠他们来创造；群众最可畏，不管什么人，惹怒了他们都可以使你垮台。对此，我们必须有个清醒的认识。

《关于怎样做好市长工作答记者问》（1987年3月底）

自己满脸脏东西，怎么号召人家讲卫生？你在台上讲人，人在台下讲你，你讲的还管什么用？

什么叫领导？简单地说，“领”就是带领，就是走在前边，干在前边，身先士卒，“导”就是引导、教导。只有“领”好了，“导”才能起作用。自己满脸脏东西，怎么号召人家讲卫生？你在台上讲人，人在台下讲你，你讲的还管什么用？“其身正，不令而行；其身不正，虽令不从。”如果各级领导干部都能真正做实事求是的表率、联系群众的表率、艰苦奋斗的表率、清正廉洁的表率、遵守纪律的表率、批评与自我批评的表率，都能真正克服和反对形式主义，抵制和不搞任人唯亲，都能身体力行，言行一致，那么许多问题就可以得到解决或者容易得到解决。

《在中国人民政治协商会议第九届全国委员会常务委员会第十五次会议上的讲话》（2001年9月29日）

各级领导干部受人民之托，忠人民之事，只有勤勤恳恳为人民服务的义务，绝没有以权谋私、假公济私的权利。

第十届人民政府第一次会议曾作出清廉从政的决议，几年来认真贯彻执行，发挥了很好的作用，受到群众的拥护。随着商品经济的发展，对外交往的增多，在政府机关建设中更加需要注意这个问题，自觉地克服和抵制各种不正之风。首先，必须从领导机关、领导干部做起。各级领导干部受人民之托，忠人民之事，只有勤勤恳恳为人民服务的义务，绝没有以权谋私、假公济私的权利。领导机关、领导干部要率先垂范，以身作则，廉洁奉公，遵纪守法；同时，不能止于洁身自好，要以对人民高度负责的态度，不怕得罪人，不怕丢选票，坚决同一切挥霍浪费、贪污腐化的现象作斗争。第二，全体干部都要以人民公仆的身份，严格要求自己。当前，各级政府工作人员任务比较繁重，生活比较清苦，而能以党和人民的利益为重，不计较个人得失，兢兢业业地工作，这是十分可贵的。今后，还要继续保持和发扬这种艰苦奋斗、清廉从政的优良传统。要使广大干部懂得，我们国家当前还不富裕，又处在大规模经济建设时期，我们这一代注定是创业的一代、吃苦的一代，为了美好的未来，要讲理想、讲道德、讲奉献、讲牺牲精神。特别是在政府机关工作，应当在艰苦奋斗上做楷模，自觉地吃苦在前，享乐在后，并对此要感到光荣，引以自豪。当然，各级领导也要关心每个工作人员，创造一些条件，尽可能地改善他们的生活待遇。第三，所有机关和单位都要厉行节约、勤俭办事。要严格贯彻执行国务院关于压缩集团购买力的决定，坚决反对讲排场、摆阔气，用公款请客送礼、大吃大喝、游山玩水；停止购置地毯、沙发、小汽车等高级耐用消费品；严格控制扩大人员编制，控制会议费的开支。通过各方面的共同努力，把行政经费开支压缩到最低水平。第四，加强教育，严肃政纪。要以党的十三大精神武装干部的头脑，自觉抵制封建主义和资本主义腐朽思想的侵蚀，经受住执政和改革开放的考验。建立健全并严格执行各项制度，对以权谋私、假公济私、触犯刑律的，要绳之以法。

《在天津市第十一届人民代表大会第一次会议上的政府工作报告》

（1988年5月15日）

现实生活里仍然存在不少令人忧虑的问题，如果不能切实解决，就会严重损害党和政府的威信，破坏党群、干群关系，最终危及我们的事业。

我们党和政府与群众的关系总体上是好的。改革开放以来，人民群众的物质文化生活得到了显著改善，对国家和社会事务的参与程度有了很大提高，施展才华、发挥作用获得了更多的机会。从根本上讲，党的路线和方针政策符合人民群众的切身利益和整体利益，受到人民群众的衷心拥护。我们的干部大多数是好的，他们勤政为民，廉洁奉公，赢得人民群众的信任。但是，现实生活里仍然存在不少令人忧虑的问题。在我们的一些干部中，有的不深入实际，惯于讲空话套话，做表面文章；有的不联系群众，不关心群众疾苦，当官做老爷；有的作风霸道，压制民主，独断专行；有的弄虚作假，欺上瞒下，沽名钓誉；有的讲排场摆阔气，贪图享乐，挥霍浪费；有的目无法纪，专横跋扈，欺压群众；有的以权谋私，贪污受贿，腐化堕落；等等。这些问题尽管是局部的，但已引起广大群众的强烈不满，如果不能切实解决，就会严重损害党和政府的威信，破坏党群、干群关系，挫伤群众的积极性，影响宏伟目标的实现，最终危及我们的事业。

《在中国人民政治协商会议第八届全国委员会第四次会议闭幕会上的讲话》（1996 年 3 月 13 日）

把群众的利益看得重些、重些、再重些，把个人的得失看得淡些、淡些、再淡些。

要清正廉明，秉公办事。我们现在的班子，本质都不错，通过代表的选举可以看出都有一定的群众基础。现在大家职务变了，但原有的好的作风不能变。最重要的是要清廉，要干净。作为政府的官员，清廉是重要的一条，不清正、不廉明，其他一切都无从谈起。我们政府班子的每位同志，言谈举止、日常生活、工作作风及对内对外的交往，都要严格要求。首先是管住自己，要“正其身”。进而是管住老婆、孩子，管住秘书。挑选秘书要首先注意品德，宁可能力差些，也不能要搞歪门邪道的。有些秘书打着领导旗号牟私利，败坏了领导的名声。为了保证大家的正常工作，需要在生活、工作等方面创造一些必要的条件，有关部门也正在考虑这件事。但自己在生活方面不要提更高的要求，更不能在这些问题上互相攀比，斤斤计较。作为新一届政府的领导人，要十分珍惜人民给我们的机会，要一尘不染，一身正气；要做清官，不要做赃官；要兢兢业业地工作，不要一味追求个人的东西。总之，要牢牢记住为人民服务的宗旨，把群众的利益看得重些、重些、再重些，把个人的得失看得淡些、淡些、再淡些。

《在天津市人民政府第一次常务会议上的讲话》（1988年5月23日）

在个人利益和群众利益发生矛盾的时候，要不要牺牲个人利益，这是对党性、党风的最直接最具体的考验。

党风是一个概括说法，它总要通过具体事物表现出来，总是寓于党的组织和党员的实际行动中的。离开了具体工作，离开了党员的实际行动，谈整顿党风，就是一句空话。因此，要严明党纪，纠正歪风，必须通过具体工作、具体事物来抓。市委认为，住房紧张是我市当前存在的一个突出的、尖锐的、群众普遍关注和敏感的问题。它涉及许多人的直接利益。我们知道不少党员和干部住房确有困难，但问题就在于当自己也很困难的时候，还要不要按照党的决定办事。在个人利益和群众利益发生矛盾的时候，要不要牺牲个人利益，这是对党性、党风的最直接最具体的考验。在这件事面前，各级党的组织是不是坚持原则，是不是涣散软弱，是不是有战斗力；每个党员党性强不强，党风正不正，都要经受考验。市委认为这是了解干部，整顿班子，严肃党纪，纠正党内歪风的一个好的时机。市委相信通过这项工作，必然会发现许多大公无私的好同志，同时也会暴露出一些人党性、党风、党纪上的问题。

《在中共天津市委党的领导干部会议上的讲话》(1981年10月10日)

当领导就得有忘我为民、忘我为公的思想，不能只求“独善其身”。

办事情要从大多数人民的利益出发，就不能害怕得罪少数人。唐代名臣魏徵说：“怨不在大，可畏惟人；载舟覆舟，所宜深慎。”就是说关系到多数人的事，必须深思熟虑、慎重对待。比如物价问题，是群众最关心的。天津对物价的控制比较坚决，一些部门和单位想涨价的劲头非常之大，并有许多理由，我们还是不准乱涨价。群众的事，说起来许多都是具体的小事，但它涉及的人多，就变成大事。如何时刻了解到更多人的情绪，着眼于大多数人的利益，这是控制大局面很重要的一条。所谓讲团结，重要的是讲要团结多数人。有时少数人想不通的，多数人拥护，于全局有利。但少数人常常是有权的，他发言的机会多，并且常常是到节骨眼可以评判你工作的人，而多数人常常发言的机会不多。在这种情况下，就得有忘我为民、忘我为公的思想。韩愈有篇文章叫《争臣论》，就是反对当官的为了“独善其身”，不讲是非，忘了人民。当干部决不能只求“独善其身”。如何有利于搞好工作，又搞好团结，为达到最终目的，使效果、动机统一；如何把正确的东西逐步渗透、影响，变成更多人的或你的领导的自觉行动，这是个很大的题目，要费一番心思，下一番工夫。

《同全国第四期市长研究班学员座谈时的讲话》(1986年1月9日)

办事难免惹事，受累难免受委屈。“岂能尽遂人意，但求无愧我心。”

办事难免惹事，受累难免受委屈。受委屈不要紧，只要是真心实意地为人民群众，终会心安理得。我常常记着这样两句话：“岂能尽遂人意，但求无愧我心。”我们是人民的公仆，为群众办事是我们的职责，任劳任怨是我们必须具备的素质。谁为群众办了好事，谁没有办好事，谁办事尽心尽力了，谁办事没有尽心尽力，群众的眼睛是雪亮的，心里最有数，谁也骗不了他们。历史证明，耍小聪明想骗取群众信任的人，都没有好下场，而老老实实地为人民办事的人，即使一时蒙受误解，但终究会得到群众的拥护和支持。

《同天津市部分机关干部的谈话》(1984年4月5日)

谁要想当共产党的干部就得准备吃亏，准备吃苦，准备作奉献，否则你别当这个干部。

密切联系群众是我们克服困难的根本出路。目前，我们面临着不少的困难和问题。国际上苏联和东欧出现的变化，对我们冲击比较大。国内经济生活中存在的问题解决起来难度也很大。克服困难，解决问题，核心是如何理顺群众情绪的问题。这就要靠加强党同人民群众的联系来解决，要在继承和发扬党的优良传统上打主意、想办法。目前存在的许多问题，说到底是在与群众的关系上体现出来的。许多问题的解决方法，说到底也必须依靠群众的拥护和支持。因此，加强党同人民群众的联系，已经成为当前最根本性的问题。对此，我们必须有清醒的认识，在这方面动点真格的。现在，我们干部的大多数是在和平环境中成长起来的，从战争时期过来、经受过群众斗争考验的干部已经相当少了。在现在的情况下，能不能取得群众的信任和支持，更要看是不是真心实意地执行群众路线，是不是全心全意地为人民服务，遇事是把群众放在第一位还是把自己放在第一位。一个领导干部，不懂得这一点就谈不上领导水平，也无法提高领导水平。党的路线是群众路线，党的宗旨是为人民服务，我们要和广大群众一起克服困难，就看你在这方面表现如何。历史注定了我们这一代仍然是吃苦的一代，吃亏的一代，为中国实现现代化奠定基础而献身的一代。谁要想当共产党的干部就得准备吃亏，准备吃苦，准备作奉献，否则你别当这个干部。

《同津冀鲁三省市党委负责同志座谈时的讲话》(1990 年 2 月 27 日)

看法与说法

第四册

李瑞环

中国人民大学出版社

第四册目录

81.“少讲空话，多干实事”。

邓小平同志最近强调，各个部门和地方，特别是主要负责同志，都要注意“少讲空话，多干实事”。小平同志的话，语重心长，切中时弊。我们各级领导干部都要深刻领会，认真思考，把自己摆进去，对照对照。

几年来，我们天津在贯彻中央一系列方针政策的过程中，强调了要多办实事，使我市的经济建设、城市建设、改善人民生活和精神文明建设等方面，都取得了可喜的成绩，党和政府的威信不断提高，人民群众的精神更加振奋，领导干部的作风和工作水平也有了新的进步。事实证明，真心实意地关心群众疾苦，切切实实地多办实事，是巩固和发展大好形势，搞好各项工作的主要动力和基本经验。

但是，我们应当清醒地看到，对这个事关四化大局的根本问题，许多同志认识还不够深刻，行动还不够自觉。在一些部门和单位的领导同志中，讲空话，图形式，不下真功夫，只搞假把式，做表面文章，甚至弄虚作假的坏作风，还严重地存在着。他们不学习，不调查，不认真思考，讲空话，讲大话，讲假话，讲一些似是而非和漫无边际的套话。他们喜欢开会，特别是开大会、开长会，满足老程式，轮流作演讲，行礼如仪；会前不准备，会上无主题，议而不决；决心在嘴上，行动在会上，落实在纸上，决而不行。他们在部门关系上，不是互相谅解，互相支持，而是抓住枝节问题纠缠不休；踢皮球，争利益，论高低，比输赢，把宝贵的时间浪费在无休止的扯皮之中。他们只讲人情，不讲原则，整天走东家，串西户，到处找人谈话，除了讲个人的私利，就是说别人的缺点，自己不工作，还浪费了别人的时间。他们热衷于设机构，争编制，机构越精简越繁，人员越压缩越多，人浮于事，无事生非，增添了环节，加多了手续，降低了效率。他们把主要精力放在应付门面上，整天忙于红白喜事，送往迎来，出头露面，陪会陪餐。他们争出国，把出国当成了待遇。出国前，大讲必要性，争取出去；回国后，强调特殊性，为了不干。出去不少，办事不多。一天只有 24 小时，如果老是陷在这些无效活动之中，除去睡觉、吃饭，还有多少时间去工作学习，还有多大精力去办实事！

“少讲空话，多干实事”，不只是工作作风问题，而且是精神状态和革命意志问题，是对革命事业的责任感问题，说到底是个世界观问题。因此，要搞好四化建设，就必须下决心解决这个问题。

《要少讲空话，多干实事》（《天津日报》特约评论员文章，1985 年 5 月 28 日）

空谈误国，实干兴邦。

空谈误国，实干兴邦。实现宏伟目标，到 2000 年，工农业总产值翻两番；到建国 100 周年，接近和达到中等发达国家的水平，这是一项伟大而艰巨的任务，必须靠全国人民、几代人实干苦干。首先，干部要身体力行，而后，再推广到整个民族，使少讲空话、多干实事成为一种社会风尚、行为规范、是非标准、民族气质，并持之以恒，流传后代，成为振兴中华的巨大物质力量。

我们有些同志沾染了一些很坏的风气，他们习惯于坐在屋子里，豪言壮语，气吞山河，听起来似乎决心很大，道理很多，但只有唱功，没有做功，嘴行千里，屁股在屋里。高谈使他们浪费了很多时间，阔论使他们耽误了许多事情。有些同志“茶碗一端，说话无边；香烟一点，专说人短”。他们习惯于说这也不对，那也不对，就是不说怎么样才对；他们总喜欢说这人不行，那人不行，就是不说自己行不行；他们不当运动员，只当裁判员，只吹哨不上场，谁“进球”吹谁“犯规”；你在前边干，他在旁边看，干好了他说“早该如此”，干错了他说“意料之中”。他们涣散了别人的斗志，污染了周围的空气，误事、误国、误人、误己，此患不除，四化难矣。

我们要造成社会舆论，采取有力措施，使实干为荣，使空谈为耻。评价一项工作要循名责实，看是不是取得了实际效果；考核 个干部，要听其言而观其行，看他究竟办成了多少实事。要提拔、重用、奖励那些有干劲、有才能、办实事、有成效的人。要查处一些极端不负责任、空谈误事的严重官僚主义者，以明功过，以正视听，树一代之新风，兴中华之大业。

《兴邦之道——再谈少讲空话，多干实事》(《天津日报》特约评论员文章，1985年5月29日)

要大力提倡说实话、办实事、想实招、重实效。

现在浮在上面的活动太多，不解决实际问题的会议、文件太多，一般性的号召太多，表面上的应付太多，形式主义、官僚主义的东西太多，结果占用了领导者大量的时间和精力，忙而无效，劳而无功，同时又助长着唯心主义，是不祥之兆。建立社会主义市场经济，是前无古人的伟大事业，存在着许多新的、复杂的、特殊的矛盾和问题。解决这些矛盾和问题，靠“打电话、听汇报、办公室里编套套”无济于事，靠“找上几个人儿，出上一个题儿，关上窗户门儿，作上一篇文儿”也不解决问题，只能靠在建设有中国特色社会主义理论的指导下深入实际，调查研究，不断总结实践经验，靠我们的干部、专家与群众相结合，塌下心来，深入实际，集中时间，集中力量，进行艰苦的、系统的、综合的研究工作。任何伟大的事业，都是干出来的而不是说出来的。空谈误事、空谈误国，实干兴业、实干兴邦。我们许多事情之所以办得不理想，不是因为说得不清而是因为抓得不实、干得不够。我们要大力提倡说实话、办实事、想实招、重实效，使那些专说空话、说套话、说似是而非的话以及没有错也没有用的话的人失去市场。要提倡具体抓、抓具体、抓住不放、一抓到底的作风。任务要具体，措施要具体，要求要具体，责任要具体。什么人去抓，什么时候抓到什么程度，一切都要具体。

《听取安徽省委、省政府工作汇报时的讲话》（1993 年 6 月 10 日）

实干精神是我们取得成绩、干成事业的基本精神、基本方法、基本经验，是我们的治家之宝、发家之宝、传家之宝。

我们要提倡实干精神，其中包括艰苦奋斗、奋力拼搏的精神。总结我们过去走过的路程，我们所有的成绩都是通过实干获得的，所有经验都是通过实干创造的，所有人的才能都是在实干中锻炼提高的。展望未来，我们的一切问题，都要靠实干去解决，一切困难都要靠实干去克服，一切新的高峰也都要靠实干去攀登。离开实干我们将一筹莫展、一事无成，一切无从谈起。实干精神是我们取得成绩、干成事业的基本精神、基本方法、基本经验，是我们的治家之宝、发家之宝、传家之宝。

《在天津市各界代表座谈会上的讲话》(1986 年 9 月 29 日)

解除当前人们思想疑虑的唯一办法是实实在在地干，并且干出成效。

坚持改革开放，在当前不是一个表态的问题，因为表态的话我们已经说得不少了，重要的还在于如何去做，一个问题一个问题地去解决，一个困难一个困难地去克服，一件事一件事地去完成。我看解除当前人们思想疑虑的唯一办法是实实在在地干，并且干出成效。现在要多报道继续改革开放的实际步骤和具体内容，宣传改革开放的典型事例及其成效。

《在〈人民日报〉国内记者工作会议上的谈话》(1990 年 4 月 28 日)

落实总比开会难。

一般地说，落实总比开会难。会议所确定的方针、政策、部署属于主观的东西，落实是主观见诸客观的东西，主观认识部分地不符合客观实际是难免的；落实有一个过程，在这个过程中必然会碰到新情况、新问题；落实总要牵扯到上上下下、左左右右、方方面面诸多工作和利益关系，处理不好往往会影响全局。

《在第四次西藏工作座谈会上的讲话》（2001年6月27日）

现在一大问题是会议太多，开会“陪绑”的人多。

领导干部要亲自下去，一个一个地解决问题。开会解决问题不要搞“陪绑”的。如果是一个厂的问题，就不要把无关的厂都叫来。那种“听汇报、写报告、坐办公室里编套套”的工作作风必须改变。现在一大问题是会议太多，开会“陪绑”的人多。一个局领导一周有两次甚至三次到市里来，他还怎么抓工作？领导要下去解决哪个单位的问题，就到哪个单位去；需要谁参加就带谁去，没关系或关系不大的一律不去。没有充分理由不准召开全市范围的会。坚决改变那种非开会不能解决问题的旧模式。这既是个工作方法问题，也是个党风问题。大家动动脑筋，除开会之外还有什么解决问题的工作方法。领导干部可以直接下去解决问题，也可以通过其他方式。不管什么方式，解决问题就行。总之，要减少会议，提高工作效率，克服官僚主义。

《在中共天津市委常委扩大会议上的讲话要点》（1982年11月19日）

能不开的会，尽量不开或少开。

能不开的会，尽量不开或少开；少开大会，多开小会；少开专题会，多开一揽子综合会；少开领导干部务虚会，多开专家、基层干部座谈会。每次会议都要把内容准备好，确定好参加会议人员，能少去的就不要多去，能到下边开的，不要拿到上边开。没有准备或准备不好的会坚决不开。

《在中共天津市委常委扩大会议上的讲话要点》（1982年11月19日）

必须警惕和反对会上赞成、会下反对，总的赞成、具体反对，言行不一、表里不一的坏风气。

要重在行动，既要说，更要做。必须警惕和反对会上赞成、会下反对，总的赞成、具体反对，对上一句话、对下又是另一句话那种言行不一、表里不一的坏风气。我们希望通过宏观控制和改革，使我们的各级领导受到一次党纪、党风、党性的考验和锻炼，在取得经济建设成果的同时，得到精神的成果，做到物质精神双丰收。

《在天津市区县局领导干部会议总结大会上的讲话》（1985年7月25日）

有一传手，没有二传手，尤其是缺乏扣球手，总不得分。这是个老问题，一定要下决心解决好。

这几年文件不少，开会不少，讲话不少，但落实得如何，的确值得研究。历史经验证明，一个好的文件，好的政策，只有通过大量艰苦、细致的工作，真正加以落实，才能取得预期的效果。现在很多事情没办好，成效不显著，不是方向不明，政策不对，主要是干得不行，没有落到实处。有一传手，没有二传手，尤其是缺乏扣球手，总不得分。这是个老问题，解决起来难度不小，但一定要下决心解决好。领导水平的高低、工作作风的好坏，拿什么标准去判断呢？不是看你开了多少会，讲了多少话，发了多少文件，关键是要看你干了多少实事，有多少政绩。

《同黑龙江省委负责同志和宣传、文化部门代表座谈时的讲话》（1992 年 1 月 22 日）

现在的一种不祥之兆是“评论员”太多，“裁判员”太多，“运动员”太少。

我们共产党是讲变革的。发展的观点是马克思主义的一个根本观点。我们承认世界上万事万物都处在永恒的发展变化之中，我们反对停止的论点、悲观的论点、无所作为和骄傲自满的论点。依据这个观点，我们党进行了推翻三座大山的革命；依据这个观点，我们党作出了经济体制改革的决定。但我们党内有些同志却不懂得这个观点，不坚持这个观点。他们因循守旧、抱残守缺，总觉得过去一切都好，改革是自找麻烦。他们对改革中出现的新事物这也看不惯，那也不顺眼，抓住一点枝节问题就大惊小怪，横加指责。他们不是站在群众之前，而是站在群众之后，不是站在改革之中，而是站在改革之外，指手画脚，评头品足，不干实事，专挑毛病，只当“裁判员”，不当“运动员”，专吹哨子不上场。现在的一种不祥之兆是“评论员”太多，“裁判员”太多，“运动员”太少。对于这些党员，必须向他们大喝一声，使他们觉醒，否则他们将会成为第二次革命的绊脚石。

《在天津市党员领导干部会议上的讲话》（1985 年 5 月 9 日）

抓认识，本来是为了更好地行动，空论太多，反而影响了行动。

干实事不抓认识不行，思想不明确，行动不自觉，好事也会干砸。但只抓认识，醉心于无休止的议论，耽误了行动，事情办不成，最终认识也解决不好。因此，必须把抓认识与抓行动统一起来，结合进行。

“无论事大小，认识先抓好”，这是我们的传统。现在的问题是，一些人把抓认识当成了坐而论道、不干实事的借口。他们只讲空理论不讲实道理，只讲大原则不讲真问题；“事小道理大，个小帽子高”。你急得坐立不安，他说你不懂政治。他们不分大事小事、难事易事，一律都要“找”上一帮人关门去开会，结果只听楼梯响，不见人下来，占去了很长干事的时间。事实说明，许多事情常常不是失之于方向不对，道理不清，而是失之于空论太多，久议不决，坐失良机。抓认识，本来是为了更好地行动，空论太多，反而影响了行动。

《知行结合——六谈少讲空话，多干实事》(《天津日报》特约评论员文章，1985 年 6 月 3 日)

有些人整天说这也不对，那也不对，就是不说怎么才对；这个人不行，那个人不行，就是不说自己行不行。

讲深入，就要多干实事；讲实效，而不是夸夸其谈。现在，有些地方像对待其他事情一样，对教育也有一种很不好的风气。有意见的人很多，有责任的人很少；挑毛病的人很多，想办法的人很少。还有些人整天说这也不对，那也不对，就是不说怎么才对；这个人不行，那个人不行，就是不说自己行不行。这种状况不扭转，讲教育重要就会变成一句空话。我希望所有的同志都要把支教工作落实在行动上，不仅提问题，而且想办法；不能光埋怨，而是真心实意地、实实在在地为教育办点事。通过我们的共同努力，使学校的各个方面不断得到改善和提高。

《在天津市社会支教总结表彰大会上的讲话》(1988 年 11 月 10 日)

少讲空话套话、似是而非的话、没有错也没有用的话。

如何开好会议，是当前一个需要重视和研究的问题。会议是统一认识、推动工作的必要形式，可是现在有些会议质量不高、效果不好。比如，有的会议行礼如仪，表面上热热闹闹，实际上缺少内容，没有研究解决问题。有的会议本应大家讨论，集思广益，但只有领导讲话，而讲话又多是空话套话、似是而非的话、没有错也没有用的话。这样的会议，挫伤了群众热情，浪费了宝贵时间，贻误了实际工作。

《在政协第八届全国委员会常务委员会第二次会议上的讲话》(1993 年 5 月 21 日)

空话连野猪都骗不了，何况人呢？

宣传思想战线的广大干部，特别是各级领导干部，要增强事业心，作风要扎实，思想要艰苦，虚功要实做。要少讲空话，多干实事，空话连野猪都骗不了①，何况人呢？

《在全国宣传部长会议上的讲话》(1992 年 1 月 25 日)

① 湖北神农架地区野猪糟蹋庄稼厉害，群众叫苦不迭。为此，乡村组织民兵巡逻驱赶，花费很多人力也不见效。后来有人想了一个“高招”，用录音机录上狮、虎的吼声和人声、枪声，用高音喇叭播放，开始果然有效。但几天后，野猪试探着往庄稼地里凑，并用身子靠了靠绑喇叭的杆子，发现仍然只是叫喊而没动作，于是甩开嘴巴，把绑喇叭的杆子给拱倒了。当地人说，说空话、唱高调连野猪都骗不了！

82. 塌下心来研究问题。

随着我国改革开放和现代化建设的发展，随着十五大精神在各条战线、各个方面的落实，统一战线面临着许多新情况、新问题，需要我们塌下心来，下大力量加以研究。现在有许多问题说起来似乎都明白，细问起来却不那么清楚。比如，各民主党派和工商联刚刚完成换届，对一大批新进入各级领导班子的代表人物如何加强培养？我们常说民主党派新一代领导人要继承和发扬老一代的光荣传统。事实上，民主党派发展历史可以分好几段，新中国建立以前是一段，“反右”以前是一段，“反右”之后及“文化大革命”又是一段，究竟哪一段形成的东西算是民主党派的光荣传统？“反右”之后和“文化大革命”这一段，民主党派基本上不敢说话，假如把这作为培养人的标准，多党合作还有什么实际意义？反过来讲，不是这样，而是培养他们敢于放炮，开起会就咚咚咚攻一通，是否就算达到了多党合作的目的？比如，我国的宪法明确地写着，我们也一再申明，要实行宗教信仰自由的政策，那么，实行这一政策是真诚的还是策略的，是长期的还是权宜的？不少同志至今在思想认识上并没有真正解决。在有的讲话和文章中，把有神论与无神论的区别简单引申为信教与不信教的人之间的对立，公开反对人家信教的事也屡见不鲜。法律上、文件上写着宗教信仰自由，凭什么反对人家信教呢？从另一方面说，我们作为共产党人，又究竟应该怎样来坚持自己无神论的立场和观点？比如，十五大报告明确提出，公有制为主体、多种所有制经济共同发展，是我国社会主义初级阶段的一项基本经济制度，非公有制经济是我国社会主义市场经济的重要组成部分。这就意味着在社会主义初级阶段，非公有制经济不仅会存在，而且要发展。这就带来一个问题，这个发展是好事还是坏事？我们大家都非常熟悉列宁的一段话：小生产是经常地、每日每时地、自发地和大批地产生着资本主义和资产阶级的。如果这样讲，我们允许非公有制经济存在，是不是允许资本主义和资产阶级每日每时地、自发地和大批地产生？我在不久前讲过，既然非公有制经济是社会主义市场经济的重要组成部分，那么发展非公有制经济就不仅是一部分人的利益所在，也是全体人民共同富裕的需要，是对整个国家的贡献；不仅是合法的，也应该受到社会的尊敬。对于这段话，也有的同志问，非公有制经济要发展就要雇工，雇工怎么能受尊敬？此外，还有民族问题，等等。所有这些问题都是影响很大的问题，又都是很不简单的问题。我们不能老说“好像”、“恐怕”、“差不多”、“大概”、“或者”、“也许是”之类的话，不能长期停留在似是而非的阶段，而应该深入实际，多作研究。研究问题时，要解放思想，贯彻“双百”方针，允许大家讨论，可以这样说也可以那样说，目的是寻求正确的答案。

《同全国统战部长会议代表座谈时的讲话》（1998 年 2 月 13 日）

研究问题、研究政策，是马克思主义认识论的基本要求，是做好各项工作的基本方法。

研究问题、研究政策，是马克思主义认识论的基本要求，是做好各项工作的基本方法，也是统战工作多年积累的一条重要经验。……研究问题必须要研究政策。研究问题、解决问题，检验了政策，又完善了政策。研究问题、研究理论、总结经验、研究政策，这些是一致的，有时其实是一回事。希望统战部门的同志们在新的一年里，在研究问题、研究理论、总结经验、研究政策方面多下力量，多出成果。

《同全国统战部长会议代表座谈时的讲话》（1998年2月13日）

必须克服各种各样的形式主义，腾出主要时间和精力来研究、解决重大问题。

必须克服各种各样的形式主义，腾出主要时间和精力来研究、解决重大问题。十三届四中全会之后，由于国内外一些重大事件的影响，社会上有各种各样的议论，党内思想也比较混乱。针对这种情况，前段时间会开得多一点，话讲得多一点，文件发得多一点，是必要的。因为对一些重大方针政策、对一些重要问题有一个明确的、统一的说法，便于大家统一认识、统一行动。现在，情况不同了，该讲的话都讲了，该有的精神都有了，各级领导应该把心静下来，扎扎实实地研究和解决问题。中央认为，目前会议太多，文件太多，题词、照相太多，形式主义的东西太多，必须认真加以改变。各级领导要下决心精简会议，精简文件，坚决砍掉那些不必要的活动，克服各种形式主义的东西，改变领导同志的时间被严重肢解的状况。现在北京开个什么会，什么人出席讲话，回到地方传达时，也要比照着来。如果主要领导同志不按照北京的规格出席、讲话，就是不重视，这样下去怎么得了？各级领导同志特别是主要领导同志，如果整天忙于应付这个会那个会，陷入“文山会海”不能自拔，还有多少完整的时间来钻研工作？群众批评说：“行动在嘴上，决心在会上，落实在纸上”，不能说没有一点道理。这种状况如不痛下决心改变，要实现第二步战略目标是很困难的。大家可以回顾一下，十一届三中全会后的十年，根据邓小平同志倡导的少讲空话、多干实事的精神，我们从拨乱反正到全面改革干了多少实事。例如：纠正“以阶级斗争为纲”的错误，把全党工作重心转到经济建设上来，纠正“文化大革命”中的冤假错案，纠正1957年反右扩大化的错误，实行家庭联产承包责任制，创办经济特区，搞企业承包，按照“一国两制”的原则解决港澳问题，等等，至于这些年来经济建设方面从中央到地方完成的重点工程就更不胜枚举了。各级领导应当把这种好的作风继承下来，在落实七中全会精神的过程中，集中精力，深入实际，调查研究，使具有普遍指导意义的中央精神同本地实际结合起来，扎扎实实地解决一批重大问题，推动建设和改革事业的发展。

《听取云南省委工作汇报时的讲话》（1991年1月27日）

附：

版纳咏怀*

北京天气冷飕飕，
来到版纳暖悠悠。
种下一棵含情树，
待到后生论春秋。

塌下心来琢磨事，齐心协力想实招。

我们过去有些事情没有办好，不是失之于方向不明，而是失之于缺少实招。说大话、空话、似是而非的话、没有错也没有用的话，是“文革”恶习，必须坚决摒弃，代之以塌下心来琢磨事，齐心协力想实招。

实招来自对客观情况的准确把握，来自对群众经验的科学总结。为此，各级领导干部要集中时间、集中精力，到基层去，到群众中去，了解情况的前前后后，体察群众的情绪变化；要尊重群众的首创精神，集中群众的智慧；要下功夫把中央的大政方针与本地实际相结合，提出具体措施和有效办法。注重实效是领导干部觉悟、水平和作风的综合反映，因此，要把有没有“实效”作为工作的出发点、目标和标准。总之，必须克服形式主义，解决领导干部时间、精力被严重肢解的问题，把他们的时间、精力

* 1991年1月21日至27日，李瑞环同志在云南省委书记普朝柱、省长和志强的陪同下，先后考察了西双版纳、大理、昆明等州市。22日，在西双版纳热带植物园里，他手植一棵垂叶榕，即景生情，吟了这首小诗。

引导到研究实招、注重实效上来。只有这样，我们才能克服一切困难，我们的事业才有希望。

《在八届全国人大二次会议天津代表团会议上的发言》

（1994 年 3 月 15 日）

世界上哪有这样的人，张口就说，说了就对；拿来就拍板，拍板就正确。

我们十分重视研究工作。因为人类与其他动物的区别，在于人有自觉的能动性，人们的重大活动、重要工作，都要通过认真的研究，形成一套构想和思路，形成判断、决心和部署。因为客观世界十分复杂，要正确地认识事物，抓住事物的本质，抓住事物的全体，抓住事物的内部联系，就不能凭主观想象，不能靠一时热情，而必须进行认真的研究。还因为“集中起来，坚持下去”是我们的领导方法，而研究工作正是实行这个方法的结合点。所谓研究，就是集思广益，把分散的、无系统的意见加以集中、条理，然后变成计划、部署，贯彻实行。郑重的、系统的研究工作，一是要找一帮合适的人，这些人应是了解情况和从事这方面工作的人，而不能只是编词作文的人。二是要有必要的材料，现在浮夸造假现象十分严重，要真正把情况搞得实在、明白，很不容易，但这是基础。三是要有正反两方面的经验，经验是人民群众实践的总结，重视经验、解剖典型是研究工作的重要方式，也是辩证唯物论认识论的基本要求。四是要在理论指导下深入地思索，要不间断地思索，方方面面地思索，连贯起来思索。在这个过程中，理论、材料、经验分分合合，难解难分，各种设想、方案、景象不断闪现，浮想联翩，肯定、否定、修正对照比较，反复选择。所谓“一觉醒来，疑团顿解”，实际上是一夜未眠，冥思苦索。讲艰苦，这种头脑的加工最艰苦。思想上的艰苦，勤于和善于思考问题，是长期训练而形成的。头脑这个加工厂也需要不断更新和改造，使其能够适应不断发展变化的情况，加工出各种高水平的产品。我们有些同志只看到人家决策时的果断，而看不到人家事前所下的功夫；只看到人家处置问题的自如，而看不到人家平日长期的积累。世界上哪有这样的人，张口就说，说了就对；拿来就拍板，拍板就正确。某项工作干得不错，各方面反映很好，其实都经过了一个相当复杂乃至相当长时间的谋划研究过程。没有“十月怀胎”，哪能“一朝分娩”？我们现在有些部门、有些工作，第一缺乏研究，塌不下心来，舍不得时间，豁不出辛苦。第二研究的方法不对，对现实情况了解得不够，对典型经验重视得不够，特别是在理论指导下思索得不够。我们常讲，“为着领导，必须预见”，“运筹帷幄，决胜千里”，“不打无准备之仗”。所谓预见、运筹、准备，都是研究，都需要认真研究，研究工作是领导者和领导机关的基本工作方法。

《学习理论　总结经验　研究工作——在中国人民政治协商会议第八届全国委员会常务委员会第二十一次会议闭幕会上的讲话》（1997年6月29日）

各级领导和指挥人员一定要深入实际，实行面对面的领导。

领导作风的好坏是引滦工程能否顺利进行的决定条件之一。

建设工程是一个复杂、多变、随时可能出现意外情况的战场，因此各级领导和指挥人员一定要深入实际，亲临第一线，调查研究，弄清真实情况，实行面对面的领导。要勇于负责，恪尽职守，遇事不推诿，不扯皮。要雷厉风行，令行禁止，说办就办，说停就停，审时度势，不失时机，坚决克服疲沓拖拉、松松垮垮的作风。要敢于坚持原则，不当老好人，凡有利于党和人民的事情，就坚持去做。要树立勤俭节约的思想，采取有效措施，坚决反对大手大脚地花钱用料，杜绝浪费，把每一块钱都花在有用的地方。要坚持群众路线，遇事多和群众商量，善于把群众的智慧集中起来，克服困难，解决问题，推动工作。要关心群众生活。目前，进入施工现场的已有三万多人，施工高潮时将达十万多人。安排好群众的生活是一件十分重要的工作。要切实做好生活物资的供应，使群众吃好、睡好。夏季即将来临，要抓紧搞好环境卫生、饮食卫生和个人卫生。各分指挥部要配够医护人员，做好防病治病工作，使建设大军保持健康的身体和旺盛的精力。

《在天津市引滦入津工程开工典礼大会上的讲话》
（1982 年 5 月 11 日）

弄清具体情况，研究具体招法，观察具体变化，解决具体问题，实属干成实事的要领、要招、要旨、要害。

实事都是具体的，要干好实事必须狠抓具体。弄清具体情况，研究具体招法，观察具体变化，解决具体问题，实属干成实事的要领、要招、要旨、要害。

抓具体之所以重要，因为它体现着特殊性，即使是“老套活”，由于时间、地点、条件的变化，也会有些“不一样”。抓具体之所以重要，也在于我们的体制存在着弊端，作风有些不正，容易扯皮。抓具体之所以重要，还在于我们进行的是开拓性的事业，常常碰到预料不到的问题。现在的问题是，我们有些同志不懂得抓具体的重要意义，工作不艰苦、不细致、不扎实，谈问题似是而非，讲道理肤浅表面。习惯于用“大概”、“或者”、“也许是”、“好像”、“恐怕”、“差不多”等模棱两可的词语。即使到基层，也是“葫芦掉在井里——在下边漂着”。此病不除，实事难以干成。

《要在具体——七谈少讲空话，多干实事》（《天津日报》特约评论员文章，1985年6月5日）

调查研究要能取得成效，必须坚持两个重要的原则，一是求实，二是无私。

调查研究要能取得成效，或者说，总结经验、研究理论要能有成效，必须坚持两个重要的原则，一是求实，二是无私，即求实的精神和无私的立场。不是讲要不唯书、不唯上、只唯实吗？不能只是翻文件，还要通过理论和实践的结合来研究现实问题。我们的毛病是把资本主义国家一些行之有效的经验、理论，没有经过分析、加工，使之与中国国情相适应，就简单地移植过来。我在去年的调研会上讲过，研究理论的人首先要思想放开，要“五不迷信”，就是不要迷信文件上有的，领导定的，革命导师讲过的，多数人承认的，经验证明了的。在当前遇到困难的情况下，更应该无私，要识大体，顾大局，同心协力，只有这样研究问题才会有成效。

《同天津市理论界部分专家、教授座谈时的讲话》
（1988年12月12日）

调查研究要眼睛向下。

我们搞调查研究的目的，不是为了求证现有的某个观点、某项政策如何正确，而是为了把客观情况、实际问题搞清楚，进而有针对性地提出思路和建议，供中央决策时参考。调查研究要眼睛向下，从实际出发，根据我们的基本理论和基本方针政策，根据客观情况的发展变化，对现行的措施、做法提出意见，该坚持的要继续坚持，该补充完善的要补充完善，该纠正的要及时纠正，该摒弃的要敢于摒弃。有些问题一时看不准，先把现象、事实搞准、搞全，结论可以留待以后再做。

《同全国统战部长会议代表座谈时的讲话》（1999年1月20日）

工作要艰苦，思想更要艰苦。

付出辛苦，不仅仅是胳膊腿勤，很重要的一条是思想必须艰苦。事实上，思想的艰苦对于一个领导干部来讲，才是最重要、最困难的。应该既能深入下去，又能坐得住，看东西，听意见，想问题，憋主意。比如想年初怎么开局，年底怎么结束；怎样既照中央精神办，又结合实际，更好地落实中央的精神，有一点自己的创造；一年的任务或一项任务，提冒了不能实现，提低了不鼓舞人心，如何确定一个既鼓舞人心，又跳一跳可以达到的目标。这些问题都要花时间研究琢磨。要找一些做实际工作的人谈，找一些文人来论，采取多种途径，听取各方面群众的意见。比如，派人下去了解情况，搞居民户卷调查，请人民代表座谈直接听取意见，给咨询委员会出调查题目，等等。然后，进行综合研究，根据国家的计划安排和财力、物力的可能，形成工作部署和具体安排。

《同〈中国城市经济社会年鉴〉记者的谈话》(1985 年 1 月 9 日)

要在研究上狠下功夫。

要在研究上狠下功夫。不重视研究，满足于堆砌材料；不面向实际，习惯于图解已有结论；不集思广益，沉湎于少数人编词作文，这些都是当前研究工作的突出弊端。这样的研究，或者没有用处、徒劳无功，或者谬传误导、害人坏事。从一定意义上讲，研究工作决定着调研结论的对错、水平的高低和作用的大小。我们必须在材料弄全弄准的基础上，提倡运用马克思主义基本原理，吸取现代科学成果，进行深入的理性思考；提倡组织有关专家学者和经验丰富的人士参与，形成讨论问题的良好气氛，集中各方面的正确意见；提倡对材料进行郑重而不敷衍、深刻而不肤浅、系统而不零碎的分析、综合、提炼、抽象。只有这样，才能抓住事物的本质及其同周围事物的联系，才能通过调查研究达到指导实践、深化认识的目的。

《在中国人民政治协商会议第九届全国委员会第二次会议闭幕会上的讲话》(1999 年 3 月 11 日)

没有“十月怀胎”，哪能“一朝分娩”？

天津这几年办的事，相对来讲，正确的决策比较多，但这绝不像有些同志所想象的那样，挥手之间定乾坤。我们的每项决策，几乎都要经历一个相当繁杂的乃至相当长的过程。我们有条体会，对于任何一项重大决策，只要条件允许，就把酝酿的时间放长些，决断后干的时间短一些。我们不公布和披露这种决策过程，是为了避免人们转移对当前工作的注意力。其实，每一个正确的决策都是不容易的，许多工程看起来干得快，就是因为决策科学、准备充分，尽量把问题想全、想细、想到底、想到一万、想到万一，这个该怎样干，那个该怎样干，很清楚；许多工程看起来拍板干脆，其实中间已付出了许多人许多时间的劳动，许多都是多种方案的比较，多种方案的综合。没有“十月怀胎”，哪能“一朝分娩”？当然，在具体作出决策时，还得注意四个字，即“量情度势”，要掌握好时机，考虑到经济条件和民意条件，少一样都不行，不到火候不能干。

《同〈社会学报〉记者的谈话》（1986 年 7 月 5 日）

研究必须作为决策程序中的第一道工序。

决策特别是方针、政策的制定，重大问题的决断，阶段性的重大工作的部署，应该以科学研究的结论为根据，是科学研究成果的转化。我们的一些决策，往往缺乏科学的程序，缺乏科学的研究基础。研究部门应该先研究，根据研究的结果提出建议，然后提交决策机构考虑；而不是领导先作决定，然后由研究工作者来阐述、注解、圆场。我们决策时不能临时叫来几个人随便说说，说了就作决定，这样的草率决定还能指望不出问题？哪有这样的神仙。所以，研究对决策具有重大意义，研究必须作为决策程序中的第一道工序。

《在社会主义理论问题研究座谈会上的讲话》(1990 年 12 月 13 日)

不允许研究的结论与现行政策有不一致，这本身就是不允许研究。

过去，写历史常常受当时的政治需要影响，所谓古为今用。认为需要的地方就尽量地加以夸大、渲染，当然也能在历史片断中找到一点根据，但是离开一定历史阶段的这种渲染，本身就跟捏造差不多。我认为如何科学地研究历史，通过分析历史上发生的真实事件得出科学的结论，这非常重要。当然，这可能有一点风险，你得出的结论可能和当时的政策不完全一致，但只要历史事实是确凿的，得出的结论是科学的，总能经受住实践的检验，没有什么可怕的。我认为，社会科学的研究应该为制定方针、政策提供依据，而不是跟着方针、政策跑。如果把研究的目的简单地理解为与现行政策求一致，求统一，这个研究就没有什么实际意义了，这种研究也不叫研究。从一定意义上讲，研究的真正意义在于找到不合理之处。不允许研究的结论与现行政策有不一致，这本身就是不允许研究，同时也是对自己的方针、政策本身没有底气或怕科学的一种表现。

《谈社会科学研究》(1986 年 5 月 8 日)

调查研究的方法，看起来很笨，实际上最好。

现在许多问题缺乏调查研究，下结论太早、太快。调查研究的方法，看起来很笨，实际上是最实际、最快、最好的方法。

《在全国统战部研究室主任会议座谈会上的讲话》

（1992年12月7日）

83. 天天过节是不祥之兆。

小平同志视察南方重要谈话中有一个很突出的内容，就是提倡扎实工作，反对形式主义，明确指出现在形式主义多，形式主义也是官僚主义。小平同志讲话以后，我们认真抓了一下，应该说取得了明显效果。但实在地讲，现在形式主义的东西、没有实际意义的东西仍然不少。比如各种各样的节日越来越多。当然有些节日如国庆节以及一些民族传统节日等，庆祝庆祝，办得好一些，也属必要。问题是现在节日太多太滥，各地方有各地方的节，各行业有各行业的节，各种产品有各种产品的节，西瓜有西瓜节，橘子有橘子节，茶叶有茶叶节，花卉有花卉节，可谓名目繁多。民间传说，李自成进北京，本来该坐 42 年天下，结果他天天过节，把节日提前过完，42 天就败退出北京。这说明老百姓都知道天天过节是不祥之兆。节太多，庆祝活动、纪念活动太多，不必要的会议和应酬太多，使领导同志的时间被严重肢解，难以集中精力想大事、抓大事、办实事。而且每次活动、每逢过节都要花很多钱，助长了奢侈之风，群众对此反映强烈。所以，必须提倡领导干部塌下心来琢磨事，扑下身子干工作，不能整天处于应酬之中。

《听取贵州省委、省政府工作汇报时的讲话》（1994 年 10 月 19 日）

倡俭崇实是中华民族的传统美德，是治国兴邦的历史经验，也是当前需要大力提倡的社会风气。

倡俭崇实是中华民族的传统美德，是治国兴邦的历史经验，也是当前需要大力提倡的社会风气。

必须使干部明白，我国是一个人口众多的大国，经济并不富裕，有些地区还很困难，还有几千万人没有解决温饱问题。要使我国赶上发达国家，必须经过长期艰苦的努力，我们这一代注定是创业的一代、吃苦的一代。现在社会上那种大操大办、大吃大喝、大吹大擂的风气，拜金主义、利己主义、享乐主义的思想，崇尚所谓大款、大腕敛财挥金的心理，与我们的国情很不相称，是一种很坏的风气。

从一定意义上讲，干部的能力、成绩和威信都来源于吃苦，不吃苦、不负责，就不称职。一个国家、一个民族也是如此，想自立于世界民族之林，想不落后于世界发展的潮流，就必须保持一种奋发向上、艰苦创业的精神状态。倡俭崇实，不仅是一个经济问题，也是一个社会价值取向问题，一个关系到我们的事业兴衰成败的根本性问题。全党特别是各级领导干部必须高度重视这个问题，并以此来要求自己、约束自己。

《在承德市考察工作时的谈话》（1993 年 7 月 5 日）

对形式主义不采取措施加以纠正，会断送我们的事业，将有亡党亡国的危险。

现在官僚主义严重，形式主义泛滥。空话、套话、假话盛行，会议、文件、应酬成灾，占用了许多时间，贻误了正常工作，浪费了财物，得罪了群众。各种“节”五花八门，不胜枚举。人有人节，物有物节，时有时节，地有地节。过去只讲四时八节，现在已不知道有多少节了。李自成进北京后天天过节，老百姓说，因为他赶着把节过完了，所以垮台快。这虽然是迷信的说法，但从天天过节、生活腐化、浪费财物、得罪群众、不花时间研究问题考虑大事的角度看，也不无道理。应该提倡塌下心来想问题，扑下身子干实事。现在社会上蔓延着一种浮躁的情绪，这很不好。中央政治局常委在讨论 1995 年工作要点时一致认为，必须认真反对形式主义，坚决刹住虚报浮夸、弄虚作假、挥霍浪费、搞花架子等不良风气。现在有许多问题要研究、要解决。加强农业问题，抑制通货膨胀问题，搞活大中型国有企业问题等等，这些问题的原因究竟是什么，如何解决，没有足够的时间去深入研究不行。对形式主义不采取措施加以纠正，会断送我们的事业，将有亡党亡国的危险。

《听取中央统战部工作汇报时的谈话》（1995 年 1 月 3 日）

切忌表面上热热闹闹、轰轰烈烈，实际上日计有余、岁计不足。

统战部门特别是中央和省、自治区、直辖市这两级统战部门的主要任务就是研究问题、研究政策。中央和省、自治区、直辖市党委的主要精力在于管大局、抓全盘，对某一方面的问题、某个领域的政策，首先有赖于职能部门出主意、想办法、拿意见。统战工作具有很强的政治性和政策性，如果研究工作跟不上，心中无底数，面对新形势和新任务，我们就会进退失据，左右为难，对上就很难尽到参谋与助手的职责，对下也不可能有效发挥指导作用。当然，我们确有许多日常工作要进行，确有许多重要活动要开展，确有许多具体事务要处理，确有许多礼仪应酬要安排，哪个不顾也不行，哪个丢了也不行，哪个得罪了也不行。但必须明确，所有这些都不能冲掉、淹没我们对问题对政策的研究。目前，在有些地方，确实存在着轻视研究、迷恋活动、热衷事务的现象，表面上热热闹闹、轰轰烈烈，实际上日计有余、岁计不足。这一点务请引起注意。

《同全国统战部长会议代表座谈时的讲话》（1998 年 2 月 13 日）

如果每天都热热闹闹，都在“过年过节”，就不是一个过日子的劲。

十三届四中全会之后，发了很多文件，应该说方方面面的大政方针都有了，现在的关键是落实。能不能扎扎实实，一步一个脚印地去干，一件事一件事地去抓，事关重大。刚才你们有句话我是同意的，即不能老提新口号。口号太多，记不住，容易造成混乱。现在会议太多，口号太多，文件太多，形式主义的东西太多，领导的时间被严重肢解，这种现象必须改变。要深入下去，力戒空谈，扎实工作，改进作风，狠抓落实。不切实际的东西都不能要。如果每天都热热闹闹，都在“过年过节”，就不是一个过日子的劲。要集中时间，集中精力，研究问题，解决问题。而要研究问题，光应付门面，不到基层调查，不坐下来探索是不行的。比如工资问题，物价问题，职称问题，像这样一些比较复杂或者反映比较多的问题，都应该下大功夫去研究解决。总之，不能搞什么形式主义的东西、空洞的东西，重要的是扎扎实实地去干。

《听取江苏省委工作汇报时的讲话》（1991 年 4 月 20 日）

泡在会议、应酬之中，处于浮躁、喧哗状态，不能塌下心来、扑下身子、深入地思考问题，这是有很大危险的。

要下决心减少事务，甩掉文山会海。比如外事，我在天津时有一个不成文的规矩，见外宾集中在一个下午，一溜地握手，不长时间就见完了。除了特殊的贵宾，我从不请吃饭，否则一天、一个礼拜、一个月，除去吃饭、见人、陪会，还剩下多少时间？把时间全肢解了，误大事。有些上面的会规格很高，你们不好办，而你们自己的一些会则完全是可以减下来的。我在天津就这样，老见这局长来开会，我就问谁开的会，开什么会，家里的事谁干？然后我就研究一个办法，规定什么事才开会，什么会开多大范围，不能陪会。有些事可以打个电话，写个便条，派人传个话，有些事可以到他那儿去谈。会议太多、应酬太多，泡在会议、应酬之中，处于浮躁、喧哗状态，不能塌下心来、扑下身子、深入地思考问题，这是有很大危险的。

《在余杭市部分离退休老同志和有关单位负责人“三讲”教育座谈会上的谈话》（2000 年 2 月 20 日）

作风不好，高高在上，官僚主义，形式主义，虚华漂浮，不仅政策不能落实，还会产生其他许多问题。

作风建设是一个十分重要的问题。党的作风是党的世界观的外在表现。有什么样的世界观就应该有什么样的作风。我们的世界观是辩证唯物主义、历史唯物主义，我们承认社会存在决定社会意识，承认客观世界相互联系不断发展，所以我们要求党员干部的作风必须是深入实际、实事求是、一切从实际出发，必须是注重实践、联系群众、尊重群众的首创精神，必须是研究特点、着眼发展、不断解放思想开拓创新。反过来，如果不是这样，而是弄虚作假、闭门造车、不顾实际地憋词憋文憋套套，或者上传下达、等因奉此、不研究自己的特殊情况，或者思想僵化、迷信本本、跟不上时代的发展变化，这就说明不但作风产生了问题，而且思想深处、世界观上也出现了毛病。党的作风是党的宗旨的必然要求。有什么样的宗旨就应该有什么样的作风。我们党是最广大人民根本利益的代表，党的宗旨是全心全意为人民服务。同最广大的人民群众保持最密切的联系，一刻也不脱离群众，一切从人民的利益出发，而不是从个人或小集团的利益出发，向人民负责和向党的领导机关负责的一致性，是我们党区别于其他政党的显著标志。这次中央全会指出，加强和改进党的作风建设的核心问题，是保持党同人民群众的血肉联系，也就是坚持党的全心全意为人民服务的宗旨问题。应该说，这些年来我们党为群众办了许多实事、好事，多数群众的生活得到了改善，广大群众是拥护我们党的。但必须看到，不少群众确实对我们有意见，在某些事情上意见还比较尖锐，甚至有较大的不满情绪。“水可载舟，亦可覆舟”，我们切不可忘记这句箴言。党的作风是贯彻党的方针政策的必要保证。各级机关、各级干部总是要执行政策，不是正确地执行政策就是错误地执行政策，而政策执行得如何与作风如何有着极其密切的关系。作风好，能够深入实际、调查研究，密切联系群众，方针政策的制定就比较周全，贯彻执行就比较顺利；作风不好，高高在上，官僚主义，形式主义，虚华漂浮，不仅政策不能落实，还会产生其他许多问题。现在，群众对我们的一些政策有看法，有的是政策需要完善，更多的则是政策在贯彻过程中出了问题。政策和策略是党的生命，万万不可粗心大意。

《在中国人民政治协商会议第九届全国委员会常务委员会第十五次会议上的讲话》（2001 年 9 月 29 日）

在鼓捣字儿上花的时间太多，在研究事儿上下的功夫太少，就写不出好文章。

我没有专门学习过写文章，现在也不能说会写文章，但我做过一些实事，研究和处理过一些问题，总觉得写文章与总结经验有密切关系。什么是文章？文章是客观事物的反映，文章的目的是反映客观实际，反映事物的本质和规律。为什么总结经验？总结经验的目的是研究分析客观实际，找出事物的本质和规律。就这个意义上讲，写文章和总结经验要求是一致的，道理是相通的。领导干部、领导部门的文章，都是围绕现实生活和实际工作提出问题、分析问题和解决问题而展开的，离开总结经验，离开研究问题，就无法写出有实际意义的文章。写文章讲准确性、鲜明性、生动性，讲谋篇布局、遣词造句，但如果缺乏对生活实践的深刻了解，缺乏对实际问题的深入研究，言之无物，无病呻吟，也就无法写出具有“三性”的好文章。我们有些文章写得不好，不是词汇不够多、句子不够美，而是动机上、内容上、方法上有毛病，在鼓捣字儿上花的时间太多，在研究事儿上下的功夫太少。为文章而文章，从文章到文章，这种方法，永远写不出好文章。

《在全国地方政协工作经验座谈会结束时的讲话》(2001年12月6日)

在一个字、一个词、一个说法上，来回地捣鼓，来回争论，浪费时间，结果丧失了许多机遇。

在理论上、文章上、条条上、言词上、概括什么说法上下功夫，这是我们的优点。但是在一个字、一个词、一个说法上，来回地捣鼓，来回争论，浪费时间，结果丧失了许多机遇。我们过去有种习惯做法，干一件事情之前，总要找出马克思怎么说，列宁怎么说，毛主席怎么说，凡没说过的就不能干。这不是实事求是的态度。要想使社会进步，还得强调实干，在整个社会提倡朴实、扎实。我曾经讲过“倡俭崇实”，提倡勤俭、俭朴，崇尚求实、充实。唐朝有一个丞相，叫姚崇。姚崇临死之前人们问他有点什么经验，他说：崇实充实。意思是说，为政只有崇实，国库才能充实。

《听取山东潍坊市委、市政府负责同志工作汇报时的讲话》(1992年4月22日)

电视、广播、报纸中严重存在的连篇累牍地报道一般性会议和领导人一般性活动的现象，必须立即采取坚决措施加以制止。

坚持正面宣传为主，不能简单化，不应理解为堆砌好人好事，不应搞成干巴枯燥的空洞说教，尤其不能宣传形式主义，助长形式主义。当前，大事多，新事多，难事多，需要下很大功夫，花整桩时间，塌下心来，一件一件去办。如果领导干部过多地参加剪彩、奠基、首发式、首映式、表彰颁奖等礼仪性活动，时间被严重肢解，就不可能系统研究、解决一些重大问题。目前，电视、广播、报纸中严重存在的连篇累牍地报道一般性会议和领导人一般性活动的现象，已经引起了广大干部群众的强烈不满，必须立即采取坚决措施加以制止。现在有些文章又长又没有新意，占了报纸很大篇幅，读者不爱看。这种状况也应坚决加以改变。贯彻团结、稳定、鼓劲的方针，也不是不要批评报道和舆论监督，关键是这些批评、监督要给人以力量、信心和希望，有利于团结、稳定和鼓劲。

《在全国宣传部长会议上的讲话》（1992 年 1 月 25 日）

一个国家，一个民族，想自立于世界民族之林，想不落后于世界发展的潮流，就必须有一种奋发向上、艰苦创业的精神。

一个国家，一个民族，想自立于世界民族之林，想不落后于世界发展的潮流，就必须有一种奋发向上、艰苦创业的精神。现在社会上乃至于我们一些领导干部中，艰苦奋斗、勤俭建国的思想越来越淡薄，大操大办、大吃大喝、大吹大擂的风气愈演愈烈，拜金主义、利己主义、享乐主义的思想有所抬头，崇尚所谓大款、大腕敛财挥金的心理有所滋长，而无私奉献、艰苦奋斗的精神受到冷落，甚至被嘲讽、被讥笑。这些实际上是一种腐败现象，它引起了广大党员和群众的强烈不满，损害了党和政府的威信，同时也严重干扰了经济的正常运行，在一定的条件下可能成为影响社会安定的因素，必须引起我们的高度重视。必须使干部明白，我们国家人口多、底子薄，要真正富裕起来，赶上发达国家，还需要几代甚至十几代人的努力。我们现在还有 8 000 万人处于贫穷状态，有 2 700 万人连肚子也吃不饱。作为社会主义国家，如果一方面有些人一掷千金，而另一方面许多群众长期解决不了温饱问题，我们怎么向老百姓交代？因此，我们这一代注定是创业的一代、吃苦的一代。要大力宣传、倡导这种创业、吃苦的精神。要使干部懂得，干部的责任，干部威信的来源，从一定意义上讲，就在于比别人能吃苦，比别人多吃苦。我曾经讲过干部的“三不”：不吃苦、不得罪人，就不称职。特别是各级领导应该率先垂范，倡俭崇实，埋头苦干。党的各级组织对党员要加强艰苦奋斗、反对腐败的教育并加强监督检查。对于饱食终日、无所用心、马马虎虎、敷衍塞责的要进行批评，责令改正。对于弄权渎职、以公谋私、铺张浪费、贪污受贿的要严肃处理，有的要绳之以法。

《听取安徽省委、省政府工作汇报时的讲话》（1993 年 6 月 10 日）

84. 离开实事求是谈解放思想，很可能成为胡思乱想；离开解放思想谈实事求是，很可能流于空谈。

坚持解放思想必须坚持实事求是，解放思想的目的是为了实事求是，只有致力于追求实事求是，才能真正做到解放思想。离开实事求是谈解放思想，很可能成为胡思乱想；离开解放思想谈实事求是，很可能流于空谈。解放思想、实事求是，是我们党在实现拨乱反正和工作重心转移的过程中确立起来的思想路线，同时也是我们实现改革和建设不断发展的必然要求。从发展的观点出发，不能把解放思想、实事求是仅仅当作一个时期的口号，而必须始终不渝地坚持，要经常讲、反复讲，这样我们的事业才永远充满生机与活力。

《听取浙江省委、省政府工作汇报时的讲话》（2000 年 2 月 24 日）

“实事求是”原意是真诚地依据事实，探求古书真义。

作为我们今天思维准则的“实事求是”一词，最早出自近两千年前的《汉书·河间献王传》，原意是真诚地依据事实，探求古书真义。毛泽东主席加以新的阐发，把“实事”作为客观存在的事物，把“是”看作客观事物的规律，把“求”当作研究、探索。“实事求是”在当今中国已被载入《中国共产党章程》，被认为是毛泽东思想、邓小平理论的精髓。

《拜会日本天皇明仁时的谈话》（1999 年 12 月 10 日）

解放思想必须努力做到实事求是，使主观与客观相统一。

人的思想是客观实际的反映，所谓正确的思想就是对客观实际的正确反映，解放思想的目的就是使思想符合而不落后于客观实际。解放思想必须坚持以客观实际为依据，一切从实际出发，老老实实地尊重客观实际，下苦功夫研究客观规律，努力做到实事求是，使主观与客观相统一，而不能成为脱离实际的胡思乱想。这是我们想问题办事情必须遵循的重要原则。中国自 1978 年开始改革开放，20 多年来所取得的一切成就，从根本上说，都是坚持解放思想、注重实际的结果。今后，中国解决前进中的各种困难，争取新的胜利，仍然要坚持这条基本经验。

《会见委内瑞拉总统查韦斯时的谈话》（2000 年 5 月 15 日）

实事求是、群众路线是我们的命根子。

实事求是是我们党的思想路线，群众路线是我们党的工作路线。把实事求是和群众路线提高到我们党一切工作必须遵循的最根本原则，是毛泽东同志在延安时期确定的。小平同志在 1977 年 7 月他正式复出的十届三中全会上，作了题为《完整地准确地理解毛泽东思想》的重要讲话，他说："我认为，毛泽东同志倡导的作风，群众路线和实事求是这两条是最根本的东西。当然民主与集中的关系，自由和纪律的关系，都是很重要的。对我们党的现状来说，我个人觉得，群众路线和实事求是特别重要。"① 回顾我们党领导全国人民建立新中国、建设新中国的奋斗历史，所有兴衰成败都与这两个问题解决得好不好紧密相关。什么时候我们坚持了实事求是、群众路线，我们就能夺取革命和建设的胜利；什么时候我们违背了实事求是、群众路线，我们就会遭受挫折，甚至已经取得的成果也会丧失。或者说，我们所有成绩的取得都是坚持实事求是、群众路线的结果，而所有失败都是由违背实事求是、群众路线造成的。实事求是、群众路线是我们事业胜利前进的基本保证，是我们党活跃于中国和世界政治舞台上的鲜明特征，也是我们始终不渝、不懈追求的奋斗目标。只有时刻牢记并努力实现这一目标，才谈得上在各种艰苦复杂的斗争中立于不败之地，才谈得上在各种消极影响和腐蚀面前保持共产党的政治本色。从这个意义上完全可以说，实事求是、群众路线是我们的命根子，我们任何时候、任何情况下也不能丢掉这个命根子。

《听取陕西省委、省政府工作汇报时的讲话》（1999 年 9 月 9 日）

---

① 《邓小平文选》，2 版，第 2 卷，45 页，北京，人民出版社，1994。

实事求是是我们战胜各种困难、取得一切胜利的法宝，同时也是我们的努力方向和面临的重要课题。

这几年来我们正是在实事求是原则的指引下，制定和执行正确的路线、方针和政策，集中群众的智慧和力量进行改革和建设，取得了举世公认的业绩，使有中国特色的社会主义事业充满勃勃生机。实践证明，什么时候坚持了实事求是，我们就胜利前进；什么时候背离了实事求是，我们就遭受挫折。因此，实事求是是我们战胜各种困难、取得一切胜利的法宝，同时也是我们的努力方向和面临的重要课题。

《会见马尔代夫总统加尧姆时的谈话》（1999年12月7日）

真正做到实事求是并不容易。要有坚定的党性，要有理论修养，要有务实作风，要有科学方法。

真正做到实事求是并不容易。要有坚定的党性，勇于坚持真理，不为各种非议所动摇，也不为个人得失所左右。要有理论修养，认真读书，掌握马克思主义基本原理，加强工作的原则性、系统性、预见性和创造性。要有务实作风，肯于吃苦，舍得下功夫做周密细致的调查研究，占有丰富的实际材料。要有科学方法，善于在唯物辩证法指导下，去粗取精、去伪存真、由此及彼、由表及里，把握事物的内在联系及其本质。总之，各级领导干部既要学习理论，又要重视实践，善于将理论与实践相结合，努力提高实事求是的水平。

《在八届全国人大四次会议天津代表团会议上的发言》

（1996年3月9日）

坚持实事求是并不容易，这里有认识问题、作风问题、水平问题，还有一个勇气问题。

小平同志非常重视实事求是。在视察南方的谈话中，他意味深长地说："实事求是是马克思主义的精髓。要提倡这个，不要提倡本本。"① "我读的书并不多，就是一条，相信毛主席讲的实事求是。过去我们打仗靠这个，现在搞建设、搞改革也靠这个。"② 作为党的思想路线，实事求是的重要意义已经为全党所一致公认。但是，现实表明，要真正自觉地把它贯穿于各项工作之中并坚持下去，并不容易。我认为，这里有认识问题、作风问题、水平问题，还有一个勇气问题。所谓认识问题，就是懂不懂实事求是作为党的思想路线在理论和实践、历史和现实中所具有的深刻含义，不是把它停留在一般性口号上，而是解决所有矛盾与问题时真正把它摆在第一重要的位置。所谓作风问题，就是肯不肯抛弃官僚主义、形式主义和浮躁心态，塌下心来、扑下身子，深入到群众和实际工作中去作艰苦细致的调查研究，透过纷繁复杂的现象探求事物的本质。所谓水平问题，就是会不会在理

①② 《邓小平文选》，1版，第3卷，382页，北京，人民出版社，1993。

论指导下将从实践中得来的丰富的感性材料进行去粗取精、去伪存真、由此及彼、由表及里的抽象、概括、加工，并上升为理论。而所谓勇气问题，就是敢不敢面对现实、反映现实，做到一切从实际出发，根据事情的本来面目说话、办事。我们都承认客观事实是第一性的，但是在处理问题时，在事实同文件、同讲话、同理论发生矛盾的情况下，我们常常不是去修改文件、修改讲话、修正理论使之符合事实，而是去“修改”事实使之符合文件、符合讲话、符合理论。之所以发生这种削足适履的事，很重要的一个原因就是缺乏实事求是的勇气。所以，勇气问题，既是一个解放思想问题，也是一个品质问题；既是一个理论问题，也是一个政治问题，我们必须予以重视并切实解决。

《听取陕西省委、省政府工作汇报时的讲话》（1999 年 9 月 9 日）

讲真话报实情，既是做人干事的基本原则，也是党性修养的起码要求。

从总体上说，我们党的领导干部队伍是好的，是得到人民群众拥护的。如果不这样看，就无法解释改革开放 20 年来取得的巨大成就，群众也会丧失克服困难、继续前进的信心。与此同时，也必须清醒地看到，我们的干部在思想、作风等方面确实存在一些问题，有的问题还相当严重。比如说，有的忽视理论的系统学习，不善于运用理论指导实践。改革开放以来，各级干部的科学文化水平有了很大提高，绝大多数干部都有文凭、有知识，但有的领导干部社会科学知识比较欠缺，有的甚至对社会科学常识、对马克思主义的一些基本常识都不了解。有的干部官僚主义严重，无视群众疾苦，有的甚至以权谋私，腐化堕落。特别值得警惕的是，现在虚假浮夸风盛行，假情况、假数据、假政绩十分严重。假商品可恶，假情况可怕，假情况可以误国。1958 年“大跃进”把我们折腾成那个样子，一个重要原因就是浮夸，就是弄虚作假。现在有些地方可以说是假话成套、假情成灾、假象成堆。去年长江洪水中溃垸的湖北簰洲湾，发救灾款物时人口数比登名造册的多了 7 000 多。当地领导以为是风气不正，是虚报冒领，一查全部都有名有姓有人。这个情况足以反映人口数字中的水分。类似的事例还可以举出不少。我们是唯物论者，我们坚持实事求是的思想路线，讲真话报实情，既是做人干事的基本原则，也是党性修养的起码要求。我们常讲集中起来、坚持下去，如果集中起来的是假情况，那么坚持下去的东西也必然是错误的。比如打仗，如果不能把敌我双方的情况弄全、弄准，做到知彼知己，就会进退失据，就会打败仗，乃至全军覆灭。弄虚作假与实事求是是水火不容的，它污染了社会风气，败坏了党的形象，损害了我们的事业，已经引起广大干部群众的强烈不满。

《听取河北省委、省政府工作汇报时的讲话》(1999 年 4 月 16 日)

一个国家、一个民族要想跟上时代，有所作为，就必须不断解放思想，勇于善于创新。

改革，顾名思义就是改变某些传统观念和做法，革除某些弊端和陋习。因此必须在理论和实践上破除迷信、解放思想。历史事实证明，一个国家、一个民族要想跟上时代，有所作为，就必须不断解放思想，勇于善于创新。一个国家、一个民族如果思想僵化，迷信盛行，一切从本本出发，凡是“老祖宗”说过的都不能变，凡是“老祖宗”没说的都不能做，那么就一定没有生气，就一定停滞不前，就一定没落乃至衰亡。

《会见意大利总统斯卡尔法罗时的谈话》（1998 年 5 月 18 日）

客观世界的运动永无休止，解放思想也永无止境。

一个政党、一个国家、一个民族要适应复杂的客观世界，跟上时代的步伐，就必须坚持解放思想。如果一切从本本出发，思想僵化，迷信盛行，不敢冲破传统习惯和教条主义的桎梏，不能冲破思维定势和主观偏见的束缚，那么就无法前进，甚至走向衰亡。世界上不存在任何永恒不变的事物，解放思想也不能一劳永逸。客观世界的运动永无休止，解放思想也永无止境。一个时期对发展起积极作用而被肯定的东西，在另一个时期就可能成为制约发展而被否定的东西。我们要敢于自以为非，善于超越自我。中国古代思想家强调“自知者明，自胜者强”，讲的就是这个道理。

《会见委内瑞拉总统查韦斯时的谈话》（2000 年 5 月 15 日）

在研究问题时，要把思想放开，不要被框子束缚住。

要解决一个最基本的观念，即什么是第一位的，究竟是实践第一，还是认识第一。这个观念不解决很多问题看不出来，即使看到了也解决不好。我们脑子里往往有一堆框子，文件熟，各种规定背得清楚，下去一听人家说，脑子里就有个很现成的文件顶着，而且一碰到文件就不敢动了。规章制度究竟来源于哪里？究竟为什么要订规章制度？方针政策的来龙去脉是什么？这些问题得本着尊重实践、尊重群众去考虑。至于要改哪些条文，这有个权限问题。但在研究问题时，则要把思想放开，不要被框子束缚住，要从实际出发，实事求是地对待下边的问题。我们上层机关的问题确实很多，一个很大的问题，就是人家还没说，我们的文件就出来了，人家再说就不行了。

《听取关于服务队工作汇报时的讲话》（1986年8月8日）

只有学习马克思主义、学习辩证法，才能脑子灵、办法多，才能客观、全面、发展地看问题，才能富有创造性。

事物都有两面，有上就有下，有生就有死，有阴就有阳，有好就有坏。这就是矛盾的普遍性。我们看问题，就要从对立统一、联系发展中把握总体、抓住本质、促进转化。天津的“三大山”钢渣、粉煤灰、碱渣，是长期积累下来的，污染环境，影响市容，被称为“三害”。多年来，人们强烈要求根除“三害”。因为“三害”数量大，每个“山”占地都有几百亩，且随着钢厂、电厂、碱厂的生产，“山”不断增大。天津海拔低、地基软，一般修路都要用石渣做垫层，而石渣都要从外地买进来，成本很高。后来我们经过研究试验，把钢渣和粉煤灰按比例混合起来，再加上一些其他材料，做成新的路基材料代替石渣，其效果比石渣还好。这样一来，废料变成了原料，包袱变成了财富。任何事物都有多重的性质，多方面的功能。比如一个扁担，它就是个工具。可是拿它与坏人斗争就变成了武器，用来抢劫就是凶器。我们看问题不能就事论事，孤立片面。要多方、多角度、联系和综合起来看。天津地势低洼、平面地形，许多人建议造几个人工山，像北京颐和园那样，以改变地貌，可是在天津找不到土源。垃圾是城市的一大难题，我们把垃圾经过处理后堆山，既解决了堆山的土源问题，又解决了垃圾出路问题。

由于质的多样性，我们办事情总是要力争更多的效果。比如，政府每年为群众办若干件实事并提前公布，这是由天津兴起的，效果一直很好。有的城市效果就不理想。原因就是天津在选定实事时有个“五线交一法”，即社会急需、多数人受益、具有两个文明意义、远近结合和力所能及。具备这五个条件的事，效果一定会好。外环线建设就是一个典型例证。按规划天津市区面积是 330 平方公里，外环线是市区的边缘线，它的第一功能就是解决交通问题。100 米 10 条线的道路，当时在全国也是独一无二的。第二个功能是市区控制问题。为了不突破市区面积，在外环线外侧修一条人工河，河外边建设一条 500 米宽的绿化带，市区严格控制密度，同时给予出路，出路就是建立滨海地区。第三，解决防洪排水问题。天津地处九河下梢，历史上是十年九涝，市区海拔低，平均只有 3.4 米。为了不使洪水入津，在提高并加固南北运河闸门的同时，加高了津北永定河的南堤、津南独流减河的北堤，外环线是市区的挡水堤，外环河的功能首先是防洪排水。像天津这样的大城市，没有明河单靠管道遇到大水就会出问题。再一个功能是灌溉输水。同时，用挖外环河的土加高外环线，解决了路基土源问题。外环线有多少功能？解决了多少问题？可谓一举数得。所以，我们提倡要敢想，敢想是敢干和干成的前提；当然，也要会想，会想是按照事物的规律去想，敢想不会想往往就是胡思乱想或者痴心妄想，敢想又会想才能得到奇思妙想。唯物辩证法是自然界、人类社会和思维的普遍规律，所谓会想就是按照辩证法则去想。年轻干部要重视品德修养，严于律己、忧国为民，要重视积累实践经验，还要下大力量学习社会科学知识、学习马克思主义、学习辩证法，这样才能脑子灵、办法多，才能客观、全面、发展地看问题，才能富有创造性，才能为人民办更多的实事好事。

《同青年干部座谈时的讲话》（1987 年 4 月）

我们讲解放思想，最根本的就是以生产力发展为标准，实事求是，放开手脚，大胆改革。

党的十三大提出的初级阶段理论和生产力标准，使我们对十一届三中全会以来路线的认识上升到理论高度。这既是过去九年思想解放的延伸和发展，又是今后我们进一步解放思想的起点。我们讲解放思想，最根本的就是以生产力发展为标准，实事求是，放开手脚，大胆改革。凡是有利于生产力发展和人民生活改善的，都应该承认，应该鼓励，应该坚持。既不能把那些束缚生产力发展，并不具有社会主义本质属性的东西，或者只适合于某种特殊历史条件下的东西，当成社会主义原则加以固守，也不能把那些有利于生产力发展的东西，随着社会化大生产和商品经济发展而必然出现的经济现象，当成资本主义倾向加以反对。只有真正确立了生产力标准，才能同人民群众的思想和实践合拍，跟上改革的社会潮流。

《坚持党的基本路线　把天津社会主义现代化建设推向新阶段——在中国共产党天津市第五次代表大会上的报告》(1988 年 4 月 22 日)

对邓小平同志南方谈话要认真刻苦地学习，全面准确地领会，真心实意地贯彻。

用邓小平同志倡导的建设有中国特色的社会主义的理论和路线统一思想，是我在今年 1 月全国宣传部长会议讲话中论述的主要内容。我认为这是一个关系到党和国家前途命运的问题，也是宣传思想战线必须下大力量研究和贯彻的问题。共产党夺取政权后，究竟怎样才能巩固和发展社会主义，这是国际共产主义运动长期研究、探索的重大问题。许多社会主义国家都没有解决好，结果共产党丢了政权，国家变了颜色。我们党执政后，在探索这个问题上下了不少的功夫，取得了不小的成绩，但也遇到了不少的挫折，付出了很大的代价，包括“文化大革命”那样沉重的代价。只是从党的十一届三中全会以来，我们才逐步找到了一条正确的道路，这就是邓小平同志倡导的建设有中国特色的社会主义的理论和路线。正是在这套理论和路线的指引下，我们这个有 11 亿多人口的东方大国，在经济、政治、文化和社会等各个方面，才发生了历史性的变化。国民经济大幅度增长，综合国力进一步增强，人民生活水平明显提高，人们精神面貌大为改观。社会主义制度的优越性进一步发挥，马克思主义理论充满着勃勃生机。我曾说，这套理论和路线是在“文化大革命”结束不久时酝酿和提出的，在贯彻执行的10多年中也并非一帆风顺。这话的意思是，这套理论和路线提出和开始执行时的基础和条件并不太好，在贯彻执行中还遇到了一些阻力和干扰。尽管如此，我们仍然取得了这样巨大的成绩。如果在现有的基础上，继续按照这套理论和路线干下去，并在实践中排除干扰，不断丰富、完善、发展，那么我们的国家能不繁荣和兴旺吗？我们的社会主义能不巩固和发展吗？这套理论和路线是国际共产主义运动的正确总结，是马列主义、毛泽东思想在新的历史条件下的运用和发展，是中国人民创造历史的伟大成果，是中国共产党人特别是邓小平同志等老一辈无产阶级革命家集体智慧的结晶。实践证明，在当今中国只有这套理论和路线，才能顶住风浪，巩固政权，发展自己。因此，对这套理论和路线，我们必须百倍地珍惜，扭住不放地坚持。邓小平同志年初的南方谈话，坚持、丰富和发展了这套理论和路线，回答了当前国际、国内许多重大的根本的问题，既有深刻重大的理论意义，又有鲜明的现实针对性，在国内外产生了强烈的反响。我们要认真刻苦地学习，全面准确地领会，真心实意地贯彻。对这篇谈话，任何三心二意或含含糊糊，动摇或背离，都会给我们的事业带来灾难性的后果。当前，学习好、宣传好、贯彻好这个谈话，是全党的大事，也是宣传战线的大事，理所当然也是企业思想政治工作的大事。

《同中国职工思想政治工作研究会负责人的谈话》（1992年5月21日）

随着时间的推移、历史的发展，邓小平同志南方谈话将越来越显示其重大意义。

去年1月25日，我在全国宣传部长会议上讲了一番话，中心内容是用邓小平同志建设有中国特色的社会主义的理论和路线统一全党的思想。其中最核心的一段讲到：共产党夺取政权后，究竟怎样才能巩固和发展社会主义制度，这是国际共产主义运动长期研究、探索的重大问题。我们党执政后，在这个问题上下了很大力量，并取得了显著的成绩，但也遭受了不少挫折，付出了巨大代价。成功与失败，胜利与挫折，深刻地教育了我们，使我们终于找到了一条符合国情的正确道路，这就是十一届三中全会以来邓小平同志倡导的建设有中国特色社会主义的理论和路线。当时社会上对如何看待改革开放不是没有争议的，人们对一些重大问题短期内能不能解决，也是有些担心的。邓小平同志南方谈话，如同春雷响彻大地。从中央 2 号文件下发到现在仅有 10 个多月时间，中国发生了多么大的变化！人们的思想认识发生了多么大的变化！整个社会的气氛发生了多么大的变化！这是非常了不起的变化。邓小平同志的南方谈话下发至今，我们所取得的成绩可以讲出很多很多，如产值增加多少，外贸出口增加多少，经济收入增加多少。但我认为最大的成绩，是人们对建设有中国特色社会主义理论的认识空前统一。可以断定，随着时间的推移、历史的发展，邓小平同志南方谈话将越来越显示其重大意义，产生长远而深刻的影响。

《听取深圳市委、市政府工作汇报时的讲话》（1993 年 1 月 27 日）

85. 准确地了解世界，正确地估量自己。

随着人类社会的发展，任何一个国家都不可能孤立地存在，都与其他国家相互联系、相互影响。每个国家的经济社会在一定的时间都处在一定的发展阶段和水平上。只有准确地了解世界，正确地估量自己，才能跟上时代前进的步伐。江泽民同志指出："十五世纪以后中国的落后，很重要的一个原因就是中国的封建统治者闭关自守、夜郎自大，对世界科学技术的发展不甚了了，使中华民族痛失历史性发展机遇"，"大大落后于西方国家，直至在西方列强的坚船利炮面前屡屡失败"①。改革开放以来，我们党认真总结历史经验，冷静观察世界变化，对自己的国情作出了正确的判断。在世界各国中，我国属于发展中国家；在社会制度、社会模式中，我们是建设有中国特色的社会主义；在社会主义发展的长过程中，我们处在初级阶段。由此出发，我们确定了"一个中心、两个基本点"的基本路线，制定了建设有中国特色社会主义的经济、政治、文化的基本纲领，以及一系列符合实际的方针政策，从而使我国在风云变幻的国际形势中站稳了脚跟，

① 《江泽民文选》，第3卷，127页，北京，人民出版社，2006。

取得了举世公认的成就，从胜利走向新的胜利。

《在中国人民政治协商会议第九届全国委员会第四次会议闭幕会上的讲话》(2001年3月12日)

认清自己在当今世界所处的位置，坚定信心，居安思危，埋头实干，把我们自己的事情做好。

放眼世界，我们既面临难得的机遇，也面临严峻的挑战。必须清醒看到，我国还处于社会主义初级阶段，底子薄、起点低、经济体制尚未完全理顺，我们发展别人也在发展；在经济全球化的进程中，我们面对着发达国家的经济优势和不平等竞争，不可避免要受到包括国际经济风险在内的诸多压力；我国科学技术的总体水平还比较低，与西方国家科技发展的差距还有拉大的可能，在高技术领域存在着受制于人的危险；我们承受着人口膨胀、资源短缺、环境恶化的沉重压力，担负着满足人民不断增长的物质和文化需求的繁重任务，在前进的道路上还有许多尚待研究、解决的难题。我们必须认清自己在当今世界所处的位置，坚定信心，居安思危，埋头实干，把我们自己的事情做好。

《在中国人民政治协商会议第九届全国委员会第一次会议闭幕会上的讲话》(1998年3月14日)

要承认落后，承认落后才能改变落后；要学习先进，学习先进才能赶超先进；要加快发展，加快发展才能赢得人心。

比较是认识自己、了解别人的重要方法。毛泽东同志说："有比较才能鉴别。"① 有比较才能知长短、见优劣、辨方向。比较，不仅要纵比，而且要横比；不仅要经常比、反复比，而且要多方面比、多角度比。20多年来，我国经济增长速度一直名列世界前茅，目前国内生产总值居世界第7位；钢铁、煤炭、水泥、化肥、电视机、谷物、棉花、肉类、水产品等主要工农业产品产量居世界第1位；进出口总额和外汇储备分别由1978年的第23位和第39位跃居世界第8位和第2位；科学技术取得巨大进步，有些领域处于世界领先地位。这些成绩是亿万中国人民汗水和智慧的结晶，值得我们自豪。但也必须看到，由于人口多、底子薄，我国许多指标仍相当落后，目前人均国内生产总值居世界100多位；耕地、森林、淡水、石油和一些重要矿产资源的人均占有量大大低于世界平均水平。环顾世界，中华民族面临难得的有利形势和机遇，也面对巨大的压力和挑战。邓小平同志强调指出，拿国际水平的尺度来衡量一下，中国是一个落后国家，即使赶上中等发达国家的水平，从20世纪末算起也还需要50年左右的时间。要承认落后，承认落后才能改变落后；要学习先进，学习先进才能赶超先进；要加快发展，加快发展才能赢得人心。目前，国际社会对中国发展的状况有各种议论，有人认为中国前景不妙；有人认为21

① 《毛泽东文集》，第7卷，280页，北京，人民出版社，1999。

世纪将是中国的世纪。不管别人出于什么意图，对我国进行何种估计，我们自己必须保持清醒的头脑：决不能因为别人的低估就妄自菲薄，悲观失望；也不能因为别人的高估就妄自尊大，忘乎所以。

《在中国人民政治协商会议第九届全国委员会第四次会议闭幕会上的讲话》（2001 年 3 月 12 日）

我们乐意听到别人对自己成就的赞扬，但对自己面对的客观现实也有清醒的认识。

改革开放以来，中国取得了巨大成就，人民生活水平有了显著提高，但也存在不少困难和问题，由于人口多、底子薄，中国要赶上发达国家发展水平还需要长期艰苦奋斗。我们乐意听到别人对自己成就的赞扬，但对自己面对的客观现实也有清醒的认识。

《会见罗马尼亚众议长迪亚科内斯库一行时的谈话》（1999 年 7 月 13 日）

对中国发展的水平估计过高、难度估计过低，是不正确的。

对中国的发展状况，我们是非常清醒的。中国的发展确实成绩显著，但水平并不高。中国有 12 亿多人口，人均国民生产总值不仅比不上发达国家，就是同不少发展中国家相比也有很大差距。中国的医疗、保健、住房、教育、文化和娱乐在消费结构中所占比重偏低，交通、通讯所占比重甚至低于许多低收入国家。中国的发展确实比较顺利，但还面临不少问题。农业基础不够稳固，劳动生产率较低；整体经济素质不高，经济结构调整任务繁重；部分国有企业经营困难，经济效益较差；每年新增人口1 000多万，社会就业压力不断加大；地区发展不平衡，尚有几千万人处于贫困状态。中国的发展目标确实宏伟，但实现起来很不容易。中国发展的起点很低，人口多，底子薄，资源相对贫乏，在国际竞争中缺乏优势，要基本实现现代化，赶上中等发达国家的水平，使全国人民都过上比较富裕的生活，还需要走一段漫长的路，需要经过几十年甚至更长时间的艰苦努力。因此，对中国发展的水平估计过高、难度估计过低，是不正确的。发展是中国人民的长期任务，只要不发生大规模的外敌入侵，我们就将死死扭住发展这个主题不放。

《发展是中国人民的长期任务——在韩国经济四团体午餐会上的讲演》(1999年5月12日)

中国要赶上发达国家的水平任重道远。

这些年来，我们坚持走建设有中国特色社会主义道路，经济持续发展，人民生活明显改善，各项事业都取得长足进步。对此，中国人民感到满意和高兴，国际社会也普遍给予高度评价。我们认为，对成就必须充分肯定，只有这样，才能统一人民的思想，坚定人民对自己所选择道路的信心，调动人民建设自己国家的积极性。历史经验证明，在取得重大成就和发展比较顺利的时候，尤其要保持清醒头脑，看到在前进道路上存在的矛盾和问题。目前我国生产力不发达的状况还没有根本改变，社会主义市场经济体制还不够成熟，社会主义民主法制还不够健全，同发达国家在经济发展和科技水平上还存在较大的差距。我们认为，对矛盾和困难必须有充分的认识，必须如实地向群众讲清楚，只有这样，才能使人民对国家现代化建设的总体形势有一个比较全面的了解，做好长期艰苦奋斗、战胜各种艰难困苦的思想准备。中国要赶上发达国家的水平任重道远。我们要汲取历史和现实的经验教训，居安思危，谦虚谨慎，埋头苦干。只有这样，才能引导中国这艘载有 12 亿人口的大船绕过暗礁，战胜风浪，从胜利驶向新的更大胜利。

《会见新西兰总督博伊斯时的谈话》(1997 年 12 月 12 日)

地球越来越小，发展越来越快，慢走一步，差之千里；耽误一时，落后多年。

当今世界正发生着人类有史以来最为迅速、广泛、深刻的变化。以信息技术为代表的科技革命突飞猛进，知识与技术更新周期大大缩短，科技成果以前所未有的规模与速度向现实生产力转化。经济全球化趋势加快，世界市场对各国经济的影响更加显著，国际竞争与合作进一步加深。思想观念不断更新，各种文化交流日益扩大，开放意识、竞争意识和效率意识明显增强。可以说，地球越来越小，发展越来越快，慢走一步，差之千里；耽误一时，落后多年。从当前世界发展的大局大势来审视我们自己，中国同过去比确有很大进步，但与发达国家比还有较大的差距，要赶上发达国家，任务十分艰巨。特别是，我们发展别人也在发展，而且是在更高的起点上发展。我们再不能丢失时间，时间对我们实在太紧迫了！

《在中国人民政治协商会议第九届全国委员会第三次会议闭幕会上的讲话》（2000年3月11日）

任何个人、任何政党、任何国家，要想赢得主动、有所作为，都必须放眼世界、放眼未来，都必须提倡思考、提倡探索，做到与时俱进。

当今时代，科学技术发展迅猛，各个国家联系紧密，新情况、新事物层出不穷，各种问题错综复杂，所有这些都动摇着一些固有的信条，挑战着许多权威的理论，冲击着不少既定的政策。任何个人、任何政党、任何国家，要想赢得主动、有所作为，都必须放眼世界、放眼未来，都必须提倡思考、提倡探索，做到与时俱进。要具体地思考、深入地思考、连贯系统地思考，思考现在、过去和未来，思考自己、他人和整个世界，思考实践、理论和理论与实践相结合。当前，许多政治家、学者都在积极进行思考和探索。这些思考和探索尽管背景、依据不同，出发点、目的不同，得出的结论也不一定正确，但这种思考和探索精神值得提倡。历史证明，人类社会一切伟大的成果都是经过反复思考、探索、实践而完成的。

《会见乌克兰总统库奇马时的谈话》（2002年5月23日）

任何国家和民族都必须面向世界、研究世界、融入世界，都必须面向未来、研究未来、筹划未来。

当今世界相互联系日益紧密。经济全球化加速发展，各国经济彼此依赖的程度越来越高；国际分工进一步深化，国际协作范围不断扩大；生产要素跨地域配置空前广泛，全球性的市场迅速形成；人类的共同利益逐渐增加，需要各国相互协调、共同解决的问题也越来越多。人类文明发展到今天，地球变得越来越小，整个世界都纳入到一个交织联结的网络之中，所有的国家、所有的民族都难以置身其外。当今世界发展变化越来越快。知识与技术的更新周期大大缩短，科技成果以前所未有的规模和速度向现实生产力转化；信息技术极大地突破了人类活动的时空局限，为世界的联系和交往提供了便捷的手段；各种竞争空前激烈，“异军突起”和“昙花一现”的事例屡见不鲜；科技和经济的迅速发展深刻地改变着人们的精神世界，新的思维方式和价值观念不断形成。人类文明发展到今天，各个领域突飞猛进，“一日千里”、“瞬息万变”通常只是一种形容，如今许多已经成为现实。在这种形势下，任何闭关自守、试图封闭起来求发展，任何唯我独尊、企图称霸天下，任何固步自封、陶醉于以往成绩，任何因循守旧、拘泥于不合时宜的观念和做法，都是行不通的，都必将被时代潮流所淘汰。在这种形势下，任何国家和民族都必须面向世界、研究世界、融入世界，都必须面向未来、研究未来、筹划未来。能不能既立足本国、坚持从自己的国情出发，又具有世界眼光、加强同各国的交流与合作；能不能既保证自己的经济安全、有效抵御各种外来冲击，又趋利避害、积极参与国际分工；能不能既扎扎实实做好当前的事情、不急于求成，又高瞻远瞩、准确地把握世界的发展变化；能不能既保持优秀传统、继承和发扬前人留下的好的东西，又与时俱进、大胆地进行改革和创新……这是所有的国家、所有的民族以及所有想要有所作为的企业都必须面对的重大问题。

《在第六届世界华商大会开幕会上的致辞》(2001 年 9 月 17 日)

如果只研究中国，不研究世界，就会落后世界潮流；如果只研究世界，不研究中国，就会脱离中国国情。

如果只研究中国，不研究世界，就会落后世界潮流；如果只研究世界，不研究中国，就会脱离中国国情。要把研究中国和研究世界紧密结合起来，特别是要研究带有全局性、长远性的战略问题。

《接见中国经济社会研究会理事时的讲话》(2001 年 7 月 2 日)

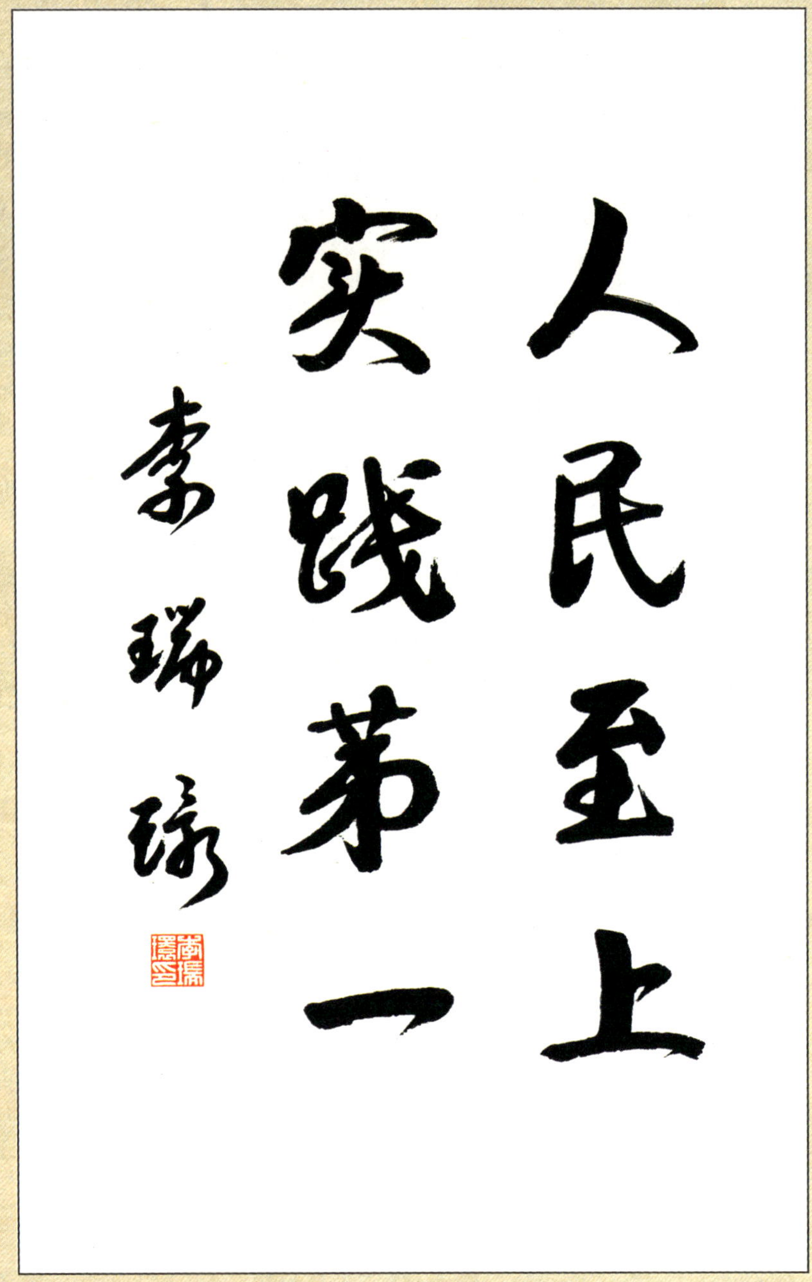

为温州市政协书画社成立题词（2005 年 6 月）

86. 在实践中找出路。

搞社会主义市场经济是一件新事，一定会遇到许多新的问题，对于这些问题，既不能回避，也不能简单从事。唯一的就是在实践中找出路，靠实践把问题找准，靠实践探索解决问题的办法，靠实践深化认识。靠实践与靠群众是一致的，从一定意义上讲，靠实践也就是靠群众，因为实践是社会实践，而群众是社会实践的主体。离开群众就无所谓社会实践；而没有实践，依靠群众也就成为空谈。靠实践并不是否定理论的作用，因为理论只有与实践相结合，并在实践中发挥作用才有意义。

《会见越共中央总书记黎可漂时的谈话》（1999 年 2 月 26 日）

要始终坚持实践第一的观点。

要始终坚持实践第一的观点。当前我们面临的许多问题，从根本上讲还是一个实践的问题。我们的干部要懂得，实践的观点是辩证唯物论的认识论之第一的和基本的观点。实践高于理论，因为它不但有普遍性的品格，而且还有直接现实性的品格。毛主席在每个重要时刻都讲实践的观点，批判先验论。知识、才能从哪里来？从实践中来。辩证唯物论认识论是反映论，实践第一，客观第一，人的认识是客观实际在头脑里的能动的反映。这就决定了我们既要认真研究上面的文件，更要下大力气到实践中去寻找办法。改革开放以来的各项重大突破和创造无一不是来自实践。决定历史进程的是千百万进行社会实践的人民群众。农村家庭联产承包责任制就是农民群众在实践中创造的。我们要尊重实践，着眼实践，大胆实践，在实践中寻找克服困难、解决困难的办法。

《听取云南省委、省政府工作汇报时的讲话》（1999 年 3 月 28 日）

注重实践是马克思主义理论的显著特征，是我们党思想路线的重要内容。

注重实践是马克思主义理论的显著特征，是我们党思想路线的重要内容。实践是认识的源泉，是检验认识的标准，也是认识发展的动力和最终目的。中国革命和建设的历史反复证明，当我们遇到困难、遭受挫折、面临重大问题需要解决的时候，使我们走出困境、赢得胜利的始终是脚踏实地的实践。江山是打出来的，成就是干出来的。大家回想一下，在民主革命时期，中国革命曾经在错误路线的影响下几乎陷入绝境，正是以毛泽东同志为代表的中国共产党人，打破教条主义的束缚，坚持在实践中探索，走以农村包围城市的正确道路，才引导中国革命取得了胜利。在“文化大革命”后期，中国的国民经济曾滑到崩溃的边缘，正是以邓小平同志为代表的中国共产党人，在历史转折关头重申实践是检验真理的唯一标准，积极支持、鼓励广大干部和群众大胆实践，才开创了我国社会主义现代化建设的新局面。改革开放以来，许多成功的路子和办法都是在实践中创造出来的。使我国农村面貌发生了根本变化的联产承包责任制，是农民群众的伟大创举；从建立经济特区到实行全方位开放，也是边摸索、边试验的产物。现在，我国的改革开放和现代化建设又到了一个重要阶段，面临着大量问题需要解决，比如，如何搞好国有企业，如何妥善安置就业，如何切实发展农村经济、提高农民生活水平，如何有效遏制消极腐败现象，如何正确协调错综复杂的利益关系，等等。面对这许多困惑和难题，是关在屋子里憋办法，还是到实践中找办法？是在书本里讨出路，还是到实践中找出路？正确的答案只有一个：注重实践，到实践中去。

《听取山东省委、省政府工作汇报时的讲话》（2000年9月11日）

判断一种认识是不是真理，决不能以多数或少数为依据。

实践是检验真理的唯一标准。所谓“唯一”，就是没有其他标准。从一般情况来说，社会上公认的东西，多数人同意的东西，往往是正确的；从实行民主集中制的角度讲，领导者要尊重多数人的意见，坚持少数服从多数；从真理观的角度讲，判断一种认识是不是真理，决不能以多数或少数为依据。自然科学和社会科学的发展史上常常有这种现象，真理往往是少数人发现的。因此，辨别一种理论和意见正确与否，主要的还是看实践，看实践检验的结果。

《同天津市政府研究室工作人员的谈话》（1987年5月11日）

敢于依据实践检验理论、完善理论和发展理论。

在书本与实践、文件与实践、已有的经验与实践、权威人物的意见与实践、多数人公认的东西与实践发生矛盾的时候，也可以一并说成在理论与实践、经验与实践不一致的时候，敢于做到重视实践、重视实际、重视现实、重视群众，一句话，敢于依据实践检验理论、完善理论和发展理论。这里讲的实践，从我们党领导革命和建设的路线和政策来说，只能是千百万人民群众的不断发展着的实践。一个单位、一个典型的实践经验，在它们同千百万人民群众不断发展着的实践长过程相联系，并代表其前进方向的时候，就会有重要意义和生命力；反之，就没有生命力，甚至是错误的东西。

《同出席全国马克思主义哲学研究与干部哲学教育研讨会全体代表座谈时的讲话》（1989 年 10 月 13 日）

不能脱离实践固守理论，轻视群众盲从领导，不顾基层只看上级，离开现实专讲过去。

实践的观点是马克思主义辩证唯物论的认识论之第一的和基本的观点。认识的来源是实践，认识的标准是实践，认识的动力是实践，认识的目的也是实践。只有在实践范畴的基础上，马克思主义哲学才超越了以往的全部哲学，才构成了唯物论与辩证法的统一。实践第一的观点，并不难懂。但全面、彻底地坚持实践第一的观点，不只是个理论问题，而且会碰到许多实际问题。……我们各级领导干部必须重视实践，重视群众，重视基层，重视现实，而不能脱离实践固守理论，轻视群众盲从领导，不顾基层只看上级，离开现实专讲过去。

《在天津市调查研究工作会议上的讲话》（1987 年 6 月 11 日）

没有真理标准的大讨论，人们很可能仍在“两个凡是”的死胡同里徘徊。

1978 年开展了关于实践是检验真理唯一标准的大讨论，实质上是一次全党范围的马克思主义认识论的再教育。这次大讨论是党中央发动和领导的。邓小平同志是我们党的第二代领导集体的核心。他在十一届三中全会前后发表的《“两个凡是”不符合马克思主义》、《完整地准确地理解毛泽东思想》、《解放思想，实事求是，团结一致向前看》、《坚持四项基本原则》等重要讲话，充满着唯物论和辩证法，批判了唯心论和形而上学，使全党同志受到了生动的实事求是、理论联系实际、一切从实际出发的马克思主义思想路线的教育，极大地促进了全党的团结和统一，振奋了全党的创造精神，提高了党在人民群众中的威信。没有真理标准的大讨论，没有全党对马克思主义哲学的认真学习，没有建国以来历史经验的科学总结，也就不会有拨乱反正的胜利，更不会有今天改革开放的大好局面，人们很可能仍在“两个凡是”的死胡同里徘徊。

《同出席全国马克思主义哲学研究与干部哲学教育研讨会全体代表座谈时的讲话》（1989 年 10 月 13 日）

当文件和实践不一致时，修改的应该是文件，而不应该是实践。

就一般来说，上级的文件都是实践经验的概括和总结，是正确的，我们都要认真贯彻执行；与此同时，我们必须懂得，任何实践都有一个由浅入深、由片面到更多方面的过程，都带有一定的局限性。因此，我们在贯彻执行上级文件时，既要认真贯彻文件的精神，又要把文件中不符合实际的部分及时向上级机关反映。同时还要看到，任何一个文件、政策的制定都是从全局出发的，各地区、各部门贯彻执行时，必须结合自己的实际。毛主席说过："盲目地表面上完全无异议地执行上级的指示，这不是真正在执行上级的指示，这是反对上级指示或者对上级指示怠工的最妙方法。"① 所以，当文件和实践不一致时，修改的应该是文件，而不应该是实践。有些政策在制定的时候是符合实际的，但由于实践的发展过时了，就要及时修订。有的政策从一开始就不完善，需要随着实践的发展而不断完善。有的政策在制定时由于缺乏深入的调查研究，其中有的规定不符合实际，理应重新研究。在当前改革开放的过程中，我们要牢固树立实践第一的观点，解放思想，大胆探索，勇于创新，而不要被某个文件和某个规定束缚了思想。作为一名共产党员，要敢于提出自己的见解和意见。这不是不尊重上级部门、不尊重文件；而恰恰相反，这正是坚持马克思主义认识路线，是党性强的表现。

《同天津市政府研究室工作人员的谈话》(1987 年 5 月 11 日)

① 《毛泽东选集》，2 版，第 1 卷，111 页，北京，人民出版社，1991。

在任何情况下都不能从本本出发，不能从经验出发，不能从想象出发，而要从客观存在的实际出发。

在任何情况下都不能从本本出发，不能从经验出发，不能从想象出发，而要从客观存在的实际出发。我们有些同志对上级文件往往习惯照抄照转，爱搞一刀切、一阵风和一哄而起，有时明明不符合他那里的实际情况，也机械执行，照办照搬。这就无法做到实事求是，更谈不上创造性地进行工作。陈云同志说过，不唯上，不唯书，要唯实。耀邦同志也曾讲过，中央没有想到的，地方可以想；中央没叫干的，地方看准了可以干；按照这样的精神，对于重大决策，一定要按中央指示办事，但也要结合自己的具体情况，敢想、敢干、敢变通、敢于提出自己的看法，把中央指示精神创造性地运用到自己所在的部门和地区中去。如果说，天津工作这几年有一些体会和经验的话，这是很重要的一条。

《在中共天津市委四届五次全委扩大会议上的讲话》

（1986年10月26日）

脱离实践的理论是空洞的理论，没有任何实际意义。毛主席讲过，教条主义不如屎，人屎可以喂狗，狗屎可以肥田，教条主义既不能喂狗，也不能肥田。

应当看到，党的十一届三中全会重新确立解放思想、实事求是的思想路线之后，全党对实践重要性的认识有了很大提高，这是主流，否则我们不会取得今天这样大的成绩。但也应当看到，时至今日，我们的一些同志，或由于思维习惯，或由于理论水平，或由于心有余悸，或由于利益驱动，在理论与实践的问题上，仍然存在一些模糊认识。什么叫理论？真正的理论世界上只有一种，就是从客观实际中抽出来又在客观实际中得到了证明的理论，除此之外没有任何别的东西可以称得上我们所讲的理论。实践与理论哪一个更重要？按照列宁的说法、毛泽东的说法，实践高于理论，因为实践不但有普遍性的意义，而且有直接现实性的意义。当然，这并不是说理论不重要。没有革命的理论就没有革命的运动，没有理论指导的实践是盲目的实践。理论为什么重要？理论的重要性就在于而且仅仅在于它能够指导实践。脱离实践的理论是空洞的理论，没有任何实际意义。毛主席讲过，教条主义不如屎，人屎可以喂狗，狗屎可以肥田，教条主义既不能喂狗，也不能肥田。马克思主义认为，客观世界是不断发展的，人类的实践活动是不断发展的，人们的认识、理论也应该是不断发展的。马克思主义没有穷尽真理，只是开辟了认识真理的道路。马克思主义还认为，人类的物质生产活动是最基本的实践活动，是决定其他一切活动的东西，人类对自然的认识极大地影响着对社会的认识。当今世界科技日新月异，经济快速发展，人们对自然界的认识不断深化，已远远超过了马克思、恩格斯所处的时代。马克思、恩格斯没有见过飞机，更没有见过电脑、人造卫星、互联网、生命克隆。我们不能苛求马克思、恩格斯在100多年前就对我们今天发生的事情提供现成的答案。

《听取山东省委、省政府工作汇报时的讲话》（2000年9月11日）

那种单纯的照抄照转，看起来似乎是执行得很坚决，实则是最大的怠工，必定坏事。

贯彻上级的指示要结合实际，既不能借口特殊，自行其是，干扰统一部署；也不能不顾实际情况，等因奉此，生搬硬套，只起录音机、传话筒的作用。那种单纯的照抄照转，看起来似乎是执行得很坚决，实则是最大的怠工，必定坏事。要吃透上级的精神，弄准自己的情况，研究切实的办法，创造性地进行工作。

《务实为本——八谈少讲空话，多干实事》(《天津日报》特约评论员文章，1985 年 6 月 6 日)

正确的思想、正确的方法不是在屋子里憋出来的，而是从实践中产生的。

正确的思想、正确的方法不是在屋子里憋出来的，而是从实践中产生的。文件和实践二者，实践先于文件，文件来源于实践。好的文件可以指导实践，但好的文件形成，首先要来源于实践。

《听取藏传佛教工作座谈会汇报时的谈话》(1997 年 1 月 11 日)

只有原则和理论才能揭示事物的本质，但原则、理论必须以丰富和合乎实际的材料作依据。

我们决不否定普遍性的意义，也不反对经验的重要作用。我们反对的是“唯理论”和“经验论”。我们从来认为，只有原则和理论才能揭示事物的本质，但原则、理论必须以丰富和合乎实际的材料作依据。而我们有些同志在工作中，只讲书本怎么说，不谈自己怎么看；只有原则怎么样，没有具体怎么办。人们说，“想听的他们没讲”，“所讲的都是听腻了的”，是“文人编的、报上抄的、屋里憋的、应付会的”，是名副其实的“空洞无物，言之乏味”，既没有错处，也没有用处，并讽刺说，“不是高棋，不是臭棋，而是废棋”。这些人似乎是很重视原理、原则，实则违背了“具体问题具体分析”这个最根本的原理和原则。

《要在具体——七谈少讲空话，多干实事》（《天津日报》特约评论员文章，1985年6月5日）

社会实践是不断发展的，人的认识是不断深化的，创新活动是永无止境的。

人类历史是一个不断创新的过程。人类在改造世界的实践中总会有新的认识，在新的认识指导下改造世界又总会有新的提高，总会“有所发现，有所发明，有所创造，有所前进”①。社会实践是不断发展的，人的认识是不断深化的，创新活动是永无止境的。创新是一个相对的概念。创新既有质的飞跃，也有量的变化；既有大的突破，也有小的改进；既有内容的更新，也有形式的改变。创新是继承与发展的辩证统一。创新作为对已有成果的丰富、扩展或扬弃，离不开对前人成就的扎实研究和深刻了解，离不开一点一滴的积累和长期不懈的努力，离不开坚韧不拔的意志和百折不挠的精神。

《在中国人民政治协商会议第九届全国委员会第五次会议闭幕会上的讲话》（2002年3月13日）

要与时俱进而不能僵化保守。

人类认识的特点是连续性。前人的成就是后人前进的基础。总结经验是为了探求规律、发现真理。什么是真理？真理是客观规律在人们头脑里的正确反映。因为它是客观规律的反映，凡真理都具有客观的绝对的意义。因为事物的复杂性、认识的局限性，凡真理又都具有相对的意义。真理都是绝对和相对的统一。基于这一原理，我们应当不断解放思想、大胆创新，特别注意发现新生事物，要与时俱进而不能僵化保守。基于这一原理，我们必须重视前人的成果，在前人认识的基础上前进。牛顿是在伽利略、开普勒等人的基础上发现了万有引力定律的，爱因斯坦是在洛伦兹等人的基础上提出了相对论的。马克思主义理论的三个组

① 《毛泽东文集》，第8卷，325页，北京，人民出版社，1999。

成部分都有其来源，其实作为马克思主义来源的德国古典哲学、英国古典政治经济学和法国空想社会主义，也都有自己的来源。我们总结经验，不能离开已有的基本原理、基本原则，而是要在这些原理、原则指导下，对现实材料进行加工制作。实践证明：总结经验必须认真读书，掌握原理，理性的东西懂得越多，发现真理的可能性就越大。

《在全国地方政协工作经验座谈会结束时的讲话》（2001年12月6日）

突破陈规旧习，做到与时俱进。

只要我们不断增强创新意识，敢于突破陈规旧习，做到与时俱进；只要我们时刻牢记人民群众是创造历史的动力，尊重人民群众的首创精神，经常从人民群众中汲取智慧和力量；只要我们切实遵循实践第一的观点，边实践边总结，用经验推动工作；只要我们始终注意把优良传统与时代特点结合起来，在继承中发展，在开拓中前进，人民政协的事业就一定能够充满生机与活力，就一定能够不断开创新的局面。

《在中国人民政治协商会议第九届全国委员会第五次会议闭幕会上的讲话》（2002年3月13日）

87. 只能站在正确的立场上反对错误的东西，而不能以“左”反右，或以右反“左”。

春节前审看中央电视台的除夕晚会节目，意见最多的是对几个小品，而后来证明恰恰是这几个小品最受群众欢迎。长期紧张不是好现象，要松弛开来。紧张的稳定是虚假的稳定。我经常引用古人的话，“天下顺治在民富，天下和静在民乐”，为政之道在于顺民心、厚民生、安民而不扰民。宣传思想战线要准确地宣传中央的精神，既要坚定地坚持四项基本原则、反对资产阶级自由化，又要继续创造和保持民主、和谐的政治气氛。反对资产阶级自由化的教育和斗争，要按照中央的部署坚定不移、坚持不懈地抓下去，但不能什么问题都简单地往资产阶级自由化里塞。一些地方把计划生育搞不好、干部占地建私房等问题，统统说成是资产阶级自由化，这就不妥。我们要坚持用党中央正确的方针政策去批评和克服资产阶级自由化泛滥的问题。只能站在正确的立场上反对错误的东西，而不能以“左”反右，或以右反“左”。宣传思想战线的工作意义重大，如果在这些基本的问题上把握不好，就会导致出现新的不安定因素。只要不违反四项基本原则，不宣传资产阶级腐朽思想和封建迷信，不搞“黄色”的东西，就可以允许它存在。我们的宣传工作和文艺工作，要努力搞得更活泼、更轻松一些。

《在广东省新闻宣传战线负责人座谈会上的谈话》
（1990 年 1 月 31 日）

要克服忽“左”忽右的毛病，就必须认真地学习马克思主义理论，掌握唯物论、辩证法。

当前，我们面临的国内外形势非常复杂，任务非常繁重。如果没有马克思主义的基本理论作指导，就不能实事求是地分析矛盾，解决问题，克服困难，就无法前进。抗日战争开始不久，毛泽东同志说过，“如果我们党有一百个至二百个系统地而不是零碎地、实际地而不是空洞地学会了马克思列宁主义的同志，就会大大地提高我们党的战斗力量，并加速我们战胜日本帝国主义的工作”①。现在搞社会主义现代化建设，如果我们不能形成一支“系统地而不是零碎地、实际地而不是空洞地”掌握马克思主义的队伍，我们就不能完成历史赋予我们的任务。在我们党的历史上，反倾向斗争，常常是在纠“左”时，容易往右偏；反右时，又容易往“左”偏。而要克服忽“左”忽右的毛病，就必须认真地学习马克思主义理论，掌握唯物论、辩证法。近几年，我们提拔了一批中青年干部、专业干部到领导岗位，对于充实各级领导班子、促进改革开放和经济建设起了很好的作用。但是必须承认，我们有一部分干部，包括中高级干部对于马克思主义的基本

① 《毛泽东选集》，2 版，第 2 卷，533 页，北京，人民出版社，1991。

理论，对于社会科学和政治方面的知识知之不多，基础较差。如在刚才的发言中讲到的，有的人连马克思主义的基本常识都不知道。因此，如何通过马克思主义理论教育，使党的干部特别是中高级干部，既具有较深的专业知识，又具有较高的马克思主义素养，这是一个非常艰巨而又必须完成的任务。否则，我们讲忠于马克思主义、坚持马克思主义就是空话。

《在全国党校校长会议上的讲话》(1990 年 6 月 12 日)

为什么有些改革阻力重重，步履维艰，一个重要的原因是“左”的声音和议论还束缚着一些人的手脚。

对于我们这几年所走过的道路，存在着不同的意见和不同的主张，在认识上并不是完全一致的。大家可以回顾一下，这些年，每当中央提出一项重大决策时，总有那么一点点声音，说什么“离开了老‘本本’，背离了‘老祖宗’”；每当改革开放出现一些暂时的、局部的问题时，总有那么一些议论，说什么“越改越后退，越放越没边”；有的甚至对我国的社会主义性质产生怀疑。当然，这种声音不能说很大，也没有形成气候。但不容忽视的是，在一定的时间、一定的局部，这些东西也造成了一定的消极影响。为什么有些改革阻力重重，步履维艰；为什么改革中的一些成功经验和巨大成果，经常遭到非议；为什么时至今日，对党的现行政策不少干部群众仍然怕变，其中一个很重要的原因，就是这种“左”的声音和议论还束缚着一些人的手脚，还障碍着宽松和谐环境的形成，还在给一些人造成心理上的压力。同时，也有些同志看到马克思主义某些词句和结论，不再适合今天的情况，就对马克思主义的指导作用产生了怀疑。对于这些重大原则问题，有必要加以澄清。

《在中共天津市委四届五次全委扩大会议上的讲话》（1986年10月26日）

如果要求在改革中一点差错也不出，那是一种唯心论的先验论；如果说改革中的一切挫折和失误都是不可避免的，那就陷入神秘主义的不可知论。

改革是前无古人的事业，没有现成的经验和模式可以借鉴；改革是一个探索的过程，人们的认识只能随着实践的发展而逐步深化。从这个意义上讲，在改革中出现某些失误是难以完全避免的。但是，如同任何其他事物一样，改革有其客观规律性，这种规律性是可以被认识和被掌握的。如果要求在改革中一点差错也不出，那是一种唯心论的先验论；如果说改革中的一切挫折和失误都是不可避免的，那就陷入神秘主义的不可知论，改革前途也就成了不可预测的，理论和领导也就失去了意义。

《同天津市部分宣传干部座谈时的谈话》（1989年2月18日）

要注意防止以“左”批右。

要注意防止以“左”批右。当前主要纠正的是政治思想领域里右的倾向，但也要注意“左”的东西。我们党历来主张有

"左"反"左"、有右反右。我们只能站在正确的立场上反对资产阶级自由化。纠正政治思想领域的"左"倾错误，必须以党的十一届三中全会以来的路线、方针、政策为准绳。要看到我们党内确实有搞自由化的人，他们是从右的方面干扰和反对改革开放的。同时在我们党内也确有一些思想僵化的人，这几年拨乱反正，他们头脑中"左"的东西没有受到触动，没有多少转变，与改革开放格格不入，或者本来就是反对改革开放的。在批判资产阶级自由化的时候，要防止回到"左"的老路上去。

《在天津市区县局领导干部会议上的讲话》(1987年1月27日)

以僵化反对自由化，最终会导致僵化，回到"左"的老路上去。

反对资产阶级自由化斗争的复杂性、艰巨性和长期性，决定了我们既要态度坚决，旗帜鲜明，又要方法得当，政策正确，从一开始就要有清醒的严格的政策思想。我们只能站在四项基本原则的立场上反对资产阶级自由化，而决不能以僵化的观点反对自由化。以僵化反对自由化，最终会导致僵化，回到"左"的老路上去。在我们党内还有一种长着"运动细胞"的人，习惯于整人、起哄，搞"左"的那一套。我认为进行这场斗争的最终目的，是使人们清醒一下，提高一步，团结起来，而不是整人。整人是我们的一大教训，应当警惕起哄的人帮倒忙。因此，在强调反对资产阶级自由化的时候，一定要注意防止可能出现以"左"反右，以僵化反自由化的情况。

《同天津思想文化工作者座谈时的讲话》(1988年2月)

我们批判资产阶级自由化，也反对僵化。

中国改革开放的方针不会变。改革开放是历史的必然，是不以人的意志为转移的大趋势。不改革开放中国就没有希望，人民也不会答应。我们批判资产阶级自由化，也反对僵化。

《会见香港〈大公报〉、〈文汇报〉负责人访京团时的谈话》（1989年9月19日）

基本理论的学习和宣传，不能像坐跷跷板一样。

坚持改革开放和坚持四项基本原则是一致的。因为我们是在四项基本原则指导下进行改革开放的。怎么能说改革开放以后就一定自由化呢？这几年基本理论的学习和宣传应该说差得太多，仅仅在政策上解释来解释去，老是解释不到根上去，就好像坐跷跷板一样，这边强调多了，那边就强调少了。一讲正统理论，某些自称搞改革开放的人就说是教条主义；一讲改革开放，又有某些人说是自由化。

《会见中华教育艺术研究会刘吉、曲啸、李燕杰、李永田四同志时的谈话》（1989年10月14日）

不要随便划分“左”右。

我向来不赞成随便划分“左”右的做法。大的政治路线上有

“左”右之分，一般的是非问题不能说“左”和右，是什么就是什么，何况现在许多问题到底怎么看还在实践、研究过程中，不能用一些人头脑中“左”右两个框框随便去套。

《同部分政协委员就经济问题座谈时的谈话》(1998 年 7 月 9 日)

不能因为某人垮台了，他说过的话就都不能说了。

我们在批判过去的错误中也有一点毛病，常常是从这一个极端跑向另一个极端。比如说因人废言的问题，因为某人垮台了，他说过的话就都不能说了。垮了那么多人，他们说了那么多话，如果他们说过的话都不能说了，我们该怎么说话呢？可不可以这样说，我们过去在批判、纠正错误的过程中，同时也犯了一些错误。

《在〈人民日报〉国内记者工作会议上的谈话》(1990 年 4 月 28 日)

不管什么人，以什么样的借口给“文化大革命”翻案，都是不得人心的。

有些人对彻底否定“文化大革命”一直未通，老想给“文化大革命”说点好话。对于“文化大革命”问题，党的中央全会已经作了正式决议，谁也不能再翻这个案。我讲一句难听的话，不管什么人，以什么样的借口给“文化大革命”翻案，都是不得人心的，都是不会有好下场的。

《在天津市领导干部座谈会上的谈话》(1991 年 10 月 4 日)

88. 必须科学地坚持马克思主义。

中国共产党在长期的革命斗争实践中认识到，领导一项伟大事业的革命政党必须有一面旗帜。没有旗帜就会迷失方向。正如越南有马列主义和胡志明①思想一样，中国有马列主义、毛泽东思想和邓小平理论。

在如何对待马克思主义问题上，我们有经验也有教训。新中国建立后，我国发生了翻天覆地的变化，但在 1956 年基本完成社会主义改造后的 20 年里，在取得很大成就的同时，也有过严重失误，特别是“文化大革命”10 年背离了马克思主义，唯心主义泛滥，形而上学猖獗，“假大空”盛行，导致了灾难性后果。“文化大革命”后拨乱反正，从根本上讲就是拨背离马克思主义之乱，反科学坚持马克思主义之正。改革开放以来近 20 年，我们所以取得重大成就，最重要的是因为在新的历史条件下准确地理解马克思主义，科学地坚持马克思主义，始终把马克思主义作为自己指导思想的理论基础。

——我们坚持唯物的观点，批判了主观主义、唯意志论，重新确立了实事求是的思想路线，明确了我国现在处于并将长期处

---

① 曾任越南劳动党中央委员会主席、越南民主共和国主席。

于社会主义初级阶段。

——我们坚持发展的观点，反对僵化保守，大胆解放思想，吸收和借鉴人类社会创造的一切文明成果，开创了改革开放的新局面。

——我们坚持实践的观点，冲破“两个凡是”的禁锢，用实践作为检验理论和政策的标准，靠实践回答和解决问题。

——我们坚持生产力的观点，纠正长期“以阶级斗争为纲”的错误路线，明确社会主义的根本任务是发展社会生产力，把经济建设作为全党全国各项工作的中心。

——我们坚持生产关系与生产力相适应的观点，克服了超越阶段的错误观念和政策，确立公有制为主体、多种所有制经济共同发展的制度，以及按劳分配为主体、多种分配方式并存、把按劳分配和按生产要素分配结合起来的制度。

——我们坚持群众的观点，消除天才论和英雄史观的影响，强调群众是历史发展的动力，把不断提高人民生活水平作为改革开放和发展经济的根本目的，给群众创造充分施展聪明才智的机会，依靠和调动广大群众的积极性来推进我们的事业。

《同越共中央政治局常委黎可漂会谈时的谈话》(1997 年 12 月 7 日)

要坚持马克思主义，就必须发展马克思主义。

要坚持马克思主义，就必须发展马克思主义，就必须根据历史条件的变化，从社会主义现代化建设的实际出发，适时地提出一些新的理论原则，作出一些新的理论概括，用以代替某些已经过时的或者被实践证明不正确的旧结论。有些同志虽然也讲坚持，但却主张不要有任何发展和突破、原封不动地坚持，这只能是书斋里空洞无物的坚持，对现实生活毫无意义的坚持，谈不上是真正的坚持。这种对待马克思主义的态度，只能是窒息社会生活，窒息改革开放，窒息社会主义事业，同时也窒息了马克思主义理论本身。我们应当像决议所指出的那样，把坚持和发展马克思主义统一在革命和建设的实践之中。所谓坚持，就是坚持马克思主义的基本原则，而不是个别词句；所谓发展，就是把马克思主义的原理与变化了的实际相结合，创造性地解决前进中不断出现的新问题。一句话，要坚持就必须发展，只有发展才是真正的坚持。

《在中共天津市委四届五次全委扩大会议上的讲话》
（1986年10月26日）

没有马克思主义的作风，就不可能真正坚持马克思主义的理论。

这几年，天津的工作有进步，这同一大批干部逐步养成了一种好的工作作风是分不开的。但是也应当指出，我们仍然存在着工作作风不实不硬的问题。有些同志在屋子里议论太多，深入基层、接触实际太少，说起来热热闹闹，干起来没有真招；有些同志思想不够艰苦，没有养成勤于思索的习惯，谈问题似是而非，讲道理肤浅表面，遇事讲不出情况，抓不住要点，拿不出办法，缺乏分析综合。由于作风不实不硬，使许多工作只有“一传手”，没有“二传手”，使一些好的主意没有得到好的结果。必须明确指出，没有马克思主义的作风，就不可能真正坚持马克思主义的理论。比如，没有艰苦奋斗、深入实际调查研究的作风，不能掌握真实的情况，就谈不上坚持唯物主义。没有雷厉风行的作风，办事拖拖拉拉，就做不到一切以时间、地点、条件为转移。没有勤于思考、多想多思的作风，就不可能把感性认识升华到理性认识，等等。

《在中共天津市委四届四次全委扩大会议上的讲话》
（1985年12月26日）

马克思主义的历史，就是一部不断发展创新的历史。

马克思主义的历史，就是一部不断发展创新的历史。从马克思、恩格斯到列宁、毛泽东，他们总是不停顿地从发展着的实践中汲取营养，而且不止一次地修订某些被实践证明为不精确和不妥当的观点和论断，从而使他们的理论随着实践的发展而发展，并反过来指导实践。列宁如果不突破马克思、恩格斯关于“多国同时胜利”的理论，提出“一国首先胜利”的学说，就不可能有十月革命的成功；毛泽东同志如果不突破“城市中心论”，提出农村包围城市、武装夺取政权的理论，就不可能取得我国新民主主义革命的胜利。这些都是举世公认的、不可辩驳的历史事实。

我们还可以回顾一下党的十一届三中全会以来的事实。十年内乱之后，我们之所以能够在政治上动荡不安、国民经济濒于崩溃边缘的极端困难条件下，比较顺利地实现工作着重点的战略转移，各方面都取得了举世瞩目的成就，最根本的原因，就是我们党冲破了“两个凡是”的束缚，恢复了实事求是的思想路线，认真研究总结了我国社会主义实践的经验，在新的历史条件下，在新的伟大实践中，坚持和发展了马克思主义。我们否定了在社会主义建设时期仍然“以阶级斗争为纲”，摒弃了“无产阶级专政下继续革命”的理论，坚定不移地把工作重点转移到社会主义现代化建设上来，使我们结束了连绵不断的政治运动，实现了安定团结的局面。我们突破了对社会主义认识的一系列僵化观念，提出社会主义最根本的任务就是发展社会生产力，使各项事业真正走上了以满足人民物质文化生活需要为目的的正确轨道。我们突破了把商品经济与社会主义制度对立起来的传统观念，提出了发展在公有制基础上有计划的商品经济的重要论断，给我国社会主义经济注入了新的活力和生机。我们突破了“一大二公”的凝固模式，提出了以公有制为主体、多种所有制形式共同发展的方针，为我国社会生产力的发展开辟了广阔的天地。我们改变了长期以来对知识分子“左”的政策，作出了知识分子是工人阶级一部分的论断，确立了知识分子在社会主义事业中的地位和作用，充分调动了广大知识分子的积极性和主动精神。我们打破了长期以来闭关锁国的陈旧观念，把对外开放作为一项基本国策，加速了我国四个现代化建设的进程。我们突破了在统一祖国问题上的一些老提法，提出“一国两制”的构想，为实现祖国统一开拓了新的路子。我们突破了战争与和平问题上的老观点，提出和平与发展是两大主题，确立了我国外交的新格局，赢得了进行国内建设的宝贵时间。这些突破的结果如何呢？实践已经证明，它所带来的是国家更加兴旺，人民得到实惠，社会主义优越性得到进一步发挥，马克思主义理论也得到了新的发展。相反，如果“本本”上有的必须全部照办，“本本”上没有的一律不许去干，那么，我们的这些突破都属于“大逆不道”，都应予以反对和制止，那只能仍然“以阶级斗争为纲”，七斗八斗，天天折腾；仍然吃“大锅饭”，发票排队，继续受穷；而且是“七八年再来一次”，一次七八年。很显然，这是全国人民所坚决不能同意的。

《在中共天津市委四届五次全委扩大会议上的讲话》
（1986 年 10 月 26 日）

主张凡是老祖宗说过的不能动，凡是老祖宗没说的不能做，这就从根本上违背了辩证唯物主义原理。

人的认识总是受到历史、社会和自然等条件的限制，都有一定的局限性。世界上的一切事物又都处在永不停顿的发展变化之中，不存在任何最终的、绝对的和永恒的东西。因此，人们对客观事物的认识，只能是正确反映客观世界的一定过程和一定部分。马克思主义的正确，并不是它穷尽了真理，真理永远不会被穷尽，而是它在实践中不断地开辟了认识真理的道路。既然时代前进了，实践发展了，认识深化了，那么，对于马克思主义经典作家在当时历史条件下所作的某些结论，为什么不可以突破？为什么不可以根据新的实践加以充实，使之更加完备，更加丰富？主张凡是老祖宗说过的不能动，凡是老祖宗没说的不能做，固守那些过时了的观点和论断，这就从根本上违背了辩证唯物主义原理。

《在中共天津市委四届五次全委扩大会议上的讲话》
（1986 年 10 月 26 日）

不讲发展，教条式地对待某些过了时的结论，这不是真正坚持马克思主义，只能误国误党。

中国改革开放的巨大成就充分证明：马克思主义是真理。我们要想克服前进过程中的困难，不断夺取新的更大的胜利，仍然要坚持马克思主义。当然，我们所讲的坚持，是指坚持马克思主义的基本原理，而不是拘泥于在特定历史条件下提出的具体结论。一部马克思主义发展史，就是一代又一代共产党人不断弥补前人的局限，提出新的观点的历史。不讲发展，教条式地对待某些过了时的结论，这不是真正坚持马克思主义，只能误国误党。列宁如果不根据当时俄国实际，提出社会主义可以首先在资本主义统治最薄弱的国家取得胜利，就出不来列宁主义。毛泽东如果不根据当时中国革命实际，提出农村包围城市、最后夺取政权，就出不来毛泽东思想。邓小平如果不是根据当代中国建设实际纠正毛泽东的某些结论，创造性地提出一系列新的论断，也出不来邓小平理论。因此，必须坚持把马克思主义基本原理同本国实际和时代特征相结合。结合既是运用，也是发展。只有这样，马克思土义才充满生机与活力。

《会见印度共产党（马克思主义者）总书记苏吉特时的谈话》（1997 年 9 月 30 日）

在相当长的时间内，在许多方面，我们对马克思主义理论存在着片面的、绝对化的理解。

1949 年新中国建立以后的几十年中，我们取得了很大成绩，但也出现过很大的失误，受到很大的挫折，付出很大的代价。成功和失败的正反经验使我们认识到，在相当长的时间内，在许多方面，我们对马克思主义理论存在着片面的、绝对化的理解，没有把马克思主义基本原理同中国实际很好地结合起来。我们有些做法主要是照搬苏联的模式，犯了教条主义的错误，表现为经济上搞计划经济、高度集中，政治上长期“以阶级斗争为纲”。其中最大的教训是我们搞了灾难性的“文化大革命”，使我国经济到了崩溃的边缘。我们过去长期强调巩固无产阶级专政和社会主义制度，这是对的，但我们忽视了搞经济建设，经济在长时间内得不到大的发展，人民生活得不到明显提高，整个国家的面貌没有大的变化，这样下去，政权是很难巩固住的。十一届三中全会以后，邓小平同志从中国的实际出发，提出了建设有中国特色社会主义的理论。这一理论是在严肃认真地总结了我国历史上成功与失败两方面经验的基础上提出的。其中最重要的是以经济建设为中心，坚持四项基本原则，坚持改革开放。改革开放10多年来，中国在各方面都发生了很大的变化。建设有中国特色社会主义理论的提出，可以看成是对中国历史经验的总结，也可以看成是对马克思主义理论的发展，还可以解释为是马克思主义基本原理与中国实际情况的结合和运用。

《会见西班牙联合左翼代表团时的谈话》（1992年12月11日）

要善于分辨真假马克思主义，而不要把那些化了装的东西当作真理。

我们党一贯重视马克思主义理论的指导作用，坚决反对一切背离马克思主义基本原则的思想和行为。因为中国的改革开放是在马克思主义指导下进行的。按照马克思主义的观点，理论产生于实践，并且随着实践的发展而不断地发展。实践证明，一方面马克思主义著作中的某些判断和结论已经不符合当前的实际情况，我们不能抱着不放；另一方面，长期以来，马克思主义被人为地附加了一些东西，已经不是本来的、地道的马克思主义，而是“化了装的马克思主义”。因此，我们必须坚持实践第一的观点，提高识别能力，分清是非，辨别真伪。我们讲坚持马克思主义，是讲坚持马克思主义的立场、观点和方法，而不是拘泥于那些个别的判断和结论；要随时注意与实践相结合，而不要固守“本本”、削足适履；要善于分辨真假马克思主义，而不要把那些化了装的东西当作真理。在现实生活中，有些人置丰富生动的改革实践于不顾，置生产力发展的客观事实于不顾，置人民群众的愿望、利益于不顾，只顾在那里翻“本本”，找“条条”，咬文嚼字，引经据典，企图否定已被实践证明是正确的东西。这种教条主义的做法，不是坚持马克思主义，而是违背马克思主义。

《同天津市政府研究室工作人员的谈话》（1987 年 5 月 11 日）

马克思主义怎么能讲“凡是”呢？

过去很长时期内，“左”的错误路线和政策，曾经被说成是真正的马克思主义，是不折不扣的马克思主义。我们曾经用很大力量“反修”，认为和平过渡、和平共处都是“修”，都是反马克思主义的。我们曾经用很大力量反对“小生产”，搞所谓“一大二公”，老百姓养几只鸡也被说成是违反马克思主义的。十一届三中全会纠正了“两个凡是”的错误。如果坚持“两个凡是”，那么很多在“左”的路线下整错了的人就没法平反了，用小平同志的话说，他自己也不能出来工作了。马克思主义怎么能讲“凡是”呢？马克思主义理论很重要的一条，就是一切事物随着时间、地点、条件的变化而变化，不存在什么“凡是”。十一届三中全会纠正了“以阶级斗争为纲”的方针，停止了无休无止的折腾。在座的许多同志经历过这些没完没了的运动。我讲过，“文化大革命”是先整、后整、横着整、竖着整，回头一看是前边我整你，后边你整我，大家都整人，结果都挨整。我们过去常常把整人态度不鲜明说成是立场不坚定，可是实际上那些年整对了几个？给那么多人戴了那么多五花八门的帽子，后来不是差不多都摘了？苏联、东欧社会主义国家相继垮台，原因可以讲很多，比如出了戈尔巴乔夫①等等，但不应该把这说成是根本原因。如果一种社会制度因为出了一个人就可以改变，那么这个社会制度就不是历史的必然。我同波兰、民主德国的原领导人会见时，问他们如何总结一下子就垮掉了的原因，他们讲体会最深的有两条：第一条是无休无止地折腾整人，第二条是不干活，天天闹运动、喊口号。结果把人的感情给伤了，经济建设给耽误了，老百姓一对比就感到失望了。

《在统一战线各界人士纪念党的十一届三中全会召开二十周年座谈会上的讲话》（1998 年 12 月 11 日）

不能几十年如一日，总是抱着那些老词、老句、老套套。

统战工作也要大力提倡创新。现在科学技术日新月异，社会

① 曾任苏联最高苏维埃主席团主席、苏共中央总书记。

生活变化迅猛，我们不能几十年如一日，总是抱着那些老词、老句、老套套。统战工作政治性、政策性强，需要有慎重的态度，但如果不能与时俱进、在理论和实际工作各个环节进行大胆创新，在新的世纪、新的历史条件下就很难有大的作为。

《听取中央统战部汇报时的谈话》（2002 年 2 月 1 日）

对马克思主义产生动摇是错误的，那样就否定了自己存在的必要性。

我认为，当前马克思主义者面临着挑战，确实有一个如何坚持马克思主义的问题。我们相信用马克思主义基本原理作指导，是能够解决新出现的问题的。对马克思主义产生动摇是错误的，那样就否定了自己存在的必要性。同样，无视现实生活的新变化，不把马克思主义同现实情况结合起来也是错误的，那也不能真正地坚持马克思主义。

《会见秘鲁共产党（红色祖国）代表团时的谈话》（1990 年 6 月 30 日）

不批评教条主义，改革开放就无法顺利进行。但千万不能错觉，我们批评的是教条主义，并不是否定马克思主义。

改革开放以来，我们不断批评教条主义，因为教条主义打着马克思主义旗号，不顾现实，抱着一些马克思主义的只言片语和过时的结论，不断给改革开放事业设置障碍，许多好的东西，经他们一“理论”就变成坏的东西。他们唱着革命的高调，动辄上纲上线。他们的理论不但不能支持改革开放的人们，而且使人们产生许多思想顾虑。因此，不批评教条主义，改革开放就无法顺利进行。但千万不能错觉，我们批评的是教条主义，并不是否定马克思主义。对于马克思主义，我们必须很好地坚持。因为中国的改革开放事业只有在马克思主义指导下才能健康发展，并取得全面胜利。我们要时刻记住，特别是青年领导干部，在我们的国家，要想有所作为，要想为人民做更多的工作、更大的贡献，就必须下功夫学习马克思主义，真正懂得马克思主义。

《在天津市调查研究工作会议上的讲话》（1987年6月11日）

马列主义原理和社会主义制度本身没有错。奔驰车翻车撞墙，不是车子不好，而是驾车人的问题。

我们党总结历史的正反经验，提出建设有中国特色社会主义的理论，并制定了与其适应的“一个中心、两个基本点”的基本路线。实践证明，这是一条符合中国国情的发展道路，得到全国人民的拥护。中国的发展说明，马列主义原理和社会主义制度本身没有错。东欧出现的现象则说明，有些国家领导人没有把马列主义同本国实际结合好。奔驰车翻车撞墙，不是车子不好，而是驾车人的问题。

《会见布隆迪总统布约亚时的谈话》（1991年7月23日）

发展马克思主义与坚持马克思主义是一致的。绝对不允许借“发展”之名行背离之实。

马克思主义是发展的科学。马克思认为他的理论的全部价值在于，这个理论“按其本质来说，它是批判的和革命的”①。客观世界的运动变化永远没有完结，人们在实践中对于真理的认识也永远没有完结。马克思主义没有结束真理，而是在实践中不断开辟认识真理的道路。理论来源于实践，指导实践，又在实践中接受检验、得到发展。理论与实践相结合，既是马克思主义自身的要求，又是马克思主义生命力之所在。我们讲发展，就是运用马克思主义这个认识世界和改造世界的强大精神武器，不断结合发展变化着的实际，探索解决新问题的答案。从一定意义上讲，结合就是运用，结合就是发展，把结合的成果加以总结、概括、提炼，上升到理性认识，这本身就是发展马克思主义。发展马克思主义与坚持马克思主义是一致的。绝对不允许借“发展”之名行背离之实。

《在全国宣传部长会议上的讲话》（1989 年 7 月 20 日）

① 《马克思恩格斯全集》，中文 1 版，第 23 卷，24 页，北京，人民出版社，1972。

89. 结合是运用，结合是目的，结合是坚持，结合是发展。

中国改革开放的成功实践说明，马克思主义没有过时，它的许多基本观点，它的辩证唯物主义、历史唯物主义的观点仍然有着现实的重大意义，关键是要科学地对待。坚持马克思主义就要坚持马克思主义的基本原理，而不能教条式地拘泥于某些个别论断，也不能固守某些确已过时的词句和结论，更不能被某些附加于马克思主义名下的错误论点所迷惑。坚持马克思主义必须坚持理论与实际相结合，结合是运用，结合是目的，结合是坚持，结合也是发展。离开结合谈坚持、谈坚决、谈坚定，只能是空话、大话、假话，只能给马克思主义抹黑乃至窒息或断送马克思主义。只有结合实际、结合时代，才能使马克思主义永葆生机与活力。

《同越共中央政治局常委黎可漂会谈时的谈话》(1997年12月7日)

重视全党的马克思主义水平问题。

近几年来，我们反复强调要有忧患意识，这很重要。我说过：一个国家、一个民族、一个政党最大的忧患是没有忧患意识。就多数人来说，他们所忧患的主要是社会问题、党风问题，如贪污腐败、两极分化等，这当然是值得忧患的问题。我认为还有一个令人忧虑的问题，那就是全党的马克思主义水平问题，即学习兴趣不高、理论水平下降问题。要搞社会主义就必须掌握马克思主义。也就是说，不掌握马克思主义就搞不了社会主义。这是不容置疑的。

改革开放以来，一大批学习自然科学的同志走上领导岗位，这是可喜的现象，但自然科学不能代替社会科学。历史上我们有忽视自然科学的毛病，犯过用社会科学代替自然科学的错误。现在如果不注意，也会出现用自然科学代替社会科学的问题。如今一些同志经常谈马克思主义“中国化”。什么是“化”？毛主席说：“‘化’者，彻头彻尾彻里彻外之谓也”①。这就是说，“马克思主义中国化”必须通晓马克思主义理论，同时必须通晓中国实际情况，并善于把两者结合起来。“有些人则连‘少许’还没有实行，却在那里提倡‘化’呢！所以我劝这些同志先办‘少许’，再去办‘化’”②。领导干部学习马克思主义，这不只是个人兴趣问题，而且是一个事业心、责任心的问题。有的人说现在太忙，我说过除了懒人哪有不忙之理。其实不只是忙的问题，也有个认识问题、安排问题。

《同河南部分省市领导同志的谈话》（2012年5月27日）

毛泽东思想是我们的宝贵财富。

毛主席的书，建议大家多看看。他能领导中国革命取得成

---

①② 《毛泽东选集》，2版，第3卷，841页，北京，人民出版社，1991。

功，是有一套大本事的。1927年大革命失败后，毛主席带领红军上了井冈山，建立井冈山革命根据地，搞红色政权。当时红军人数不多，条件很差，对此不少人对红色政权能不能存在有怀疑。毛主席写了《中国的红色政权为什么能够存在?》、《井冈山的斗争》、《星星之火，可以燎原》等文章。这些文章很像自然科学的论文，令人信服。红色政权为什么能够存在呢?第一，中国是一个半封建半殖民地国家。半封建容易理解，半殖民地就是各个省的军阀后面，都有一个帝国主义，帝国主义之间的矛盾，一定会反映为军阀之间的矛盾，所以军阀之间的混战不可避免。他们在大城市争夺，就把边边角角的地方丢了。所以我们的老区都是边区，陕甘宁边区、冀鲁豫边区，等等。第二，中国是一个经济发展不平衡的国家，有的地方可以用飞机、用火车、用汽车，有的地方连独轮车都不好走，红军可以到这些比较穷的地方去。第三，中国是一个大国，东方不亮西方亮，黑了南方有北方。打得赢就打，打不赢就走，游击战就出来了。第四，中国经过了第一次国内革命战争。第一次国内革命战争期间共产党已经在一些地区当过家、建立过政权，老百姓心里有红军，红军是代表人民的，有号召力。把这四条加在一起，结论是：红色政权不仅能存在，而且能发展，星星之火，可以燎原。

毛主席讲过领导方法的若干问题。若干问题是多少问题?主要是两个问题，即：一般和个别相结合，领导和群众相结合。重点是领导和群众相结合，从群众中来，到群众中去；集中起来，坚持下去。无论什么事情，没干以前先到群众中去，听各方面的意见，力争把情况搞全弄准，然后分析、综合、研究、概括，抽象出本质的东西，再回到群众中去。前者叫从群众中来，后者叫到群众中去；前者叫集中起来，后者叫坚持下去；前者叫当学生，后者叫当先生；如此循环往复。现在的情况是：有的是深入实际、深入群众不够，了解情况不够，不认真、不虚心、不全面；有的则是集中得不好，抓不住问题的实质，概括抽象的本领不行。现在大家对党风、文风有意见，我们也有不少批判党风、文风不好的文章，但能比得上毛主席《改造我们的学习》、《整顿党的作风》、《反对党八股》的，我还没看到。毛主席也犯过错误，错误的原因是违背了他的正确主张，但毛泽东思想是我们的宝贵财富。

《同河南部分省市领导同志的谈话》(2012年5月27日)

要坚持马克思主义，就必须认真研究结合的问题。

共产党人特别是共产党的领导人必须认真学习，切实弄通马克思主义基本原理，并把这些原理更好地同本国的实际情况相结合。我们认为，马克思主义的基本原理并没有过时，无论是革命还是建设，都不能离开马克思主义的指导。有的社会主义国家出现问题，很重要的是它们没有很好地坚持把马克思主义基本原理同本国不断变化的实际情况相结合。因此，要坚持马克思主义，就必须认真研究这个结合的问题，同时不断地吸收人类现代科技成果，推动马克思主义不断向前发展。只有这样，马克思主义才能保持生机和活力，社会主义制度才能巩固和发展，共产主义运动才能由低潮转向高潮。

《会见巴勒斯坦共产党总书记巴希尔·巴尔乌西时的谈话》
(1991年8月29日)

离开结合谈坚持、谈坚决、谈坚定，只能是空话、大话、假话。

坚持马克思主义，必须坚持马克思主义的基本观点，如唯物的观点、发展的观点、实践的观点、群众的观点、生产力的观点、生产关系与生产力相适应的观点等，而不能教条式地拘泥某些个别的词句，固守某些确已过时的结论，更不能被某些附加在马克思主义名下的错误论点所迷惑。坚持马克思主义，必须坚持理论与实践相结合，结合是运用，结合是目的，结合是坚持，结合是发展。离开结合谈坚持、谈坚决、谈坚定，只能是空话、大话、假话，只能给马克思主义抹黑乃至窒息或断送马克思主义。邓小平的伟大，就在于他坚持了毛泽东正确的东西，补充了毛泽东没有的东西，纠正了毛泽东某些错误的东西。现在我们有些同志，理论上没有的不敢干，跟理论不一样的不敢做，成功了的事找不到理论根据不敢说。如果照此下去，不能摆脱教条主义、本本主义的影响，不能使注重实践的观念在广大干部的头脑里扎下根，我们就不可能解决好面临的诸多问题，不可能有大的作为。

《听取山东省委、省政府工作汇报时的讲话》（2000年9月11日）

怀疑马克思主义的科学性、摇摆不定是危险的；把马克思主义与实践相割裂、教条式理解、贴标签式应用是会误事的；拘泥于马克思主义的个别论断、墨守成规、停滞僵化是有害的。

马克思主义是我们的指导思想，是我们的理论基础。中国改革开放取得的巨大成就，是坚持马克思主义的结果，是马克思主义理论的伟大胜利。我们所说的马克思主义是科学的马克思主义。它是普遍真理，具有完整的思想体系，为认识和改造世界提供了锐利武器，它的基本原则并没有过时。我们所说的马克思主义是实践的马克思主义。实践性是它的基本特点之一，它来源于实践，指导实践，并接受实践的检验。我们所说的马克思主义是发展的马克思主义。发展是它的一个基本观点，这个观点同样适合于它自身。它开辟了认识真理的道路，而没有也不可能穷尽真理；它不断地吸收借鉴，而不是排斥、抗拒人类文明出现的一切成果。我们坚持马克思主义，必须要有科学的、实事求是的态度，必须要与实践相结合，在结合上下功夫，在实践中求发展。怀疑马克思主义的科学性、摇摆不定是危险的；把马克思主义与实践相割裂、教条式理解、贴标签式应用是会误事的；拘泥于马克思主义的个别论断、墨守成规、停滞僵化是有害的。

《会见越共中央政治局常委范世阅时的谈话》（1999 年 10 月 9 日）

马克思主义理论也只有在掌握人民群众的过程中，才能获得新的活力和生机，随着时代的进步而丰富和发展。

马克思主义理论不可能在工人运动中自发产生，它是继承人类文明发展的先进成果，对工人阶级斗争经验进行科学总结的产物，这个理论只有经过宣传教育才能为工人阶级所掌握。但是，马克思主义理论的教育和宣传，也绝不能采取强制硬灌的方法，把人民群众当作完全被动地接受灌输的对象。从根本意义上说，人民群众掌握马克思主义理论，也就是人民群众自己教育自己，就是用经过科学概括了的工人阶级自己创造的实践经验，即马克思主义的世界观和方法论来教育自己。这是人民群众最容易接受马克思主义理论的根本原因。马克思主义理论也只有在掌握人民群众的过程中，才能获得新的活力和生机，随着时代的进步而丰富和发展。

《在中国职工思想政治工作研究会第六次年会上的讲话》

（1990 年 5 月 18 日）

坚持和发展的关键，就在于与社会主义建设和改革开放的实际相结合，与当代世界经济、政治和技术发展的实际相结合。

马克思主义认为，科学是“最高意义上的革命力量”①，科学技术是推动经济和社会发展的强大杠杆。无数历史事实告诉我们，每次重大科学发现，都使人类对客观世界的认识产生飞跃；每次技术革命，都使人类改造客观世界的能力得到提高。1989 年 5 月邓小平同志根据世界新技术革命蓬勃发展的现实指出：真正的马列主义者必须依据实际情况认识、继承、发展马列主义。又说：世界形势，包括科学技术的发展，日新月异，不用新的思想观点来继承、发展马列主义，就不是真正的马列主义者。对于马克思主义，一要坚持，二要发展。坚持和发展的关键，就在于

① 《马克思恩格斯全集》，中文 1 版，第 19 卷，372 页，北京，人民出版社，1963。

与社会主义建设和改革开放的实际相结合，与当代世界经济、政治和技术发展的实际相结合。事实上，马克思主义的产生也是与近代科学技术发展密切相关的。毛主席在《实践论》中指出，人们能够对于社会历史的发展作全面的历史的了解，把对于社会的认识变成了科学，这只是到了伴随巨大生产力——大工业而出现近代无产阶级的时候，这就是马克思主义的科学。正因为如此，马克思、恩格斯对自然科学的新成就总是“密切地注意”和感到“衷心喜悦”①，并从中吸取知识和力量，形成和发展自己的哲学、政治经济学和科学社会主义学说。在90年代，面对科学技术日新月异的发展，我们要认真研究科学技术的最新成果，深入了解它们给政治、经济、文化、军事和社会生活带来的广泛而深刻的影响，使马克思主义理论在坚持基本原理的基础上获取新的思想内容。只有这样，马克思主义才能跟随时代前进，并且指导时代前进。

《听取浙江省委工作汇报时的讲话》（1991年5月21日）

理论与实践相结合是一个复杂的过程，必须熟知理论，必须深入了解实际情况，必须有加工的本领。

把理论与实际的结合简单化是不对的。“文化大革命”中强加给我的一个“罪名”，就是“反对立竿见影”。本来，从物质到

① 《马克思恩格斯全集》，中文1版，第19卷，375页，北京，人民出版社，1963。

精神是个飞跃，从精神到物质也是个飞跃，所谓飞跃就是质变，而质变必须有一个渐变的过程，“立竿见影”的提法则否认了这个渐变的过程。理论与实践相结合是一个复杂的过程，需要具备一些条件，我体会，起码有“一个前提，三个条件”。一个前提是：必须站在人民大众的、全局的立场上，而不能站在个人的、局部的立场上，也就是过去我们常讲的马克思主义哲学党性原则的要求。三个条件是：（1）必须熟知理论。这既是结合的一方，又是加工的工具。（2）必须深入了解实际情况。只有把情况、材料搞全了、弄准了，才有条件谈结合。（3）必须有加工的本领。把理论与实际有机地结合起来，既有第一个飞跃的问题，也有第二个飞跃的问题；既有对客观实际情况不断地概括、抽象的过程，也有使理论回到实践、不断具体化的过程。这也就是毛主席讲的，在马克思主义基本原理指导下，将丰富的材料去粗取精、去伪存真、由此及彼、由表及里的改造制作的过程。强调结合，并不是说可以忽视读书，不读书是没法结合的。相反，由于结合还会发现自己有读书不熟、不准、不够的地方，从而促进自己反复查读。

《同黑龙江省职工群众学哲学经验交流会代表座谈时的讲话》（1990年8月16日）

使工作的过程成为理解、验证、应用理论的过程。

列宁讲过：“实践高于（理论的）认识，因为它不仅具有普遍性的品格，而且还具有直接现实性的品格。”① 一个貌似简单的具体事物，科学地分析起来，往往含有多方面的理论意义。理论联系实际，不仅能够帮助和加深我们对书本知识的理解，帮助我们正确认识和解决现实问题，而且是我们能否坚持学习的关键。许多同志学习都碰到一个时间问题。离职学习，相对集中一段时间读几本书，是必要的，但这样的机会总是少的。坚持联系实际的学习，使工作的过程成为理解、验证、应用理论的过程，把读书学习同研究解决工作问题有机地结合起来，真正做到“读书是学习，使用也是学习，而且是更重要的学习”②。这样就可以较好地解决学习与工作在时间上矛盾的问题。

《同出席全国马克思主义哲学研究与干部哲学教育研讨会全体代表座谈时的讲话》（1989 年 10 月 13 日）

必须紧密结合我国现代化建设和改革开放的实际，结合世界形势的新发展，来运用理论，检验理论，发展理论。

总结经验，这是研究马克思主义理论，把马克思主义理论与实践结合起来的一个极其重要的方法。我们坚持马克思主义，忠于马克思主义，坚决反对那种公开否定马克思主义，或者借口“发展”、“创造”、“更新”而实际上抛弃马克思主义基本原理的资产阶级自由化倾向。近年来马克思主义理论学习遭到削弱的状

① 《列宁全集》，中文 2 版，第 55 卷，183 页，北京，人民出版社，1990。
② 《毛泽东选集》，2 版，第 1 卷，181 页，北京，人民出版社，1991。

况，必须切实改变。如果不这样做，我们就不是真正的马克思主义者。同时，坚持和忠于马克思主义，又不能停留在口头上，不能把它当成万古不变的教条。中国的马克思主义者，必须紧密结合我国现代化建设和改革开放的实际，结合世界形势的新发展，来运用理论，检验理论，发展理论。我们的根本原则，是理论与实际相结合。这个结合，就是坚持，也就是发展。坚持和发展，二者统一于理论与实际结合的过程之中。邓小平同志去年5月在会见外宾时指出："真正的马克思列宁主义者必须根据现在的情况，认识、继承和发展马克思列宁主义。世界形势日新月异，特别是现代科学技术发展很快。""不以新的思想、观点去继承、发展马克思主义，不是真正的马克思主义者。""固定的模式是没有的，也不可能有。墨守成规的观点只能导致落后，甚至失败。"①

《关于加强党同人民群众联系的几个问题——在新华社国内工作会议上的讲话》（1990年4月11日）

绝不能把有中国特色社会主义的理论同马列主义、毛泽东思想对立起来。

邓小平同志建设有中国特色社会主义的理论，是马列主义、毛泽东思想在新的历史条件下的继承和发展，是马克思主义同中国实际相结合的最新成果。说它是继承，是因为它坚持了马列主义、毛泽东思想的基本原理，并运用这些基本原理来观察、分

① 《邓小平文选》，1版，第3卷，291～292页，北京，人民出版社，1993。

析、解决中国的实际问题；说它是发展，是因为它不拘泥于马克思主义经典著作中某些已被实践证明是过时了的结论，大胆抛弃了一些错误的东西，并从实际出发，提出了一系列被实践证明是正确的崭新观点。因此，我们绝不能把有中国特色社会主义的理论同马列主义、毛泽东思想对立起来。

《在参加党的十四大天津代表团讨论时的发言》

（1992 年 10 月 13 日）

邓小平建设有中国特色社会主义的理论是我们一切工作的指导思想。

邓小平同志建设有中国特色社会主义的理论成为一切工作的指导思想。十一届三中全会以来，邓小平同志结合新的历史条件和时代特征，在亿万群众社会实践的基础上，总结汲取历史的经验教训，坚持了马列主义、毛泽东思想的基本原理，克服了对马列经典著作中某些结论的教条式理解，特别是纠正了毛泽东同志晚年的严重失误，创造性地提出了一系列指导改革开放、现代化建设的重大方针政策和思想观点，逐步形成了建设有中国特色社会主义的理论。我们的改革开放和现代化建设之所以取得如此辉煌的成就，我国人民的生活之所以有如此明显的改善，我们的国家之所以在风云变幻的国际环境中站稳脚跟，一句话，我们的党、国家和人民之所以有今天，都是这一理论指引的结果。邓小平同志建设有中国特色社会主义的理论是当代中国的马克思主义，是指引我们建设社会主义事业的伟大旗帜，是实现民族振兴的强大精神支柱，是我国新的历史时期的主要标志。党的十四大确立了邓小平同志建设有中国特色社会主义的理论在全党的指导地位，并提出用这一理论武装全党。这是十四大最重要的历史功绩之一。所有部门和个人要想为社会作出贡献，在事业中有所作为，都必须深入学习和贯彻这一理论，从中汲取智慧和力量。

《新时期的统一战线工作——在全国统战工作会议上的讲话》(1993年11月5日)

要坚定地、全面地、创造性地贯彻执行邓小平建设有中国特色社会主义的理论。

要坚定地、全面地、创造性地贯彻执行邓小平建设有中国特色社会主义的理论。我认为，这是中国国家富强、人民幸福、社会长治久安的根本大计。如果我们能够坚定不移地贯彻执行邓小平的理论，中国未来就充满希望。相反，如果对这一理论有什么动摇和偏离，就一定会出现这样那样的问题。当然，最终中国还是会好的。但是会走弯路，会付出重大代价。就中央来讲，态度是非常明确的，就是坚持邓小平的理论不动摇、不偏离。现在，也有个别同志对只要坚持邓小平的理论，中国的事情就能办好这一条，还不是很自觉，或者说心里还不是太服。有的同志总喜欢找一找邓小平同志说的哪句话马克思、恩格斯什么时候说过，列宁什么时候说过，不是什么新话。实际上，我们说邓小平的理论是当代中国的马克思主义，这既包括他坚持了马克思主义的正确的东西，也包括纠正了马克思主义经典作家某些已被实践证明过时了的结论，还包括了在新的形势下他的创造和发展。回顾历史，无产阶级政党在夺取革命胜利、取得政权方面有一整套的理论和办法。但如何巩固政权，如何建设国家，如何保证人民生活不断地提高、保证国家不断地富强，坦率地说，办法不是很多。大家想想看，苏联是什么样的自然条件，那么多土地，那么丰富的资源，人的总体文化程度也很高，老百姓的生活怎么就会搞得那么困难？我曾到过一个国家，那里的条件非常好，十万平方公里的土地，四周是海，没有高山，最高海拔仅有900米，一年四季都长东西，但吃不饱肚子。不能不说他们的那一套办法有问题。我们中国过去如何？我们用粮票、油票、布票的时候，在座的都记忆犹新。能说我们建国之后没有努力吗？毛主席没有威望吗？都不是，确实在指导方针上有毛病。中国能在短短十几年中发生如此大的变化，能有今天这样的好局面，就是因为我们有了邓小平同志的理论，有了在这一理论指导下形成的方针路线政策。如果没有邓小平同志的理论，中国就没有今天这个局面，就没有现在的大好形势，人民不会有今天这样的幸福，中国共产党恐怕也难逃苏联和东欧共产党的厄运。如果把苏联共产党的垮台、东欧共产党的垮台简单地归结到个人的头上，是不科学的。如果这样，马克思主义的历史唯物论还有什么用呢？所以说，坚定地、全面地、创造性地坚持邓小平建设有中国特色社会主义理论，是我们整个国家乃至每个人生活中最根本、最重大的问题。邓小平同志的理论开辟了一个时代，是当今中国人民最大的共识，大家谈这个就能谈到一起，离开这个就谈不到一起。实际上在这一理论指导和影响下已经形成了一个时代的潮流，它已经渗透到我们每个人的价值观念、思维方式和生活习惯中。这一理论变了、改了就会乱，中国只有坚持这一理论才有希望，除此之外没有什么其他的理论能够使大家有共识、有遵循，能够引导中国走向繁荣和富强。各行各业，文艺界也好，教育界也好，无论从事什么工作，都必须把邓小平同志的理论坚持下去，都必须为此作出应有的贡献，都必须有这么一根弦：坚持邓小平同志的理论不动摇。

《在全国政协八届五次会议文艺、教育、特邀联组会上的讲话》

（1997年3月3日）

90. 要提高马克思主义理论基础和修养。

年轻同志不管从事什么工作，主要任务是学习。现在年轻同志的学习劲头比以前强了，但有一条是值得人们重视的，或者说是老一辈们担心的，有些年轻人对马克思主义学习劲头不足。如果年轻一代缺乏马克思主义理论基础和修养，我们国家就没有希望。希望团市委和各级团组织把组织青年学习马列主义作为一件大事来抓。如果说共青团的任务是什么，可以讲很多话，集中讲一句话就是做好培养人的工作，培养人对青年一代来说主要是学习。年轻同志在30岁以前要抓时间读一点书。现在许多年轻人浪费时间太多，聊起天儿来没完，打起扑克没完，无意义的事情干的很多。30岁以前这一段要有计划地读一些基本理论的书，只要是真的把学习抓紧，在基本理论上打一定的根基，我相信未来的工作就大有希望。

《在共青团天津市第八次代表大会开幕式上的讲话》

（1987年5月15日）

一个人能否有出息，最重要的是取决于能否刻苦学习，比较全面、系统地掌握马克思主义的基本原理。

新上来的年轻的同志，未来的工作时间还长，更要下功夫学习。今后除了入党校进行比较系统的学习以外，一是靠自己学，养成读书的习惯；二是要自己经常动手写，写东西就要查书，就要思考，本身就是很好的学习；三是要在工作过程中养成总结经验的习惯，这是一种很好的学习方法。所谓总结经验，就是把大量的现象和零碎的东西加以概括、抽象，使之升华，在这个过程中，需要有深厚的理论作武器，这就迫使你要学习研究基本理论。马克思主义的哲学，是关于宇宙、自然界、人类社会的最一般的理论，认真下功夫学点马克思主义的哲学，对我们的工作和思想水平的提高都大有好处。当然这件事说起来简单，要真正学习懂，进而变成自己的思想，成为指导我们搞改革、开放的武器，需要下一番苦功夫。要结合工作、结合改革、结合总结经验，进行比较系统的学习。一个人能否有出息，最重要的是取决于能否刻苦学习，比较全面、系统地掌握马克思主义的基本原理。因为只有如此，才能把握事物的发展规律，驾驭错综复杂的矛盾。领导干部，特别是高级领导干部，必须有预见事物发展方向的本事，有了这一条，才能在大是大非面前不糊涂，不迷失方向。

《在天津市人民政府第一次常务会议上的讲话》

（1988 年 5 月 23 日）

有没有学习理论的自觉性，肯不肯下功夫学习理论，确实是个重大原则问题。

要把理论学习扎扎实实地开展起来，关键在于提高自觉性。也就是说，各级领导要认清在当前形势下加强对马克思主义理论学习的极端重要性。首先，这是我们正确贯彻党的方针、政策的基本保证。我们党所制定的一系列方针政策，都是以马克思主义为指导的，都是马克思主义与中国具体实践相结合的产物。如果不学习理论，或者是理论水平不高，我们对党的方针政策就谈不上正确地理解和自觉地贯彻执行。特别是长期以来，我们有些同志在“左”的影响下形成了一套思想观念和工作方法，要转变这些，必须加强对马克思主义基本理论的学习，加强对小平同志关于建设有中国特色的社会主义一系列重要思想的学习，这样，我们才能在改革、开放的历史进程中，克服盲目性，避免左右摇摆，全面、准确地贯彻党的各项方针政策。其次，马克思主义是我们做好各项工作的锐利武器。随着改革开放的进一步深化，出现了许多新情况、新问题、新矛盾。如果我们缺乏马克思主义的理论根底，就会在纷繁复杂的事物中分不清主流，把握不准方向，处理不好矛盾。只有掌握了基本理论，我们观察问题和分析问题才能找到科学的方法，才能不断适应发展变化中的新形势，正确处理新旧体制交替中出现的各种矛盾；才能顺利解决前进中的困难和问题，及时发现和大胆支持改革中的新生事物，使我们的事业不断向前推进。第三，学习马克思主义是提高领导水平的根本途径。对于每一个领导干部来说，其领导水平的主要标志在于加强工作中的原则性、系统性、预见性和创造性。领导干部的这种素质固然是长期实践锻炼的结果，但认真学习和掌握马克思主义理论也很重要。在现实生活中，常常有这样的情况，在同样的环境、大体相同的条件下，有些同志进步很快，工作很有起色，能够开创出一种生机勃发的局面，而有些同志水平一直提不高，工作很吃力。这既不是天赋差异，也不是机遇不同，归根结底，进步快的总是得益于下功夫学习理论，进步慢的总是吃亏于不重视学习理论。有没有学习理论的自觉性，肯不肯下功夫学习理论，确实是个重大原则问题。

《在中共天津市委四届八次全委扩大会议上的讲话》（1987年12月26日）

中国今后出不出“娄子”，关键不在于自然科学，而在于社会科学。

我们国家正在从事着改革开放的伟大实践，这是一个认识和改造世界的过程。改革成功与否，取决于我们的方针、政策是否正确，取决于社会的实践和我们的认识水平。不掌握马克思主义理论武器，就不能自觉地按客观规律办事，就会走弯路，吃很多糊涂亏。大量事实证明，现在有许许多多的问题不能得到合理的、及时的解决，都和人们的社会科学水平有关。我过去说过，现在仍然认为，中国过去发生的问题，今后出不出“娄子”，关键不在于自然科学，而在于社会科学。即使自然科学有了问题，也是社会科学方面出了毛病导致的结果。因此，加强社会科学，特别是马克思主义理论的研究和普及工作，是保证改革开放顺利进行，国家长治久安、兴旺发达的根本大计。

《在天津市委党校领导干部哲学读书班的讲话》（1988年5月13日）

学习马克思主义不是为着好看，也不是因为它有什么神秘，而是因为它是领导我们事业走向胜利的科学。

我们之所以突出地提出学风问题，是马克思主义本身的性质所决定的。马克思主义是认识和改造世界的普遍真理。我们学习马克思主义不是为着好看，也不是因为它有什么神秘，而是因为它是领导我们事业走向胜利的科学。我们重视马克思主义哲学，正是也仅仅是因为它能够指导行动。学了不用，就歪曲了马克思主义的性质，背离了学习马克思主义的目的，就叫做态度不端正。我们强调这个问题，一是考虑到历史上曾经有过学风不正的严重教训。在群众性的学哲学过程中，曾经出现过走形式、一阵风和庸俗化的不良倾向。二是考虑到党内存在着学风不正的现状。近几年来，一些同志对中央文件采取极不严肃的态度，以一己的、局部的利益而不是以党和人民的、全局的利益为准绳，或断章取义、我字当头，或阳奉阴违、变相抵制。这种实用主义的学风，对我们党的肌体腐蚀极大，如不加以警惕和克服，就会在学哲学上也表现出来，干扰我们的正常学习。马克思主义哲学，是一门党性很强的学问，是无产阶级求解放的思想武器。阶级性和实践性是它的两个鲜明特点。只有以强烈的革命事业心和为人民服务的满腔热情，联系实际老老实实地学，才有可能真正把马克思主义哲学学到手。

《同出席全国马克思主义哲学研究与干部哲学教育研讨会全体代表座谈时的讲话》（1989 年 10 月 13 日）

没有理论知识，尽管海阔天空讲实际，也不能算是理论联系实际。

强调理论联系实际，不是不重视读书。不读书，没有理论知识，尽管海阔天空讲实际，也不能算是理论联系实际。读书必须认真、刻苦，做到真正读懂弄通。但读书一定要精，要学管用的，要学以致用。我们过去开展学习马克思主义理论的活动，有些人把很多时间用在掉书袋、抠字眼上，常常为几个字争来争去，没完没了，这种脱离实际的学风害了不少人，误了不少事。这是我们在理论学习中必须注意克服的。领导干部学习马克思主义理论，首先要学邓小平同志的著作。邓小平同志的理论最大的特点就是有很强的现实针对性。他的文章大多是着眼于研究、解决一个时期、一个方面的突出的现实问题。邓小平同志的著作，深入浅出，通俗易懂，但其中包容了极其深刻的具有普遍意义的真理。要真正弄懂弄通邓小平同志的理论，并不简单。我们必须下大功夫，力求把握其精神实质。

《在民主党派、工商联、无党派领导干部理论研讨班结业时的讲话》（1994年1月22日）

领导干部的讲话、文章不单纯是文字问题，而是对事物的看法，对客观规律的认识，对改造世界的意见，不是说着顺嘴就行了。

提倡既要肯艰苦，又要会艰苦。要想得进去，既能展得开，又能拢得起，在把情况弄全、弄准的前提下，把材料掰开了、揉碎了，把关系理顺了、摆正了，把措施具体了、落实了。这样分类排队，分析综合，才能得出正确的结论。材料不全、不准不行，有了材料不会分析综合也不行。先分析后综合，分析本身也就是综合。而分析综合的过程是很艰苦的，有时一两夜才捋出一个头绪。领导干部的讲话、文章不单纯是文字问题，而是对事物的看法，对客观规律的认识，对改造世界的意见，不是说着顺嘴就行了。起草文稿是很锻炼人的，尤其是年轻干部必须养成这个习惯，要自己动手写稿子，能不能提高水平，能不能有个飞跃的进步，过好这一关非常重要。

《同〈中国城市经济社会年鉴〉记者的谈话》（1985 年 1 月 9 日）

我们在讲话、在行文上，违背马克思主义基本理论的地方不少，当然不是有意的，常常是由于无知。

对于学习空气不浓，马克思主义基本理论水平不高，必须引起足够的重视。我们在讲话、在行文上，违背马克思主义基本理论的地方不少，当然不是有意的，常常是由于无知。天津这几年在许多重大问题上都能够站住脚跟，还得说是市委、市政府有一批老同志懂得马克思主义，在共同谋策中把住了关。没有马克思主义，哪来的预见性？没有马克思主义，哪来的原则性、坚定性和理论与实践的结合？就总的来看，我们的知识面窄，视野窄。历史把我们这些人推上了市政府领导的舞台，但我深深感到，我们缺的东西太多，水平不高，视野窄，知识不够丰富。要讲朴实无华，我们是够得上的，要是说古今中外、谈天说地，我们这个班子是不太在行的。要强调学习社会科学和自然科学知识，要读点书。要学习马克思主义理论，学习历史知识，学习现代科学技术知识，还要学习群众创造的新鲜经验。要把学习理论、增长知识、开阔视野当作今后机关建设的一件大事认真抓好，使我们政府机关工作的同志成为有知识、有见解的人。实在地讲，我们比较土气啊，不尚讲究。

《在天津市政府领导班子调整后第一次全体会上的讲话》
（1985年10月13日）

不能简单地理解为认识的水平与实践的次数成正比。

人们要提高自己认识世界和改造世界的能力，就必须学习哲学。……当然，一个人要有所作为，需要多方面的知识，而哲学可以帮助人们更好地运用这些知识。哲学不能代替具体的科学，但是哲学可以帮助人们更好地掌握和运用具体科学。一个自然科学家，一个专家，一个对某些方面业务知识比较熟悉的同志，被提拔为领导干部，那么他过去的学识、经验和阅历，能否成为他今天搞好领导工作的有利条件，能否成为他作为领导者认识和改造世界能力的积累过程，关键在于他能否对过去的专业知识和实际工作经验进行哲学的概括，把个别上升到一般。有了这种概括和上升，原有的专业知识和工作经验就有助于他适应新的工作、增强驾驭全局的领导能力。认识来源于实践，是就认识的来源讲的，不能简单地理解为认识的水平与实践的次数成正比。具体到每个人，能否进步和进步大小的一个非常重要的环节，在于能否善于使自己的感性认识变成理性认识，使具体经验上升为一般，能否在理论指导下实践，能否用理论总结实践经验，赋予工作经验以哲学的意义，这是所有人能否做好工作，不断进步、提高的一个共同性问题。从这个意义上看，学习马克思主义哲学，也是提高人的素质的一项重要措施。

《同黑龙江省职工群众学哲学经验交流会代表座谈时的讲话》
（1990年8月16日）

缺少马克思主义理论素养，缺少社会科学知识，就难以形成正确的思想方法，就不能从总体上观察和把握事物的发展，就不能正确地制定方针政策。

毫无疑问，学习自然科学，掌握各种自然科学专业知识，是非常重要的。我们现在坚持以经济建设为中心，提出科教兴国，离开自然科学是不行的。现在绝大多数干部重视学习和研究自然科学，具有专业知识，这是一大进步，应该继续鼓励和提倡。但是，对于我们的干部特别是领导干部来说，如果缺少马克思主义理论素养，缺少社会科学知识，就难以形成正确的思想方法，就不能从总体上观察和把握事物的发展，就不能正确地制定方针政策。我们当前面临着许多问题，比如部分国有大中型企业经营困难的问题，农业基础薄弱的问题，人口和资源矛盾的问题，环境污染的问题，经济发展不平衡的问题，分配不公的问题，少数干部腐败的问题，社会治安状况不好的问题，触目惊心的走私问题，等等。这些问题的发生都有复杂的原因，解决这些问题，需要有具体的自然科学专业知识，同时也都离不开社会科学知识。

《同部分全国政协委员座谈时的谈话》（1998 年 7 月 15 日）

人文科学要善于从科学技术的最新成果中汲取营养、寻找手段，以提高自己的研究和认识水平。

按照马克思主义的观点，人类认识世界主要依赖于物质生产活动，通过物质生产活动逐步认识自然的规律、人与自然的关系以及人与人的相互关系。科学技术作为推动人类文明进步的强大动力，不仅深刻地改变着物质世界的面貌，而且深刻地改变着人们认识世界的能力和方式，改变着人们对世界的看法。人们对社会对历史认识的片面、误差，有的是社会科学自身的问题，有的则是受自然科学水平的限制，即所谓社会历史条件的局限、科学技术发展水平的局限。回顾人类认识的发展史，每一次自然科学的重大突破都使人们对人文科学领域许多问题发生飞跃性的认识，甚至导致对一些已有结论的重新认识。人文科学必须关注和追赶科学技术的发展，善于从科学技术的最新成果中汲取营养、寻找手段，以提高自己的研究和认识水平。

《在“夏商周断代工程”专题报告会上的讲话》（1998 年 12 月 15 日）

过去我们用社会科学理论代替自然科学理论，使我们吃到很大苦头；现在如果走向另一个极端，忽视社会科学同样要吃苦头。

要搞好调查研究，首先要有正确的态度，满腔热忱，眼睛向下，放下臭架子，甘当小学生，虚心而认真地了解情况、搜集材料。其次，要有一个宽松和谐的环境，使人们无所顾忌，畅所欲言。类似上述问题都是敏感问题，如果用“左”的思想去看，如果任意上纲上线，谁还敢发表不同意见？第三，这是我要特别强调的，在整个调研过程中，都要重视马克思主义的指导作用，重视社会科学理论的作用。

党的十一届三中全会之后，我们纠正了“以阶级斗争为纲”的“左”的路线，实行了以经济建设为中心的指导方针，一大批有专业知识的年轻人走上了领导岗位，干部队伍自然科学水平显著提高，这是一个可喜现象。相对而言，干部队伍的社会科学水平却明显下降。一些同志谈自己的专业头头是道，谈社会科学、谈马克思主义连最起码的知识都没有，这种情况确实令人担忧。在过去很长时间里，我们用社会科学理论代替自然科学理论，使我们吃到很大苦头；如果我们不能正确总结经验，走向另一个极端，忽视社会科学或以自然科学理论代替社会科学理论，那么我们同样要吃苦头。

《在天津市调查研究工作会议上的讲话》（1987 年 6 月 11 日）

对于自然科学落后给建设事业带来的损害，人们比较容易警觉，而对于社会科学落后带来的损害，则往往不大为人们所重视。

大家知道，我们党有重视思想理论、重视社会科学的优良传统。我们说毛泽东思想、邓小平理论是党和人民集体智慧的结晶，这中间就包含了众多社会科学研究工作者的智慧在内。近20年来在邓小平理论指导下，我国社会主义现代化建设和改革开放的巨大成就，与社会科学的研究及其成果在实际生活中发挥作用是有密切关系的。为此应当对广大的社会科学工作者表示敬意。但是也应当看到，我国社会科学工作的现状还不能适应新的历史时期的需要，社会科学工作者的素质也亟待提高。我觉得，对于自然科学落后给建设事业带来的损害，人们比较容易警觉，而对于社会科学落后带来的损害，则往往不大为人们所重视。在这方面我们要多做宣传工作。

《在〈胡绳全书〉出版座谈会上的讲话》（1998年12月22日）

为着领导必先预见，为着预见必须掌握基本理论。

领导干部读书不读书，这不只是个人爱好、个人兴趣问题，从根本上讲是革命责任心问题。不读书、不学习，而去讲革命事业心、讲责任感是不真实的。从一定意义上讲，学习的重要性，越是高层次领导体现得越明显。有了理论的指导，才能综合、概括、抽象，才能从若干现象中抓住本质，由今天预见明天。为着领导必先预见，为着预见必须掌握基本理论，没有基本理论作指导就必定缺乏预见性。

《同天津市政府工作人员谈调查研究问题》(1987 年 6 月 8 日)

领导要带头学。领导不带头学，就没有说服力。

领导要加强对学习的领导。首先，领导不是一般的号召和一般的支持，而是要把这件事情摆上重要议事日程，加以正确的引导，防止出现一哄而起和各种形式主义，使之扎扎实实不断地向广泛深入方向发展。其次，领导要带头学。领导不带头学，就没有说服力。领导不学、不懂，就没法引导群众学好。加强对学哲学的领导，不仅能把干部群众的学习引向正轨、引向深入，而且对领导干部本身的学习也是个促进。领导干部学得越认真，越有收获，对做好领导工作的意义就越大。

《同黑龙江省职工群众学哲学经验交流会代表座谈时的讲话》(1990 年 8 月 16 日)

不学习理论，不调查研究，长期下去就有可能变成一个忙忙碌碌的事务主义者。

各级领导干部要读一点书，养成一个读书的习惯和调查研究的习惯。现在新事多，难事多，急事多，大家确实都很忙。但不管怎么忙，还是应该挤点儿时间读书，逐步做到把实际工作和理论学习联系起来。我们很多干部工作很积极，很扎实，也很辛苦。但是大家必须明白，不管工作多么辛苦，如果你不学习理论，不调查研究，长期下去就有可能变成一个忙忙碌碌的事务主义者。特别是区县局以上的领导干部，能不能认真读书，这不是个人爱好问题，从根本上讲是个革命责任心问题。有条件的话，我主张一些领导同志关在屋子里，平心静气地读几个月的书。但就大多数人来说，更现实可行的，只能是边干边学，边学边干。我体会，在工作中结合实践读书，好处很多。一是容易懂。光啃书本，很容易被唬住。我们对实践比较了解，结合实践学，可以打破理论的神秘性。二是容易记。我们作为实践者，对实践熟悉，学习理论与实际工作结合，印象就会深刻。三是容易活。因为，理论一般是枯燥的，而实践是丰富多彩的，理论与实践一结合就活了。四是老师多。在实践中学，老师就不光是书本了，客观世界是老师，周围的许多同志也是自己的老师。五是时间多。因为工作就是实践理论，学习就是研究工作。六是在实践中学，也容易坚持。

《在天津市调查研究工作会议上的讲话》（1987 年 6 月 11 日）

学习理论、总结经验、研究工作有机结合，三位一体，是学习的方法、总结经验的方法，也是搞好工作的方法。

归总起来说，学习理论、总结经验、研究工作有机结合，三位一体，是学习的方法、总结经验的方法，也是搞好工作的方法。我很相信这个方法，向大家推荐这个方法，希望各位自觉地运用这个方法。

《学习理论 总结经验 研究工作——在中国人民政治协商会议第八届全国委员会常务委员会第二十一次会议闭幕会上的讲话》(1997年6月29日)

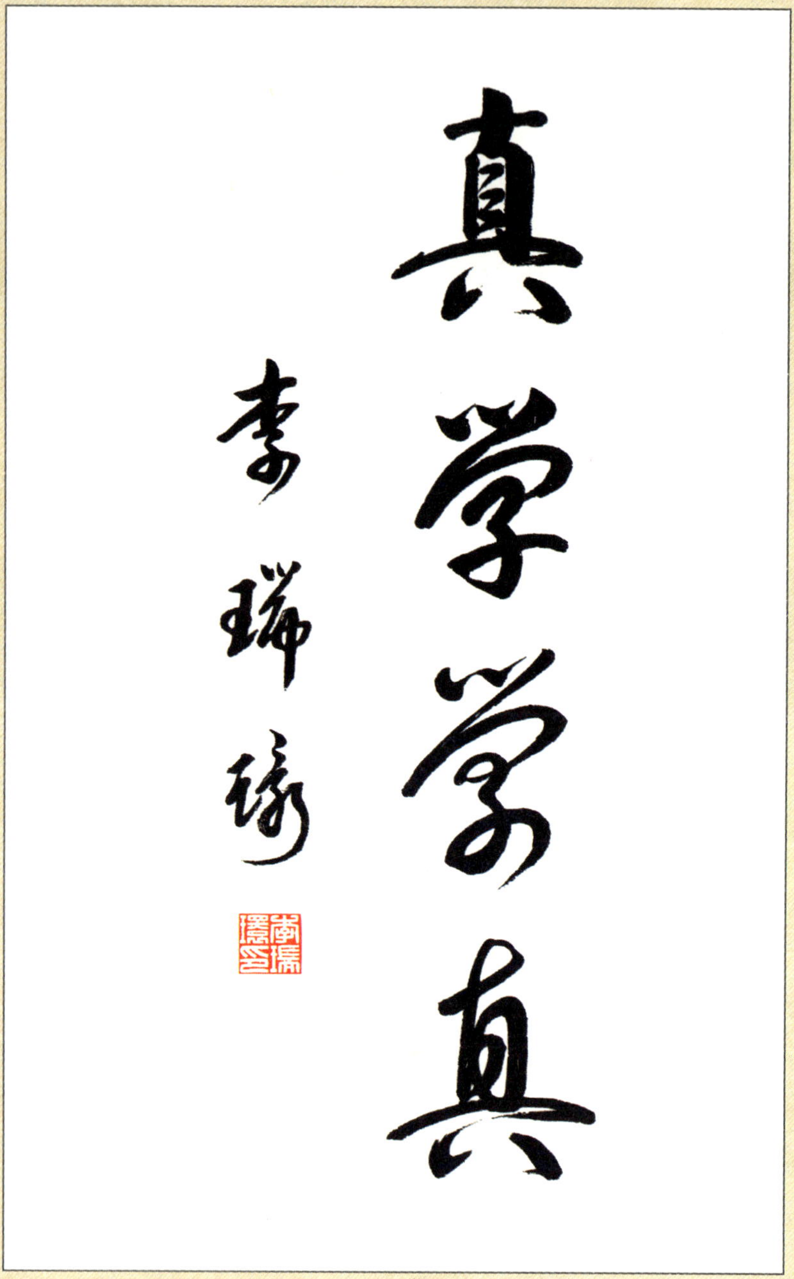

为中国人民大学哲学院 55 周年院庆题词（2011 年 10 月）

1989年11月25日，李瑞环出席在人民大会堂举行的全国省、市、区党报总编辑新闻工作研讨班座谈会并讲话。

（新华社记者李平摄）

1990年4月28日，李瑞环在人民日报社参加《人民日报》国内记者会并讲话。

（新华社记者王敬德摄）

1990年8月16日，李瑞环会见黑龙江省职工群众学哲学经验交流会的代表。

1990年11月9日，李瑞环在湖北省沙市出席全国精神文明建设活动工作会议并讲话。前排左一为中共中央宣传部部长王忍之，右一为湖北省委书记关广富。

1990年12月27日，李瑞环在纪念徽班进京200周年、振兴京剧学术研讨大会上发表讲话。左一为中共中央宣传部部长王忍之，右一为中共中央统战部部长丁关根。

（新华社记者杨飞摄）

1992年7月，李瑞环视察中央人民广播电台。右二为广播电影电视部部长艾知生。

1994年，李瑞环视察全国政协办公楼工地。前排左一为全国政协秘书长朱训，右一为建设部原副部长周干峙。

1994年9月7日，李瑞环在北京参观国学大师饶宗颐（左一）书画展。

1994年2月3日，李瑞环看望著名科学家钱学森并向他拜年。

（新华社记者齐铁砚摄）

1994年2月7日，李瑞环、胡锦涛代表中共中央、国务院向宋任穷拜年，并表示新年祝福。

（新华社记者郭占英摄）

1996年4月22日，李瑞环在北京会见出席首次全国残疾人事业工作会议的全体代表并合影。前排右一为中国残联主席邓朴方，右五为国家计生委主任彭珮云。

（新华社记者樊如钧摄）

1997年4月5日，江泽民、李鹏、李瑞环、朱镕基、刘华清、胡锦涛等党和国家领导人来到北京天坛公园，参加一年一度的首都全民义务植树活动。

（新华社记者樊如钧摄）

1998年11月19日，李瑞环到中国革命博物馆参观刘少奇百年诞辰纪念展览和纪念刘少奇诞辰百年书画展览。

（新华社记者白连锁摄）

2001年12月1日，《启功书画集》出版座谈会在人民大会堂举行。李瑞环出席座谈会并向启功（右一）表示祝贺。

（新华社记者李学仁摄）

91. 学习马克思主义理论重点是学习哲学。

当前学习马克思主义理论重点是学习哲学。陈云同志说，学好哲学，终身受用。马克思主义哲学是人类迄今为止最科学、最完整的世界观和方法论，是伟大的认识工具。掌握了马克思主义哲学思想，就可以使我们在纷繁复杂的矛盾中抓住根本，在变幻莫测的事物发展中把握方向，在各种各样的困难中找到解决的基本方法，加强工作中的原则性、系统性、预见性和创造性。在这里，还要强调，各级领导干部都要认真学习马克思主义的群众观点和群众路线的理论。“马克思列宁主义的基本原则，就是要使群众认识自己的利益，并且团结起来，为自己的利益而奋斗。”①各级干部都要深刻认识人民群众是实践和认识的主体，是创造历史的动力，是社会主义国家的主人，全心全意为人民服务是我们党的根本宗旨，不断提高一切为了人民、一切依靠人民的自觉性。

《在全国宣传部长会议上的讲话》(1989 年 7 月 20 日)

---

① 《毛泽东选集》，2 版，第 4 卷，1318 页，北京，人民出版社，1991。

哲学是“明白学”，不学哲学，天赋再好也不能算明白人。

哲学是“明白学”，许多事情只有学了哲学才能真正明白；哲学是“智慧学”，学了哲学可以使人变得聪明，脑子活、眼睛亮、办法多。不学哲学，天赋再好也不能算明白人。不懂哲学的领导者就不可能是一个清醒的领导。我接触过若干个很不错的同志，工作很努力，天赋也很好，就是在这点上不肯下功夫，工作上常常干糊涂事、吃糊涂亏、占糊涂便宜。

《在全国马克思主义哲学体系改革研讨会上的讲话》
（1988年1月26日）

哲学的意义就在于，任何事物的运动规律都逃不出它的范围。

哲学是我们党根据实际情况制定政策的思想指导，只有懂得哲学，才能自觉地执行政策。哲学是关于世界观的理论，它揭示的是事物发展变化的最一般的规律。世界上的事物纷纭复杂，哲学的意义就在于，任何事物的运动规律都逃不出它的范围。学好哲学，掌握了一般规律，有助于认识特殊规律。感觉到了的东西，人们不能立刻理解它，只有理解了的东西，才能更深刻地感觉它。这个道理我想在座的同志都有体会。

《同黑龙江省职工群众学哲学经验交流会代表座谈时的讲话》
（1990年8月16日）

哲学基本观点的普遍意义就在于，它对任何人从事任何工作都是适用的。

哲学的基本观点说来就那么几条，好像很简单，但是要真正把它弄懂，并与实际相结合，却不那么容易。我们都知道世界是物质的，物质是第一性的，物质世界是可以被认识的，认识是从实践中来的，这是辩证唯物论的基本观点。但是，就在这个基本观点上，我们过去出过多少毛病！“文化大革命”的历史是荒唐的历史，唯心主义盛行，形而上学猖獗。我们经常讲要坚持唯物辩证法的观点，反对孤立的、静止的、片面的观点，可是我们一次又一次地犯绝对化、片面性的错误。按照哲学的观点，客观事物都有它固有的规律，人们要想把工作搞好，取得预想的结果，就必须使自己的思想符合客观规律。规律是稳定的，是反复再现的。认识了规律就可以预见未来，行动就能自觉。比如，冬天冷，夏天热，循环往复，这就是规律。懂得了这个规律，就知道过冬防寒的东西要好好保存，来年再用。哲学基本观点的普遍意义就在于，它对任何人从事任何工作都是适用的。当工人的，当厂长的，当局长的，都是一样。我们要在学习、掌握基本观点上下大功夫。一知半解不行，会背会记不行，就书本谈书本不行，必须真正弄懂。要用基本观点研究现实，研究复杂、变化的各种情况，解决我们面临的实际问题；同时通过解决实际问题，加深对基本观点的理解，真正把它抠懂弄通。真正抠懂弄通了，作用是很大的。

《同黑龙江省职工群众学哲学经验交流会代表座谈时的讲话》

（1990 年 8 月 16 日）

要克服盲目性，提高自觉性，探索规律性，增强预见性，必须用马克思主义哲学来指导。

理论的重大意义在于它可以科学地预见未来，使我们的工作和行动沿着正确的方向和目标前进。邓小平同志关于建设有中国特色社会主义的理论，党的十一届三中全会以来的路线、方针、政策，我国“三步走”的发展战略，为我们描绘了光明的前景，规划了宏伟的目标，指明了前进的方向。但是，要把这些大的原则性的东西具体化，使之体现在各个方面、各个时期的工作中，并且达到预期的目的，我们还面对着一个很大的必然王国。要克服盲目性，提高自觉性，探索规律性，增强预见性，必须用马克思主义哲学来指导。

《同出席全国马克思主义哲学研究与干部哲学教育研讨会全体代表座谈时的讲话》(1989 年 10 月 13 日)

领导干部不懂哲学，就是一个糊涂人，也不可能有大的出息。

领导干部，特别是年轻干部要把马克思主义哲学作为重要的学习内容，年轻干部要在工作中执行政策、处理矛盾、提高水平，不学哲学不行。领导干部不懂哲学，就是一个糊涂人，也不可能有大的出息。我们在建设有中国特色的社会主义中，要造就一大批掌握马克思主义理论的优秀干部，没有这样一批干部，建设的步子不会很快。我们天津把干部的理论学习作为一项战略任务来抓，在配备领导班子时，就准备让班子成员轮流学习，经常保持有一个人脱产读书，这是最基本的基础建设。

《同出席全国马克思主义哲学体系改革研讨会的部分工作者的谈话》(1988年1月26日)

加强马克思主义哲学修养，是提高整个干部队伍素质的一项战略性措施。

加强马克思主义哲学修养，是提高整个干部队伍素质的一项战略性措施。这几年来，我们党实行干部“四化”的方针，有一大批年轻干部走上了各级领导岗位。他们中的多数具有大专以上学历，有一定的专业知识，工作上一般也是积极肯干的。但也必须看到，这些同志中不少人缺乏马克思主义哲学功底。这是一些人进步不快的一个重要原因。应当肯定，懂得专业知识是非常重要的，但对于一个担负全面领导责任的干部来说，由于工作的对象、范围、条件起了变化，原有的专业知识必须进行哲学的概括，把个别上升到一般。只有这样，过去的工作才能成为今后工作的基础，专业知识才有助于全面工作的领导，才能提高驾驭全局的工作能力。有些青年干部是文科出身，例如有的学的就是哲学专业，但他们只是具备了书本知识，还不能说已经变成了自己的本领，也有一个结合实际再学习的问题。坚持马克思主义是四项基本原则的内容之一。因此，无论是学校出身的干部，还是实际工作中锻炼出来的干部，都有一个补课的问题。只有这样，才能抵御资产阶级自由化思潮的侵袭，同时防止和克服教条主义和狭隘经验主义，不断增强工作中的原则性、系统性、预见性和创造性，提高领导水平。

《同出席全国马克思主义哲学研究与干部哲学教育研讨会全体代表座谈时的讲话》(1989 年 10 月 13 日)

掌握马克思主义哲学，有助于理解和掌握马克思主义政治经济学和科学社会主义理论。

学好哲学，有助于学习、掌握和发展马克思主义其他科学理论。有的同志说，现在我们党的中心任务是经济建设，我们当前面临的最令人焦虑的是经济问题，因此，应当强调学习马克思主义政治经济学。也有的同志说，我们要坚持社会主义道路，分清什么是社会主义、什么是资本主义是当前最为迫切的问题，因此应当强调学习科学社会主义理论。这两种看法都有道理，但是如果因此而认为不必强调学哲学，就忽略了马克思主义三个组成部分之间的内在联系。马克思主义哲学是科学的世界观和方法论，它揭示了自然界、人类社会和思维的最一般的规律，是指导人们认识世界、改造世界的最基本的认识工具。无论政治经济学还是科学社会主义，都需要马克思主义哲学作基础。前几天，我与外国代表团座谈社会主义改革问题时说过，在迄今为止的各类社会制度中，社会主义制度是最优越的，所以我们要坚持它。但是，我们也要看到社会主义制度有一个形成发展的过程，目前确实存在着弊病，还有许多潜能没有得到充分发挥，因而必须进行改革。改革是为了去掉弊病，发挥社会主义制度内在的固有的潜能，而不是否定社会主义制度。改革是共产党提出并在党的领导下进行的，改革的结果只能是更加有利于共产党的领导，而不是削弱和否定党的领导。掌握马克思主义哲学，有助于理解和掌握马克思主义政治经济学和科学社会主义理论，并且有助于在实践中发展这两门理论。我们提出要建设有中国特色的社会主义，什么是有中国特色的社会主义？就是马克思主义基本原理同中国现代化建设相结合。不认真学习马克思主义哲学，就谈不上结合，也就谈不上建设有中国特色的社会主义。

《同出席全国马克思主义哲学研究与干部哲学教育研讨会全体代表座谈时的讲话》（1989年10月13日）

年轻干部必须学习马列的基本理论，特别是哲学。

新同志上来以后事情很多，天天忙忙碌碌，如果自己不自觉挤时间学习，不经常翻翻书，这个不行。年轻干部必须学习马列的基本理论，特别是哲学，必须下大功夫学懂弄通，把它变成自己的思想方法。哲学、历史、现代的经济理论等等，材料很多，既要肯学，又要抓住重点，同时和自己的工作结合起来。用理论来总结工作中的经验，在研究工作中用理论来加以指导，把学习和工作统一起来，这样理论水平和工作能力就可以同步增长。我们有意识地叫文人下去当实际工作的头，把文人改造成为武将。文字水平、理论水平和工作水平应该是一致的，不应分割开来。

不然，就将是会写的不会办事，会办事的不会写。现在文件很多，会也很多，新干部上来不能陷在“文山会海”里，一定要把工作、学习、生活安排好。

《同〈中国城市经济社会年鉴〉记者的谈话》(1985 年 1 月 9 日)

联系经历过的实际，结合历史的经验来学，是学习理论、运用理论的重要方式。

联系经历过的实际，结合历史的经验来学，是学习理论、运用理论的重要方式。建国 40 年来，我们取得了举世公认的成绩。中国人民创造这段历史，经历了无数困难和挫折，付出了巨大牺牲和代价，应该说这是经验教训十分丰富的 40 年。对于中高级干部来说，结合这段历史学习哲学原理，不但会有理论的重大意义，而且会有实践的重大意义。40 年中尤其值得重视的是两个 10 年。一个是从 1966 年到 1976 年的“文化大革命”10 年，另一个是从 1979 年到 1989 年的改革开放 10 年。不了解前一个 10 年，就很难正确理解后一个 10 年。前一个 10 年，使我们的党和人民遭受巨大劫难的“文化大革命”，从认识论根源来说，就是唯心主义泛滥，形而上学猖獗。后一个 10 年，即改革开放的 10 年，我们的国家、社会、人民以及我们的党都发生了极其广泛而深刻的变化。一方面，就总的根本方面说，我们确实为人民办了许许多多的好事实事，唯物论、辩证法成为广大干部、群众手中改造世界的锐利思想武器，因而在社会主义建设中进行了广泛的探索和试验，有许许多多的创举。另一方面，就各个领域的具体工作仔细推敲起来，我们也确实干了一些糊涂事、错事，形形色色的唯心主义、形而上学在经济、政治、文化和社会各个领域都有程度不同的表现，在某些时候、某些问题上甚至表现得比较突出。人们的成功或胜利，原因是多方面的，但从哲学上讲就是一条，即主观思想自觉不自觉地符合于客观规律；人们犯错误的原因也是多方面的，但从思想路线上看，根本原因也是一条，就是主观思想不符合客观实际，违背了实事求是的原则。这两个10年的情况大家都比较熟悉，许多事情也已经有了正确的定论。因此，联系这一段历史来学习，不仅有助于我们加深对哲学原理的理解，而且有助于提高我们执行党的“一个中心、两个基本点”的基本路线的自觉性和坚定性。把学哲学同总结经验很好地统一起来，使探讨工作得失的过程成为学习、运用、研究哲学理论的过程，就会推动形成一个理论学习逐步深入、工作水平不断提高、思想认识日趋自觉的可喜局面。

《同出席全国马克思主义哲学研究与干部哲学教育研讨会全体代表座谈时的讲话》（1989年10月13日）

采取多种方式方法，把马克思主义哲学，社会主义的价值观念、伦理道德渗透到社会生活的各个方面去。

究竟怎么学习哲学，历史上我们有过经验也有过教训，曾几起几落，应当认真总结和吸取这些经验教训。如何把马克思主义哲学，把社会主义价值观念、伦理道德渗透到社会生活的各个方面去，我们的任务还很繁重。在封建时代，封建统治者为了使封建主义的伦理道德无孔不入地渗透到社会的各个方面，曾下了很大功夫。从“人之初，性本善”开始，越来越系统，越来越精巧，什么程朱理学，什么《神童诗》、《女儿经》、《治家格言》，什么三纲五常等等，唱戏、说书、讲故事都是这一套，普及工作做得相当深入。在穷乡僻壤，不识字的老头老太太都能讲出个一二三。而相比之下，我们的普及工作还做得很不够。我们要通过扎扎实实的工作，采取多种方式方法，把马克思主义哲学，社会主义的价值观念、伦理道德渗透到社会生活的各个方面去，从家庭到学校到社会，使人们在对工作的追求、进步的追求、个人爱好兴趣的追求过程中，潜移默化地受到启迪和熏陶。要做到这一点，需要动员各方面力量，做长期艰苦的工作。我认为这是加强社会主义精神文明建设的一项带有战略意义的任务。

《同黑龙江省职工群众学哲学经验交流会代表座谈时的讲话》

（1990年8月16日）

掌握了理论，就可以在千头万绪、纷繁复杂的矛盾现象中分清主次、抓住根本，在变幻莫测的事物发展中把握方向，在困难和问题面前找到解决的基本方法。

理论的东西，是反映事物本质、带规律性的东西，具有普遍性、稳定性和再现性。掌握了理论，就可以使我们在千头万绪、纷繁复杂的矛盾现象中分清主次、抓住根本，在变幻莫测的事物发展中把握方向，在困难和问题面前找到解决的基本方法。也就是说，只有掌握了理论，才能加强我们工作的原则性、系统性、预见性和创造性，真正解放思想，勇于创新。不少领导同志，特别是新进入领导班子的一些中青年干部，原来就没有系统地学习过马克思主义的基本理论，走上领导岗位以后又忙于当前繁重的工作，学习理论的时间较少，学习空气也不够浓厚，致使理论素质不高，用马克思主义理论去分析、解决实际问题的能力就更差。所以，对于马克思主义理论，老干部要学习，新干部尤其要努力学习。

《在中共天津市委四届五次全委扩大会议上的讲话》
（1986 年 10 月 26 日）

学哲学仍然可以提倡从学“两论”入手。

《实践论》、《矛盾论》是毛主席的重要哲学著作。毛主席在理论上了不起的贡献之一，就是把马克思主义哲学的主要内容概括为《实践论》、《矛盾论》，并用通俗易懂的语言和事例表达出来了。毛主席的这两篇文章是对党的历史经验的理论总结，是对主观主义特别是对教条主义斗争的产物。“两论”的许多段落，至今读起来仍然感到很亲切、很深刻。……可以这样说，真正学懂了“两论”，也就基本上掌握了马克思主义哲学的主要观点。在“两论”指导下中国革命和建设取得成功的事实，是大家所熟悉的。大庆就是靠“两论”起家的。我认为，当前学哲学仍然可以提倡从学“两论”入手，这同提倡学习马克思主义其他经典著作不矛盾，同强调着重学基本观点也是一致的。在学习“两论”时，还要注意同学习邓小平等老一辈革命家的论著结合起来，加深对我们党的实事求是思想路线的认识，加深对建设有中国特色的社会主义理论的理解。

《同黑龙江省职工群众学哲学经验交流会代表座谈时的讲话》（1990年8月16日）

改革需要哲学，哲学需要改革。

改革需要哲学。现在，我们的领导干部的哲学社会科学水平，特别是马克思主义哲学的水平，从总体上讲是下降了。我们在党校搞过一次测验，我们的中青年干部中有的人连马克思主义的简单常识都不知道。中国的改革，阻力之一在于有些人思想上僵化、思维方式陈旧、思想方法落后。这个问题要靠学习马克思主义，特别是学习马克思主义的哲学来解决。现在不是一直在强调发展马克思主义吗？发展马克思主义主要是针对思想僵化来说的。马克思主义政治经济学、科学社会主义学说中的许多具体结论，都要随着社会实践的发展而发展。相比之下，马克思主义哲学比较稳定，因为它具有最大的概括性和普遍性。哲学也是时代的产物，但这个“时代”的跨度比较大。哲学讲的是科学的世界观和方法论，是最基本的原理。当然，这不是说哲学不要发展。马克思主义哲学本身就承认客观事物的运动发展永远不会完结，人们对客观世界的认识也永远不会完结；马克思主义并没有穷尽真理，真理永远不会被穷尽。这是真正懂马克思主义的人都承认的。马克思主义不承认世界上有什么永恒不变的东西，一切事物都处在永远运动变化的过程之中。世界在不断改变，人类的认识在不断改变。当然，哲学也要发展，也会改变，但必须承认，它比其他的理论稳定得多。

哲学需要改革。解放以来，我们对理论的学习，特别是对马克思主义哲学的学习，走过一条反反复复的路子。主要问题有两个，一个是神秘化，再一个是简单化。毫无疑问，我们需要认真学习和研究马克思主义哲学，同时，马克思主义哲学也需要改革，这两者都是客观实践提出的要求。哲学的改革包括许多方面的含义，可以指哲学本身的改革，也可以指哲学工作的改革，如哲学教育、哲学宣传方式的改革等等。我今天要说的，是指哲学工作方面的改革，就是哲学应该由少数人研究的学问变成多数人学习的内容，把学院里研究的学问变成改革开放的武器和工具。当然，少数人的研究、专家的研究也非常必要，但要使哲学真正得到发展，真正具有生命力，就不能停留在学院少数人手里。哲学之所以重要，就在于它为人民群众认识世界、改造世界提供思想武器。哲学家的职责，主要在于深入、系统地研究哲学本身的问题，包括哲学的历史和现状，哲学同其他科学的关系，以及哲学如何不断适应时代的要求而发展的问题。这个研究过程是非常艰巨、复杂的，总不能让所有的人都去经历这个艰巨复杂的过程，而应当通过教育的方式，把少数人经过复杂的研究过程得出的简单明了的科学结论交给大多数人，变成大多数人享有的知识财富。这样，理论就能发挥它指导实践的作用。就一般来说，一个科技工作者的贡献，不只是看他在陈列室里摆了多少成果，还要看他的成果有多少转化在生产中，在社会上实现了多少价值。假如你的研究在现实生活中看不见作用，在社会上表现不出价值，那么，你的研究本身就很值得研究。因此，我觉得所谓哲学要改革，主要是做两件事：一件是深入、系统地研究马克思主义哲学本身，在实践中发展哲学；一件是研究马克思主义哲学怎样普及，以便在实践中应用哲学。要说学哲学就想让每个人都成为哲学家，这不可能。但对基本原理、基本观点，人们都有所了解，这是应该和可以办得到的。

《在全国马克思主义哲学体系改革研讨会上的讲话》

（1988 年 1 月 26 日）

92. 学哲学要学原理，用哲学也要用原理。

学哲学要学原理，用哲学也要用原理。把哲学原理应用于了解情况、分析矛盾、研究对策的过程之中，也就是应用于一切工作之中。因为一切工作都要了解情况、分析矛盾、研究对策。这样，工作不断，应用不断。这就是理论联系实际的学习方法，也是理论联系实际的工作方法。在我看来，要想学习有成就、工作有成就，就必须研究这个方法。

《同〈学哲学 用哲学〉一书编辑人员的谈话》(2004年6月3日)

就大多数人讲，学哲学就是学好基本观点。

对一般搞实际工作的人来说，我主张主要学习马克思主义哲学的基本观点。哲学家应当下点力量，为搞实际工作的同志编写一些适合于不同层次的学习资料，为他们能够较快地学懂学好马克思主义哲学的基本观点服务。如果有人在学习和掌握了基本观点之后，还有兴趣继续学原著或者研究哲学史，这当然更好。我们不可能使每个人都成为哲学家，因此没有必要也不可能使每个人都像哲学家那样去钻研哲学。世界上的事物是复杂的，许多事情当你没有深入了解时，你可能认为是简单的。一旦钻进去了，你就会发现并不简单。所谓“越学越不懂”，“越学越糊涂”，讲的就是这种情形。比如文物，笼统地说，似乎人们都知道，但仔细研究就复杂多了。从横向分类看，有建筑、碑刻、器皿、工具、书画等，好多好多；从纵向看，有上古的，哪朝哪代的，一个人一辈子能就某个门类某个时期研究出点名堂来就很不容易。人的一生，时间是有限的，精力和实践的范围也是有限的，再聪明的人也只能做那有限的事。我们提倡学马克思主义哲学，归根结底，还是为了搞好我们自己从事的某方面工作，所以我认为就大多数人讲，学哲学就是学好基本观点……下大力量把基本观点真正弄懂，并且能和自己的实际工作相结合，不断提高认识水平，增强工作能力。这就是我们学习哲学的目的。

《同黑龙江省职工群众学哲学经验交流会代表座谈时的讲话》

（1990年8月16日）

要着重把握实践的观点、辩证的观点、群众的观点。

对于马克思主义哲学的基本原理、基本观点必须下功夫钻研，力求学懂、记熟、弄通。根据当前情况，要着重把握以下几个基本观点。

第一，关于实践的观点。实践的观点是马克思主义认识论之第一的和基本的观点，也是我们党的实事求是思想路线的理论基础。1978年开展的真理标准讨论，实际上就是如何对待实践观点的问题。实践是正确思想产生的源泉，是检验真理的唯一标准，又是发展理论的动力和学习理论的目的。掌握和坚持实践的观点，说话办事、处世为人就敢于解放思想，坚持实事求是，做到一切从实际出发，冲破唯书、唯上的教条主义束缚。讲实践第一，当然不是否认马克思主义理论和各门科学理论对实践的指导作用。离开这种被实践证明为真理的理论的指导，我们的实践就会是盲目的实践。但是，指导我们实践的理论，又必须不断在实践中接受检验。

学习和掌握实践的观点之所以特别重要，是因为我们在建设具有中国特色的社会主义过程中面临的许许多多问题，从本质上讲都是个实践问题。10 年改革开放，方向是正确的，成绩是巨大的，经验是丰富的，但就整体来说，尚有许许多多必然王国未被我们认识。有些改革实践，其诸多矛盾的孕育、显露、发展、斗争、转化直至最终解决，需要较长时间，在这个过程完结之前不宜过早和轻易地下结论。解决这些矛盾，既不能指望从国外飞来什么包医百病的灵丹妙药，也不能简单地沿用那些已经大大落后于实际生活的过去的经验，而只能依靠千百万人民群众的实践。在实践过程中，肯定会有这样那样的失误，但失误常常是正确的先导。检验正确与失误要靠实践，纠正失误也要靠实践。如果要求改革开放一帆风顺，什么失误也不出，这是唯心主义的先验论，因为任何人都没有这个本事。如果把改革开放中的一切失误都说成是不可避免的，这是不可知论，因为有一部分失误主要是人们的主观因素造成的，是可以避免的，笼统地用“交学费”来辩解，是对人民不负责任的表现。正确的态度是，把实践的观点贯彻到底，不仅勇于实践，而且勇于用实践标准来检验改革开放的理论、观点、方针、政策、方案、计划是否合乎客观实际。在回顾总结的基础上，发扬正确的部分，纠正失误的部分，加强不足的部分。如此循环往复，我们的改革开放事业就会不断推向前进。

第二，关于辩证的观点。列宁曾经指出：“可以把辩证法简要地规定为关于对立面的统一的学说。这样就会抓住辩证法的核心”①。列宁还说过：“要真正地认识事物，就必须把握住、研究清楚它的一切方面、一切联系和‘中介’。我们永远也不会完全做到这一点，但是，全面性这一要求可以使我们防止犯错误和防止僵化。”② 任何时候，研究任何问题，我们都应该从对立统一中把握事物及其发展过程，坚持辩证法的全面性，避免形而上学的片面性。

无论是革命年代还是建设时期，片面性、极端化、绝对化曾经给我们带来严重损失。近几年来在处理经济、政治、文化和社会的诸多基本问题上，也存在着显而易见的片面性需要纠正。例如：坚持四项基本原则与改革开放，不能“一手软、一手硬”；要坚持公有制为主体，又要积极发展多种所有制经济；高度集中、统得过死的计划体制应该改革，市场作用应当充分发挥，但不能因此而不要计划，要做到有计划地放开，有控制地搞活；乡镇企业要合理发展，这有助于摆脱8亿农民搞饭吃的落后状况，但粮食生产和农业投入不能忽视；要紧紧扭住经济建设这个中心，但精神文明建设和思想政治工作决不能放松；要纠正社会主义建设时期仍然“以阶级斗争为纲”的错误，但不能忽视思想领域的斗争，如此等等。我们要防止在纠正这一方面的片面性时，又陷入另一方面的片面性。例如，在处理“四个坚持”与改革开放的关系上，我们纠正“一手软、一手硬”，应当使软的一手变

① 《列宁全集》，中文2版，第55卷，192页，北京，人民出版社，1990。
② 《列宁全集》，中文2版，第40卷，291页，北京，人民出版社，1986。

硬，而不应当使硬的一手变软，要使两者在前进中统一起来，结合得更好。这种统一和结合，绝对需要的就是唯物论和辩证法，而容不得半点唯心论和形而上学。

第三，关于群众的观点。相信人民群众，依靠人民群众，是历史唯物主义最基本的观点。在革命时期，我们要坚持这个基本观点。在我们党领导全国政权的条件下，面对着社会主义现代化建设的艰巨任务，我们仍然要并且尤其要坚持这个基本观点。人民群众是实践和认识的主体，是创造历史的动力，是社会主义国家的主人，是社会变革的决定力量。我们事业的发展，无一不有赖于广大群众的自觉和自动。掌握和坚持马克思主义的群众观点，是我们做好各项工作的根本。马克思主义的基本原则，就是要使群众认识自己的利益，并且团结起来，为自己的利益而奋斗。不管到了什么时候，为人民服务的宗旨不能变，为人民办实事的原则不能变，依靠人民的力量解决问题的方法不能变。如果改变了这一点，就叫变质、变色。

《同出席全国马克思主义哲学研究与干部哲学教育研讨会全体代表座谈时的讲话》（1989年10月13日）

看待形势必须有正确的观点。一是要有唯物主义的观点，二是要有全面的观点，三是要有发展的观点。

看待形势必须有正确的观点。一是要有唯物主义的观点。毛泽东同志说过，只有感性材料丰富（不是零碎不全）和合于实际（不是错觉），才能得出正确的结论来。如果不是从事实出发，不是以事实为依据，而以虚假作为前提，并以此推理，方法上是错的，其结果也必然是错的。二是要有全面的观点，既要看到各个方面，又要分清主流和支流。一分为二是马克思主义的观点，但不能把一分为二理解为一半对一半。必须要弄清哪个是主要面，哪个是次要面，不分不对，颠倒和不分主次也不对，这才是辩证法。我认为只要用这样的观点去看待当前的形势，就可以得出正确结论，同时也并不否认存在的问题。三是要有发展的观点。对形势不能孤立地、静止地去看，不能只看眼前，要看到长远，要看到发展趋势。我们不是天天说小孩子不如大人吗？但发展地看，最终还是小孩子战胜大人。改革过程中出现了一些问题，许多是前进中的问题，是可以在改革的进程中逐渐解决的。只有把握住这些基本的观点，才能够正确地观察形势。

《与天津大学学生的对话》（1985 年 10 月 23 日）

树立唯物的观点，反对唯心主义；树立全面的观点，力戒片面性；树立发展的观点，破除静止、僵化和保守的思想。

最近，陈云同志在同中央几位领导同志谈话时，一再强调要学习哲学，并语重心长地说：学好哲学，终身受用。马克思主义哲学即是辩证唯物主义和历史唯物主义，是无产阶级世界观的科学体系，是马克思主义全部学说的理论基础，也是我们通常所说的“实事求是”思想路线。它是我们党制定政治路线的哲学基础。十三大报告提出的社会主义初级阶段理论和党的基本路线，是马克思主义哲学原理在中国实践中的具体运用。不学习哲学，我们对初级阶段理论和党的基本路线就领会不深，理解不透，只知其然而不知其所以然。哲学通俗地说也可以称为明白学、条理学，不懂得哲学，就很难在错综复杂的情况下把握事物的本质，掌握事物的内在规律，办事不是颠三倒四，就是丢三落四。学点哲学，这是提高领导干部认识能力和工作水平的基本功，也是中青年干部走上领导岗位必须补上的基础课。比如，当领导干部就要有预见，预见就是根据事物内部运动的规律，把握事物发展的未来。而任何事物发展变化的前景和趋势，并不直接表现为事物现象方面，而是表现在事物的内在本质。因此，只有掌握了哲学，才能概括、抽象，透过现象把握事物的本质，做到有预见。又比如，当领导离不开综合，从一定意义上说，领导工作是个综合工作，不懂得综合或者不善于综合，就当不好领导。综合不是现象的罗列，也不是材料的机械凑合，而是客观事物在发展过程中有机联系的再现。要学会综合的本领，就得学哲学。因此，完全可以说，不掌握马克思主义哲学理论基础，就无法胜任领导工作。马克思主义哲学的内容非常丰富，著作也特别多。有条件的应该学习一些马列和毛泽东同志的哲学原著，学点哲学史。但我觉得，当前主要还是选学一些基本哲学原理和哲学观点，以树立唯物的观点，反对唯心主义；树立全面的观点，力戒片面性；树立发展的观点，破除静止、僵化和保守的思想。这是坚持从初级阶段国情出发，坚持生产力标准，全面贯彻党的基本路线，处理好新旧体制交替过程中种种复杂矛盾，搞好改革开放和各项工作所必须具备的理论素养和思想方法。

《在中共天津市委四届八次全委扩大会议上的讲话》

（1987 年 12 月 26 日）

世界上不存在任何永恒的东西，只有一个永恒的道理，就是永恒的发展。

发展的观点是马克思主义的基本观点，是我们必须始终重视和坚持的观点。这个观点认为，运动变化是绝对的，发展是永恒的。世界上不存在任何永恒的东西，只有一个永恒的道理，就是永恒的发展。我们反对僵化，反对保守，就是因为僵化、保守违背永恒发展的原理。当前，科学技术突飞猛进，新生事物层出不穷，人类社会的发展变化速度之快、范围之广，前所未有。对许多事情我们刚刚有所认识，但很快就变得过时；有很多老问题还没有解决，新问题又摆在了面前。

《听取浙江省委、省政府工作汇报时的讲话》（2000 年 2 月 24 日）

凡是走上领导岗位的同志，都应当联系实际学一点历史唯物主义。

群众是创造历史的主人，办事要依靠群众。不论什么事，如果脱离了群众，得不到人民的理解、支持和拥护，就一定不能办好。因此，任何领导，要想办好任何事情，就必须研究解决群众情绪问题。而如果没有人给群众解决实际困难和关心他们的利益，群众的情绪就一定不会高，也就一定不会真正地积极起来。群众需要领导，没有领导，群众的积极性既不可能持久，也不可能提高到高级程度。领导必须取得群众的信任，没有群众的信任，也就不会成为真正的领导。而这种信任，靠上级封不出来，靠权力压不出来，靠自己吹不出来，靠耍小聪明骗不出来，只有靠真心实意地、尽心竭力地、坚持不懈地为群众办实事，才能逐步地树立起来。“你们为我们办事儿，我们为你们作劲儿”。这个普通群众的朴素语言，概括了许多工作的原因，也讲出了一个深刻的道理。当前，领导干部必须解决的一个重大问题，是能否经得起执政的考验和改革开放的考验，克服和抵制形形色色的腐败现象，真正做到廉洁从政的问题。是为人民奉献还是向人民索取，是立志做大事还是追求做大官，这是衡量一个党员干部党性强不强的分水岭。凡是走上领导岗位的同志，都应当联系实际学一点历史唯物主义，真正懂得人民群众是社会的主体，是历史发展的动力，牢固树立人民至上、群众第一的观点，把群众的情绪作为第一信号，做到心里装着人民，办事想着人民，一切依靠人民，通过自己的工作和服务，使人民真正获得利益。那种把自己凌驾于群众之上，当官做老爷，严重损害群众的利益，甚至贪污腐化、腐败堕落的干部，是注定要被历史淘汰、被群众唾弃的。

《在天津市城市协调发展研讨会上的讲话》（1988 年 3 月 12 日）

我们是搞唯物论的，总是要力争使自己的言行符合实际，但有时官越大越不容易符合实际。

在天津工作时有人问我，讲话为什么那么难，准备了很长时间，人家还说听着别扭。我说原因有三：一是水平问题，像我当木匠的，叫我当市长，现在管意识形态，当然就难；再一个是由于问题重大，需要慎重考虑，也比较难；还有一个是说的不是自己的话，不是怎么想怎么说，而是说违背本意的话，当然就困难，听的人也觉得别扭。我们是搞唯物论的，总是要力争使自己的言行符合实际，但有时官越大越不容易符合实际。

《在〈人民日报〉国内记者工作会议上的谈话》(1990 年 4 月 28 日)

主观愿望必须符合客观实际。客观就是客观，不以人的意志为转移。

主观愿望必须符合客观实际。客观就是客观，不以人的意志为转移。这里的“人”包括所有的人，男人、女人，大人、小孩，高级官员、平民百姓，中国人、外国人。要解决中美之间当前存在的问题，关键也是使我们的思想与客观实际相符合。按照我们的理论来解释“客观”这个概念，除了自己的思想外，其他都称为客观。因此，别人的想法，也是客观事实。比如，我研究基辛格博士的客观，包括博士的思想，你研究我的客观，也包括我的思想。对方的敏感情绪，包括某些冲动，都是客观现实。

《会见美国前国务卿基辛格时的谈话》(1989 年 11 月 8 日)

观察国际问题同观察任何其他问题一样，必须重视客观实际，研究客观实际，做到从客观实际出发。

观察国际问题同观察任何其他问题一样，必须重视客观实际，研究客观实际，做到从客观实际出发。我们所在的这个星球上共有 180 多个独立主权国家，它们的社会制度、历史文化传统、民族和宗教信仰以及所处的社会发展阶段都不尽相同，都具有自己的个性。正是这种个性，使我们这个世界丰富多彩，使各有长处与不足的不同国家需要相互学习、取长补短，不同社会制度和意识形态的国家应该求同存异、和平共处。世界上各个不同国家之间也有许多相同的东西，有许多共同的利益、共同的愿望、共同的任务，存在着共性。正是这种个性和共性的统一，构成了国际合作与交流的基础，使各个国家可以而且应当在相互尊重的基础上，通过平等协商寻求建立大家共同遵循的国际行为准则。这是人类进步的重要条件，也是人类在处理相互关系中更加成熟的重要标志。人类应当超越历史遗留下来的种种陈腐观念，共同面对我们这个星球上越来越多的、需要国家之间谅解与合作才能解决的问题。

《中国的对外政策和现代化建设——在比利时皇家国际关系研究所的讲演》(1994 年 5 月 18 日)

注重实际是辩证唯物论的基本要求，是做好一切工作的基本前提。

注重实际是辩证唯物论的基本要求，是做好一切工作的基本前提。辩证唯物论认为，物质是第一性的，意识是第二性的，观念的东西不外是移入人的头脑并在人的头脑中改造过的物质的东西而已，正确的认识则是对客观实际的正确反映。所以，任何人做任何工作，要取得胜利、达到预想的结果，就必须使自己的思想合于客观实际，否则就会失败。注重实际、坚持一切从实际出发，就是坚持辩证唯物论。

我们之所以强调注重实际，是因为现在脱离实际的东西太多，弄虚作假的东西太多。假情况、假数字、假政绩到处都有，假典型、假干部、假关系时有发生。……假商品可恨，骗取钱财，坑人害命；假关系可恶，招摇撞骗，损公肥私；假情况可怕，干扰决策，误国误民。这些假的、糊弄人的东西，给我们工作带来的干扰越来越多，给我们事业造成的损害越来越大，已经成为社会公害。

脱离实际、弄虚作假的现象之所以盛行，原因是复杂的、多方面的。既有主观原因，也有客观原因；既有下面的原因，也有上面的原因。但不管什么原因，这种状况必须坚决加以改变。毛主席曾指出："共产党员对任何事情都要问一个为什么，都要经过自己头脑的周密思考，想一想它是否合乎实际，是否真有道理"①。我们必须在全党、全社会倡导求真务实、言行一致的作风，必须增强分清是非、辨别真伪的能力，尤其必须有坚持实事求是的态度和勇气。在工作中重视调查研究，加强制度建设，防微杜渐，堵塞漏洞，不给作假行骗者以可乘之机。

《听取山东省委、省政府工作汇报时的讲话》（2000 年 9 月 11 日）

注重实际、注重实践、注重经验。

注重实际、注重实践、注重经验，都属于辩证唯物论认识论的问题，本来可以作为一个问题来讲，之所以分开来讲，是因为

① 《毛泽东选集》，2 版，第 3 卷，827 页，北京，人民出版社，1991。

这三个方面都存在着一些值得注意的倾向。注重实际，坚持一切从实际出发，克服各种脱离实际、弄虚作假的弊端；注重实践，坚持在实践中找出路、找办法，克服教条主义、本本主义的影响；注重经验，牢记历史经验同时不断创造和总结新鲜经验，克服庸俗肤浅、八股习气。这一切都事关全局，必须认真加以解决。

《听取山东省委、省政府工作汇报时的讲话》（2000 年 9 月 11 日）

要想不犯或少犯唯心主义、形而上学的错误，就必须经常到实际工作中去了解情况、研究问题。

调查研究的方法是马克思主义认识论的最基本方法。实践证明，任何单位、任何行业要想搞好工作，少犯错误，都必须应用这个方法。我们是辩证唯物主义者，要想不犯或少犯唯心主义、形而上学的错误，就必须经常到实际工作中去了解情况、研究问题。我们是历史唯物主义者，我们认为人民是创造历史的主人，要想跟上时代步伐，避免官僚主义，就必须和群众保持紧密联系。调查研究的过程也是应用理论的过程。我们常讲实践产生理论，但实践不能自发地产生理论，只有将实践材料在理论指导下进行加工改造才可以成为理论。在调研过程中应用理论，学习理论，检验旧理论，创造新理论，提高和统一人们的思想认识，回答和解决面临的问题。这样反复应用，不断学习，就会不断提高理论水平，提高学习理论的自觉性，提高大家对调研工作的自觉性，从而在全市范围内，在领导干部中，形成一个大兴调查研究的风气。我希望大家团结起来为达此目的而努力。

《在天津市调查研究工作会议上的讲话》(1987年6月11日)

有些事必须从根本上、综合起来看，而不能就事论事，否则讲不清。

对任何一种事物、现象，从不同的角度都可以作出不同的解释和说明，有时甚至结论截然相反。因此对事物、对改革的评价，要以最终的、综合的效果来检验。看其是否促进了生产力的发展，看多数人的利益与情绪，看给党带来了荣誉还是损失。许多事情就事论事讲不清。比如，你给大男大女办婚姻介绍所这件事，一开始就有人说“这是管闲事”、“抓小事”、“做表面文章”。可是，站在由于上山下乡等种种原因而没有找到配偶的大男大女的角度说，这是小事吗？由全心全意为人民服务是人民政府的宗旨的角度说，这是闲事吗？从调动积极性发展生产力的角度看，能说这不是正事吗？后来中央肯定了天津的做法，又有人说“小事不小”、“小中见大”。所以，有些事必须从根本上、综合起来看，而不能就事论事，否则讲不清。

《关于改革中的辩证法的谈话》(1986年3月28日)

数量当然要讲，但必须以质量为前提；不重视质量，质量低劣，最终导致没有真正的数量。

没有质量一切就无从谈起。没有质量就没有数量。质量反映事物的本质。从哲学观点上讲，一事物区别于其他事物，是由这个事物的质所决定的。任何事物之所以是什么而不是别的什么，都是由它自己特殊的性质决定的。而数量则是事物存在和发展的规模、程度、速度、水平。世界上不存在没有数量的质量，也不存在没有质量的数量，任何事物都是质量和数量的统一。因此，无论是建筑业还是工业、商业，无论建筑什么，还是生产什么、服务什么，都必须十分讲究质量。数量当然要讲，但必须以质量为前提；不重视质量，质量低劣，最终导致没有真正的数量。

怎样对待工程质量，反映了领导干部对工作的责任心；怎样对待质量，反映了有没有群众观点；怎样对待质量，还有个科学态度问题。因此，端正领导思想，是确保工程质量的前提条件。

《在天津市施工会议上的讲话》(1985 年 4 月 13 日)

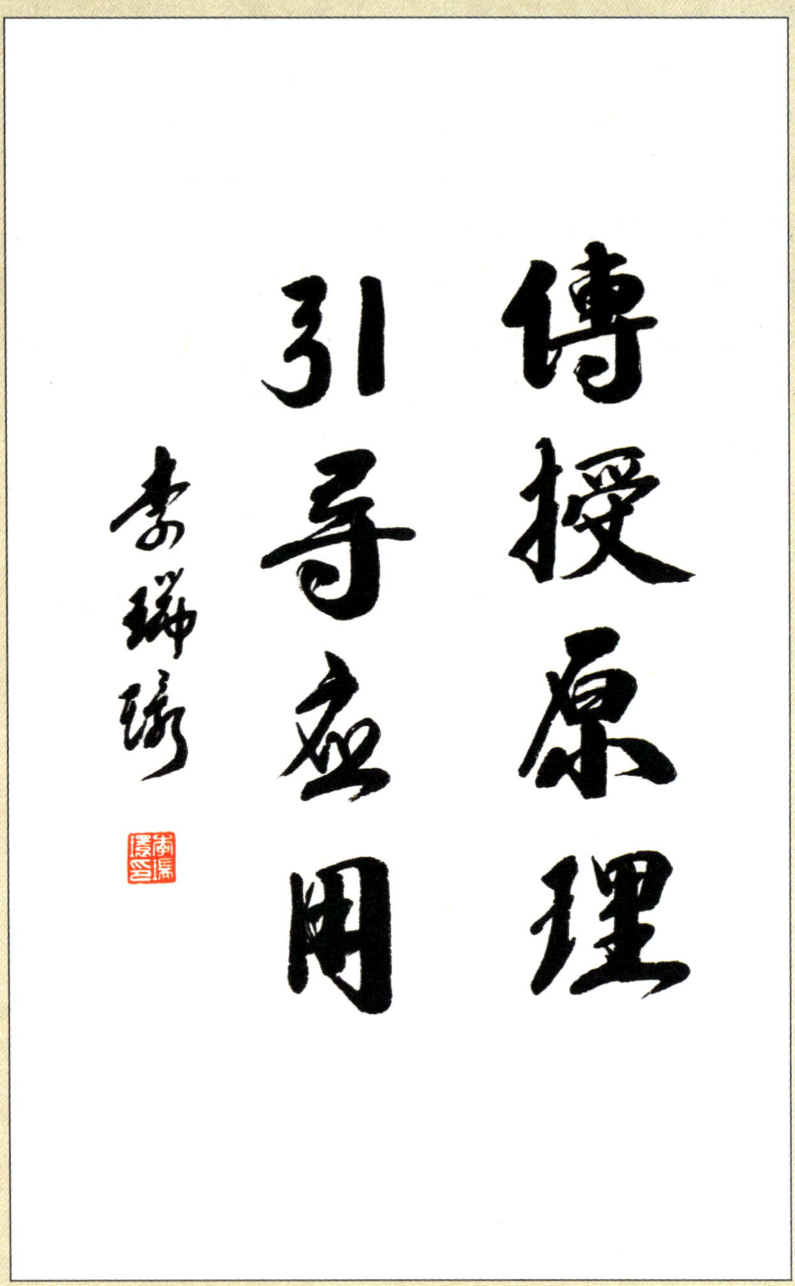

为南开大学哲学院 50 周年院庆题词（2012 年 9 月）

93. 苦读、多思、常联系。

读书是大事，也是难事，更是苦事。有的同志说："我知道读书重要，我也想认真读点书，可现在事情太多，时间太少。"我承认，现在确实很忙，但我仍然认为有个认识问题、重视问题、安排问题。世间最宝贵的东西是时间，而我们许多同志最不珍惜的也是时间。不信你把每天 24 小时作息时间详细具体地记录下来，并连续记上一个月，然后仔细看一下，按照科学合理安排工作、生活的方法盘算一下，你就会惊奇地发现，你不经意地浪费了一大把时间。也有的同志说："最难的问题是读不懂，记不住。"还有的同志说："我很想读书，也鼓劲试过好几次，但总是坚持不了多长时间。"以上所说的一些情况，确实是个问题，是不少人都碰到过的问题。怎么解决？很多人也谈过自己的体会和办法。我体会最基本、最重要的是：硬着头皮去读，咬紧牙关坚持。就像古时读诗词一样，先会背诵，后解其义。这样做当然很苦，读书怎能不苦？自古以来都叫"苦读"，"寒窗苦读"，"梅花香自苦寒来"。只要你不动摇，不松劲，只要你能有"衣带渐宽终不悔"的精神，终究会迎来"蓦然回首"的新局面。要勤于善于思索，"学而不思则罔"。读不懂读不进的原因之一是缺乏思索。思维活动是人区别于其他动物的特征，是人的主观能动性的表现，是获得理性认识必需的条件和过程。要坚持多思，学会善思，养成思索的习惯，这不但可以增进理解，还可以增加兴趣，增多学习的时间。要学会联系，联系实际、联系工作、联系生活、联系常见和熟知的事例去理解书中的内容。马克思主义是普遍真理，任何事物也逃不出它的范围，因而随时随地都可以联系。比如"共性个性、绝对相对的道理"是辩证法的"精髓"①，何以见得呢？在实际生活中，任何一个事物、一个命题都可以得到证明。比如"人"、"女人"，相对其他事物，"人"是个性，在人这个领域，"人"又是共性；"女人"相对男人是个性，在女人这个领域又是共性。再比如"树"，相对其他植物是个性，在树这个领域又是共性。如此等等，万事万物都是这个道理。这就是我向大家介绍的苦读、多思、常联系的方法，即把读书、学习、工作、生活融为一体的方法。这种方法容易懂、容易记、容易活、容易找时间，因而也就容易坚持。这是我自己常用的方法，我希望同志们也试试这个方法。

《在天津市调查研究工作会议上的讲话》（1987 年 6 月 11 日）

要多一点时间读书，多一点时间调查，多一点时间琢磨问题，多一点时间研究政策。

对于现行政策我们必须强调贯彻落实，否则就没有统一行动，就无法工作，也没有权威。但这决不是说不要研究，特别是

① 《毛泽东选集》，2 版，第 1 卷，320 页，北京，人民出版社，1991。

制定政策的部门，必须坚持在一定范围内不间断地进行研究。希望统战部门的同志多一点时间读书，多一点时间调查，多一点时间琢磨问题，多一点时间研究政策，多提出一些有价值的意见、建议。

《在全国统战工作会议上的讲话》（2000 年 12 月 6 日）

不读书，实践再多，悟性再好，也不会掌握马克思主义。

读书是获取知识的阶梯，是掌握马克思主义理论的基本途径。不读书，实践再多，悟性再好，也不会掌握马克思主义。现在有些领导干部虽然工作勤勤恳恳，就是不肯读书。照此下去，就会成为一个忙忙碌碌的事务主义者。领导干部是否认真读书，不只是个人兴趣问题，而且是一个事业心、责任感的问题。理论对一个人的影响是很大的。一般说来，地位越高，影响越大，甚至影响到国家的命运和前途。

《在天津市调查研究工作会议上的讲话》（1987 年 6 月 11 日）

要真正读点书，研究点问题，工作才能有大变化。

我几次讲过这样的话，我们有些干部没有坐下来读书的习惯，总爱坐上车到处跑。就现在的条件而论，坐车下去不一定就是什么艰苦的事。有的领导干部下去以后讲话很多，说有用吧，没有什么实际作用；说有错吧，都是报纸上的，也没有错。要使这些干部养成刻苦读书的习惯。把他们招到党校来学习一段，集中时间读点书，研究些问题。领导干部必须能坐下来，报纸要读进去，文章要看进去。那么多文件，学习以后要知道是怎么回事。不能问什么好像知道一点儿，往下一问又什么都不知道。共产党取得胜利，其中有一条就是有那么一批人善于研究问题、解决问题。毛主席写了多少东西，研究了多少问题？《毛选》一、二、三、四卷，你说是理论也行，你说是实践经验的总结也行，讲得多实在，真正是提出问题、研究问题、解决问题。天津的干部，特别是区县局一级的干部，要真正读点书，研究点问题，工作才能有大变化，这很有现实意义。

《关于加强党校建设的意见》（1988 年 7 月 12 日）

书，特别是马克思主义的书，会读、会背的甚多，会用、用好的甚少。

总结经验，这是每个同志提高水平、增长才干的一个重要环节。比如说，我非常赞成大家读书，但离开总结经验，把书读懂、用好是很难的。我讲过这样一句话，书，特别是马克思主义的书，会读、会背的甚多，会用、用好的甚少。很重要的一条原因，就是没有坚持理论联系实际，而怎么联系实际，关键就是总结经验。只有通过总结经验，才能把理论弄懂弄通。又比如说，我们有许多同志，年龄差不多，经历差不多，天赋差不多，实干精神也差不多，进步快慢却差得很多。原因可以找很多，其中一条就是善不善于总结经验。有的同志每干完一件事，都要琢磨琢磨，找出对的在哪，错的在哪，这叫做“吃一堑，长一智”、“打一仗，进一步”。而有的同志叫干就干，干完就算，稀里糊涂，马马虎虎，知其然，不知其所以然，因而进步就慢。按时间来说，每年，乃至每一天，干得怎么样，都回顾回顾，琢磨琢磨，我看好处甚多。我自己几十年来，就有这样一个习惯，每天晚上睡觉前都想想今天干得怎么样，有没有虚度时间。我个人觉得很有益处。

《同全国统战部长会议代表座谈时的讲话》(1996 年 12 月 25 日)

学习毛泽东读史用史、爱书读书的精神，使勤读书、多读书成为习惯、成为风气。

毛泽东酷爱读史，尤为喜爱读二十四史，认为这是一部好书，研究中国历史必须扎扎实实把二十四史学好。一部大字本的二十四史从 1952 年开始陪伴他，直到逝世。对于这部 4 000 万字的历史巨著，毛泽东常读不懈，浓圈密点，作批写注，留下了一代伟人极其珍贵的心迹。《毛泽东评点二十四史》，内容非常丰富，涉及哲学、政治、经济、军事、思想、文化、教育以及做人道理、养生之道……是毛泽东留给后人的宝贵的精神财富。

毛泽东读史，不拘泥于前人已经作出的结论，能在浩繁的史料中，去伪存真，去芜取精，得出独到、精辟的见解。毛泽东读史，不是为史而史，而是结合实际，解决面临的各种问题，推动中国历史更好、更快地前进。今天，当我们进一步领悟邓小平同志“总结历史是为了开辟未来”① 的讲话、落实江泽民同志“全党学习历史”的号召时，重新回顾毛泽东重视历史、研读历史、运用历史的伟大实践，就会再一次感受到中华文明的巨大魅力与生命力，就会激励我们更加热爱民族优秀文化，大力弘扬民族优秀文化，积极建设有中国特色社会主义的文化。

毛泽东一生酷爱读书。战争年代、条件极其艰苦时，他坚持读书；和平时期、国事十分繁忙时，他坚持读书；即便病魔缠身、行动困难时，他仍然坚持读书。读书成了毛泽东生命的有机组成部分。当我们钦佩毛泽东知识渊博、才能杰出、功绩卓著时，同样也钦佩他那种“生命不息、读书不止”的崇高品格。现在我们的工作确实比较忙，但无论如何忙不到毛泽东那样的程度。我们要借《毛泽东评点二十四史》出版的时机，学习毛泽东读史用史、爱书读书的精神，使勤读书、多读书成为习惯、成为风气。

《在毛泽东与二十四史学术研讨会上的讲话》（1997 年 12 月 1 日）

人都有长处，都有短处。无论选了哪种类型的人当市长、副市长，都得补课。

我是被人选的，怎样当市长这个题目你们应该找那些选人的人去谈。要我谈，我认为无论选了哪种类型的人当市长、副市长，都得补课。人都有长处，都有短处。搞自然科学的专家教授，他们自然科学知识丰富，但有的担任了校领导职务以后，连学校的食堂、卫生都搞不好，如果选他当市长，要他把全市人民

---

① 《邓小平文选》，1 版，第 3 卷，271 页，北京，人民出版社，1993。

的吃喝拉撒睡搞好，难度更不小。也不是他不想管好，而是因为一个人的时间有限，精力有限，接触的范围有限，“术业有专攻”。常常是这头长那头短，也常常是长是短的原因，短是长的结果。一个人在某一个方面经历时间过多，其他方面就可能是短门。当然，我这话不是说自然科学家不能当市长，而是说要知道自己的短处，要有计划地补短，要把自己已经熟悉和掌握的具体科学，犹如马克思学数学、物理学那样，用一般性的理论概括上升到普遍化的道理，即把自己熟悉了的东西、直接接触的东西上升为普遍的东西，然后再拿普遍的东西，去研究自己所面临的不同的行业和事物。如果忽视这一点，用某一个具体领域的知识直接去解决另一领域的具体问题，是很难成功的，甚至可能失败。因此，如何启发他们学习一点一般性的理论，把他们经验了的东西、熟悉了的东西，用基本原理加以概括，从中了解和掌握一般性的规律，这个过程我看是非常必要的。

《同〈中国城市经济社会年鉴〉记者的谈话》（1985 年 1 月 9 日）

要把零碎的事情捆起来办，切忌东一榔头、西一棒子地肢解时间。

我们应当十分珍惜时间，有效地利用时间。不要忽视零碎时间，理发、洗澡、散步、坐车等头脑空闲的时候，都可以用于思索；要把零碎的事情捆起来办，切忌东一榔头、西一棒子地肢解时间；要想方设法挤留出大块的整块的时间，使自己静下来，翻点材料、读点书，系统地想点问题。

《在全国地方政协工作经验座谈会结束时的讲话》（2001 年 12 月 6 日）

学懂几个基本观点，养成一个翻书本的习惯，形成一个好思考问题的方法。

不客气地讲，年轻的一代书读得太少，而且追求学问的劲头不够足，往往满足于一知半解。不读书，不了解情况或者对情况了解不够，缺乏一个思想艰苦的作风，终究成不了气候。现在，需要学习的东西很多。要认真学习马克思主义基本理论和十一届三中全会以来党的路线、方针、政策，还要学习法律，学习科学文化知识和经济管理知识。学习要达到三个目的，即：学懂几个基本观点，养成一个翻书本的习惯，形成一个好思考问题的方法，即分析的方法。马克思主义经典著作是长期以来革命斗争经验的概括和总结，是千千万万的人，经过多少年的努力，付出了巨大的代价才积累起来的。我们通过读书把这些知识学到手，要省多少劲！前车之覆，后车之鉴。历史书籍中也有许多丰富的知识，需要通过学习借鉴过来。有了一定的知识，一定的基本理论，就会把若干问题提高到理论上去理解，认识事物的水平和改造客观世界的能力就会提高。如果基本理论不够，许多事情只不过是一种社会现象，一闪而过而已。有了基本理论和基本观点，对大量的社会现象都能理解，对若干社会现象就有了本质的认识。有人说自己的记忆力差，从生理条件上讲，人和人的记忆力有差别，但没有那么大，记忆力的差别点主要在于你有没有基本的了解。政府机关要提倡读书和思考问题的风气。要出点书目，加以引导，在座的同志要能带这个头。年轻人模仿力很强。如果你们天天翻书，同时经常问问年轻人在读哪些书，提出一些书让他们读，久而久之，整个机关上上下下就会形成读书的习惯和风气。读书必须与实际情况相结合，与自己的工作相结合，善于联系起来进行思考，从而一方面加深对书本知识的理解，另一方面加强工作的理论色彩，加强我们工作中的原则性、系统性、预见性和创造性。按照这种方法，读书的技巧也就有了，不会把人读成书呆子。养成读书的习惯，了解情况与读书相结合思考问题的习惯，经常不断地总结经验，就会做到知其然，也知其所以然。现在，我们有些同志似乎明白而又糊涂的事太多了。究其原因，主要是没有读书和思考问题的习惯，一件事情办完了，挺好，但不反问自己为什么。加强这方面的工作可以使干部的素质得到提高，可以出人才。

《同天津市政府秘书长及办公厅、研究室主任的谈话要点》

（1987 年 1 月 9 日）

实际生活这本大“词典”最丰富、最准确、最生动、最易懂。

我们历来强调学习理论。因为没有革命的理论就没有革命的运动，因为没有理论指导的实践是盲目的实践，还因为当前我们面临的问题，许多都涉及理论问题。学习理论，当然要读书。要认真地读，刻苦地读，重点文章要反复地读，读原著，读相关的书籍，读报刊上的文章。学习理论，光读书不行，必须联系实际。离开联系实际，学习理论就失去了目的。为什么学习，不是为了摆样子、给人看。离开联系实际，学习理论就失去了动力。学习见不到实际效果，就很难有兴趣、有劲头。离开联系实际，学习理论也就失去了衡量的标准。学习的成绩如何，不是看背多少书，而是要看实际结果。毛主席讲，如果你能应用马克思列宁主义的观点，说明一个两个实际问题，那就要受到称赞，就算有了几分成绩。被你说明的问题越多，越普遍，越深刻，你的成绩就越大。大量事实证明，只有联系实际，才能真正学懂弄通。有些同志学习时喜欢查书，从这本书查到那本书，从这个词典查到那个词典。现在有一些争论，都引经据典，谁是这样说的，谁是那样说的。你说他引的不对，是断章取义，他说你引的不准，是歪曲原意，来回争，来回查。查书无可非议，是学习理论不可缺少的重要方法。我体会还有一种方法，就是到实际生活中去查一查。实际生活这本大“词典”最丰富、最准确、最生动、最易懂。我举一个例子，我们常说，马克思主义的最本质的东西，马克思主义的活的灵魂，就在于具体地分析具体的情况。什么是具体？列宁讲，具体之所以具体，表现为过程，表现为综合，表现为质的多样性。这话单从字面理解比较费劲，如果从生活中去理解就比较容易。比如，一块木头是什么？就是一块木头，这个回答并没有错，但它还是什么？这就要看具体情况。拿它来做家具就是原料，拿它来烧火就是燃料，拿它来挑水就是工具，拿它来和坏人斗争就是武器，拿它来行凶打劫就是凶器，拿到法庭就是证据，但还是那块木头。这就是质的多样性。实践高于理论，因为它不仅具有普遍性的意义，而且还有直接现实性的意义。许多问题用列宁所说的那种最平凡、最常见、每天碰到无数次的小事去理解，用自己最熟悉的实际去理解，就比较容易弄清楚。只有联系实际，理论才是生动活泼的。我们讲马克思主义是活生生的，因为它的特点之一就是实践性，它最容易与实际相结合。实际是丰富的，不断发展、变化的，马克思主义同它一联结，就变成活生生的。僵化教条最主要的毛病是脱离实际，书本很熟，条条很多，不联系实际，有什么用处？毛主席说过，教条主义不如屎，人屎可以喂狗，狗屎可以肥田，教条主义既不能喂狗，也不能肥田。只有联系实际，学习才能长期坚持下去。我们现在都很忙，时间有限，事情很多，加上业余活动丰富多彩，要长期地不间断地坚持学习真不容易，结合实际学习可以较好地解决这个问题。因为，一方面，读书是学习，使用也是学习，而且是更重要的学习；另一方面，由于结合实际，读书的过程就成为研究实际的过程，工作的过程也就成为学习和应用理论的过程。由于工作实际的需要，迫使你研究理论，迫使你读书、查书。这样工作不间断，学习也就不间断。工作学习相统一，工作能力、理论水平共同提高。

《学习理论　总结经验　研究工作——在中国人民政治协商会议第八届全国委员会常务委员会第二十一次会议闭幕会上的讲话》
(1997年6月29日)

当前理论联系实际，主要还是学习理论、认真读书的问题。

强调联系实际，绝不意味着否定读书的重要，恰恰相反，更要认真地读，反复地读，深钻苦研，努力读懂弄通。否则，没有掌握理论，怎么谈得上理论联系实际？在过去的学习中，特别是领导干部的学习中，往往读书不够刻苦认真，名曰联系实际学习，可是讨论起来只是从实际到实际，或研究具体工作，言不及义，或海阔天空漫谈，东拉西扯，看起来气氛热烈，实际上收效甚微，甚至白白浪费了时间。当然，理论联系实际，也要有一个由浅入深、循环往复的过程。一方面，马克思主义哲学是严密的、科学的世界观和方法论，要完整、准确地掌握它，不可能一朝一夕就做到；另一方面，客观事物本身是错综复杂、千变万化的，丰富地占有、精确地选择材料，系统地了解周围的环境、历史和现状，也不是简单地不下一番苦功夫就能做到的。把两者结合起来，运用学到的马克思主义哲学的立场、观点、方法去解释历史、研究现状、指导工作，更需要花大气力。因此，开始的时候不会联系实际，或者联系得不够紧密，这是正常的现象，对此别人不要挑剔，自己也不要泄气。只要有决心，有毅力，持之以恒，坚持下去就会有成绩，坚持就是胜利。我认为在当前理论联系实际，主要还是学习理论、认真读书的问题。提倡学哲学已经多少年、多少次了，许多哲学书人们也读过，为什么还要强调读书呢？我感到，许多同志在读书上下的功夫还不够，或者方法不对头，没有真正读懂。

《同出席全国马克思主义哲学研究与干部哲学教育研讨会全体代表座谈时的讲话》（1989年10月13日）

有实践经验的人，有很多长处，但也需要补课，必须把实践和理论结合起来。

有实践经验的人，有很多长处，但也需要补课，必须把实践和理论结合起来。从基层调上来当市长的，有个知识问题，局面问题，视野问题。因为任何人都是在一定范围活动的人。他观察的就是那么一个范围，他研究问题就是那么一个范围，他研究问题就是那么一个方式，每天接触的就是那么一些人和事物，难免有局限性。因此，基层上来的人，必须把他接触和熟悉的东西上升到理论，变成一般。这样他才能有全局，有理论，有概括综合能力。不然，尽管有实践经验也难胜任。

《同〈中国城市经济社会年鉴〉记者的谈话》（1985年1月9日）

联系实际学有六点好处：容易懂，容易记，容易生动活泼，老师多，时间多，便于坚持。

要把理论学习扎扎实实地开展起来，除了解决认识问题，确定好学习内容外，还有一个方法问题。方法不对头，或者是学不进去，容易走过场；或者是学了用不上，对实际工作意义不大。这是我们一定要注意避免的。学习方法可以讲很多，但最根本的是理论联系实际，学以致用。毛泽东同志讲过："读书是学习，使用也是学习，而且是更重要的学习。"有些同志总觉得工作忙，没时间学，或者学不懂，或者兴趣不浓，难以坚持。原因可以是多方面的，但最主要的还是学用脱节，没有很好地坚持理论联系实际的方法。多年来，我有这样一条体会，坚持理论联系实际有六点好处：容易懂，容易记，容易生动活泼，老师多，时间多，便于坚持。在明年的理论学习中，一定要把方法搞对头，要把学以致用、理论联系实际，作为学习的最终目的，作为学习的基本态度，作为检验学习效果的主要标准。

《在中共天津市委四届八次全委扩大会议上的讲话》（1987年12月26日）

把学习与现实生活、与自己熟悉的实际工作结合起来，对理论就比较容易理解，容易弄通弄懂。

学习马克思主义，还必须解决学习方法问题。方法可以讲很多，但最根本的就是理论联系实际的方法。马克思主义哲学是一门比较抽象的科学。如果只是从书本到书本，从概念到概念，就很难弄懂，很多人就可能会陷入“迷魂阵”。如同毛泽东同志所说，虽然读了但是消化不了。马克思主义哲学是普遍真理，无论什么人的实践都不能逃出它的范围。如果把学习与自己熟悉的工作结合起来，拿实践的经验同理论相印证，就容易懂；把基本的观点与具体的形象的东西相联系，印象会比较深刻，就容易记；把书本的东西融入丰富生动的现实生活，干什么就从什么里头学、就在什么里头用，就容易活。

《同出席全国马克思主义哲学研究与干部哲学教育研讨会全体代表座谈时的讲话》（1989 年 10 月 13 日）

真正提高理论，还得靠联系实际，还得靠自学。

要建立健全领导干部自学的制度。上党校、进轮训班的人毕竟是少数，对于广大干部来说，主要靠在工作中挤时间自学。即使上过党校和轮训班的人，也只是学一些最基本的哲学理论，打下个基础，真正提高特别是联系工作实际学以致用，还得靠自学。为了保证干部能够坚持自学，要规定学习时间，加强学习辅导，举行各种座谈会和讨论会，交流学习心得，并定期进行考核，避免放任自流。

《同出席全国马克思主义哲学研究与干部哲学教育研讨会全体代表座谈时的讲话》（1989年10月13日）

把马克思主义基本观点与具体实际结合起来，既是学习的目的，也是学习的方法。

我们提倡学习哲学并不是为了好看，也不是因为它有什么神秘，而是也仅仅是因为它能够指导我们的行动。对于马克思主义理论，要能够精通它，应用它，精通的目的全在于应用。把马克思主义基本观点与具体实际结合起来，既是学习的目的，也是学习的方法；既是马克思主义自身的要求，也是马克思主义生命力之所在。结合就是应用，结合就是坚持，结合就是发展。客观事物本身是活生生的，是运动的、变化的、发展的。把马克思主义的基本原理、原则与不断运动、变化、发展的现实情况相联系、相结合，求得矛盾的解决，推动历史的前进，这本身就有发展的意义。同时，有些观点就书本查书本比较难懂，而结合实际学，特别是与自己熟悉的情况一结合就容易明白。

《同黑龙江省职工群众学哲学经验交流会代表座谈时的讲话》（1990年8月16日）

94. 认识过程，研究阶段，把握特点。

社会主义是一个相当长的发展过程，在这个过程中有若干阶段，各个阶段有其固有的特点。认识过程，研究阶段，把握特点，并据此制定政策，规范行为，这是社会主义健康发展的根本课题。社会主义需要改革、改进、改善，克服自身的不足，及时调整生产关系和上层建筑，以适应生产力和经济基础的发展变化，这是社会主义永葆活力的基本途径。社会主义国家也必须融入国际社会，参与国际合作，借鉴别人的经验，吸收人类创造的一切文明成果，这是社会主义国家随着世界潮流不断前进的重要条件。

《会见越共中央总书记杜梅时的谈话》(1997年12月8日)

社会主义是从旧的社会制度中脱胎而来的，它在初级阶段不可避免地会有社会主义取得胜利以前的许许多多的痕迹。

如何看待社会主义初级阶段，这是一个很大的理论问题，很难一下子讲清楚。我在这里提示一点，请大家注意。这就是社会主义是从旧的社会制度中脱胎而来的，它在初级阶段不可避免地会有社会主义取得胜利以前的许许多多的痕迹，这些痕迹不仅表现在经济领域，而且表现在道德精神方面。我认为，如果讲特点，最大的特点是存在私有制。正如恩格斯所讲的，在社会主义的初级阶段，不能一下子把私有制清除。这就决定了社会主义初级阶段是多种经济形式并存，有全民所有制，集体所有制，也有个体经济。但个体经济的存在改变不了我们社会主义国家的性质。从马克思主义的生产力决定生产关系的原理来看，社会主义初级阶段是一个很长的历史时期。列宁曾经讲过这个意思，在社会主义的建立初期，应该利用资本主义作为提高生产力的手段、途径、办法和方式。这一思想很值得我们深思。这样看待问题，才能帮助我们深刻认识现行政策的正确性，才能避免那种用超越时代的“左”的观点来看待当前的改革。

《同天津警备区部分干部战士的对话》（1987 年 6 月 16 日）

我们强调基本理论要坚持、优良传统要继承；同时，我们也强调“着眼于发展，着眼于特色”。

一切以时间、地点、条件为转移，这是马克思主义认识和研究问题的基本观点之一。在运用马克思主义普遍原理解决中国革命和建设问题的过程中，由于社会历史条件的变化，由于我们党在国家社会政治生活中所处地位的变化，从而对一些问题的论述和强调的侧重点，常常有所不同。许多问题的提出和解决，在取得政权前后其基本精神是一致的，所以我们强调基本理论要坚持、优良传统要继承；同时，也确有一个随着时间、地点、条件的变化而变化的问题，所以我们强调要“着眼于发展，着眼于特色”。

《同全国故事片创作会议代表座谈时的讲话》（1990 年 2 月 20 日）

建设有中国特色社会主义理论最突出的是四点：中国特色，初级阶段，根本任务，基本路线。

建设有中国特色社会主义理论最突出的是四点。第一点，强调中国特色。就是说强调把普遍性与特殊性结合起来，强调了特殊性，比较好地解决了过去简单抄袭国外的错误做法。第二点，强调了初级阶段。也就是说社会主义是一个相当长的历史过程，在这个过程中，我们处于初级阶段。不能把未来可能实现的阶段上的任务简单拿到初级阶段来办，也不能把现阶段必然出现的、应该允许存在的某些东西简单加以排斥。第三，强调根本任务。社会主义国家共产党执政以后，在初级阶段的根本任务是什么？不是阶级斗争，而是经济建设，发展社会生产力。第四，为了充分体现这套理论，制定了和这个理论相一致的“一个中心、两个基本点”的基本路线，也就是以经济建设为中心，坚持四项基本原则，坚持改革开放的基本路线。

《会见西班牙共产党代表团时的谈话》（1992 年 7 月 30 日）

对中国特色社会主义的理论和路线，只能一心一意，不能三心二意；只能坚决执行，不能含含糊糊。

用建设有中国特色社会主义的理论和路线来统一全党的思想，这是党中央的要求。实践证明，迄今为止，在中国还没有一个别的理论能够代替它来指导我们进行社会主义建设。因此，对这套理论和路线，我们只能一心一意，不能三心二意；只能坚决执行，不能含含糊糊。全党特别是领导干部要充分认识它的历史地位，认真学习，切实贯彻，并且在实践中使之不断丰富和发展。

《同黑龙江省委负责同志和宣传、文化部门代表座谈时的讲话》（1992年1月22日）

坚持邓小平建设有中国特色社会主义理论，不能变；维护团结稳定的社会局面，不能乱；努力解决经济和社会生活中的一些难点问题，不能拖。

了解中国当前的情况，主要看三条：一是坚持邓小平建设有中国特色社会主义理论，不能变。改革开放以来，中国之所以能够迅速走上强国富民的康庄大道、之所以能够使祖国统一大业取得历史性进展、之所以能够经受住国际风云变幻的严峻考验，靠的就是邓小平以非凡胆识创立的正确理论。这一理论代表了广大人民群众的利益和愿望，已经渗透到中国的政治、经济、文化乃至人们的价值观念、思想方法中，形成广泛而深厚的社会基础。二是维护团结稳定的社会局面，不能乱。100 多年来中国人民饱受战乱、动荡之苦。中国能像今天这样经济快速发展、人民安居乐业，一个根本原因是近 20 年来基本保持了一个团结稳定的社会局面。没有团结稳定，一切无从谈起。唯有团结稳定，才能发展振兴，这已成为全体中国人民的共识。三是努力解决经济和社会生活中的一些难点问题，不能拖。中国的经济体制转轨过程在总体上是顺利的，但不可避免地也出现了一些问题，其中有些是牵动全局的问题。对这些问题必须正视，必须抓紧，必须采取有效方法切实加以解决。中国人民有充分信心解决好这三个方面的问题，把一个充满勃勃生机的中国带入即将来临的新世纪。

《会见德国总统赫尔佐克时的谈话》(1997 年 6 月 11 日)

邓小平理论有两个特点：一是他的理论有更大的包容性，承认思想的多样性；另一条是他重视实践的发展带来的变化，重视实践经验的总结。

邓小平理论有两个特点。一是他的理论有更大的包容性，承认思想的多样性，允许多方面的不一样的东西存在。在实际生活中，把什么都搞得纯而又纯，非常单一，总是不能成功的。另一条是他重视实践的发展带来的变化，重视实践经验的总结。今后怎样用邓小平同志的理论及思想方法来研究宗教、民族问题及工作是个大题目。我们应该用爱国的旗帜将尽可能多的人团结起来。在这面旗帜下允许大家思想上有差异。既爱国又爱社会主义当然更好。我们的工作，要朝这个方向努力。这个问题解决了，许多问题就容易解决。

《与赵朴初同志的谈话》(1992 年 12 月 4 日)

初级阶段理论是邓小平理论的重要基石。离开初级阶段理论，就不可能真正理解邓小平理论。

十五大报告把社会主义初级阶段作为一个重要问题加以阐述，具有重大的现实意义。初级阶段理论是邓小平理论的重要基石。离开初级阶段理论，就不可能真正理解邓小平理论。我们要高举邓小平理论旗帜不动摇，首先要坚持初级阶段理论不动摇。初级阶段理论是我们党制定方针政策的基本依据。只有理解了初级阶段理论，才能真正理解我们党为什么在现阶段只能实行这样的方针政策而不能实行别的方针政策，才能更加自觉地坚持党的基本路线。初级阶段理论是统一认识、解疑释惑、排除干扰、团结奋斗的思想武器。掌握了初级阶段理论，有利于我们明辨是非，警惕右但主要是防止“左”，真正把“三个有利于”作为衡量一切工作成败得失的根本标准，凝聚全党全国人民推进改革开放和现代化建设事业的力量。

初级阶段理论的意义还在于，它可以使我们对社会主义事业的长期性和艰巨性有清醒的认识。我们承认，我国现阶段生产力还比较落后，不仅与发达国家相比，即使与某些发展中国家相比也还有较大差距，同时也承认，巩固和发展社会主义制度，需要几代人、十几代人，甚至几十代人的努力。因此，我们必须戒骄戒躁，做好长期艰苦奋斗的准备。

《在参加党的十五大天津代表团讨论时的发言》（1997 年 9 月 14 日）

在改革过程中难免会出现这样那样的问题，但我们不能“因噎废食”。

中越两国的成功实践说明，社会主义制度要巩固和发展就必须进行改革，马克思主义理论要永葆生机与活力就必须同时代相结合。我们坚信社会主义，因为它不是来自主观的愿望，而是一个不可抗拒的客观历史进程。但同时必须看到，社会主义像其他任何事物一样，有一个由不成熟到成熟的过程，必须不断地探索、完善和发展。这种探索、完善、发展就是改革。离开改革，谈坚持社会主义，只能是一句空话。当然，在改革过程中难免会出现这样那样的问题，但我们不能“因噎废食”。而且，这些问题最终也只有通过进一步改革才能解决。我们坚信马克思主义，因为它是从实践中产生并已被实践证明了的真理。但同时必须看到，马克思主义没有穷尽真理，只是开辟了认识真理的道路，必须随着实践的发展而发展。我们不能苛求经典作家在几十年、上百年前就把现在的一切预测得那么准确，不能教条式地对待他们的某些论述。我们必须把马克思主义与不断发展变化的客观实际相联系、相结合，在联系和结合中使之汲取营养，丰富内容，获得新的生命力。马克思主义指导中国的改革取得了伟大的成就；改革的伟大实践又极大地丰富和发展了马克思主义。

《会见越共中央总书记杜梅时的谈话》（1997 年 7 月 15 日）

在改革和开放过程中，“左”的东西仍然是我们的主要障碍。

大家都知道，无论做什么工作，要想取得成绩，或者达到预想的结果，必须使自己的思想合于外界的客观实际。我们讲，所谓错误，就是思想脱离了实际，所谓正确，就是思想符合了实际，这是最基本的观点。30多年来，我们党领导我国各族人民在社会主义建设方面取得了很大的成绩，这是应该肯定的。但是，我们在许多方面许多问题上有一些失误和教训。凡是取得成绩的，都是因为我们符合实际，凡是造成失误的，都是因为我们脱离了实际，脱离了我国正处于社会主义初级阶段这个最基本的国情。我们搞了几十年，现在究竟处于什么阶段，一直没有说清楚。马克思主义创始人把共产主义分为两个阶段，即高级阶段和低级阶段，社会主义是共产主义的低级阶段。过去我们把社会主义看得太短了，现在讲社会主义的初级阶段至少是100年。按照马克思主义哲学的观点，任何事物的发展过程都有阶段之分，而任何阶段都有其特殊的性质，这个特殊性质又是决定阶段的依据。我们过去没有认识到社会主义是有阶段的，没有讲社会主义的初级阶段。因而在许多问题上急于求成，搞了一套超越阶段的“左”的东西，形成了一套与超越阶段相适应的观念、制度、方法和作风。这也是我们把克服僵化和“左”的思想作为相当长时期的主要任务的原因之一。这套东西在过去很长的时间内，使我们的国家、人民蒙受了很大的痛苦。现在，在改革和开放过程中，这套“左”的东西仍然是我们的主要障碍。当然，这套“左”的东西不是指谁有，谁没有，不是指具体的人，是指“左”的思想、“左”的体制、“左”的做法、“左”的习惯。这套“左”

的东西，都是超越阶段的。改革开放以来，我们的社会生活中出现了许多新情况、新事物，对这些，有些同志有看法、有意见。如果只搬过去的本本，搞改革似乎就没理。我提过这样的意见，处理实践和本本的关系时，应当坚持实践第一，用新的实践经验去修改本本、修改文件，而不是用本本去裁剪生活。十三大报告坚持马克思主义的思想路线，对建国以来特别是九年来的实践作出了新的理论概括，提出了社会主义初级阶段的理论，这是我们今后坚持改革、推进改革的强大思想武器。希望大家认真地、深刻地领会初级阶段理论，并用这个理论研究总结我们的工作，我相信一定会使我们许多的模糊认识得到澄清，使各种分歧意见统一起来。

《在传达贯彻党的十三大精神大会上的讲话》(1987 年 11 月 9 日)

建立社会主义市场经济体制是一项全新的事业，是一场深刻的变革，是一件难度很大的工作，是一个较长的过程。

我们把建立社会主义市场经济体制作为改革的目标，就是要在坚持社会主义基本制度的条件下使国民经济按照市场经济的规律运行，使市场在国家宏观调控下对资源配置起基础性作用，兼顾效率与社会公正，以利于同时发挥市场经济的长处和社会主义的优势，进一步解放和发展生产力。我们相信，建立这样一种经济体制，对于推进我国现代化建设，实现到下世纪中叶赶上中等发达国家发展水平的目标，必将产生巨大的作用。我们也估计到，建立社会主义市场经济体制，必然会遇到许多难以预料的困难和异常复杂的局面。首先，这是一项全新的事业。迄今为止，人类社会只有在资本主义制度下发展市场经济的经验，把社会主义制度同市场经济有机地结合起来尚无先例可循。其次，这是一场深刻的变革。长期以来，我们从管理体制、规章制度到人们的思维方式、工作方式乃至生活习惯，都形成了一套与计划经济相适应的东西。市场经济的发展要求我们从经济基础到上层建筑实行一系列转变，以同新的经济体制相协调、相适应。第三，这是一件难度很大的工作。中国实行了几十年的计划经济体制，遗留了不少问题，有的甚至积重难返。向市场经济体制转变的过程中，又难免引发一些新的经济和社会问题，新旧矛盾交织在一起，往往呈现出好坏并存、利弊伴生的复杂局面，使得我们常常面临两难的选择。第四，这是一个较长的过程。西方发达国家搞市场经济经历了几百年的时间，在中国这样一个经济文化基础薄弱、计划经济影响很深的国家，实行这样深刻的社会变革，不可能一蹴而就。这就要求我们树立长期奋斗的思想，慎重、细致、周到地处理一切经济和社会问题。我们相信，有数十年经济建设奠定的物质基础，有 15 年改革开放积累的正反两方面的经验，有全中国人民的赞同和支持，我们一定能够完成建立社会主义市场经济体制的历史性任务，使古老的中国在当今世界上放出新的灿烂光辉。

《中国的改革开放和现代化建设——在瑞典瑞中贸易理事会的讲演》（1994 年 5 月 9 日）

95. 普遍存在的问题要在方针政策上找原因，反复出现的问题要从发展规律上找原因。

解决我们面临的各种困难和问题，研究理论、“本本”当然重要，但是许多问题的解决首先还是实践问题。这就如同老中医看病，尽管有许多成方验方，但对每个病人也要先望、闻、问、切，先开一个方子吃上，然后根据疗效再开一个方子试试，这样不断地试验、调整，最后形成一个确定的方子。我们对于目前许多不熟悉、不了解的问题，对于许多有待探索的问题，也要采取这种办法。我讲过，普遍存在的问题要在方针政策上找原因，反复出现的问题要从发展规律上找原因。而发现规律并不是一件容易的事。当前许多问题的深层次原因还有待深入研究，许多问题看起来很简单，实际上并没有弄清楚。所以，还是要强调解放思想，大胆实践，开拓进取。

《听取辽宁省委、省政府工作汇报时的谈话》（1996 年 5 月 10 日）

用唯物辩证法的观点来分析形势。

在分析形势时，一定要引导大家分清主流和支流、本质和现象、全局和局部、根本利益和眼前利益。现在，有些同志看待形势方法不对头，抓住实际工作中的某些问题和消极现象，就否定大好形势，带有很大的主观性和片面性。在大好形势下，如果不清醒地看到存在的问题，并且采取有效措施去加以解决，那就会犯错误；但是，如果把形势看成一团糟，似乎改革还不如不改革，这既不符合客观事实，更会把我们引上错误的轨道。这就有必要用党代会的精神来统一群众对形势的认识，引导大家学会用唯物辩证法的观点来分析形势，增强信心，用自觉的实际行动来发展得来不易的大好形势。

《关于国务院召开的各省、市、自治区负责同志座谈会议精神的传达提纲》（1985 年 9 月 26 日）

政策和策略的统一，原则性和灵活性的统一，动机和效果的统一，是做好领导工作必须研究和把握的问题。

当前，我们的民族工作形势是好的，民族地区总体上是团结稳定的，但也存在一些不容忽视的问题，主要是极少数的民族分裂主义分子在境外敌对势力支持下，千方百计地从事破坏民族团结、制造祖国分裂的活动。对此，我们必须始终保持警惕，进行坚决有力的斗争。否则，少数民族群众的利益会受到损害，社会的稳定、边疆的巩固、国家的统一都会受到威胁。同时必须明确，经济建设仍然是民族地区的中心任务。这是因为，坚持以经济建设为中心，努力提高人民群众的物质、文化生活水平，是现阶段及今后很长时期全国人民的共同任务。民族地区的经济发展和生活水平相对落后，民族地区人民求发展、求富裕的愿望更为强烈。这还因为，现在民族地区的许多问题都和经济问题联系着。经济搞不上去，人民生活不能改善，我们就没有吸引力、凝聚力，社会就很难稳定，其他工作也难以做好。我们还必须明确，56个民族的干部都是党的干部，56个民族的人民都是中国人民，他们的绝大多数是拥护党和政府、反对分裂的；搞分裂活动、反对我们社会制度的人只是极少数。我们应该作这样的基本估计：第一，这是客观事实；第二，这是对我们几十年工作的肯定。在这个问题上，我们既要自信，也要互信。政策和策略的统一，原则性和灵活性的统一，动机和效果的统一，这是个理论问题，也是个实际问题，是做好领导工作必须研究和把握的问题。世界上的事情是复杂的，有些事情要多做多说，有些事情要多做少说乃至不说，有些事情必须做、经常做但未必经常说，尤其不能不分场合地说。比如，人人都要吃饭，都要拉屎，而人们常常只说吃饭，却很少说拉屎。

《在中央工作会议上的讲话》(2001年2月12日)

靠实践、靠群众，这是做好一切工作最基本的方法。

建设有中国特色的社会主义是前所未有的崭新事业，是中国人民创造历史的伟大实践，离开人民群众的实践活动，是不可能取得成功的。历史经验是重要的，外国经验是重要的，书本知识是重要的，但所有这些间接经验只有与当前的实际相结合，通过直接经验才有现实意义。客观世界不断发展，新生事物层出不穷，间接经验不可能完全适用，也不可能完全够用。我们必须到实践中去，了解新情况，研究新问题，总结新经验，开创新局面。我们现在面临的问题很多、很棘手，有些问题长期得不到解决，固然有其自身的复杂性，但有的则是脱离实际、脱离实践、脱离群众造成的。我们必须按照毛主席的教导，到实践中去，到群众中去：满腔热忱，眼睛向下，先当学生，后当先生；集中分散意见，形成正确思想，再到群众中去贯彻，在实践中检验和完善；解剖麻雀，总结典型，以点带面，推动全局。靠实践、靠群众，这是做好一切工作最基本的方法，也是发现人才、造就人才最根本的途径。

《在中国人民政治协商会议第九届全国委员会第三次会议闭幕会上的讲话》（2000 年 3 月 11 日）

为了解决问题，就必须把和问题有关的材料都找出来，找全、找准。

为了解决问题，就必须把和问题有关的材料都找出来，找全、找准，然后再分类排队，进而找出存在的原因，研究解决的办法。学习马克思主义理论，就是教育人们善于观察、分析问题，并根据这个分析找出解决办法。

《在天津市城建系统政治工作会议上的讲话》（1986 年 1 月 27 日）

宁可不及而不过。一时“不及”，我们还有时间继续往前搞下去；而如果过了头，就会出现反复，已有的成果也很难巩固。

我们要拿出林则徐烧鸦片的那个劲头，坚决扫除“精神鸦片”。在“扫黄”中，一是态度要坚决，要充分认识“黄色”书刊、录像的危害性，决不手软。二是要认真掌握政策。要研究和掌握政策界限，尽力把问题搞准，不要搞过。退一步说，宁可不及而不过，因为我们有过不少因“过”反而“不及”的教训。一时“不及”，我们还有时间继续往前搞下去；而如果过了头，就会出现反复，已有的成果也很难巩固。

《在听取文化部汇报时的插话》(1989 年 8 月 9 日)

看人、看事都要看两面，正面和反面，成绩面和问题面。

看人、看事都要看两面，正面和反面，成绩面和问题面。当然，要区分主要面和次要面，但决不能只看一面。只看一面，不看另一面，叫做片面，就是孤立，也是绝对。孤立、片面、绝对是形而上学的主要特征，也是我们过去常犯并因之吃过许多苦头的一个老毛病。因此，我们在充分肯定成绩的同时，也要充分地估计到面临的困难和问题。就我们天津来讲，虽然在宏观控制上没有出现大的问题，但“两快一高”，即固定资产投资和消费基金增长过快、工业生产速度偏高的现象也还存在，必须认真对待。在生产上，能源、交通、原材料还都很紧张。特别是在物质产品、精神产品和服务方面都存在质量不高的问题。各级政府部门不同程度地存在着机构臃肿重叠、人浮于事、效率不高、工作不实的问题，致使许多需要和可以解决的问题，没有得到及时解决。所有这些，都需要我们认真研究解决，切实加以改进。

《在天津市第十届人民代表大会第四次会议上的工作报告》（1985年10月12日）

只讲人人都有优点、人人都有缺点还不行，重要的要看哪个是主要的。

每一个人都有长处，都有短处；都有优点，都有缺点。看人主要是看他的主流。从有利于四化这个最根本的标准来看，有些毛病，有些缺点，无碍大局，可以帮助改正，不要苛求。许多事情是相辅相成、相伴而生的。比如说这个人有锐气，敢开拓，这是优点；另外一种讲法，说这个人太露锋芒，不稳当，这又成了缺点。如果你过多地苛求他不要锋芒，他的锐气也就没了。再比如，说某个人有主见，这是优点，当领导就是要有主见！而另外却有人说这个人太主观，主观容易片面，不好共事，这又是缺点。主观应当反对，主见应当提倡，这就需要仔细权衡一下。我向小平同志谈过这个问题。小平同志说，你在天津的呼声不错呀！我说有说我好的，也有说我不好的；有说我优点突出的，也有说我缺点突出的。他问，主要指什么？我说，比如有人就说我这个人有点主见，有人就说我这个人太主观，我就在主见与主观这个问题上，捣鼓来捣鼓去越捣鼓越糊涂。他说那糊涂什么？拥护你的人就说你有主见，反对你的人就说你太主观。很多事情就是这样，是伴生的。过多地苛求这边，缺点没了，优点也没了。当然，你要叫理论家讲，他不同意这个说法，他认为这是可以分开的。所谓主见，是坚持原则、坚持实事求是，不被非议所动摇；所谓主观，是脱离客观实际，不倾听别人的意见。主见是唯物主义的，主观是唯心主义的。有的人有缺点，不妨碍大局；有的人有点毛病，但还比较年轻，还可以改正，不要苛求，要看发展。丘吉尔曾讲过，对一个人一经了解，一切都没那么神秘。所以书里讲，某些权威、某些成为偶像的人，不同人接触。因为他怕一接触，他的毛病就露出来了。仔细想想就是那么回事。人们都把自己打扮得衣冠楚楚，其实世界上所有的伟大人物也都得屙屎，这都是一样的。所以，经过了解，就知道一个人有几个侧面，如果人为地把某个侧面夸大，这个人就会变形，影响客观看人。只讲人人都有优点、人人都有缺点还不行，重要的要看哪个是主要的，优点是主要面，还是缺点是主要面。不仅要看缺点的害处，还要看优点的用处。一分为二不是一半对一半。不讲哪个是主要面，就是折中主义。

《在推荐天津市委、市政府领导班子人选会议上的讲话》
（1987年11月29日）

中国乒乓球队的成功，有一些自己特殊的东西。

中国乒乓球队建队以来，走过了不平凡的历程，取得了举世瞩目的成就，之所以长盛不衰，原因是多方面的。从根本上说，有举国关心支持的体制保障，有领导人的高度重视，有雄厚的群众基础。这是极为重要的三条。

中国乒乓球队的成功，还有一些自己特殊的东西。一是为国争光的精神。热爱祖国，胸怀祖国，祖国荣誉高于一切，这是运动员、教练员刻苦训练、勇攀高峰的动力。有了这种思想、觉悟、意识，就不会患得患失，就能够以忘我的、大无畏的精神去克服困难，就能够形成团结奋斗的集体合力。二是顽强拼搏的作风。刻苦认真、不屈不挠。平时训练不怕苦，不怕累，持之以恒，一丝不苟；战时比赛，敢打敢拼，勇往直前，关键时刻豁得出去，拿得下来。三是科学管用的方法。乒乓球队在体育运动中率先坚持用辩证唯物主义思想指导训练比赛。讲究一天、一月、一年打多少个球，通过量的积累寻找质的飞跃。讲究认真总结，在不断实践的基础上使一个又一个感性认识不断升华为理性认识。讲究科学研究，锐意创新，保证技战术的领先优势。讲究知己知彼，扬长避短，灵活用兵。

凡属正确的领导方法，都是由个别到一般、由一般到个别的过程，都必须先集中起来再坚持下去。解剖麻雀，树立典型，以点带面，是我们长期形成的推动事业发展的有效途径。希望中国乒乓球队的成功经验，对其他运动项目，对其他各项工作，都能起到借鉴、帮助、推动的作用。

《在纪念中国乒乓球队建队五十周年座谈会上的讲话》

（2002 年 12 月 22 日）

任何一项工程都有它的特殊性，每个项目、每个阶段又各有不同的特点。

任何一项工程都有它的特殊性，每个项目、每个阶段又各有不同的特点。工程上不去，主要是由于对工程的特点认识不足；工作搞不好，常常是没有把握住它区别于别的工作的特殊性。在引滦工程指挥上，把抓特点贯穿了始终，上上下下都研究特殊性，具体问题具体分析，着力找出不同点，较好地确定了工作方针，避免了大呼隆、一般化的指挥。就整个工程来说，针对引滦入津与一般水工工程许多不同的特点，确定了“齐头并进，突出重点，洞成水通，逐步完善”的方针，充分利用空间，最大限度争取时间，采取长线短打、交叉作业等办法，力争以通水为中心的最佳总体进度。就每个项目看，打隧洞艰巨，建泵站技术复杂，修水库、挖明渠受季节限制大、可用工期短，针对这些，也一一采取了相应的措施。就工程的阶段看，工程初期，常常是互相牵制，互相等待，摆不开阵势，我们就强调上马要快，抓开工，促勘测、促设计、促准备，把布局放在首位；工程后期，项目零碎，计划难度大，思想容易松，搞不好往往犯“进入收尾阶段，速度越来越慢，宣布基本竣工，时间还得一半”的毛病，我们采取零活不散干，编成小战役打，强调全神贯注，善始善终，收尾要急，力戒拖沓。这些都对好、快、省地完成任务提供了指挥上的保证。

《引滦入津工程总结报告》（1983 年 10 月）

只讲连续性，不讲阶段性，就是否认事物发展的相对稳定性；而只讲阶段性，不讲连续性，就是割裂事物的联系和发展。

在施工过程中，要处理好阶段性和连续性的关系，做到一个战役接一个战役地打，一个阶段接一个阶段地进行，积小胜为大胜，积阶段性成果为最终成果。这是我们多年组织施工，特别是组织大工程施工的一条基本经验。

任何事物的发展，都是阶段性和连续性的统一。只讲连续性，不讲阶段性，就是否认事物发展的相对稳定性。从工作上讲，也就否认了一定时间内的具体目标，这样做必然是没有波澜，没有起伏，没有必要的集中突击，也没有应有的间歇和休整，平平淡淡，“老和尚帽子平塌塌”。过去工人曾批评这种做法是：“连续干，不分段，不知到哪是一站”，这样干来干去就厌烦了，疲沓了。而只讲阶段性，不讲连续性，就是割裂事物的联系和发展。从工作上讲，也就丧失了科学的预见性，只顾眼前任务，看不到长远目标，这样做必然是“干一阵歇一阵，打打停停不接气”。对这种做法有人说是“发疟子式的工作方法”，“抽风式的指挥”，“蹦一蹦歇三歇的战术”。

《在天津铁路枢纽改造工程领导小组扩大会议上的讲话》（1988 年 3 月 7 日）

准备全，准备细，准备到底，准备万一。

许多建设工程所以能够做到多快好省，原因有很多。就每一项建设工程本身来讲，是施工组织工作比较好，在施工组织中开工前的各项准备工作比较充分。我的体会是，准备工作的充分程度决定工程建设的进度，准备工作的水平体现施工组织的水平，准备工作的质量反映指挥者的能力。我们常常说“不打无准备之仗，不打无把握之仗”，而无准备就一定无把握。施工的准备是施工组织的重要组成部分，在整个工程建设中起着龙头作用。有了充分的准备，就有了一个良好的开端，就为施工的全过程铺平了道路，打好了基础。

“充分准备”，就是要准备全，准备细，准备到底，准备万一。要把施工过程中可能发生的事情和问题都考虑到，并准备好应对的措施。常言道“不怕一万，就怕万一”。我们有些同志往往事前考虑不周密，准备不充分，遇到特殊情况就强调客观条件的影响，说是“意想不到”。说得绝对点，充分准备就应该是除了不可抗拒的自然灾害之外，都应该考虑到。

《与天津市建委有关人员的谈话》（1988 年 2 月 18 日）

96. 必须在研究管用的方法上下功夫。

必须在研究管用的方法上下功夫。我们许多事情之所以没有办好，不少问题之所以长期得不到解决，不是因为思路不对，也不是因为原则不好，就是因为缺乏管用的方法。过去，我们为了解决吃饭问题，憋足了气儿，使足了劲儿，想尽了法儿，制定了农业四十条，提出了粮食产量上纲要、过黄河、跨长江的目标，但就是吃不饱肚子。当时，地比现在多，人比现在少，党风不能说不好，领导威信不能说不高，粮食生产之所以上不去，究其原因，就是没有找到真正体现物质利益原则的有效方法。后来，实行家庭联产承包责任制，把农业生产同农民的切身利益挂起钩来，广大农民的积极性得到前所未有的发挥，我国农业才实现了具有重大历史意义的飞跃，被国际上称为一大奇迹。可以这样说，正确的思路和原则确定之后，关键就在于找到行之有效的方法。一种好的方法、一个对路的实招，可以下活一盘棋，可以开辟一条道，可以影响一大片。

《关于我国绿化的几个问题——在全国政协第九届常务委员会第六次会议上的讲话》（1999 年 6 月 25 日）

我们有些同志辛辛苦苦没偷懒，忙忙碌碌没耍滑，可事情办得并不好，或事倍功半，或事与愿违。主要原因是个工作方法问题。

要抓好工作方法。我们有些同志辛辛苦苦没偷懒，忙忙碌碌没耍滑，可事情办得并不好，或事倍功半，或事与愿违。主要原因是个工作方法问题。现在，各级领导班子大部分是新调整的，遇到的新情况和新问题也比较多，领导经验不足是个普遍的现象。因此，我们必须把改进工作方法当成一个问题，认真加以研究。要提倡向有经验的老同志学习，要通过实际锻炼加以提高，要系统地学习有关工作方法的理论，市里有关部门要从多方面提供一些必要的条件，力求通过一段时间的努力，使各级领导的工作方法有显著的改进。

《在中共天津市委四届四次全委扩大会议上的讲话》
（1985 年 12 月 26 日）

开会、行文、办事都要讲究科学，都要有点新的方法。

要把改进作风，讲究科学，提高工作效率，作为改进机关工作的重要一条。现在大家很忙，除了少数责任心不强、事业心不强的干部外，在台上的干部不能说不忙。如果弄得上下都不忙，这叫工作不行。忙起来也不简单。当然，瞎忙不好，这是一方面。另一方面，确实我们有时忙得不是地方。有的事情很简单，但没有章法，办起来事倍功半；有的则完全是来回扯皮。现在会太多。开会是个很重要的方法，但除了开会是不是就没有别的招儿？包括开会本身，有没有先进的法儿？是否非得把大家都集中到一起？能否用闭路电视或先进的电话设备开会？现在不讲究的事情多了，策划不周的笨事太多了。开会、行文、办事都要讲究科学，都要有点新的方法。这要作为市政府机关建设的一条，专门加以研究。

《在天津市政府领导班子调整后第一次全体会上的讲话》
（1985 年 10 月 13 日）

办事效率的高低，不只是个作风问题，它最终会反映在经济效果上。

发展商品经济，走向国际市场，随之而来的就是激烈的竞争。竞争给我们增加了困难，也同时带来了机遇。谁办事效率高、动作快，谁就能抓住机会，在竞争中取胜。反之，就会丧失时机，遭到失败。办事效率的高低，不只是个作风问题，它最终会反映在经济效果上。我们必须以高度的责任心和强烈的紧迫感，转变工作作风，提高工作效率。要健全制度，明确职责，做到事事有人管，人人有事干，满负荷、快节奏、高效率地进行工作，坚决纠正职责不清或不负责任而造成的推诿扯皮现象。要严肃纪律，令行禁止，对于已经决定了的事情，各部门都必须无条件地服从，并积极主动、认真负责地圆满完成，决不允许任何部门和个人因懈怠而贻误工作。不同意见可以按正常渠道反映，但决不允许滥用“否决权”，不能顶着不办或口头答应而不见行动。

要顾全大局，协调动作，坚决克服只顾眼前、不顾长远，只顾局部、不顾全局的小团体主义。要减少环节、简化手续，尽可能面对面地解决问题，改变文来文往、久拖不决的文牍主义作风。要强化检查监督，克服官僚主义，实行自上而下的检查和自下而上的监督，对渎职误事的，要严肃处理。还要根据财力状况，增添现代化办公手段，加快上传下达、综合信息的速度，提高办公时效。

《在天津市第十一届人民代表大会第一次会议上的政府工作报告》（1988年5月15日）

没有重点就没有政策，没有重点就没有章法，没有重点工作就没有波澜起伏。

抓重点，看准了就要抓住不放。要不为非议所动摇，不被困难所压倒。布置工作，有些只需要一般性讲讲、一般性号召一下，而对需要重点落实的工作就要想法子盯住不放。要用一切办法，使他感觉到他那里的工作在领导的头脑里挂了号，不认真抓落实不行。毛泽东同志说过："世界上怕就怕'认真'二字，共产党就最讲'认真'。"① "扫黄"就得有这股认真劲！主管"扫黄"工作的同志，必须对自己负责的工作有清醒的认识，必须亲身参与重要工作的落实。总之，要注意抓重点。没有重点就没有政策，没有重点就没有章法，没有重点工作就没有波澜起伏，我

① 《建国以来毛泽东文稿》，第6册，651页，北京，中央文献出版社，1992。

们都应该学会抓重点。

《在南方四省“扫黄”工作座谈会上的讲话》(1989年9月11日)

不加选择，眉毛胡子一把抓，核桃栗子一齐数，其结果必然是螃蟹吃豆腐，吃得不多，抓得挺乱。

干实事，必须务实求实。要知实情，想实招，说实话，求实效。否则就会把事办歪、办砸。

要会找事。现在是百业待兴，百事待举，要把所有的事都找出来，分分类，排排队。看看哪些该办，哪些不该办；哪些能办，哪些不能办；哪些先办，哪些后办。排列清楚，落实下去。不加选择，眉毛胡子一把抓，核桃栗子一齐数，其结果必然是螃蟹吃豆腐，吃得不多，抓得挺乱。历史的人只能办历史的事。不顾客观条件，不分轻重缓急，不排先后主次，只顾说起来好听，看起来热闹，提些不切实际的目标，到头来劳民伤财，图虚名，得实祸。

《务实为本——八谈少讲空话，多干实事》(《天津日报》特约评论员文章，1985年6月6日)

一棵大树抓住根儿，带动树叶和树枝儿；一团大绳先找头，捆在一起牵着走。

工程施工组织的基本工作方法是自始至终注意抓重点，抓主要矛盾。不抓主要矛盾，工作中就会如坠烟海，失去重心，没有秩序，不分巨细，眉毛胡子一把抓；不抓主要矛盾，就不能把握全局，辛辛苦苦、忙忙碌碌而成效甚微；不抓主要矛盾，就不会有正确的部署和计划，不可避免地要打乱仗；不抓主要矛盾，就无法缩短工期，实现多快好省。人们常说干什么都要“抓根找头”，“一棵大树抓住根儿，带动树叶和树枝儿；一团大绳先找头，捆在一起牵着走”。

《察看天津铁路枢纽改造工程后在工程指挥部的讲话》（1987 年 5 月 29 日）

该当主角时要上得去，攻得下；该当配角时要搞好服务，做好应该做的工作。

主要矛盾是在一定条件下形成的，也会在一定条件下转移。施工中今天它是重点，大家都“保”它；明天它不是重点了，大家就要去“保”新生成的重点。原来是重点的，要跟上这个变化，主动去当配角，去“保”别人。最典型的例子是大型土建和工业项目，需要进行复杂的设备安装，开始时以土建为重点，因为土建不到一定程度设备不能安装；可是当安装一投入，土建就要服从安装，为安装服务。军事上讲审时度势，灵活用兵，讲的主要就是这种重点转移。各个施工单位都要正确认识自己在整个工程建设中的地位和作用，增强全局观点，摆正自己的位置。该当主角时要上得去，攻得下；该当配角时要搞好服务，做好应该做的工作。

《察看天津铁路枢纽改造工程后在工程指挥部的讲话》（1987 年 5 月 29 日）

整个工程是一盘棋，车马炮和小卒子哪一个也不应少，哪一个都有自己的岗位和作用。

主要矛盾之所以成为主要矛盾，是因为它决定着全局，带动着其他。抓主要矛盾并不是说其他矛盾就可以不抓，就自然而然地解决了。我们讲抓主要矛盾可以使其他矛盾迎刃而解，但“解”也要有“刃”。实践证明，次要矛盾解决不好，也会妨碍主要矛盾的解决，甚至转化为前进的障碍。所以，在抓主要矛盾的同时不要忘记抓次要矛盾。整个工程是一盘棋，车马炮和小卒子哪一个也不应少，哪一个都有自己的岗位和作用。

《察看天津铁路枢纽改造工程后在工程指挥部的讲话》
（1987 年 5 月 29 日）

对于看准了的主要矛盾，一定要集中人力物力，狠得了心，下得了本，在一定时期内可以不惜代价地拿下。

常常有这种情况，主要矛盾是看到了，但没有解决好。这里的原因可能很多，但一个重要的原因就是抓得不狠。对于看准了的主要矛盾，一定要集中人力物力，狠得了心，下得了本，在一定时期内可以不惜代价地拿下。从局部和暂时看，这样做似乎不合算，但从全局和长远看，是很合算的，很必要的。狠抓，首先要心狠，不被困难所吓倒，不被非议所动摇；其次是手狠，抓住不放，一抓到底。心不狠容易动摇，手不狠容易落空。对重点就是要舍得下本，集中绝对优势力量，充分利用时间、空间，确保如期完工。过去打仗是这样，现在搞工程建设也应该有这种精神。

《察看天津铁路枢纽改造工程后在工程指挥部的讲话》（1987年5月29日）

抓重点必须下决心、下力量，锲而不舍，狠抓到底。

重点一般是制约全局、影响发展的具有决定意义的问题。各地要根据实际情况精心研究确定自己的工作重点。在地区上，全国有全国的重点，地方有地方的重点；在工作上，不同的地区和单位，侧重点和工作进度有所不同；同时，随着工作的进展，重点也会发生变化。因此，要注意具体分析，分类指导。对领导不重视的，重点要解决领导重视的问题；群众没发动起来的，要首先发动群众；工作不实的，要狠抓落实。抓重点必须下决心、下力量，锲而不舍，狠抓到底。在舆论上，要造成声势，引起全党和全社会的关注；在力量上，要调集精兵强将，集中力量打歼灭战；在部署上，要注意科学组织力量，选好突破口，有秩序地开展工作；在实施上，要雷厉风行，敢于碰硬，不达目的，绝不罢休。

《在南方四省"扫黄"工作座谈会上的讲话》（1989年9月11日）

必须养成具体抓、抓具体的工作作风。

必须养成具体抓、抓具体的工作作风。对于一些影响全局的矛盾和问题，要抓住不放，一抓到底，像老鹰逮兔子一样，不逮下一块肉来不撒嘴。没有这种作风就难以干成大事。说了不办或说得多办得少，比不说还坏。必须改变说空话、说大话、说套话的坏毛病，改变那种说似是而非、含糊其词的话，说没有错也没有用的话，说“大概”、“或者”、“也许是”、“好像”、“恐怕”、“差不多”一类废话的坏毛病。各级领导一定要扎实工作，对每一项工作，要具体研究应当怎么办，谁去办，什么时候办到什么程度，一件一件地落实，使少说空话、多办实事形成风气，形成习惯，形成规矩。

《听取云南省委工作汇报时的讲话》（1991 年 1 月 27 日）

讲原则而不空泛，讲具体而不琐碎。

我们正处在百事待举的时期，事多事难。多，应该是拼命工作、讲究科学的理由，而不能作为大而化之的托辞；难，应该是兢兢业业、扎扎实实的根据，而不能作为逃避现实的借口。

我们必须提倡具体抓、抓具体、抓住不放、一抓到底的作风。做到讲原则而不空泛，讲具体而不琐碎。果能如此，实事就能干好，局面就会改变。

《要在具体——七谈少讲空话，多干实事》（《天津日报》特约评论员文章，1985 年 6 月 5 日）

许多工作和问题有的是失之于议论不透、道理不清，但更多的还是失之于抓得不够具体。

抓重点、抓难点的一个根本方法是抓具体。我们现在许多工作和问题有的是失之于议论不透、道理不清，但更多的还是失之于抓得不够具体。具体抓、抓具体既是方法问题也是作风问题。所谓作风问题，它需要深入、艰苦、认真和责任心。具体问题具体分析是马克思主义的本质和灵魂。具体表现于综合，表现于过程，表现于质的多样性。任何一个具体事物都是多种因素的综合。一个小小的茶杯可以解释全部哲学原理。任何具体问题，都是共性、个性的统一。同一个事物，在不同场合不同情况下，它的质是不同的。同样情况、条件下，从不同角度看，它的性质也是不同的，比如，洞内的支撑，也可以叫木料，在家具厂叫原料，放在锅炉房叫燃料。因此，必须注意时间、地点、条件，必须注意事物本身及其关联事物的发展变化，必须注意不同的动机和目的。我们讲抓重点，一要找得准，二要抓得狠，三要跟得上，都是讲抓具体。

《在隧洞施工部队团以上领导干部会上的讲话》（1982 年 10 月 27 日）

97. 必须在人多上打主意。

我们国家最大的特点就是人多。人多是一大难题，许多问题和困难都和人多相联系；人多也是一大优势，许多问题和困难的解决必须在人多上打主意。“人多力量大”，“人多主意多”，动员起来，组织好了，就可以将不利因素变为有利因素，将“包袱”变成财富。天津这几年之所以能够又快又好又省地办成一批大事、难事，各项工作有长足的进步，其根本原因就是我们注重人的因素，把群众中的社会主义积极性最大限度地调动起来，并合理地发挥出去。这是我们的基本思路、基本经验，也是一些人包括外地人不能理解的天津钱不多、事干得却不少的奥秘所在。在引滦工程中，几十万人参加义务劳动，52 天挖出百里明渠；在外环线工程中，25 万人奋战 20 多天，完成了 70 多公里挖河垫路的土方工程。这些全市性的大项目，牵动着千万人的心，前方打胜仗，后方齐支援，出现了“生产搞上去，红旗扛起来”，拆迁不讲条件，征地不讨价还价，万人捐款、捐物，数十万人制作慰问品等动人场面。这说明，群众中蕴藏着巨大的创造力。

《同天津市人民政府第十届第九次全体会议讲话稿起草人员的谈话》（1988 年 2 月 20 日）

中国的小勺多，你别看小，锅再大也经不起捞。

如果不是大家齐心协力来改变家乡面貌、解决人民生活的问题，大家都瞪着眼睛旁观，甚至不仅不帮忙，反而还想捞一把，那么，有多少钱也解决不了问题。不是有人讲“大锅饭和小勺”吗？中国的小勺多，你别看小，锅再大也经不起捞。大家都动手，有钱的出钱，有力的出力，更多的是出点劳动力，克己为公，不捞油水，有困难也可以把事情干成。

《答中央电视台记者问》（1986 年 11 月 5 日）

在中国，想问题、办事情，时刻也不能忘记人多这个基本国情。

在中国这块土地上当领导人，想问题、办事情，时刻也不能忘记人多这个基本国情，善于在人多上想办法、做文章，使众多的人都能从不同的角度、用不同的方式参加建设，发挥作用。只要我们做到了这一点，许多难题都可以迎刃而解，许多人间奇迹都可以创造出来。

《一切为了人民，一切依靠人民——在天津市人民政府第十届第九次全体会议上的讲话》（1988 年 3 月 5 日）

中国许许多多问题是人多造成的，许许多多问题的解决也必须在人多上打主意。

人多是中国的基本国情，中国许许多多问题是人多造成的，许许多多问题的解决也必须在人多上打主意。我国有 960 万平方公里国土，要使如此广阔的大地山川都绿起来，只靠少数人使劲不行，必须有广大人民群众的积极支持和踊跃参加。我国是发展中国家，经济基础比较薄弱，花钱买绿化的事情办不起，必须走全民动手、艰苦奋斗的路子。我国劳动力资源丰富，绿化又是一个需要大量劳动力的行当，通过各种形式把尽可能多的人组织起来投身绿化，可以为富余劳动力开辟一条就业的门路。我们要下大力气琢磨如何把人多的优势发挥出来，努力形成千军万马齐心协力大搞绿化的局面。

《关于我国绿化的几个问题——在全国政协第九届常务委员会第六次会议上的讲话》（1999 年 6 月 25 日）

横向上多容纳，纵向上多消化。

我国的一大特点是人多，我们的许多问题和困难都是人多造成的，如何解决人多带来的就业问题是我们的一大难题。现在，全国城市富余劳动力有 6 000 万到 8 000 万，农村有 1.6 亿到 2 亿，加起来就是 2 亿几千万。我们搞精简机构，裁减人员，减到哪里去呀？讲超编，整个国家都是超编啦！解决这个问题，必须有大的思路、大的招法。我有个设想，就是横向上多容纳，纵向上多消化。横向上多容纳，就是要多一些用人的行业。在别的国家，很可能许多行业不成其为行业，不需要用人，中国就要用人，否则人到哪去呢？纵向上多消化，就是要有个规定，不到18岁不能工作，只能上学。别的国家60岁退休，中国58、55岁就退休。前边少两年，后边少两年，人的一生工作时间比其他国家少一些，可以消化的人也就多一些。另一个办法，也是最重要的一个办法，就是多搞一些全民性的义务劳动。凡是中国公民，在一生中都要有一段时间去当兵，参加义务劳动，比如兴修水利。在中国这块土地上，水利方面的活是干不完的，不管有多少人，都可以容纳。我认为这件事要形成制度，常年坚持下去。这样，就可以把我们的最大难题变成最大优势。

《在听取天津海防路工程建设情况汇报时的讲话》
（1996年12月2日）

我们想问题、办事情都不能离开人多地少这个基本国情。

我们必须清醒地看到，人口多、耕地少是我们的基本国情。我国国土总面积960万平方公里，约占世界陆地面积的1/15，居世界第三位。但由于人口多，人均占有国土面积不到世界人均数的1/3。而在我国国土总面积中，不能或难以利用的沙漠、冰川、戈壁、石山与高寒荒漠又占去相当大一部分。据统计，我国目前共有耕地14.3亿亩，人均不到1.3亩，仅为世界人均数的1/4。有1/3的省人均耕地不足一亩，广东、浙江、福建等省在0.6亩以下。在历史上我国人均耕地远远高于现在，如汉代人均

9.6亩，唐代、明代人均12.6亩。在全世界26个人口5 000万以上的国家中，我国人均耕地仅高于日本和孟加拉国，居第24位，相当于美国的1/9，泰国的1/4，印度、巴基斯坦的1/2。我国耕地后备资源不足，据统计，现有宜农荒地不过5亿亩，其中可开垦为耕地的只有1.7亿亩。说我国地大物博并不假，但从人均占有量来看，说我国土地资源相对贫乏也是事实。我们想问题、办事情都不能离开人多地少这个基本国情，特别是研究以土地为先决条件的农业，更要时刻牢记这个基本国情。

《关于农用土地的几个问题——在中国人民政治协商会议第八届全国委员会常务委员会第七次会议上的讲话》（1994年7月1日）

解决当前经济问题的办法，可以摆出许多条，但最根本、最核心的还是人的问题，群众的问题。

解决当前经济问题的办法，可以摆出许多条，但最根本、最核心的还是人的问题，群众的问题，群众的情绪和群众的积极性、创造性的问题。有了群众的积极性，党的方针政策，治理整顿和深化改革的各项任务，领导者的主意、办法，就能化为群众的自觉行动，取得实际的成果。有了群众的积极性，大家就会开动脑筋，出更多的主意，想更多的办法，从生产、技术、管理、经营上提出种种合理化建议。有了群众的积极性，一些涉及群众自身利益而又暂时难以解决的困难，大家也能体谅，自觉地为国分忧，为企业分忧，许多矛盾就可以缓解，大问题也可以变成小问题。正如毛泽东同志在60年代初的三年暂时困难时期所指出的："不依靠群众，不发动群众和干部的积极性，就不可能克服困难。"① 因此，各级党委、政府及有关主管部门，所有企业的领导者和政工干部、行政干部，在分析经济形势、解决经济问题时，都必须注意从政治上看问题，从人的积极性上看问题，而不能只就经济谈经济，见物不见人。只有做好思想政治工作，把协调关系、理顺情绪的工作放在应有的位置上，把职工的积极性充分地调动起来，并合理地发挥出来，我们才能较好地解决面临的问题和困难，实现我国经济持续、稳定、协调的发展。

《在中国职工思想政治工作研究会第六次年会上的讲话》

（1990年5月18日）

存在什么问题，就要有针对性地解决什么问题。

存在什么问题，就要有针对性地解决什么问题。否则，一般性地传达，一般性地表态，一般性地学习，难以收到实效，时间长了，人就疲沓下去了。过去对于有些问题，我们的文件发了不少，规定讲过多少遍，但是没有收到预期效果，原因就在于行动太差，落实太差，"决心在嘴上，落实在纸上，活动在会上"。在当前形势下，如何减少应酬，减少一般事务性活动，塌下心来，把工作中的问题好好琢磨琢磨，扑下身子，把群众关心的事情一

① 《毛泽东文集》，第8卷，293页，北京，人民出版社，1999。

桩一件干好，这既是改进党的工作作风的需要，也是解决当前存在的矛盾、克服面临的困难、改善同群众的关系的一个重要环节。

《听取贵州省委、省政府工作汇报时的讲话》(1994 年 10 月 19 日)

要扎扎实实地工作，一步一个脚印地前进，使群众真正感到国家的面貌发生实实在在的变化，自己的生活得到实实在在的改善。

改革开放 20 多年来，中国的经济建设取得了举世瞩目的成就，但在前进的道路上我们也碰到了一些困难和问题。从 20 多年的经历中，我们深深体会到，要选择好符合本国国情的道路并实现既定的目标是很不容易的，必须反复强调解放思想、实事求是，敢于冲破各种教条主义的桎梏，冲破所有思维定势的束缚，一切从实际出发，严格按客观规律办事，努力减少领导工作的主观随意性。必须反复强调为了群众、依靠群众，把维护群众的切身利益作为我们全部工作的根本出发点和归宿，千方百计使群众生活不断改善，使群众高兴顺气。群众是英雄，是历史的创造者，只要我们把群众的积极性充分地调动起来并合理地发挥出去，我们就可以克服困难、创造奇迹。必须反复强调少讲空话、多干实事，坚决摒弃“文革”中弥漫在全社会的那种说假话、空话、套话，似是而非的话，没有错也没有用的话等不良风气。

总体上讲，我们党和政府为人民办实事取得了显著的成效。但在一些地方和单位，还存在着不够扎实、不够艰苦，甚至借办实事之名搞形式主义，把实的办虚、把虚的说实等现象。正因此，我们大力提倡艰苦、艰苦、再艰苦，务实、务实、再务实，提倡知实情、想实招、求实效。总之，要扎扎实实地工作，一步一个脚印地前进，使群众真正感到国家的面貌发生实实在在的变化，自己的生活得到实实在在的改善。只有这样，我们党才能得到人民群众的衷心拥护，执政地位才能不断巩固。

《会见委内瑞拉总统查韦斯时的谈话》(2001 年 5 月 25 日)

充分利用时间，合理使用空间。

要统筹安排，精心指挥。要把所有的工作、所有的项目和工序排列一下，分出轻重缓急、先后主次，抓住重点。要解决好实施过程中的阶段性和连续性的关系，搞好衔接和转换。时间上要有个排列，空间上要有个分配，做到充分利用时间，合理使用空间。

《在天津市人民政府第十届第三次全体会议上的讲话》(1985 年 3 月 5 日)

98. 藐视困难是克服困难的前提，而重视困难是解决困难的基础。

藐视困难是克服困难的前提，而重视困难是解决困难的基础。如果只是藐视困难，而没有克服困难的招数，或者困难大，招法小，问题多，对策少，都不能最终解决问题。我们必须把战胜困难建立在充分准备的基础之上。

《在中共天津市委五届三次全委扩大会议上的报告》
（1988 年 12 月 25 日）

必须正确对待困难。第一要承认困难的普遍性，第二要看到困难的两重性，第三要把握困难的特殊性。

办事难免遇到困难。要真正把事情办实办好，首先必须正确对待困难。第一要承认困难的普遍性。从这几年我们办实事的经历来看，哪年没有困难？哪件事没有困难？从拆临建棚，到引滦、中环线、外环线和民用气化，都是困难重重。许多事开始似乎都是“山穷水尽”，但结果又都是“柳暗花明”。什么是工作，工作就是斗争，斗争就是克服困难。严格地说，不经过斗争，不碰到一点困难的工作，世界上是没有的。第二要看到困难的两重性。一方面，困难可以给工作带来不利因素，阻碍我们前进，有时压得人喘不过气来；另一方面，困难也可以激励斗志，磨炼意志，提高本领，增长才干。这几年，天津涌现出一大批有才干、有作为的干部，仔细摆摆，这些人哪个不是经历了同困难作斗争的考验和锻炼。困难与成绩、艰苦与光荣从来就是紧密相联、伴随而生的。困难中包含着胜利，艰苦中孕育着光荣。困难越大，成绩越大；辛苦越多，荣誉越高。无数事实表明，凡是被人民称道、使人民受益的好事大事，都是经过艰苦磨难、付出巨大努力的结果。困难并不完全是坏事，也不是不可战胜的。重要的是要有一种迎难而上，坚韧不拔、锲而不舍地与困难作斗争的精神。第三要把握困难的特殊性。任何事物都是具体的，不同质的矛盾要用不同的方法去解决。因此，要把事情办好，单凭满腔的热情、良好的愿望、冲天的干劲、响亮的口号还不行，还必须有解决具体问题的真实本领和切实招法。大家可以回想一下，这几年我们在较为困难的条件下，能够办成一些看似难以办成的事，哪一次不是经过了长期的酝酿、艰苦的思索、反复的琢磨、多方的比较，最终找到了科学的方案、切实的方法而搞成功的。因此，作为一个领导干部，是不是努力提高自己的本领，不断地研究探索新的招法，不只是自己的问题，而且是一个为人民服务、对人民负责的问题。本领、招法不是从天上掉下来的，也不是脑子里固有的，而是从实践中来的。这里的关键是解放思想，勇于探索，善于吸收群众智慧，认真总结实践经验。毛泽东同志说多想出智慧，只要处处留心，勤于、善于根据实践材料连贯起来思索，进行分析、综合，就一定可以想出新的套套，走出新的路子。

《一切为了人民，一切依靠人民——在天津市人民政府第十届第九次全体会议上的讲话》（1988 年 3 月 5 日）

只有正视困难，才能克服困难。

要敢于正视困难。只有正视困难，才能克服困难。困难是客观的，它的存在是不以人的意志为转移的。承认它，正视它，就有可能把困难转化为顺利，转化为成功。反之，否认它，忽视它，就会使矛盾和问题变得更为复杂，难上加难。正视困难也不是一件很容易的事情。分析形势，当然要讲两面，既要看到不利因素，也要看到有利条件。但我们有些同志多年形成一种习惯，在对形势诸因素的分析中，往往以成绩代替问题，以有利的一面掩盖不利的一面，不能客观地、实事求是地作出估量。

《在中共天津市委五届三次全委扩大会议上的报告》

（1988 年 12 月 25 日）

胜利了就骄傲，是包袱；遇到困难和挫折就悲观，也是包袱。

在延安的时候，毛泽东同志就提出，要放下包袱，开动机器。他说："检查自己背上的包袱，把它放下来，使自己的精神获得解放，实在是联系群众和少犯错误的必要前提之一。"① 包袱有各种各样。胜利了就骄傲，是包袱；遇到困难和挫折就悲观，也是包袱。背上包袱，思想不得解放，聪明才智都被压住了，联系群众也谈不上。今天我们贯彻落实十三届六中全会决定

① 《毛泽东选集》，2 版，第 3 卷，947 页，北京，人民出版社，1991。

的时候，重温毛泽东同志的这个论点，是很有好处的。

《关于加强党同人民群众联系的几个问题——在新华社国内工作会议上的讲话》（1990 年 4 月 11 日）

骄傲是包袱，急躁是包袱，气馁是包袱，想得太多、患得患失、不动脑筋、马虎大意也是包袱。

许多比赛之所以不能取胜，不是输给对手，而是输给自己，因为自己身上的包袱太重。骄傲是包袱，急躁是包袱，气馁是包袱，想得太多、患得患失、不动脑筋、马虎大意也是包袱。古人讲，自知者明，自胜者强，欲胜人者必先自胜。要取得好的成绩，首先要战胜自己身上的敌人，放下一切包袱。

《为第十二届亚运会中国体育代表团送行时的讲话》（1994 年 9 月 27 日）

估计得简单，干起来可能复杂；估计得复杂，干起来反而会简单。

改革是一个群众创造历史的过程，是一项前所未有的事业，离开广大群众的支持和参与是不能成功的。把遇到的问题估计得复杂一点，把困难估计得充分一点。这样不等于不坚决、没信心，恰恰是为了把改革搞好。估计得简单，干起来可能复杂；估计得复杂，干起来反而会简单。

《关于改革中的辩证法的谈话》（1986 年 3 月 28 日）

宁可把困难和不利因素想得多一些，估计得严重一些，这样做较为有益，而较少受害。

分析形势，就包括对尚未发生事物的预测。不确定因素很多，究竟是把困难估计得多一点好，还是少一点好？当然要实事求是。在这个前提下，按照历史的经验，宁可把困难和不利因素想得多一些，估计得严重一些。这样做较为有益，而较少受害。中国有句古语，叫做“凡事预则立，不预则废”。预，就包括着对困难作出正确而充分的估计，做最坏的准备，争取最好的前途。天津这几年能够较好地应付各种复杂局面，重要原因之一，就是市委比较重视对形势的研究和分析，把可能遇到的困难想全、想细，想到万一。相反，在我们的某些局部工作中，有些本来不成问题的事情，因为有些同志大大咧咧、掉以轻心而变得异常复杂，甚至出了问题，这种教训是很值得注意的。从现在起就要给各级领导干部做工作、打招呼，在明年这种特殊的情况下，必须把各种困难充分估计到。

《在中共天津市委五届三次全委扩大会议上的报告》

（1988 年 12 月 25 日）

困难和成绩成正比，和干劲成反比。

凡是先进企业，其领导都有一个良好的精神状态，都能正确地对待困难。他们既不否认困难，又不害怕困难，而是千方百计地研究和克服困难。他们说："年年难过年年过，年年过得都不错，关键在工作。"因此，他们总是在似乎山穷水尽之时，遇到柳暗花明。我们有些企业的领导，则缺乏这种精神，碰到困难不是设法去克服，而是唉声叹气，上怨领导，下怨群众。他们希望有成绩，但又怕困难。干革命哪能没困难！我们进行的是改天换地的工作，从事的是前所未有的事业，怎么能避免困难呢？革命是什么？就是向困难作斗争。同时，对干部来讲，困难也未必就是坏事。在一般情况下，困难和成绩成正比，和干劲成反比。碰到了困难加以克服就是成绩；不碰到困难、不经过奋斗的成绩，世界上根本没有。选拔领导干部为什么要反复考察、比较，原因之一就是要找那些善于克服困难和解决问题的人。我们希望企业领导干部都向先进企业的领导学习，把精神振奋起来，知难而进，积极进取，在克服困难的过程中提高自己，夺取胜利。

《在天津市工业企业领导干部会议上的讲话》（1986年5月26日）

要把兵带成小老虎一样，有一股压倒敌人、战胜困难的士气。

任务大、时间紧、技术复杂，需要认真谨慎对待，这话没错。但这话主要向领导干部讲，要领导干部做。作为基层干部、群众，就是要那股虎劲。对于战士、参加义务劳动的工人、农民，主要是鼓劲，使他们有信心、有士气、有一股打不倒的劲头；同时，创造条件使他们有劲使得上，比着干、拼命干。没有这股劲头、气势，120 里长河两个月是挖不出来的。我们有的领导讲话常常讲两面，好的一面，差的一面。好像是坚持"一分为二"，其实一分为二不等于半对半。讲得太全面了就等于没讲。必须强调主要面。宣传鼓动就是正面。要把兵带成小老虎一样，有一股压倒敌人、战胜困难的士气。战争讲这个，施工也讲这个。

《在听取引滦入津指挥部工程进展情况汇报时的讲话》（1982 年 5 月 19 日）

武松是英雄，那是因为他打死了老虎，他要是打了一只猫，就算不上英雄了。

像中国这样的乒乓球大国，称雄世界那么多年，不受一点挫折不可能，受挫折也不一定是坏事。整个世界竞技运动的发展都是以对方强大为提高自己的前提。对方强了你打不过，你就要想办法，就可以发展；如果对方越打越软，就促进不了自己的发展。比如说武松是英雄，那是因为他打死了老虎，他要是打了一只猫，就算不上英雄了。非得出了若干老虎，人们想法对抗，才能出打虎英雄。

《接见参加第四十一届世界乒乓球锦标赛的中国代表团时的谈话》（1991 年 5 月 13 日）

99. 研究问题，最主要的是研究特点。

我们讲研究问题，最主要的是研究特点；讲认识事物，最主要的是认识特点；讲结合实际，最主要的也是讲结合特点。抓住特点，发挥优势，是搞好工作的基本要领。当然，特点和优势不是一回事，但特点常常联着优势。

《听取江西省委、省政府工作汇报时的讲话》（1993 年 9 月 19 日）

研究特点、发挥优势是领导工作的基本任务。

任何地方的工作要想搞好，必须下力量研究特点、发挥优势。任何事物都是共性和个性的统一。列宁讲过，“从最简单、最普通、最常见的等等东西开始；从任何一个命题开始，如树叶是绿的，伊万是人，茹奇卡是狗等等。在这里……就已经有辩证法”①。树叶是绿的，树叶是个性，绿是共性；伊万是个人，伊

① 《列宁全集》，中文 2 版，第 55 卷，307 页，北京，人民出版社，1990。

万是个性，人是共性；茹奇卡是条狗，茹奇卡是个性，狗是共性。世界上的东西都有个性，也都有共性，共性寓于个性之中，没有绝对一样的东西。两张桌子、两个凳子是按一个图纸做的，看着像是一样，其实不一样。一个牌子、一样大小的灯泡，看起来完全一样，严格检查还是不一样。双胞胎外人怎么看都是一样，其实不一样，他父母他爱人就能区别出来。认识事物，首先的主要的就是认识事物的个性或特点，认识“不一样”。陕西省，省是共性，陕西是个性，认识陕西省主要不是认识省，而是认识陕西，看它同甘肃、河南、辽宁等省有什么区别和不同。找准区别点，认识特殊点，就是毛主席说的认识事物的基础。当然，特点不等于优势，但优势必定和特点相联。研究特点、发挥优势是领导工作的基本任务。

《听取陕西省委、省政府工作汇报时的讲话》(1999 年 9 月 9 日)

把自己的特点弄清楚，才能使你既不挤别人，别人也不能代替你。

大城市之所以有意义，就是因为没有大城市国家发展不起来，集中不了一定的力量，形成不了一定的气候，它就没法搞带头性的东西。如果让县城里组织一个肿瘤研究院，有那么多人力、财力吗？大城市集中了很多人力、物力、财力，小城市没有这样的条件。这就是大城市在国家这一盘棋内特定的职能。大小城市职能都能得到充分的发挥，形成一个统一的整体，国家才能够协调发展。我们国家现在提倡竞争，但有些竞争不成其对手，争它干什么？如果我们天津同山西赛，看谁产煤多，天津地下挖空了，也比不过山西。在市场竞争中，大城市应该有大城市的气魄，要发挥中小城市难以起到的作用，要对国家作出大的贡献，不能什么都争，该让的就让，该给的就给。一个地方发挥优势，首先要把自己的特点弄清楚，这样才能恰如其分，才能使得上劲，才能使你既不挤别人，别人也不能代替你。

《谈发展第三产业》（1985 年 4 月 6 日）

要研究一下各地区的特点，研究一下区域布局。

要研究一下各地区的特点，研究一下区域布局。在讨论国家计划时，我多次谈过这个观点。社会主义国家应该是区域布局最合理的。本来都是共产党的，在哪儿干合算就给哪儿干嘛！比如说乙烯，如果在大庆炼，每吨成本可以节省 108 元。但是不行，偏拉到北京去炼。这么远，还得加温、加压。你要是在大庆把它变成半成品，变成橡胶、化纤后再运去，起码要轻多了嘛！如果那样，黑龙江赚钱就多了。黑龙江多交钱就是了。这样的问题很多。比如若干个胶合板厂，本来可以建在大兴安岭、吉林等林区，又有树、又有水，经过加工变成胶合板，运输量也少多了。把大树杈子拉到上海、天津做胶合板，什么道理？没有一个合理的区域布局怎么发挥社会主义优势？

《视察黑龙江省时的讲话》（1994 年 1 月 4—7 日）

研究自己的特点，发挥自己的优势，选准自己的角度。

当运动员，个子高的就去打篮球，占便宜；个子低的，你去搞体操、跳水，回旋半径就小，也占便宜。唱京戏，你个子高、个子大，唱武生，挑滑车，扮姿就帅；个子小的，你就去唱武丑，因为个子小，半径小，一圈腿，跟球一样，一咕噜就过去了。不信你去查查，好的武丑都是小个子，好的武生都是大个子，这是个比喻。我们所有部门的工作也是一样，都要研究自己的特点，发挥自己的优势，选准自己的角度，与此同时加强方方面面的配合。

《在接见全国各省区市政协港澳台侨工作经验交流座谈会全体人员时的讲话》（2000 年 12 月 26 日）

特殊性决定事物的本质，是最基础、最根本的东西，是做工作的出发点。

厦门是什么？从地理上讲，厦门是个岛屿；从经济上讲，厦门是个经济特区；从历史文化上讲，厦门是个历史名城，这里发生过很多有影响的事情，出过很多有名的人。毫无疑问，厦门也是个国际港口城市。

厦门又是什么？是处于祖国东南方、风景优美、气候宜人的旅游休闲城市。在改革开放以前，人们就把到厦门观光、到鼓浪屿看日光岩当作一件盛事。世界上有些地方，它什么都不生产，比如夏威夷，还经常闹火山，刮台风，比如威尼斯，饭店旅馆价格相当昂贵，比如法国的尼斯，就靠一块海滩，那个海滩比厦门的海滩差多了，还有摩纳哥、马来西亚的浮罗交怡、泰国的普吉岛、太平洋上的斐济等等，就是靠它特殊的自然和人文环境，吸引大量的旅游者来花钱，每年收入高得惊人。由此看来，厦门完全有条件利用自己丰富的、得天独厚的自然环境资源和人文环境资源，把环境保护搞好，把基础设施搞好，把进出交通搞得非常通畅，真正成为不仅是投资的好场所，而且是观光、旅游、度假、居住的好地方。我相信，只要厦门城市建设搞得好，随着国家经济的日益发展、人民生活水平的不断提高，随着海峡两岸交往的扩大和“三通”① 变成现实，一定会有更多的人到厦门来旅游，来买房子定居，这些人的衣、食、住、行都在这里，各种消费都在这里，将有力促进厦门各项事业的全面发展。到那个时候，推动厦门发展最有力的因素很可能就是我说的旅游休闲、观光度假。因此，搞好城市规划、城市建设、环境保护，对厦门来讲，是名誉，是地位，是资源，是利益，当然也是责任。我希望厦门市领导好好琢磨琢磨这个问题。研究问题，当然要研究它的一般性，但更要研究它的特殊性，特殊性决定事物的本质，是最基础、最根本的东西，是做工作的出发点。只有把厦门的特殊性研究琢磨透了，厦门的城市建设才不会失于偏颇。

《在厦门考察工作时的讲话》（1998 年 11 月 10 日）

① 海峡两岸间通邮、通航、通商的简称。

一个地方的基本思路应当说起来简单，听起来明白，解释起来深刻，理解起来容易。

加快一个地方的经济发展步伐，必须有一个全局性的、长远的、切实可行的总体规划，或者叫基本思路。这种思路应当说起来简单，听起来明白，领导解释起来深刻，老百姓理解起来容易，远期看有意义，近期看抓得着。没有这个东西，就难以形成共识。没有这个东西，人们就看不到希望和盼头；没有盼头就没有劲头。没有盼头、没有劲头，群众的精神就振奋不起来，领导的威信也树立不起来。我认为，贵州经济发展中有两个问题值得重视，一个是“钱”的问题，一个是“粮”的问题。

《听取贵州省委、省政府工作汇报时的讲话》(1994年10月19日)

应当大力发展经济林木，宜果则果，宜茶则茶，宜药则药。

发展经济林木，能够充分利用土地等自然资源。土壤、水分、日照和温度是植物生长的主要条件，在我国，这几个条件都好的地方常常农业发达、人口密集、土地珍贵。在这样的地方搞绿化，不能不考虑比较效益。一棵树，占那么大一块地皮，用那么多水分和阳光，不能仅仅为了观赏，还应当发挥更多的作用，既有生态效益又有经济效益。比如丘岗地区，过去大炼钢铁把树都砍光了，当然很荒唐；后来提倡绿化，秃山变绿山，这是进步。但从合理利用土地等自然资源来讲，只绿还不够，应当大力发展经济林木，宜果则果，宜茶则茶，宜药则药。湖南怀化有个钦万有，以承包、入股、购买等方式，开发丘岗地 4 500 亩，种植柑橘、金秋梨，绿化了山岗，增加了收入，安排了就业。湖南计划开发丘岗地 5 000 万亩，相当于全省耕地的面积。江西也提出在山上“再造一个江西”。类似湖南、江西这样条件的地方还有很多，如有计划地进行开发，其意义不可估量。按照这样的思路，不论是丘岗还是平原，不论是农村还是城市，不论是成片的地块还是零散的角落，像公园、庭院、沟旁、路边等，都应地尽其力，见缝插针，广种经济林木，这将对发展经济、改善生活和绿化祖国具有重大的影响和作用。

《关于我国绿化的几个问题——在全国政协第九届常务委员会第六次会议上的讲话》（1999 年 6 月 25 日）

如果否认个性，干吗还成立工会、共青团、妇联，只要一个共产党的组织不就完了吗？

现在改革开放带来的许多新的特点，并不是缺点和问题。不能把特点和问题简单地混淆起来，不能简单地用过去的尺竿来量新阶段出现的现象。比如思想政治教育，对过去的方法要肯定，我们有这么个传统，强调重视思想政治教育，但也要研究过去的法儿对还是不对。党代会报告不是讲得很清楚吗？讲思想政治工作的新思路时，第一条强调要尊重人、理解人、关心人、爱护人，强调个人的志向、爱好和追求。如果把所有人的个性都掩盖起来，强制地磨掉，只承认共性，不承认个性，那就不可能把人们的积极性充分调动起来。如果否认个性，干吗还成立工会、共青团、妇联，只要一个共产党的组织不就完了吗？请你们研究一下，群众团体究竟有什么个性。过去把群众组织办成一个部门，摆在那儿还可以，但真正办事没你的份，什么原因？就是否认个性的结果。我们过去说话得一样，穿衣服一样，走路一样，否认个性，这不人道。这一条不要简单地看成是一个理论问题，这一条确实是你这个组织存在的根据。为什么要你这个组织，还不是因为你有特殊性，是别人不能代替的，行政组织不能代替，其他组织不能代替，党委也不能代替，只有你自己才能做这个工作。要找点儿只有你自己才行，别人都不行的理由和根据。

《听取总工会、团市委、市妇联工作汇报时的谈话》（1988 年 8 月 9 日）

任何事物都是个性与共性的统一，认识事物的基础是认识个性。

1991 年我来云南时讲过要研究特点，认为云南的主要特点有四条：一是气候好，四季如春；二是资源多，许多资源在全国占举足轻重的地位；三是边境长，有利于对外开放；四是开发较晚，有后发优势。这四条准不准可以商量，但重视研究特点这个思路是正确的。任何事物都是个性与共性的统一，认识事物的基础是认识个性。我们强调具体问题具体分析，一切从实际出发，就是由事物的个性决定的。我们讲把中央的精神与本地的实际相结合，就是指共性与个性相结合。共性个性、绝对相对的道理，是事物矛盾问题的精髓，不懂得它，就等于抛弃了辩证法。

《听取云南省委、省政府工作汇报时的讲话》（1999 年 3 月 28 日）

不能把新形势下必需的事情看成是问题，也不能以新形势为借口把问题不看成是问题。

有些事情在改革开放和市场经济的新形势下是必需的，不能用旧观念把它看成是问题；有些事情在任何时候都是不好的，不能以新形势为借口不把它看成是问题。比如说，形式是必要的，因为没有形式就不能有效地开展工作；但形式主义是不能要的，因为形式主义不讲实效、劳民伤财，有些已发展到误事误国的地步。比如说，“本本”是要认真研究的，因为不弄通弄懂“本本”就难以指导实践，但本本主义是错误的，因为本本主义食古不化、照抄照搬，有些已经完全脱离实际。比如说，政绩是要讲的，因为政绩是考核干部的一个重要依据，但“政绩工程”是不能搞的，因为“政绩工程”沽名钓誉、华而不实，有些甚至用老百姓的救命钱往自己脸上贴金。比如说，应酬是难免的，因为应酬是对外交往的一种方式，但大吃大喝是要反对的，因为大吃大喝铺张浪费、奢侈腐败，严重影响干群关系。

《在中国人民政治协商会议第九届全国委员会常务委员会第十五次会议上的讲话》（2001 年 9 月 29 日）

对优点不认识也叫盲目。

我们讲自觉性，这话包括了对自己的不足和缺点的认识，也包括对自己的成绩和优点的认识。对优点不认识也叫盲目。你要知道你值钱的可贵的东西在什么地方。

《视察天津经济技术开发区的谈话》(1985 年 11 月 13 日)

100. 地方就是要有点地方色彩、地方味道。

地方就是要有点地方色彩、地方味道，不是简单地照抄照搬中央文件。往往有这种情况，刚刚有点“味”的时候，可能被人责难，可能难以被一些人所理解。只要实践证明是正确的，就要坚持住，慢慢被人理解；而当人们都理解了的时候，你那个“味”也就没有了。

《在全国人大开会期间谈天津市经济改革》（1986 年 3 月 29 日）

既要吃透中央精神，又要研究本地特点。

把具有普遍指导意义的中央精神同本地具体情况结合起来，变为自己的工作部署，变为千百万群众的实践活动，需要做大量的扎实工作。这里既要吃透中央精神，又要研究本地特点；既要周密规划，又要精心实施；既要干部身先士卒，又要组织群众参与。这个过程中的工作是大量的、艰苦的、细致的，来不得半点虚假、飘浮、马虎。领导水平的高低，工作作风的好坏，在很大程度上表现在这个过程之中。

《在全国宣传部长会议上的讲话》（1991 年 1 月 19 日）

所谓中国式的“天津味”，就是工作要有自己的特色。当然“天津味”要符合“中国式”，这是前提条件。

作为地方党委和政府必须坚决贯彻中央的方针政策，但也有责任向中央反映地方情况，为中央提供进一步完善政策的依据。所谓中国式的“天津味”，就是工作要有自己的特色。当然“天津味”要符合“中国式”，这是前提条件。在执行中央的政策时结合自己的情况，有些方面在地方权限范围内可以制定切合本地情况的补充办法，有利于更好地贯彻中央的精神。但是诸如此类的“土政策”，不经过一段时间，别人也会有各种各样的看法。例如，外贸收购的商品，低于国内市场价格，人家为什么要交给外贸呢？天津和外贸部门商量，采取了实行补贴的办法，作为奖励，效果较好。后来中央正式明确了奖励的做法，我们的做法也得到公认了，全国都这样做，也就无所谓什么“天津味”了。

《关于改革中的辩证法的谈话》（1986 年 3 月 28 日）

广西要重视抓好“南北钦防”这一线的开放、开发，通过沿海地区的快速发展、超前发展，带动广西全区经济的发展。

我这是第三次到广西。对广西的发展问题，我曾讲过一些意见。总的来看，广西在过去的发展中确实受到一些历史和客观因素的制约。从历史上看，在抗法援越、抗美援越和自卫反击战时期，广西作为前沿阵地，国家在这里的投资比较少，没有多少重大建设项目。广西人民服从了大局的需要，作出了巨大的奉献，广西的发展也因此慢了一些。从客观条件上看，广西地区间自然条件差别太大，经济发展上的不平衡非常突出，贫困地区和贫困人口的包袱沉重。比如我曾经到过的百色、河池地区，有些地方不具备基本的生存条件，经济发展的难度很大。但同时也要看到，广西也拥有许多有利于加快发展的因素。比如，南宁、北海、钦州、防城港这四个地方，既沿海又与东南亚国家的距离较近，有些条件比上海、天津也不差。钦州、防城港港口的水深有几十米，几十万吨船都可以进出，北海港口的条件也非常好。因此，广西想要加快发展，就要突出重点，努力使有条件的地区尽可能发挥优势，上得快一些，以带动全局发展。当然也要重视扶持落后地区。但是从全局看，如果只盯住百色、河池，就难以发挥有条件地区的积极性和优势，其结果是不仅限制了这些地区的发展，也使得落后地区的发展难以得到持久的有力支持。我第一次来广西时就提出，既要扎扎实实地抓好百色、河池等地的扶贫，更要重视抓好“南北钦防”这一线的开放、开发，通过沿海地区的快速发展、超前发展，带动广西全区经济的发展。“南北钦防”是我建议提出的，原先你们提出沿海概念只包括钦州、防城港和北海，我建议加上南宁。因为南宁是整个广西的政治、经济、文化中心，离钦州不到100公里，和天津市区到塘沽港的距离差不多。把南宁也作为开放城市，广西的开放启动就会更快。由此就有了发展战略上的“南北钦防”这一说。现在看，这个想法还是对的。伯纯①同志来广西工作后提出“三大战略、六大突破”的发展思路，和我原来的想法大体上是一致的，是符合广西

① 即曹伯纯，当时任中共广西壮族自治区党委书记。

实际的。广西这些年的抓法是正确的，发展是比较好的。

《在桂林考察工作时的讲话》（1998 年 11 月 7 日）

加强环保工作，保护好风景名胜，对桂林来说，是名誉，是地位，是资源，是利益，也是责任。

我这次来赶上桂林地区和桂林市合并。把原桂林地市合并起来组成新的桂林市，这是非常正确的决策。原桂林市只有几十万人，就这么点面积，扛不起世界旅游名城这个旗子。把地市合并到一起，统筹规划，对于充分发挥桂林的旅游资源优势，实行城乡优势互补，加快整个区域经济的发展，提高人民生活水平，都有好处。对地市合并后桂林如何发展，我讲不出具体意见，我只讲一个概念性的问题，即桂林地市合并以后，农业和农村的比重大了，但从性质来说，桂林市是"城市"，而且不是一般的城市，是世界著名的风景区，是"山水甲天下"的旅游名城。这一点必须明确。桂林市虽然市区规模不大，但其影响远不是普通城市乃至一般大城市能比的。在中国，可能知道桂林的人要比知道南宁的人多，桂林的名气比南宁大多了。不久前克林顿[①]来我国访问，国内许多城市的领导都希望克林顿能去那里参观，虽然都知道不能与克林顿做买卖，但都希望借此提高自己地方的知名度。当时桂林正发生洪涝灾害，我们劝他去别的地方，他不同意，说就是要到桂林。比利时首相昨天也来了。桂林之所以在国内国外

① 当时任美国总统。

都颇有影响，就因为它拥有特殊的天然条件，是我国非常重要的风景旅游城市，是我国的一个门面。凭这个天然条件，国内外游客来这里旅游，在这里消费，为当地扩大开放、发展经济带来了好处，为政府、为群众带来了利益。因此，与其他城市相比，桂林市既有发展经济、改善人民生活等一般性的共同任务，又有保护与建设风景名胜区的特殊要求。这一条在桂林市委、市政府的工作中占有非常重要、非常突出的地位。

我三次到桂林都讲这样的话：桂林不要盖高房子，不能搞有污染的工业，不能损害环境，不能破坏旅游资源。加强环保工作，保护好风景名胜，对桂林来说，是名誉，是地位，是资源，是利益，也是责任，是社会责任，是历史责任。祖先把这么好的地方传到我们这一代手上，我们要管理好、保护好，这样才上对得起祖先、下对得起后代。记得有一年，有一个香港人写信给我，反映桂林有人在卖钟乳石。我批了很严厉的处理意见。怎么能允许这么干呢？人家到桂林来的目的之一就是要看溶洞里的钟乳石，你却把多少亿年才形成的这一点东西砸掉了、卖掉了，把风景破坏掉了，这是不可饶恕的犯罪呀。桂林市委、市政府一定要切实履行好自己保护环境的责任，书记、市长要亲自负责。如果不注意这个问题，急功近利，把环境给破坏了，那么必将受到后人的遣责。

《在桂林考察工作时的讲话》（1998 年 11 月 7 日）

如果按丘岗计划和绿色革命的设想办，四川可挖掘的潜力也相当大。

说四川潜力很大，因为四川各方面的条件很好，工作基础也较好。重庆分出去后，四川在资源、人才、科技以及工农业基础方面仍然是一个大省。就拿这次看的凉山地区来说，我觉得这块地方前景很好，搞得好，会成为四川一个很大的经济增长点。凉山州5万多平方公里，相当于一个宁夏，比荷兰整个国家还要大。就农业发展来讲，第一要有土地，第二要有阳光，第三要有水，第四要有合适的温度。这四个基本要素凉山都占了，搞得好，不亚于成都平原。我曾经提出农业的两个设想，一条叫丘岗计划，一条叫绿色革命。所谓丘岗计划，就是把适合搞经济作物的山，统统种上茶叶或水果，或其他经济作物。湖南已经这样搞了若干地方。湖南现有耕地面积4 500万亩，丘岗计划搞完后可增加4 800万亩，等于增加一个湖南。那里的丘岗计划，有村子搞的，也有企业、机关搞的，也有个人承包的。个人包的见效最快，三年就是花果山。湘西有个劳模叫钦万有，把三个山头都种上了柑橘，创了很大的家业。我国很多地方，像西北缺水，严重制约了农业的发展。四川有这么多水，是个很好的条件，可以在山岗丘陵上大做文章。所谓绿色革命，是指把绿化的生态效益和经济效益统一起来。过去我们不重视绿化是不对的，现在重视绿化、重视生态是很大的进步。但是，中国地少，专门用地把树种在那里搞生态效益，中国没有那个资格。所有的树，包括行道树、庭院树、公园里的树，除个别生态需要的外，都要有计划地变成经济作物，例如柑橘、板栗、茶叶等。如果按丘岗计划和绿色革命的设想办，四川可挖掘的潜力也相当大。

《听取四川省委、省政府工作汇报时的讲话》（1997年10月25日）

如何充分发挥自己的优势，如何利用内地一些省市的优势弥补自己的不足，这是海南要做的一篇大文章。

由于种种原因，海南在许多方面还比较落后，这是事实。比如讲合作、合资，海南人才、资金、技术就相对不足。如何充分发挥自己的优势，如何利用内地一些省市的优势弥补自己的不足，这是海南要做的一篇大文章。首先是引进适应开放要求的人才。其次是引进技术、资金。应该吸引其他省市一些企业在这里与外商合资、合作，让它们同样享受特区待遇。有的是甘当红娘，有的或入股或收税，或拿地皮出租。这样就可以把内地的许多技术、资金吸引到海南来。海南要想通一个道理，就是只要在这块地皮上钱多了，企业多了，人才、技术多了，海南就能繁荣。只要各地的人才来了，钱来了，企业来了，技术来了，不管是谁的，我都为你服务。最终占便宜的还是海南。

《听取海南省委工作汇报时的讲话》（1991 年 2 月 19 日）

如何把海滩及沿海周围的土地利用好，这是三亚规划、建设、管理工作的重点。

三亚的最大优势是有漂亮的海滩。这在国内绝无仅有，在国外也不多见。我所看到的国外的海滩，古巴的是最好的，但也比不上三亚。如何把海滩及沿海周围的土地利用好，这是三亚规划、建设、管理工作的重点。所谓三亚的个性化、特殊化，重要的就是突出热带滨海特色。我看了亚龙湾的几个地方，觉得有些问题。一是建筑离海边太近，本来背面有很多闲置的空地，如果再往后拉二三百米，临海面积就大多了。天域大酒店就有这个毛病，把亚龙湾中心广场给挤了，把附近的海滩给占了，后边再盖房子就看不见海了。二是沿海滨应有一条便道，既用来行人，又把海滨区隔开。厦门滨海大道的设计是好的，你们可以借鉴。三是海滨便道外应搞有热带特色的绿化带，绿地尽量宽一些，不小于100米，以花草、灌木为主，大树要少，但树貌要好，不挡视线，让人一眼就能看见大海，一片汪洋尽收眼底。便道外不能建房子，使更多的房子能看见大海。在夏威夷，能看见大海的房子和看不见大海的价格相差十几倍。建筑体形不宜太高太大，横向距离要拉开。海滩是大家共享，不能让给某一个单位。政府在规划上要严格把关。归结起来说：（一）不要在靠近海滩边上建房子；（二）不能出让海滩；（三）海边要多种花草、灌木；（四）点缀的树种树貌要突出热带滨海特色。

《谈三亚的城市建设》（2000年2月10日）

在旅游海滨搞建筑，一是要与海滩保持一定距离；二是体形不能太大太高；三是风格要协调。

上次我去亚龙湾，曾说过亚龙湾的条件比北戴河好得多，比我看到过的夏威夷、法国的尼斯都好，比世界有名的巴西、古巴的海滩也不逊色。亚龙湾尤其难得的是背山面海。现在建设也已开始，规划得也不错。特别是那个广场的设计，将来看也可以站得住，因为把两层建筑搁在地底下，没有破坏地面上的景观。地面上树了个图腾柱，只有几个小楼，这个设计很好。相比之下，海口的假日海滩有几个公共设施摆得太靠前，体积也太大，如果往后摆、往地下摆就会好些。我历来主张在旅游海滨搞建筑，一是要与海滩保持一定距离；二是体形不能太大太高；三是风格要协调。海南的旅游海滩很多，从一开始就要注意这个问题。

《听取海南省委、省政府工作汇报时的讲话》（1997 年 1 月 18 日）

世界上有“海在城中，城在海上”，昆明可以搞“城在山中，山在城内”。

应当肯定，昆明这几年城市建设的成就很大，是历史上变化最大的几年，但从严格要求、高标准要求来讲，需要注意的问题还不少。我觉得昆明城市建设有很大的希望和潜力，现在抓还来得及。第一，要重新研究规划。你们现在规划的深度还不够。按照上面说的“性质、规模、布局、基础设施”等要求，做得还不够明细。你们把山都规划在市区之外，这不一定合适。世界上有“海在城中，城在海上”之说，威尼斯是这样，厦门也是如此；也有“城在山中，山在城内”之说，你们怎么把山划到城外去呀？一个城市里面有滇池那么大的水面，还有那么多小山，是非常难得的！规划搞一遍不行，几遍也不行，要反复搞、反复论证，听取意见。第二，旧城改造不能没有统一的规划设计，不能搞见缝插针。要一条街一条街、一幢楼一幢楼地规划设计，街有多宽、楼有多大、什么样式、什么色调，要统一划出立面，让大家参观提意见。旧城建设要放慢，先开发新区，特别是住宅新区。现在昆明城区每平方公里有 6 万人，世界上人口密度最大的是北京大栅栏那个地方，每平方公里 8 万人。你们城区 6 万人的密度，怎么行！昆明城区外还有很多地方，可以规划若干个小区，旧城先“泻肚子”之后再来改造、美化。旧城改造、整修街道不怕旧房子，就怕好房子。一幢很新、很大但又很不怎么样的房子，很难弄。第三，要努力做到个体的多样化和群体的统一化。这是很难做到的事情，但必须这样做。要注意前后左右的衔接，做到高低有别、错落有致、统一多样，形成好的街景。强调总体协调，并不是不要重视个体设计。群体是由个体组成的，没有好的个体也就谈不上好的群体。但你们在个体设计上下功夫不够，缺乏特色。个体设计要几遍、几十遍地研究琢磨，提高水平，讲究特色，注意多样性。第四，外饰面不宜过多使用马赛克和瓷砖，这几乎是全世界都成了定论的。现在涂料质量很好，使用起来既方便又简单，几年之后，可以刷新，而干贴的外饰面造价很高，带来的后遗症很大。玻璃幕墙也不宜大范围采用，不开窗子不能通风，开窗子非常难看，防水工作也很难做，现在很多国家已不再用这个东西了。第五，要留够红线。规划红线必须有长远设想，不能只看现在，而要想到几年、几十年，甚至几百年。红线具有法律效力，必须坚决执行。

滇池必须认真规划。在海拔近 2 000 米高有这么大块水面，中国唯一，世界少有，但现在的滇池环境杂乱、污染严重，必须下决心进行治理。你们现在这些治理方法不行，必须有新的大的思路。我曾经想过，能不能在上游找个大的水源，通过各种工程，使它流经滇池，使滇池成为活水？还有什么方法？要敢想，敢想是敢干和成功的前提。

《听取云南省委、省政府工作汇报时的讲话》(1999 年 3 月 28 日)

附：

吟滇池补水工程*

借来源头水，
过路洗滇池。
万民得利益，
春城多美奇。

把水引进来，把路通出去，是山西发展的两大战略要素。

把水引进来，把路通出去，是山西发展的两大战略要素。在我的脑子里，没来山西之前，只有一个煤的问题。到了这里，听了你们几次介绍后，我又形成这样一个看法，除了煤以外，山西有两大问题。首先是水的问题。山西境内水资源贫乏，从黄河引水是最便捷的一个出路，你们要早为之计，这个问题不解决，山西就很难有大的发展。第二是交通问题。能不能从长远上、从战略上考虑，从山西往华北平原上铺几条大型公路，直插到海边，使华北平原包括北京、天津、唐山有一个可靠的能源基地，山西

* 1999年3月28日，李瑞环同志在云南考察期间听取省委、省政府工作汇报时，提出治理滇池要有新的大的思路，可考虑在上游找个水源，引过来流经滇池，使滇池变成活水。2009年5月，李瑞环同志再次来到云南，时任省长秦光荣同志在腾冲向他汇报了已经实施的滇池补水工程情况。他听了很高兴，即兴吟出这样几句。

就会同华北平原连在一起，也等于把山西拉到海边，局面马上就会发生大的变化。至于什么时候搞，可以视情况而定，而作为规划必须有所考虑。

《考察山西时的谈话要点》(1989 年 8 月 11—18 日)

101. 总结经验是提高认识、做好工作、增长才干的必要途径。

注重经验是我们党的优良传统，是我们提高认识、做好工作、增长才干的必要途径。实践可以产生理论，但不能自然而然地产生理论。从实践中得到的感性认识，必须经过加工改造、认真总结，才能上升为反映事物本质的理性认识。战争年代，我们用打一仗总结一次经验的方法从不会打仗到会打仗；建国后，我们也是用边干、边学、边总结的方法从不会搞建设到会搞建设。我们党的两次大的思想飞跃，得益于两次大的总结。今天我们要想取得建设有中国特色社会主义这项崭新事业的成功，也只有靠不断在实践中总结。

当前，确有不重视经验的问题。不重视历史经验，包括一些付出惨痛代价才得到的基本经验；不重视总结新鲜经验，叫干就干，干完就算，知其然不知其所以然。特别是在如何总结经验上存在着一些问题。有的总结只是感性材料的堆积，表面现象的罗列，甲乙丙丁、一二三四，没有分析，没有观点；有的总结缺乏充分的材料，大概念套小概念，大观点加小观点，空话连篇，牵强附会；有的总结纯属胡编乱造，“文件中抄的、报纸上套的、屋子里憋的”，说得天花乱坠，毫无事实根据。有的在总结经验的方法上有毛病，起承转合，千篇一律，编顺口溜，凑四六句，念起来合辙押韵，实则八股习气。江泽民同志最近指出：“形式主义泛滥，大量名目、口号，实在太多，一个口号尚未吃透，贯彻有效，第二个口号又来了。”群众批评说“口号提得多，经验出得快”，常常上面刚发出一个号召，没几天就推出许多典型。总结经验必须有老老实实的态度、规规矩矩的方法。起码有三条：一是要有材料，材料要搞全了、弄准了，不能有虚假差错；二是要有加工材料的工具，即正确的理论，掌握马克思主义的立场、观点、方法；三是要有加工的本领，将丰富的材料加以去粗取精、去伪存真、由此及彼、由表及里的改造制作，进行艰苦细致的分析、综合、概括、抽象工作。

《听取山东省委、省政府工作汇报时的讲话》（2000 年 9 月 11 日）

总结经验有三个条件：一是材料要全、要准；二是要有工具，即马克思主义理论；三是要有加工的本事。

总结经验有三个条件。第一个条件要有材料，材料要全，不能缺东少西；材料要准，不能虚假差错。材料不全不准不能加工出好的产品。第二个条件要有武器，也可以叫工具，没有工具没法加工。工具是什么？马克思主义理论就是工具。第三个条件要有加工的本事。有了材料、工具，没有手艺不行。同样的工具和材料，手艺不同制作出的产品一定不同。手艺怎么来？就得学，就得练。怎么学，怎么练？就得不断地使用工具加工材料，也就是不断地用马克思主义理论去加工实践中的材料，即不断地用马克思主义去总结工作。总结不是一件简单的事，不是编顺口溜、凑四六句，而是在马克思主义理论指导下，将丰富的材料加以去粗取精、去伪存真、由此及彼、由表及里的改造制作，经过艰苦的思考、分析、综合、概括、抽象。科学的抽象不是主观臆造，而是更深刻、更正确、更完全地反映着自然。总结经验的整个过程都是理论与实际相结合的过程。总结经验要应用理论，学习理论要结合总结经验。

《学习理论　总结经验　研究工作——在中国人民政治协商会议第八届全国委员会常务委员会第二十一次会议闭幕会上的讲话》（1997年6月29日）

成功有其内在的因素，失败存在必然的根据，总结经验就是找出那些内在和必然的东西。

人类的历史是一个不断地从必然王国向自由王国发展的历史，是一个实践、认识、再实践、再认识循环往复的过程，总结经验则是这个过程中的一个重要环节。我们干了许多事情，其中有些是完全成功的，有些是部分成功的，有些是部分失败的，有些是完全失败的。实践证明，成功有其内在的因素，失败存在必然的根据，总结经验就是找出那些内在和必然的东西，使其上升到理论，用以指导实践，做到打一仗进一步，吃一堑长一智。

《同天津市部分青年干部的谈话》（1988年4月）

不占糊涂便宜，不吃糊涂亏。

总结经验，是学习理论、提高认识、搞好工作和增长才干的重要环节。要想把实事越干越多、越干越好、越干水平越高，必须抓住这个环节。

这几年，各行各业、各个部门、各个单位都干了许多实事，有成功的，也有不太成功的。凡成功的一定有正确的东西，要通过总结找出它的规律，做到打一仗进一步。凡失败和受挫折的，也一定有不合理的地方，要通过总结，找到它的原因，才能吃一堑长一智。这样，知其然又知其所以然，不占糊涂便宜，不吃糊涂亏，我们的工作就会有大的进步。

《善于总结——十谈少讲空话，多干实事》(《天津日报》特约评论员文章，1985 年 6 月 10 日)

我们既珍惜和继承自己的经验，也强调学习和借鉴别人的经验。

经验包括直接经验和间接经验。特别是经过理论指导、概括、加工后的经验，具有普遍的意义，我们应当学习和借鉴。否认间接经验的意义，一样样都要通过自己直接实践是狭隘的经验论。我们既珍惜和继承自己的经验，也强调学习和借鉴别人的经验。但按照马克思主义的理论，任何经验都有一定的局限性。由于时间、地点、条件的不同和变化，有些经验在过去是成功的，在现在就可能过时了，在那个地方是成功的，在这个地方就可能不适用了。我们重视经验，但绝不能用教条主义态度来对待经验，都要根据实践中的具体情况来决定，不能让经验束缚住自己的手脚。要通过不断地实践，使已有的经验更丰富、更完善。同时，要努力把感性认识上升到理性认识，不断创造新经验。对于国外成功的经验，也必须从我国的国情出发来决定取舍。脱离实际，照抄照搬别人的经验，是行不通的。

《同天津市政府研究室工作人员的谈话》（1987 年 6 月 11 日）

能否及时总结经验，关系到能否减少失误，少走弯路。

总的路线对了，不等于各项具体路线、方针、政策、制度、办法都成熟和完备了，更不等于说理论上的许多问题都清楚和明确了。面对国内国际现实生活中的众多复杂问题，我们在理论上还缺少准备，缺少研究，有许多还没有作出深刻的说明和科学的回答，也不可能从过去的本本找到现成的答案。所以，不管是总的路线和理论，还是各方面的具体路线和政策，以及我们所干的每项工作、每件事情，都需要根据马克思主义的基本原理，结合新的情况，总结新的经验，进一步探索、创造、发展。这里特别要强调，经验要及时总结。这样，正确的经验才能较快地推广，错误才能较快地纠正。过去十年，我们工作指导上的某些失误，一个重要原因就是没有能够很好地做到这一点，老是“交学费”，群众很不满意。所以，能否及时总结经验，是关系到能否减少失误，少走弯路，少付代价，较快地获得正确认识，较顺利地推进我们工作的一个重要环节。

《关于加强党同人民群众联系的几个问题——在新华社国内工作会议上的讲话》（1990 年 4 月 11 日）

养成总结经验的习惯，学会总结经验的本领，形成总结经验的风气。

我们很多同志是由别的部门调到统战部来的，也许我们统战部的同志将来还会调到别的单位去工作。如何把过去做的若干工作，以及现在做的工作，变成做其他工作的积累，比如说，盖楼的经验怎么用在办报上，办报的经验怎么用在搞统战工作上，搞统战工作的经验怎么用在搞农村工作上，这里的关键在于会不会把个别的经历、个别的经验，概括和抽象成一般的东西。我们所说的总结经验，既不是一般现象的罗列，也不是简单地编顺口溜、四六句。总结经验，是一个很不容易的过程。首先必须把材料搞全搞准，不能有丝毫虚假差错。还要掌握理论，特别是马克思主义哲学，这是人类的认识工具。还必须学会加工。把材料掰开了、揉碎了、理顺了，去粗取精、去伪存真、由此及彼、由表及里地概括抽象。我经常说，木头可以做桌子，但木头不等于桌子，能不能做成桌子，还要看手艺。我希望从事统一战线工作的同志都要养成总结经验的习惯，学会总结经验的本领，形成总结经验的风气，不断推动统战事业的发展。

《同全国统战部长会议代表座谈时的讲话》（1996 年 12 月 25 日）

要做到正确地总结而不是错误地总结，就必须以马克思主义理论为指导，面向群众，面向实际。

总结经验，要做到正确地总结而不是错误地总结，就必须以马克思主义理论为指导，面向群众，面向实际，把立足点真正摆到党领导的广大人民群众建设有中国特色的社会主义的伟大实践中来。陈云同志多次讲："不唯上、不唯书、只唯实"①。生气勃勃的社会主义事业是人民群众创造的事业。建设有中国特色的社会主义，是中国人民改造社会、创造历史的伟大工程。我们讲历史，讲发展，讲创造，都离不开人民群众这个历史发展和社会改造的动力，离不开人民群众这个认识和实践的主体。总结经验也是如此，不能照搬外国，不能面向过去，不能只靠少数人，不能理论脱离实际。

毫无疑问，研究外国、借鉴外国经验是非常重要的。改革开放以来，在这方面做了不少工作，今后还要坚持做下去，关注的领域还应当拓宽，考察的层次还应当加深。但是必须指出，像我们这样大的一个国家，又有着独特的历史发展和革命经历，要实现现代化，是没有现成道路可走的。无论是发达的资本主义国家，还是某些新兴的工业化国家，都不可能为我们提供照搬照抄的模式，只能从中国的实际出发，走自己的路。

《关于加强党同人民群众联系的几个问题——在新华社国内工作会议上的讲话》（1990年4月11日）

---

① 《陈云文选》，2版，第3卷，371页，北京，人民出版社，1995。

实践可以产生理论，但并不等于理论，如同木头可以做成桌子，并不等于桌子一样。

有些同志不重视或不善于总结经验，满足于说干就干，干完就算，结果，工作上辛辛苦苦，道理上稀里糊涂，水平提高不快，工作起色不大。实践可以产生理论，但并不等于理论，如同木头可以做成桌子，并不等于桌子一样。要把实践中的感性认识上升到理性认识，必须经过去粗取精、去伪存真、由此及彼、由表及里的改造制作，而这个过程就是总结。

《善于总结——十谈少讲空话，多干实事》(《天津日报》特约评论员文章，1985 年 6 月 10 日)

总结经验，目的是找出事物的必然。

总结经验，目的是找出事物的必然。偶然潜藏着必然，必然通过偶然表现出来，并为自己开辟道路。人类历史表现为无数抱有千差万别目的的个人的活动，似乎是偶然现象的堆积，但就在这大量个人活动的杂乱现象的背后，隐藏着人民群众是社会发展的决定性力量，是历史的创造者的必然性。透过现象看本质，通过偶然发现必然，这是人们熟知的道理。人类历史上许多重大发明，许多具有深远影响的真理、定律，都是从偶然中发现的。如牛顿由苹果落地发现了万有引力定律，瓦特从沸水冲开壶盖受到启发发明和改进了蒸汽机，锯子的发明传说也是鲁班因刺草划破手皮而得到灵感的。当然，真实的过程不会像传说的那么简单。总结经验要接触大量的现象，这些现象都是本质的反映。现象的特点是丰富而易逝的，本质的特点是稳定而再现的。只要我们留心、细察、敏感，善于研究大量现象和现象之间的内在联系，就会透过现象抓住本质，通过偶然找到必然。

《在全国地方政协工作经验座谈会结束时的讲话》(2001 年 12 月 6 日)

要尽可能把材料搞全了、弄准了。材料缺东少西、虚假差错，工具再好，加工的本领再大，也不会制作出好的成品。

要广泛搜集材料，掌握与事物相关联的一切情况；要注意事物发展的全过程，了解过程中的各个方面；要善于抓典型，解剖麻雀。总之，要尽可能把材料搞全了、弄准了。材料缺东少西、虚假差错，工具再好，加工的本领再大，也不会制作出好的成品。我这里讲一个笑话，从前有一个秀才的老婆生孩子在炕上叫唤，秀才写文章没词在地下叫唤。老婆生气地问："我是因为孩子生不出来难受叫唤，你瞎叫唤什么?"秀才煞有介事地回答说："你是肚子里有东西生不下来，我是肚子里没东西硬要生，我比你更难受呀!"我不相信这件事是真的，但我相信确有这种没有材料、硬憋文章的人。有些总结深入调查不够，基础材料不够，或偷工减料，或假冒伪劣，一看就是屋里憋的、文人编的，是表面文章、空中楼阁。马三立①相声《学瞎话》讽刺的那种总结确

① 著名相声表演艺术家。

实存在。搜集材料要花很多时间，但这是必需的，是总结经验最大量、最经常、最具基础性的工作。

《在全国地方政协工作经验座谈会结束时的讲话》(2001 年 12 月 6 日)

总结经验就是要在若干一般原理的指导下，在许多相对事物的比较中，找出特殊性。

由特殊到一般，由一般到特殊，是人类认识的两个过程。就总结经验来讲，主要的还是认识特殊性。特殊性是事物的特殊本质，是事物存在和发展的特殊原因，是事物彼此区别的根据。总结经验就是要在若干一般原理的指导下，在许多相对事物的比较中，找出特殊性，按照毛主席的说法，这是“认识事物的基础”①。特殊性和共同性是相对的，在这个领域看是特殊的，从另一个领域看又可能是共同的。比如，人相对于其他动物的特殊性，在人类领域又是共同性；女人相对男人的特殊性，在女人领域又是共同性；幼儿相对大人的特殊性，在幼儿领域又是共同性。正因此，才有科学领域的划分和研究，才有研究对象的区别和联系。强调总结经验要抓住特殊性，也就是抓住总结对象领域里的共同性。我们说总结政协工作的经验，就是要抓住政协工作相对于其他领域工作的特殊性，而这些特殊性在政协工作领域又是共同性。毛主席是运用一般原理分析特殊性的大师，他对中国革命战争特殊性的把握到了出神入化的地步。在《中国革命战争

① 《毛泽东选集》，2 版，第 1 卷，308 页，北京，人民出版社，1991。

的战略问题》这篇著名文章里，他首先强调的就是“我们不但要研究一般战争的规律，还要研究特殊的革命战争的规律，还要研究更加特殊的中国革命战争的规律”①。“如果不懂得这些，就不能在中国革命战争中打胜仗”②。特殊性与共同性、相对性与绝对性的道理是辩证法的精髓。要学会总结经验，就必须懂得这个道理。

《在全国地方政协工作经验座谈会结束时的讲话》（2001 年 12 月 6 日）

任何一个成功经验的形成，总要经过一个实践过程；任何一个经验的再实践，自始至终都是一个新的认识过程。

任何一个成功经验的形成，总要经过一个实践过程；任何一个经验的再实践，自始至终都是一个新的认识过程。就这次会上交流的一些经验来说，从目前看是成熟的，当把它们重新应用于实践时，这就不仅是在应用经验，同时也是在检验经验、完善经验。还以联产承包责任制为例，当初在小岗村出现时就比较原始简单，后来被中央认可、推向全国农村直到今天，其内涵就丰富、完善多了。因此，这种以检验经验为出发点的再实践，应该是自觉的实践，应该是有目的、有计划、有记录地进行。肯定经验的价值和作用，要求大家认真学习、切实推广，决不意味着经验本身已完好无缺。从认识发展的意义上说，从全局和长远的角

①② 《毛泽东选集》，2 版，第 1 卷，171 页，北京，人民出版社，1991。

度上看，再实践、再检验、再提高更加重要。

《在全国地方政协工作经验座谈会结束时的讲话》(2001 年 12 月 6 日)

总结经验的出发点不同，其过程、方法、结果都会不同。

总结经验的出发点不同，其过程、方法、结果都会不同。如果是出于公心，为了搞好工作、推进事业，为了实事求是、探索真理，这样的总结就会是可靠的，运用的材料就会是真实的，由此形成的经验对自己有用，对别人管用，以后长时间内都会起作用。如果是出于私心，为了应付上级、邀功买好，为了登报扬名、哗众取宠，这样的总结就是靠不住的，再活灵活现的故事都可能是虚构的，由此形成的结论毫无用处，甚至骗人骗己，误事误国。就当前的实际情况看，应该说前者较多，后者也不能说很少。在有的地方，常常是上面刚刚发出一个号召，没几天就推出了许多相应的经验，群众批评说“口号提得多，经验出得快”。态度问题是根本问题，态度端正与否，对总结经验至关重要。

《在全国地方政协工作经验座谈会结束时的讲话》(2001 年 12 月 6 日)

先分析、后综合，在分析过程中综合，这是认识事物也是总结经验的基本方法。

先分析、后综合，在分析过程中综合，这是认识事物也是总结经验的基本方法。分析就是分析矛盾，把统一整体分解为各个部分、方面和要素来考察。综合是综合分析的结果，就是在分别考察的基础上把各个部分、方面和要素联结为一个整体来认识。分析不是简简单单地分，而是依据事物的性质和特点来分；综合也不是随随便便地合，而是按照事物的内在逻辑来合。分要分得开，合要合得整。分析是综合的基础，没有分析作为前提，综合就无从谈起；综合是分析的归宿，只分析不综合，分析就没有意义。分析和综合不是截然分离的，二者相互依存、相互渗透、相辅相成。在人们的实际思维活动中，往往是分析中有综合，综合中有分析，分析的过程同时就是综合的过程，概括抽象的过程。我们总结经验，就是要将繁杂、零散的材料掰开了、揉碎了、摆正了、捋顺了。要分好类、排好队、归好堆、论好辈，不断地分，来回地分，边分边合，分分合合。这是一个寻找事物内在联系、探求客观规律的过程，是一个由简单到复杂、由复杂到简单、循环往复、螺旋式上升的过程，是最难的一步，也是最苦的一关。这要用相当的功夫，谁怕用功夫，谁就找不到真理。

《在全国地方政协工作经验座谈会结束时的讲话》（2001 年 12 月 6 日）

总结经验主要不应是文字上搬来搬去，而应是脑子里想来想去。

我们应当不断完善大脑这个加工厂，使其能生产多种多样的产品。要在这个加工厂里形成各种储存库，有不断吸收新材料的原材料库，有经过一定加工的零配件库，有经过较大加工的半成品库、成品库，一旦需要，重新思索，组合制作，就会变成新的产品。总结经验主要不应是文字上搬来搬去，而应是脑子里想来想去。我们现在有些总结搞得不好，或只有材料没有观点，或只有观点没有材料，或观点和材料不统一，一个重要原因就是缺乏思索。

《在全国地方政协工作经验座谈会结束时的讲话》(2001 年 12 月 6 日)

从理论的高度总结成功的经验，使其具有普遍意义，不占糊涂便宜；以科学的态度分析失误的原因，使其成为成功的先导，不吃糊涂亏。

目前，经济和社会生活中暴露出来的问题，不是一下子发生的，而是这几年不断积累和潜伏下来的；不是在个别领域，而是在相当一部分领域都不同程度地存在着混乱现象；不是个孤立的经济问题，而是常常与社会问题和思想政治问题交织在一起。面对这种情况，只有认真总结经验，才能对纷繁复杂的矛盾和大量的社会经济现象作出正确的分析，才能弄清楚问题的来龙去脉、问题的性质以及它们之间的关系，才能真正找到病因，抓住病根，最终把病治好。因此，坚持辩证唯物论的认识论，从理论的高度总结成功的经验，使其具有普遍意义，不占糊涂便宜；以科学的态度分析失误的原因，使其成为成功的先导，不吃糊涂亏，从而，把付出了代价换取的正反经验变为宝贵的精神财富，这既是治理整顿工作的现实需要，也是改革和建设过程中的必经之路。

《同身边工作人员谈改革问题》(1988 年 9 月 19 日)

102. 乐亦鉴之，哀亦鉴之，前事不忘，后事之师。

总结经验包括成功的经验和失败的经验。成功的经验符合客观规律，具有直接的指导意义，能够鼓舞士气、坚定信心；失败的经验因为吃过苦头，有着刻骨铭心的教训，有益于保持冷静和清醒。“历史上成功的经验是宝贵财富，错误的经验、失败的经验也是宝贵财富。”① 可是我们有的同志总结经验很像评功摆好，只讲成绩，不讲问题；或成绩讲得多，问题讲得少；成绩讲得具体，问题讲得抽象。自以为这样做非常高明，其实丢了很多宝贵财富。总结经验的目的是发扬优点，纠正缺点，深化认识，改进工作，而不是沽名钓誉，邀功请赏，即所谓乐亦鉴之，哀亦鉴之，前事不忘，后事之师。特别对缺点错误必须知错必改，而不是“后人哀之而不鉴之，亦使后人而复哀后人也”。

《同全国政协九届二次会议文稿起草人员的谈话》
(1999 年 2 月 11 日)

---

① 《邓小平文选》，1 版，第 3 卷，234～235 页，北京，人民出版社，1993。

有些事虽然不好，但也有好的作用，会使人们脑袋清醒清醒，对今后的发展可能会有好处。

有些事虽然不好，但也有好的作用，会使人们脑袋清醒清醒，对今后的发展可能会有好处。相当一段时间以来，不少人在讲，未来的世界是亚洲的世界，21 世纪是中国的世纪，我们有不少人真的把它当成了现实。我一再讲，这话可信，也可不信。可信，是说可以鼓舞我们的士气；也可不信，是说我们还没有那个分量，不要听信人家给戴的高帽，就飘飘然起来。金融危机这一冲，才发现我们的问题很多，我们的力量还很小。台湾吹了半天，外汇储备才 800 亿美元，香港储备金加地产基金也才 800 亿美元吧。泰国大概 700 个亿。中国说这些年外汇储备很多，才 1 000 个亿多一点。西方金融市场上流动的资金有多少？有人说有 40 000 亿美元，数字到底有多大，很难说清楚。我们切不可被眼前的成绩所迷惑，应该清醒一下，真正认识到自己的家底还很薄；认识到我们在科学技术上，在若干重要领域里并没有达到世界领先的水平，没有起到主导的作用；认识到我们要真正站在世界的前列，还得经过长期的艰苦的奋斗。我们应该记住邓小平同志的话："资本主义发展几百年了，我们干社会主义才多长时间！何况我们自己还耽误了二十年。如果从建国起，用一百年时间把我国建设成中等水平的发达国家，那就很了不起！"① 所以，当前这种复杂的局面，这种遭受挫折的形势，可以起到清凉剂的作用，使我们冷静下来，脚踏实地、扎扎实实往前走。目前中国

① 《邓小平文选》，1 版，第 3 卷，383 页，北京，人民出版社，1993。

的人民币不是可以完全自由兑换的货币，有那么一道墙挡着；这些年经济持续增长，总的形势比较好；经过治理整顿，经济过热问题在一定程度上得到解决，实现了软着陆；加上中央政府的宏观调控能力比较强，所以中国看来还不至于出大的问题。中国能够稳定，不出大错，对东南亚的影响特别是对我们华侨华人的影响会是很大的。现在亚洲各国都在努力寻找克服经济困难的办法，总结和汲取经验教训。我对未来的形势有担心的一面，但总体上讲，中国是可以稳定地、稳步地、稳妥地渡过这个关口的。

《在会见第九届国际潮团联谊年会海外知名人士时的讲话》（1997 年 11 月 19 日）

任何时候都不能忘记加强党的领导，都不能脱离人民群众，都不可违背事物的客观规律，都不要丢掉艰苦奋斗的作风。

以史为鉴，可以知兴衰。40 年来曲曲折折的道路，翻天覆地的变化，使我们深深地感到创业的艰辛。总结我们的经验，集中到一点，就是任何时候都不能忘记加强党的领导，不能丢掉我党我军的光荣传统，必须发挥我们的政治优势，这是我们夺取革命和建设胜利的传家宝；任何时候都不能脱离人民群众，必须牢记全心全意为人民服务的宗旨，坚持一切为了人民、一切依靠人民的指导思想，这是我们搞好一切事业的力量源泉；任何时候都不可违背事物的客观规律，必须坚持实事求是、一切从实际出发的思想路线，这是我们少走弯路、使改革和建设稳步前进的关键所在；任何时候都不要丢掉艰苦奋斗的作风，必须坚持勤俭建国、勤俭办一切事业的方针，清廉从政、厉行节约、反对奢侈浪费，这是我们永葆革命青春的根本保证。

《在纪念天津解放四十周年座谈会上的讲话》（1989 年 1 月 14 日）

要知道今天，就要研究昨天，从而科学地预测明天。

要知道今天，就要研究昨天，从而科学地预测明天，建设明天。因为今天的若干事情，或者说当今许许多多的现象，都存在着历史的一些痕迹，过去许多的历史事件在今天人们的思想观念上还有着这样那样的影响。认真地研究一下历史，透过历史的经验来看待我们当前的工作，从而把当前的工作搞得更好，这是一件非常有意义的事情。

《谈社会科学研究》（1986 年 5 月 8 日）

正面的经验有三条，反面的教训有三类。

在中国这样有 12 亿人口、经济基础比较薄弱的大国，成功地进行如此规模宏大的改革，所积累的经验无疑是丰富的，而将这些经验正确地、系统地总结出来，应该说也是很不容易的。择其要者而言之，正面的经验有三条。一条是十分注意调动人的积极性。我们的一切改革以及为此而制定的方针、政策、制度、措施等，其出发点和归宿都是为了最大限度地调动人的积极性和充分挖掘社会潜能，以解放和发展生产力。一条是特别强调求是务实。讲实干，办实事，努力争取各项工作都能从实际出发；坚持实践第一，用亿万群众的社会实践去克服困难，解决问题，推动各项事业的发展；既要解放思想，又要实事求是，努力做到二者的结合与统一。一条是谨慎处理改革、发展和稳定三者的关系。在现代化建设的过程中，我们始终重视把握好改革的力度、发展的速度和稳定的程度，因为这决定着改革与建设的成果，决定着中国的大局。

反面的教训有三类。一类是由于缺少经验产生的，一类是由于工作上的失误造成的，还有一类是与成绩相伴相随的。比如，有些地方在经济建设中贪多求快，摊子铺得过大，投资结构不尽合理；又比如，在承认物质利益原则的同时，一些地方忽视精神文明建设，以致某些不良社会现象重新抬头；再比如，对外开放使我们吸收了外国许多好的东西，但也出现一些不必要的重复引进，有时候对自己的特点重视不够。所有这些都引起了我们的重视，并采取切实措施加以解决。我们的态度是，发扬正面的，克服负面的，在这种不断发扬和克服的过程中求得进步与发展。

《接受巴西记者联合采访时的谈话》（1995年6月23日）

不要在纠正前任的毛病上打主意，而要在使自己少犯错误上下功夫。

三亚拆掉不少“烂尾楼”是对的，今后不能再出现新的“烂尾工程”。过去我见你们四套班子同志时讲过一句话，就是不要在纠正前任的毛病上打主意，而要在使自己少犯错误上下功夫。也就是说，对别人的毛病宽一点，对自己要求严一点。你们拆除一些建筑，如果后续工作跟不上或者不到位，人们就会有说法，舆论也会转向。所以，拆除之后原来的地方怎么使、如何建，你们要研究得很细很细才行。

《考察三亚城市建设时的谈话》（2000 年 12 月 17 日）

要很冷静地思考过去，思考现在，思考未来。

邓小平同志近年来不止一次地指出，要认真总结经验，要很冷静地思考过去，思考现在，思考未来。六中全会的决定，就是这样做的一个成果。执行这个决定，既要着眼于现在，也要着眼于未来。就是说，要着眼于 90 年代的第二步战略目标，着眼于下个世纪中叶基本实现现代化，着眼于整个建设有中国特色的社会主义的伟大事业。在今后的历史进程中，中国共产党人按照实践、认识、再实践、再认识这个认识的总规律，不断地总结新经验，研究和解决新问题，就一定能够使党的十一届三中全会以来的路线不断丰富和发展，使建设有中国特色的社会主义的理论不断丰富和发展，胜利地完成把马克思主义同中国实际相结合的第二次飞跃。

《关于加强党同人民群众联系的几个问题——在新华社国内工作会议上的讲话》（1990 年 4 月 11 日）

新中国建立后，有两个20年的经验值得认真总结。

新中国建立后，有两个20年的经验值得认真总结。一是1957年到1976年，我们走过了一条曲折的道路，特别是发生了“文化大革命”那样的内乱，导致国民经济到了崩溃的边缘。一是1978年到现在，综合国力得到很大提高，人民生活有了明显改善，整个国家面貌发生了翻天覆地的变化。天还是这块天，地还是这块地，为什么前后20年反差如此之大？这是因为前20年我们党在指导方针上有严重失误，而后20年我们党坚持以经济建设为中心，坚持四项基本原则，坚持改革开放，实行了一整套符合实际的路线、方针、政策。

《会见斯里兰卡统一国民党代表团时的谈话》（1998年4月13日）

许多事情似乎早就明白，如果问上几个为什么，就会发现自己并不明白。

古人讲“心之官则思，思则得之”，“行成于思”；毛主席讲“多想苦想”①，“多想出智慧”②，“开动机器”③，“改造制作”④，强调的都是用头脑思索。人与动物的区别就在于人能思索。人的大脑潜力很大，一般正常人的大脑约由1 000亿个神经细胞组

①②③ 《毛泽东选集》，2版，第3卷，948页，北京，人民出版社，1991。
④ 《毛泽东选集》，2版，第1卷，291页，北京，人民出版社，1991。

成，可以储存1 000万亿个信息单位，而一个人一生中能够利用的只不过10%左右，据说爱因斯坦用得最多，也就17%。大脑这个东西越用越好用，越用越聪明。有的人之所以本事小、办法少、进步慢，主要原因不是脑子笨，而是脑子懒。我们应当充分发挥大脑加工厂的作用，勤于思索，善于思索。要处处留心，多问几个为什么。许多事情似乎早就明白，如果问上几个为什么，就会发现自己并不明白而是糊涂；经过认真思索之后，就会变糊涂为明白，这个明白才是真明白。

《在全国地方政协工作经验座谈会结束时的讲话》(2001年12月6日)

在内内外外一片赞扬声中，要冷静下来，研究一下存在的问题，总结一下已有的经验。

整个世界总是不断发展的，所以我们的工作也要不断地前进，不能停留在一个水平上。我们提出这个问题，一方面是说这几年天津的面貌变化很大，受国内国外许多人的赞扬，我们自己也感到自豪；另一方面，在看到成绩的时候，要更加谨慎，找找我们自己的毛病。什么叫进步？什么叫提高？都是相对过去而言的。一个人，看不到不足，看不到自己的问题，就谈不上进步。一个人回顾自己的历史，一直都沾沾自喜，津津乐道，以为完满无缺，那么这个人就难以继续前进。所谓进步，就是不断克服不足过程中的进步；所谓提高，就是不断纠正问题过程中的提高。在内内外外一片赞扬声中，要冷静下来，研究一下存在的问题，总结一下已有的经验，提出新的奋斗目标，这是非常必要的。比如，明年修街道修多少，怎么修，如果还是一般地这样修下去，意义就不大了，总是要往深走一步。所以必须有进取的精神，永不满足，永不停止，不断地用高标准要求自己，鞭策自己。

《在天津市城区综合治理研讨会上的讲话》(1985 年 12 月 17 日)

很多事情你不总结就没有一个明确认识，就找不出一个根本性的东西。

认识来源于实践。这是马克思主义最基本的一个观点。但是，我们许多同志常常误解为有了实践就一定有新认识，这个理解是错误的。认识来源于实践，而实践之所以产生认识，实践的经验之所以能飞跃，不是轻而易举自然而成的。每一次实践的过程，就是把我们某些看法、某些观念付诸实践的过程，也是我们检验思想的过程。拿建筑设计来说，一个建筑物完工以后，有两种产品，一种是物质产品，另外一种是精神产品，我们从中总结出几条经验，然后再拿这些经验自觉地指导下一步的设计。这就是实践、认识、再实践、再认识，这就是提高水平的过程。很多事情你不总结就没有一个明确认识，就找不出一个根本性的东西。而找不到规律性的东西，就总是今天好，明天坏，存在盲目性。按照马克思主义的观点，现象是丰富的，但是多变的，本质是枯燥的，但是再现的。只有抓住本质的东西，才可能预见未来，指导今后的工作。

《在天津市建筑设计院科技干部会上的讲话》(1985 年 1 月 10 日)

许多同志条件差不多，但为什么进步程度差异很大？一条原因就在于是不是善于总结经验。

经常总结经验，是马克思主义认识论的一个基本要求。马克思主义向来反对两种倾向，一叫唯理论，一叫经验论。唯理论的毛病在于脱离了实际和经验，经验论的毛病则是固守狭隘的经验。我们党总是教育党员注重实践，并在实践的过程中不断总结经验。也就是我们经常讲的将丰富的感性材料，加以去粗取精、去伪存真、由此及彼、由表及里的改造制作，完成由感性到理性的飞跃。实践出真知，实践出理论，但实践不等于就是理论，如同木头可以做桌子，但不等于桌子，必须经过加工制作一样。这个“加工制作”就是总结经验的过程。我们周围的许多同志，同样的年龄，同样的工作经历，天赋条件也差不多，但是为什么进步程度却差异很大？一条原因就在于是不是善于总结经验。干过一件事情，就要想一想，哪些对了，哪些错了，对的是什么原因，错的是什么道理，不吃糊涂亏，不占糊涂便宜，这也就是我们常讲的从盲目到自觉的过程。总结经验不是一般实际材料的堆砌，而是要在占有大量材料的基础上，进行认真的分析综合。具体讲就是把材料搞全了、弄准了，把问题掰开了、揉碎了，把关系理顺了、摆正了，这样就可以揭示出事物的本质，发现事物运动的规律。

《在天津市城区综合治理研讨会上的讲话》（1985年12月17日）

吃一堑长一智，打一仗进一步。

我们一贯提倡总结经验。因为总结经验是由感性认识到理性认识的一个环节。实践可以产生理论，但必须经过总结这个环节。我们党的历史上两次大的飞跃都得益于总结经验。七大的总结奠定了新民主主义革命胜利的基础，十一届三中全会的总结开创了建设有中国特色社会主义的新局面。因为总结经验是推动工作的重要方法。任何一项工作要想不断地提高，必须坚持及时总结，发扬成绩，纠正错误，深化认识，做到吃一堑长一智，打一仗进一步。还因为总结经验是每个人提高与进步的有效途径。我们周围有许多很好的同志，有的相互之间天赋相近，学历相同，经历相似，实干的劲头也差不多，但他们提高和进步的程度却相差很大，重要的原因就在于如何对待总结经验。提高快的人每做完一项工作，都要琢磨琢磨，总结一下，找出成功包括部分成功的原因，或失败包括部分失败的理由，做到不占糊涂便宜，不吃糊涂亏。提高慢的人说干就干，干完就散，不动脑、不总结，马马虎虎，稀里糊涂，知其然不知其所以然。

《学习理论 总结经验 研究工作——在中国人民政治协商会议第八届全国委员会常务委员会第二十一次会议闭幕会上的讲话》(1997年6月29日)

“立竿见影”没那么简单。

不是有一句话，从感性认识到理性认识有个飞跃的过程吗？

不同活生生的现实相结合，就无从实现这个飞跃。“文革”前，我在一个大学哲学系讲过一次《实践论》，当时有个学生递来一个条子说，听你讲学习理论和实践联系挺有意思，可又觉得很不简单，现在有人讲“立竿见影”，你怎么理解这个问题？我讲，“立竿见影”就主观愿望来讲，是号召你学以致用，尽快地联系实际。但如果真的把理论看作个“竿”，把实际中见效看作个“影”，认为学了马上见效，我看没那么简单。感性认识是低级阶段，理性认识是高级阶段，从感性认识到理性认识，从理性认识回到实践，都需要有一个过程，有一个由量变到质变、渐变到突变的过程，需要有感性经验的积累，需要有反复的思索。

《在全国马克思主义哲学体系改革研讨会上的讲话》

（1988年1月26日）

要了解现实，把握现实，并预见未来，开拓未来，就必须深入地研究历史。

按照马克思主义的观点，历史具有承继性。现实是历史的发展，是历史长河中的一定阶段。现代文明无一不是在已有的物质和文化基础上建立起来的。列宁曾经讲过：“无产阶级文化并不是从天上掉下来的，也不是那些自命为无产阶级文化专家的人杜撰出来的。如果硬说是这样，那完全是一派胡言。无产阶级文化应当是人类在资本主义社会、地主社会和官僚社会压迫下创造出来的全部知识合乎规律的发展。”① 历史发展的这种客观规律就

① 《列宁全集》，中文2版，第39卷，299页，北京，人民出版社，1986。

决定了：要了解现实，把握现实，并预见未来，开拓未来，就必须深入地研究历史。中国是世界上文明发达最早的国家之一，曾经创造过举世无匹的物质文明和精神文明。在漫长的岁月中，我们的民族虽屡经曲折磨难，甚至几临倾覆的厄运，却又一次再一次地衰而复兴，蹶而复振，转危为安，巍然屹立。这充分表现了中华儿女艰苦卓绝的战斗精神和殉国家之急的爱国情操，同时也给我们留下了深刻的教益。可以说，现实的中国是无数代中华儿女英勇奋斗的结果，是我们国家几千年历史的积累和文化的积累。因此，在建设具有中国特色社会主义的过程中，我们不但需要认识现实的中国，而且需要认识历史的中国。正如毛泽东同志所指出的，在观察和解决中国革命问题的时候，决不应割断历史。不但要懂得中国的今天，还要懂得中国的昨天和前天。这样，我们就会在不断重温伟大祖国的光荣史和悲惨史、苦难史及斗争史中，汲取热爱祖国的巨大力量，激励自己做一个无愧于祖国、无愧于先人、无愧于时代的中国人。也只有这样，我们才能使马克思主义的普遍真理与中国国情真正结合起来，使马克思主义中国化、民族化。

《〈中国历代文献精粹大典〉序》（1990 年 6 月 3 日）

對历史負責為現实
服务替未来着想

李瑞環

为中央档案馆成立 50 周年题词（1999 年 8 月）

1987年5月24日，李瑞环陪同来访的朝鲜劳动党中央委员会总书记、朝鲜民主主义人民共和国主席金日成在天津视察。

1989年10月30日，李瑞环在北京会见美国前总统尼克松。

1989年11月8日，李瑞环在北京会见美国前国务卿基辛格。

1995年6月14日，李瑞环在哈瓦那会见古巴领导人卡斯特罗。

1995年12月5日，李瑞环在北京会见柬埔寨国王西哈努克及夫人。

1997年12月8日，李瑞环在河内会见越共中央总书记杜梅。

1998年6月14日，李瑞环在北京会见巴勒斯坦国总统阿拉法特。

1997年6月10日，李瑞环在德国总理府会见德国总理科尔。

1997年12月17日，李瑞环在悉尼会见澳大利亚总理霍华德。

1999年12月11日，李瑞环在东京接受日本NHK电视台采访时针对所谓“中国威胁论”提出：“听蝲蝲蛄叫，还能不种庄稼？”

1998年5月18日，李瑞环在意大利总统府会见意大利总统斯卡尔法罗。

1998年5月27日，李瑞环在巴黎爱丽舍宫会见法国总统希拉克。

1999年5月11日，李瑞环在汉城会见韩国总统金大中。

1997年5月28日，李瑞环在里斯本会见葡萄牙总统桑帕约（右四）。右一为外交部副部长李肇星，右三为全国政协秘书长朱训，左二为北京市政协主席王大明，左三为民建中央主席成思危。

1999年10月12日，李瑞环在北京会见委内瑞拉总统查韦斯。

1999年12月10日，李瑞环在东京会见日本天皇明仁。

2001年4月22日，李瑞环在开普敦会见南非总统姆贝基。

2000年7月18日，李瑞环在北京会见俄罗斯联邦总统普京。

2001年11月19日，李瑞环在新加坡会见新加坡内阁资政李光耀。

2002年5月27日，李瑞环在伦敦会见英国首相布莱尔。

103. 树立和平、合作、合理、和气的形象。

就国际形势说，和平与发展是时代的主题；就国内工作说，经济建设是中心；就社会主义事业说，目前处于低潮。审时度势，我们应当高举“和合”旗帜，树立和平、合作、合理、和气的形象，以创造良好的国际环境，为国内建设服务。

和平：热爱和平，需要和平，维护和平。

中国人民曾饱受列强欺凌，深知战乱之苦，对和平有强烈的渴望。中国正在进行的现代化建设要取得成功，决定于两个条件。一个是国内条件，就是坚持现行的改革开放政策，安定团结的政治局面。还有一个是国际条件，就是持久的和平环境。中华民族崇尚“和为贵”，“己所不欲，勿施于人”，中国人民决不会将自己过去所遭遇的那种苦难强加给别人。中国现在不称霸，将来富强了也不会称霸，也反对任何人称霸，我们要使各国人民相信，中国的强大是维护世界和平与稳定的积极力量。

合作：真诚合作，广泛合作，善于合作。

当今世界，经济全球化趋势日益增强，各国经济在竞争的同时相互依存和优势互补越来越明显，相互开放和交流合作越来越广泛。只有顺应这一潮流，才能不断赢得主动，发展壮大自己。

中国在许多方面处于落后状态，离开与世界各国进行广泛的合作，离开学习借鉴他人的先进经验，是没有出路的。合作是我们的需要，是我们的利益，也是人类社会发展的必然趋势。我们对外合作的时间还不长，领域还不宽，必须努力拓展；对外合作的本事还不大，必须逐步提高。

合理：凡事讲理，言之成理，以理服人。

常言道，有理走遍天下，无理寸步难行。事事讲理，时时讲理，处处讲理。讲正理不讲歪理，多讲公认的理，少讲自家的理。要让人觉得中国人说话办事通情达理，有理有据，而不是强词夺理。通俗易懂的语言、细致严密的逻辑、生动形象的例证，这些都是讲理、以理服人所必需的，这些都要用心学习。

和气：宽厚平和，随众合群，和蔼可亲。

要胸襟开阔，平心静气，听得进不同意见。要懂得真理不是哪个人的专利，别人讲话即使有错也要让人家把话讲完。要求大同存小异，孔子曰，大德不逾闲，小德出入可也。由于长时期“以阶级斗争为纲”，有的人养成上纲上线的习惯，“头上长角，身上长刺”，动不动搞大批判，使人望而生畏。讲话要注意分寸，尖锐的话、伤人的话尽量少讲。中国传统讲究人缘，讲究合群，不要太“各”，要使人愿意亲近，不要让人看见就躲。

上述“四和（合）”，反映了中华民族的优良传统，体现了小平同志韬光养晦的思想，也符合我们国家和人民的根本利益。

《在出访亚非四国结束午餐会上的即兴讲话》（2001 年 5 月 2 日）

中国发展需要两个条件，国内有个好政策，国外有个好环境。

外交工作非常重要。中国发展需要两个条件，国内有个好政策，国外有个好环境。好政策包括社会稳定，包括人民团结，包括经济发展，包括生活提高，包括改革开放；外面有个好环境，如果整天和别人吵架，穷于应付外面，也很难把国内的事情搞上去。外交工作也很复杂。外交工作是一门科学，不是一件简单的事情，需要下功夫深入研究。随着对外开放日益扩大，从事外事工作的人越来越多，对外打交道的事情从上到下都有。但是，我们这方面的行为观念还没有完全摆脱过去那种神秘化的色彩。

《在出访非洲三国总结会上的讲话》(2003 年 2 月 21 日)

中国人民十分珍惜和平，中国的发展特别需要和平，中国对外政策的目标是争取和平。

中国人民十分珍惜和平。中国在近代历史上，曾有 100 多年时间处于连绵不断的战乱和动荡之中。为了争得独立与解放，中国人民进行了艰苦卓绝的斗争，承受了巨大的损失和牺牲。饱经战乱苦难的中国人民，对于和平有着特殊的渴望与要求。

中国的发展特别需要和平。为了找到一条适合自己国情的发展道路，中国人民进行了艰难曲折的探索，付出了十分沉重的代价。12 亿中国人的最大共识是毫不动摇地沿着这条道路走下去，以实现我们建设现代化的目标。要做到这一点，需要两个最基本的条件：一是国内的稳定，二是国际的和平。没有和平的国际环境，我们就不可能专心致志搞建设，也无法开展国际交流与合作。就我们本意来讲，不想同任何国家找别扭、闹矛盾、搞摩擦，我们希望同所有的国家在和平共处五项原则的基础上，建立和发展友好合作关系。因此，坚定不移地维护世界和平，是我们的一贯主张，也是我们的现实需要和长远利益。当然，在事关国家主权和领土完整的问题上，我们绝不含糊。

中国对外政策的目标是争取和平。我们历来主张一切国家不论大小、贫富、强弱，不论社会制度、文化传统、价值观念有何不同，都是国际社会平等的一员，都应当相互尊重，求同存异，平等相待，友好相处。

《会见加拿大总理克雷蒂安时的谈话》(2000 年 5 月 9 日)

中国奉行独立自主的和平外交政策，追求的是和平与发展。

中国奉行独立自主的和平外交政策，追求的是和平与发展。具体来说就是：（一）维护中国的独立和主权，反对外来干涉；（二）主张和平解决国际争端，反对任何形式的霸权主义和强权政治；（三）在和平共处五项原则的基础上同包括西方国家在内的世界各国建立和发展友好合作关系；（四）积极发展同周边国家的睦邻友好关系，并加强与发展中国家的团结与合作；（五）实行全方位的对外开放政策。

《会见芬兰外长哈维斯托时的谈话》(1994 年 5 月 4 日)

我们不想同任何国家找别扭、闹矛盾、搞摩擦。

邓小平曾经指出："我们的现代化建设要取得成功，决定于两个条件。一个是国内条件，就是坚持现行的改革开放政策。……还有一个是国际条件，就是持久的和平环境。"① 只有在和平、稳定的国际环境下，我们才可能集中力量进行经济建设，一步步地实现既定的目标，也才可能同世界各国友好合作，学习借鉴别国一切先进的文明成果。就我们本意来讲，不想同任何国家找别扭、闹矛盾、搞摩擦，我们希望同所有的国家在和平共处五项原则的基础上，建立和发展友好合作关系。因为这是实现我们长期发展的任务所需要的。当然，在事关国家主权和民族尊严等重大问题上，我们绝不会放弃原则，因为这是我们的传统，也是我们的品格。

《发展是中国人民的长期任务——在韩国经济四团体午餐会上的讲演》（1999年5月12日）

不忘别人的好处，想着别人的难处。

不忘别人的好处，想着别人的难处，这是中国人的立身做人、处世交友的重要原则。"贫贱之交不可忘"，"滴水之恩，涌泉相报"，这些格言都说明了这个道理。"利他"是中国人的道义

① 《邓小平文选》，1版，第3卷，156页，北京，人民出版社，1993。

原则，凡事都设身处地地想，替他人着想，换个位置来想，在中国人的眼里，只有这样才能了解别人、理解别人，才能真正找到“知己”、“知心”、“知音”。

《会见坦桑尼亚总统姆卡帕时的谈话》（2003 年 2 月 10 日）

外交不能不讲人情，人情很珍贵，应多交一些朋友。

那年，美国前驻华大使伍德科克访华，要见邓小平同志，当时小平同志已退休，不再见外宾了。中央决定让我见他。他对我说，他一生中最骄傲的是安排邓小平访美，开辟了中美关系的新纪元。他非常想见邓小平同志，说他已年过八十，今后可能来不了了，说着说着老泪纵横。我很感动，向邓小平同志作了汇报，小平同志后来亲自去饭店看他。这件事没报道。外交不能不讲人情，人情很珍贵，应多交一些朋友，这样，外国朋友在谈中国情况时会说“我是听我朋友讲的”，而不是“听外交部长讲的”，这样效果就好得多。今后应找更多机会，用更多形式促进广泛的接触和交流。

《会见美国百人会代表团时的谈话》（1997 年 7 月 7 日）

不忘老朋友，广交新朋友，永做好朋友。

长期以来，许多日本社会名流和民间人士把中日友好事业作为自己的毕生追求，不论条件多么艰难，环境多么险恶，他们矢志不渝，始终没有改变自己的初衷。为了中日关系的重建，特别是为了实现中日邦交的正常化，他们奔走呼号，排除干扰，孜孜不倦地付出了艰辛的努力。为了中日关系的发展，他们呕心沥血，出谋划策，默默无闻地做了大量的工作。每当两国关系遇到阻力、出现杂音时，他们总是挺身而出，仗义执言，精心维护中日友好大局。这些老朋友有的已经谢世，有的不顾年迈体弱，仍为中日友好操劳奔波。他们的事迹在中日两国人民之中广为传颂，他们的精神将永远激励后人。在此，我谨代表中国政府和人民，向所有为中日友好作出贡献的日本各友好团体和各位老朋友表示衷心的感谢和崇高的敬意！我们绝对不忘老朋友。

中国人一直以多交朋友为乐事，两千多年前的大诗人屈原就曾吟唱道："乐莫乐兮新相知"。进一步巩固和发展中日友好事业，必须有更多的热心人士参与。无论信仰有什么差异，地位有什么区别，职业有什么不同，只要有志于中日友好事业，我们就会同声相应，就应当结为挚友。我这次访问日本，就是为发展友谊而来。我们要把交流的渠道搞得更宽广一些，既加强官方接触，又扩大民间往来；把合作的内容搞得更丰富一些，既不断巩固已有的成果，又注重拓展新的领域；把交往的气氛搞得更活跃一些，不拘形式，灵活多样地开展各种往来活动。通过努力，使我们不仅在经济政治领域而且在社会文化领域，不仅在上层而且在基层，都有越来越多的好朋友。我们需要广交新朋友。

中日两国一衣带水，有着很深的文化渊源，都是本地区的重要国家。中日和平、友好、合作，相互学习，相互借鉴，有利于两国集中力量从事建设，维护亚洲乃至世界的和平稳定，符合两国人民的根本利益和共同愿望，也符合时代的发展潮流。我们不能忘记历史，历史会给我们许多教益；我们更要看到未来，相信人类社会总会不断地向着更加文明、更加进步的方向发展。青年肩负着承前启后、继往开来的历史重任，不断巩固和发展两国的友好关系，必须着眼于青年，着眼于下一代，着眼于培养中日友好事业的接班人。两国青年应当百倍珍惜和维护中日两国来之不易的友好局面，继承和发扬老一辈的优良传统，不断增进相互之间的了解和信任，为中日友好事业作出新贡献。我们一定永做好朋友。

《在日中友好七团体举行的欢迎招待会上的讲话》（1999 年 12 月 9 日）

永做非洲国家的好朋友。

巩固和发展中非友好合作关系始终是中国外交政策的一个基点。我们支持非洲国家为维护国家独立、主权和领土完整所进行的正义斗争；我们尊重非洲国家根据本国国情对政治制度和发展道路的选择；我们希望非洲各国通过和平协商方式解决彼此间的分歧和争端；我们呼吁国际社会采取切实措施，促进非洲稳定，帮助非洲发展，缩小非洲与世界其他地区的差距。总之，在新世纪，我们将一如既往地努力发展中非友好合作关系，永做非洲国家的好朋友。

《会见摩洛哥国王穆罕默德六世时的谈话》（2001 年 4 月 26 日）

进一步巩固和发展中俄友好合作关系，符合两国人民的共同愿望和根本利益。

中俄互为最大邻国，进一步巩固和发展中俄友好合作关系，符合两国人民的共同愿望和根本利益。由于种种原因，中俄两国经济相对于发达国家都还比较落后，但我相信中俄两国的发展、强大是必然的，是不可阻挡的。俄罗斯有广阔无比的土地，得天独厚的资源，灿烂悠久的历史，勤劳智慧的人民，俄罗斯的发展、强大只是个时间问题。中国有五千年的文明成果，世界上最多的人口，中国改革开放的成就证明中国有巨大的发展潜力，中国的发展、强大也只是个时间问题。中俄两国发展，中俄两国强大，中俄两国友好合作，中俄两国同世界各国人民一道主持正义、反对霸权，对维护世界和平与稳定，对建立公正合理的国际新秩序，对推进多极化、防止一极化等，都具有十分重要的意义。

《会见俄罗斯联邦总统普京时的谈话》（2000 年 7 月 18 日）

讲历史，中印两国有许多值得自豪的地方；讲现代，两国与发达国家之间还有很大的差距。

中国和印度是世界上两个人口最多的发展中国家，也是亚洲大国，我们之间只有友好合作的理由，不存在谁对谁构成威胁的问题。作为文明古国，我们都曾为世界文明的发展作出过重大贡献，两国之间的文化交往源远流长。在历史上，我们两国都曾遭受过外国的侵略压迫，饱尝过帝国主义、殖民主义压迫下的痛苦。今天作为发展中国家，我们都面临着发展经济、改善人民生活水平的共同任务。特别是两国作为和平共处五项原则的倡导国，我们之间的友谊有着非常深厚的基础。讲历史，我们两国有许多值得自豪的地方；讲现代，两国与发达国家之间还有很大的差距。我们两个民族的人民是勤劳勇敢的人民，应该抓住时间，集中精力发展经济，尽快赶上发达国家，以恢复我们在世界上应有的地位。要做到这一点，我们需要一个稳定的政局，需要实行改革开放的政策，更需要一个和平、友好、稳定的外部环境，需要一个良好的中印关系。

《会见印度总统纳拉亚南时的谈话》（2000 年 5 月 30 日）

广结善缘、广交朋友对于中国人民来说，是道德，是利益，也是政策。

中华民族有着“和为贵”的优良传统，主张礼尚往来、睦邻友好。中国正在集中力量进行现代化建设，需要一个和平友好的国际环境。中国政府一贯奉行独立自主的和平外交政策，把和平友好作为处理对外关系的目标和原则。广结善缘、广交朋友对于中国人民来说，是道德，是利益，也是政策。我们重视广泛接触，特别是加强高层领导人之间的沟通联系。我们坚持求同存异，在交往中逐步增进共识。我们提倡互利合作、取长补短、共同发展。中国有句俗话：多一个朋友多一条路。我们愿意在和平共处五项原则的基础上，同包括秘鲁在内的各个国家发展友好关系，我们希望朋友越来越多，越多越好。

《会见秘鲁部长会议主席布斯塔曼特时的谈话》(2000年5月19日)

不能忘记历史，更要着眼未来。

中国和日本是一衣带水的邻邦，两国人民都希望巩固和发展传统友谊，世世代代友好下去，而不希望历史的悲剧重演。世界总是向前发展的，人类总会不断地总结经验，继承、发扬好的方面，摒弃、克服不好的方面，不断地向着更加文明、更加进步的方向发展。这是时代潮流，是不以人们意志为转移的客观规律。我们不能忘记历史，更要着眼未来。要十分警惕少数人不利于两国友好合作言行的危害，更要清楚地看到中日友好的积极因素和光明前途。我们希望一切负责任、有远见的政治家，都能以史为鉴，着眼大局，顺从民意，顺应潮流；都能身体力行，坚持不懈，排除干扰，多做实事；都能切实遵守《中日联合声明》、《中日和平友好条约》和《中日联合宣言》，促进中日和平、友好、合作关系不断向前发展。

《会见日本首相小渊惠三时的谈话》(1999年12月11日)

平等待人，诚恳待人，宽厚待人，依理待人。

这几天，参观多、跑路多。稍有余暇，时有所思，偶有所得，一吐为快。中华民族有着优良的文化传统，对其中待人接物的部分，加以马克思主义的说明，赋予时代意义，在对外交往中或许有用。

一是平等待人。庄子说，“物无贵贱，平等无私”，韩愈说，“一视而同仁”。

尊重别人亦自重，不亢不卑要自然；

平和平易不平板，可信可亲不可辱；

对强国不低三下四，对弱国不盛气凌人；

对显贵不阿谀奉承，对平民不小瞧慢待。

二是诚恳待人。孟子说，“诚者，天之道也；思诚者，人之道也”。

襟怀坦坦荡荡，讲话实实在在；

赞扬人不华丽溢美，听意见要虚心认真；

策略灵活不世故圆滑，内外有别不故弄玄虚。

三是宽厚待人。孔子说，“宽则得众”。

求同真心实意，存异体谅包容；

一时分歧不争论，无伤大体不计较；

大智若愚，看似糊涂不真糊涂；

善解人意，设身处地考虑对方。

四是依理待人。苏轼说，“成事在理不在势”。

坚持原则不简单生硬，以理服人不强加于人；

驳谬误不急躁有理有据，讲主张不说教虚实结合；

遵守规矩不墨守成规，待之以礼亦动之以情。

平等待人、诚恳待人、宽厚待人、依理待人四准则体现了中国人民的优秀品德，弘扬了中华民族的传统文化，对外有用，对内也适用。

《在出访亚洲三国总结会上的讲话》(1999 年 12 月 15 日)

104. 平等互利、求同存异。

人类社会即将进入21世纪，和平与发展是当今时代的主题，经济优先成为影响国际关系发展的主要因素。在这种形势下，各国都十分重视并认真研究如何更好地融入国际社会、加强国际合作与交流。中国同样重视这个问题。我们认为，解决这个问题必须做多方面的工作，必须坚持国际社会公认的行为准则，特别是必须坚持平等互利、求同存异的原则。平等的原则，就是说国家不分大小、贫富、强弱，在政治上一律平等，尊重对方的主权，尊重对方的国情，尊重对方的传统，尊重对方人民的意愿和选择。互利的原则，就是说不论是发达国家还是发展中国家，在经贸合作中应当互惠互利，既谋求自己的利益，也考虑别人的利益，既善于利用别人的优势改变自己的劣势，又肯于发挥自己的长处弥补别人的不足，互通有无，取长补短，共同发展。求同的原则，就是说首先要着眼同，重视同，把一致的事情先做起来，在不断合作的过程中增进了解，加深理解，消除误解，达到谅解。各国都面临着发展经济、改善生活、壮大自己的任务，在这个大同的前提下，相互之间应当诚恳相待，协商对话，超越分歧，谋求共识。存异的原则，就是说各国之间都有差异，有些差异可以缩小或消除，对此我们应当满怀信心积极工作，但这要有一个过程，需要大度、容忍、耐心；有些差异不可能缩小和消除，大千世界万事万物不存在绝对相同，否定差异就否定了事物的特质特色。存在差异并不都是坏事，差异使世界丰富多彩，差异使交流与合作成为必需。平等互利、求同存异，是人类文明进步的结果，也是今后人类社会和平相处、继续发展的基础和追求。

《在澳大利亚总理霍华德为庆祝中澳建交二十五周年举行的招待会上的讲话》(1997 年 12 月 17 日)

平等是人类追求的方向，是历史发展的趋势，是社会进步的标志。

平等是当代世界的话题，国家平等、民族平等、男女平等、官民平等、人人平等，等等。平等是人类追求的方向，是历史发展的趋势，是社会进步的标志。中国古代思想家提倡一视同仁、平等公正，中国近代的革命先行者孙中山主张“联合世界上以平等待我之民族”。中国政府把平等相待作为外交政策的重要内容。中国主张国家不分大小、强弱、贫富都一律平等，要求每个工作人员在对外交往中平等待人、诚恳待人、宽厚待人、依理待人，特别强调对强国不低三下四，对弱国不盛气凌人，对显贵不阿谀奉承，对平民不小瞧慢待。

《会见特立尼达和多巴哥总理潘戴时的谈话》(2000 年 5 月 17 日)

一个国家只要能够以平等待我，无论是大国还是小国，富国还是穷国，强国还是弱国，我们都要去团结、去合作。

本世纪 20 年代，中国革命的伟大先行者孙中山先生为了谋求中华民族的自由和解放，提出要“联合世界上以平等待我之民族”。今天的中国同 20 年代比有了根本的改变，中国面临的国际环境也比那时候好多了，但是中国仍然信守这一原则。一个国家只要能够以平等待我，无论是大国还是小国，富国还是穷国，强国还是弱国，我们都要去团结、去合作。一个国家想要得到中国人民的信任与友谊，也必须以平等待我。中国人民是平等对待所有其他国家的，中国无论是现在还是将来都不会搞霸权主义，中国始终都是国际社会和平与稳定的积极因素。

《会见奥地利总理费拉尼茨基时的谈话》(1996 年 9 月 12 日)

各国之间应该平等相待，而不能以大欺小，以强凌弱，以富压贫。

中国历来主张，一切国家不论大小、强弱、富贫，都是国际社会平等的一员，彼此之间应该平等相待，而不能以大欺小，以强凌弱，以富压贫。这既是绝大多数国家的共同愿望，也是历史发展的必然趋势。只有这样，才谈得上建立公正合理的国际新秩序，才谈得上世界的和平。

《会见古巴国务委员会主席卡斯特罗时的谈话》(1995 年 6 月 12 日)

通过求同存异的过程，实现不同国家的共同利益，这是人类在处理相互关系方面更加成熟的标志，也是人类社会继续进步的重要条件。

世界各国之间既存在着相同，也存在着差异。相同的利益、相同的任务、相同的愿望等等，为国家间的合作提供了基础和条件；而不同的社会制度、不同的生活方式、不同的发展程度等等，又使得这个世界呈现出多样化，使各国之间的交流、协商和谅解成为必要。通过求同存异的过程，实现不同国家的共同利益，这是人类在处理相互关系方面更加成熟的标志，也是人类社会继续进步的重要条件。当前各国共同关心的最大问题还是发展经济、提高人民生活水平。我们要在这方面多下功夫，首先集中精力把已经具备共识、于大家发展有利的事办好。世界在发展，人类在进步，随着时间的推移，随着共同利益的增加，许多分歧和矛盾都是可以逐步得到解决的。

《会见荷兰首相科克时的谈话》（1996 年 9 月 11 日）

我们既要正视异，更要重视同，要在求同存异的过程中不断发展同、扩大同。

世界各国之间既存在着相同，也存在着差异。正是这种相同为我们合作提供了条件，正是这种差异使世界五彩缤纷，使相互交流、相互学习成为必需。我们既要正视异，更要重视同，要在求同存异的过程中不断发展同、扩大同。

《会见芬兰总统阿赫蒂萨里时的谈话》(1994 年 5 月 3 日)

不能求同存异，老想闹对立，不能平等互利，老想占便宜，世界就不能安宁，自己也会孤立。

求同存异、平等互利是发展友好关系的重要条件，是各国人民的共同追求，也可以说是当代国际关系的基本准则。要重视求同。首先着眼共同点，扩大共同点。发展经济、改善生活是许多国家共同的任务，这方面可合作的事情很多。应该集中精力使大家意见一致，对各方有利的事情先办起来。要善于存异。承认差异，正视差异，在求同与合作中妥善处理差异。各国在历史背景、文化传统、社会制度、宗教信仰和经济发展等方面都有自己的特点，这是正常的。正因如此，世界才变得丰富多彩，各国的交流和合作才成为必要。我们决不能把差异看成异端，也不能把自己的主张强加于人。要坚持平等。国家不分大小、贫富、强弱，都应平等相待，互相尊重，尊重对方的主权和领土完整，尊重对方根据本国国情作出的制度选择，尊重对方平等参与地区和国际事务的权利，不能以大欺小、以富压贫、以强凌弱。要注意互利。各国都有长处，在各项活动中既谋求自己的利益，也考虑别人的利益，既善于利用别人的优势改变自己的劣势，又肯于发挥自己的长处弥补别人的不足，取长补短，共同发展。事实表明，不能求同存异，老想闹对立，不能平等互利，老想占便宜，世界就不能安宁，自己也会孤立。

《会见埃及总统穆巴拉克时的谈话》(1999 年 5 月 23 日)

人类总会向更加文明、更加理性的方向发展。

人类已进入新的世纪。未来社会将怎样发展？这是人们普遍关心和议论的一个话题。我是一个乐观主义者，我坚信人类总会向更加文明、更加理性的方向发展。上个世纪，多次战乱，尤其是两次世界大战，使无数生灵惨遭涂炭，许多国家蒙受巨大灾难，但人类通过不断总结经验，也变得越来越聪明。尽管当今世界仍存在许多矛盾和问题，仍不那么太平，未来世界也可能再经曲折，但人类维护和平、追求进步、谋求发展的趋势不会改变。即使在最黑暗的时候，世界上也总有人洞悉到人类光明的前景；即使在正义事业遭受挫折的时候，世界上也总有人奋不顾身地为之进行斗争。人民是创造历史的动力，人民的愿望和力量将决定历史的进程，所以，道路是曲折的，前途是光明的。

《会见南非国民议会议长金瓦拉时的谈话》（2001 年 4 月 20 日）

人类最终总会战胜困难、走出曲折，不断地向上、向前，向着更加文明进步的方向发展。

随着科学技术的突飞猛进，人类认识、改造乃至破坏自然的能力不断加大，在这种情况下，人类如何保持自律，理性稳妥地运用自己拥有的巨大能力，已成为一个重大课题。我们应超越国家、民族的局限，集中全人类的智慧，进行全面、冷静、深入的思考。人类在发展进程中会有曲折、反复甚至倒退，但从整个历史发展的长河来观察，人类最终总会战胜困难、走出曲折，不断地向上、向前，向着更加文明进步的方向发展。

《会见新加坡内阁资政李光耀时的谈话》(2001 年 11 月 19 日)

把一个和平、稳定、繁荣的世界带入21世纪，是全人类共同的心愿，也是全人类共同的责任。

我们正处在世纪之交，大家都在关心和议论究竟把一个什么样的世界带入 21 世纪。在过去的 100 年里，有许多令人振奋的事情。争取民族解放和国家独立的运动席卷全球，科学技术的突飞猛进给人类社会带来巨大福祉，冷战的结束使世界格局向着多极化发展，和平与发展已成为当今时代的主题。在过去的 100 年里，也曾发生过一些不幸的事情，特别是两次世界大战，给人类带来深重的苦难。当新世纪即将来临的时候，我们应当以对历史、对后代负责的态度，认真、深刻、科学地总结过去 100 年的经验，使我们变得更加清醒、更加聪明，从而继承和发扬好的方面，克服和防止不好的方面，推动人类社会朝着共同的目标不断前进。在世界的发展日益趋于一体化的今天，无论是把握机遇，还是解决难题，都不再是少数国家可以垄断的事情，而成为国际社会共同的任务。把一个和平、稳定、繁荣的世界带入 21 世纪，是全人类共同的心愿，也是全人类共同的责任。中国的人口占世界的 1/5，把中国的事情办好，是中国政府的首要责任，也是对人类的最大贡献。同时，我们愿与各国政府一道，在世界事务中发挥自己应有的作用，为使人类在 21 世纪创造更加美好的未来尽自己的力量。

《会见澳大利亚总督迪恩时的谈话》(1997年12月16日)

我们应当对过去作一番冷静深入思考，汲取历史教训，继承、发扬好的方面，抛弃、克服不好的方面。

过去的一个世纪是人类社会取得巨大进步的世纪，科学技术和经济的发展创造了空前的财富，人类认识和改造自然的能力提高到了空前的水平。过去的一个世纪也是人类社会蒙受巨大灾难的世纪，特别是两次世界大战、连绵40余年的冷战和大大小小的局部战争，给许多国家的人民带来深重的生命财产损失和心灵伤害。在新世纪即将来临之际，我们应当对过去作一番冷静深入思考，汲取历史教训，继承、发扬好的方面，抛弃、克服不好的方面，不断地向上、向前，向着更加文明、更加进步的方向发展。但是，历史在前进的过程中，总会有曲折、反复甚至倒退，一些反动势力总想依仗武力，以大欺小，以强凌弱，给前进造成障碍，给人类带来痛苦，因此，人类社会必须保持清醒的头脑，必须团结起来，反对战争，维护和平。我们坚信，真理定能克服谬误，正义总会战胜邪恶，光明终将驱散黑暗。人类创造的巨大文明必然为人类造福，而不会用来毁灭人类自己，这是不以人的意志为转移的客观规律。“世界潮流，浩浩荡荡，顺之者昌，逆之者亡。”那些置人民的愿望于不顾、逆潮流而动的行径是注定不能持久、注定要失败的，历史最终也会作出公正的评判。

《会见韩国总统金大中时的谈话》(1999年5月11日)

历史的道路是曲折的，但人类总体上是向上的、向前的。

20世纪是人类文明迅速发展的世纪，也是灾难频繁的世纪。历史的道路是曲折的，但人类总体上是向上的、向前的。100年的进步成果为今后的发展提供了动力和基础，100年间走过的弯路、遭受的痛苦也会成为人类引以为戒的宝贵经验。我们对未来充满信心。

《会见德国前副总理兼外长根舍时的谈话》（1999年1月26日）

使人类向善，使世界光明。

当今的世界是一个向上的世界，是一个进步和发展的世界，是以和平与发展为主题的世界。与此同时，我们也应该看到，当今世界也存在着一些丑恶的现象、令人讨厌的问题和潜在的危机。这些是全人类共同注意和反对的东西，许多也是佛教反对的东西。让我们三国的人民，让我们三国的佛教界朋友，共同努力消除这些消极的现象，使人类向善，使世界光明。

《会见出席中、韩、日三国佛教友好交流会议代表时的讲话》（1995年5月22日）

100年中正反两个方面的经验应该使人类更加清醒、更加聪明。

现在大家都在关心和议论我们究竟把一个什么样的世界带入21世纪。首先应该肯定的是，在过去的100年里，人类在经济发展，特别是在自然科学方面有重大突破，争取民族解放与独立的事业也取得显著成就，这是应当载入史册的。当然，这个世纪也曾发生了一些不幸的事件，特别是两次世界大战给人类带来了深重的灾难。100年中正反两个方面的经验应该使人类更加清醒、更加聪明。认真、客观、科学地总结20世纪，发扬和推广好的方面，克服和防止不好的方面，是全世界人民的愿望。

《会见德国前副总理兼外长根舍时的谈话》（1997年11月10日）

105. “听蝲蝲蛄叫，还能不种庄稼？”

近年来，国际上有人散布“中国威胁论”，这是完全没有道理的。我认为，判断一个国家是否构成威胁，不在于它发展快慢、是否强大，正像一个人是不是伤害别人，并不在于他的个子大小、身体强弱，而要看他的品德和为人。

中国发展了决不会威胁别人。中国一贯奉行独立自主的和平外交政策，中国希望同各个国家长期和睦相处，有一个和平稳定的国际环境。我们实行这个政策是郑重的、真诚的，是长期不变的，因为这符合中国人民长远的根本的利益。中国有崇尚“和为贵”的道德传统。100 多年以来，中国曾饱受外来势力欺凌之苦，“己所不欲，勿施于人”，爱好和平的中国人民憎恶侵略，决不会把这种苦难强加给别人。目前中国经济发展水平仍比较落后，人均国民生产总值不到 800 美元，只相当于日本的 1/40。按照我们的设想，再过 50 年，也只能达到中等发达国家水平。再过 100 年，中国能不能赶上发达国家的水平？到那时，世界将是个什么样子？国与国之间的关系将是个什么样子？我是乐观主义者，人类社会尽管有曲折，但总是向前、向上，朝着更加文明、更加理性的方向发展。

中国不发展倒会带来麻烦。中国有 12 亿多人口，如果经济长期不发展，不仅国内得不到安宁，而且人们还会因为饥馑、贫困往国外跑，那将是一个什么样的局面？这倒可能是一种“威胁”。这些年中国经济迅速发展，增强了国际经济合作的能力，和中国交往合作的国家包括日本在内，不都从中获得了利益吗？中国的稳定与发展，有利于世界各国，本身就是对世界和平与发展的重大贡献。

中国的发展不可阻挡。极少数敌视中国的人不断鼓噪“中国威胁论”，其目的就是束缚中国的手脚，不许中国发展，中国要发展就是威胁别人，名曰“中国威胁论”，实为“威胁中国论”。中国人民永远不会忘记落后就要挨打的教训，过去积贫积弱，任人宰割，今天发愤图强，靠自己的力量维护国家安全。中国决不威胁别人，也决不能再受别人威胁，“人为刀俎，我为鱼肉”的时代决不允许再出现。中国老百姓有句俗话，“听蝲蝲蛄①叫，还能不种庄稼？”“中国威胁论”只会激发中国人民同心同德，专心致志，发展更快更好。

《就“中国威胁论”等问题接受日本广播协会（NHK）电视采访时的谈话》（1999年12月11日）

一个国家对别国构不构成威胁，从根本上说取决于这个国家奉行什么样的外交政策和道德准则。

现在国际上有些人散布“中国威胁论”，这是毫无根据的，

① 蝲蝲蛄，学名蝼蛄，是一种咬庄稼根子的害虫，其叫声十分难听。

是别有用心的。中国近年来经济有了发展，国力有了增强，对别国带来的是利益而不是威胁，这是不争的事实。仅以同意大利合作为例，过去双边贸易仅有几千万美元，而现在已达几十亿美元，中国受益，意大利也受益。

最近国际社会对中国在亚洲一些国家金融危机中的表现给予高度评价，如果中国经济没有实力，想在危机中发挥作用也是不可能的。事实表明，一个国家对别国构不构成威胁，从根本上说取决于这个国家奉行什么样的外交政策和道德准则。中国人民有着“和为贵”的道德传统，中国政府始终奉行独立自主的和平外交政策。在任何时候，中国的发展和强大都不会构成对别国的威胁，相反，是维护地区和世界和平与稳定的重要力量。

《会见意大利参议院议长曼奇诺时的谈话》(1998 年 5 月 19 日)

我们执行独立自主的和平外交政策，与世界其他国家发展友好合作关系，这不是权宜之计。

20 世纪即将结束。过去 100 年来，人类在经济方面取得了迅速发展，特别是高科技领域出现了飞跃，当然也有惨痛的教训，长期的战争和动乱给许多国家的人民带来了深重的灾难，严重阻碍了人类社会的进步。总结 20 世纪的历史经验，我们必须把主要精力放在维护世界和平、谋求各国共同发展上。目前，中国政府把发展经济、改善生活作为国内的中心任务，我们执行独立自主的和平外交政策，与世界其他国家发展友好合作关系，这不是权宜之计，而是基于历史的经验、从中国人民的长远利益出发的。

《会见安提瓜和巴布达总理伯德时的谈话》(1997 年 10 月 14 日)

中国的强大是维护世界和平与稳定的积极力量。

中国真诚热爱和平。近 100 多年，中国人民曾饱受列强欺凌，深知战乱之苦，对和平有强烈的渴望。中国十分需要和平。中国的现代化建设，需要中国人民专心致志地办好自己的事情，需要与各国交流合作、学习国外的先进经验，需要一个长期的和平友好的国际环境。因此，世界上任何破坏和平的行径都是对包括中国人民在内的世界人民根本利益的严重侵害。中国致力维护和平。中华民族崇尚“和为贵”、“己所不欲，勿施于人”，中国人民决不会将自己过去所遭遇的那种苦难强加给别人，中国永远不称霸，中国的强大是维护世界和平与稳定的积极力量。

《会见新加坡总统纳丹时的谈话》(2001 年 9 月 14 日)

有着 12 亿人口的中国搞好了，是对人类社会的重大贡献。

中国有 12 亿人口，经济不发达，还有几千万人未解决温饱问题，文化教育相对落后，至今尚有两亿多文盲。中国领导人考虑一切事情，都必须从这个国情出发，特别是时刻不能忘记 12

亿人的吃饭问题。我们重视并认真听取别人的意见、建议乃至批评，但是这12亿人的生活问题，毕竟最终还得靠我们自己解决。我们重视外国的经验，但管理12亿人衣食住行的经验别人没有，懂得其中酸甜苦辣的只有我们自己。我们的国情决定了我们必须营造一个和平友好的国际环境，以便于我们专心致志地发展经济、改善生活，并与世界各国开展合作，学习借鉴别国一切先进的文明成果。我们无意同任何国家闹矛盾、搞摩擦，我们希望国际社会了解我们、支持我们。有着12亿人口的中国搞好了，是对人类社会的重大贡献。

《会见德国联邦议院议长聚斯穆特时的谈话》（1997年6月11日）

有的人个头很大，未必就会去欺负别人；有的人个头很小，但也会寻衅惹事。

所谓“中国威胁论”是完全站不住脚的。这些年中国经济确实发展很快，综合国力不断增强。但是历史和现实都表明，一个国家是否对他国构成威胁，不完全在于实力强弱。这正如一个人，个头很大，未必就会去欺负别人；有的人个头很小，但也会寻衅惹事。散布“中国威胁论”的人，有的他们自己国家就很富，是否他们的国家就一定会“威胁”别人？中国人民在近代历史上长期遭受外来势力的欺凌，深知被侵略的痛苦。“己所不欲，勿施于人”，爱好和平的中国人民决不会把这种悲惨的境况加于别国人民。新中国建立后，始终奉行独立自主的和平外交政策，在任何时候都没有欺负别的国家，都没有侵占别国一寸土地。一个最明显的事实是，中国实行改革开放以来，经济是发展了，国力也增强了，不仅没有给任何国家造成威胁，相反却给周边国家和发达国家带来了巨大利益。一位东南亚国家的领导人说，我们担心的绝不是一个富裕的中国，而是一个贫穷的中国。许多到中国投资的外国企业家也说，中国经济发展越快，我们同中国的生意做得就越大，钱赚得也就越多。这些是公道话。如果按照“中国威胁论”者的逻辑，中国最好永远不要发展，永远处于贫穷、落后状态。果真如此，那将是什么局面？我想，只要有百分之几乃至千分之几的中国人因为贫困跑到国外，就会给周边国家造成冲击，给世界带来麻烦，那倒真的成了一种“威胁”。我们常说，拥有 12 亿人口的中国保持稳定和发展，本身就是对世界稳定与和平的一大贡献。这不是自我吹嘘，而是一种客观事实。一些人炮制并宣扬“中国威胁论”，其目的是遏制中国的发展，这不仅对中国不利，对亚洲和世界的安全也非常不利。

《接受泰国记者联合采访时的谈话》（1995 年 12 月 22 日）

多行不义必自毙，霸王总是要“别姬”。

中国是个发展中国家，经济、文化还很落后，就是赶上中等发达国家水平也得艰苦奋斗 50 年到 100 年。中国需要专心致志地发展经济，改善人民生活。进一步说，中国将来就是富强了，也不会去欺侮别人，威胁别人。不称霸，是毛泽东的名言；不当头，是邓小平的叮嘱。

历史证明，凡称霸的人，无论是搞全球霸权主义还是搞地区霸权主义，都没有好结果。尽管他们也可能得逞于一时，但最后都只能以失败告终，不仅自己落下个罪名、臭名，还给子孙欠下还不清的债。殷鉴不远，希特勒、东条英机都是例子。多行不义必自毙。中国有出名剧叫《霸王别姬》，当霸王总有一天要“别姬”。

《会见德国外长金克尔时的谈话》(1997 年 6 月 9 日)

用武力强行干涉一个主权国家的内政，此例一开，后患无穷。

北约严重违背国际关系准则，用武力强行干涉一个主权国家的内政。此例一开，后患无穷。中国坚决反对凭借军事优势动辄使用武力，或以武力相威胁。中国主张在尊重南斯拉夫主权和领土完整、保障科索沃地区各民族合法权益的前提下，通过谈判公正合理地解决科索沃问题。中国强烈要求北约立即停止对南斯拉夫的军事干涉，中国人民对南斯拉夫人民目前的处境深表同情。

《会见埃及总统穆巴拉克时的谈话》(1999 年 4 月 6 日)

所谓“中国威胁论”不过是某些人妄图遏制中国的一个借口，实际上是害怕中国强大起来妨碍他们肆意“威胁”别人。

这些年来，中国改革开放取得了巨大成就，不仅使中国人民受益，也给各国带来了众多的商机和利益，并没有对任何国家造成威胁。相反，如果中国经济长期得不到发展，有百分之一乃至千分之一的中国人因为饥馑、贫困跑到国外，邻国就会首当其冲，那将是一个什么局面？这不能说是“威胁”，但可以说是“麻烦”。一位有远见的东南亚国家领导人指出：“我们担心的不是一个富裕的中国，而是一个贫穷的中国。”拥有12亿多人口的中国保持稳定与发展，本身就是对世界稳定与发展的重大贡献。一个国家对别国是不是构成威胁，主要看它奉行什么样的对外政策。中国一贯奉行独立自主的和平外交政策。中国人民在近代史上曾经长期遭受外来势力的欺凌，深知被侵略的痛苦。“己所不欲，勿施于人”。即使中国强大了，也永远不会把这种痛苦强加于别国。所谓“中国威胁论”不过是某些人妄图遏制中国的一个借口。这些人不愿看到中国走自己选择的道路，不希望中国摆脱贫困走向富裕，实际上是害怕中国强大起来妨碍他们肆意“威胁”别人。

《发展是中国人民的长期任务——在韩国经济四团体午餐会上的讲演》（1999年5月12日）

中国共产党不想当什么头，绝不会当头，当然，中国是个大国，中国搞得怎么样，也会对世界产生重大影响。

不管世界上发生什么变化，中国共产党人坚持社会主义方向、坚持为实现共产主义伟大理想奋斗到底的决心是不会改变的。中国共产党不想当什么头，绝不会当头，当然，中国是个大国，中国搞得怎么样，也会对世界产生重大影响，因而我们深感自己的责任重大。我们一定会加倍努力，减少失误，把我们的工作做得更好。

《会见巴勒斯坦共产党总书记巴希尔·巴尔乌西时的谈话》
(1991年8月29日)

既不能面对强大的国家低三下四，也不能在弱小的国家面前趾高气扬。

国家不分大小、强弱、贫富，都是国际社会的一员，都应该一律平等。这是处理好国与国关系的基本准则，也是人类文明发展的方向和目标。实现这个目标，需要世界各国的共同努力，需要有一个过程。它要求既不能面对那些比自己强大的国家低三下四，也不能在那些比自己弱小的国家面前趾高气扬，要反对任何以大欺小、以强凌弱、以富压贫的行径。

《会见马尔代夫国民议会议长阿卜杜拉·哈米德时的谈话》
(2001年8月19日)

中国人民从来没有在外国侵略势力面前屈服过，今天站起来的中国人民更不允许强权政治恣意妄为。

以美国为首的北约悍然用导弹袭击中国驻南斯拉夫大使馆，造成多人伤亡和馆舍严重毁坏。这一令人发指的暴行是对中国主权的公然侵犯，是对中国人民的严重挑衅，也是对国际关系准则的肆意践踏，已经引起 12 亿中国人民的极大愤慨和全世界爱好和平的人民的严厉谴责。一部中国近代史表明，中国人民从来没有在外国侵略势力面前屈服过，今天站起来的中国人民更不允许强权政治恣意妄为。中国坚定不移地奉行独立自主的和平外交政策，坚定不移地维护国家主权和民族尊严，在国际事务中维护正义，主持公道。反对霸权主义和强权政治是中国政府的一贯立场，在任何情况下都不会改变。以美国为首的北约必须承担袭击我驻南使馆的一切严重后果，必须立即停止对南联盟的狂轰滥炸。

《会见韩国总理金钟泌时的谈话》(1999 年 5 月 10 日)

“宁失千军，不丧寸土。”

中国人民历来重视继承祖先的基业，保护领土完整。“宁失千军，不丧寸土”，这种观念在中国人民心中是根深蒂固的。祖先留下的土地无论如何不能在我们这一代人手中变小了、变少了。中国在百余年近代史上屡遭帝国主义侵略与瓜分，深知丧失领土和主权的痛楚。台湾自古以来就是中国领土的一部分，任何把台湾从中国分割出去的企图，任何搞“两个中国”、“一中一台”的行径，都将严重伤害中国人民的民族感情，都将遭到中国人民的坚决反对。

《会见柬埔寨王国政府第一首相拉那烈时的谈话》(1995 年 12 月 6 日)

祖宗留下这块地皮，不能叫我们给搞小了；中华民族的好传统，不能叫我们给搞丢了；革命先烈留下的好制度，不能叫我们给搞坏了。

世界上有一类问题可以研究探讨，属于有弹性的问题，有一类问题没有多少回旋余地，是硬性问题，如国家的领土问题就属这类问题。我过去讲过，祖宗留下这块地皮，不能叫我们给搞小了；中华民族的好传统，不能叫我们给搞丢了；革命先烈留下的好制度，不能叫我们给搞坏了。这是大是大非，不能有一点含糊，否则交代不了。中国历朝历代的统治者，在主权、领土问题上都是很谨慎的。我们是共产党，我们每个党员、每个领导干部更应该认识到这是一个上对祖先下对后代的大问题。

《在第三次西藏工作座谈会筹备领导小组第一次会议上的讲话》

（1994 年 2 月 18 日）

106. 差异使世界丰富多彩，使交流与合作成为需要。

世界上有许多民族，各个民族的文明是人类文明的组成部分，都有自己的历史地位，都对人类文明作过自己的贡献。应当承认，各种文明之间确有差异，正是这种差异使世界丰富多彩，使交流与合作成为需要。任何企图把自己的信仰、价值观念强加于别的民族的做法，都是错误的，不利于世界的安宁与人类的进步。各种文明都应当相互尊重，相互学习，共同进步，同时也要努力保持自己的传统和特色。

《会见摩洛哥国王穆罕默德六世时的谈话》（2002年2月6日）

一个民族的发展，固然需要自身的不懈努力，同时也要敢于并善于同其他民族交流与合作。

中西两国交流往来的历史源远流长。早在400年前，西班牙等国商人就将中国的丝绸以及茶树、柑橘等农作物输往拉丁美洲，又将玉米、红薯和花生从拉丁美洲引入中国，形成了一条横跨太平洋的“海上丝绸之路”。今天，玉米、红薯分别占中国粮食总产量的25.5%和4.7%，花生占油料作物总产量的42%，在中国的农业生产和人民生活中发挥着特殊重要的作用。

历史表明，一个民族的发展，固然需要自身的不懈努力，同时也要敢于并善于同其他民族交流与合作。通过交流与合作，可以实现自然与人文资源共享，可以借鉴别人的经验和教训，可以汲取别人的长处和优点，从而使自己变得更加聪明，使建设事业减少失误、跟上时代、加快发展。在即将过去的20世纪中，人类社会的发展之所以能够超过以往任何一个世纪，一个重要原因就是随着科学的进步，各个国家、各个民族间的交流与合作空前广泛、频繁和及时。在即将到来的新世纪，人类社会应当更加自觉地在平等互利的基础上扩大交流与合作，共同创造更加美好的未来。

中国人民在创造中华文明的漫长过程中，广采博纳，兼容并蓄，在人类交流与合作史上写下过光彩的篇章。今天，中国人民在改革开放的进程中更以前所未有的规模同世界各国人民开展交流与合作。我们希望，通过这种交流与合作促进中国的发展，同时也为世界的发展作出新的贡献。

《会见西班牙国王卡洛斯时的谈话》（1998年5月23日）

没有发展中国家的发展，就谈不上世界的发展。

中国和纳米比亚都属于发展中国家。发展中国家的一个共同的特征就是发展不够。发展是世界性的话题，更是发展中国家的主题。离开发展，发展中国家的许多问题都无法解决，而且还会出现许多新的问题。共同的处境、共同的任务，决定了发展中国家之间有许多共同的语言、共同的利益。发展中国家需要加强团结，争取在国际事务中的平等地位；需要相互学习，借鉴彼此在前进中积累的经验；需要扩大合作，做到优势互补、资源共享、共同进步。世界上大多数国家都是发展中国家。没有发展中国家的发展，就谈不上世界的发展。发展中国家发展起来了，就是对世界发展的一个重大贡献。

《会见纳米比亚总统努乔马时的谈话》（2003 年 2 月 13 日）

中国要发展就必须融入国际社会，国际社会要解决人类面临的共同问题也离不开中国。

当今的世界正朝着多极化方向发展，应当尊重世界的多样性，尊重各个国家历史文化的特点及其选择的发展道路。同时我们也看到，随着世界新的科学技术革命和世界经济日益一体化的发展，各国间经济上的相互依存和优势互补越来越明显，任何国家都不能置身于国际社会之外。在各国之间开展广泛的交流与合作，实行日益扩大的相互开放，是世界潮流，是历史趋势。只有认清这一趋势、顺应这一潮流，才能不断发展壮大；也只有认清这一趋势、顺应这一潮流，才能共同对付人类生存和发展所面临的严峻挑战。中国是一个占世界人口 1/5 的大国。中国要发展就必须融入国际社会，国际社会要解决人类面临的共同问题也离不开中国。

《会见澳大利亚总理霍华德时的谈话》（1997 年 12 月 17 日）

忽视同其他国家的联系、闭关锁国肯定是要吃亏的；轻视其他国家的作用、一家包揽天下肯定是行不通的。

人类社会发展到今天，经济全球化趋势加快，各国之间的相互依存日益加深，共同利益在逐渐增加，与此同时，面临需要共同解决的问题也越来越多。在这种形势下，任何国家都必须加强协调，加强合作。忽视同其他国家的联系、闭关锁国肯定是要吃亏的，轻视其他国家的作用、一家包揽天下肯定是行不通的。当然，各国之间在历史背景、文化传统、社会制度、经济水平等方面确有差异，应当相互尊重、相互学习，但这些差异应成为多联系、多沟通的理由，而不应成为不合作、不协商的借口。

《会见加拿大参议长海斯时的谈话》(2001 年 10 月 15 日)

加强交流不能被动等待，应当多做联系沟通、交换意见的工作。

对于中美关系，我的观点是：(一) 两国关系正在不断向好的方向发展；(二) 要开辟若干渠道，常来常往，创造友好的气氛。加强交流不能被动等待，像你们百人会这样上层有影响、下层有组织的团体，应当多做联系沟通、交换意见的工作。瑞士外长科蒂对中国人权状况有成见，我们进行了广泛的交谈，他的态度就有改变。德国议长是学哲学的，哲学不能不讲经济基础和上层建筑的关系，我问她："你们不是承认中国十几年经济有很大发展，创造了举世公认的奇迹吗？又指责中国既无民主又无人权，政府腐败，脱离群众，那么一个这样的政府怎么可以创造这样的经济奇迹？”她答不上来。持有不同意见，未必都是坏心，我们要耐心做工作。去年我在瑞士接受记者采访时，发现国外对“西藏问题”了解甚少。我对他们说，过去西藏的农奴制度比欧洲中世纪封建制度还黑暗，农奴主可以随意买卖农奴，对奴隶挖眼睛、剥皮，这种政教合一、落后愚昧的制度要不要改？我们改了，达赖不干，就搞武装叛乱。达赖这么多年在国外，还想回头恢复这个制度，对不对啊？在西藏，过去只有经院，没有学校，现在大、中、小学都齐备，人均拥有的寺庙比泰国还多，寺庙都是中央政府拨钱去修的。选班禅转世灵童，我们完全是规规矩矩按宗教仪轨和历史定制寻访，搞金瓶掣签，掣到谁是谁，做得很认真。我们是无神论者，但是我们尊重宗教信仰自由。我对记者的讲话产生了好的影响。这样双方坦诚相见，可以增进彼此的了解。

《会见美国百人会代表团时的谈话》（1997 年 7 月 7 日）

打交道而不打架。

中国需要和平友好的国际环境。改革开放以来，中国确实发生了巨大变化，但发展水平并不高，仍面临不少困难和问题，中国要赶上中等发达国家的水平还需要走一段漫长的道路。我们清醒地认识到，发展是摆在中国人民面前的最大任务。而只有在和平友好的国际环境下，只有与所有国家搞好关系，打交道而不打架，我们才可能专心致志、集中力量搞经济建设，一步一步地实现既定的目标。中国需要同世界各国友好合作。当前，经济全球化进程日益加快，各国之间相互依存度越来越高，任何试图封闭起来求发展的观念和做法都是行不通的。只有通过同世界各国开展友好合作，我们才可能将更多的资金、技术和管理经验引进来，也才可能让自己的商品、企业走出去，充分利用国内外两种资源、两个市场。和平、友好、合作，对中国来说，是根本利益，是基本经验，是基本政策。

《会见保加利亚总统珀尔瓦诺夫时的谈话》（2002 年 5 月 17 日）

要“玉帛”不要“干戈”。

和平是人民的愿望，是发展的前提。上个世纪，两次世界大战造成巨大的生命财产损失，给人民带来深重的灾难。人民从历史的经验中深深体会到和平之可贵！中国古人曾十分形象地将战争与和平比喻成“干戈”和“玉帛”，主张“化干戈为玉帛”，要“玉帛”不要“干戈”。当前，随着科学技术突飞猛进，经济全球化进程日益加快，各国之间的联系越来越紧密，一个国家的动荡常常牵涉多国利益，一个地区的冲突往往波及整个世界。和平对人类影响的程度，人们对和平关切的程度，比以往任何时候都要广泛和深入。没有和平的环境，经济怎么发展，社会怎么进步，人们生活水平怎么提高？全世界所有爱好和平的国家和民族，都应当联合起来，反对一切破坏和平的行径。

《会见斐济总理恩加拉塞时的谈话》（2001 年 11 月 12 日）

要协商、要对话，不要战争、不要对抗。

当今世界一个重大而深刻的变化，就是用协商、对话解决国际争端成为越来越多国家的共识和要求。这是人类正确总结历史经验的结果，也是人类自觉引导历史发展进程的能力不断增强的标志。20世纪无数大大小小的局部战争，特别是两次世界大战使各国人民蒙受了惨重的生命和财产损失。事实使越来越多的人懂得要协商、要对话，不要战争、不要对抗。

《会见西班牙首相阿斯纳尔时的谈话》（1998年5月21日）

任何国家和民族要想发展，就必须对外开放，必须同其他国家和民族交流与交往。

提起中土关系，人们自然就会想起“丝绸之路”。这条两千多年前的交通要道，在很长一段时间里起到了沟通我们两国及东西方各国经济文化的重要作用。中国的丝绸、茶叶、瓷器、漆器及许多重要的生产技术由此而输往亚、非、欧各国，亚、非、欧各国的许多农作物也由此而引入中国，其中有些品种如黄瓜、菠菜、蚕豆、芝麻、葡萄、核桃、石榴等，现在已成为中国人民十分喜爱的食品。

由“丝绸之路”的历史可以证明这样一个真理：任何国家和民族要想发展，就必须对外开放，必须同其他国家和民族交流与交往。中国唐代繁荣昌盛，一个重要原因是大胆汲取了当时各国的先进经验；中国明代以后逐渐走向落后，原因之一是闭关锁国。今天中国人民已经深深懂得，准确地了解世界才能正确地估量自己，积极地走向世界才能跟上时代潮流。适应时代的发展，我们要发扬“丝绸之路”精神，进一步加强与各国人民的交流与合作，更加广泛、更加深入地融入国际社会，努力学习人类文明的一切优秀成果，为创造更加美好的未来而不懈努力。

《会见土耳其总统塞泽尔时的谈话》（2001 年 5 月 1 日）

不能简单地以自己为标准评判他人，评判是非。

做外事工作首先要讲原则，讲国家主权，讲领土完整，讲民族尊严，这是不能含糊的。同时，做外事工作也要讲策略，讲求同存异，讲体谅包容。世界就是同和异的统一体，没有差异就没有世界，绝对一样的人和事是没有的。有些差异通过工作是可以缩小或消除的，有些差异是长期存在的。不能简单地以自己为标准评判他人，评判是非。比如，自己长得丑并不希望找个老婆或丈夫也丑；自己没文化总不希望自己孩子也没文化。这就是不以自己为标准。须知，和你一样的不一定就对、就好，和你不一样的不一定就错、就差；你对很多人看不惯，其结果常常是很多人对你也看不惯。

《在出访亚非四国结束午餐会上的即兴讲话》（2001 年 5 月 2 日）

传闻之言，不可不察。

最近美国关于中国宗教问题的传闻不少。传闻之言，不可不察。我们大概都有这个体验，有的事一经传闻就不是原来的样子了。过去我们听到讲美国的都是坏话，美国听到讲中国的也都是坏话。现在互相交往多了，互相之间有了了解，看法就有了改变。现在我们听到讲美国的也有好话，美国听到讲中国的也有好话。有这样一个笑话：一对男女青年谈恋爱，男的看女的什么都好，女的胖一点，他也说胖好，胖得像唐朝的美女杨贵妃。结婚后两口子过得不好，男的看女的什么都不顺眼，胖也成了问题，说你怎么胖得像头猪。对同样的人、同样的事情，观点变了，整个态度都变了。

《会见美国基督教会联合会访华团时的谈话》（1998 年 10 月 14 日）

“借机成事。”

澳门问题是历史遗留下来的问题。解决此类问题，一要正视历史，以史为鉴。历史上的事无论是对还是错，后人是喜欢还是不喜欢，都是客观存在的。重要的是善于从历史中汲取对当前和今后有益的东西。二要面对未来，着眼大局。解决历史遗留问题是比较麻烦的，需要反复商量，需要做大量工作，但它也为双方接触与了解提供了更多的机会。世界上的事往往具有多重意义，人们在办事的过程中重视直接的目的是完全正确的，但不能忽视直接目的外的其他方面的意义。中国有句俗话叫“借机成事”，就是说借办某件事的机会也成就其他的事情。我们应充分利用处理澳门问题这个机会，增进了解，加深理解，消除误解，达成谅解，找到更多的新的利益结合点，为发展中葡关系，为扩大各个领域的交流合作，为子孙后代的友好创造条件。

《会见葡萄牙总统桑帕约时的谈话》（1997 年 5 月 28 日）

107. 各种文明都应当相互尊重，相互学习，保持特色。

希腊是文明古国，也可以说是西方古代文明的发源地，对人类文明社会的形成和发展作出了独特的重大的贡献。古希腊的哲学家如苏格拉底、柏拉图、亚里士多德等的思想，影响了整个世界，一直影响到今天。从毛主席讲的“言必称希腊”[①] 的话中，就可以证明其影响之大。更有意思的是，这些人和中国的古代思想家如老子、孔子、孟子，处在同一个时代。我查了一下，孔子和苏格拉底相差 82 年，孟子和柏拉图相差 55 年；亚里士多德和孟子相差 12 年。因此，我和希腊领导人谈话，可以谈谈人类文明的问题。

总的来讲，人类的历史，是一部多种文明共同存在、共同发展的历史。尽管各种文明在漫长的岁月里经历过自身的兴衰消长，但在人类文明史上都有其特殊的贡献和地位。因此，在处理不同文明之间的关系问题上，一是要相互尊重。由于自然环境不同、历史背景不同，使各国的文明都具有特色，应当承认人类文明的多元性，肯定他国、他民族的历史地位和贡献，尊重各国人

---

① 《毛泽东选集》，2 版，第 3 卷，797 页，北京，人民出版社，1991。

民的意愿和选择，不能把某一国的做法作为唯一模式强加于人。二是要相互学习。各国、各民族都不能满足于自己以往的成就，而应实行开放政策，通过交流、合作，认真汲取和借鉴其他国家、民族所创造的优秀的文明成果，不断为自己的文明注入新的活力。中国是文明古国，对世界文明作出了重大贡献，但在中国文明的发展过程中，也从其他国家引进吸收了许多的东西，比如黄瓜、菠菜、蚕豆、芝麻、葡萄、核桃、石榴等。特别是近一二百年来影响我们生活的许多东西都是外来的。三是要保持特色。在科学高度发达，特别是交通、信息十分便捷的条件下，做到既学习别人的优点，又保持自己的特色是很不容易的，然而这是必需的。不能有了西餐而丢了中餐，不能有了汉堡包、比萨饼而丢了我们的饺子和馅饼。当然，汲取他人成果要同本国、本民族的实际相结合，发扬自己的长处和优势，增强人民自立于世界民族之林的自信心。遵循这样一些原则，人类社会就能够和平稳定，就能够丰富多彩，就能够共同进步。

《同〈会见希腊总统康斯坦丁·斯特凡诺普洛斯的谈话参考要点〉起草人员的谈话》（1997 年 5 月 25 日）

民族是多种的，文明是多元的。

民族是多种的，文明是多元的。每一种文明之所以能够存在和发展，都有其理由和根据，都有其价值和作用。各种文明都是人类文明的组成部分，都对人类文明作出了贡献。在人类几千年的历史上，不同文明之间尽管有过摩擦、碰撞和冲突，但交流、借鉴和融合始终是发展的主流。当今世界，科技日新月异，联系日趋便捷，每种文明都毫无例外地面临着完善、发展的问题，不同文明之间扩大交流、加强对话更为迫切而必要。如果自恃先进，高人一等，对别的文明采取歧视、蔑视甚至敌视的态度，只能破坏世界大家庭的和谐与稳定。只有互相尊重，互相学习，取长补短，共同进步，人类文明才能保持丰富多彩，不断繁荣兴盛。

《会见伊朗总统哈塔米时的谈话》（2000 年 6 月 23 日）

各种文明都应当相互尊重，相互学习，求同存异，和谐共存。

今年是联合国倡导的“不同文明对话年”，许多国家积极响应并开展了一些有益的活动。当前国际局势的变化使这个活动显得更加富有意义。各种文明都是人类文明的组成部分，都相互联系，相互影响。随着经济全球化的日益发展，这种联系越来越紧密，影响越来越深刻。应当承认，各种文明之间确有差异。差异往往是民族存在的理由。正是这种差异使世界丰富多彩，使交流与合作成为需要。假如世界上万事万物全都一模一样，那还有什么意思？因此，把差异当作异端，以差异为借口排斥其他文明，或唯我独尊，将自己的文明强加于其他文明之上，都是错误的，不利于世界的安宁与人类的进步。各种文明都应当相互尊重，相互学习，求同存异，和谐共存。

《会见斐济总统伊洛伊洛时的谈话》（2001 年 11 月 14 日）

中国有一句成语，叫做“独木难支”。国际社会也是这样，一个国家说了算，难以实现稳定与安宁。

当前，世界格局加速朝着多极化方向发展。多极化趋势是大国和地区综合实力消长变化和在此基础上相互关系重新调整的结果，也是各国人民为实现世界和平与人类共同发展而长期奋斗的结果。中国有一句成语，叫做“独木难支”。国际社会也是这样，一个国家说了算，难以实现稳定与安宁，只有众多的国家共同发挥作用，才算民主，才叫公平，才能保持世界的多彩多姿，也才能实现持久的和平。这个星球上的国家，无论大小、贫富、强弱，都对人类的发展作出过自己独特的贡献，都有其存在的价值，因而在国际政治舞台上，都有其维护自身利益、对各种国际问题表明态度的权利。

《会见法国总统希拉克时的谈话》(1998 年 5 月 27 日)

国与国之间难免对一些问题存有不同看法。再亲的兄弟也难免吵架，再好的夫妻也难免拌嘴。

国与国之间难免对一些问题存有不同看法。再亲的兄弟也难免吵架，再好的夫妻也难免拌嘴，但毕竟兄弟还是兄弟，夫妻还是夫妻。我们相信，只要双方从友好合作的愿望出发，平心静气坐下来谈，平等地谈，问题总能得到解决。有些问题或许一时解决不了，但随着时间的推移，人类智慧的发展，最终总会找到解决办法。我们对此持乐观态度。

《会见印尼外长阿拉塔斯时的谈话》（1995 年 7 月 20 日）

“要想公道，打个颠倒。”

国与国之间要实现长期友好、和睦共处，最重要的是相互尊重，相互体谅。尊重对方的国家主权和领土完整，尊重对方的传统和风俗习惯，尊重对方的人民意愿和制度选择。中国有句俗话：“要想公道，打个颠倒。”说的是为人处世不要只从一面去想，而要注意替对方想想，换个位置想想。由于历史背景、社会制度和价值取向不同，国家之间出现某些不同看法是正常的。只要能设身处地看问题，就容易增进了解，消除误解，加深理解，达到谅解。

《会见土耳其总理埃杰维特时的谈话》（2001 年 5 月 1 日）

批评别人对自己不真诚，首先要反省自己对别人是否有虚假。

互相尊重是人类社会的美好追求，是处理双边关系的基本准则。人人都希望得到别人的尊重，而要真正获得别人的尊重，首先要尊重别人，“敬人者，人恒敬之。”人心换人心，真诚换真诚。只有真诚地尊重别人，才能得到别人的真诚尊重；批评别人对自己不真诚，首先要反省自己对别人是否有虚假。在现实生活中，强者、富者、大者处于优势地位，弱者、穷者、小者处于不利地位，讲尊重应特别提倡强的尊重弱的，富的尊重穷的，大的尊重小的。这是一种道德、一种品格、一种文明。

《会见斯洛文尼亚国民协商会主席赫罗瓦特时的谈话》（2002 年 5 月 20 日）

坦诚是增进了解、加深理解、消除误解、达到谅解的必需条件。

坦诚是增进了解、加深理解、消除误解、达到谅解的必需条件。由于历史背景、社会制度和价值观念的差别，由于经济发展水平的差异，也由于沟通不够等等原因，不同国家在一些问题上存在不同乃至对立的看法，这是难免的。但不管分歧有多大、误解有多深，只要我们出自善意，坦诚相待，努力求同，允许存异，就一定能够加深了解，增进友谊。

早在 2 000 多年前，中国大思想家孟子就说过："诚者，天之道也；思诚者，人之道也。"坦诚是立身做人、自我修养的重要内容，是交友联谊、化解矛盾的重要条件，也是我们对外交往中奉行的重要准则。待人、处事都应当坦坦荡荡、实实在在。

《会见瑞士前联邦委员会主席科蒂时的谈话》（2000 年 6 月 9 日）

邻国之间关系搞好了，于本国有利，于双方有利，于周围各国都有利。

发展同周边国家的睦邻友好关系，是中国外交政策的一个基点。中国有句俗话："远亲不如近邻。"邻国之间，山水相依，道路相通，习俗相近，交往便捷，关系搞好了，于本国有利，于双方有利，于周围各国都有利。

《会见缅甸国家恢复法律和秩序委员会主席丹瑞大将时的谈话》（1995年12月11日）

任何一位负责的国家领导人，都不能不把维护国家的独立和主权作为第一位的任务。

在世界上，任何一位对历史负责、对国家负责、对人民负责、对祖先和儿孙负责的国家领导人，都不能不把维护国家的独立和主权作为第一位的任务。同样，任何一个国家要同其他国家友好相处，获得对方理解，获得国际社会的真正尊重，也不能不把尊重别国的独立和主权作为外交的基点。如果脱离这一原则，无论打什么样的旗号，用什么样的漂亮语言，都是虚伪的，最终也是要失败的。世界各国的情况互不相同，各国人民都有独立自主选择自己社会制度和发展道路的权利。尊重别国的独立和主权，最重要的就是尊重别国人民的这种权利。

《会见古巴国务委员会主席卡斯特罗时的谈话》（1995年6月12日）

一个国家究竟走什么样的道路，只能由这个国家的人民自己决定。

充分尊重别国人民独立自主选择本国社会制度和发展道路的权利，不干涉别国的内部事务，是中国政府在国际交往中严格遵循的一条基本准则。最关心一个国家命运和前途的是这个国家的人民，最了解一个国家情况的也是这个国家的人民。一个国家究竟走什么样的道路，只能由这个国家的人民自己决定。历史已经证明，不顾别国的国情和人民的意愿，把某一种社会制度、意识形态强加于人，是行不通的，这样做极易导致国际争端和冲突，不仅损害有关国家的主权和人民的利益，归根结底也不利于自己的国家和人民。世界各国历史传统、民族习惯、宗教信仰、经济状况千差万别，发展道路各具特色。正是这种差别和特色，使得我们的世界丰富多彩，也使得各个国家可以相互学习、取长补短，共同推动人类社会不断发展。当然，一个国家选择自己的道路难免会经历一些曲折和反复，但是人民经过实践的检验，经过自己的思考和比较，最终总是能够找到适合本国国情、为大多数人所认同的道路。

《会见罗马尼亚总统康斯坦丁内斯库时的谈话》(1998 年 5 月 15 日)

国家之间在交往中，一要互相尊重，二要互相理解，三要互相支持。

国家之间在交往中首先要互相尊重。无论是大国还是小国，富国还是穷国，都应平等相待，不能借各种理由、采取任何方式，以大欺小，以强凌弱，制约或要挟对方。二要互相理解。各国的历史背景、文化传统乃至生活习惯不同，各国的决策一般都是从本国的实际出发，局外人常常一下子看不清。因此，要设身处地去想，换个位置去想，慎重对待和努力理解对方。三要互相支持。在重大问题上及时通报情况，协调配合，当对方遇到困难时伸出友谊之手。

《会见希腊外长潘加洛斯时的谈话》（1997 年 6 月 5 日）

不管是哪个国家的、哪种社会的，凡属于人类发展的文明成果，凡属于优秀的文化艺术，我们都要了解、学习、借鉴。

各国的文化都是世界文化的组成部分，都应该尊重、学习、借鉴，只有这样才能跟上时代的潮流。我国的汉唐时代是吸收外来文化最多的时代，也是民族主体文化高扬和蓬勃发展的时代。文艺复兴之后，许多国家进入了现代社会，而我国清王朝却闭关锁国、妄自尊大，致使中国沦为半殖民地半封建国家。在改革开放的今天，应当比汉唐时代气魄更大一些。不管是哪个国家的、哪种社会的，凡属于人类发展的文明成果，凡属于优秀的文化艺术，我们都要了解、学习、借鉴。

吸收借鉴外来文化，必须注意与我们的民族文化相结合，都要立足于丰富、发展民族文化，都要用马克思主义的立场、观点、方法加以分析、鉴别、选择和改造，做到洋为中用，使我们的民族优秀文化融入世界潮流，为现代化建设服务。

《就起草〈关于弘扬民族优秀文化的若干问题〉同身边工作人员的谈话》（1990 年 1 月 2 日）

108. 取诸家之长，走自己的路。

100 多年来，中华儿女一直把实现民族复兴，建设一个独立、统一和强盛的中国，作为最深沉的理想和孜孜以求的目标，前仆后继，英勇奋斗，走过了曲折的道路，付出了巨大的代价，也积累了宝贵的经验。我们从自己的经历中深深体会到，实现民族复兴是一个深得人心的伟大思想，也是一件艰巨复杂的事情，不可能一帆风顺，不可能一蹴而就。要立足于自己，万众一心，团结奋斗，克服困难，解决问题。要跟上时代潮流，大胆融入国际社会，善于吸收外来文明成果，取诸家之长，走自己的路。要不断总结经验，吃一堑长一智，解放思想，实事求是，探索符合本国国情的发展道路。要尊重客观规律，妥善处理好经济与社会，经济与人口、资源、环境等方面的关系，协调渐进，不能急于求成。中华民族的复兴事业取得了巨大的成就，但只是走完了万里长征的第一步，仍需要长期坚持不懈地奋斗拼搏。

《会见南非总统姆贝基时的谈话》（2001 年 4 月 22 日）

积极地借鉴、吸收外来文化中一切对我有用的东西，是促进民族文化发展的一个重要条件。

弘扬民族文化的优秀传统，绝不意味着排斥外来文化。尤其是在国际间文化交流日益频繁的今天，排斥外来文化，在文化上把自己封闭起来，只会延缓我们民族文化的发展进程。积极地借鉴、吸收外来文化中一切对我有用的东西，是促进民族文化发展的一个重要条件。在我国历史上，汉、唐时代既是吸收外来文化最为积极最有气魄的时代，同时也是民族主体意识高扬、民族文化蓬勃发展的时代。“五四”以来，以鲁迅、郭沫若、茅盾、老舍为代表的革命作家和进步作家，都最善于借鉴、吸收外来文化，同时又都对民族文化的发展作出了卓越贡献。在社会主义条件下，在改革开放的今天，我们吸收外来文化的气魄应该更大一点，更要有世界眼光。不管是资本主义国家的还是社会主义国家的，不管是第三世界的还是发达国家的，不管是古代的还是近代、现代的，凡是人类创造的积极的精神财富，凡属人类文明发展的新成果，凡属世界各民族创造的优秀艺术表现形式，我们都要积极地了解、介绍、学习、借鉴。

吸收、借鉴外来文化的目的不是用它来取代本民族的文化，而是为了丰富和发展本民族的文化。因此，借鉴外来文化必须立足于本民族的实践，从思想内容到艺术形式，都要根据促进社会主义现代化建设和发展我国民族文化的需要加以检验和考察，用马克思主义的立场、观点和方法加以分析、鉴别、选择和改造，做到“洋为中用”。把我们民族文化的优秀传统弘扬起来，使我们的文化具有深厚的民族基础，才会增强我们吸收外来文化的能力。

《关于弘扬民族优秀文化的若干问题——在全国文化艺术工作情况交流座谈会上的讲话》（1990 年 1 月 10 日）

除了吸收、借鉴，还要继承、发展。

我国社会主义制度在自我完善和发展过程中，除了要吸收、借鉴包括资本主义先进经验和管理方式在内的人类文明成果外，还要继承和发展我们自己特有的东西，这样才可能超过资本主义。

《在广东省考察工作时的谈话》（1992 年 3 月 15—18 日）

要想使自己不落后，要想使自己尽快地发展，就必须善于吸收和借鉴人类创造的一切文明成果。

现实是人类发展历史长河中的一个阶段。现代文明是人类社会创造的全部知识合乎规律的发展结果。事实证明，许多文明成果，尽管在其开始创造出来的时候，由于历史条件的限制，往往只能在局部地区和特定事物上发生作用，人们还不能全部认识其固有的意义。但随着社会经济的发展，在新的历史条件下，它们会不断汇进世界文明的宝库，逐渐成为人类共享的精神财富。就一个国家、一个地区来说，要想使自己不落后，要想使自己尽快地发展，就必须善于吸收和借鉴人类创造的一切文明成果。这个“人类”，应该是既包括古代人，也包括外国人。这就是人们常说的人类文明在纵向上具有继承性，在横向上具有借鉴性。如果忽视人类文明这种超越时空的特点，借口它是某一个阶段、某一个国家、某一种社会制度所独有的而简单地加以排斥，那就不是历史唯物主义的观点，是要走弯路，要吃亏的。道理很简单，在科技高度发达的今天，即使一个十分聪明的人，如果不吸收已有的知识而事事都由自己去从头摸索，那恐怕连我们现在会场上使用的麦克风也造不出来，这就是为什么我们要强调大胆吸收和借鉴外国的包括资本主义国家的一切先进文明成果。

《与第三届孙子兵法国际研讨会部分中外代表座谈时的讲话》（1992年4月8日）

纵向上继承前人的已有成果，横向上借鉴他国的有益经验。

实践证明，一个国家的发展和进步，任何时候都离不开在纵向上继承前人的已有成果，在横向上借鉴与学习其他国家的有益经验。发展中国家要加快建设步伐，少走弯路，更应当面向世界，真诚地、刻苦地、坚持不懈地向其他国家学习。但是这种学习必须是从本国的实际出发，必须与自己的实践相结合，最终形成具有自己特色的发展路子。大量事实证明，夜郎自大、闭关锁国会导致落后，而迷信外国、脱离本国实际地照搬照抄也不能成功。总之，要取诸家之长，走自己的路，取诸家之长，最终是为了走好自己的路。

《会见智利总统弗雷时的谈话》（1995 年 6 月 26 日）

善于以人之长补己之短，肯于以己之长补人之短。

人类社会发展到今天，互利互惠、共同发展已经成为时代的潮流和国际交往的共识。不论是发达国家还是发展中国家，在经贸合作中，都应当既考虑自身利益，也考虑他人利益，既善于以人之长补己之短，也肯于以己之长补人之短，这样才能优势互补，长期合作。

《在日本经团联欢迎宴会上的致辞》（1999 年 12 月 10 日）

“他山之石，可以攻玉。”

富有创造性的民族总是既看到自己长处，又看到别人长处。如果看不到自己的长处，就会缺乏信心，丧失自立于世界民族之林的志气。如果看不到别人的长处，专挑别人短处，故步自封，其结果只能是自己的短处无法消除，长处也无法提高。

“他山之石，可以攻玉。”只有虚心学习别人的长处，才能不断进步，不断完善自己。当然，学习别人长处，是为了取人之长补己之短，是为了使自己的“好”加上别人的“好”，从而使自己变得更好，而不能忘掉自己的长处，机械搬用别人的做法。因此，在学习别人长处时，要注意鉴别，注意从实际出发，注意保持自己的特色，也就是我们常说的，取诸家之长，走自己的路。

《会见澳大利亚外长唐纳时的谈话》(1997 年 12 月 17 日)

不顾世界各国的发展，孤立地研究自己一国的情况，往往是"只见树木，不见森林"。

由于科学技术飞速发展、经济全球化进程加快，国与国之间在经济社会发展方面的相互联系日益密切，相互影响日益增强。不顾世界各国的发展，孤立地研究自己一国的情况，往往是"只见树木，不见森林"。中国改革开放 20 多年来，经济和社会各方面的发展取得了举世瞩目的成就，积累了丰富的经验。但如果从世界的全局和长远的发展来观察，尚待研究、解决的问题还很多。

《会见加蓬经社理事会主席马伊拉时的谈话》(2001 年 11 月 5 日)

发展中国家必须从本国的实际出发，选择适合自己的发展道路。

随着经济全球化的深入发展，生产要素的跨国流动日益加快，各国各地区之间的经贸关系日趋紧密，世界市场不断向深度和广度延伸。这是历史发展的必然趋势，任何国家都无法置身其外。发展中国家要认清形势，顺应潮流，积极参与经济全球化的进程，抓住有利时机发展壮大自己。同时必须看到，发展中国家起步晚、底子差，在参与经济全球化的进程中，确有许多困难和问题，面临着严峻的挑战。实践证明：发展中国家除了必须振作精神、艰苦奋斗、迎难而上之外，还必须从本国的实际出发，选择适合自己的发展道路，制定符合本国实际的经济政策和金融政策；必须坚持循序渐进，防止急躁冒进，扎扎实实稳步前进；必须保持清醒头脑，注意防范和化解各种风险，维护自身的经济安全和金融安全。发展中国家应加强团结与合作，积极推动建立公正合理的国际政治经济新秩序，努力使经济全球化的过程成为发展中国家缩小与发达国家差距的过程，成为世界各国共同受益、共同发展、共同繁荣的过程。

《会见埃及总理詹祖里时的谈话》(1999 年 5 月 23 日)

我们不要说人家那么多，惹那么多事，东出拳头西出脚。

世界上国家之间的关系，历来都是国家利益、民族利益第一，意识形态的异同不应影响国家之间的关系。重要的是我们要种好自家的地。我们不要说人家那么多，惹那么多事，东出拳头西出脚。不要当头，不要说什么社会主义国家都垮了，就靠我们了，只有中国才能救社会主义了。我们当不了头，也当不起。美国当头，结果人均背两万美金的债。苏联当头时，在阿富汗，在东欧那么多国家，花了多少钱！德国人、日本人不当头，埋头搞经济，结果养得肥肥的。有些事情，现在我们没份儿就听着点，当然大原则不让步，比如对强权政治要坚决反对，以表明我作为一个大国的立场，不能让国际上无视我们的作用。小事少折腾，装点糊涂，争取时间，赶快干活。

《听取内蒙古自治区党委负责同志汇报时的讲话》（1992年8月10日）

学别人的东西一定要学好的，丢自己的东西一定要丢坏的。

要保持民族特色，就必须大力弘扬本民族的优秀文化。学别人的东西一定要学好的，丢自己的东西一定要丢坏的。要从本国实际出发选择发展道路，而不能简单照搬、丢掉传统，有个性才有地位，才有价值。

《会见埃及协商会议主席希勒米时的谈话》（1999年5月22日）

吸收别人好的东西，保持自己特有的东西，把他的好与我的好相加，等于比他更好。

今天的人类文明，是在继承原有文明基础上发展的，是人类社会的共同成果，许多没有阶级属性。只要是有利于生产力发展的、有利于人民生活提高的、有利于增强综合国力的，我们就可以吸收，而不必去抽象地争论什么姓“资”姓“社”。鸦片战争后，中国逐渐沦为半殖民地半封建国家。在很长时间里，中国人民不得不以最大的努力去争取国家的统一，民族的独立。这100

多年来，欧美发达国家，都在研究经济，研究科学技术，因而在许多方面，特别是在现代科学技术方面，我们和人家的差距拉大了。现在我们需要下点力气，虚心向人家学习，尽快赶上去，否则是要吃亏的。与此同时，我们也要看到，在中国共产党领导的长期革命斗争和建设中，也形成了一整套自己的东西，如党的领导、群众路线、思想教育等等，这些不仅在特定的历史条件下而且在今天仍然有很大的作用，是我们特有的优势。这是资本主义国家没有的东西。我们在强调学习西方好的东西的同时，也要强调保持自己的优良传统。不要把两者对立起来，简单地说别人的东西都不好，或简单地说我们的东西都不行，都是十分错误的。吸收别人好的东西，保持自己特有的东西，把他的好与我的好相加，等于比他更好。如何把我们民族优良传统与人类进步文明成果有机结合起来，这也是一个很大的题目。

《听取深圳市委、市政府工作汇报时的讲话》(1993 年 1 月 27 日)

图书在版编目（CIP）数据

看法与说法/李瑞环著．—北京：中国人民大学出版社，2013.3
ISBN 978-7-300-17112-8

Ⅰ.①看…　Ⅱ.①李…　Ⅲ.①社会科学-文集　Ⅳ.①C53

中国版本图书馆 CIP 数据核字（2013）第 036534 号

看法与说法
李瑞环

出版发行	中国人民大学出版社		
社　　址	北京中关村大街 31 号	**邮政编码**	100080
电　　话	010－62511242（总编室）		010－62511398（质管部）
	010－82501766（邮购部）		010－62514148（门市部）
	010－62515195（发行公司）		010－62515275（盗版举报）
网　　址	http://www.crup.com.cn		
	http://www.ttrnet.com（人大教研网）		
经　　销	新华书店		
印　　刷	北京华联印刷有限公司		
规　　格	158 mm×236 mm　16 开本	**版　　次**	2013 年 3 月第 1 版
印　　张	85.5 插页 56	**印　　次**	2013 年 3 月第 1 次印刷
字　　数	1 031 000	**定　　价**	（全四册）228.00 元